Joseph Campbell

AS MÁSCARAS DE DEUS

MITOLOGIA OCIDENTAL

Tradução
Carmen Fischer

Revisão técnica
Daniela Moreau
Lia Diskin

Palas Athena

Título original: *The Masks of God: Occidental Mythology*
Copyright © 1964 by Joseph Campbell
Publicado originalmente por The Viking Penguin Inc. Nova York, 1964

Grafia segundo o Acordo Ortográfico da Língua Portuguesa de 1990, que entrou em vigor no Brasil em 2009.

Projeto editorial:	*Lia Diskin*
Coordenação editorial:	*Emilio Moufarrige*
Revisão técnica:	*Daniela Moreau, Lia Diskin.*
Edição de texto:	*Edvaldo Pereira Lima, Lucy Coelho Penna.*
Revisão de provas:	*Adir de Lima, Lucia Brandão Saft Moufarrige, Therezinha Siqueira Campos, Wilson Campanella.*
Consultoria para termos árabes e corânicos:	*Paulo Daniel Farah*
Editoração eletrônica:	*Maria do Carmo de Oliveira*
Preparação e atualização ortográfica:	*Rejane Moura*

Dados Internacionais de Catalogação na Publicação (CIP)
(Câmara Brasileira do Livro, SP, Brasil)

Campbell, Joseph, 1904-1987.
 As máscaras de Deus : mitologia ocidental / Joseph Campbell ; tradução Carmen Fischer. — São Paulo : Palas Athena, 2004.

 Título original : The Masks of God : occidental mythology.
 Bibliografia.
 472 p. 16 x 23 cm
 ISBN 978-85-7242-050-1

 1. Mitologia I. Título. II. Título: Mitologia ocidental.

04-6999   CDD-291.13

Índices para catálogo sistemático
1. Mitologia   291.13

5ª edição – abril de 2021

Todos os direitos reservados e protegidos pela Lei 9610 de 19 de fevereiro de 1998. É proibida a reprodução total ou parcial, por quaisquer meios, sem a autorização prévia, por escrito, da Editora.

Direitos de edição para o Brasil:
PALAS ATHENA EDITORA
Alameda Lorena, 355 – Jardim Paulista – 01424-001 São Paulo, SP   Brasil
Fone: (11) 3266.6188 e (11) 3050.6188
www.palasathena.org.br   editora@palasathena.org.br

SUMÁRIO

PARTE I
A IDADE DA DEUSA

Introdução: Mito e Ritual: Oriente e Ocidente
13

Capítulo 1: A Noiva da Serpente Macho	18
I. A deusa-mãe Eva	18
II. O sangue da Górgona	25
III. Última Tule	35
IV. O direito materno	38
Capítulo 2: A Consorte do Touro	44
I. A mãe de Deus	44
II. As duas rainhas	46
III. A mãe do minotauro	54
IV. A vitória dos filhos da luz	68

PARTE II
A IDADE DOS HERÓIS

Capítulo 3: Deuses e Heróis do Levante: 1500-500 a.C.	87
I. O livro do Senhor	87
II. A era mitológica	91
III. A era de Abraão	101
IV. A era de Moisés	110
Capítulo 4: Deuses e Heróis do Ocidente Europeu: 1500-500 a.C.	122
I. O diálogo entre o norte e o sul	122
II. Os casamentos de Zeus	126
III. A jornada pelo mar das trevas	134
IV. A pólis	150

PARTE III
A IDADE DOS GRANDES CLÁSSICOS

Capítulo 5: O Período Persa: 539-331 a.C.	161
I. Dualismo ético	161
II. Queda cósmica e renovação	170
III. O rei dos reis	179
IV. O restante	186
V. O deus do amor	189

Capítulo 6: Helenismo: 331 a.C.-324 d.C. — 198
   I. O casamento do Oriente com o Ocidente — 198
   II. Monoteísmo sincrético e étnico — 202
   III. Cultos de mistério e apocalipse — 211
   IV. Os vigilantes do Mar Morto — 224

Capítulo 7: A Grande Roma: *c.*500 a.C.-*c.*500 d.C. — 240

   I. A província celta — 240
   II. Etrúria — 253
   III. A era de Augusto — 258
   IV. O Cristo ressuscitado — 274
   V. O Cristo ilusório — 295
   VI. A missão de Paulo — 306
   VII. A queda de Roma — 311

PARTE IV
A IDADE DAS GRANDES CRENÇAS

Introdução: O Diálogo entre a Europa e o Levante — 323
Capítulo 8: A Cruz e o Crescente — 327

   I. Os magos — 327
   II. Bizâncio — 331
   III. O profeta do Islã — 340
   IV. O manto da lei — 349
   V. O manto da via mística — 357
   VI. A quebra do feitiço — 367

Capítulo 9: Europa Ressurgente — 370
   I. A ilha dos santos — 370
   II. O destino dos deuses — 383
   III. Roma — 397
   IV. Amor — 408

CONCLUSÃO

No final de uma Era — 418
Notas de referência — 423
Índice remissivo — 445

ILUSTRAÇÕES

Figura 01. Do cálice de oferenda do rei Gudea: O Senhor Serpente. Suméria,
c.2025 a.C. (Museu do Louvre, Paris)   19

Figura 02. Desenho em cerâmica elamita: A Árvore do Mundo. Susa,
período dos sassânidas (Museu do Louvre, Paris)   20

Figura 03. Selo cilíndrico acadiano: O Senhor Serpente Entronado.
Tell Asmar, c.2350-2150 a.C.   20

Figura 04. Selo cilíndrico sírio-hitita: Gilgamesh no *Axis Mundi*, c.1600-1350 a.C.   21

Figura 05. Selo cilíndrico babilônico: O Jardim da Imortalidade, c.1750-1550 a.C.
(Museu de Hague, Holanda)   21

Figura 06. Selo cilíndrico sumério: A Deusa da Árvore, c. 2500 a.C.
(Museu Britânico)   22

Figura 07. Tabuleta comemorativa: Deméter. Elêusis, *circa* século V a.C.
(Galeria Uffizi, Florença)   23

Figura 08. Tabuleta comemorativa: Zeus Meilichios. Pireu, século IV a.C.
(Antigo Museu Nacional, Berlim)   26

Figura 09. Pintura de um vaso: A Árvore das Hespérides. Origem e data
desconhecidas   28

Figura 10. Antiga pintura de vaso em vermelho: Zeus contra Tifão, c.650 a.C.
(Museu de Munique)   29

Figura 11. Antiga pintura de vaso em vermelho: Afrodite com numerosos Eros,
circa século V a.C. (Antigo Museu Nacional, Berlim)   33

Figura 12. Anel de sinete cretense: A Deusa da Montanha do Mundo.
Cnossos, c.1400 a.C.   47

Figura 13. Marfim micênico: As Duas Rainhas e o Rei. Micenas, c.1300 a.C.
(Museu Nacional de Atenas)   49

Figura 14. Antiga pintura de vaso em vermelho: Deméter, Triptólemo e Perséfone.
Beócia, século V a.C. (Antigo Museu Nacional, Berlim)   50

Figura 15. "Anel de sinete de Nestor" micênico: A Árvore da Vida Eterna.
Pilo, c.1550-1500 a.C.   50

Figura 16. Plaqueta suméria de terracota: Touro-Lua e Pássaro-Leão, c.2500 a.C.
(Museu da Universidade, Filadélfia)   54

Figura 17. Selo em cornalina cretense: Minotauro e Leão-homem,
c.1400-1100 a.C. (Museu Heraklion, Ilha de Creta)   58

Figura 18. Selo em ouro cretense: O Sacrifício, c.1400-1100 a.C.   59

Figura 19. Anel de sinete micênico em ouro: A Deusa do Machado Duplo,
c.1550-1500 a.C.   67

Figura 20. Estatueta em faiança cretense: A Deusa Serpente. Cnossos,
c.1700-1580 a.C. (Museu Heraklion, Ilha de Creta)   129

Figura 21. Estatuetas em pedra calcária cretense: A Deusa Serpente. Cnossos,
   c.1700-1580 a.C. (Museu Heraklion, Ilha de Creta)   130
Figura 22. Vaso greco-etrusco pintado de negro: Julgamento de Páris,
   circa século VI a.C. (Museu do Louvre, Paris)   137
Figura 23. Escultura mitraica em mármore: Mitra Tauroctónus. Itália,
   século III d.C. (Museu Britânico)   214
Figura 24. Imagem mitraica em mármore: Zervan Akarana. Óstia, Itália,
   consagrada em 190 d.C. (Vaticano)   218
Figuras 25 e 26. Amuletos com símbolos judaicos: Iaw como Anguípede,
   séculos II e I a.C.   228/229
Figura 27. Altar galo-romano, *Le Pilier des Nautes*: Esus, encontrado sob
   a Notre Dame de Paris. 1437 d.C. (Museu Cluny, Paris)   252
Figura 28. Outro lado do mesmo altar: O Touro com Três Grous
   (Tarvos Trigaranus)   253
Figura 29. Espelho de bronze etrusco: A Cravação do Prego Anual. Toscana,
   c.320 a.C. (Antigo Museu Nacional, Berlim)   256
Figura 30. *Book of Kells*: Página *Tunc*. Irlanda, c.900 d.C.
   (Trinity College, Dublin)   379
Figura 31. Estatueta pintada de madeira: Madonna e Filho. França,
   século XV d.C. (Museu Cluny, Paris)   417
Figura 32. A mãe de Deus (a mesma estatueta por dentro, revelando a
   Trindade e os Devotos)   417

Os desenhos das figuras 8, 13, 15, 16, 17, 20, 21, 27, 28, 30, 31 e 32 são de John L. Mackey.

AS MÁSCARAS DE DEUS

MITOLOGIA OCIDENTAL

PARTE I

A IDADE DA DEUSA

INTRODUÇÃO

MITO E RITUAL: ORIENTE E OCIDENTE

O divisor geográfico entre as esferas oriental e ocidental do mito e do ritual é o planalto do Irã. A leste estão as duas províncias espirituais da Índia e do Extremo Oriente. A oeste, a Europa e o Levante.

Em todo o Oriente prevalece a ideia de que o plano último da existência transcende o pensamento, a imaginação e a definição. Não pode ser qualificado. Em consequência, argumentar que Deus, o homem ou a natureza são bons, justos, compassivos ou benignos, é afastar-se do cerne da questão. Poder-se-ia tão apropriadamente – ou inapropriadamente – argumentar que são maus, injustos, intolerantes ou malignos. Tais afirmações antropomórficas escondem ou mascaram o verdadeiro enigma, que está fora da consideração racional. De acordo com esta visão, esse enigma é precisamente o plano último da nossa existência e de todas as coisas.

O objetivo máximo da mitologia oriental não é, portanto, estabelecer como fundamental qualquer de suas divindades ou ritos associados, mas conferir por meio deles uma experiência que vai além: de identificação com aquele Ser dos seres que é tanto imanente quanto transcendente. Contudo, o Ser nem é nem deixa de ser. Preces e cânticos, imagens, templos, deuses, sábios, definições e cosmologias não são mais do que barcas que conduzem a uma margem de experiências além das categorias do pensamento, e que devem ser abandonadas na chegada. Afirma o *Kena Upaniṣad* indiano: "Saber é não saber, não saber é saber".[1]* E o *Tao Te Ching* chinês: "Os que sabem permanecem quietos".[2]

---

* As notas de referência encontram-se no final do volume e iniciam-se na pág. 423.

"Tu és isso", declara o sábio védico.³ E o japonês: "Este é o teu verdadeiro eu".⁴ "Ó tu", afirma um texto básico budista, "que foste, que foste, que foste para a margem de lá, que na margem de lá desembarcaste: iluminação! Salve!"⁵

Nas esferas ocidentais do pensamento e do imaginário mitológicos, por outro lado, seja na Europa ou no Levante, a raiz da existência é normalmente personificada como um Criador, de quem o homem é a criatura, e os dois não são o mesmo. De maneira que aqui a função do mito e do ritual não pode se catalisar numa experiência de identificação inefável. O homem sozinho, voltado para dentro de si, segundo essa visão pode experienciar apenas sua própria alma de criatura. A alma pode ou não estar devidamente relacionada com seu Criador. A função máxima do mito e do ritual ocidental é, portanto, estabelecer um vínculo de relação de Deus com o homem e do homem com Deus. Tais vínculos são fornecidos pelas instituições, cujos preceitos não podem ser apreendidos por nenhum exame minucioso da natureza, seja interna ou externa. Revelados sobrenaturalmente, eles provêm do próprio Deus, conforme narra o mito de cada instituição. E são administrados pelo seu clero, no espírito do mito.

No entanto, certas complicações exclusivamente ocidentais resultam do fato de que, onde dois termos tão contraditórios como Deus e homem estão frente a frente, o indivíduo não consegue ser inteiramente fiel a ambos. Por um lado, como no Livro de Jó, ele pode renunciar a seu julgamento humano em face do que toma como sendo a majestade de Deus: "Eis que tenho pouca importância: o que devo responder-te?"⁶ Ou, por outro lado, à maneira dos gregos, ele pode assumir seus valores humanos e julgar, de acordo com eles, o caráter de seus deuses. O primeiro tipo de devoção denominamos de religiosa e a reconhecemos em todas as tradições do Levante: zoroastrismo, judaísmo, cristianismo e islamismo. A outra denominamos, no sentido mais amplo, humanista e a reconhecemos nas mitologias nativas da Europa: grega, romana, celta e germânica.

Em geral, a história recente da mitologia ocidental pode ser descrita em termos de uma grandiosa interação dessas duas devoções contrárias – um vigoroso vaivém de marés. Leste para Oeste, Oeste para Leste, Leste para Oeste e Oeste para Leste novamente, tendo início com a primeira investida séria da Pérsia contra a Grécia em 490 a.C. A conquista do Levante por Alexandre virou a maré levantina e foi seguida pelas vitórias de Roma.

Entretanto, mesmo no primeiro período romano, uma contracorrente de mitologias levantinas em direção ao Ocidente começou a fazer-se sentir. Durante as guerras púnicas, em 204 a.C., o culto da Magna Mater frígia foi introduzido formalmente na cidade. O estoicismo também continha uma influência levantina-oriental e no apogeu do poder romano, no período dos Antoninos, o culto persa sincrético de Mitra tornou-se a principal religião do império. Seguiu-se o cristianismo, depois do que caiu o império europeu e a Bizâncio levantina assumiu tanto seu nome quanto seu papel como a Nova ou Segunda Roma. Em seguida, a revelação de

Muhammad* irrompeu no mundo, em 622 d.C. No milênio seguinte, começou a tornar-se a religião suprema da humanidade até que, novamente, a maré mudou. Assim como a Pérsia havia sido detida em Maratona (490 a.C.), em Poitiers (732 d.C.) foi a vez do islamismo. A partir de então, o comovente chamado do muezim para a prece comunal foi ano após ano empurrado para trás.

Dentro da própria Europa cristianizada, a autoridade absoluta da Igreja Única foi contestada pelo irresistível retorno vigoroso dos princípios autóctones europeus – isto é, pré-cristãos – do julgamento individual e do valor do homem racional. A Reforma, a Renascença, o Iluminismo e a presente Idade da Ciência seguiram-se, culminando, como agora, na conquista espiritual europeia do mundo, mas com a próxima onda levantina já em ascensão.

Muito da complexidade e vitalidade da herança ocidental deve ser atribuído às reivindicações conflitantes – ambas aceitas – entre os defensores do que é proposto como a Palavra de Deus, de um lado, e os defensores do indivíduo racional, de outro. Nada semelhante foi motivo de preocupação séria para a mentalidade oriental a leste do Irã, onde a antiga cosmologia hierática de tempos cíclicos da Idade do Bronze – estáticos, porém retornando sempre, num círculo de impessoalidade matemática, do eterno para o eterno – permanece até hoje como a última palavra sobre o Universo e o lugar do homem nele. Tudo, de acordo com essa visão, embora em aparente tumulto, é harmonia na base, como uma manifestação do mistério da existência que tudo sustenta e a tudo impregna. Que transcende o pensamento, a imaginação e a definição. Quer dizer, transcende a busca da ciência.

Como uma pedra preciosa, sempre mudando de faceta diante da luz – aparentemente mutável, mas na realidade imutável –, essa imagem do cosmos da Idade do Bronze, ainda intacta no Oriente, confere um mundo de deveres, funções e possibilidades estáveis. Não um processo, mas um estado. E o indivíduo, seja homem ou deus, não passa de um lampejo entre as facetas. Não há nenhum conceito – ou mesmo senso – nem da vontade nem da mente como força criativa. E quando o ocidental as expõe, o sábio oriental simplesmente se estarrece, perplexo, embora com a sensação consoladora de estar apenas assistindo à obra de um demônio, que certamente durará pouco tempo. O sábio vê-se enraizado com firmeza em tudo o que é eternamente verdadeiro no homem, na sociedade, no Universo e no segredo supremo da existência. Tudo isso ele sabe, ou pelo menos acredita que sabe, do antiquíssimo tesouro da sabedoria que tanto ele quanto nós herdamos da Idade do Bronze.

Num nível mais profundo do passado do que o do jogo do vaivém da Pérsia, Grécia, Roma, Bizâncio, Islã e, posteriormente, Europa, o legado da Idade do Bronze forneceu muitos dos motivos básicos do pensamento mitológico ocidental,

---

* Em geral transliterado incorretamente como Maomé.

bem como do oriental. As origens desse legado não estavam na Índia, como muitos ainda acreditam, nem na China, mas no Oriente Próximo, o Levante, onde as pás da recente investigação arqueológica revelaram um passado de ensaios que retrocede até cerca de 7500 a.C.

Mais ou menos nessa data, nos altos e protegidos vales das montanhas da Ásia Menor, Síria, norte do Iraque e Irã, as técnicas de agricultura e criação de gado foram desenvolvidas. Resultaram numa mudança notável tanto no caráter da existência humana quanto nas suas potencialidades de desenvolvimento. Enquanto anteriormente a humanidade tinha vivido de maneira precária da coleta de alimentos e da caça, os homens agora tinham se tornado cultivadores da terra. Surgiram aldeias autossuficientes. Seu número, sempre crescente, espalhou-se numa vasta faixa a leste e a oeste, atingindo simultaneamente ambos os oceanos, por volta de 2500 a.C.

Enquanto isso, na zona desenvolvida de origem, o Oriente Próximo nuclear, uma segunda mudança memorável ocorreu por volta de 3500 a.C. Na região ribeirinha da Mesopotâmia foram criadas as artes fundamentais de toda civilização avançada: escrita, matemática, arquitetura monumental, observação científica sistemática (dos céus), adoração em templos e – dominando todas – a arte monárquica de governar. O conhecimento e a aplicação das artes atingiu o Egito com os primeiros faraós da I Dinastia, por volta de 2850 a.C.; a Creta e o Vale do Indo, cerca de 2500 a.C.; a China, por volta de 1500 a.C. e, mais ou menos entre 1000-500 a.C., passaram para o México e o Peru.

Na aldeia neolítica, no estágio de desenvolvimento e dispersão, a figura central de toda mitologia e adoração era a generosa deusa Terra, como a mãe e nutridora da vida, receptora dos mortos para renascerem. No primeiro período de seu culto (talvez entre 7500-3500 a.C. no Levante) essa deusa-mãe pode ter sido considerada apenas como a padroeira local da fertilidade, como muitos antropólogos supõem. Entretanto, nos templos das primeiras civilizações mais desenvolvidas (Suméria, *c*.3500-2350 a.C.), a Grande Deusa era certamente muito mais do que isso. Ela já era, como é agora no Oriente, um símbolo metafísico: a principal personificação do poder do Espaço, Tempo e Matéria, em cujo âmbito todos os seres nascem e morrem. A substância de seus corpos, configuradora de suas vidas e pensamentos, receptora de seus mortos. E tudo o que tinha forma ou nome – inclusive Deus personificado como o bem ou o mal, compassivo ou irado – era seu filho, dentro de seu útero.*

No final da Idade do Bronze e, mais intensamente, com o alvorecer da Idade do Ferro (*c*.1250 a.C. no Levante), as antigas cosmologias e mitologias da deusa-mãe foram radicalmente transformadas, reinterpretadas e, em larga escala, mesmo suprimidas pela repentina invasão das tribos guerreiras patriarcais, cujas tradições

---

* Compare as figuras 31 e 32, adiante, pág. 417.

chegaram até nós principalmente pelo Antigo e Novo Testamentos e pelos mitos gregos. Duas extensas matrizes geográficas foram as regiões de origem dessas insurgentes ondas de guerreiros. Os semitas habitaram os desertos sírio--árabes, onde, como nômades, pastoreavam ovelhas e cabras e, posteriormente, domesticaram o camelo. Os heleno-árias habitaram as vastas planícies da Europa e sul da Rússia, onde alimentavam rebanhos de gado e cedo domesticaram o cavalo.

Nos próximos capítulos, teremos o prazer, primeiro, de notar a ubiquidade da deusa, mesmo nos mitos nos quais não se supõe que ela tenha tido qualquer papel, ou mesmo que existisse (Capítulo 1). Em seguida, voltaremos a lançar um olhar sobre o período de seu domínio (Capítulo 2). Então (do Capítulo 3 ao 9), vamos retroceder sistematicamente até o rico vale onde estão os templos das visões divinas dos principais povos criativos do Mundo Ocidental.

CAPÍTULO 1

A NOIVA DA SERPENTE MACHO

I. A DEUSA-MÃE EVA

Ninguém familiarizado com as mitologias da deusa dos mundos primitivo, antigo e oriental consegue ler a Bíblia sem reconhecer, em cada página, certas equivalências. Mas estão transformadas, para fornecer argumentos contrários às fés anteriores.

Na cena de Eva junto da árvore, por exemplo, nada é dito para indicar que a serpente que apareceu e falou com ela era uma divindade legítima, reverenciada no Levante durante pelo menos sete mil anos antes da composição do Livro do Gênese. Há no Museu do Louvre um vaso verde entalhado em pedra-sabão, inscrito por volta de 2025 a.C. pelo Rei Gudea de Lagash, dedicado a uma manifestação suméria tardia do consorte da deusa, sob seu título real de Ningizzida, "Senhor da Árvore da Verdade". Duas serpentes copulando, enroscadas num pilar à maneira do caduceu de Hermes, deus grego do conhecimento místico e do renascimento, são mostradas através de um par de portas abertas que estão sob a custódia de dois dragões alados de um tipo conhecido como leão-pássaro (figura 1).[1]

A maravilhosa capacidade da serpente de mudar de pele e assim rejuvenescer transformou-a, em todo o mundo, em símbolo de mestre do mistério do renascimento. Por sua vez, a lua – que cresce mas também míngua, perde sua sombra e novamente cresce – é o símbolo celeste desse renascimento. A lua é a senhora e a medida do ritmo gerador de vida do útero. Portanto, também o é do tempo, através do qual os seres nascem e morrem. É senhora do mistério do nascimento e igualmente da morte. Os dois, por sua vez, são aspectos de um único estado da existência. A lua é a senhora das marés e do orvalho que cai à noite para refrescar o verde que os animais pastam.

Mas a serpente também é a senhora das águas. Vivendo na terra, entre as raízes das árvores, frequentando fontes, charcos e cursos d'água, desliza em movimentos ondulantes. Ou sobe igual ao cipó nos galhos, onde se pendura como uma fruta mortal. A sugestão fálica é imediata e, na sua capacidade de engolir, também sugere o órgão feminino, manifestando em consequência uma imagem dual, que atua de modo sub-reptício sobre os sentimentos. Igualmente há uma associação dual do fogo e da água com o efeito de seu bote: o dardo de sua língua bífida e a queimadura letal de seu veneno. Quando imaginada mordendo sua cauda, como uróboro mitológico, sugere as águas que em todas as cosmologias arcaicas circundam – também sustentam e permeiam – o círculo flutuante da ilha Terra.

Figura 1. O Senhor Serpente

A figura 2, de uma pintura em um vaso elamita, do período sassânida tardio (226-641 d.C.), mostra também o antigo guardião da Árvore do Mundo, enroscado em seu tronco.[2] Nessa forma, o aspecto perigoso e alarmante da presença é aparente. Entretanto, como a serpente do Paraíso, Ningizzida é em geral benévolo para aqueles que se aproximam de seu santuário com o devido respeito. A figura 3, de um antigo selo acadiano de cerca de 2350-2150 a.C., apresenta a divindade em forma humana, sentada no trono, com seu emblema caduceu atrás e a chama do altar na frente.[3] Um devoto, o dono do selo, é conduzido à sua presença por uma divindade coroada, seguida de uma figura carregando um balde, com uma serpente pendendo da sua cabeça, que é um servidor do deus entronado. Corresponde aos guardiões do tipo leão-pássaro do vaso de Gudea. A lua, a fonte das águas da vida, está suspensa acima da taça elevada na mão do deus, onde o iniciado irá beber.

Figura 2. A Árvore do Mundo

Figura 3. O Senhor Serpente Entronado

Aqui, é óbvia a associação entre o Senhor Serpente, a taça da imortalidade e a lua. É também um motivo comum a todas as mitologias antigas. Ou seja, a aparência múltipla de um deus em seus aspectos simultaneamente superior e inferior. O guardião no portão, admitindo ou excluindo aspirantes, é uma manifestação atenuada do poder da própria divindade. Ele é o primeiro aspecto que vivencia quem dela se aproxima. Ou, dito de outra maneira, é o aspecto do deus que põe à prova. Outrossim, o próprio deus e seu aspecto que põe à prova podem aparecer sob uma ou mais formas: antropomórfica, teriomórfica, vegetal, celestial ou elementar. Como no exemplo presente: homem, cobra, árvore, lua e as águas da vida, que podem ser reconhecidos como aspectos de um único princípio polimorfo, simbolizado em tudo – porém, além de tudo.

Figura 4. *Axis Mundi*

Uma série de três outros selos será suficiente para mostrar a relação desses símbolos com a Bíblia. O primeiro é o elegante exemplo sírio-hitita da figura 4[4], que mostra o herói mesopotâmico Gilgamesh numa manifestação dual, servindo de guardião de um santuário, à maneira dos leões-pássaros do vaso de Gudea. Mas o que encontramos nesse santuário não tem uma forma humana, nem animal nem vegetal. É uma coluna feita de círculos serpenteados, exibindo no topo um símbolo do sol. Tal poste ou pilar é simbólico do ponto central em torno do qual todas as coisas giram (o *axis mundi*), sendo, portanto, um correspondente da Árvore da Iluminação budista no "Ponto Imóvel" no centro do mundo.[5] Em volta do símbolo do sol, no topo da coluna, são vistos quatro pequenos círculos. Dizem que simbolizam os quatro rios que correm para os quadrantes do mundo[6] (comparar com o Livro do Gênese 2:10-14). Aproximando-se pela esquerda está o dono do selo, conduzido por um leão-pássaro (ou querubim, como tais figuras são denominadas na Bíblia) que tem na mão esquerda um balde e na direita um ramo erguido. Segue uma deusa no papel de mãe mística do renascimento. Na parte inferior há um ornamento formado de filetes entrelaçados – um emblema labiríntico que nessa arte corresponde ao caduceu.

Novamente, reconhecemos aqui os símbolos comuns do jardim mítico da vida, onde a serpente, a árvore, o eixo do mundo, o eterno sol e as águas sempre vivas irradiam graça a todos os quadrantes. Nessa direção o indivíduo mortal é guiado, por uma ou outra manifestação divina, para o conhecimento de sua própria imortalidade.

Figura 5. O Jardim da Imortalidade

No selo seguinte, figura 5, onde a abundância do jardim mítico é exibida, todos os personagens são do sexo feminino. As duas devotas da árvore são identificadas como uma manifestação dual da divindade ínfera Gula-Bau, cujas correspondentes clássicas são Deméter e Perséfone.[7] A lua está diretamente acima do fruto oferecido, como na figura 3, em que aparece acima da taça. E a receptora da oferenda, que já tem um galho do fruto na mão direita, é uma mulher mortal.

Dessa maneira, percebemos que no antigo sistema mítico do Oriente Próximo nuclear – ao contrário do posterior sistema patriarcal rígido da Bíblia – uma divindade podia ser representada tanto em forma feminina quanto masculina. A própria forma qualificadora era apenas a máscara de um princípio último não qualificado, além de tudo e no entanto presente em todos os nomes e formas.

Tampouco há nesses selos qualquer sinal de ira divina ou perigo. Não há nenhum tema de culpa relacionado com o Jardim. A dádiva do conhecimento da vida está ali, no santuário do mundo, para ser usufruída. E ela é concedida prontamente a qualquer mortal, homem ou mulher, que estenda a mão para pegá-la com a devida vontade e disposição de recebê-la.

Figura 6. A Deusa da Árvore

Portanto, o antigo selo sumério da figura 6[8] não pode ser, como alguns eruditos acreditaram, a representação de uma versão suméria extraviada da Queda de Adão e Eva.[9] Seu espírito é o do idílio, na visão muito anterior do jardim da inocência da Idade do Bronze, no qual os dois frutos desejados da tamareira mítica estão disponíveis para ser colhidos: o fruto da iluminação e o fruto da vida imortal. A figura feminina à esquerda, diante da serpente, é quase com certeza a deusa Gula-Bau (uma correspondente, como dissemos, de Deméter e Perséfone), enquanto a masculina à direita, que não é um mortal mas um deus – o que podemos concluir por sua coroa lunar em forma de chifre – , é com não menos certeza seu amado filho-esposo Dumuzi, "Filho do Abismo-Senhor da Árvore da Vida", o eternamente morto e eternamente ressuscitado deus sumério que é o arquétipo da existência encarnada.

Uma comparação apropriada seria com o relevo greco-romano exibido na figura 7[10], em que a deusa dos Mistérios de Elêusis, Deméter, é vista com seu divino filho Plûtos, ou Pluto*, sobre quem o poeta Hesíodo escreveu:

---

* Não é o mesmo que Plùtão ou Plúton, deus do mundo ínfero, embora frequentemente confundido com ele por causa da semelhança dos nomes.

Feliz, feliz é o mortal que o encontra quando [ele] passa,
Pois suas mãos estão cheias de bênçãos e seu tesouro transborda.[11]

Figura 7. Deméter

Pluto, em um plano de referência, personifica a riqueza da terra, mas num sentido mais amplo é um correspondente do deus dos mistérios, Dioniso. Nos volumes anteriores, *Mitologia Primitiva* e *Mitologia Oriental*, analisamos uma série de tais divindades que são ao mesmo tempo consortes e filhos da Grande Deusa do Universo. Retornando ao seu seio com a morte (ou no casamento, de acordo com outra imagem), o deus renasce. Como a lua, que perde sua sombra, ou como a serpente, que muda de pele. Consequentemente, naqueles ritos de iniciação com os quais tais símbolos eram associados (como nos Mistérios de Elêusis), o iniciado, retornando em contemplação à mãe-deusa dos mistérios, separava-se mediante discernimento do fado de sua carcaça mortal (simbolicamente, o filho, que morre), identificando-se com o princípio que renasce eternamente, o Ser de todos os seres (o pai-serpente): então, no mundo onde apenas o sofrimento e a morte tinham sido vistos, o êxtase foi reconhecido como um eterno vir a ser.

Compare-se com a lenda do Buda. Quando ele se colocou no Ponto Imóvel sob a Árvore da Iluminação, o Criador da Ilusão do Mundo, Kāmā-Māra, "Desejo de Vida e Medo da Morte", aproximou-se desafiador ameaçando sua determinação. Mas o Buda tocou a terra com os dedos da mão direita e, como conta a lenda, "a poderosa Deusa Terra estremeceu com uma centena, um milhar, uma centena de milhares de trovões, declarando: 'Sou testemunha!'; e o demônio fugiu".[12] O Bem-aventurado alcançou naquela noite a iluminação. Por sete vezes sete dias permaneceu em êxtase. Nesse meio-tempo, surgiu uma tremenda tempestade. O relato continua:

E um poderoso rei-serpente chamado Mucalinda, emergindo de seu lugar subterrâneo envolveu o corpo do Bem-aventurado sete vezes com suas voltas, e expandindo seu grande capelo sobre a cabeça do Buda disse: "Não permitirei que nem o frio nem o calor, nem mosquitos nem moscas, nem o vento, nem o sol ou criaturas rastejantes se aproximem do Bem-aventurado!"

Depois, quando os sete dias se passaram e Mucalinda soube que a tempestade tinha acabado e as nuvens começavam a se dispersar, desenroscou então seus anéis do corpo do Bem-aventurado e, assumindo forma humana, com as mãos postadas e elevadas na testa, prestou reverência ao Buda.[13]

Na sabedoria e lenda do Buda, a ideia de libertação da morte recebeu uma nova interpretação psicológica, que, entretanto, não violou o espírito de suas anteriores representações míticas. Os motivos antigos foram desenvolvidos, ganhando nova função, pela associação com um personagem histórico verdadeiro que havia consumado em sua própria existência o significado daqueles motivos. Permaneceu o senso de equilíbrio entre o herói em sua busca e as forças do mundo vivente. Como ele próprio, essas forças eram em última instância apenas transformações do mistério único da existência.

Assim, na lenda do Buda, como nos antigos selos do Oriente Próximo, prevalece uma atmosfera de harmonia substancial na árvore cósmica. Nela, a deusa e seu consorte serpente dão apoio à busca de libertação, de seu ilustre filho, das cadeias do nascimento, doença, velhice e morte.

No Jardim do Éden, por outro lado, prevaleceu um espírito diferente. Pois o Senhor Deus (o nome hebraico escrito é Jeová) amaldiçoou a serpente quando soube que Adão comera o fruto da árvore do conhecimento do bem e do mal. E ele disse a seus anjos: "'Se o homem já é como um de nós, versado no bem e no mal, que agora ele não estenda a mão e colha também da árvore da vida, e coma e viva para sempre!' E Jeová o expulsou do Jardim do Éden, para cultivar o solo de onde fora tirado. Ele baniu o homem e colocou, diante do Jardim do Éden, os querubins [isto é, leões-pássaros] e a chama da espada fulgurante para guardar o caminho da árvore da vida".[14]

O primeiro ponto que emerge desse contraste – e que será analisado mais adiante em numerosas cenas míticas – é que, no contexto do patriarcado dos hebreus da Idade do Ferro do primeiro milênio a.C., a mitologia (adotada das civilizações anteriores do neolítico e da Idade do Bronze das regiões que eles ocuparam e dominaram por um tempo) foi invertida, para produzir um argumento exatamente oposto ao de sua origem. Um segundo ponto, corolário do primeiro, é que há uma ambivalência inerente em muitos dos símbolos básicos da Bíblia, que nenhuma ênfase retórica sobre a interpretação patriarcal – por maior que seja – consegue suprimir ou atenuar. Os símbolos enviam uma mensagem pictórica ao coração, que contraria precisamente a mensagem verbal enviada ao cérebro. Essa discordância nervosa existe tanto no cristianismo quanto no islamismo, bem como no judaísmo, já que compartilham do legado do Antigo Testamento.

Entretanto, a Bíblia não é a única fonte de tal ambivalência da pregação no Ocidente. Há uma igual inversão de sentido no legado da Grécia.

II. O SANGUE DA GÓRGONA

Jane Ellen Harrison demonstrou, há mais de meio século, que nos festivais agrários e cultos de mistérios da Grécia sobreviveram numerosos vestígios de uma mitologia pré-homérica. Nessa, o lugar de honra era ocupado não pelos deuses masculinos do ensolarado panteão olímpico, mas por uma deusa – misteriosamente agourenta – que podia aparecer como uma, duas, três ou muitas, e era a mãe tanto dos vivos quanto dos mortos. Seu consorte tinha usualmente a forma de serpente. Seus ritos não eram caracterizados pelo espírito jovial dos jogos atléticos masculinos, da arte humanista, do convívio social, das festividades e do teatro, que a mentalidade moderna associa com a Grécia clássica. Ao contrário, tinham espírito misterioso e apavorante. Os sacrifícios não eram de bois, graciosamente engrinaldados, mas de porcos e seres humanos. Portanto, eram dirigidos para baixo, e não para cima, para a luz. E aconteciam não em templos de mármore polido, radiantes na hora do alvorecer rosado, mas em arvoredos e campos sombrios, sobre valas pelas quais o sangue quente jorrava para o abismo. "Os seres adorados", escreveu a Sra. Jane Harrison, "não eram seres humanos racionais, deuses que obedeciam à lei, mas sim *daimones* vagos, irracionais, em geral malévolos, coisas-espíritos, fantasmas e seres rasteiros, ainda não concebidos e formatados em divindades".[15]

A atmosfera dos rituais, outrossim, não era a de uma comunhão festiva, no espírito simples do *do ut des*, "dou-te para que me dês", mas de livrar-se: *do ut abeas*, "dou-te para que partas". Estava sempre presente, porém, a ideia de que se o aspecto negativo do *dáimon* fosse afastado, a saúde e o bem-estar, a fertilidade e a abundância surgiriam por si mesmos de sua fonte natural.

A figura 8 é de uma tabuleta votiva encontrada no Pireu, dedicada a uma forma de Zeus olímpico conhecido como Zeus Meilichios.[16] Que o Zeus celestial – de todos os deuses! – tenha assumido a forma de uma serpente é surpreendente, pois como observa Harrison, "Zeus é um dos poucos deuses gregos que jamais aparece acompanhado de uma cobra".[17] Sua explicação para a anomalia é que tanto o nome quanto a figura pertenceram originalmente a um demônio local, o filho-esposo da deusa-mãe Terra, cujo local de culto, no Pireu, foi tomado pelo deus supremo conquistador do panteão ário do Norte. Ao nome de Zeus foi acrescentado então o do espírito-da-terra local, como um epíteto. E os ritos anuais de primavera do culto do demônio também foram assumidos, juntamente com seu modelo de sacrifício não olímpico – um holocausto de porcos – realizado, como observou um comentarista grego, "com um certo traço de indiferença".[18]

MITOLOGIA OCIDENTAL

Figura 8. Zeus Meilichios

Indiferente, entretanto, não é a atmosfera associada com as civilizações da Idade do Bronze da pré-homérica Creta minoica e das contemporâneas Ilhas Cíclades, das quais a maioria desses cultos não helênicos parece ter-se originado. A atmosfera sugerida nas suas belas obras de arte, ao contrário, é de uma graciosa harmonia com a majestade do processo cósmico. Tampouco pode-se afirmar que, mesmo nos períodos clássicos posteriores, a antiga deusa-mãe, entre seu séquito de serpentes, leões, tanques de peixes, pombais, tartarugas, lulas, cabras e touros, era sempre uma personagem temida e abominada. Sir James G. Frazer, em *O Ramo Dourado*, demonstrou que seu culto, no hoje famoso bosque do Lago Nemi, perto de Roma, era de fato sombrio e agourento. Nas páginas iniciais de sua grande obra ele escreve:

> Havia no bosque sagrado uma certa árvore, em torno da qual, a qualquer hora do dia e provavelmente até tarde da noite, uma figura sombria podia ser vista rondando de guarda. Levava na mão uma espada nua e todo o tempo olhava cautelosamente à volta, como se esperasse ser atacada a qualquer momento por um inimigo. Era sacerdote e assassino, e o homem a quem espreitava iria matá-lo, mais cedo ou mais tarde, para ocupar seu lugar como sacerdote. Era essa a regra

do santuário. O candidato ao ofício sacerdotal só poderia ascender a ele matando o sacerdote e, concluído o assassinato, ocupava o posto até chegar a sua vez de ser morto por alguém mais forte ou mais hábil. É verdade que esse posto, em que ele se instalava tão precariamente, conferia o título de rei: mas certamente nenhuma cabeça coroada jamais esteve tão pouco segura sobre os ombros, ou foi visitada por piores sonhos, que a sua. Ano após ano, no verão ou no inverno, com bom ou mau tempo, o rei do bosque tinha de manter sua solitária vigilância e, toda vez que arriscava um cochilo agitado, fazia-o com perigo de vida.[19]

De fato, uma cena sombria! E temos outras também, dos anais da Grécia e de Roma, que produzem a mesma atmosfera de pavor: a lenda da Rainha Pasífae de Creta, por exemplo, com seu amor por um touro proveniente do mar; e seu filho, o terrível Minotauro, andando para lá e para cá no labirinto construído para aprisioná-lo. Entretanto, outras cenas de rituais pré-helênicos sugerem um idílio, mais de harmonia e paz, sabedoria e poder de profetizar, para aqueles em cujos corações não existe o medo de fantasmas. Na obra *Sobre a Natureza dos Animais*, o autor romano Aelian (morto em 222 d.C.) descreve um santuário à serpente na região de Epiro, que se dizia na época ser do deus Apolo. Mas na verdade era – como o santuário da serpente de Zeus Meilichios – o vestígio de uma mitologia anterior egeia pré-helênica.

O povo de Epiro faz sacrifícios a Apolo e em um dia do ano celebram em sua homenagem a festa principal. Uma festa de grande magnificência e reputação. Há um bosque dedicado ao deus, com um muro circular, dentro do qual certamente existem cobras – brinquedos do deus, sem dúvida. Somente a sacerdotisa virgem aproxima-se delas. Nua, ela leva alimento para as cobras. O povo de Epiro diz que essas cobras são descendentes da Píton de Delfos. Quando a sacerdotisa aproxima-se das cobras, se recebem mansamente a comida, diz-se que isso significa que será um ano de abundância e livre de doenças. Mas se elas a amedrontam e não aceitam os bolos de mel que ela oferece, é porque estão agourando o inverso.[20]

Vejamos agora a pintura do vaso da figura 9, que mostra a mesma temática, exibindo a árvore mítica das maçãs douradas, desta vez na terra do pôr do sol das Hespérides.[21] Uma imensa cobra provida de chifres enrosca-se numa árvore. De uma cova, na terra a seu pé, a água jorra de uma fonte de duas vertentes, enquanto as belas Hespérides – uma família de ninfas conhecidas na antiguidade como filhas sem pai da deusa cósmica Noite[22] – estão devotadas ao seu serviço. E tudo era precisamente como as coisas teriam permanecido no Éden, se o recém-instalado patriarcado – que não apenas reivindicava primazia sobre a propriedade como também sobre a existência – não houvesse ficado ressentido ao perceber que os acontecimentos estavam se sucedendo.

MITOLOGIA OCIDENTAL

Figura 9. A Árvore das Hespérides

Agora fica evidente que antes que os pastores nômades árias de gado vacum – procedentes do Norte – e dos pastores semitas de ovelhas e cabras – vindos do Sul – chegassem de modo violento aos veneráveis locais de culto do mundo antigo – no final da Idade do Bronze e início da Idade do Ferro –, nesse mundo prevalecia uma visão essencialmente orgânica, vegetal e não heroica da natureza e das necessidades da vida. Essa visão era completamente repulsiva àqueles "corações de leão" para quem, ao contrário do trabalho paciente na terra, era a lança de batalha com sua pilhagem a fonte tanto da riqueza quanto do prazer. Nos anteriores mitos e ritos da mãe, os aspectos claro e escuro da coisa complexa que é a vida tinham sido respeitados igual e conjuntamente.

Nos mitos posteriores patriarcais, masculinos, tudo o que é bom e nobre foi atribuído aos novos senhores deuses heroicos, deixando para os poderes nativos naturais apenas o caráter de obscuridade. A isso foi acrescentado também um julgamento moral negativo. Como um grande volume de evidências demonstra, as ordens social e mítica dos dois estilos de vida contrastantes opunham-se. Onde a deusa tinha sido venerada como a concessora e mantenedora da vida, bem como consumidora dos mortos, as mulheres – como suas representantes – tinham ocupado uma posição superior, tanto na sociedade quanto no culto. Uma tal ordem de costumes sociais e religiosos de orientação feminina é chamada, de uma maneira ampla e geral, a ordem do Matriarcado. E oposta a essa está a ordem do Patriarcado, marcada pelo ardor da eloquência justa e pela fúria do fogo e da espada.

Por isso, nas primeiras literaturas da Idade do Ferro, tanto da Grécia ária quanto de Roma e do vizinho Levante semita, abundam diferentes tipos de relato sobre a conquista, por um herói resplandecente, de um tenebroso e desacreditado monstro da ordem anterior de divindades, de cujas entranhas algum tesouro era obtido: uma boa terra, uma virgem, uma dádiva de ouro ou simplesmente a libertação da tirania do monstro impugnado.

O principal exemplo bíblico foi a vitória de Jeová sobre o monstro-serpente do oceano cósmico, Leviatã, da qual ele gabou-se a Jó: "Poderás pescar o Leviatã com anzol e atar-lhe a língua com uma corda? Serás capaz de passar-lhe um junco pelas narinas, ou perfurar-lhe as mandíbulas com um gancho? Virá a ti com muitas súplicas, ou dirigir-te-á palavras ternas? Fará um contrato contigo, para que faças dele o teu criado perpétuo? Brincarás com ele como um pássaro, ou amarrá-lo-ás para tuas filhas? Negociá-lo-ão os pescadores, ou dividi-lo-ão entre si os negociantes? Poderás crivar-lhe a pele com dardos, ou a cabeça com arpão de pesca? Põe-lhe em cima a mão: pensa na luta, não o farás de novo".[23]

O exemplo correspondente entre os gregos foi a vitória de Zeus sobre Tifão, o filho mais novo de Gaia, a deusa Terra. Essa façanha assegurou o reinado dos deuses patriarcais do Monte Olimpo sobre os anteriores descendentes titãs da grande deusa-mãe. O corpo do titã, metade homem metade cobra, conta-se, era enorme. Era tão alto que sua cabeça frequentemente batia nas estrelas e seus braços conseguiam estender-se do nascer ao pôr do sol (figura 10). De seus ombros, de acordo com a narrativa de Hesíodo, saía uma centena de cabeças de serpente, todas com línguas de fogo, enquanto labaredas dardejavam de seus muitos olhos. Dentro do seu corpo podiam-se ouvir vozes emitindo sons que os deuses conseguiam entender, além de bramidos de touros, rugidos de leão, latidos de cães, ou silvos tão fortes que as montanhas ecoavam. E aquela coisa terrível teria se tornado o senhor da criação se Zeus não o tivesse enfrentado em combate.

Figura 10. Zeus contra Tifão

O Olimpo estremeceu sob os pés do pai dos deuses quando ele se moveu. A terra gemeu. Do fulgor do seu raio, bem como dos olhos e respiração de seu antagonista, o fogo irrompeu sobre o mar escuro. O oceano ferveu. Ondas elevaram-se e bateram em todos os promontórios da costa. O solo tremeu. Hades, senhor dos mortos, agitou-se. Até mesmo Zeus, por um tempo, ficou paralisado. Mas quando recuperou a força, empunhando a arma terrível, o grande herói saltou de seu monte e, arremessando o raio, disparou fogo em todas aquelas cabeças que emitiam rugidos, latidos e silvos. O monstro estatelou-se no chão e a deusa-terra Gaia gemeu sob seu filho. Chamas saíram dele, percorrendo as florestas das montanhas íngremes, rugindo, tão quentes que grande parte da terra dissolveu-se como ferro incandescente na fornalha subterrânea do artífice coxo dos deuses, Hefesto. E então o poderoso rei dos deuses, Zeus, prodigioso em sua explosão de ira, levou a vítima flamejante para a boca aberta do Tártaro. Por isso, até hoje saem dali, daquela forma titânica, todos os ventos que sopram através dos mares causando aflições aos mortais, dispersando navios, afogando marinheiros, destruindo o trabalho dos habitantes da região com tempestades e poeira.[24]

A semelhança entre essa vitória e a de Indra – rei do panteão védico – sobre a serpente cósmica Vritra é indubitável.[25] Os dois mitos são variantes de um mesmo arquétipo. Além do mais, em cada um o papel do antideus foi atribuído a uma figura de uma mitologia anterior – na Grécia, a dos pelasgos e na Índia, a dos dravidianos –, a demônios que outrora tinham simbolizado a força da própria ordem cósmica, o mistério oculto do tempo, que devora as façanhas heroicas como se fossem poeira: tinham simbolizado a força da serpente imortal, mudando de vida como de pele, que, impulsionada para diante volta de modo incessante ao seu ciclo do eterno retorno. Deve continuar dessa maneira para sempre, em ciclos por toda a eternidade, chegando a absolutamente nenhum lugar.

Contra esse símbolo do poder imortal encontramos o princípio guerreiro da grande façanha do indivíduo que arremessou seu raio, fazendo ceder – por um tempo – a antiga ordem de crença, bem como de civilização. O império minoico de Creta desintegrou-se, exatamente como na Índia a civilização das cidades gêmeas dravídicas, Harapa e Mohenjo-Daro. Entretanto, na Índia, a velha mitologia do poder da serpente em pouco tempo recuperou seu vigor, até que, por volta da metade do primeiro milênio a.C., já havia absorvido o espírito e o panteão inteiro dos deuses védicos – Indra, Mitra, Vayu e os demais –, transformando-os em meros agentes dos processos de seu próprio círculo de eterno retorno.[26] No Ocidente, por outro lado, o princípio de indeterminação representado pelo livre-arbítrio do herói historicamente eficaz não apenas conquistou, mas também firmou raízes, mantendo sua influência até o presente. Além do mais, a vitória do princípio do livre-arbítrio, juntamente com seu corolário moral de responsabilidade individual, estabelece a primeira característica distintiva da mitologia especificamente ocidental. Refiro-me não apenas aos mitos da Europa ária (gregos, romanos, celtas e germânicos), mas também aos mitos tanto dos povos semitas quanto árias do Levante (semitas, acádios, babilônios, fenícios, hebreus e árabes; persas árias, armênios, frígios, trácio--ilírios e eslavos). Quer pensemos nas vitórias de Zeus e Apolo, Teseu e Perseu, Jasão e os demais, sobre os dragões da Idade de Ouro, ou nos voltemos para a de

Jeová sobre Leviatã, a lição é a mesma. A de uma força autopropulsora maior que a do destino de qualquer serpente terrena. Todas são (para usarmos uma frase da Sra. Jane Harrison), "acima de tudo, um protesto contra a adoração da Terra e os *daimones* da fertilidade da Terra".

"O culto dos poderes da fertilidade, incluindo toda a vida vegetal e animal, é suficientemente amplo para ser forte e saudável", ela acrescenta, "mas como a atenção do homem centra-se cada vez mais em sua própria humanidade, uma tal adoração é obviamente uma fonte de perigo e doença".[27]

Bem, e assim é! Entretanto, não se pode deixar de sentir que há algo forçado, até mesmo não convincente, em todas as atitudes morais masculinas dos resplandecentes heróis justos, seja da doutrina bíblica ou da greco-romana; pois, por vingança ou compensação, a Vida Suprema – e com ela a profundidade e o apelo espirituais dos mitos nos quais eles figuram – continua latente junto às presenças obscuras da amaldiçoada e no entanto grávida terra. Essas presenças e seus poderes correspondentes, embora derrotados e subjugados, nunca foram totalmente absorvidos. Subsiste neles um resíduo de mistério. E esse mistério, em toda a história do Ocidente, esteve sempre subjacente, emanando dos símbolos arcaicos dos posteriores sistemas "superiores", como se dissesse silenciosamente: "Mas você não ouve o som mais profundo?"

Na lenda da Medusa, por exemplo, apesar de ser narrada do ponto de vista do sistema patriarcal olímpico clássico, a mensagem ancestral pode ser ouvida. Os cabelos da Medusa, Rainha das Górgonas, eram serpentes silvantes. Seu olhar transformava os homens em pedras. Perseu matou-a com astúcia e fugiu com sua cabeça no embornal; mais tarde Atena fixou-a em seu escudo. Mas do pescoço cortado da Górgona surgiu o cavalo alado Pégaso, que fora gerado pelo deus Posídon, e logo atrelado à carruagem de Zeus. E com a assistência de Atena, Asclépio, o deus da cura, recolheu o sangue da Medusa, tanto das veias do seu lado esquerdo quanto do direito. Com o primeiro ele mata, mas com o segundo cura e traz de volta à vida.

Assim como os dois poderes coexistiam em Medusa, o mesmo ocorre com a deusa negra Kālī, da Índia. Com a mão direita concede benefícios, com a esquerda empunha uma espada. Kālī dá à luz todos os seres do Universo, embora sua língua longa e vermelha espiche-se para lamber seu sangue. Ela usa um colar de caveiras. Seu saiote é feito de braços e pernas cortadas. Ela é o Tempo Negro, tanto a vida quanto a morte de todos os seres, o útero e túmulo do mundo. A primeira e única realidade suprema da natureza, de quem os próprios deuses não passam de agentes funcionais.

Vejamos agora a curiosa lenda do sábio cego Tirésias, a quem até mesmo Zeus e Hera procuraram uma vez em busca de um veredito. "Insisto", tinha dito jocosamente o rei dos deuses à sua esposa, "vocês mulheres têm mais prazer em fazer amor do que os homens". Ela negou-o. E assim eles convocaram Tirésias; pois, em consequência de uma estranha aventura, ele tinha vivenciado os dois lados do amor.

"Um dia, enquanto caminhava no bosque", conforme Ovídio narra a lenda,

Tirésias golpeou com uma vara duas imensas serpentes que se acasalavam e (milagre!) foi transformado de homem em mulher. Viveu assim sete anos. No oitavo, viu as duas juntas novamente e disse: "Se golpeando-as obtém-se tal virtude que o responsável pela façanha é transformado em seu oposto, então vou golpeá-las novamente". Assim fez e sua forma anterior retornou, de maneira que recuperou o gênero de seu nascimento.[28]

Quando chamado a resolver a disputa entre o pai dos deuses e sua esposa, Tirésias sabia a resposta, portanto. E tomou o partido de Zeus. A deusa, irritada, deu-lhe um golpe que o deixou cego. O deus, em compensação, concedeu-lhe o dom da profecia.

Nessa lenda, as serpentes acasaladas, como as do caduceu, são o símbolo da força geradora do mundo que age através de todos os pares de opostos, masculino e feminino, nascimento e morte. Em seu mistério Tirésias tropeçou, enquanto vagava pelo bosque dos segredos da imortal deusa Terra. Seu golpe impulsivo colocou-o entre as duas, como o pilar central da figura 1 (*axis mundi*). Foi então arremessado para o outro lado por sete anos – uma semana de anos, uma pequena vida – sobre o qual não tinha nenhum conhecimento prévio. Lá, intencionalmente, voltou a golpear o símbolo vivo do dois, que em essência é um. Retornando à sua própria forma, tinha o conhecimento de ambos os lados: em sabedoria era superior tanto a Zeus, que era meramente macho, quanto à deusa, que era meramente fêmea.

O ponto de vista patriarcal é diferente da visão arcaica anterior, por separar todos os pares de opostos – macho e fêmea, vida e morte, verdadeiro e falso, bem e mal – como se fossem absolutos em si mesmos e não apenas aspectos da entidade maior da Vida. Podemos comparar essa perspectiva com a visão mítica solar, como oposta à lunar. A escuridão foge do sol como seu oposto, mas na lua a luz e a escuridão interagem numa mesma esfera. A cegueira de Tirésias foi resultante de uma comunicação da sabedoria lunar. Era uma cegueira para o mundo da luz do sol, onde todos os pares de opostos parecem ser distintos. E o dom da profecia era a visão correlata do olho interior, que penetra nas trevas da existência. Portanto, Tirésias surge como um visitante originário do estrato subliminal mais profundo da herança grega, para mover-se como uma presença misteriosa entre as personagens da esfera posterior dos deuses e mitos do Olimpo, que eclipsaram aquele estrato ancestral – sem conseguir suprimi-lo.

Já não citamos a serpente Zeus Meilichios? E não foi sob essa forma que Zeus teve relações sexuais com sua filha Perséfone, quando a deusa-terra Deméter, que a tinha parido, deixou-a numa caverna em Creta, protegida pelas duas serpentes que normalmente puxavam sua carruagem?

O leitor lembra-se, talvez, da lenda órfica citada no volume *Mitologia Primitiva*.[29] Ela narra que a deusa virgem estava sentada lá (na caverna), tecendo calmamente um manto de lã no qual haveria uma representação do Universo; sua mãe tramava para que Zeus descobrisse a sua presença. Ele se aproximou na forma de uma cobra imensa. E a virgem concebeu o eterno e imortal deus do pão e do vinho, Dioniso, que foi parido e nutrido naquela caverna, dilacerado até à morte, ainda bebê, e ressuscitado.

Comparativamente na lenda cristã, originária do mesmo pano de fundo arcaico, Deus Espírito Santo, na forma de uma pomba, aproximou-se da Virgem Maria. E ela, através da orelha, concebeu Deus Filho, que nasceu numa caverna, foi morto, ressuscitou e está presente, hipostaticamente, no pão e no vinho da Missa. Pois a pomba, não menos que a serpente, era um atributo e parceiro da Grande Deusa do Oriente pré-homérico, pré-mosaico. Na figura 11 ela é vista como Afrodite, cercada pelos devotos Eros, segurando uma pomba na mão esquerda.[30] Assim, no panorama mundial da mitologia, o Deus Pai da Trindade Cristã, o pai-criador de Maria, Deus Espírito Santo, seu esposo, e Deus Filho, sua criança morta e ressuscitada, reproduzem numa época posterior o mistério órfico de Zeus, na forma de uma serpente que gera, em sua própria filha Perséfone, o filho encarnado Dioniso.

Figura 11. Afrodite com numerosos Eros

A vitória das divindades patriarcais sobre as divindades matriarcais anteriores não foi tão decisiva na esfera greco-romana, quanto nos mitos do Antigo Testamento. Como Jane Harrison demonstrou, os deuses anteriores sobreviveram, não apenas perifericamente sob formas tão aberrantes como a de Zeus Meilichios, mas também nos ritos da esfera popular e nos cultos das mulheres. Em particular nos mistérios de Deméter e nos órficos, de onde numerosos elementos da herança passaram para o cristianismo – de maneira mais evidente nos mitos e ritos da Virgem e da Missa. Na Grécia os deuses patriarcais não exterminaram, mas desposaram, as deusas locais. Elas conseguiram por fim reconquistar influência, enquanto na mitologia bíblica todas as deusas foram exterminadas – ou, pelo menos, foram tidas como tal.

Entretanto, conforme podemos ler em cada capítulo dos livros de Samuel e Reis, os antigos ritos da fertilidade continuaram a ser realizados por todo Israel, tanto pelo povo quanto pela maioria de seus governantes. E no próprio texto do Pentateuco permanecem os sinais, contidos silenciosamente em símbolos, da sabedoria da antiga mãe-terra e seu esposo serpente.

> Jeová Deus disse à mulher: "Que fizeste?" E a mulher respondeu: "A serpente me seduziu e eu comi". Então Jeová Deus disse à serpente: "Porque fizeste isso és maldita entre todos os animais domésticos e todas as feras selvagens. Caminharás sobre teu ventre e comerás poeira todos os dias de tua vida. Porei hostilidade entre ti e a mulher, entre tua linhagem e a linhagem dela. Ela te esmagará a cabeça e tu lhe ferirás o calcanhar".

Assim Jeová amaldiçoou a mulher a dar à luz com dores e se submeter ao esposo – o que selou o patriarcado da nova era. E ele amaldiçoou também o homem que fora até a árvore e comera do fruto que ela lhe havia oferecido. "Com o suor de teu rosto comerás teu pão até que retornes ao solo, pois dele foste tirado. Pois tu és pó e ao pó tornarás." (Gênese 3:13-19)

Mas a terra, o pó, de onde o casal punido tinha vindo, era, sem dúvida, a deusa Terra, privada de suas características antropomórficas, embora retendo em seu aspecto elementar a função de proporcionar a substância na qual o novo esposo, Jeová, tinha soprado o alento de vida de seus filhos. E eles deveriam retornar a ela, não ao pai, na morte. Dela eles haviam sido retirados e a ela retornariam.

Como os titãs da fé anterior, Adão e Eva eram dessa maneira filhos da deusa-mãe Terra. Tinham sido apenas um no início, como Adão. Depois, tinham sido divididos em dois, como Adão e Eva. E o homem, repreendido, respondeu ao desafio de Jeová de uma maneira inteiramente apropriada ao seu caráter titânico. "O homem", lemos, "chamou sua mulher de Eva, por ser a mãe de todos os viventes". Como a mãe de toda vida, a própria Eva, então, tem que ser reconhecida como o aspecto antropomórfico perdido da deusa-mãe. E Adão, portanto, deve ter sido seu filho, além de seu esposo. A lenda da costela é claramente uma inversão patriarcal (que dá precedência ao macho) do mito anterior do herói nascido da deusa Terra, que retorna a ela para renascer. Sugerimos ver novamente as figuras 6 e 7.

Outrossim, como nas representações de Ningizzida da Idade do Bronze, com seus guardiões da serpente, temos evidências claras e apropriadas, em todo o texto bíblico, de que o Senhor Jeová era um aspecto do poder da serpente. Portanto, era o próprio esposo serpente da deusa serpente do caduceu, Mãe Terra. Vamos recordar, primeiramente, a vara mágica com a qual Moisés amedrontava o faraó. Jeová perguntou-lhe: "Que é isso que tens na mão?" E Moisés respondeu: "Uma vara". Jeová ordenou: "Lança-a na terra". Então ele a jogou no chão e a vara transformou-se em serpente. Moisés fugiu. Mas Jeová disse a Moisés: "Estende a mão e pega-a pela cauda". Então ele estendeu a mão e a pegou. A serpente transformou-se novamente numa vara.[31] A mesma vara mais tarde produziu água das rochas no deserto.[32] E quando as pessoas no deserto murmuravam contra Jeová, lemos:

> Então Jeová enviou contra o povo serpentes abrasadoras, cuja mordedura fez perecer muita gente em Israel. [...] Moisés intercedeu pelo povo e Jeová respondeu-lhe: "Faze uma serpente abrasadora e coloca-a em uma haste. Todo aquele que for mordido e a contemplar viverá". Moisés, portanto, fez uma serpente de bronze e a colocou em uma haste; se alguém era mordido por uma serpente contemplava a serpente de bronze e vivia.[33]

Somos informados no Livro Reis II que as pessoas continuaram a adorar esse ídolo serpente de bronze em Jerusalém, até o tempo do Rei Ezequias (719-691 a.C.) que, como nos dizem, "reduziu a pedaços a serpente de bronze que Moisés fizera, pois os filhos de Israel até então ofereciam-lhe incenso; chamavam-na Noestã".[34]

É para ficarmos perplexos, então, ao descobrirmos que o nome da tribo religiosa de Levi, os principais protagonistas de Jeová, provinha da mesma raiz verbal da palavra Leviatã?[35] Ou que quando, por fim, apareceram imagens do deus não representável, sua forma era a de um deus com pernas-serpente?*

III. ÚLTIMA TULE

Voltemo-nos agora para a Irlanda, onde a magia da deusa do reino da juventude sobrevive no imaginário até hoje. Na Idade Média, o feitiço místico de seu povo das montanhas encantadas derramou-se sobre a Europa, nas lendas da Távola Redonda do Rei Artur. Nelas, Gawain, Tristão e Merlin deram vida à antiga Fianna céltica e aos Cavaleiros do Ramo Vermelho, na armadura das Cruzadas. E, retrocedendo no tempo, a um período pouco estudado, cerca de 375 a 950, vemos que as próprias

---

* Ver figuras 25 e 26, adiante, págs. 228, 229.

narrativas épicas, de onde se originaram esses heróis, derivam de contos míticos já antigos.

Os primeiros habitantes da Irlanda, de quem permanecem vestígios, chegaram às suas praias durante aquele obscuro período pré-histórico entre a Antiga e a Nova Idade da Pedra, que é conhecido como Mesolítico. As geleiras tinham recuado, mas um ar frio, úmido e sombrio permaneceu, através do qual gaivotas sobrevoavam águas verde-acinzentadas, nas quais *icebergs* navegavam como navios. A vida ali era da foca, da morsa e da baleia. A grande era da caça paleolítica já pertencia a um passado distante, quando as maravilhosas cavernas pintadas do sul da França e norte da Espanha tinham sido os principais santuários religiosos do mundo. Na sua época, 30.000 a 15.000 a.C., nada havia, lugar algum da terra, comparável ou mesmo próximo delas.

Mas quando o gelo começou a se derreter durante os últimos estágios da glaciação Würm, havia ocorrido uma deterioração irreversível das condições da caça. A paisagem da tundra semiártica, que tinha suportado o mamute e o rinoceronte lanosos, o boi almiscarado e a rena, deu lugar, primeiramente, a planícies de pastagem onde imensos rebanhos de bisões, gado selvagem, cavalos e antílopes erravam. Mas, em seguida, as planícies deram lugar a florestas e o suprimento de carne reduziu-se drasticamente.

Muitos dos povos caçadores seguiram sua caça para o norte, para tornarem-se mais tarde – quando sua província diminuiu em riqueza – ancestrais daquelas tribos dispersas de caçadores e pescadores que ainda povoam o extremo norte. Outros, entretanto, permaneceram para tirar seu sustento não apenas da floresta, mas também do mar e suas costas. Já no período Magdaleniano, durante os últimos e prósperos milênios, a lança de pesca, o anzol e o arpão tinham surgido entre os instrumentos de caça. A pesca da baleia, da morsa e da foca, em frágeis barcos de madeira recobertos de couro, tinha sido desenvolvida e continua até o presente entre seus últimos herdeiros culturais: os esquimós. Mas, na sequência, tanto a paixão do homem pela vida quanto a deterioração das condições do campo europeu transformaram esse espaço em uma região marginal de um grosseiro povo de floresta remanescente.

Os centros da vida cultural tinham se transferido para o sul e sudeste, onde as planícies de pastagem da África Setentrional e do Sudeste Asiático, que hoje são em grande parte desertos, ainda sustentavam grandes rebanhos. Um mundo de ação floresceu ali, vividamente reproduzido nas pinturas em rochas (não mais nas cavernas, mas nas superfícies dos rochedos) do estilo capsitano da África Setentrional e sul da Espanha. O arco e a flecha apareceram pela primeira vez nessa arte juntamente com o cão, como companheiro de caça. E enquanto as pinturas anteriores do norte representavam basicamente animais selvagens, as desse período de arte capsitana – cerca de 10.000 a 4000 a.C. – foram na maior parte cenas humanas, num estilo narrativo fluente e vigoroso. Por outro lado, a vida pintada nessas cenas era primeiro de caçadores, mas depois também de tribos pastoris. Pois foi durante os estágios finais dessa última fase do Paleolítico que as artes da criação de gado e agricultura foram desenvolvidas naquela parte do Levante, da vasta região que é conhecida dos historiadores de hoje como Oriente Próximo nuclear.

Leo Frobenius foi o primeiro a usar os termos Deslocamento Pendular Oeste--Leste e Leste-Oeste para representar duas sucessivas correntes de difusão, respectivamente, das eras paleolítica (caça) e neolítica (agricultura). Em seu livro incansavelmente sugestivo, *Monumenta Terrarum,* ele escreve:

> Podemos dizer que, em geral, a transferência pendular de cultura nos tempos pré-históricos procedeu, no Paleolítico, de um ponto de partida na Europa ocidental, ao longo da costa sul do Mediterrâneo, em direção leste, através do Egito até a Ásia. Na Antiga Idade da Pedra, a corrente cultural moveu-se do Ocidente para o Oriente, ao sul das regiões antes cobertas pelas grandes geleiras. Então, seguiu-se (na Europa) um hiato cultural, interrompido quando do leste chegou uma corrente da Alta Idade do Bronze, infinitamente mais rica. Ela avançou tanto por terra, pela Europa oriental, quanto por mar, ao longo da costa norte do Mediterrâneo. Da Ásia Menor veio através do Egeu (cultura grega) para a Itália (Roma). Dali, seguindo mais para o oeste, floresceu no período Gótico (na França, Bélgica e Espanha), culminando no seu extremo oeste (na racionalista Inglaterra) com a preparação para a era atual de economia mundial. Em outras palavras: separado do anterior deslocamento pendular Oeste-Leste por um hiato, um posterior deslocamento pendular Leste-Oeste trouxe a corrente de culturas superiores.[36]

E numa obra subsequente sobre a África, Frobenius levou a observação adiante.

> Tanto geográfica como historicamente o Mar Mediterrâneo está dividido pela península da Itália e a Sicília em duas bacias, a oeste e a leste. Atribuindo a cada uma delas o nome da grande ilha em seu meio, podemos denominá-las, respectivamente, Mar da Sardenha e Mar de Creta. O destino do noroeste da África foi determinado, tanto pelas necessidades internas quanto pelas externas, por eventos nas regiões em volta do Mar da Sardenha. O destino da África levantina foi traçado pelas regiões em volta do Mar de Creta. [...] Durante o período Paleolítico Tardio, o centro de gravidade da cultura europeia estava no oeste: a Espanha, durante a vigência do estilo capsitano, esteve em estreitas relações com o noroeste da África, enquanto no muito anterior período Acheuliano, o noroeste da África e toda a Europa ocidental constituíam uma única imensa zona cultural. Exatamente da mesma maneira, pode-se notar que assim como o Mar da Sardenha estava relacionado com a Europa ocidental, o Mar de Creta estava relacionado com a Ásia ocidental.[37]

Em resumo: durante quase todo o período infindável da caça paleolítica, o noroeste da África e a Europa ocidental foram uma única e imensa província cultural – a nascente paleolítica, conforme Frobenius a denominou –, de onde um vasto deslocamento pendular Oeste-Leste levou as artes do homem da Antiga Idade da Pedra para a Ásia. No período posterior – mas muito mais breve e de rápida transformação cultural –, que conhecemos como Neolítico ou Nova Idade da Pedra, o sudoeste da Ásia e o nordeste da África tornaram-se fornalhas culturais criativas e a corrente recuou para a Europa, Leste-Oeste. Enquanto os primeiros registros mitológicos europeus de importância datam das cavernas paleolíticas de cerca de 30.000 a 15.000 a.C., os do Levante são do período Neolítico, cerca de 7500 a 3500 a.C.

No espírito europeu a força estruturadora nutre-se da longa formação de suas raças nas atividades da caça e, consequentemente, das virtudes do julgamento individual e da excelência independente. Ao contrário, no mais jovem porém culturalmente muito mais complexo Oriente Próximo, as virtudes da vida grupal e a submissão à autoridade foram os ideais incutidos no indivíduo que, em tal mundo, não é na verdade nenhum indivíduo – no sentido europeu – mas o componente de um grupo. E, como veremos, por toda a história conturbada da interação desses dois mundos culturais em seus movimentos pendulares alternados, o conflito insolúvel dos princípios do indivíduo paleolítico e do santificado grupo neolítico criou e manteve até hoje a situação tanto de reciprocidade criativa quanto de menosprezo mútuo.

Mas retornemos à Irlanda.

IV. O DIREITO MATERNO

A força particular e o caráter das contribuições da Irlanda ao desenvolvimento inicial do Ocidente derivaram do fato de – apesar de em todo o período Paleolítico a ilha ter permanecido desabitada –, bem no início da Idade do Bronze europeia-
-ocidental, por volta de 2500 a.C., ela ter-se tornado subitamente uma das fontes mais produtivas do cenário ocidental. A Bretanha, durante os tempos paleolíticos, fazia parte do continente, mas a Irlanda não. Portanto, foi apenas quando desenvolveu-se a arriscada aventura paleolítica tardia da caça marítima da morsa, da foca e da baleia, que a ilha pôde ser explorada pela primeira vez. Mas mesmo então não foi concretizado um assentamento permanente.

Os únicos remanescentes daquele período remoto são os já mencionados da era Mesolítica, e foram descobertos ao longo da costa nordeste de Antrim, em "praias elevadas" (atualmente cerca de 7,5 metros acima do nível do mar) em Larne, Kilroot e Portrush, assim como na ilha de Magee. E estranho é o fato de que, enquanto os artefatos dos três primeiros locais mostram afinidades com as culturas mesolíticas do Mar Báltico e do Norte, os da ilha de Magee, que pode ser vista de Larne, estão mais ligados às indústrias do norte da Espanha. Essas associações contrárias continuaram a contribuir para o destino da ilha.

Entretanto, os primeiros visitantes mesolíticos não foram eles próprios os criadores daquele destino. Quem eram eles, o que os levou à Irlanda, quando chegaram

– e por que desapareceram –, não sabemos. Nas palavras do Prof. R. A. S. Macalister, da Universidade de Dublin, por muitos anos presidente da Academia Real da Irlanda e da Sociedade Real de Antiguidades da Irlanda: "Sua memória pereceu com eles. Suas vidas, seus amores, seus ódios, sua fala, seus costumes e sistema social, suas mortes, seus deuses, tudo desvaneceu-se como em um sonho".[38]

A data de seu estabelecimento efêmero pode ser determinada apenas vagamente, como situando-se em algum período entre o término das eras glaciais no norte, cerca de 7800 a.C., e o surgimento, cerca de 2500 a.C., dos primeiros vestígios das Idades do Cobre e do Bronze. Com esse estabelecimento inicia-se propriamente a história da Irlanda e de todo o noroeste da Europa.

A força motivadora desse súbito desenvolvimento da Idade do Bronze deve ser encontrada no que o Prof. Macalister qualificou de principal causa da colonização de uma região de tão difícil acesso: qualificou-a de "impulsora" distinguindo-a da "expulsora". "Há", ele afirma, "tanto causas impulsoras quanto expulsoras para a colonização. Causas expulsoras são as que tornam o lar original temporária ou permanentemente inabitável – a pressão de uma invasão de inimigos, de condições climáticas adversas, ou outros fatores de desagregação. Causas impulsoras são as que tornam o novo lar atrativo. E sem dúvida o ouro, do qual a Irlanda era tida como possuidora de grandes reservas, era a principal atração que o país oferecia a invasores ou colonizadores".[39] O ouro jazia brilhando nos leitos dos rios, do mesmo modo que nos dias de garimpagem de ouro no selvagem Oeste Americano.

"A grande coleção de ornamentos de ouro no Museu Nacional", continua Macalister, "mostra que o ouro dos cascalhos dos rios era coletado de modo eficiente. Na verdade, os ourives da Idade do Bronze parecem ter exaurido o suprimento".[40] Reservas de cobre também eram encontradas em muitas partes da ilha, e esse era igualmente um metal de valor incalculável. O estanho, entretanto, outro ingrediente do bronze, não estava disponível facilmente, sendo que a mina mais próxima localizava-se na vizinha Cornualha britânica. Mas esse metal foi logo descoberto e explorado pelos irlandeses. De maneira que, mesmo no período da florescente Babilônia, do Império Médio Egípcio, de Troia e da Creta minoica, havia uma remota fundição secundária fincada lá, no longínquo e selvagem noroeste europeu, do qual afluiu uma exportação de ornamentos luniformes de ouro, um tipo particular de machado plano de cobre e posteriormente – quando o estanho já tinha sido descoberto – uma característica alabarda (arma antiga) de bronze.

Mas a questão de particular interesse para o estudioso de mitologia e da influência que exerceu a Irlanda, em todos os desenvolvimentos posteriores do saber mítico e lendário europeu, é que o período da criação do estilo cultural da ilha foi intermediário, em termos do tempo, entre o crepúsculo das grandes eras paleolíticas europeias e o alvorecer das ainda mais grandiosas eras patriarcais dos celtas árias, romanos e germânicos. A cultura era de uma ordem radicalmente diferente de qualquer uma das duas entre as quais surgiu. Tampouco seu período foi breve, pois durou de aproximadamente 2500 até por volta de 500-200 a.C., quando as primeiras tribos célticas portadoras do ferro chegaram e de cuja tradição religiosa os druidas eram os mestres. Sua ordem de mitologia e moralidade era da Idade do Bronze, da deusa-mãe e do matriarcado, e sua relação com o posterior sistema céltico patriarcal era semelhante ao do creto-egeu inicial com o olímpico clássico da Grécia.

Na verdade, mesmo nas lendas célticas tardias, são revelados muitos traços impressionantes de damas impudentes que preservaram os costumes daquelas épocas até o início da era cristã. Elas não eram em nenhum sentido esposas ao estilo patriarcal. Pois mesmo no apogeu da idade heroica céltica, cerca de 200 a.C. a 450 da era cristã, muitas das mulheres mais notáveis da nobreza irlandesa eram ainda de origem pré-céltica. E essas se comportavam à maneira soberba das matriarcas de outrora.

Há, por exemplo, o episódio da conversa de alcova da Rainha Meave de Connaught com seu esposo celta, Ailill de Leinster, na epopeia bizarra conhecida como "A Incursão do Gado de Cooley" (*The Cattle Raid of Cooley*).

O casal estava em paz na sua fortaleza de Cruachan quando, logo após ter se deitado no leito real, Ailill disse: "Mulher, é verdade o que diz o provérbio – a mulher de um bom homem é boa". Ela respondeu: "Sim, mas que importância tem isso para você?" Ele retrucou: "Porque você é uma mulher melhor hoje do que quando a desposei". Ela disse: "Eu era boa mesmo antes de ter-lhe visto". "Curioso, então", comentou ele, "que jamais tenhamos ouvido qualquer coisa do tipo, mas apenas que você depositava confiança nos seus ardis femininos, enquanto os inimigos nas fronteiras do seu reino pilhavam livremente seu butim e sua presa".

E foi então que Meave replicou como uma verdadeira rainha matriarca, não a esposa comprada de qualquer homem, mas a senhora de seu próprio reino – e do próprio rei, também, com todos os direitos reservados para si mesma que no patriarcado pertencem aos homens.

"Eu não era como você pensa", disse ela, "mas morava com meu pai Eochaid, Rei da Irlanda, que teve seis filhas. A mais nobre e adorada de nós todas era eu. Pois com respeito à generosidade, eu era a melhor; e com respeito à batalha, luta e combate, também eu era a melhor. Eu tinha diante de mim e à minha volta duas vezes mil e quinhentos mercenários reais, todos filhos de capitães, com dez homens para cada um e, para cada um desses, oito homens; para cada um desses, sete; para cada um desses, seis; para cada um desses seis, cinco; para cada um desses cinco, quatro; para cada um desses quatro, três; para cada um desses três, dois; e para cada um desses dois, um. Esses todos estavam ao meu serviço; eis porque meu pai deu-me uma de suas províncias da Irlanda. Ou seja, esta de Cruachan, onde estamos agora. Por isso eu sou conhecida pelo título Meave de Cruachan".

Que a Rainha Meave era uma senhora não apenas de seu próprio castelo, mas também da arte irlandesa de magnificação poética, surge do fato, conforme o Prof. Macalister observou, de que a corte ali especificava quantias de 40.478.703.000 pessoas, "ou um pouco mais do que três vezes toda a população da moderna Dublin, abarrotada em cada milha quadrada da Irlanda".[41] Tendo esclarecido esta questão, a rainha continuou.

"Em seguida", disse ao marido, "veio uma representação do rei de Leinster, Finn mac Rosa Rua, pedir por mim. Outra de Cairpre Niafer mac Rosa, rei de Tara. Uma do rei de Ulidia, Conachar mac Fachtna. E ainda outra de Eochu Beg. Mas eu os rejeitei. Pois eu era a que requeria um dote raro, como nenhuma mulher jamais havia exigido de nenhum homem de Erin: que meu marido fosse um homem sem um mínimo de mesquinharia, sem ciúmes e sem medo.

Se o meu marido fosse mesquinho, não daria certo, pois eu o sobrepujaria em liberalidade. Se fosse temeroso, também não daria certo, pois eu sozinha seria vitoriosa nas batalhas, disputas e rixas. Se fosse ciumento, tampouco daria certo, pois jamais fiquei sem um homem à sombra de outro. E eu consegui, na verdade, exatamente um marido assim: você, Ailill mac Rosa Rua de Leinster. Pois você não é mesquinho, nem ciumento e nem covarde. Além do mais, eu lhe dei presentes de casamento de grande valor, tal como convém a uma mulher: tecido para o vestuário de doze homens; um carro de combate no valor de três vezes sete jovens escravas; a largura do seu rosto em ouro vermelho, e bronze branco do peso de seu antebraço esquerdo. De maneira que se alguém o depreciasse, mutilasse ou enganasse, não haveria garantia ou compensação por sua honra aviltada, a não ser o que é meu: pois você vive nas barras da saia de uma mulher".[42]

Um dos mais proeminentes da geração de pioneiros eruditos célticos do século XIX, o Prof. H. Zimmer, pai,* observa em seu comentário sobre essa tirada da Rainha Meave que, entre os celtas das Ilhas Britânicas, a noiva era "compensada por sua honra violada" com um "presente matinal" de seu marido;[43] e que de um rei a compensação pela honra violada era "um prato de ouro tão largo quanto seu rosto", enrubescido pela vergonha.[44] Consequentemente, o ponto crucial da investida final de Meave residia, como observa Zimmer, em sua "completa inversão das condições que prevalecem sob um sistema inconteste do Direito Paterno".

> Meave (continua ele) toma para si um esposo, mas não da maneira como ocorre sob o patriarcado, em que a moça aceita o marido. Este, por sua vez, não é tampouco um desqualificado, mas sim um filho de rei, um irmão de reis, cujas posses não são, de fato, inferiores às dela. Ela relembra o dote de casamento estipulado. Oferece-lhe o presente matinal como *Pretium virginitatis* e, exatamente como sob o patriarcado o homem reserva-se o direito de ter concubinas, Meave reivindica seu direito, como condição de seu contrato matrimonial, de ter "amigos da casa": um homem à sombra de outro. O que suas palavras representam não é um exagero expresso sob o calor de uma discussão, mas uma proclamação das regras básicas, tacitamente reconhecidas por Ailill e claramente ilustradas nas atitudes dela.[45]

---

* H. Zimmer (1851-1910). Não confundir com seu filho de mesmo nome, o notável sanscritista, Heinrich Zimmer (1890-1943), a quem citei no volume *Mitologia Oriental*. Para impedir que sejam confundidos, denomino o mais velho H. Zimmer e o mais jovem de Heinrich Zimmer.

Continuando com a nossa história, quando Ailill tinha sido dessa maneira ofendido, apelou para uma contagem comparativa das propriedades. E diante da vista dos dois desfilaram primeiramente suas canecas e cântaros, recipientes de ferro, vasos, tinas e barris de cervejeiro; anéis e braceletes, vários broches ornamentais, anéis para o polegar e vestuários de cor carmesim, azul, negro e verde, amarelo, xadrez, multicolor e listado. Em seguida, seus numerosos rebanhos de ovelhas foram trazidos das pastagens, pradarias e campos abertos, descobrindo-se serem iguais em número; fez-se o mesmo com os cavalos e também com as varas de porcos. Entretanto, quando os animais desfilavam, foi percebido que, apesar de serem iguais em número, havia entre os do rei um certo touro chamado O-de-Chifres-Brancos, que tinha sido um bezerro entre as vacas de Meave mas que, não desejando ser governado por uma mulher, tinha fugido e tomado seu lugar entre o rebanho do rei. Seu equivalente em tamanho e majestade não havia entre os principais touros do rebanho dela. Quando ficou evidente a desigualdade, a rainha sentiu como se todo o seu rebanho não tivesse valor algum.

A Rainha Meave perguntou a seu arauto, Mac Roth, se havia em qualquer província da Irlanda um touro de valor equivalente ao de O-de-Chifres-Brancos. "Conheço um duas vezes melhor e mais excelente", respondeu, "do rebanho de Daire mac Fachtna, em Cooley, que é conhecido como O-Marrom-de-Cooley".

"Vá", ordenou então Meave, "e peça a Daire que me empreste o touro por um ano. No final desse ano o pagamento do empréstimo será feito com o próprio touro e mais cinquenta novilhas. Se alguém naquela região pensar mal por ele emprestar aquela coisa extraordinária, bem, então que Daire venha com seu touro e eu lhe concederei uma propriedade do tamanho igual ao de sua terra, além de uma carruagem com o valor de três vezes sete jovens escravas. E ele terá, além do mais, a amizade de minhas próprias coxas".

Uma comitiva de nove emissários cruzou a ilha de Connaught, do oeste até Cooley no nordeste. Quando Daire ouviu que se chegasse com o touro teria uma propriedade de tamanho igual à que tinha agora em Cooley, além de uma carruagem no valor de vinte e uma jovens escravas e a amizade, ainda, das coxas da própria Meave, "ele ficou tão contente", lemos, "que se jogou na cama de tal maneira que as costuras do colchão rebentaram-se".[46]

O resto da lenda fica para depois. A única questão que interessa no momento é que tanto a arqueologia quanto a literatura antiga da Irlanda demonstram que os celtas patriarcais, portadores do ferro, que se tornaram senhores durante os últimos três ou quatro séculos a.C., superaram mas não extinguiram uma civilização anterior, da Idade do Bronze, do Direito Materno. A situação parecia-se com a da subversão, pelos gregos dórios portadores do ferro, da ordem da Idade do Bronze do mundo creto-egeu – cujos mitos e ritos, entretanto, permaneceram.

E como revelou a obra da Sra. Jane Harrison, já citada, muitos dos mais conhecidos mitos homéricos eram, na realidade, fragmentos da mitologia pré-homérica reinterpretada. Também nos festivais rurais, ritos femininos e cultos de mistério do mundo clássico sobreviveram ocultos – e às vezes nem tão ocultos – sob as superfícies olímpicas ensolaradas, um obscuro – e para nós mesmo apavorante – estrato de ritual e costumes arcaicos.

De maneira comparável, nas epopeias da antiga Irlanda, os reis guerreiros celtas e seus brilhantes combatentes em carruagens moviam-se numa paisagem ocupada por invisíveis fortalezas mágicas, onde habitava uma raça de seres de uma era mitológica anterior: os fantásticos Tuatha De Danann, filhos da Deusa Dana, que se retiraram, quando derrotados, para as colinas encantadas de cristal. E esses são, até hoje, os próprios povos do Sídhe ou Shee, o Exército de Duendes, a Parada de Duendes do campesinato irlandês.

"Quem são eles?", pergunta o poeta Yeats. E dá uma trilogia de respostas: "Anjos caídos que não eram suficientemente bons para serem salvos, tampouco suficientemente maus para serem condenados", dizem os camponeses. "Os deuses da terra", diz o Livro de Armagh. "Os deuses da Irlanda pagã", dizem os antropólogos, "os Tuatha De Danann que, quando não mais adorados e alimentados com oferendas, definharam na imaginação popular e têm agora apenas alguns palmos de altura". Mas ele acrescenta: "Não pensem que os duendes são sempre pequenos. Tudo é inconstante neles, mesmo seu tamanho".[47]

CAPÍTULO 2

A CONSORTE DO TOURO

I. A MÃE DE DEUS

Pode a Notre Dame de Chartres ser a mesma que a Nuestra Señora de Guadalupe? Nenhum católico hesitaria em ajoelhar-se e orar diante de qualquer uma das imagens: "Santa Maria, Mãe de Deus, rogai por nós pecadores, agora e na hora de nossa morte".

Porém, o antropólogo comum – vindo como se fosse de Marte – para quem as teorias de difusão são anátemas e todas as comparações interculturais metodologicamente são irrelevantes, correria o risco de retornar a seu planeta de puras ideias com duas refinadas monografias totalmente diferentes. Uma tratando de uma deusa francesa local e outra, de uma deusa mexicana local, funcionalmente servindo a duas ordens sociais diversas. Veria que a Nossa Senhora de Chartres mostra a influência de um santuário da Vênus galo-romana, da qual a evidência aparece no culto da Madona Negra, observada na cripta da atual catedral construída do século XII ao XVI. E que a Nossa Senhora de Guadalupe é claramente de origem ameríndia. Sua aparição ocorreu – ou assim alegam todos os informantes nativos – apenas uma década após a derrota de Montezuma, no local de um antigo santuário, talvez dedicado à grande deusa-serpente Coatlicue. Tudo isso, é claro, seria verdade, mas assim mesmo não suficientemente verdadeiro.

Levemos, portanto, a questão adiante: pode a Virgem Maria ser a mesma que Vênus-Afrodite, ou que Cibele, Hátor, Ístar e as demais? Pensamos nas palavras da deusa Ísis dirigidas a seu iniciado Apuleio, cerca de 150 d.C., citadas no início do volume I desta coleção, intitulado *Mitologia Primitiva*:

> Sou aquela que é a mãe natural de todas as coisas, senhora e soberana de todos os elementos, a progênie original dos mundos, principal dos poderes

divinos, rainha de todos os que estão no inferno, comandante daqueles que habitam o céu, manifestada unicamente sob a forma de todos os deuses e deusas. À minha vontade disponho os planetas do céu, os saudáveis ventos marítimos e os silêncios deploráveis do inferno; meu nome, minha divindade é adorada por todo o mundo, de diversas maneiras, em costumes variados e por muitos nomes.

Pois os frígios que são os primeiros de todos os homens chamam-me Mãe dos deuses do Pessinus; os atenienses, autóctones, de Minerva Cecrópia; os cipriotas, cingidos pelo mar, de Vênus Pafiana; os cretenses sagitíferos, de Diana Dictina; os sicilianos, que falam três línguas, de Prosérpina Estígia; os nativos de Elêusis, de Ceres Acteana; para alguns Juno, para outros Belona e outros Hécate, para outros ainda Ramnúsia. Já ambos os tipos de etíopes que habitam o Oriente e são iluminados pelos raios do sol da manhã e os egípcios, excelentes em todas as espécies de doutrinas antigas e acostumados a adorar-me em suas próprias cerimônias, chamam-me pelo meu verdadeiro nome, Rainha Ísis.[1]

Nenhum bom católico ajoelhar-se-ia diante de uma imagem de Ísis. Mas todos os motivos míticos atribuídos dogmaticamente a Maria, como ser humano histórico, pertencem também – e pertenceram na época e local do desenvolvimento de seu culto – àquela deusa-mãe de todas as coisas, de quem tanto Maria quanto Ísis foram manifestações locais: a mãe-esposa do deus morto e ressuscitado, cujas primeiras representações conhecidas têm que ser atribuídas a uma data no mínimo tão antiga quanto por volta de 5500 a.C.*

É costume, em cultos devocionais, limitar-se a visão do devoto a uma única manifestação local, que então é venerada como única ou como a forma original – "mais verdadeira" – da divindade representada. Mesmo na Índia, dos lábios de um importante pregador da unidade das religiões, Ramakrishna (1836-1886), lemos as seguintes palavras, aconselhando a um devoto: "Tu deves reverenciar, sem dúvida, todas as tradições. Mas há uma coisa chamada devoção constante a um ideal. É verdade que deves ter consideração por todas. Mas tu tens que amar a um ideal com toda a tua alma. Essa é devoção constante". E ele deu como ilustração uma passagem da história de Kṛṣṇa e as Gopis.[2] "As Gopis tinham uma devoção tão direcionada ao vaqueiro Kṛṣṇa de Vrindavan", disse, "que não se interessavam pelo Kṛṣṇa de turbante de Dwaraka".[3]

---

* Depois da publicação do volume *Mitologia Primitiva*, primeiro desta coleção, uma descoberta radical ocorreu na arqueologia do sudoeste da Anatólia (Turquia), onde uma cultura aldeã neolítica desenvolvida, datando de cerca de 7000 a.C., foi fundada em Hacilar. Objetos de cerâmica, inclusive uma série vívida de estatuetas naturalistas da deusa-mãe, aparecem ali num estrato datado de cerca de 5700-5400 a.C. Sugerimos ver James Mellaart, "Excavations at Hacilar: Fourth Preliminary Report, 1960", *Anatolian Studies*, Vol. XI, 1961; também de Mellaart, "Hacilar: A Neolithic Village Site", *Scientific American*, Vol. 205, nº 2, agosto, 1961.

Entretanto, tem-se que reconhecer uma distinção entre os fins e os meios da devoção e da ciência. Com relação à última, não há razão para temer-se uma demonstração de que as formas locais provenham de outras, mais gerais. É simplesmente um fato – lide-se com ele como se quiser – que a mitologia da mãe do deus morto e ressuscitado foi conhecida, por milênios, no Levante neolítico e pós-neolítico. Sua relação com o culto paleolítico anterior da deusa nua, da idade da caça do mamute, não está clara.[4] Mas não há nenhuma dúvida com respeito à continuidade óbvia dessa mitologia, desde o Oriente Próximo nuclear (cerca de 5500 a.C.) até Guadalupe (1531 d.C.)

Em todo o mundo antigo, da Ásia Menor ao Nilo e da Grécia ao Vale do Indo, abundam as estatuetas, nas mais diversas posturas, da forma feminina nua da deusa que a tudo suporta e tudo abrange: suas duas mãos oferecendo os seios; a mão esquerda apontando seus genitais e a direita oferecendo o seio esquerdo; amamentando ou acariciando um menino; de pé, ereta entre animais; braços estendidos portando símbolos – caules, flores, serpentes, pombas. Tais estatuetas estão, além do mais, relacionadas com bem conhecidos mitos e cultos da Grande Deusa de muitos nomes da Idade do Bronze. Um de seus mais famosos templos está precisamente em Éfeso onde, no ano 431 d.C., o dogma de Maria como *Theotokos*, "Mãe de Deus", foi proclamado em Concílio.

Naquela época, as religiões pagãs do Império Romano estavam sendo implacavelmente suprimidas: templos fechados e destruídos; sacerdotes, filósofos e mestres banidos e executados. E assim ocorreu que no final, e até hoje, Maria, Rainha dos mártires, tornou-se a única herdeira de todos os nomes e formas, sofrimentos, alegrias e consolações da deusa-mãe no Mundo Ocidental: Sede da sabedoria... Vaso honorífico... Rosa mística... Casa de ouro... Porta do Céu... Estrela da manhã... Refúgio dos pecadores... Rainha dos Anjos... Rainha da Paz.[5]

II. AS DUAS RAINHAS

A visão da deusa exibida na figura 12 é de um sinete cretense de aproximadamente 1500 a.C., encontrado por Sir Arthur Evans entre as ruínas do palácio labiríntico de Cnossos. A antiga civilização de Creta é de especial importância para o nosso estudo, pois representa o primeiro grande centro das formas desenvolvidas da Idade do Bronze dentro da esfera europeia. A ilha, como observou Frobenius, está na zona de influência levantina e o período do apogeu de seus palácios, entre cerca de 2500 e 1250 a.C., foi exatamente o das cidades de Harapa e Mohenjo-Daro[6], no Vale do Indo.

No sinete, a deusa, com a lança empunhada, está sobre uma montanha flanqueada por leões. Atrás dela há um edifício, tendo nas suas arquitraves os característicos "chifres de consagração" de todos os santuários cretenses. À sua frente, numa postura que por outras imagens sabemos que significa adoração, está um jovem. É possivelmente um deus (seu filho e esposo morto e ressuscitado), talvez um jovem

Figura 12. A Deusa da Montanha do Mundo

rei cretense (que, se Frazer está certo,[7] era sacrificado, de fato ou simbolicamente, no final de cada ciclo solar de Vênus de oito anos)* ou, também é provável, um simples devoto.

Sir Arthur Evans, a cujos esforços realizados durante o primeiro quarto do século XX devemos a redescoberta da civilização cretense, sustenta nos seis volumes de sua obra monumental, *The Palace of Minos*[8] [O Palácio de Minos], que as numerosas imagens da deusa descobertas durante suas escavações representam, para citar suas próprias palavras, "a mesma Grande Mãe com seu Filho ou Consorte, cujo culto, sob variados nomes e títulos, estendia-se por uma vasta parte da Ásia Menor e além das regiões da Síria".[9] O Prof. Martin P. Nilsson, de Lund, por outro lado, cuja *History of Greek Religion* [História da Religião Grega], é hoje a obra-prima inigualável em seu domínio[10], rejeita a visão de Evans, aconselhando cautela. Eis sua advertência:

> A deusa com a lança empunhada, sobre uma montanha simetricamente flanqueada por dois leões, de fato assemelha-se à Senhora dos Animais armada. Mas a representação da montanha sugere, de maneira constrangedora, μήτηρ, "a Mãe Montanha", Cibele da Ásia Menor, acompanhada de leões. Por sua vez, a identificação de Cibele com Reia, que deu à luz Zeus em Creta, pareceria apoiar sua associação com essa ilha. A deusa do sinete tem sido, por isso, prontamente identificada com a Grande Mãe da Ásia Menor. Contudo, um fato

---

* Vênus precisa de 584 dias para completar um ciclo de fases (um período sinódico). Cinco de tais ciclos (584 x 5 = 2920 dias) perfazem oito anos (365 x 8 = 2920 dias). Consequentemente, Vênus requer oito anos para retornar ao mesmo ponto do zodíaco em que é mais brilhante.

a ser levado em consideração é que muitos séculos (mas para Hesíodo, um milênio completo) estendem-se entre essa figura e nossas histórias da Grande Mãe. Sem prejuízo para a possível, ou provável, relação étnica entre a Creta minoica e a Ásia Menor, seria prudente não atribuir à deusa minoica traços da Grande Mãe conhecida pela primeira vez, por nós, a partir do período histórico. Seria mais sensato simplesmente nos restringirmos à observação de que nosso sinete mostra uma deusa de natureza parecida ou relacionada com a da Ásia Menor, pois nos séculos intermediários o caráter da última pode ter-se desenvolvido ou alterado.[11]

Parece que seria prudente chamar a atenção para esse fato. Entretanto, nos anos que se seguiram desde que o Prof. Nilsson escreveu esse parágrafo, uma nova luz foi lançada sobre todo o cenário da Antiguidade. Nela, a visão de Sir Arthur Evans parece ter sido reforçada. Especificamente, em 1953 um jovem arquiteto britânico, o falecido Michael Ventris, decifrou a escrita Linear B cretense. O que descobriu foi que a grafia era a de uma língua grega primitiva.[12] Além do mais, embora os escritos tenham-se revelado meras notas contábeis, registrando, entre outros dados, oferendas feitas em templos, os deuses a quem as oferendas tinham sido dirigidas eram aqueles que, na tradição clássica grega, são associados com Creta. Por exemplo: "A Zeus de Dicta, óleo"; "A Dedálion, óleo"; "À Senhora do Labirinto, um jarro de mel".

Por outro lado, num local em terra firme da Grécia, hoje identificado como Pilo, a cidade-palácio micênica do Rei Nestor da *Ilíada*, surgiu um segundo plano das anotações do Linear B, falando de um grande número de oferendas ao deus grego do mar Posídon, "o Senhor (*posei*) da deusa-terra (*dās*)"[13]. Entre as oferendas estavam bois, carneiros, peles de ovelha, trigo, farinha e vinho, queijos, mel e ungüento, ouro e até mesmo seres humanos.[14] Tomamos conhecimento de uma tríade divina chamada "as Duas Rainhas e Posídon" e também "as Duas Rainhas e o Rei".[15] Descobrimos ainda que a cidade do Rei Nestor ficava próxima ao santuário de uma deusa conhecida como Potnia, "a Senhora", e que ali o rei tinha uma grande *temenos* ou propriedade.[16]

Estudiosos lembraram, nesse sentido, as palavras de Nausícaa, a filha do Rei Alcino dos navegantes feaces, na *Odisseia*. "Você encontrará", disse ela a Ulisses, "perto do caminho, um encantador bosque de álamos dedicado a Atena. Uma fonte emana dali. Uma campina existe à volta. Ali está a propriedade de meu pai e seu pomar repleto de frutos".[17]

Mas qual pode ter sido a relação de Potnia com o rei, ou de "as Duas Rainhas" com o rei, ou de "as Duas Rainhas" com o deus Posídon? E que significado terá tudo isso na nossa concepção do papel da deusa em Creta e, além de Creta, na Grécia clássica e fora dela?

Há uma placa de marfim procedente das ruínas de Micenas, mostrando duas mulheres sentadas com uma criança (figura 13).[18] A tríade é hoje interpretada, à luz do que se sabe a partir dos textos do Linear B, como representando as Duas

Figura 13. As Duas Rainhas e o Rei

Rainhas e o Rei, ou as Duas Rainhas e o Jovem Deus. "A placa de Micenas", afirma o Prof. Leonard Palmer, que trabalhou com Michael Ventris na decifração da escrita, "é amplamente considerada a mais bela representação da 'divina família' micênica. Mas há outra evidência de um tipo mais esquemático: uma série de figuras de terracota exibindo duas mulheres unidas como se fossem gêmeas siamesas, com uma criança acomodada em seu ombro comum. Essas duas têm sido interpretadas como representações da Deusa Gêmea com o Jovem Deus".[19]

Na mais antiga mitologia da Suméria de que se tem registro, o deus morto e ressuscitado Dumuzi-absu, "o Filho Legítimo do Abismo", estava relacionado com duas poderosas deusas; ou melhor, uma deusa em forma dupla. Ela era, de um lado, a deusa dos vivos e, do outro, a dos mortos. Como a primeira, ela era Inanna, a Rainha do Céu, que se tornou, na mitologia clássica, Afrodite. Como a segunda, ela era a terrível Rainha do Mundo Subterrâneo, Ereshkigal, que se tornou, na mitologia clássica, Perséfone. E o deus, que na sua condição de morto vivia com a última, mas em vida era amante da primeira, passou a ser na tradição grega Adônis. Observemos que na nossa figura a criança está passando de uma deusa para a outra.

Quase com certeza, no antigo sistema sumério, tal tríade, como a dessa placa micênica, teria representado Inanna e Ereshkigal com Dumuzi, ou seu sósia, o rei no qual seu espírito estava encarnado. Na Grécia clássica, teria sugerido a grande tríade dos Mistérios de Elêusis: Deméter (a deusa-mãe Terra), Perséfone (Rainha do Mundo Subterrâneo) e o jovem deus, seu filho adotivo Triptólemo (que foi certa vez um rei local).[20] Diz-se que o jovem deus trouxe ao mundo a oferenda de grãos de Deméter e, agora, como irmão adotivo de Perséfone, reina no reino dos mortos.[21]

Figura 14. Deméter, Triptólemo e Perséfone

Por comparação, a figura 14 é uma ilustração da tríade grega, a partir de uma antiga taça vermelha descoberta nos precintos de Elêusis.²² Deméter, à nossa esquerda, está entregando cereais ao seu protegido, Triptólemo, que por sua vez segura um "arado curvo" de maneira que sugere uma analogia básica entre arado e falo. Atrás dele está Perséfone, com duas tochas nas mãos, denotando seu papel de Rainha do Mundo Subterrâneo (sugerimos comparar com a figura 7). "A Mãe e a Virgem, na figura, são claramente distintas", afirma Jane Harrison, "mas quando ambas aparecem juntas é impossível dizer-se quem é quem. Deméter e Core (Perséfone) são duas pessoas, mas, não obstante, são uma única divindade".²³

Figura 15. A Árvore da Vida Eterna

A CONSORTE DO TOURO

Assim, uma continuidade razoavelmente estável parece ter-se estabelecido entre as duas deusas sumérias do mito do deus morto e ressuscitado, as Duas Rainhas dos registros do tardio Linear B cretense e as bem-conhecidas Mãe e Virgem, Deméter e Perséfone, dos Mistérios gregos de Elêusis, dos quais Sócrates fala no *Górgias*.[24] Em outras palavras, a visão de Sir Arthur Evans sobre a continuidade da mitologia da Grande Deusa, do Oriente Próximo nuclear à Creta minoica, e dos tempos de Minos aos clássicos, parece confirmar-se. Com isso em mente, podemos agora prosseguir com Evans rumo a uma visão mais profunda do simbolismo da deusa dual creto-micênica.

Há, felizmente, um documento expressivo, porém silencioso, no belo "Anel de Nestor", encontrado por um camponês num grande túmulo em forma de colmeia em Pilo (figura 15); um anel de ouro maciço, pesando 31,5 gramas, cuja datação, segundo Evans, deve ser por volta de 1550-1500 a.C. Eis a descrição:

> O campo do desenho está dividido em zonas [...] pelo tronco e pelos galhos horizontais de uma grande árvore [...] velha, retorcida e sem folhas. Ela tem as raízes espalhadas pelo cume de um monte ou colina, com o tronco erguendo-se no centro do campo e com galhos horizontais amplamente espalhados. [...] As cenas que os galhos dividem pertencem, na verdade, não à esfera terrestre, mas ao Mundo do Além minoico. Sugere uma analogia óbvia com Yggdrasil, o Freixo-Cavalo de Odin, e a antiga Árvore do Mundo escandinava.
>
> *Parte superior esquerda:*
> No primeiro compartimento da árvore pode-se reconhecer a Deusa minoica, sentada em animada conversa com seu companheiro habitual, enquanto acima de sua cabeça voejam duas borboletas. O significado simbólico dessas é enfatizado pelo aparecimento, acima delas, de dois pequenos objetos mostrando sinais de cabeças na ponta e com projeções semelhantes a ganchos do lado, nas quais podemos razoavelmente reconhecer duas crisálidas correspondentes. [...] Colocadas como estão ali em conexão com suas formas de pupa, é difícil explicá-las de maneira que não seja por uma alusão ao ressurgimento do espírito humano após a morte. Além do mais não cabe dúvida que se referem às duas figuras jovens que aparecem a seu lado no anel, e têm que ser entendidas como símbolos de sua reanimação com nova vida.
>
> O jovem, com longos cachos de estilo minoico, de pé atrás da Deusa, ergue o antebraço direito, enquanto a donzela de saia curta que está diante dele, de costas para o tronco, mostra-se surpresa com o encontro, erguendo ambas as mãos.
>
> [...] Vemos aqui, reunido pelo poder da Deusa em dar a vida e simbolizado pelas crisálidas e borboletas, um jovem casal que a Morte havia separado. O encontro pode, de fato, em vista da cena de iniciação representada abaixo, ser interpretado como a reunião permanente de um casal unido no Reino da Bem-Aventurança.
>
> *Parte superior direita:*
> No compartimento seguinte, à direita do tronco, o Leão sagrado da Deusa está

sentado numa atitude de repouso vigilante, numa espécie de banco, atendido por duas figuras femininas (embora em trajes masculinos), nas quais reconhecemos as representações das duas pequenas criadas da Deusa. O Leão da Deusa naturalmente manter-se-ia vigilante sobre os reinos de baixo.

O caráter religioso da cena é ainda intensificado pelo galho [...] a "hera sagrada" que emerge do tronco. (...A planta, cujos brotos nascem do tronco da Árvore do Mundo para dar sombra ao leão guardião dos reinos de baixo, deve ser identificada com a mesma "Hera Sagrada" que sobe pelas rochas escarpadas do ciclo de pinturas murais. As folhas em forma de coração e os ramos de flores nas extremidades estão claramente indicados. [...] É impossível não lembrar do Ramo Dourado que, quando colhido por Eneias, abriu-lhe a passagem para o Inferno (*Eneida* VI, 136 e seguintes). Mas sempre, quando arrancava um, outro ramo de ouro brilhante surgia em seu lugar...)

Parte inferior esquerda e direita:

A área inferior dos dois lados do tronco, abaixo dos galhos espalhados, desdobra uma cena contínua, parecendo que toda ela representa o exame iniciático dos que entram nos Salões dos Justos, no Tribunal do Grifo. No compartimento esquerdo, o jovem casal reaparece, como se estivesse dançando ao compasso de uma música, enquanto uma "dama-grifo" que está à direita do tronco os chama com gestos. Outra, no canto esquerdo, expulsa um intruso profano. À direita do tronco, além da primeira, duas outras "damas-grifo" – vestidas com a saia curta típica da primeira parte da Nova Época (cerca de 1550 a.C.), com as mãos elevadas em adoração – encabeçam a procissão para a figura que preside o tribunal.

Essa figura é um grifo alado da variedade mais benigna, de penas de pavão, sentado numa banqueta alta ou trono. Atrás dela encontra-se outra personagem feminina, em quem podemos reconhecer uma reprodução da própria Deusa. Uma característica proeminente do grifo – com cabeça de águia em sua origem em solo cretense – é seu olhar penetrante, que o qualifica aqui para seu posto de Principal Inquisidor. Abaixo, no monte ao pé da Árvore, entre brotos que parecem ser de capim, está deitado um monstro em forma de cão. É o precursor de Cérbero, mas que também pode ser comparado em um sentido mais amplo com a serpente-dragão – a repugnante Nidhogger – ao pé de Yggdrasil.[25]

A lição é suficientemente clara. E a imagem de uma vida após a morte, representada nessa cena, difere *toto coelo* do lúgubre Hades do período épico posterior. Sugere, por outro lado, as imagens clássicas mais geniais das Ilhas dos Bem-aventurados e Campos Elísios. Pensamos nos Bosques Felizes de Virgílio:

Largior hic campos aether et lumine vestit
Purpureo, solemque suum, sua sidera norunt. *

---

* "Aqui, um céu mais vasto envolve os campos com luz púrpura, e conhecem seu próprio sol, suas próprias estrelas." (*Enèida* VI, 640-641).

Pensamos, também, na antiga ilha-paraíso suméria, Dilmun, no meio do mar primevo. Lá, conforme relata um antigo texto cuneiforme de cerca de 2050 a.C.:

O leão não mata,
O lobo não devora o cordeiro...

A mulher de idade não diz: "Sou uma mulher de idade",
O homem de idade não diz: "Sou um homem de idade".[26]

É uma visão dos "Campos Elísios e fim do mundo", descrita pelo antigo deus do mar Proteus ao esposo de Helena, Menelau, no quarto livro da *Odisseia*. "É lá", conforme declara, "que está Radamanto dos cabelos loiros e que a vida é mais fácil para os homens. Não há neve, nem grandes tempestades, nem chuva. Mas há sempre o oceano a soprar a brisa penetrante do oeste para refrescar os homens".[27]

"A religião grega do período histórico", afirma o Prof. Nilsson, "desenvolveu-se a partir da fusão das religiões de duas populações de raças diferentes. De ambas sabemos infelizmente muito pouco. Uma diferença crucial pode ser sentida entre a religião emocional da população pré-grega, que parece ter sido marcada por uma tendência mística, e a religião comedida dos invasores indo-germânicos, que confiavam a seus deuses a proteção das leis não escritas da sua ordem patriarcal".[28]

Gostaria de levantar uma questão importante sobre essa observação, porque anuncia o que permanecerá em toda a extensão e amplitude da história das religiões no Ocidente como a principal conjuntura para uma sórdida e lamentável crônica de conflitos, vituperações, coerções e derramamentos de sangue. Pois na esfera levantina, bem como na grega, um contraste profundamente enraizado prevalece entre a religião pré-semita, pré-ária místico-emocional das populações agrárias neolíticas e da Idade do Bronze e, por outro lado, a "religião comedida" (vamos chamá-la assim por enquanto) dos vários povos guerreiros invasores, "que confiavam a seus deuses a proteção das leis não escritas [e posteriormente escritas] da sua ordem patriarcal". De fato, não apenas "sentimos", mas também experienciamos intensamente em nossas almas, e documentamos em cada período de nossa cultura, a força que mantém separadas em nós essas tendências contrárias. Mas o único ponto a ser ressaltado na presente parte deste capítulo é que não pertencem nem aos arianos patriarcais, nem aos semitas patriarcais, os geniais temas poéticos e místicos do mundo encantado de um paraíso nem perdido nem reconquistado, mas sempre presente no seio da Deusa-mãe, em cuja existência temos a nossa morte – bem como a vida – sem medo.

III. A MÃE DO MINOTAURO

Há no Museu da Universidade da Filadélfia uma significativa e fascinante tabuleta de terracota da antiga Suméria, de cerca de 2500 a.C. (figura 16). Exibe o touro lunar sempre vivo apesar de agonizante, consumido através do tempo pela águia solar com cabeça de leão. A vítima emana sinais ígneos de poder divino de seus quatro membros. Um sorriso calmo e beatífico irradia de seu semblante humano, emoldurado por uma grande barba quadrada característica na arte arcaica – tanto egípcia quanto suméria – desses animais divinos, normalmente serpente ou touro, que são símbolos do poder que fecunda a terra. E sua perna direita está situada justamente no centro de um monte que simboliza o pico da montanha cósmica sagrada que, como sabemos a partir de numerosos textos, é o corpo da deusa Terra.

Uma peça semelhante aos "chifres de consagração" cretenses marca a área de contato entre a terra receptiva e o deus que concede, cuja perna e casco estão firmados no centro, formando com ela uma espécie de tridente. O deus, nesta cena, está acima, pois é da lua acima, quando míngua, consumida pela luz do sol, que descem o orvalho restaurador da vida e a chuva fertilizante.

Mas há também água debaixo da terra. O deus creto-micênico Posídon, cujo animal é o touro e cujo atributo é o tridente, vive no mar, em fontes e nas águas debaixo da terra. De modo semelhante encontramos na Índia o deus Śiva, sendo o seu companheiro animal o touro, seu atributo o tridente e sua consorte Parvati, cujo

Figura 16 – Touro-Lua e Pássaro-Leão

nome significa "a Filha da Montanha", sendo seu animal o leão. Em um aspecto, Śiva é conhecido como o que vive com sua deusa no pico do Monte Kailasa. Mas ao mesmo tempo, é venerado principalmente no símbolo do *lingam* (falo), elevando-se das águas do abismo e penetrando a *yoni* (vulva) da deusa Terra. Śiva como "o Dançarino Cósmico" é exibido com o pé direito plantado firmemente nas costas de um anão prostrado, chamado Ignorância, e o esquerdo erguido em um chute transversal. Acredita-se que o significado dessa postura seja que com o pé direito o deus do tridente está dirigindo sua energia divina criativa para a esfera do nascimento mortal, e com o esquerdo revelando a liberação da roda do tempo. Não posso deixar de perguntar-me se uma ideia similar não poderia estar envolvida na postura das pernas dianteiras desse touro.

Nas tumbas reais de Ur, comentadas no volume *Mitologia Primitiva* desta coleção, uma cabeça prateada de vaca foi encontrada na câmara da sepultada Rainha Shub-ad. Já no complexo funerário de seu marido, A-bar-gi, a quem ela com toda a sua corte tinha acompanhado no túmulo (prática do satī)*, havia uma cabeça dourada de touro, com barba quadrada em lápis-lazúli, decorando a caixa de ressonância e suporte de uma pequena e bela harpa.[29] Sugeri que o som dessa harpa era simbolicamente a canção de chamamento do touro-lua, convidando a Rainha Shub-ad a acompanhar seu amado aos domínios da Rainha da Morte. O mito envolvido é o das Duas Rainhas e o Rei. E a música da harpa ornamental, a voz do touro, era a música daqueles mistérios nos quais a vida e a morte são conhecidas como uma só coisa.

O rito mesopotâmico para a substituição da pele de um timbale de culto, descrito pelo Dr. Robert Dyson Júnior, do Museu da Universidade da Filadélfia, fala tanto da importância do touro quanto da função da arte nos ritos do mundo antigo.

> A elegibilidade do touro estava estritamente definida: ele não podia estar marcado, não podia ter tufos brancos, devia ter chifres e cascos inteiros e ser negro como o piche. Era então levado para o que denominavam casa-*mummu* e posto numa esteira de junco, com as patas amarradas com corda de pelo de bode. Depois do sacrifício de uma ovelha, o ritual de "lavar a boca" era realizado pelo sussurro de um encantamento no ouvido do touro, por meio de um junco. Depois, ele era salpicado com resina de cedro. Era então purificado simbolicamente com um braseiro e uma tocha. Em volta dele era feito um círculo de farinha. Após outras recitações do sacerdote, era morto com uma faca. O coração era queimado com cedro, cipreste e um tipo especial de farinha, em frente do timbale. O tendão do ombro esquerdo era removido, por alguma razão não explicitada, e era tirado o couro do animal. Após isso, o corpo era envolvido num pano vermelho e enterrado voltado para o oeste. Eram então dadas instruções detalhadas para a preparação da pele, que eventualmente serviria de nova pele de tambor.[30]

* Satī era o nome de outra encarnação da eterna consorte de Śiva. Para o significado do nome, ver *As Máscaras de Deus: Mitologia Oriental*, págs. 58-60.

O touro lunar mítico, senhor do ritmo do Universo, ao som de cuja música todos os mortais dançam em um ciclo de nascimento, morte e renascimento, era relembrado pelos sons do tambor, instrumentos de corda e flautas de junco das orquestras dos templos. Os que compareciam eram colocados em harmonia com o aspecto da existência que jamais morre. Os traços beatíficos do touro – morto pelo pássaro-leão – impassíveis e enigmáticos como Mona Lisa, sugerem aos iniciados que ele tem a sabedoria que vai além da morte, além do tempo mutável. Por meio de sua morte, que não é morte, dá vida a todas as criaturas da terra, até mesmo quando assinala, com a pata dianteira levantada, o chifre esquerdo do símbolo mítico.

O símbolo aqui parece representar o plano de junção da terra e do céu, da deusa e do deus, que parecem ser dois, mas são em essência um. Como sabemos a partir de um antigo mito sumério, o céu (An) e a terra (Ki) eram no princípio uma única montanha indivisa (Anki), da qual a parte inferior, a terra, era feminina, e a superior, o céu, masculina. Mas os dois foram divididos (como Adão, dividido em Adão e Eva) por seu filho Enlil (na Bíblia, pelo "criador" deles, Jeová), quando surgiu o mundo da temporalidade (como ocorreu quando Eva comeu a maçã).[31] O casamento ritualístico e o conúbio devem ser entendidos como uma reconstrução do estado primal indiferenciado, tanto em meditação (aspecto psicológico) para o repouso do espírito, quanto em ato (aspecto mágico) para a fertilização e renovação da natureza. Deve-se também reconhecer que há um plano ou maneira de ser em que esse estado primal está sempre presente, embora para a mente e a visão diurnas tudo pareça o contrário. O estado do touro supremo, por assim dizer, é invisível: preto, preto como o piche.

Dessa maneira pode-se dizer que, justamente como na forma simbólica indiana do Śiva Dançante, também na tabuleta de terracota suméria é possível reconhecer uma manifestação da filosofia arcaica da Idade do Bronze (discutida no volume anterior desta obra) que sobrevive até hoje no Oriente. Na sua forma primária, não intencional, essa filosofia é devidamente comparável ao estado mental infantil denominado por Jean Piaget de "indissociação".[32] Em suas formas superiores, desenvolvidas, entretanto, ela foi a mais importante força criativa individual na história da civilização. Sua relevância é sentida imediatamente no êxtase místico último da não dualidade, ou identificação mítica. É simbolizada nas várias imagens do Segredo dos Dois Parceiros do antigo Egito, do Tao da China, Nirvana da Índia e do desenvolvimento da doutrina budista da Grinalda de Flores do Japão.[33] Há um toque dela também na imagem do paraíso reconquistado, na passagem frequentemente citada de Isaías (cerca de 740-700 a.C.):

> Então o lobo morará com o cordeiro, e o leopardo se deitará com o cabrito. O bezerro, o leãozinho e o gordo novilho andarão juntos e um menino pequeno os guiará. A vaca e o urso pastarão juntos, juntas se deitarão as suas crias. O leão se alimentará de forragem como o boi. A criança de peito poderá brincar junto à cova da áspide, a criança pequena porá a mão na cova da víbora. Ninguém fará o mal

nem destruição nenhuma em todo o meu santo monte, porque a terra ficará cheia do conhecimento de Jeová, como as águas enchem o mar.³⁴

Entretanto, aqui, a situação idílica é adiada para um dia por vir. Na visão anterior, ela existe agora, neste mundo como ele é. E é assim reconhecida pela iniciação espiritual. É a visão que está representada na tabuleta do touro lunar e do pássaro-leão solar. Mas está representada no plano da terra, também, pelo touro e pelo leão viventes que habitam no coração da Mãe Natureza em eterna paz, mesmo agora, enquanto representam seu monstruoso drama secreto da vida, que é chamado "Agora Você Me Come".

A expressão impassível e enigmaticamente beatífica do touro, na tabuleta de terracota, aparece também, *mutatis mutandis*, nas feições semelhantes a uma máscara do Śiva Dançante indiano. O deus tem um tambor na mão direita levantada, a batida do tempo, a batida da criação. Na palma da mão esquerda está o fogo do conhecimento da imortalidade, pelo qual os grilhões do tempo são destruídos. Śiva emana chamas, como as quatro patas do touro. E nos cabelos de Śiva a caveira da morte é usada como ornamento, ao lado da lua crescente do renascimento. Śiva é o Senhor dos Animais (*paśupati*). Também o é o grande senhor sumério da morte e do renascimento, Dumuzi-Tammuz-Adônis, cujo animal é esse touro beatífico. E ainda, Dioniso, o deus grego conhecido como Dançarino Cósmico – igual a Śiva – é tanto o touro dilacerado quanto o leão dilacerante:

> Apareça, apareça, seja qual for tua forma ou nome,
> Ó Touro Montanha, Cobra das Cem Cabeças,
> Leão da Chama Incandescente!
> Ó Deus, Animal, Mistério, venha!³⁵

Foi surpreendente, para muitos, quando o nome de Dioniso apareceu entre as palavras decifradas do Linear B.³⁶ E retornemos, portanto, com seu nome, até Creta.

No volume *Mitologia Oriental*, discuti a mitologia do rei-deus Faraó do Egito, que era chamado "o macho de sua mãe".³⁷ Após a morte, no monte de seu túmulo (o monte simbólico da deusa), ele era identificado como Osíris gerando seu filho. Quando vivo, sentado em seu trono (igualmente simbólico da deusa), ele era o filho de Osíris, Hórus. E esses dois, como representantes de toda a função mítica do morto – porém reencarnado – Rei do Universo, eram em substância um só. A deusa-vaca cósmica Hátor (*hat-hor*, a "casa de Hórus") estava postada sobre a terra de tal maneira que suas quatro patas formavam os pilares dos quadrantes, e seu ventre era o firmamento.

O deus Hórus, simbolizado como um falcão dourado, o sol, movendo-se de leste para oeste, entrou em sua boca ao anoitecer para nascer de novo na próxima alvorada. E era assim, de fato, em seu caráter supremo, o "macho de sua mãe". Enquanto de dia, como regente do mundo da luz, ele era uma ave de rapina de vista penetrante. Outrossim, o animal de Osíris, o touro, estava encarnado no sagrado touro Ápis, que era ritualmente morto a cada vinte e cinco anos. Liberava, assim, o próprio faraó da obrigação de um ritual regicida. E parece-me (embora não consiga encontrar ninguém que já tenha feito a sugestão) que o jogo ritual na arena de touros cretense deve ter exercido a mesma função para os jovens reis-deuses de Creta.

Temos uma série de representações de reis cretenses. Sempre exibem um jovem de mais ou menos vinte anos, não há nenhuma exibindo homem idoso. De maneira que pode ter havido um regicídio no final de cada ciclo de Vênus. A proeminência da arena de touros na arte ritualística de Creta sugere que uma substituição de ritual tenha sido feita.

O Prof. Nilsson considera esse jogo ritual destituído de importância religiosa.[38] Mas o desenho vívido da figura 17 parece-me contrariar sua opinião. Vemos um touro-homem – um Minotauro – atacado por um leão-homem. A analogia com o touro e o pássaro-leão da Suméria não pode ser negada. Na verdade, a dinâmica dessa pequena obra-prima de arte chega a sugerir a ideia de um ciclo infinito. Pois, como na Suméria, o mesmo ocorre em Creta: enquanto o leão era o animal do calor solar ardente, que tanto mata a lua quanto resseca a vegetação, o touro era o animal da lua: o deus minguante e crescente, por cuja mágica do orvalho noturno a vegetação é restaurada; o senhor das marés e das forças produtivas da terra, o senhor das mulheres, senhor do ritmo do útero.

Figura 17. O Minotauro e o Leão-homem

A CONSORTE DO TOURO

Na linguagem pictórica da mitologia, a imagem do Minotauro equivale à ideia do touro-lua com a do homem-lua ou rei-lua. Portanto, sugere que o lugar do rei pode ter sido tomado por um touro em Creta, como fora no Egito, no antigo ritual agrário da morte, dotada de vida, do rei-deus. Que os touros eram, de fato, ritualmente mortos na arena, parece ser evidente na figura 18, onde um matador sacerdotal está dando o golpe de misericórdia. O animal, em corrida desabalada, é aqui ritualisticamente morto. O matador e a espada, por assim dizer, estão realizando a mesma função que o pássaro-leão da Suméria, enquanto o touro está no seu papel padrão do deus que sempre morre e sempre retorna à vida: o senhor, Posídon, da deusa Terra.

Dessa maneira, uma visão do pensamento cretense emerge das ruínas, colocando-o no contexto bem conhecido da Idade do Bronze. Mas há uma ênfase particular no papel da fêmea, que o separa tanto das grandes civilizações clericais do Nilo e do Tigre-Eufrates quanto das posteriores civilizações gregas patriarcais.

Figura 18. O Sacrifício

Apesar das limitações impostas pela natureza da evidência (escreve o Prof. Nilsson), certos traços característicos da religião minoica emergem, em contraste com a dos gregos. Um é a preponderância de deusas e de oficiantes femininas de culto. As divindades masculinas são – ao contrário das femininas – muito raras. Imagens masculinas de culto estão totalmente ausentes. Nas cenas de culto as mulheres aparecem com muito mais frequência que os homens. E é provável que essa preponderância do sexo feminino seja responsável pelo caráter emocional da religião, que aparece particularmente em três cenas de culto. Os cultos mais claramente reconhecíveis são os da deusa serpente do lar e o da natureza em seus dois aspectos: o da Senhora e Senhor dos Animais e das Árvores. De que maneira estão relacionados com os santuários da natureza que foram descobertos, infelizmente se desconhece. E por último é preciso acrescentar a observação de que toda referência à vida sexual, todos os símbolos fálicos, abundantes e agressivos nas numerosas religiões – inclusive na religião histórica da Grécia – estão completamente ausentes na arte minoica.[39]

Evans também observou a decência e o decoro da arte minoica: "Desde a primeira até sua última fase", ele escreve, "nenhum único exemplo foi trazido à luz de qualquer tema de natureza indecorosa".[40]

A cultura, como muitos notaram, era aparentemente do tipo matriarcal. A graça e elegância das damas em suas belas saias de babados, em seus decotes generosos, belos penteados e suas festivas fitas nos cabelos, misturando-se livremente com os homens nas cortes, na arena de touradas – gesticulando encantadora e vividamente, tagarelando, até mesmo usando cintos atléticos masculinos para dar cambalhotas arriscadas sobre os chifres e costas dos touros – representam um refinamento civilizado que raramente conseguiu ser igualado desde então. Isto é algo que gostaria de deixar patente neste capítulo, como um desafio às altas pretensões das ordens morais soberbamente fálicas, sejam circuncidadas ou não, que viriam a seguir.

E um contraste não menos evidente separa o mundo cretense dos domínios monárquicos tanto da Suméria quanto do Nilo. Sua mitologia e cultura parecem representar um estágio anterior ao destas civilizações da Idade do Bronze: uma época mais benigna, moderada, anterior ao início do grande curso da história do mundo eurasiano, que é mais bem documentado pelas guerras e monumentos de triunfo de seus reis egoístas. Não havia nenhuma cidade murada em Creta antes da chegada dos gregos. Há poucas evidências de armas. Cenas de batalhas de conquistas reais não exercem nenhum papel na determinação do modo de vida. O estilo é de grande luxo e prazer, com ampla participação de todas as classes numa atmosfera cordial de bem-estar, e um vasto desenvolvimento de comércio lucrativo por mar a todos os portos do mundo arcaico, e mesmo – intrepidamente – para regiões muito além.

As datações da civilização cretense determinadas por Sir Arthur Evans foram alteradas por estudos posteriores, mas as principais linhas permanecem e, com as alterações que descobertas mais recentes sugeriram, podem ser sintetizadas conforme segue:

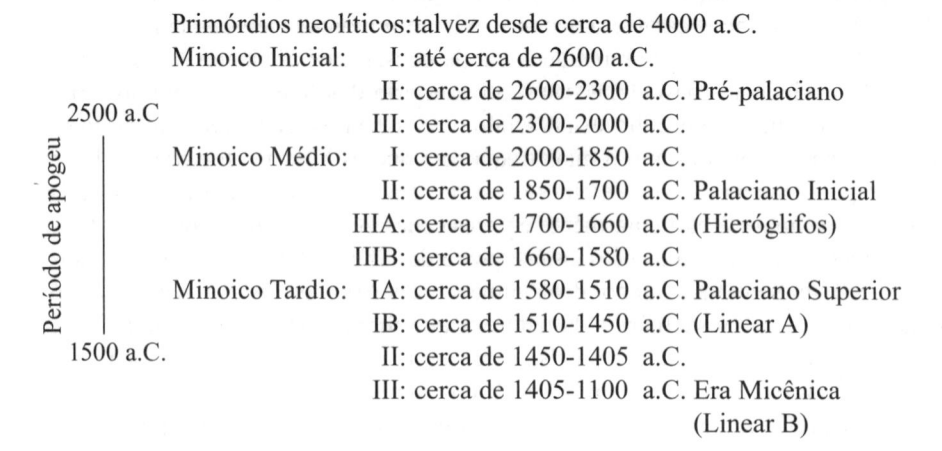

```
                        Primórdios neolíticos: talvez desde cerca de 4000 a.C.
                        Minoico Inicial:    I: até cerca de 2600 a.C.
                                            II: cerca de 2600-2300  a.C. Pré-palaciano
         2500 a.C                           III: cerca de 2300-2000 a.C.
                        Minoico Médio:      I: cerca de 2000-1850  a.C.
                                            II: cerca de 1850-1700 a.C. Palaciano Inicial
                                            IIIA: cerca de 1700-1660 a.C. (Hieróglifos)
                                            IIIB: cerca de 1660-1580 a.C.
                        Minoico Tardio:     IA: cerca de 1580-1510 a.C. Palaciano Superior
                                            IB: cerca de 1510-1450 a.C. (Linear A)
         1500 a.C.                          II: cerca de 1450-1405 a.C.
                                            III: cerca de 1405-1100 a.C. Era Micênica
                                                                        (Linear B)
```

Período de apogeu: 2500 a.C – 1500 a.C.

A CONSORTE DO TOURO

Todas as autoridades estão de acordo em que os estratos neolíticos devem ter sido originários da Ásia Menor. Por isso, as recentes escavações no sudoeste da Anatólia (Turquia) são de especial interesse. Seus objetos de cerâmica, que foram datados de cerca de 5500 a.C.*, podem representar o antecedente mais remoto conhecido do culto da deusa cretense. Incluem a estatueta de uma deusa nua sentada sobre leopardos aos quais acaricia; também uma tal deusa abraçada a um jovem adolescente; outra estatueta da deusa com uma criança no colo; e várias figuras femininas sozinhas, deitadas ou de pé – mas sempre tratadas (para citar as palavras do seu escavador, Prof. James Mellaart) "com admirável bom gosto e um domínio da modelagem desconhecido até o período clássico tardio".[41]

Por outro lado, na região vizinha chamada Táurea, onde o sudeste da Ásia Menor encontra-se com o norte da Síria, uma série abundante de estatuetas femininas surgiu por volta de 4500-3500 a.C., em associação com a cerâmica Halaf daquela região, lindamente pintada. Ali (conforme demonstrado no volume *Mitologia Primitiva*)[42], uma série de formas simbólicas surgiu pela primeira vez tornando-se mais tarde proeminente em Creta: a cabeça de touro (*bucranium*) vista de frente; o machado de lâmina dupla; o túmulo em forma de colmeia e imagens da pomba, bem como da vaca, da ovelha, da cabra e do porco.

Em *Mitologia Oriental*, segundo volume desta coleção, expus que os primeiros complexos de templos que se conhecem na história da civilização surgiram nessa região por volta de 4000 a.C. E que, por sua forma, sugeriam uma referência à genitália feminina, especificamente à matriz da deusa-mãe cósmica, a vaca. O leite das vacas sagradas, criadas dentro de seus recintos, era equivalente ao da própria deusa-mãe, cujo bezerro era o animal de sacrifício. E quando a cultura da aldeia agropastoril, da qual esse complexo de templo fazia parte, difundiu-se para o sul até as regiões lodosas da Mesopotâmia, cerca de 4000-3500 a.C., esse culto da vaca foi junto.[43] Mas ele também cruzou o Irã até a Índia, onde reapareceu no complexo da civilização do Vale do Indo, cerca de 2500 a.C., justamente na época do início, em Creta, do Minoico Inicial II.

Uma importante instituição de pesquisa italiana começou recentemente a escrever sobre um "complexo cultural mediterrâneo" que se estendia ao leste até o Indo, dominado pelos mitos e ritos da Grande Deusa e seu consorte.[44] O Prof. Nilsson escreve sobre esse grupo com um certo desdém.[45] Entretanto, é difícil imaginar como se poderia explicar de outro modo a ocorrência de uma única síndrome de formas simbólicas em duas paisagens tão diferentes quanto o mundo insular do Egeu e as planícies protegidas do norte da Índia. Como explicar concretamente a presença em ambas de uma deusa que é tanto benévola (como vaca) quanto terrível (como leoa), associada ao crescimento, nutrição e morte de todos os seres e, em particular, à vegetação. Ela que é simbolizada em todos os seus aspectos por uma

---

* *Supra*, pág. 45, nota.

árvore cósmica da vida, que é igualmente da morte, cujo consorte masculino é um deus que tem como animal o touro, e como símbolo o tridente. E com quem, além do mais, o minguar e crescer da lua está relacionado, em um contexto que apresenta numerosos vestígios de uma tradição de ritual regicida.

Minha visão é que as duas mitologias são extensões explícitas de um único sistema, do qual a matriz era o Oriente Próximo nuclear. O período de difusão precedeu o do surgimento dos grandes estados monárquicos sumério-egípcios da Idade do Bronze. E a força motivadora da vasta expansão era comercial: a exploração de matérias-primas e a troca. Na Índia, esse estilo de civilização comercial neolítico tardio declinou gradualmente, deixando suas contribuições primeiro à população primitiva e, em seguida, ao desenvolvimento superior védico ária.[46] De Creta, por outro lado, prosseguiu uma vigorosa expansão comercial que chegou, no período dos estágios Minoicos Médio e Tardio (Minoico Médio I ao Minoico II tardio), na direção noroeste até as Ilhas Britânicas. Pois uma conexão entre as esferas britânica e cretense foi definitivamente demonstrada.

Apresentamos a seguir uma visão sumária das datas e estágios britânicos, baseados em recente pesquisa arqueológica de Stonehenge pelo Prof. R. J. C. Atkinson, para ser comparada com a sequência cretense:

1. A CULTURA DE WINDMILL HILL, cerca de 2300 a.C.: primeiro neolítico das Ilhas Britânicas. Originária, em última instância, do leste mediterrâneo (Mar de Creta, de Frobenius), via Suíça, França e Ibéria. Grupos dispersos na costa sul: agricultores-pastores. Principais remanescentes: grandes recintos circulares de fortificações, com frequência compreendendo vários círculos concêntricos (por exemplo, em Windmill Hill, perto de Avebury), que podem ter sido currais de vacas. Também, sepulturas com três metros ou mais de altura, 30 a 100 metros de comprimento, contendo meia dúzia ou mais de corpos. Acampamentos, na maioria, temporários.[47]

2. OS CONSTRUTORES MEGALÍTICOS, cerca de 2000 a.C. Remanescentes: vastos túmulos compartimentados na costa oeste das Ilhas Britânicas.[48] Sepulturas, coletivas mas sucessivas, em contraste com os longos túmulos de Windmill Hill (correlação com os túmulos compartimentados irlandeses, e período de apogeu da exploração do ouro e cobre irlandeses, datados por Macalister em cerca de 2000-1600 a.C.).[49] A difusão megalítica parece ter-se originado do oeste mediterrâneo (Mar da Sardenha, de Frobenius) e ter atravessado a França, a costa da Biscaia, até a Bretanha e as Ilhas Britânicas. Sua relação com os remanescentes megalíticos da muito posterior Idade do Ferro do sul da Índia, cerca de 200 a.C. a cerca de 50 d.C., permanece obscura.[50]

2a. *Desenvolvimento nas Ilhas Britânicas de Culturas Neolíticas Secundárias:* transformações locais resultantes do impacto da chegada das culturas Windmill Hill e megalítica sobre a população nativa mesolítica-paleolítica. Monumentos "Henge": grandes, circulares, recintos fortificados, normalmente acessíveis por uma única entrada, rodeando um círculo de covas com corpos incinerados.

Por exemplo, Woodhenge: seis ovais concêntricos de buracos para postes sugerem a base de uma construção de madeira coberta. O esqueleto de uma criança com o crânio rachado foi encontrado enterrado no centro da estrutura.[51]

3. STONEHENGE I, *c*.1900-1700 a.C. A primeira de três fases sucessivas na construção da grande Stonehenge: aterro circular e covas; talvez alguma estrutura de madeira no centro. As covas, supôs-se, eram para sacrifícios devotados à terra (o sangue derramado de animais abatidos, possivelmente também de seres humanos: veja-se o esqueleto infantil de Woodhenge, mencionado acima).[52]

3a. *Chegada do Povo da Cerâmica Frisada e do Machado de Guerra, c.1775 a.C.:* complexo ária? Chegada na costa nordeste britânica pelo Mar do Norte. Pontos de partida desconhecidos: talvez a vasta região das planícies de pastagem que se estendem do Reno às estepes russas. Cerâmica ornamentada com impressões a corda (ver Japão: Jomon, isto é, estrato "frisado a corda", *c*.2500-300 a.C.).[53] Machados de guerra de pedra perfurada, desenvolvimento marcial e panóplia militar: chefes de clãs.[54]

3b. *Chegada do Povo da Cerâmica em Forma de Sino, c.1775 a.C.* Chegada na costa sudeste britânica, proveniente da região do Reno. Sepulturas individuais sob túmulos circulares. Culturas afins amplamente distribuídas na Europa central e sudoeste. Discos de ouro circulares ornamentados com uma cruz (referência solar?).[55]

4. STONEHENGE II, *c*.1700-1500 a.C. Segunda fase na construção da grande Stonehenge: um círculo duplo de setenta e seis buracos nos quais outrora havia monolitos de arenito acinzentado de tamanho médio (as posições das pedras foram alteradas durante a construção da Stonehenge III, mas a evidência da posição anterior é inquestionável). Tamanho das pedras: entre cerca de dois e quatro metros de altura; peso, até 6,5 toneladas. De interesse particular: a linha axial da entrada para o círculo (marcada por um arranjo de seis pedras adicionais, perfazendo um total de oitenta e duas) está voltada para o nascer do sol do meio do verão – o que indica uma mudança da orientação terrestre da Stonehenge I (covas sacrificiais: culto da deusa-terra?) para uma orientação celeste (pedras erguidas: divindades celestes e solares).

Além do mais: os monolitos de arenito acinzentado desse santuário tinham sido trazidos de uma montanha sagrada a 217 quilômetros de distância em linha reta; ou seja, desde Prescelly Top em Pembrokeshire, País de Gales, cujo "pico encoberto por nuvens", sugere o Prof. Atkinson, "deve ter parecido não menos a morada dos deuses do que o Monte Ida, a um viajante da planície cretense".[56] Essa montanha (com 586 metros) era visível aos comerciantes que transportavam artigos irlandeses de bronze e ouro, pelo sul das Ilhas Britânicas, para o continente. Outros elementos desse complexo cultural: modificações locais dos objetos de cerâmica em forma de sino; alabardas de cobre irlandês e outros objetos de equipamento bélico, sugerindo (para citar novamente o Prof. Atkinson) "uma aristocracia guerreira, envolvida intimamente com o comércio de produtos de metal".[57]

5. A CULTURA DE WESSEX, c.1500-1400 a.C. Sepulturas circulares (notavelmente nas proximidades de Stonehenge): sepulturas individuais abaixo de um monte circular, com frequência de altura considerável, cercado por uma vala, contendo numerosos ornamentos exóticos e armas. Uma comunidade aristocrática de poder e riqueza: intermediários no comércio irlandês de metal (ouro, cobre e agora também artigos de bronze) com o continente, tanto por terra quanto por mar, para e da Creta minoica e micênica. Importações de metal da Germânia e Boêmia. Colares de âmbar báltico (a Rota do Âmbar da Idade do Bronze estava agora em uso, do Báltico, por terra pela Europa central, até o Adriático). Objetos de ouro do Mediterrâneo. Contas de faiança egípcia.[58]

5a. STONEHENGE III, 1500-1400 a.C. O grande círculo de megalitos, 30 metros de diâmetro, com (originalmente) trinta pedras imensas: elas erguem-se até cerca de seis metros de altura, com um peso médio de 26 toneladas. Uma verga circundava o topo, fixada por um tipo de junta de espiga e encaixe usado também no portal posterior de Micenas. Dentro do círculo, uma ferradura de cinco conjuntos de três pedras abre-se em direção ao nordeste (solstício de verão), estando o mais alto oito metros acima do chão. E os arenitos acinzentados anteriores são agora rearranjados em duas séries, complementando os megalitos em um círculo e uma ferradura. Entalhes em pedra: adaga de um tipo encontrado nos túmulos em colunas de Micenas, 1600-1500 a.C.; lâminas de machado de um tipo de bronze irlandês importado, 1600-1400 a.C.; um retângulo simbólico da deusa-mãe.[59]

As datas britânicas equivalem perfeitamente às cretenses e, como o Prof. Atkinson (que certamente não é nenhum romântico, mas um cientista cauteloso) afirma, o monumento não é de maneira alguma uma obra primitiva, mas sugere de maneira indiscutível uma influência da Micenas contemporânea. Ele nos diz:

> Vimos que, por meio do comércio, os contatos com o Mediterrâneo tinham sido estabelecidos. A adaga de Stonehenge também pode ser vista, se se quiser, como apontando diretamente para a própria Micenas. Sabemos por Homero que os arquitetos, como os poetas dos quais ele próprio era um, eram homens sem lar, vagando de cidade em cidade. O que é então mais incrível? Que o arquiteto de Stonehenge tenha sido um micênico? Ou que o monumento fora projetado e erigido, com todos os seus detalhes exclusivos e sofisticados, por meros bárbaros?
>
> Suponhamos por um momento que isso seja mais que uma simples conjetura. Sob que circunstâncias, então, poderia um homem, versado nas tradições e perícias da arquitetura mediterrânea, encontrar-se trabalhando entre os bárbaros, no gélido extremo norte? Apenas, certamente, como funcionário experiente de algum príncipe micênico viajante de longas distâncias, *fortis ante Agamemnona*; ou às ordens de um bárbaro rei bretão, cuja voz e dons falavam suficientemente alto para serem ouvidos nas cidades do Mediterrâneo. [...]

Creio [...] que a própria Stonehenge é uma evidência da concentração de poder político, por um tempo pelo menos, nas mãos de um único homem que, sozinho, pôde criar e manter as condições necessárias para o seu grande empreendimento. Quem era ele, se nativo ou estrangeiro, jamais saberemos. Permanece sendo uma figura tão obscura e desimportante quanto o Rei Brutus da história medieval britânica. Porém, quem senão ele poderia dormir, como Rei Artur ou Barba-Ruiva, na calma escuridão de uma cripta de megalitos, sob a imensa montanha de Silbury Hill? E não é a própria Stonehenge seu memorial?[60]

Nenhuma palavra escrita chegou até nós daquela época há muito esquecida, quando toda a Europa vivia de um comércio praticado por homens corajosos, que empreendiam viagens arriscadas, produziam belos ornamentos, unindo por vínculos comerciais os mundos do cinzento Báltico e dos Mares do Norte com o azul brilhante dos caminhos marítimos do sul. Nem mesmo Creta, a ilha nuclear de toda essa atividade, permitiu-nos saber que lendas eram contadas, que preces eram entoadas nos santuários ou mesmo que línguas eram usadas. A escrita hieroglífica cretense do período Palaciano Inicial (cerca de 2000-1660 a.C. – Minoico Médio I a III A: Stonehenge I ao II Inicial) não foi decifrada. Tampouco o Linear A revelou o segredo do grande período de apogeu Palaciano ($c.$1660-1405 a.C. – Minoico Médio III B ao Minoico Tardio II: Stonehenge Tardio II e III). A opinião geral no momento parece ser que a língua do Linear A, bem como a da escrita hieroglífica anterior, eram provavelmente derivadas da esfera lúvio-hitita-ária da Anatólia.[61] Em outras palavras, representavam uma fase posterior da matriz cultural, da qual derivou-se o neolítico cretense.

Entretanto, um desafio a essa visão foi recentemente feito pelo Prof. Cyrus Gordon, da Universidade de Brandeis, que acredita ter detectado um vocabulário fenício-semítico-sírio nas tabuletas. A questão continua em aberto. De qualquer modo, a região geral de origem deve ter sido o grande vulcão cultural da região Táurea. Dela fluíam ondas e correntes da maior importância, em todas as direções, desde o remoto período das estatuetas da deusa da arte de Hacilar.

A língua do Linear B, por outro lado ($c.$1405-1100 a.C. – Minoico Tardio III), que era uma forma primitiva do grego, representa um período de invasão da Europa do norte: a época heroica micênica de Agamênon, Menelau, Nestor e Ulisses, os últimos dias do longo e produtivo ciclo mundial da deusa e o início da era mundial dos filhos guerreiros dos deuses. Na sequência britânica, registramos o surgimento de membros desse complexo bélico por volta de 1775 a.C. no povo da cerâmica frisada a corda e do machado de guerra e, provavelmente também, no povo da cerâmica em forma de sino, em cujos remanescentes temos verificado faz pouco tempo a mistura de raças árias com continentais pré-árias.[62] Observamos ainda, que no Stonehenge I as evidências anteriores a essa data sugerem uma orientação terrestre, com sacrifícios para a fertilização da deusa. No Stonehenge II, porém, a direção do santuário é para cima, para o céu e o sol, e com referência a um Monte

Olimpo local (Prescelly Top). É muito provável, portanto, que na metade do segundo milênio a.C. um processo de fusão das duas mitologias, da deusa e dos deuses, tivesse se iniciado no norte da Europa.

Na esfera creto-micênica, por outro lado, o culto da deusa era ainda soberano. Analogamente na Irlanda, onde o impacto dos patriarcais bandos guerreiros árias sofreu o filtro das Ilhas Britânicas, o culto anterior da deusa sobreviveu e chegou mesmo a se combinar de uma maneira fantástica com os deuses, heróis e loucas façanhas guerreiras de seus filhos.

Nesta obra estou enfatizando a era mundial e a ordem simbólica da deusa. As descobertas, tanto da antropologia quanto da arqueologia, atestam hoje não apenas um contraste entre os sistemas mítico e social da deusa e dos deuses posteriores, mas também o fato de que, em nossa própria cultura europeia, os sistemas dos deuses oprimem e ocultam os da deusa que, no entanto, continuam agindo como contraponto, por assim dizer, no inconsciente da civilização.

Psicológica e sociologicamente, o problema é de enorme interesse. Como todas as escolas de psicologia concordam, a imagem da mãe e da mulher afeta a psique de modo diferente do que a do pai e do homem. Os sentimentos de identidade estão mais diretamente associados com a mãe; os de dissociação, com o pai. Por isso, onde prepondera a imagem da mãe, mesmo o dualismo da vida e da morte dissolve-se no êxtase de seu conforto; os mundos da natureza e do espírito não estão separados; as artes plásticas florescem eloquentemente por si mesmas, sem necessidade de elucidação discursiva, alegoria ou finalidade moral; e prevalece uma confiança implícita na espontaneidade da natureza, tanto em seu aspecto negativo, mortal, sacrificial (leão e machado de dupla lâmina) quanto em seu aspecto produtivo e reprodutivo (touro e árvore).

Para concluir, então: o belo anel-sinete micênico da figura 19 pode representar nosso último santuário nas margens do caminho dessa deusa do primitivo Jardim da Inocência, antes de Nobodaddy* fazer rastejar o amante-serpente da deusa, e tornar inacessível para sempre a Árvore da Vida. Vemos no topo o sol e a lua minguante sobre vários traços que lembram a peça da tabuleta do touro lunar e pássaro-leão da figura 16. Marca a mesma linha divisória entre o terrestre e o celeste, com as mesmas duas presenças: a lua minguante e o sol assassino. Atrás da lua está uma pequena figura com um bastão na mão esquerda, um pouco à maneira da deusa com os leões da figura 12.

Esse pequeno personagem está coberto por um grande escudo micênico e sugere o aspecto guerreiro da deusa. A Atena grega posterior é também caracterizada por um escudo (do tipo circular, menor, levado no braço). E como o nome A-tha-na Po-ti-ni-ja (*Athenai Potniai*, "a Senhora de Atenas") aparece entre as

---

* Nobodaddy: palavra composta de *nobody*=ninguém e *daddy*=papai, empregada por James Joyce na obra *Finnegans Wake*. (Reprodução da nota da edição espanhola do livro *Máscaras de Deus – Mitologia Ocidental* traduzida por Isabel Cardona, Alianza Editorial.)

Figura 19. A Deusa do Machado Duplo

tabuletas do Linear B, é pelo menos possível que uma sósia primitiva da Atena clássica esteja representada aqui, no aspecto negativo, assassino da deusa. Sua mão direita aponta para uma série de seis cabeças de animais sacrificiais espalhadas à direita (esquerda do leitor) da figura, enquanto na outra margem, em compensação, está a abundante e viçosa Árvore da Vida, com uma pequena figura feminina saltando para apanhar seus frutos.

O centro do espaço é dominado pelo machado de dupla lâmina cretense, que aponta em duas direções: de um lado, para o sacrifício, de outro, para o seu benefício, a árvore. Pensamos na grande árvore da figura 15, com o grande tronco morto, mas galhos sempre vivos. O leão da deusa, naquele caso, era de um aspecto suave, protetor, como a morte parece ter sido vivenciada nessa cultura, como conduzindo à vida eterna. Também aqui ocorre o mesmo: a deusa do machado de dupla lâmina está sentada benevolamente sob a árvore. É abordada por duas devotas. À mão estendida da primeira ela oferece uma tríade de espigas de semente de papoula, enquanto com a esquerda ela levanta os seios. A pequena figura a seus joelhos, sem pernas, mas como se estivesse emergindo da terra, tem na mão esquerda um minúsculo machado de lâmina dupla e na direita um ramo de flores. Sumariza assim todo o tema, representando o ponto médio de equilíbrio entre a pequena figura descendente com o escudo micênico e a pequena ascendente apanhando frutas.[63]

Compare os dois poderes dos lados esquerdo e direito da Górgona, cuja cabeça, na arte clássica, está afixada no escudo de Atena*. Conforme vista na idade

---

* *Supra*, pág. 31 do primeiro capítulo.

pré-patriarcal, essa mesma deusa, em quem residem a vida e a morte, era ela própria o jardim mítico onde a Morte e a Vida – as Duas Rainhas – eram uma única. E para seu filho legítimo, Dumuzi (o Minotauro), cuja imagem de destino é o ciclo lunar, ela era o próprio Paraíso.

IV. A VITÓRIA DOS FILHOS DA LUZ

A paz e generosidade da deusa, propiciadas pelos ritos de sacrifício em seus bosques-templos, difundiram-se, a partir do Oriente Próximo nuclear, por uma faixa ampla, para leste e oeste, até as costas dos dois mares. Mas muitas das artes e benefícios de seu reinado difundiram-se também entre os povos selvagens ao norte e ao sul, os quais não se tornaram agricultores estabelecidos, mas sim pastores seminômades de vacas ou de ovelhas e cabras. Esses, por volta de 3500 a.C., tornaram-se perigosos para aldeias e cidades agrícolas. É que surgiam de súbito, em bandos invasores, saqueando e fugindo ou, o que era mais grave, permanecendo para escravizar. Eles provinham, como vimos, de duas grandes matrizes: as vastas planícies de pastagem do norte e do deserto sírio-árabe. Em torno de 3000 a.C., comunidades poderosas estavam sendo firmadas por tais invasores e, por volta de 2500 a.C., o controle da Mesopotâmia tinha passado definitivamente para uma série de homens fortes do deserto, dos quais Sargão de Acad (*c*.2350 a.C.) é o primeiro exemplo importante, e Hamurábi da Babilônia (*c*.1728-1686 a.C.) o segundo. Eles eram contemporâneos dos reis dos mares de Creta, mas com uma relação radicalmente diferente com a deusa.

"Sargão sou eu, o poderoso rei, Monarca de Acad", lemos numa famosa declaração desse rei, que continua:

> Minha mãe era de origem humilde; meu pai, eu não conheci; o irmão de meu pai vive nas montanhas, e minha cidade, Azupiranu, fica à margem do Eufrates.
>
> Minha humilde mãe concebeu-me e gestou-me em segredo. Colocou-me num cesto de juncos; selou-o com betume e jogou-me no rio, que, entretanto, não me engolfou. O rio levou-me. E conduziu-me até Akku, o irrigador, que tirou-me do rio, criou-me como se fosse seu filho e fez de mim um horticultor. Enquanto eu fui horticultor, a deusa Ístar amava-me.
>
> Então eu governei o reino...[64]

Aqui o rei assumiu, ou foi-lhe atribuída por seu cronista, uma biografia lendária do estilo conhecido em todo o mundo. A fórmula procede da mais antiga mitologia da deusa e seu filho, mas com uma transferência de enfoque para o filho – que não é mais nem deus nem sacrifício consagrado, mas um herdeiro pretensioso e politicamente ambicioso. Os temas básicos do presente exemplo são: 1. nascimento de mãe virgem modificado (pai desconhecido ou falecido); 2. vestígio sugestivo do pai como deus da montanha (seu irmão é um habitante das montanhas); 3. colocado na água (nascimento aquático: compare-se com o grego Eritônio, o hindu Vyasa e o hebreu Moisés); 4. resgate e adoção por um irrigador (tema de adoção por pessoas simples, frequentemente por animais, ex. Rômulo e Remo; aqui o tema da água é novamente enfatizado); 5. herói como horticultor (frutificador da deusa); 6. amado pela deusa Ístar (correspondente semita de Inanna, Afrodite grega).

No início do movimento psicanalítico, o Dr. Otto Rank escreveu uma importante monografia intitulada "O Mito do Nascimento do Herói"[65], na qual analisa e compara mais de setenta variantes dessa fórmula, extraídas da Mesopotâmia, Egito, Índia, China, Japão e Polinésia, Grécia e Roma, Irã, da Bíblia, das tradições céltica e germânica, turca, estoniana, finlandesa e europeia cristã. Ele mostrou que o padrão era comparável ao de certo tipo de fantasia neurótica, em que o indivíduo dissocia-se de seus verdadeiros pais, imaginando para si mesmo: 1. um nascimento superior, nobre ou divino; 2. abandono na infância; 3. adoção por uma família mais humilde que a sua, e 4. uma expectativa, por fim, de retorno à sua "verdadeira" condição, com uma estrondosa humilhação dos responsáveis pelo abandono, e um sentimento coletivo de grande realização.

A análise do Dr. Rank sugere muito bem o apelo que tal lenda deve ter exercido sobre reis ambiciosos e seus biógrafos, mas ela subestima a força (pelo menos parece-me) outorgada a essa fórmula pelo mito cosmológico que lhe dá origem. Toda a série citada articula-se bem no âmbito da difusão mundial das artes e ritos da vida agrária. Consequentemente, não pode ser tratada como mera congérie de fantasias produzidas por um certo tipo de estado mental individual.

De fato, poder-se-ia perguntar se o estado mental mórbido não é antes uma função da lenda do que sua causa; pois, da maneira como é transmitida, a lenda representa uma descida do plano cosmológico para uma referência individual. Portanto, ela produz uma reflexão inferior, isto é: em vez da extinção do ego na imagem de um deus (identificação mítica), produz exatamente o oposto – uma exaltação do ego na condição de um deus (inflação mítica). Esta tem sido a doença crônica dos governantes, desde que os mestres na arte de manipular os homens pretenderam exercer o papel de deus encarnado e, ao mesmo tempo, salvar seus pescoços do machado de lâmina dupla. O resultado dessa argúcia – como abordamos no volume *Mitologia Oriental*[66] – foi libertar a realeza do domínio do clero e dos astros, tornando o Estado não mais uma instituição religiosa (hierática), mas sim política (dinástica). Deu início, também, a uma era em que a principal preocupação dos reis passou a ser a conquista não de si mesmos, mas do mundo.

O próximo passo inevitável era uma projeção desse tipo de arrogância monárquica no rei dos deuses – o modelo do rei terreno. Nas linhas a seguir, preâmbulo do Código de Leis de Hamurábi, o destino do monarca é vinculado ao do jovem e recém surgido deus Marduk:

> Quando o sublime Anu (deus do firmamento), rei dos anjos, e Bel (deus da montanha do mundo), que é o senhor do céu e da terra; quando esses, que

determinam os destinos da nação, entregaram a soberania sobre todos os povos a Marduk [deus padroeiro da cidade de Babilônia], que é o primogênito de Ea [deus das águas abismais]; quando tornaram Marduk grande entre os grandes deuses; quando proclamaram seu nome sublime na Babilônia, tornando-a insuperável nas regiões do mundo, e estabeleceram para ele um reino eterno, cujos alicerces são tão firmes quanto o céu e a terra:

Naquele momento Anu e Bel chamaram por mim, Hamurábi, o príncipe devoto, adorador dos deuses, invocando meu nome, para consumar o reinado da justiça na terra, para varrer a crueldade e o mal, para impedir que os fortes oprimam os fracos, para brilhar como o sol sobre a raça humana, iluminar a terra e promover o progresso da humanidade.[67]

A fórmula aqui já é a do modelo de tirano do Estado oriental, onde o papel do monarca, conquistado por meios humanos, é representado como uma manifestação da vontade e graça do criador e mantenedor do Universo. Devoção, justiça e preocupação com a prosperidade do povo garantem a reta ação de seu reinado. E a esfera celeste, com a qual o monarca é agora igualado, não é mais a lua prateada, que morre e ressuscita, que é clara mas também escura, mas o sol dourado, cujo brilho é eterno e, do qual, as sombras, os demônios, os inimigos e as ambiguidades fogem. A nova era do Deus Sol alvoreceu e com ela um desenvolvimento extremamente interessante e mitologicamente confuso (conhecido como solarização), com o qual todo o sistema simbólico da era anterior será invertido, sendo a lua e o touro lunar atribuídos à esfera mítica do feminino, e o leão, o princípio solar, à masculina.

A afirmação mítica mais conhecida da vitória do deus sol sobre a deusa e seu consorte é o épico babilônico da vitória de Marduk sobre Tiamat, avó de sua bisavó, que parece ter sido composto durante ou pouco depois do período do próprio Hamurábi. O único documento existente, entretanto, é o da famosa biblioteca do Rei Assurbanpal, da Assíria, um milênio completo mais tarde (c.668-630 a.C.), de cujo tesouro real de erudição proveio a maior parte do que conhecemos hoje da literatura semítica anterior à escrita da Bíblia.

> Quando o céu nas alturas ainda não tinha sido nomeado, tampouco a terra aqui embaixo; quando o primevo Apsu, seu genitor, juntamente com Mummu (o filho e mensageiro de Apsu e Tiamat) e a própria Tiamat, aquela que tudo pariu, ainda tinham suas águas misturadas e nenhuma região de pastagem tinha ainda sido formada, tampouco havia qualquer brejo de juncos para ser visto; quando nenhum da geração dos deuses tinha ainda sido criado, nomeado ou recebido seu destino, naquela época, em Apsu e Tiamat, os grandes deuses foram criados.

Eis aqui uma versão primitiva da fórmula, já conhecida da maioria de nós pelos escritos dos gregos, de uma anterior e uma posterior geração de divindades. Apsu,

Tiamat e seu filho Mummu (seu mensageiro, a Palavra),* como os clássicos Urano, Gea e seus filhos, os titãs, desfrutam de um período de soberania inquestionável, anterior ao surgimento e vitória daqueles deuses guerreiros que são mais venerados nas preces e ritos do povo. Tal mitologia representa uma verdadeira substituição histórica de culto: em ambos os exemplos, um sistema patriarcal intrusivo sobre um sistema matriarcal anterior. E também, em ambos os casos, a principal intenção da genealogia cósmica era refutar as asserções da teologia anterior em favor dos deuses e da ordem moral da teologia posterior. Lemos, portanto:

Lahmu e Lahamu vieram à luz e foram chamados por seus nomes. Antes mesmo de terem se tornado adultos, Anshar e Kishar foram criados e os superaram em estatura. Estes viveram muitos dias, somando anos aos dias, e seu primogênito, provável herdeiro, foi Anu, o rival de seus pais, igualando-se a Anshar. Anu gerou o seu semelhante, Ea, o senhor de seus pais, de vasto entendimento, grande sabedoria e muita força, mais forte mesmo que Anshar, seu avô, sem nenhum rival entre os deuses, seus irmãos.

E esses irmãos divinos importunaram e perturbaram Tiamat em seu íntimo. Movimentando-se e correndo de um lado para outro em sua morada divina, eles deram a Apsu motivos de preocupação. Ele não conseguia diminuir a balbúrdia deles. E Tiamat permaneceu em silêncio, apesar de que o que faziam causava sofrimento. O comportamento deles não era bom.

Por conseguinte, Apsu, o genitor dos grandes deuses, chamou seu vizir, Mummu, e disse: "Meu vizir Mummu, tu que alegras meu coração, vem, vamos até Tiamat!" Eles foram, assentaram-se diante de Tiamat e deliberaram sobre os deuses, seus primogênitos. Apsu abriu a boca e disse em voz alta à resplandecente Tiamat: "O comportamento deles tornou-se um incômodo para mim. De dia não consigo descansar. De noite não posso dormir. Vou destruí-los, acabar com seu comportamento. E quando o silêncio tiver retornado, vamos dormir".

Mas Tiamat, ao ouvir isso, ficou furiosa e gritou para o seu esposo, explodindo em cólera, apontando a maldade que pesava no coração dele: "Por que destruir o que nós mesmos geramos? O comportamento deles é, de fato, doloroso, mas vamos aceitá-lo de boa vontade".

Mummu influenciou Apsu, dando-lhe conselhos inconvenientes. "Sim, Pai, acabe com essa desordem", disse, "e descanse de dia e durma à noite". Com isso, Apsu articulou um plano brilhante contra a sua progênie, os deuses, e Mummu abraçou-o pelo pescoço, sentou-se em seus joelhos, beijou-o.

Mas os grandes deuses tomaram conhecimento do que eles havíam tramado e apressaram-se. Fizeram silêncio, ficaram sentados quietos. E Ea, supremo em entendimento, hábil e sábio, que compreende todas as coisas, percebeu o plano

---

* Ver pág. 55, "a casa-*mummu*".

malévolo. Ea traçou um círculo mágico contra o plano, dentro do qual tudo estava protegido. Então compôs um poderoso encantamento, que recitou sobre as águas. E das águas recaiu um sono sobre Apsu, e Apsu dormiu. E quando Ea tinha, dessa maneira, feito adormecer Apsu e Mummu, seu conselheiro, cortou a tira da barba de Apsu, arrancou sua tiara, apoderou-se do seu esplendor e, quando o havia assim dominado, matou-o. Sobre Apsu, ele então estabeleceu sua morada, e a Mummu ele capturou, mantendo-o preso com uma corda no nariz...

Com isso, na verdade, chegamos à esfera da psicologia de Freud e Rank: a malignidade mítica do pai, o partidarismo da mãe, a rivalidade entre irmãos (Mummu, o mais velho, e Ea, o mais novo), acabando num parricídio e sua racionalização miticamente justificada – por trás da qual seria doentio explorar. O mito é essencialmente uma transformação da fórmula anterior representada na figura 16: do touro, da deusa e do pássaro-leão; isto é, o pai (Apsu), a mãe (Tiamat) e o filho (Mummu). No presente exemplo as águas desses três são indiferenciadas. Elas representam o estado de consciência que é denominado, na concepção indiana, "sono profundo sem sonhos", e na concepção de Freud, "sentimento oceânico". De fato, conforme se conta, a paz do sono era o único desejo de Apsu.

Na tríade de Apsu, Mummu e Tiamat (que na ordem mítica anterior, aliás, seria provavelmente apresentada na sequência Tiamat e Apsu-Mummu) está simbolizado o estado não dual anterior à criação, estado esse do qual todas as formas, tanto dos mitos quanto dos sonhos e da realidade à luz do dia, são derivadas. Mas na nova mitologia dos grandes deuses, o foco da atenção passou para as figuras do primeiro plano da dualidade e combate, poder, ganhos e perdas, onde a mente do homem de ação normalmente habita. Enquanto a finalidade da mitologia anterior tinha sido apoiar um estado de indiferença com as modalidades do tempo, promovendo uma identificação com o mistério não dual que reside em toda a existência*, a da posterior era exatamente o oposto: promover a ação na esfera do tempo, onde o sujeito e o objeto são, de fato, dois, separados e distintos – como A não é B, como a morte não é a vida, a virtude não é o vício e o assassino não é o assassinado. Tudo é muito simples, ensolarado e direto. O virtuoso filho mais novo, Ea, de muitos truques, supera o pai malvado à sua própria maneira edípica refinada, e prende o irmão mais velho e malvado (que conhece e ama o pai) pelo nariz.

E o que acontece, então, com o destino da mãe, Tiamat, nesta lenda normativa sobre os métodos da vitória da virtude?

> Depois de Ea ter derrotado seus inimigos, confirmado sua vitória sobre os antagonistas e ocupado pacificamente sua morada, chamou-a de Apsu. Estabeleceu ali seus aposentos e viveu neles esplendorosamente com sua esposa, Damkina. E foi ali,

---

* Ver *supra*, págs. 13, 14 da Introdução.

naqueles aposentos fatídicos, morada dos destinos, que o mais sábio dos sábios, o mais experiente dos deuses, o próprio Senhor, Marduk, foi gerado por seu pai Ea e parido por Damkina, sua mãe, e amamentado pelos seios de deusas. Ele era, portanto, pleno de majestade, inspirando respeito. Sua figura era sedutora, flamejante o seu olhar, viril seu andar. Foi um líder desde o início. E quando Ea, seu pai, olhava para ele, rejubilava-se e comparava-o com os deuses. Marduk era elevado acima deles em todos os sentidos, em todos os seus membros admiravelmente formados: incompreensível e difícil de fitar. Ele tinha quatro olhos e outras tantas orelhas. Quando seus lábios se moviam, saía fogo. Cada uma das orelhas cresceu; cada um dos olhos também, para enxergar tudo. Era prodigioso e vestia-se com o brilho de dez deuses, com uma majestade que inspirava medo.

E foi nessa época que o deus Anu gerou os quatro ventos, levantando ondas sobre a superfície das águas de Tiamat. Ele também encheu a mão com terra e, mergulhando, criou a lama, que as ondas puseram em movimento. Tiamat ficou perturbada. Dia e noite ela andava de um lado para outro. E aqueles à sua volta [que ela havia gerado] disseram à sua agitada mãe: "Quando eles mataram Apsu, seu esposo, você não marchou a seu lado. Agora os quatro ventos foram criados. Você está intimamente agitada. Não podemos descansar... Não podemos dormir..."

A lenda prossegue contando a ira crescente e a fúria guerreira de Tiamat. Como mãe-de-tudo – "ela que cria todas as coisas" – deu à luz monstros-serpentes de presas e dentes afiados, cheios de veneno em vez de sangue, ferozes, terríveis. E coroados com uma glória que inspirava um medo tão intenso, que era só mirá-los e perecer: a víbora, o dragão, o grande leão, o cachorro louco, o homem-escorpião e vários demônios da tempestade, todos poderosos e terríveis. Ao todo, onze espécies de monstros foram criadas. E dentre eles, o primogênito, de nome Kingu, foi exaltado e engrandecido por Tiamat. "Eu lhe tornei grande", disse ela, "dei-lhe domínio sobre todos os deuses e faço-lhe meu único esposo. Que seu nome se torne grande". Ela colocou em seu peito a tabuleta dos destinos e lhe disse: "Que suas palavras subjuguem e seu veneno poderoso vença toda oposição". Depois do que, ela e seu marido recente prepararam-se para uma batalha com os deuses.

O leitor terá certamente reconhecido aqui o modelo da guerra grega entre os titãs e os deuses: a cria escura da mãe de tudo, gerada pelo seu próprio poder feminino, e os claros, brilhantes filhos secundários, gerados por sua submissão à fecundação pelo macho. É um efeito da conquista, por parte dos invasores patriarcais nômades, da ordem matriarcal local. É um efeito também da reformulação que os invasores fizeram da tradição local referente à terra produtiva, adaptando-a para seus próprios fins.

É um exemplo do uso do mecanismo clerical de *difamação mitológica*, que tem sido empregado com frequência (principalmente, mas não apenas, pelos teólogos ocidentais) desde então. Consiste tão só em redenominar os deuses de outros povos, passando a chamá-los de demônios, e ao mesmo tempo elevar os seus próprios deuses à condição hegemônica sobre o Universo. Inventam então tanto mitos importantes quanto secundários para ilustrar, por um lado, a impotência e a malícia dos demônios e, por outro, a majestade e retidão do grande deus ou dos grandes deuses. Esse mecanismo é usado no presente caso para validar em termos mitológicos não apenas uma nova ordem social, mas também uma nova psicologia. Nesse contexto, não se deve considerar a difamação mitológica como representativa de uma mera fraude, mas de uma nova verdade: uma nova estrutura de pensamento e sentimento humanos, à qual se atribui alcance cósmico.

A batalha que estamos prestes a assistir, como se fosse de deuses contra titãs antes do princípio do mundo, na verdade ocorreu entre dois aspectos da psique humana, num momento crítico da história humana. Aconteceu quando as funções divisoras, claras e racionais, sob o signo do Macho Heroico, superou (na divisão ocidental da grande província cultural das grandes civilizações) o fascínio do mistério obscuro dos níveis mais profundos do espírito, tão bem denominado no *Tao Te Ching* de o Espírito do Vale que jamais morre:

> É chamado de Fêmea Misteriosa
> E a Entrada para a Fêmea Misteriosa
> É a base da qual se originaram a Terra e o Céu.
> E que está dentro de nós o tempo todo...[68]

Tiamat (conforme lemos na sequência) preparou-se para entrar em guerra com os deuses, seus filhos. E quando Ea soube disso, ficou estarrecido de medo e sentou-se. Em seguida foi até seu pai, Anshar, para comunicar-lhe o que Tiamat estava fazendo. Anshar gritou irado, chamando Anu, seu filho mais velho. Mandou-o opor-se a Tiamat. Anu foi até ela, mas incapaz de resistir, retornou.

Por isso, todos os deuses reuniram-se. Mas ficaram sentados em silêncio, tomados de medo. E Ea, quando percebeu isso, chamou seu filho Marduk e revelou-lhe o segredo de seu coração. "Você é meu filho", ele disse. "Ouça seu pai. Prepare-se para lutar e mostre-se diante de Anshar, que, quando lhe vir, ficará confiante."

O Senhor, Marduk, ficou satisfeito com o conselho de Ea, seu pai e, após ter se preparado, aproximou-se e pôs-se diante de Anshar que, quando o viu, foi tomado de alegria. Beijou-o nos lábios. Seu medo desapareceu. "Vou realizar", disse o Senhor Marduk, "todos os desejos de teu coração. Tiamat, uma mulher, está vindo enfrentar-te com armas. Em breve você saltará sobre seu pescoço. Mas, Ó Senhor do destino dos grandes deuses, se devo ser teu vingador, matando Tiamat e mantendo-te vivo, reúna a assembleia e proclame minha sorte suprema. Isto é, que não você, mas eu determinarei daqui em diante os destinos dos deuses por meio de pronunciamentos, e seja o que for que eu crie permaneça imutável".

De fato, um belo negócio! Assistimos agora a um teatro mítico que a mente racional, não mística, pode compreender sem ajuda. E em que a arte da política, a arte de obter poder sobre os homens, recebe para sempre seu modelo celeste.

Anshar voltou-se para Kaka, seu vizir, e mandou-o reunir os deuses. "Que eles conversem, banqueteiem-se, comam pão e bebam vinho. Declare a eles que Tiamat, nossa mãe, nos odeia, que todos os deuses menores passaram para o lado dela, mesmo aqueles que nós próprios criamos. Que Tiamat, criadora de todas as coisas, criou agora armas, serpentes, dragões, o grande leão e o cachorro louco, proclamando Kingu seu esposo. Que enviei Anu contra ela, mas ele fracassou; e que agora Marduk, o mais sábio dos deuses, declara que se é para ele ser nosso vingador, o que quer que seus lábios pronunciem não deve ser alterado."

A notícia espalhou-se, os deuses reuniram-se, beijaram-se uns aos outros na assembleia, conversaram, banquetearam-se, comeram pão e beberam vinho. E o vinho dispersou seus temores. Seus corpos relaxaram enquanto bebiam, ficaram despreocupados e exaltados. E para seu senhor e vingador, Marduk, eles instalaram um trono senhorial, que ele ocupou, diante dos pais.

"Ó Senhor", disseram, "seu destino entre os deuses será supremo de agora em diante. Elevar ou decair estará em seu poder. Seu pronunciamento será verdadeiro, sua ordem irrecusável e nenhum dos deuses transgredirá seus limites. Nós concedemos-lhe a realeza do Universo."

Eles espalharam um manto entre si (o manto estrelado do céu noturno). "Por sua palavra", disseram eles, "que o manto desapareça; e por sua palavra novamente, reapareça" (como o céu noturno com a passagem do sol). Marduk falou e o manto desapareceu; falou novamente, e ele reapareceu. E tendo assistido a essa façanha, os deuses rejubilaram-se, prestaram homenagens e declararam: "Marduk é rei!"

Os deuses entregaram então a Marduk o cetro, o trono, o anel real e o irresistível raio. Ele apontou o arco, pegou o porrete com a mão direita, disparou relâmpagos à sua frente. Incendiou seu corpo, preparou uma rede para prender Tiamat. Invocou os ventos dos quadrantes e vários furacões, montou na sua irresistível carruagem de ataque com quatro cavalos cangados à frente, cujos nomes eram Matador, Cruel, Atropelador e Voador, tendo veneno em suas bocas, lábios e dentes. Colocou o Derrotador de Batalhas à sua direita, Combate à esquerda e, vestido com armadura aterrorizante, com um turbante ameaçador que iluminava sua cabeça como um halo, virou o rosto em direção à furiosa Tiamat.

Um encantamento estava preparado em sua boca. Uma erva contra veneno em sua mão. Os deuses todos acotovelavam-se à sua volta. E ele aproximou-se para fitar dentro do coração dela e conhecer os planos de Kingu, seu esposo.

Enquanto Marduk fitava, Kingu ficou confuso; sua vontade vacilou, sua ação paralisou-se. E os deuses perversos que eram seus auxiliares, marchando a seu lado, ao verem-no assim, tiveram a visão obscurecida. Mas Tiamat, sem virar o pescoço, escarneceu-se desafiadoramente de Marduk. "Você avança como o próprio senhor dos deuses! É na morada deles que estão reunidos, ou na sua?"

Marduk ergueu sua arma poderosa. "Por que", ele desafiou, "você se insurgiu dessa maneira, tramando em seu peito para incitar a rivalidade? Você designou Kingu seu esposo, Kingu, sem nenhum valor, no lugar de Anu. Contra Anshar, rei dos deuses, você está planejando o mal. Contra os deuses, meus pais, você demonstrou sua maldade. Que seu exército se prepare! Que suas armas sejam dispostas! Em posição! E você e eu combateremos um ao outro!"

Ao ouvir isso, Tiamat ficou como que possessa. Perdeu a razão; deu gritos selvagens e lancinantes, estremeceu, sacudiu todo o corpo, pronunciou palavras de encantamento; e todos os deuses da batalha gritaram. Então Tiamat avançou. Marduk também. Aproximaram-se para o combate. O Senhor estendeu a rede para prendê-la e, quando ela abriu totalmente a boca, entrou-lhe um vento mau que ocupou seu ventre, de maneira que sua coragem se desvaneceu e os maxilares ficaram abertos. Ele disparou uma flecha que a penetrou, rompeu suas partes internas e atingiu o coração. Ela estava acabada. Ele colocou-se sobre sua carcaça e os deuses que tinham marchado ao lado dela tentaram retroceder para salvar suas vidas. Ele envolveu-os com a rede, destruiu suas armas, tornou-os prisioneiros e eles choraram.

Os monstros venenosos a quem Tiamat tinha dado à luz e glorificado, Marduk agrilhoou, braços amarrados nas costas, pés acorrentados. A Kingu, ele amarrou e jogou entre os outros, privando-o da Tábua dos Destinos, à qual aquele arrogante não tinha nenhum direito. O vencedor tomou-a para si, marcando-a com seu selo, colocando-a no peito. Retornando para junto da carcaça de Tiamat, montou em seus quartos traseiros e, com o porrete impiedoso, esmagou o crânio dela. Cortou-lhe as artérias e fez com que o vento norte levasse o seu sangue para regiões desconhecidas. Quando seus pais viram isso, rejubilaram-se e enviaram-lhe presentes.

Marduk fez então uma pausa, fitando o corpo morto, pútrido, para tramar um plano engenhoso. Dividiu o cadáver, como um molusco, em duas partes. Colocou uma parte no alto, como um teto celeste, fixo por uma trave; e designou guardas para impedir que suas águas escapassem. Em seguida, ele atravessou os céus, inspecionou seus quadrantes e, comparando com o Apsu de seu pai Ea, mediu a magnitude do Profundo. Então fundou ali uma grande morada, a Terra, como um pálio sobre o Apsu. A Anu, Enlil e Ea, ele determinou suas residências (ou seja, Céu, Terra e Abismo) e com isso a primeira parte de sua missão estava cumprida.

O restante temos que considerar aqui apenas sumariamente. O vencedor Marduk definiu o ano e o zodíaco de doze signos, os dias do ano, as várias ordens estelares e planetárias e a conduta da lua: o crescimento até a metade do mês em oposição ao sol, depois do que, seu minguar e desaparecimento, ao aproximar-se da posição do sol. E então o coração do deus levou-o a criar algo novo, algo real e maravilhosamente engenhoso.

"Sangue eu vou acumular", ele confidenciou a Ea, seu pai, "ossos eu moldarei e farei uma criatura. Homem será seu nome. Sim, Homem! Dele será exigido que sirva aos deuses; e estes, então, ficarão livres para descansar à vontade".*

Marduk explicou ao pai a maneira pela qual seu plano deveria cumprir-se. Ele dividiria os deuses em dois grupos, um bom e outro mau. Do sangue e ossos dos maus – ou seja, os que tinham se aliado a Tiamat – ele criaria a raça humana.

Ea, entretanto, ponderou: "Tome apenas um dos deuses maus para ser afastado, destruído e a raça humana formada de suas partes. Deixe que os grandes deuses se reúnam. E deixe que o mais culpado seja afastado".

O filho de Ea, Marduk, concordou. As divindades foram reunidas e o Senhor, Marduk, dirigiu-se a elas. "O que foi prometido foi cumprido. Quem foi, entretanto, que fez com que Tiamat se rebelasse e se preparasse para a guerra? Entreguem-no a mim e eu farei com que seja punido, estejam certos!"

Os deuses responderam em uníssono: "Foi Kingu quem fez com que Tiamat se rebelasse e se preparasse para a guerra". Eles então o amarraram, colocaram-no diante de Ea, cortaram as artérias de seu sangue e com este sangue foi criada a humanidade. Ea então impôs à humanidade o serviço aos deuses e, com isso, libertou os deuses de todo trabalho.

Após a realização desse grande feito, os deuses foram designados para as suas várias mansões cósmicas. E eles disseram a seu senhor, Marduk: "Ó Senhor, que nos libertou da onerosa servidão, qual deve ser o símbolo de nossa gratidão? Vamos, permita-nos construir um santuário, uma morada para o nosso descanso noturno. Permita-nos descansar nele. E permita também que nele haja um trono, um assento com descanso para as costas, para o nosso Senhor". E ao ouvir isso, um brilho resplandeceu em seu semblante e Marduk disse: "Pois que seja feita a Babilônia, cuja construção vocês anunciaram aqui..."[69]

A lenda épica continua a narrativa sobre a construção e consagração do grande zigurate babilônico, e conclui com uma celebração dos cinquenta nomes de louvor ao seu Senhor, Marduk, cuja pronunciação nenhum deus, qualquer que seja, pode alterar. Insondável, seu coração; toda-abrangente, sua mente; o pecador e o transgressor são abominações diante dele. E que a humanidade, portanto, rejubile-se em nosso Senhor, Marduk.

Na literatura científica observa-se, com frequência, que o nome da mãe-monstro babilônica nessa epopeia da criação, *ti'amat*, está etimologicamente relacionado

---

* Compare-se com o mito sumério anterior, em que a criação do homem, para ser um servo dos deuses, era atribuída ao próprio Ea e sua esposa, a deusa Terra (*As Máscaras de Deus: Mitologia Oriental*, págs. 91-112). A Babilônia, com seus reis, não tinha naquela época se elevado à supremacia do mundo. O presente mito, como muitos dos que surgiram mais tarde, é um exemplo de *apropriação mitológica*, em que um deus posterior assume o papel de outro, com ou sem o aval do deus anterior.

ao termo hebraico *tehom*, "o profundo", do segundo versículo do Gênese. Assim como o vento de Anu soprou sobre o Abismo, e o de Marduk sobre a face de Tiamat, também no Gênese 1:2, "...um vento [ou espírito] de Elohim pairou [ou soprou] sobre as águas". Por outro lado, quando Marduk estendeu a metade superior do corpo materno como um teto, com as águas do céu sobre esse teto, também no Gênese 1:17, "Elohim fez o firmamento, que separou as águas que estão sob o firmamento das águas que estão acima"; e ainda, como Ea venceu Apsu e Marduk venceu Tiamat, também Jeová venceu os monstros marinhos Raab (Jó 26:12-13) e Leviatã (Jó 41; Salmo 74:14).

Não deve haver nenhuma dúvida de que o imaginário das várias histórias de criação na Bíblia seja originário de um substrato de mitos sumério-semíticos, do qual a epopeia babilônica da criação é um exemplo. Mas deve-se também ter presente – como muitos tiveram o cuidado de apontar – que, entre a Bíblia e essa epopeia em particular, "as diferenças", para citarmos uma autoridade, "são muito mais abrangentes e significativas do que as semelhanças".[70] A Bíblia simboliza um estágio posterior no desenvolvimento patriarcal, em que o princípio feminino, representado na Idade do Bronze anterior pela grande deusa-mãe de todas as coisas e nessa epopeia por um monstro feminino demoníaco, é reduzido a seu estado elementar, *tehom*, e a divindade masculina sozinha cria a partir de si mesmo, como a mãe sozinha tinha criado no passado. A epopeia babilônica está no meio, numa linha que pode ser esquematizada logicamente em quatro estágios:

1. o mundo gerado por uma deusa sem consorte.
2. o mundo gerado por uma deusa fecundada por um consorte.
3. o mundo criado, a partir do corpo de uma deusa, por um deus-guerreiro masculino.
4. o mundo criado pelo poder único de um deus masculino.

Continuando, pelo momento, com o texto babilônico, notamos primeiramente que o deus realizou pela violência o que a deusa – que ainda é reconhecida como "aquela que gera todas as coisas" – teria gerado espontaneamente de si mesma se ninguém a tivesse atacado. Do ponto de vista da deusa, portanto, o deus, filho dela – com toda sua pompa – não é, na verdade, nada mais do que seu agente, parecendo ser o realizador do que está acontecendo. Mas ela deixa que ele pense que ele próprio está construindo sua bela casa de pedras com sua própria força. Assim, de fato, é uma boa mãe.

Mas, por outro lado, essa epopeia está longe de uma tal compreensão da ironia das façanhas masculinas. É um verdadeiro documento patriarcal, em que o princípio feminino é desvalorizado, juntamente com seu ponto de vista e, como ocorre sempre quando um poder da natureza e da psique é excluído de seu lugar, ele transformou-se em seu negativo, como uma divindade maléfica, feroz e perigosa. E vamos descobrir, em toda a história subsequente dos sistemas patriarcais ortodoxos do Ocidente, que o poder dessa deusa-mãe do mundo, a quem acabamos de ver difamada, abusada, insultada e derrotada por seus filhos, permanecerá como uma ameaça constante ao castelo da razão que eles construíram sobre uma terra que consideram morta, mas que, de fato, está viva, respirando e que pode deslocar-se sob seus pés.

E um segundo ponto a ser notado é que com essa mudança, do plano da mãe para o dos filhos, desaparece o sentido de identidade da vida e da morte, juntamente com o do poder da vida de produzir suas próprias formas favoráveis. A partir de então tudo se torna conflito e esforço, difamação do que é estranho, pretensão, grandiloquência e uma sensação espreitante de culpa: o que é epitomizado, finalmente, no mito da origem da raça humana a partir do sangue do abominado Kingu, para sujeitar-se e estar a serviço dos deuses – embora Deus saiba (como você e eu sabemos) que Kingu tinha, de fato, mais direito à sua Tábua dos Destinos do que o Senhor Marduk, que tinha simplesmente força.

E por último: qual é a imagem do destino do homem que acompanha essa grande vitória do mundo dos deuses sobre o da deusa-mãe dos deuses? A famosa lenda de Gilgamesh conta a história que por muitos foi denominada de a primeira grande epopeia do destino do homem. Não precisamos revê-la em detalhes, pois já é bem conhecida. Entretanto, alguns de seus principais temas adquirem uma nova pungência quando vistos à luz do assassinato de Tiamat.

Gilgamesh era o nome de um rei da antiga cidade suméria de Uruk. "Divino Gilgamesh", é como o chamam na lista de antigos reis sumérios. "Seu pai era um demônio", conta-se. "Ele era o sacerdote supremo da região e reinou por 126 anos."[71] Naquele documento antigo, que retrocede até as origens das velhas cidades sumérias, seu nome vem em seguida ao do Divino Dumuzi, cujo nome já sabemos ser o do morto e ressuscitado filho e consorte da deusa. E antes do Divino Dumuzi estava o nome do Divino Lugalbanda, que reinou por 1200 anos. Gilgamesh foi, de fato, o último de tais reis cujos períodos de reinado excediam aos anos humanos normais. Ele era venerado como rei-deus, daí o título "Divino". Entretanto, no cenário da epopeia babilônica posterior, sua imagem, juntamente com a do destino humano, é grandemente alterada.

Ele é ainda descrito como "dois terços deus e um terço homem", mas como tirano, "descontroladamente arrogante", "que não deixa o filho ficar com o pai... e a filha com a mãe". O povo pediu aos deuses e os deuses ouviram suas preces. Voltaram-se para a deusa-mãe, cujo nome é agora Aruru. "Você criou Gilgamesh", disseram os deuses, "crie agora sua contraparte". E quando ela ouviu isso, concebeu em seu coração um deus igual a Anu, o deus do céu. Lavou as mãos, pegou um pedaço de argila, jogou-o no chão e assim criou o valente Enkidu.

A velha mãe ainda não tinha perdido seu talento, apesar de tudo. Na verdade, como veremos, ela é a principal figura divina desta lenda – o que não é um fato surpreendente, já que o próprio Gilgamesh provém, como vimos, de uma era (cerca de 2500 a.C.) anterior à derrota dela por seus filhos.

Mas agora, o estranho semblante de seu último filho, Enkidu!

Todo o corpo dele era peludo e seus cachos eram como os de uma mulher ou iguais aos cabelos da deusa dos cereais. Nada sabia sobre campos cultivados ou seres humanos, e vestia-se como uma divindade de rebanhos. Comia capim com as gazelas, misturava-se com as bestas para beber na poça d'água e andava contente com os animais. Mas então um certo caçador, estando cara a cara com Enkidu junto da água, ficou paralisado. Ele retornou com medo a seu pai. "Meu pai", disse, "há um homem com a força de um deus que anda com os animais nas montanhas, de quem não ouso aproximar-me. Ele rompeu as armadilhas que eu coloquei para os animais da planície". O pai advertido foi até Gilgamesh em busca de ajuda, e quando Gilgamesh foi informado da maravilha disse: "Vá, meu caçador, leve com você uma prostituta do templo e quando ele chegar na poça d'água com as bestas, faça com que ela tire a roupa e revele sua nudez. Quando ele a vir, ele se aproximará dela. E com isso os animais, que cresceram com ele na planície, o abandonarão".

O caçador e a prostituta do templo partiram e três dias depois chegaram à poça d'água. Ficaram sentados um dia, dois dias e no seguinte os animais chegaram, com Enkidu entre eles, pastando com as gazelas. A mulher o viu. "Lá está ele", disse o caçador. "Exiba os seios, mostre-lhe sua nudez, para que tome seus favores. Não tenha medo. Apodere-se de sua alma. Ele a verá e se aproximará. Tire a roupa, para que ele se deite sobre você. Ofereça-lhe o êxtase de sua arte de mulher. Os animais que cresceram nesta planície o abandonarão, enquanto ele estiver desfrutando de sua carne."

A mulher fez conforme fora instruída: desnudou os seios e revelou sua nudez. Enkidu chegou e apossou-se dela. Ela não teve medo mas, tendo-se despido, acolheu o seu ardor; e por seis dias e sete noites Enkidu permaneceu copulando com aquela prostituta, depois do que virou a cara e saiu em direção aos animais. Mas, ao vê-lo, eles correram e Enkidu ficou surpreso. Seu corpo enrijeceu-se, seus joelhos gelaram: os animais tinham desaparecido. Não era mais como antes.

Enkidu voltou para a mulher e, sentando-se a seus pés, fitou-a no rosto. E quando ela falou, seus ouvidos prestaram atenção. "Você é bonito, Enkidu, como um verdadeiro deus", disse ela. "Por que você anda com os animais do prado? Venha, vou levá-lo para as fortificações de Uruk, a cidade do templo sagrado de Anu e Ístar, onde habita Gilgamesh, incomparável em força, que, como um touro selvagem, exerce poder sobre os homens."

E enquanto a ouvia, seu coração aliviou-se. Ele ansiava por um amigo. "Muito bem!", disse ele. "Vou desafiá-lo. Aos gritos, proclamarei em Uruk: Sou aquele que é poderoso e que pode mudar os destinos, aquele que nasceu poderoso na planície!"

"Venha então", disse ela. "Venha para a Uruk fortificada, onde cada dia é uma festa, onde há jovens valentes e jovens encantadoras; e vou mostrar-lhe Gilgamesh, o homem alegre e vigoroso, mais forte mesmo do que você."

A CONSORTE DO TOURO

Ela pegou as roupas e com uma peça cobriu Enkidu e com a outra a si mesma. Pegando-o então pela mão, conduziu-o como uma mãe até Uruk. Lá ela ensinou-o a comer e a beber, a untar-se com óleo, a tornar-se humano. As pessoas, reunidas, disseram-lhe: "Ele é exatamente igual a Gilgamesh: de estatura mais baixa, mas de ossatura mais forte. Finalmente apareceu um igual a Gilgamesh, o semelhante a um deus".

E, de fato, quando o leito da deusa Ístar tinha acabado de ser preparado e Gilgamesh, à noite, aproximou-se, Enkidu, na rua, barrou o seu caminho. Enfrentaram-se. Lutaram e agarraram-se como touros. O batente da porta do templo ficou despedaçado; a muralha tremeu. E, por último, Gilgamesh cedeu. Tendo sua fúria desaparecido, ele desistiu. E os dois, dali em diante, foram amigos inseparáveis.*

Vê-se imediatamente, nessa estranha e antiga lenda, uma maravilhosa redução do velho tema mítico da deusa Inanna-Ístar e seu divino filho e esposo Dumuzi-Tammuz, a um plano de lenda supra-humana – dois terços deus e um terço homem. A deusa Ístar, em seu caráter de prostituta, mãe, esposa e guia, está encarnada em sua serva do templo, e o selvagem Enkidu na poça d'água é o antigo deus lunar, em seu caráter de Senhor dos Animais. Mas uma nova e maravilhosa humanidade introduziu-se em nossa lenda, como resultado simples dessa transferência de plano do aspecto reencarnante dos personagens para o de mortal. O tempo, a mortalidade e a angústia da humanidade num mundo de destino pessoal, relacionado basicamente com o nosso, dão a essa peça a qualidade de uma epopeia, "com um movimento dramático", como disse muito bem o Prof. William F. Albright, "bastante estranho para as composições litúrgicas enfadonhas dos sumérios anteriores".[72]

Enkidu e Gilgamesh tornaram-se amigos inseparáveis, mas depois de uma série de grandiosas aventuras mitológicas, Enkidu morreu.

Gilgamesh encostou no coração de Enkidu, mas não palpitava mais. E rugindo feito um leão, ou uma leoa privada de seus filhotes, o grande rei andou de um lado para o outro diante do leito, arrancou os cabelos e os espalhou pelos quadrantes, tirou e jogou ao chão seus ornamentos. Chamou seus artífices para fazer uma estátua de seu amigo, chorou amargamente e deitou-se estendido no chão.

"Oh, que eu não morra como o meu amigo Enkidu", lamentou. "O sofrimento penetrou em meu corpo; tenho medo da morte. Devo continuar. Devo apressar-me no caminho." E partiu em busca da planta da imortalidade.

---

* Uma compilação assíria da epopeia de Gilgamesh em doze tabuletas (c. 650 a.C.), cotejada com fragmentos de um registro acádio anterior (c.1750 a.C.?), bem como uma tradução hitita fragmentária da última, forneceram as principais fontes de reconstrução moderna da narrativa. Minha versão segue as autoridades citadas: Heidel, Speiser e King, com o acréscimo de Stephen Herbert Langdon, *Semitic Mythology: The Mythology of All Races* [Mitologia Semítica: a Mitologia de todas as Raças], vol. V. Boston: Marshall Jones Company, 1931, págs. 234-269.

Foi uma viagem muito longa, uma travessia pelas montanhas. Ele viu leões e teve medo. Levantou a cabeça, orou ao deus-lua e o deus-lua enviou-lhe um sonho indicador, depois do qual ele pegou seu machado e abriu caminho entre os leões. Então chegou às montanhas do poente, onde os homens-escorpiões guardavam a entrada, e era como ver a morte. Gilgamesh viu-os e seu semblante ficou sombrio de medo; a selvageria de seu aspecto roubou-lhe os sentidos. Um deles, entretanto, abriu os portões e ele entrou numa densa escuridão, pela qual prosseguiu até uma bela campina onde num grande parque viu uma árvore maravilhosa. Ela estava carregada de pedras preciosas, em vez de frutos. Os galhos eram excessivamente belos e o topo era de lápis-lazúli. Seus frutos deslumbravam a vista. Mas Gilgamesh continuou andando e na costa do mar – o mar do mundo – chegou à morada de uma mulher misteriosa, Siduri, que o recebeu com os famosos versos:

> Oh! Gilgamesh, para onde vai?
> A vida que procura não vai encontrar.
> Quando os deuses criaram o homem,
> Eles deram a morte para a humanidade;
> E retiveram a vida para si mesmos.
>
> Oh! Gilgamesh, sacie seus apetites,
> Divirta-se noite e dia;
> Faça de cada dia um festival de alegria,
> Dance e brinque, noite e dia!
> Mantenha suas vestes limpas,
> Sua cabeça lavada, seu corpo banhado.
> Preste atenção ao pequeno, que segura sua mão,
> Deixe sua mulher deleitar seu coração.
> Porque nisto consiste a parcela do homem.

A lição é a mesma que todos nós conhecemos. Como nas palavras do Eclesiastes:

> Eis o que observo: a felicidade que convém ao homem é comer e beber, encontrando a felicidade em todo trabalho que faz debaixo do sol, durante os dias da vida que Deus lhe concede. Pois esta é a sua porção.
> [...] E eu exalto a alegria, pois não existe felicidade para o homem debaixo do sol, a não ser o comer, o beber e o alegrar-se; é isso que o acompanha no seu trabalho nos dias da vida que Deus lhe dá debaixo do sol.
> [...] Que tuas vestes sejam brancas em todo tempo, e nunca falte perfume sobre a tua cabeça. Desfruta a vida com a mulher amada em todos os dias da vida de vaidade que Deus te concede debaixo do sol, porque esta é a tua porção na vida e no trabalho com que te afadigas debaixo do sol. [73]

Gilgamesh, entretanto, tinha um propósito e uma esperança diferentes: ele insistiu na busca; e a mulher enviou-o para o barqueiro da morte, que iria conduzi-lo através do mar cósmico para a ilha dos bem-aventurados, onde o herói imortal do Dilúvio – nessa versão do mito antigo chamado Ut-napishtim – vivia juntamente com sua esposa em eterno êxtase. O casal eterno recebeu o viajante, deixou-o dormir por seis dias e noites, deu-lhe comida mágica, lavou-o com águas curativas e falou da planta da imortalidade no fundo do mar cósmico, que ele teria que colher se quisesse viver para sempre. E assim, mais uma vez, na embarcação do barqueiro da morte, Gilgamesh viajou, como ninguém jamais antes dele havia feito, na direção contrária, voltando para esta margem mortal. "A planta é como uma espinheira ramnácea", Ut-napishtim dissera-lhe. "Os espinhos vão machucar as mãos; mas se elas conseguirem colher a planta, você terá vida nova."

E num ponto na metade do caminho, o barco parou. Gilgamesh amarrou pesadas pedras a seus pés, que o levaram para o fundo. Procurou ali a planta. Machucou as mãos. Mas ele conseguiu. Colheu-a, soltou as pedras e, retornando à superfície, acostou. "Levarei a planta para a Uruk fortificada", disse ao barqueiro. "Dá-la-ei para ser consumida e a comerei eu próprio e seu nome será Homem-Rejuvenesce-na-Velhice."

Mas enquanto estava a caminho, deteve-se à beira de um riacho para passar a noite. E quando foi banhar-se, uma serpente, farejando a fragrância da planta, saiu da água, pegou a planta e retornou à sua morada. E após consumi-la, mudou de pele. Gilgamesh, então, sentou-se e chorou.[74]

E é por isso que o Poder da Serpente da Vida Imortal, que antes pertencia ao homem, foi-lhe arrebatado e hoje permanece separado – em poder da amaldiçoada serpente e difamada deusa, no paraíso perdido do destemor.

PARTE II

A IDADE DOS HERÓIS

PART II

A IDADE DOS HERÓIS

CAPÍTULO 3

DEUSES E HERÓIS DO LEVANTE: 1500-500 a.C.

I. O LIVRO DO SENHOR

O mundo está repleto de mitos de origem e todos são falsos do ponto de vista dos fatos. O mundo está repleto, também, de grandes livros tradicionais que traçam a história do homem – mas restringindo-se ao grupo local – desde a época dos princípios mitológicos, passando por períodos de crescente plausibilidade, até uma época quase ao alcance da memória, quando as crônicas começam a registrar dados mostrando uma objetividade racional até o presente. Assim como todas as mitologias primitivas servem para validar os costumes, sistemas de valores e objetivos políticos de seus respectivos grupos locais, assim também ocorre com esses grandes livros tradicionais. Na superfície, parecem ter sido escritos como história conscienciosa. No fundo, revelam-se ter sido concebidos como mitos: interpretações poéticas do mistério da vida, de um certo ponto de vista.

Mas interpretar um poema como crônica da realidade é – para dizer o mínimo – perder o essencial. Para dizer um pouco mais, manifestar insensatez. Todavia, é preciso acrescentar que os homens que compilaram tais livros não eram ingênuos, mas sabiam exatamente o que estavam fazendo – conforme revela o seu método de trabalho em todas as ocasiões.

O primeiro passo decisivo em direção a uma leitura do Antigo Testamento como produto, igual a qualquer outra obra de literatura antiga, não do talento literário de Deus, mas do homem e, como tal, não da eternidade, mas de uma época e, concretamente, de uma época muito conturbada, foi dado por Wilhelm M. L. de Wette (1780-1849) em sua memorável obra de dois volumes, *Contributions*

Introductory to the Old Testament [Contribuições Introdutórias ao Antigo Testamento] (1806)[1]. Nela, ele mostrou:

1. que o "Livro da Lei", descrito em Reis II como tendo sido "encontrado" pelo sacerdote Helcias no ano de 621 a.C., durante a restauração do Templo de Salomão, foi o núcleo do Deuteronômio;

2. que, com base nessa suposta descoberta, todo o material histórico e mitológico anterior do Antigo Testamento foi reformulado por inteiro posteriormente;

3. que os livros do Êxodo, Levítico e Números, atribuídos ao período em que Moisés errou pelo deserto, na verdade foram o produto final de um longo desenvolvimento. Constituíam o Livro da Lei de uma tradição sacerdotal já inteiramente ortodoxa, levada da Babilônia para Jerusalém pelo sacerdote Esdras, por volta de 400 a.C. E em virtude do poder atribuído a ele pelo imperador persa Artaxerxes, foi promulgado cerimoniosamente como tratado de leis obrigatórias a todos os judeus.[2]

O texto bíblico em questão é o seguinte:

> No décimo oitavo ano de Josias, o rei mandou o secretário Safã, filho de Aslias, filho de Mesolam, ao Templo de Jeová, ordenando: "Vai ter com o sumo sacerdote Helcias, para que ele faça a conta do dinheiro que foi oferecido ao Templo de Jeová e que os guardas da porta recolheram do povo. Que ele o entregue aos empreiteiros encarregados do Templo de Jeová, para que estes o deem aos operários que trabalham nas restaurações do Templo de Jeová, aos carpinteiros, aos construtores e aos pedreiros, e o utilizem na compra de madeira e de pedras talhadas destinadas à restauração do Templo. Mas não se lhes peçam contas do dinheiro que lhes for entregue, pois agem com honestidade".
>
> O sumo sacerdote Helcias disse ao secretário Safã: "Achei o livro da Lei no Templo de Jeová". Helcias deu o livro a Safã, que o leu. O secretário Safã veio ter com o rei e informou-lhe: "Teus servos depositaram o dinheiro que se achava no Templo e entregaram-no aos empreiteiros encarregados do Templo de Jeová". Depois o secretário Safã anunciou ao rei: "O sacerdote Helcias deu-me um livro", e Safã leu-o diante do rei.
>
> Ao ouvir as palavras contidas no livro da Lei, o rei rasgou as vestes. Ordenou ao sacerdote Helcias, a Aicam, filho de Safã, a Acobor, filho de Micas, ao secretário Safã e a Asaías, ministro do rei: "Ide consultar Jeová por mim, pelo povo e por todo o reino de Judá a respeito das palavras deste livro que acaba de ser encontrado. Grande deve ser a ira de Jeová, que se inflamou contra nós porque nossos pais não obedeceram às palavras deste livro, praticando tudo o que nele está escrito para nós".
>
> O sacerdote Helcias, Aicam, Acobor, Safã e Asaías foram ter com a profetisa Hulda, mulher de Selum, filho de Tícua, filho de Haraas, guarda dos vestiários; ela morava em Jerusalém, na cidade nova. Expuseram-lhe a questão e ela lhes respondeu: "Assim fala Jeová, Deus de Israel. Dizei ao homem que vos enviou a mim:

'Assim fala Jeová: Eis que estou para fazer cair a desgraça sobre este lugar e sobre os seus habitantes, tudo o que diz o livro que o rei de Judá acaba de ler, porque me abandonaram e sacrificaram a outros deuses, para me irritar com suas ações. Minha ira se inflamou contra esse lugar e ela não se aplacará'".[3]

É interessante que, nesse momento de suprema crise religiosa, o grupo não foi enviado nem a um profeta nem a um sacerdote, mas a uma profetisa, para saber o julgamento de seu deus. E ainda mais interessante é a própria revelação. Ou seja, que até esse décimo oitavo ano do reinado de Josias, 621 a.C., ninguém jamais tinha ouvido falar nesse Livro da Lei de Moisés, e todos haviam adorado falsos deuses. Além do mais, o Deus de Israel iria agora puni-los severamente. Como fez, de fato, após trinta e cinco anos, quando a cidade santa foi tomada, o templo demolido, o povo levado para o exílio e outra gente ocupou seu lugar. Mas Josias, declarou a profetisa, por sua devoção e arrependimento, tendo rasgado suas roupas e chorado diante do Senhor, seria poupado da terrível visão: ele morreria em paz antes que o castigo se cumprisse.

O grupo de mensageiros trouxe essas palavras a seu rei. Ao ouvi-las, ele iniciou uma expiação coletiva em seu reino, que vale a pena relatar aqui pois é a primeira de uma série de práticas religiosas semelhantes que abundam em todas as grandes histórias de todas as grandes religiões, que se originaram desse momento memorável na formação do espírito religioso do Ocidente.

Então o rei mandou reunir junto de si todos os anciãos de Judá e de Jerusalém, e o rei subiu ao Templo de Jeová com todos os homens de Judá e todos os habitantes de Jerusalém, os sacerdotes e os profetas e todo o povo, do maior ao menor. Leu diante deles todo o conteúdo do livro da Aliança encontrado no Templo de Jeová. O rei estava de pé sobre o estrado e concluiu diante de Jeová a Aliança que o obrigava a seguir Jeová e a guardar seus mandamentos, seus testemunhos e seus estatutos de todo o seu coração e de toda a sua alma, para pôr em prática as cláusulas da Aliança escritas neste livro. Todo o povo aderiu à Aliança.

O rei ordenou a Helcias, o sumo sacerdote, ao sacerdote que ocupava o segundo lugar e aos guardas das portas que retirassem do santuário de Jeová todos os objetos de culto que tinham sido feitos para Baal, para Aserá e para todo o exército do céu; queimou-os fora de Jerusalém, nos campos do Cedron e levou suas cinzas para Betel. Destituiu os falsos sacerdotes que os reis de Judá haviam estabelecido e que ofereciam sacrifícios nos lugares altos, nas cidades de Judá e nos arredores de Jerusalém, e os que ofereciam sacrifícios a Baal, ao sol, à lua, às constelações e a todo o exército do céu. Transportou do Templo de Jeová para fora de Jerusalém, para o vale do Cedron, o poste sagrado e queimou-o no vale do Cedron; reduziu-o a cinzas e lançou suas cinzas na vala comum. Demoliu as casas dos prostitutos sagrados, que estavam no Templo de Jeová, onde as mulheres teciam véus para Aserá.

Mandou vir das cidades de Judá todos os sacerdotes e profanou os lugares altos onde esses sacerdotes haviam oferecido sacrifícios, desde Gaba até Bersabeia. Demoliu o lugar alto das portas, que se achavam à entrada da porta de Josué, governador da cidade, à esquerda de quem entra na porta da cidade. Mas os sacerdotes dos lugares altos não podiam subir ao altar de Jeová em Jerusalém; comiam, porém, pães sem fermento no meio de seus irmãos. O rei profanou o Tofet do vale de Ben-Enom, para que ninguém mais pudesse passar pelo fogo seu filho ou sua filha em honra de Moloc. Fez desaparecer os cavalos que os reis de Judá tinham dedicado ao sol na entrada do Templo de Jeová, perto do aposento do eunuco Natã-Melec, nas dependências, e queimou os carros do sol. Os altares que estavam no terraço do quarto superior de Acaz, edificados pelos reis de Judá, e os que Manassés tinha construído nos dois pátios do Templo de Jeová, o rei os demoliu, quebrou-os lá e lançou suas cinzas no vale do Cedron. O rei profanou os lugares altos situados diante de Jerusalém, ao sul do monte das Oliveiras, e que Salomão, rei de Israel, tinha construído para Astarte, abominação dos sidônios, para Camos, abominação dos moabitas, e para Melcom, abominação dos amonitas. Quebrou as estelas, despedaçou os postes sagrados e encheu de ossos humanos o seu local.

Demoliu também o altar que estava em Betel, o lugar alto edificado por Jeroboão, filho de Nabat, que havia arrastado Israel ao pecado; demoliu também esse altar e esse lugar alto, queimou o lugar alto e o reduziu a pó; queimou o poste sagrado.

Josias voltou-se e viu os túmulos que estavam na montanha; mandou buscar os ossos daqueles túmulos e queimou-os sobre o altar. Profanou-o assim, cumprindo a palavra de Jeová que o homem de Deus havia anunciado, quando Jeroboão, durante a festa, estava junto ao altar. Voltando-se, Josias ergueu os olhos para o túmulo do homem de Deus que havia anunciado essas coisas e perguntou: "Que sepulcro é esse que estou vendo?" Os homens da cidade responderam: "É o túmulo do homem de Deus que veio de Judá e anunciou essas coisas que acabas de realizar contra o altar de Betel". Disse o rei: "Deixai-o em paz e que ninguém toque em seus ossos". Deixaram, pois, seus ossos intactos, bem como os do profeta que tinha vindo de Samaria.

Josias fez desaparecer também todos os templos dos lugares altos que estavam nas cidades de Samaria, e que os reis de Israel haviam construído, irritando com isso a Jeová, e procedeu com eles exatamente como tinha agido em Betel. Todos os sacerdotes dos lugares altos que ali se achavam foram por ele imolados sobre os altares e queimou sobre esses altares ossos humanos. Depois regressou a Jerusalém.

O rei ordenou a todo o povo: "Celebrai a Páscoa em honra de Jeová, vosso Deus, do modo como está escrito neste livro da Aliança". Não se havia celebrado uma Páscoa semelhante a esta em Israel desde os dias dos Juízes que haviam governado Israel, nem durante todo o tempo dos reis de Israel e dos reis de Judá.

Foi somente no décimo oitavo ano do rei Josias que semelhante Páscoa foi celebrada em honra de Jeová em Jerusalém.

Josias eliminou também os necromantes, os adivinhos, os deuses domésticos, os ídolos e todas as abominações que se viam na terra de Judá e em Jerusalém, a fim de executar as palavras da Lei inscritas no livro que o sacerdote Helcias havia encontrado no Templo de Jeová. Não houve antes dele rei algum que se tivesse voltado, como ele, para Jeová, de todo o seu coração, de toda a sua alma e com toda a sua força, em toda a fidelidade à Lei de Moisés; nem depois dele houve algum que se lhe pudesse comparar.[4]

É difícil imaginar como se poderia dizer mais claramente que, até o décimo oitavo ano do reinado do Rei Josias de Judá, nem os reis nem o povo prestaram qualquer atenção à lei de Moisés, da qual, na verdade, não tinham nem mesmo tomado conhecimento. Eles haviam sido devotos das divindades características do Oriente Próximo nuclear, com todos os cultos usuais descritos de maneira suficientemente clara para serem prontamente reconhecidos na passagem bíblica que acabamos de ver. O próprio rei Salomão, filho de Davi, tinha construído santuários aos deuses e colocado suas imagens em seu templo. Os aposentos das prostitutas do culto ficavam nos recintos do templo, e o estábulo dos cavalos do deus-sol, na entrada. De maneira que, independentemente de qual tenha sido a religião primitiva dos hebreus ou do que Moisés tenha pregado, eles, tendo se estabelecido em Israel e Judá e tendo se tornado um povo não do deserto mas da terra cultivada, haviam assumido os costumes da época e adorado os deuses locais.

Mas nesse ano memorável de 621 a.C., um sacerdote do templo (que era, aliás, o pai do futuro profeta Jeremias) encontrou um livro que supostamente era o Livro da Lei de Moisés (que morrera, se é que tinha vivido, pelo menos seiscentos anos antes). E esse livro preparou o terreno para uma revolução devastadora, cujos efeitos imediatos não perduraram, entretanto, além da vida do próprio Rei Josias. Conforme podemos ler, os quatro reis seguintes fizeram "o mal aos olhos do Senhor"[5]. E no ano de 586 a.C.,

Nebuzardã, comandante da guarda, oficial do rei da Babilônia, fez sua entrada em Jerusalém. Incendiou o Templo de Jeová, o palácio real e todas as casas de Jerusalém. E todo o exército caldeu que acompanhava o comandante da guarda destruiu as muralhas que rodeavam Jerusalém. Nabuzardã, comandante da guarda, exilou o restante da população que ficara na cidade, os desertores que haviam passado para o lado do rei da Babilônia e o resto da multidão.[6]

II. A ERA MITOLÓGICA

O esquema hebreu ortodoxo das eras do mundo, culminando no cataclismo do exílio babilônico, pode ser sumarizado da seguinte maneira:

III. O Ciclo Mitológico
1. Os Sete Dias da Criação   (Gênese 1:1-2:3)
2. O Jardim e a Queda   (Gênese 2:4-3:24)
3. Da Queda ao Dilúvio de Noé   (Gênese 4-7)
4. Do Dilúvio à Torre de Babel   (Gênese 8:1-11:9)

II. O Ciclo Lendário
1. Abraão e a Chegada no Egito   (Gênese 11:10-50:26)
2. O Êxodo   (Êxodo 1:1-15:21)
3. Os Anos no Deserto   (Êxodo 15:22 e todo o Deuteronômio)
4. A Conquista de Canaã   (Livro de Josué)

III. O Ciclo Documentário
1. A Conquista de Canaã   (Livro dos Juízes)
2. A Monarquia Unificada:
    $c.$1025-930 a.C.   (Samuel I e II, Reis I, 1-11)
3. Israel e Judá: $c.$930-721 a.C.   (Reis I, 12 a Reis II, 17)
4. Judá: 721-586 a.C.   (Reis II, 18-25)
5. O Exílio Babilônico: 586-538 a.C.

Os textos básicos a partir dos quais foram construídos os Ciclos Mitológico e Lendário são cinco:

1. O chamado Texto Jeovista (J), representando a mitologia do reino do sul, Judá, no século nono a.c. Nele, o Criador é Jeová (sempre traduzido como "o Senhor") e a montanha da Lei é o Sinai;

2. O chamado Texto Elohímico (E), representando a mitologia do reino do norte, Israel, no século oitavo a.C. (conforme adaptado, entretanto, ao ponto de vista jeovista por um editor, aparentemente do século sétimo a.C., que uniu J e E). Neste, a montanha da Lei é Horeb, e o criador, Elohim (plural enfático da palavra *el*, sempre traduzida por "Deus");

3. Um código ritualístico conhecido como o Código da Santidade (CS), que supostamente foi recebido por Moisés no Sinai mas, ao que tudo indica, provém do século sétimo a.C. Está preservado no Levítico 17-26;

4. O código ritualístico dos Deuteronomistas (D), onde a montanha da Lei é também Horeb, mas o Criador é Jeová. O núcleo de D era quase com certeza o Rolo da Lei de 621 a.C. Finalmente,

5. O compêndio pós-exílio de escritos, conhecido como o Texto Sacerdotal (TS), tendo como núcleo a Lei proclamada em Jerusalém pelo sacerdote Esdras em 397 a.C., ampliada e reformulada até $c.$300 a.C. O texto composto dos Ciclos Mitológico e Lendário possivelmente não foi completado antes dessa data.*

---

* Para uma análise conveniente e satisfatória dos elementos, datas e teorias críticas, verificar W. O. E. Oesterley e Theodore H. Robinson, *An Introduction to the Books of the Old Testament* (Nova York, Meridian Books, 1958).

Nossa primeira tarefa, portanto, deve ser separar os elementos anteriores dos posteriores do Ciclo Mitológico, de acordo com essas descobertas. Nesse Ciclo, encontramos duas mitologias distintas: uma do Texto Jeovista (J) do século nono a.C. e a outra do Texto Sacerdotal (TS), do quarto. Separadas, são como segue:*

CICLO DA CRIAÇÃO JEOVISTA (J): SÉCULO IX A.C.

Essa versão começa em Gênese 2:4b:

> No tempo em que Jeová Deus fez a terra e o céu não havia ainda nenhum arbusto nos campos sobre a terra e nenhuma erva dos campos tinha ainda crescido, porque Jeová Deus não fizera chover sobre a terra e não havia homem para cultivar o solo. Entretanto, um manancial subia da terra e regava toda a superfície do solo. Então Jeová Deus modelou o homem com a argila do solo e insuflou em suas narinas um hálito de vida, e o homem se tornou um ser vivente.
>
> Jeová Deus plantou um jardim em Éden, no oriente, e aí colocou o homem que modelara. Jeová Deus fez crescer do solo toda espécie de árvores formosas de ver e boas de comer, e a árvore da vida no meio do jardim, e a árvore do conhecimento do bem e do mal**. Um rio saía de Éden para regar o jardim e de lá se dividia formando quatro braços. [...] Jeová Deus tomou o homem e o colocou no jardim de Éden para o cultivar e o guardar. E Jeová Deus deu ao homem este mandamento: "Podes comer de todas as árvores do jardim. Mas da árvore do conhecimento do bem e do mal não comerás, porque no dia em que dela comeres terás que morrer".

É fácil compreender por que os editores sacerdotais do século IV a.C. não permitiram que esse conto de fada encantador continuasse, ainda que diferisse em todos os detalhes da versão da criação em sete dias já oferecida no Capítulo 1 do Gênese. Reconhecemos o antigo jardim sumério, mas agora com duas árvores em vez de uma, cujo cuidado e cultivo ficaram sob responsabilidade do homem. Aparentemente, ele desempenhará o papel de personagem-sósia do Gilgamesh da figura 4; e lembremos que Sargão, como jardineiro, era amado pela deusa Ístar. Também, como na figura 4, quatro rios fluem do jardim. Finalmente, deve-se notar que uma das principais características da mitologia levantina aqui representada é a do homem criado para ser escravo ou servo de Deus. Em um mito sumério posterior relatado no volume *Mitologia Oriental*, diz-se que os homens foram criados para libertar os deuses da penosa tarefa de cultivar os campos. Os homens deviam fazer o trabalho para eles e provê-los de alimento por meio de sacrifícios.[7] Marduk

---

* Os textos bíblicos transcritos a seguir estão baseados na *Bíblia de Jerusalém*. São Paulo: Paulus, 2003.
** Ou possivelmente, "a árvore do conhecimento de todas as coisas". Confira em Rabino J. H. Hertz, *The Pentateuch and Haftorahs* (Londres, Soncino Press, [5721] 1961), pág. 8, nota 9, e pág. 10, nota 5.

também criou o homem para servir aos deuses. E aqui novamente temos o homem criado para cuidar de um jardim.

O episódio seguinte descreve a criação dos animais, para serem auxiliares apropriados do homem, o que está em surpreendente contraste com os famosos sete dias do Capítulo 1 do Gênese, onde os animais foram criados primeiro. Aqui lemos, ao contrário, que, depois de Deus ter criado Adão, "Jeová Deus modelou então, do solo, todas as feras selvagens e todas as aves do céu, e as conduziu ao homem para ver como ele as chamaria: cada qual devia levar o nome que o homem lhe desse".

A cena idílica é reminiscência dos tempos de Enkidu entre os animais, antes de ter sido seduzido pela prostituta do templo, quando os animais fugiram dele, e a mulher, dando-lhe um pano para cobrir a nudez, levou-o para a cidade de Uruk onde, afinal, ele morreu.* Na presente versão lemos que, não tendo encontrado uma companheira para o homem entre os animais, Jeová fez com que ele caísse em sono profundo, "e ele dormiu. Tomou uma de suas costelas e fez crescer carne em seu lugar. Depois, da costela que tirara do homem, Jeová Deus modelou uma mulher e a trouxe ao homem". Depois do que, como todo mundo sabe, ocorreu a Queda e a expulsão do Jardim.

O próximo episódio é o da rivalidade entre os dois filhos do primeiro casal. O primogênito, Caim, cultivava terras; Abel, o mais novo, era pastor de ovelhas. "Passado o tempo", conforme pode-se ler, "Caim apresentou produtos do solo em oferenda a Jeová; Abel, por sua vez, também ofereceu as primícias e a gordura de seu rebanho. Ora, Jeová agradou-se de Abel e de sua oferenda. Mas não se agradou de Caim e de sua oferenda, e Caim ficou muito irritado e com o rosto abatido". Caim matou o irmão e, como castigo, Jeová amaldiçoou-o, como já havia amaldiçoado seu pai Adão. "Que fizeste! Ouço o sangue de teu irmão, do solo, clamar para mim! Agora, és maldito e expulso do solo fértil que abriu a boca para receber de tua mão o sangue de teu irmão. Ainda que cultives o solo, ele não te dará mais seu produto: serás um fugitivo errante sobre a terra." Jeová colocou uma marca nele e Caim "retirou-se da presença de Jeová e foi morar na terra de Nod [= "Errante"], a leste do Éden".[8]

No todo, esse antigo mito judaico – que marcou profundamente o espírito do homem ocidental – pertence à categoria geral que comentei no volume *Mitologia Primitiva*, comum nas culturas agrícolas dos trópicos, onde numerosos equivalentes foram registrados na África e na Índia, no Sudeste Asiático, Melanésia e Polinésia, México, Peru e Brasil. As características típicas de tais mitos e ritos correspondentes são: 1. a serpente; 2. a mulher; 3. o assassinato da serpente, da mulher ou de ambas; 4. o crescimento de plantas comestíveis a partir da cabeça ou do corpo enterrado da vítima; 5. o surgimento da morte e da procriação nessa mesma época; 6. o término, com isso, da era mitológica.

---

* *Supra*, págs. 79-81.

Entretanto, não há nenhuma Queda, nenhum sentimento de culpa ou castigo nos exemplos primitivos. Eles são afirmativos da vida, não críticos. Ademais, como já vimos em nossos comentários sobre os antigos sinetes mesopotâmicos, durante as idades Neolítica e Alta do Bronze, o simbolismo da árvore era interpretado cosmológica e miticamente como o eixo do mundo, onde todos os pares de opostos se uniam (ver novamente as figuras 1-6, 9, 15 e 19). A origem última do Éden bíblico, portanto, não pode ter sido uma mitologia do deserto – isto é, um mito hebraico primitivo – mas sim a antiga mitologia agrícola dos povos da terra. Entretanto, na narração bíblica, todo o argumento deu uma volta, por assim dizer, de cento e oitenta graus; e nesse ponto, as seguintes inovações são de particular interesse.

1. *O assassinato de Abel por Caim*: aqui o tema do assassinato não precede, mas sucede o término da era mitológica, em contraste com a sequência em todos os mitos primitivos.[9] Além do mais, ele foi transformado para criar uma duplicação do motivo da Queda. A terra não mais concederá a Caim sua força e ele deverá errar sobre a superfície – o que é, de fato, o resultado oposto àquele produzido pela morte ritualística do mito agrícola. O mito foi aplicado também para elevar os hebreus sobre os povos da terra mais antigos. Caim era agricultor, Abel, pastor de ovelhas: o povo de Canaã era agricultor, os hebreus, pastores de ovelhas. A divindade hebraica prefere, portanto, o último, embora Caim fosse o mais velho. Na verdade, em todo o Livro do Gênese há uma preferência consistente pelos filhos mais jovens, e não pelos mais velhos: o caso de Abel contra Caim não é único, temos também o de Isaac contra Ismael, Jacó contra Esaú e José contra Rúben. Não é preciso ir muito longe para encontrar a lição.

E como se fosse para dar-lhe sentido, foi recentemente descoberto um antigo texto cuneiforme sumério, de cerca de 2050 a.C., narrando a lenda de uma disputa entre um agricultor e um pastor de ovelhas. Lutavam pelos favores da deusa Inanna, que prefere, obviamente, o agricultor, tomando-o como esposo. O texto seguinte contém o protesto do pastor de ovelhas:

> O agricultor em vez de mim, o agricultor em vez de mim,
> O agricultor, o que ele tem que eu não tenho...?
> Se ele me dá seu primeiro vinho de tâmaras,
> Eu dou-lhe meu primeiro leite amarelo...
> Se ele me concede seu pão saboroso...
> Eu concedo-lhe meu melhor queijo...
> Melhor do que eu, o agricultor, o que ele tem que eu não tenho?

A deusa responde:

> O pastor de ovelhas que muito possui eu não desposarei...
> Eu, a virgem, o agricultor desposarei:
> O agricultor, que faz as plantas crescerem em abundância,
> O agricultor, que faz os cereais crescerem em abundância...[10]

Um milênio depois, chegaram os nômades patriarcais do deserto e todas as considerações foram invertidas, no céu como na terra.

2. *As Duas Árvores*: o princípio de dissociação mítica, pelo qual Deus e seu mundo, imortalidade e mortalidade, permanecem separados na Bíblia, é evidenciado na separação entre a Árvore do Conhecimento e a Árvore da Vida Imortal. Esta última tornou-se inacessível ao homem por um ato deliberado de Deus, enquanto em outras mitologias – tanto da Europa quanto do Oriente – a Árvore do Conhecimento é a mesma que a da Vida Imortal e, ademais, acessível ao homem.

No volume *Mitologia Oriental* analisamos uma série de variantes da visão básica oriental, que foi em geral menosprezada pelos teólogos do Ocidente como "panteísta", muito embora, obviamente, não seja teísta, pois "deus" (*theos*), como personalidade, jamais é seu termo último. Tampouco o prefixo "pan" é muito apropriado, porque a referência do ensinamento vai além do "todo" (pan) da criação. Conforme pode-se ler nos Upanixades:

> É, na verdade, outro que o conhecido
> E, ademais, acima do desconhecido.[11]

> Sua forma não é para ser vista.
> Ninguém jamais o vê com os olhos.[12]

Mas então, imediatamente, no mesmo texto:

> Descobrindo-O em cada ser, os sábios,
> Ao deixarem este mundo, são imortais.[13]

> Os sábios que O reconhecem como estando em si mesmos:
> Eles, e não outros, conhecem a bem-aventurança eterna.[14]

Ou, na linguagem do *Tao Te Ching* chinês:

> Os caminhos dos homens são condicionados aos da terra. Os caminhos da terra aos do céu. Os caminhos do céu aos do *Tao* e os caminhos do *Tao* aos de si-mesmo. [...] Se alguém procura o *Tao*, não há nada de sólido para se ver; se procura ouvi-lo, não há nada suficientemente audível. [...] O *Tao* jamais faz, porém por meio dele todas as coisas são feitas.[15]

Ou ainda, os versos budistas japoneses:

> Uma coisa comprida é o corpo comprido do Buda,
> Uma coisa curta é o corpo curto do Buda.[16]

A razão da rejeição ocidental a essa doutrina – ou talvez medo de compreendê-la – é que nossa ideia de religião, baseada no reconhecimento de um Criador distinto de sua Criatura, é fundamentalmente ameaçada por qualquer reconhecimento de divindade, não apenas presente no mundo, mas inerente em sua substância. Citamos novamente os Upanixades:

> Quem quer que saiba "Eu sou o Imperecível" este se torna universal, e nem mesmo os deuses podem impedi-lo de tornar-se, pois ele se torna, dessa maneira, o próprio Si-Mesmo deles. Portanto, quem quer que adore outra divindade pensando: "Ele é um e eu sou outro", não sabe nada, e é como um animal sacrificial aos deuses. Mas se se perde um único animal, isso torna-se desagradável. O que dizer se isso acontece com muitos? E assim não é agradável aos deuses que os homens saibam isso.[17]

Tampouco foi agradável a Jeová. Tampouco é agradável aos que adoram algum deus. Pois, de acordo com essa perspectiva, não é qualquer divindade imaginada, mas o indivíduo, em sua própria realidade, que é a realidade do ser:

> Você é o pássaro azul-escuro e o papagaio verde de olhos vermelhos.
> Você tem o raio como seu filho. Você é as estações e os mares.
> Não tendo princípio, você habita com toda-abrangência,
> De onde provêm todos os seres.[18]

Além disso, não apenas o ser humano, mas todos os seres são epifanias dessa realidade que penetrou em todas as coisas, "mesmo nas pontas das unhas, como uma navalha é oculta no estojo, ou como o fogo na matéria onde arde".[19] E em consequência dessa perspectiva, afirmadora de tudo, misticamente poética, foi possível, mesmo para os ensinamentos espirituais mais elevados do Oriente, unir-se de modo direto com o mais elementar. Porque aquilo que para a simples devoção popular é considerado divindade fora de si mesmo, pode honesta e sinceramente continuar a sê-lo – como um aspecto manifesto, refletido, do Si-Mesmo, que é o mistério de cada um.

> Ele segura o cabo da enxada,
> mas suas mãos estão vazias.[20]

De acordo com a nossa Bíblia Sagrada, por outro lado, Deus e seu mundo não devem ser identificados um com o outro. Deus, como Criador, fez o mundo, mas não é, de modo algum, o próprio mundo ou qualquer objeto dele – assim como A não é de maneira nenhuma B. Não há, portanto, sentido algum, nem na ortodoxia cristã, nem na judaica ou islâmica, em procurar Deus e encontrá-Lo, seja no mundo ou em si mesmo.

Esse é o caminho das religiões naturais repudiadas do resto da humanidade: os sábios frívolos do Oriente e os sacerdotes perversos da Suméria e Acádia, Babilônia, Egito, Canaã e demais – não menos que os curandeiros e xamãs das selvas e estepes "que dizem à madeira: 'Tu és meu pai!', e à pedra: 'Tu me geraste!'" (Jeremias, 2:27); porque, como declarou o profeta Jeremias: "os costumes dos povos são falsos" (10:3).

Em qualquer visão abrangente dos grandes e pequenos sistemas mitológicos dos quais foram extraídas as crenças da humanidade, a ideia bíblica de Deus tem que ser claramente distinguida como representando um princípio que em nenhum outro lugar foi afirmado com exclusividade, ou seja: o da *transcendência absoluta* da divindade. Nos livros sagrados do Oriente afirma-se que o mistério último da existência é transcendente, no sentido de que ele "transcende" (está acima ou além) do conhecimento humano, seus pensamentos, visão e expressão. Entretanto, como é explicitamente identificado com o mistério de nossa própria existência, bem como de qualquer outra, ele é declarado também como imanente: na verdade, esse é o principal ponto da iniciação oriental, bem como da maioria das pagãs, primitivas e místicas. Parece-me também ser o ponto temido por Jeová, no sentido de que o homem soubesse, de acordo com as palavras do Upanixade: "Eu sou o Imperecível!", e assim se tornasse o próprio Si-Mesmo de Deus. "Se o homem já é como um de nós", declara Jeová, "que agora ele não estenda a mão e colha também da árvore da vida, e coma e viva para sempre...". É a mesma mitologia, mas transformada em outros valores, isto é: trabalhar a terra, não realizar o êxtase.

3. *Pecado, o Fruto Proibido*: "Certa vez", disse o santo indiano Ramakrishna a um visitante que havia recebido educação britânica e que lhe perguntava como podia Deus habitar em um pecador, "em uma ocasião um homem deu-me um exemplar da Bíblia. Uma parte dela foi-me lida, repleta daquela única coisa, pecado e pecado! É preciso ter uma fé poderosa para afirmar: 'Eu pronunciei o nome de Deus; repeti o nome de Rama ou Hari; como posso ser um pecador?' É preciso ter-se fé na glória do nome de Deus".[21] O que pode ou não ser demasiadamente fácil, mas ilustra a ideia da força da divindade no interior – que requer apenas o pensamento e o amor de Deus para ser efetivamente despertada – em comparação com a de uma distinção essencial absoluta entre Criatura e Criador, que pode ser superada, e mesmo assim de modo precário, apenas pela obediência do homem a um particular e bastante específico conjunto de leis proclamadas.

No caso de Adão e Eva, a lei proclamada era de um tipo muito comum nos contos de fada, conhecida pelos estudiosos do folclore como A Coisa Proibida; por exemplo: O Lugar Proibido (quarto interditado, porta interditada, caminho interditado); O Objeto Proibido (fruto proibido, bebida proibida); O Tempo Proibido (dia santo, hora mágica) etc.[22] O tema é difundido pelos quatro cantos do mundo. O tabu de Orfeu, Não Olhar para Trás, é correlato.

Há um uso interessante do motivo de O Caminho Proibido em certos mitos primitivos de matadores de monstros, em que o jovem herói viola deliberadamente o tabu que lhe foi designado para protegê-lo, penetrando assim na esfera de um ou mais poderes malignos que ele vence, a fim de libertar a humanidade de sua opressão.[23] Poder-se-ia reler o episódio do Paraíso a partir de tal perspectiva para concluir-se que não é a Deus, mas a Adão e Eva, que devemos o grande mundo das realidades da vida. Entretanto, é certo que os criadores dessa história, nos séculos IX e IV a.C., não tinham tal ideia ousada em mente – embora algo similar esteja implícito na ideia católico-romana de que "a essência do mito bíblico está em que a Queda, a desintegração, é permitida para que um bem maior advenha".[24] O bem maior, segundo essa visão, é obviamente a salvação pela cruz, a Segunda Árvore. E há precedente para essa visão nas palavras reveladoras de Paulo: "Deus destinou todos os homens à desobediência, para que Ele possa ter clemência por todos."* A ideia está expressa nas palavras *O felix culpa!* "Ó culpa afortunada", "Ó pecado feliz", do serviço do Sábado Santo, na Bênção dos Círios Pascais: *O certe necessarium Adae peccatum, quod Christi morte deletum est! O felix culpa, quae talem ac tantum meruit habere redemptorem!*[25]

O fato de esse tema (desenvolvido com entusiasmo no *Finnegans Wake*) poder ser extraído do mito da Queda no Paraíso de modo tão evidente e direto, ilustra meu argumento de que o imaginário mítico da Bíblia contém uma mensagem própria, que nem sempre pode ser verbalizada no discurso do texto. Pois aquele livro é um portador de símbolos emprestados do passado remoto, que pertence a muitas línguas.

Retornemos agora ao mito sacerdotal, muito posterior, do Gênese, Capítulo 1.

CICLO SACERDOTAL (TS) DA CRIAÇÃO: SÉCULO IV A.C.

No princípio, Elohim criou o céu e a terra. Ora, a terra estava vazia e vaga, e as trevas cobriam o abismo, e um sopro de Elohim agitava a superfície das águas.

Elohim disse: "Haja luz", e houve luz. Elohim viu que a luz era boa, e Elohim separou a luz e as trevas. Elohim chamou à luz "dia" e às trevas "noite". Houve uma tarde e uma manhã: primeiro dia.

Elohim disse: "Haja um firmamento no meio das águas e que ele separe as águas das águas", e assim se fez. Elohim fez o firmamento que separou as águas que estão sob o firmamento das águas que estão acima do firmamento, e Elohim chamou ao firmamento "céu". Houve uma tarde e uma manhã: segundo dia.

No dia seguinte foi feita a terra firme e a vegetação cresceu. No quarto dia, foram feitos o sol, a lua e as estrelas; no quinto, os pássaros, os monstros marinhos e os peixes. No sexto dia, foram feitos os animais e o homem. "Façamos o homem à nossa imagem", disse Elohim.

---

* Epístola aos Romanos 11:32. Esta referência, por sinal, é o sentido secreto do número 1132, que se repete, transformado de múltiplas maneiras, na obra de James Joyce, *Finnegans Wake*.

"e que eles dominem sobre os peixes do mar, as aves do céu, os animais domésticos, todas as feras e todos os répteis que rastejam sobre a terra".
Elohim criou o homem à sua imagem,
à imagem de Elohim ele o criou,
homem e mulher ele os criou.
[...] Elohim disse: "Eu vos dou todas as ervas que dão semente, que estão sobre toda a superfície, e todas as árvores que dão frutos que dão semente: isso será vosso alimento. A todas as feras, a todas as aves do céu, a tudo o que rasteja sobre a terra e que é animado de vida, eu dou como alimento toda a verdura das plantas" e assim se fez [...]26

Não é nada fácil entender como as pessoas puderam acreditar por séculos que o mito jeovista do Paraíso, onde o homem foi criado primeiro e os animais depois, era para ser lido como o capítulo 2 de um conto de sequência contrária. E onde macho e fêmea surgem, além do mais, juntos, "à imagem de Elohim"; não com Eva extraída de uma costela de Adão, só depois de se ter buscado uma companheira para ele entre os animais.

Tampouco está claro por que o mito de Elohim deveria ser considerado Criação *ex nihilo*, "tirada do nada", quando ele descreve a Criação pelo poder da palavra, o que no pensamento primitivo está longe de "nada", mas ao contrário, é a essência da própria coisa. Já por volta de 2850 a.C. havia um mito de criação egípcio pelo poder da palavra.27 E tão recentemente quanto há cinquenta anos, um garoto de seis anos e meio de idade disse ao psicólogo suíço, Dr. Jean Piaget, "se não existissem palavras seria muito mau; você não poderia fazer nada. Como as coisas poderiam ter sido feitas?"28

Ademais, nesse mito da Criação não há nenhuma árvore proibida.

E finalmente, se, quando criados à imagem de Elohim, Adão e Eva surgiram juntos, então Elohim não deve ter sido apenas macho, mas andrógino, além da dualidade – e nesse caso, por que a divindade não poderia ser adorada tanto na forma feminina quanto na masculina?

Diz-se que o amor é cego. Na curiosa e desconcertante história do pensamento mitológico do Ocidente, esse capítulo da Criação de Elohim exerceu um papel formidável; pois quando se acreditava que era um relato do próprio Artífice do Mundo transmitido a Moisés no topo da montanha, a majestade e simplicidade de suas linhas tinham uma força que agora está perdida. Sabemos hoje que foram compostas por um sacerdote poetizante no século de Aristóteles. E encontrar a forma do Universo, descrita no século IV a.C., vestida com as roupagens do mundo mítico de Marduk, mil e quinhentos anos antes!, com um firmamento separando as águas de cima, que caem em forma de chuva, das de baixo, que jorram em forma de fontes, é, para dizer o mínimo, decepcionante. Mais grave ainda é o costume atual de transmitir toda essa tradição arcaica aos nossos filhos como se fosse a verdade eterna de Deus.

Já comentei o mito do Dilúvio no volume *Mitologia Oriental* [29], de maneira que é preciso apenas acrescentar que no Gênese duas versões foram combinadas. A primeira, do texto J do século IX, declara que Jeová mandou Noé arrebanhar para sua arca "sete pares de todos os animais puros, o macho com sua fêmea; e um par dos animais não puros, o macho com sua fêmea; sete pares das aves do céu, também machos e fêmeas, para perpetuarem a raça sobre toda a terra". (Gênese 7:2-3). Mas de acordo com a outra, do compêndio que recebeu o nome de Texto Sacerdotal, Elohim disse a Noé: "De tudo o que vive, de tudo o que é carne, farás entrar na arca dois de cada espécie, um macho e uma fêmea, para os conservares em vida contigo. De cada espécie de aves, de cada espécie de animais, de cada espécie de todos os répteis do solo, virá contigo um casal, para os conservares em vida". (Gênese 6:19-20).

A lenda da Torre de Babel é do texto J, e é original da Bíblia. Ela, obviamente, inverte o significado do zigurate, que não tinha a intenção de atacar e ameaçar o céu, mas de prover um meio pelo qual os deuses do céu pudessem descer para serem adorados pelos seus escravos na terra.[30] Entretanto, uma das glórias da Bíblia é a eloquência com que condena todas as formas de adoração que não seja a sua própria. Ademais, a interdição da obra por parte de Jeová mediante a multiplicação de línguas dos povos e difusão delas sobre a terra (como se até cerca de 2500 a.C. tivesse havido apenas uma língua no mundo e nenhuma dispersão de povos) é especialmente valiosa quando fixa num texto a antiga concepção hebraica de que todas as línguas, exceto ela própria, são secundárias.

Ao abrir uma agradável cartilha hebraica datada tão recentemente quanto 1957, o estudante aprende que "esta é a língua que Deus falou". A ideia é a mesma que a subjacente à consideração indiana pelo sânscrito. Ou seja, que as palavras dessa língua sagrada são os "verdadeiros" nomes das coisas; são as palavras das quais as coisas surgiram na época da Criação. As palavras dessa língua são anteriores ao Universo; são sua forma e suporte espirituais. Consequentemente, em seu estudo a pessoa aproxima-se da verdade e da existência, da realidade e do poder da própria divindade.

III. A ERA DE ABRAÃO

Se não tivesse havido a Queda, não haveria necessidade de Redenção. A imagem da Queda é, por isso, essencial ao mito cristão; enquanto os ritos, festivais e meditações da sinagoga apoiam-se na Lenda do Povo Escolhido.

Na visão cristã toda a humanidade herdou, com a revolta do primeiro casal, uma corrupção da natureza, que obscureceu tanto seu entendimento quanto enfraqueceu sua vontade e inclinou-a para o mal. De tal modo que sem o milagre da assunção misericordiosa por Deus da culpa e punição resultantes daquele pecado, a raça humana teria permanecido para sempre divorciada de sua verdadeira finalidade no conhecimento, amor, serviço e beatitude de seu Criador. A ideia oriental otimista de que o indivíduo pode, mediante a introversão, confiar na realização da divindade interior (identificação mítica), é aqui totalmente rejeitada. Pois não há nada no interior, segundo essa visão, a não ser a alma corrupta de uma criatura, nem divina em si mesma, nem capaz de alcançar por si mesma qualquer relação com Deus (dissociação mítica). Ele em Sua misericórdia, por outro lado, ofereceu um meio, um caminho, uma luz, de volta a Ele próprio, na pessoa de seu Filho, cuja cruz, a Santa Cruz, compensou a Árvore (restauração mítica).

E o significado da Lenda do Povo Escolhido, nessa visão cristã, é que por meio de Abraão e seus descendentes foi preparado um povo de Deus apropriado para participar com Ele do milagre da Redenção pela entrega da carne, do útero, da humanidade do Filho, que deveria ser Verdadeiro Homem e Verdadeiro Deus (daí o milagre). Com sua morte, entretanto, o véu do templo de Jerusalém foi rasgado (Mateus 27:51, Marcos 15:38, Lucas 23:45) e a lei mosaica ritualística, que até então tinha sido o veículo do propósito de Deus neste mundo, deixou de sê-lo. O sistema sacramental da Igreja tornou-se o único veículo da vontade e graça de Deus na terra, e os símbolos da Queda e Redenção, Árvore e Cruz, devem permanecer agora, para sempre, como os últimos termos da ontologia do homem.

Por outro lado, a visão da sinagoga rejeita a doutrina cristã do pecado original. Tal como podemos ler nas palavras do Rabino Supremo do Império Britânico, J. H. Hertz:

> O homem foi mortal desde o princípio e a morte não foi introduzida no mundo pela transgressão de Eva [...] Não há perda da semelhança do homem com Deus, nem da capacidade do homem de fazer o bem aos olhos de Deus; nem tal perda foi transmitida até seus últimos descendentes.
>
> Apesar de alguns poucos rabinos ocasionalmente lamentarem a participação de Eva no envenenamento da raça humana, pela Serpente, mesmo eles declaram que o antídoto para tal veneno foi encontrado no Sinai, sustentando justamente que a Lei de Deus é o baluarte contra as devastações do animalismo e da impiedade. O Rei Davi fala com frequência em pecado e culpa, mas jamais faz qualquer referência [...] ao que a teologia cristã chama de "A Queda". Procura-se em vão no Livro de Orações, mesmo nos Dias de Penitência, pelo menor eco da doutrina da Queda do homem. "Meu Deus, a alma que me destes é pura", é a oração da manhã do judeu. "Assim como a alma é pura quando inicia seu percurso terreno, também o homem pode retorná-la pura ao seu Criador" (*Midrash*). [...]
>
> A humanidade descendente de Adão tornou-se irreversivelmente corrupta e foi varrida pelo Dilúvio. Apenas Noé foi salvo. Mas algumas gerações depois, a humanidade novamente tornou-se arrogante e ímpia e a escuridão moral dominou a terra. "E Deus disse: Que haja Abraão – e ouve a luz", é o dito profundo do *Midrash*.[31]

"Jeová disse a Abraão", lemos nas linhas iniciais desta lenda fundamental não só para o judaísmo mas também para o cristianismo e o Islã, "'Sai da tua terra, da tua parentela e da casa de teu pai, para a terra que te mostrarei. Eu farei de ti um grande povo, eu te abençoarei, engrandecerei teu nome; sê uma bênção! Abençoarei os que te abençoarem, amaldiçoarei os que te amaldiçoarem. Por ti serão benditos todos os clãs da terra'. Abraão partiu, como lhe disse Jeová..."[32]

O texto é do documento J do século IX a. C., cerca de um milênio mais tarde do que o próprio incidente, que, entretanto, ninguém é capaz de situar na cronologia histórica. Por muitos anos foi costume, entre certos intérpretes da Bíblia, atribuir a data de aproximadamente 604-562 a.c. para Abraão[33], que nasceu, conforme afirma o Livro do Gênese, em "Ur dos caldeus", que ele deixou, em companhia de sua mulher, pai e sobrinho, para ir para a terra de Canaã, onde ficou por um tempo em Harã.[34]

Essa data coincide com a do período da breve restauração e florescimento da cultura suméria, que ocorreu durante o reinado do devoto Rei Gudea de Lagash (cerca de 2000 a.C.), cuja visão de Ningizzida foi a inspiração de nossa figura 1. O grande monarca semita Sargão de Acad (*c*.2350 a.C.), cuja lenda de nascimento já vimos, tinha sido sucedido por uma dinastia de dez descendentes que, entretanto, foi derrubada por volta de 2150 a.C. por uma incursão de bárbaros do nordeste. "Os dragões das montanhas" – assim eram chamados – "raptavam a esposa de seu marido, os filhos de seus pais e o reino da terra da Suméria". Suas afinidades raciais são desconhecidas; seus reis chamavam a si mesmos de "os Reis do Guti e dos Quatro Quadrantes", e seu reinado foi de um século: cerca de 2150-2050 a.C.[35]

Essa catástrofe perniciosa foi sucedida por uma impressionante e promissora, ainda que lamentavelmente breve, restauração das antigas formas culturais sumérias sob a autóctone Terceira Dinastia de Ur (*c*.2050-1950 a.C.) e de nosso piedoso Rei Gudea de Lagash. Numerosas tabuletas cuneiformes desse período chegaram até nós permitindo conhecer as antigas epopeias sumérias. Naquele período houve um verdadeiro florescimento de novos e enormes zigurates.

"Vendo-se a vasta extensão e complexa organização da área de tal santuário", escreve o Prof. Moortgat sobre as ruínas do zigurate de Ur, que foi construído naquela época, "e considerando-se que o tamanho de Ur era muito menor do que, por exemplo, a cidade-templo da deusa Inanna em Uruk, começamos a ter alguma ideia do caráter ainda fundamentalmente teocrático da ordem social suméria tardia, que era no seu sentido mais legítimo uma comunidade de construtores de templos, comparável às comunidades cristãs medievais. Mas então percebemos também, com pesar", acrescenta, "quão longe estamos de um verdadeiro e profundo entendimento daquele mundo".[36]

Tais zigurates elevados, cidade após cidade, podem então ser considerados como tendo marcado a paisagem pela qual o patriarca Abraão andou com sua família e rebanho.

"Com Abraão", afirma o Rabino Hertz, "a natureza do Livro do Gênese muda. Até então, em seus primeiros onze capítulos, foi relatado o alvorecer do mundo da sociedade humana. O restante do livro conta a história dos fundadores do Povo

cujo destino, à luz do propósito de Deus, forma o principal tema da Escritura [...]
Com os Patriarcas, deixamos o mundo nebuloso, primevo, e entramos na plena luz
do dia dos tempos históricos".[37]

Para alguns pode parecer um pouco estranho ler que o período da Suméria e
Acádia e das grandes pirâmides egípcias era "um mundo nebuloso, primevo"; e ser
informado, por um livro publicado em 1961, que com Abraão, cuja data não pode
ser fixada dentro de uma margem de quatro séculos, penetramos "na plena luz do
dia". Entretanto, se Abraão viveu, como parece, por volta de 1996 a.C., um pouco
de luz do dia sobre sua vida pode ser conhecida. Como? Pelo que conhecemos de
um dos construtores dos zigurates da época, possivelmente visto por ele em alguma
ocasião oficial notável: o Rei Gudea, da não tão distante cidade de Lagash.

Há um precioso relato sobre a construção realizada por Gudea de um zigurate
dedicado ao deus Ningirsu de sua cidade, que pode servir para transmitir uma ideia
da devoção do povo daquela época. Seus deuses, ao contrário do deus de Abraão,
não eram de um futuro promissor, mas já de um passado desvanecente. E assim,
podem representar para nós, em *réquiem*, a antiga herança prestes a ser desintegrada
e morta.

Tendo o rio Tigre deixado de elevar-se, inundar e fertilizar os campos, Gudea
dirigiu-se para o templo do deus Ningirsu de sua cidade. Ali, ele soube da vontade
daquele deus por meio de um sonho que, entretanto, não conseguiu interpretar.
De maneira que se dirigiu, em seguida, para o templo vizinho de sua deusa-mãe,
Gatumdug, e dali ouvimos seu pedido de ajuda:

> Oh! minha Rainha, Filha do Céu Mais Puro, cujo conselho é profícuo, ocupante do supremo lugar celestial, que faz a terra viver: Rainha, Mãe e Fundadora de Lagash! Aqueles a quem você favorece conhecem as bençãos da força; aqueles a quem você estima, a abundância dos anos. Não tenho nenhuma mãe, você é minha mãe; nenhum pai, você é meu pai. No santuário você me pariu. Oh! minha Deusa, Gatumdug, sua é a sabedoria de todo o bem. Mãe, deixe-me contar-lhe meu sonho.
>
> Havia no meu sonho a figura de um homem cuja estatura cobria o céu, cuja estatura cobria a terra. A coroa em sua cabeça proclamava-o deus e ao seu lado estava o pássaro Imdugud.* Um temporal havia a seus pés. À sua direita e esquerda descansavam dois leões. E ele mandou-me construir sua casa. Mas quem ele era, eu não sabia.
>
> Em seguida, o sol ergueu-se da terra, diante de mim. Uma mulher apareceu. Quem era ela? Quem ela não era? Numa mão, ela trazia um simples buril; na outra, uma tabuleta de barro, na qual eram exibidas constelações celestes. Ela estava como que absorta em pensamento. E então apareceu no sonho um outro homem,

---

* O pássaro Imdugud é o pássaro-leão da figura 16.

um guerreiro, com uma tabuleta de lápis-lazúli, na qual ele desenhou o esboço de uma casa. Uma liteira foi colocada diante de mim: sobre ela, um molde de ouro para fazer tijolos, e nele o tijolo do destino. E à direita do meu rei estava um asno carregado.

"Meu pastor", disse a deusa, "vou interpretar seu sonho. O homem cuja estatura ocupava o céu e a terra, cuja coroa proclamava-o deus e em cujo lado estava o pássaro Imdugud, tempestade a seus pés e à direita e esquerda dois leões, era o deus meu irmão, Ningirsu. A ordem que lhe deu foi a de construir seu templo Eninnu. E o sol que se ergueu da terra, diante de você, era seu deus guardião, Ningizzida; como um sol, sua forma serpenteada ergue-se da terra. A mulher segurando um buril e a tabuleta das constelações, como que absorta em pensamento, era a deusa minha irmã, Nisaba, mostrando-lhe a auspiciosa estrela para a construção do templo. O outro homem, um guerreiro, com uma tabuleta de lápis-lazúli, era o deus Nin-dub, desenhando-lhe a estrutura do templo. E o asno carregado, à direita do rei, esse era você mesmo, pronto para a tarefa".

Gudea preparou uma carreta de madeira nobre, ornamentada com pedras preciosas; atrelou diante dela um asno; e sobre ela colocou tanto o emblema de sua cidade, com seu nome inscrito nele, quanto a lira de seus encantos, os celebrados sons que lhe davam paz e tranquilidade. Depois ele chegou com essa oferenda ao templo de sua cidade e, dia e noite, ofereceu preces. Também no santuário do terror, o templo do sacrifício de sangue, onde reina a divindade Ningirsu, Gudea ofereceu animais sacrificiais, queimou madeiras aromáticas e se lançou diante de seu deus, orando para que lhe fosse dado um sinal.

"Oh! meu Rei e Senhor, Ningirsu, domador das águas bravias, filho de Enlil, exemplar e destemido; Senhor, eu deveria construir-lhe uma casa, mas ainda não recebi o sinal. Deus Herói, oh! permita-me saber o que é para ser sabido; pois não sei o significado dessas coisas. Como o coração do mar, você jorra; como a árvore do mundo, você permanece firme; você se agita como a água fervendo e lança-se sobre o inimigo como uma tempestade. Meu Rei, você é tão incomensurável quanto o céu. Mas eu? O que sei eu?"

Disse o deus: "O dia em que Gudea, meu fiel pastor, iniciar a construção do meu templo, Eninnu, ouvir-se-á no céu um vento de chuva. E recairá abundância sobre si. O reino regozijar-se-á em abundância. Quando o alicerce do meu templo tiver sido colocado, a abundância aparecerá. Os campos produzirão com generosidade. A água crescerá nos diques e canais: das fendas da terra a água irromperá. Haverá azeite em abundância na Suméria para ser derramado; lã em abundância para ser pesada. O dia em que sua mão devota voltar-se para a construção do meu templo, eu subirei na montanha, o lugar onde mora a tempestade. Daquela morada da tempestade, a montanha, o lugar imaculado, enviarei um vento, para que leve à sua terra o sopro da vida".

O Rei despertou; estivera dormindo. Sacudiu-se; era um sonho. E quando o templo acabou de ser construído, o deus foi levado a seu santuário e o casamento de Ningirsu com sua deusa, Baba, foi aclamado. "Por sete dias", lemos, "a criada e a senhora foram iguais; senhor e escravo andaram juntos; nobres e humildes sentaram-se lado a lado; e em línguas malévolas, palavras más tornaram-se boas; os órfãos não sofreram nenhuma injustiça por parte dos ricos e a justiça irradiou do sol".³⁸

Com a queda, por volta de 1950 a.C., do último rei da III Dinastia de Ur, por causa da invasão procedente das cidades de Elam, chegou ao fim a unidade do antigo mundo cultural da Suméria e Acádia; e para citar mais uma vez o Prof. Moortgat:

> O domínio dos "quatro quadrantes" já não podia ser sequer imaginado. Em todos os cantos surgiram novamente as antigas cidades-estado – governadas na sua maior parte, entretanto, não por monarcas nativos, mas por estrangeiros. O menor número desses era de origem elamita, um povo fortemente semitizado, cujo país tinha sido uma província da Suméria e Acádia. Mas o maior número era de nômades do deserto, membros de uma nova leva semítica, linguisticamente distinta dos anteriores acadianos – povos semíticos orientais –, tanto por seu dialeto quanto por seus nomes, sendo seus aparentados mais próximos os cananeus, que então se dirigiam para a Síria e Palestina. [...] Em Isin, Larsa, Babilônia, Mari e mais tarde em Assur, esses povos do deserto assumiram a liderança, combateram-se uns aos outros, uniram-se em coalizões e lutaram em todos os lugares em busca de hegemonia. Até que, depois de um século e meio, os elamitas e os semitas encontraram seus grandes estadistas guerreiros: respectivamente, Rimsin, dos elamitas, e Hamurábi, dos semitas. Então o maior dos dois, Hamurábi da Babilônia, finalmente conseguiu restaurar por um tempo a unidade e glória do antigo mundo da Suméria e Acádia.³⁹

Costumava-se situar o reinado de Hamurábi em algum momento entre os anos 2067 e 1905 a.C.⁴⁰, período esse atribuído a Abraão, numa suposta identificação do Rei Amrafel de Senaar (Gênese 14:1) com Hamurábi. O período de Hamurábi foi recentemente deslocado por novas evidências para 1728-1686 a.C., e quanto ao de Abraão também foi antecipado. Como observa o Prof. T. J. Meek: "Embora saiba-se hoje que essas identificações são falsas, o período de Abraão, ainda assim, pode estar próximo ao de Hamurábi".⁴¹

A dinastia de Hamurábi na Babilônia sobreviveu até cerca de 1530 a.C., e então, como tudo mais naquele mundo fluido, desmoronou. Mas as novas migrações, que continuavam a chegar de todos os lados, vinham agora em grande parte do norte. Entre elas havia três grupos principais:

1. *Os hurritas*: Um povo de poder prodigioso e força expansiva, que tinha começado já por volta de 2200 a.C. a descer do Cáucaso para o norte da Mesopotâmia. Por volta de 1800 a.C. eles alcançaram o golfo Pérsico e continuaram para o oeste

até a Síria e Palestina, onde deslocaram ou se misturaram com muitos dos semitas ocidentais já estabelecidos.

"Há muito foi observado por estudiosos", afirma o Prof. Meek, "que existem certos detalhes nas lendas dos primeiros patriarcas hebreus que não se ajustam à origem puramente semítica, porque não temos paralelismos semitas, mas agora que o nosso conhecimento sobre os hurritas foi consideravelmente ampliado, dispomos de paralelos hurritas exatos". A venda por Esaú de seu direito de primogenitura, por exemplo (Gênese 25:31-34), era um episódio sem paralelo, até que o mesmo tipo de troca foi descoberto como tendo sido praticado entre os hurritas. E o roubo que Raquel fez dos bens e deuses da casa de seu pai (Gênese 31:19), que por muito tempo permaneceu um mistério para os estudiosos, ficou claro quando se descobriu que, segundo a lei hurrita, a posse deles garantia a seu marido, Jacó, direito à propriedade de seu sogro. "Estas e outras analogias similares entre os antigos hebreus e hurritas", afirma o Prof. Meek, "juntamente com a ocorrência de nomes hurritas e referências aos hurritas no Antigo Testamento, indicam claramente que as duas migrações andaram juntas. Hurritas e *habiru*, ou hebreus, foram encontrados juntos na Mesopotâmia e é provável que seriam encontrados juntos no oeste..."[42]

Isso abre uma nova e vasta perspectiva que ninguém ainda explorou. Pois os hurritas fundaram um reino de vida curta, mas poderoso – conhecido como o reino dos mitanianos, cerca de 1500-1250 a.C. –, ao sudoeste do Lago Van (na região hoje chamada de Curdistão, na junção da Síria, Turquia e Iraque), o qual incluía o lugar de assentamento de Abraão em Harã. Ademais, em um tratado assinado por volta de 1400 a.C. entre esses mitanianos e os vizinhos hititas – por quem eles em breve seriam conquistados – aparecem os nomes de cinco deuses védicos: Indra, Mitra, Varuna, e os dois Aśvin...

Os hurritas, parece agora, foram governados, por algum tempo pelo menos, por uma classe aristocrática de guerreiros equipados com carruagens, de origem indo-ária; e podem muito bem ter sido eles que introduziram no Oriente Próximo o novo equipamento bélico, que era o carro leve de duas rodas puxado por dois corcéis. O carro de batalha foi desenvolvido na zona ária, cerca de 2000-1750 a.C., surgindo nos próximos três séculos em quase todas as partes do mundo histórico antigo. Introduziu-se no Egito com os reis hicsos asiáticos, cerca de 1670-1570 a.C.; na Índia com as tribos árias, cerca de 1500-1250 a.C.; na Grécia mais ou menos na mesma época, e na China por volta de 1523 a.C., com a dinastia Shang. A perspectiva a ser explorada, portanto, é a de uma possível – de fato, inevitável – interação, no período atribuído aos Patriarcas, de fatores semíticos e árias na formação do mito bíblico. E alguns dos paralelos com o mito chinês abordados no volume *Mitologia Oriental*[43] podem também encontrar sua explicação ali.

Os outros grandes grupos intrusivos do período foram os seguintes:

2. *Os hititas*: Possivelmente relacionados com os hurritas, mas superando-os tanto em diplomacia quanto na guerra, tornaram-se dominadores, em breve, da melhor parte do que hoje se conhece como a Turquia. As datas de sua ascensão,

mais ou menos na época de Hamurábi, seu apogeu e logo sua queda abrupta mais ou menos na época da Guerra de Troia de Homero. Sua existência acontece entre cerca de 1750-1150 a.C.

3. *Os cassitas*: Descendo do Elam (hoje Irã) – de onde a China, desde cerca de 2000 a.C., vinha recebendo uma parte significativa de sua herança neolítica fundamental –, os cassitas ocuparam as regiões ribeirinhas da própria Babilônia. E parecem ter estabelecido algum tipo de relação, antes de entrar na Mesopotâmia, com as tribos indo-árias que estavam na época invadindo a Índia. Os cassitas não deixaram nenhum texto mítico por escrito, mas conhecemos por seus nomes pessoais alguns de seus deuses. Por exemplo: Surias (sânscrito *Sūrya,* o Sol), Maruttas (sânscrito *Marut,* o Vento) e Burias (grego *Boreas*, o Vento Norte). Parece, em certa medida, que eram de origem ária, talvez indo-ária.

Era um mundo, em outras palavras, de extrema complexidade, no qual apareceu o Livro que inspirou a maior parte da teoria e prática das religiões ocidentais. E seria sensato acreditar que essa mesma complexidade era uma das fontes de seu poder e atmosfera de validade. Entretanto, embora esse poder possa convencer e tocar nossos sentimentos, a mente do pesquisador consciencioso que se esforça para situar os Patriarcas no contexto do seu tempo – mesmo no tempo, digamos, de Hamurábi –, é colocada em apuros. Pois, como a eminente escavadora da cidade fortificada de Jericó, Dra. Kathleen Kenyon, escreve:

> É certo que não se pode estabelecer uma cronologia baseada nos períodos de anos atribuídos aos Patriarcas; tampouco se pode considerar como factual que Abraão tivesse setenta e cinco anos quando deixou Harã e cem quando Isaac nasceu; ou que Isaac tinha sessenta quando José nasceu e Jacó tinha cento e trinta quando foi para o Egito, pois as evidências dos esqueletos nas tumbas de Jericó mostram que a expectativa de vida naquele tempo era curta. Muitos indivíduos parecem ter morrido antes dos trinta e cinco anos de idade e poucos parecem ter atingido a idade de cinquenta.
>
> Mas apesar de uma cronologia exata ser impossível, a determinação do período reflete o que consta na lenda bíblica. Os Patriarcas eram pastores seminômades, movendo-se para as costas mais férteis e vivendo nas suas tendas entre os cananeus, mas separados deles, pois estes viviam nas cidades do tipo que a arqueologia revela. Os pastores em tendas não deixaram nenhuma evidência que a arqueologia pudesse recuperar, mas agora sabemos algo de seus arredores.[44]

No geral, entretanto, os episódios sugerem muito mais convincentemente uma mitologia do que crônicas factuais. Por exemplo, na seguinte narrativa curiosa, que já inclui alguns dos temas do posterior Êxodo sob Moisés:

> Houve uma fome na terra e Abrão desceu ao Egito, para aí ficar, pois a fome assolava a terra. Quando estava chegando ao Egito, disse à sua mulher Sarai: "Vê,

eu sei que és uma mulher muito bela. Quando os egípcios te virem, dirão: 'É sua mulher,' e me matarão, deixando-te com vida. Dize, eu te peço, que és minha irmã, para que me tratem bem por causa de ti e, por tua causa, me conservem a vida". De fato, quando Abrão chegou ao Egito, os egípcios viram que a mulher era muito bela. Viram-na os oficiais do Faraó e gabaram-na junto dele; e a mulher foi levada para o palácio do Faraó. Este, por causa dela, tratou bem Abrão: ele veio a ter ovelhas, bois, jumentos, escravos, servas, jumentas e camelos. Mas Jeová feriu Faraó com grandes pragas, e também sua casa, por causa de Sarai, a mulher de Abrão. Faraó chamou Abrão e disse: "Que me fizeste? Por que não me declaraste que ela era tua mulher? Por que disseste: 'Ela é minha irmã!', de modo que eu a tomasse como mulher? Agora eis a tua mulher: toma-a e vai-te!" O Faraó o confiou a homens que os conduziram à fronteira, ele, sua mulher e tudo o que possuía.

Do Egito, Abrão com sua mulher e tudo o que possuía, e Ló com ele, subiu ao Negueb.[45]

Esse episódio é do texto jeovista (J), e para complementá-lo temos o seguinte episódio, do texto E, referindo-se a um tempo, muitos anos depois, quando Abrão foi chamado Abraão, e sua mulher, Sara. Tinha ela então mais de noventa anos e ele mais de cem.

Abraão partiu dali para a terra do Negueb e habitou entre Kadesh e Sur. Ele foi morar em Gerara.
Abraão disse de sua mulher Sara: "É minha irmã", e Abimelec, rei de Gerara, mandou buscar Sara. Mas Elohim visitou Abimelec em sonho durante a noite, e lhe disse: "Vais morrer por causa da mulher que tomaste, pois ela é uma mulher casada". Abimelec, que ainda não tinha se aproximado dela, disse: "Meu Senhor, vais matar alguém inocente? Acaso não foi ele que me disse: 'É minha irmã', e ela, ela mesma, não disse: 'É meu irmão?' Foi com boa consciência e mãos puras que fiz isso!" Elohim lhe respondeu no sonho: "Também eu sei que fizeste isso em boa consciência, e fui eu quem te impediu de pecar contra mim, não permitindo que a tocasses. Agora, devolve a mulher desse homem: ele é profeta e intercederá por ti, para que vivas. Mas se não a devolveres, saibas que certamente morrerás, com todos os teus".

Portanto, como a lenda continua a narrar, Abimelec devolveu Sara a Abraão, juntamente com ovelhas e bois, escravos e escravas e um milhar de peças de prata. Depois disso Abraão orou e, como lemos: "Elohim curou Abimelec, sua mulher e seus servos a fim de que pudessem ter filhos. Pois Jeová tornara estéril o seio de todas as mulheres na casa de Abimelec, por causa de Sara, a mulher de Abraão".[46]

Outra variante da aventura é atribuída ao filho de Abraão, Isaac – também em uma passagem jeovista (J) – onde se diz que "Isaac foi para Gerara, junto a Abimelec, rei dos filisteus". E quando os homens do lugar perguntaram por sua mulher, ele disse "ela é minha irmã", pensando, "para que os homens do lugar não me matem" etc.[47]

É difícil imaginar como lendas semelhantes a essas puderam ser interpretadas, mesmo há séculos, como crônicas factuais, na "plena luz do dia dos tempos históricos". Mas hoje a dificuldade é ainda mais complexa, pois descobrimos que o povo chamado filisteu chegou pela primeira vez nas costas da Palestina, vindo de Creta, somente no ano de 1196 a.C.[48] Isso, como podemos perceber imediatamente, estende a história dessa notável família de Ur por um período de séculos que nem mesmo as durações de vida atribuídas a Abraão e seu filho são suficientes para explicar. Além do mais, há a inconveniência adicional de Isaac, pai de Jacó e avô de José, ser aqui descrito como tendo florescido num período subsequente a Moisés e o Êxodo: o que é ainda mais difícil quando se lembra que Abraão, seu pai, ao passar por Gerara, também esteve com Abimelec.

Não parece, então, que estamos lidando com as leis dos mitos, contos de fada e lendas, em vez de qualquer ordem factual ainda não comprovada nem pela história natural nem pela humana? O passado não é aqui descrito com a preocupação pelo que hoje se conhece como verdade, mas para dar uma aparência de suporte sobrenatural a uma certa ordem social e a seu sistema de crenças. Essa era, portanto – como o é e sempre foi, para aqueles em cujas mentes o bem de uma sociedade tem prioridade sobre a verdade –, uma justificativa adequada para qualquer ficção que a mentalidade da época pudesse estar persuadida a aceitar. O que é verdadeiramente excepcional nestes notáveis exemplos é que, enquanto nenhum pensador moderno em seu perfeito juízo argumentaria em favor da historicidade dos fragmentos de mito reunidos na *Odisseia*, por outro lado temos uma imensa literatura moderna erudita que faz exatamente isso com referência aos relatos bíblicos, que são aproximadamente da mesma época.

IV. A ERA DE MOISÉS

Sigmund Freud deu um susto em muitos de seus admiradores quando propôs em sua última grande obra, *Moisés e o Monoteísmo*, que Moisés não era judeu, mas sim um nobre egípcio – especificamente, da casa do herético faraó Akenaton, que reinou de 1377 a 1358 a.C. –, e que nos anos imediatamente subsequentes à morte desse faraó, que provocou a desagregação de sua corte e o fim do seu culto monoteísta, Moisés partiu do Egito acompanhado de colonos semitas do Delta. Ele esforçou-se para imprimir nos colonos a crença monoteísta de Akenaton. Entretanto, no deserto, aquelas pessoas, oprimidas por seu rigor, mataram-no. E seu posto de liderança foi assumido por um madianita sacerdote de um deus-vulcão árabe, Jeová. Mas sua memória e ensinamentos (nas palavras de Freud) "continuaram a agir na obscuridade, até que lentamente exerceu cada vez mais poder sobre as mentes das pessoas e, por fim, conseguiu transformar o deus Jeová no Deus Mosaico, despertando para uma nova vida a religião que Moisés tinha instituído séculos antes, mas que fora abandonada".[49]

A teoria de Freud foi, obviamente, atacada de todos os lados, tanto por eruditos quanto por outras pessoas. Contudo, sua visão, que de maneira nenhuma carece de documentação, proporciona a única explicação psicológica plausível sobre o caráter singularmente compulsivo da crença bíblica, que está em contraste surpreendente com as abordagens descontraídas, poéticas e festivas da mitologia dos gregos do mesmo período. A religião bíblica, segundo Freud, tem o caráter de uma neurose, onde um filtro de figurações míticas encobre uma convicção reprimida de culpa. Essa, a seu turno, precisa ser expiada, mas não se consegue enfrentá-la conscientemente. Os mitos filtrantes estão ali para ocultar, não para revelar a verdade. Por isso, insiste-se que sejam factuais – ou, como se diz hoje, "existenciais". O Deus judaico é considerado um "Deus vivo", não um mero deus mítico, como os demais, não um símbolo fantasmagórico de algo proveniente – como um sonho – da imaginação de seus devotos. Ele foi introduzido de fora para dentro por Moisés, e permanece fora como um suposto fato.

Freud acreditava que sua teoria também explicava a natureza dual de Jeová que, por um lado, exibe os traços bárbaros do deus-vulcão madianita e do culto primitivo da serpente, mas, por outro, adquire cada vez mais força nos ensinamentos dos profetas como o Deus universal da justiça de Moisés e Akenaton. Também dava conta, Freud acreditava, das inconsistências da lenda de Moisés, onde aparece uma hora como nobre egípcio e na seguinte como um jovem pastor árabe que se transforma, afinal, num xamã do deserto. "Não podemos evitar a impressão", escreveu, "que esse Moisés de Kadesh e Madiã, a quem a tradição atribui a feitura de uma serpente de bronze como um deus que cura (Números 21:1-9), é uma pessoa bem diferente do eminente egípcio que, deduzimos, revelou a seu povo uma religião que abominava todo e qualquer tipo de magia e feitiçaria. Nosso Moisés egípcio difere, talvez, tanto do Moisés de Madiã, quanto o deus universal Aton diferia do demônio Jeová, em sua montanha divina".[50]

O grande historiador Eduard Meyer também observara esse contraste. "O Moisés de Madiã", escreveu numa passagem devidamente citada por Freud, "não é mais um egípcio e neto do faraó, mas um pastor a quem Jeová se revela. Na lenda das dez pragas, suas relações anteriores não são mais mencionadas, embora pudessem ter sido usadas com muita eficácia. E a ordem de matar o primogênito israelita é totalmente esquecida".[51]

Não vou continuar nem a defender nem a atacar as opiniões de Freud. Não foi fácil para ele publicá-las; pois, como escreveu nas linhas iniciais de seu livro, "negar a um povo o homem a quem ele venera como o mais importante de seus filhos não é uma tarefa a ser assumida com leviandade – especialmente por alguém que pertence a esse mesmo povo. Nenhuma consideração, entretanto, fará com que eu deixe de lado a verdade, em favor de supostos interesses nacionais".[52] Essas são palavras nobres e com elas honramos um dos mais ousados espíritos criativos de nossa época. Minha modesta intenção é apenas oferecer um esboço do problema do

Êxodo, primeiramente em seu aspecto mitológico filtrante e, depois, em seu aspecto histórico filtrado.

Para começar: a lenda do nascimento de Moisés foi obviamente moldada de acordo com a lenda anterior do nascimento de Sargão de Acad (*c.*2350 a.C.)*. E não é do Egito, porque no Egito o betume ou piche não foi usado antes do tempo de Ptolomeu, quando foi introduzido proveniente da Palestina.[53]

> Certo homem da casa de Levi [lemos] foi tomar por esposa uma descendente de Levi, a qual concebeu e deu à luz um filho. Vendo que era belo, escondeu-o por três meses. E como não pudesse mais escondê-lo, tomou um cesto de papiro, calafetou-o com betume e pez, colocou dentro a criança e a depôs nos juncos, à beira do Rio. De longe, uma irmã do menino observava o que lhe iria acontecer.[54]

O episódio é do Texto Elohímico (E) que, como sabemos, foi escrito no século oitavo em Israel, não no Egito; e a fórmula mítica geral implícita é a do Mito do Nascimento do Herói, discutida por Otto Rank na obra já mencionada.** Entretanto, como observou Freud, entre os mais de setenta exemplos da fórmula analisados por Rank, esse é o único no qual a criança abandonada e adotada passa de uma família humilde para uma nobre. A ordem usual é a inversa.

Freud escreve: "A primeira família, aquela que expõe a criança ao perigo é, em todos os casos semelhantes, a fictícia; a segunda família, contudo, pela qual o herói é adotado e na qual cresce, é a verdadeira. Se tivermos a coragem de aceitar essa afirmação como uma verdade geral à qual também a lenda de Moisés está sujeita, então subitamente podemos ver com clareza: Moisés é egípcio – provavelmente de origem nobre –, a quem o mito incumbe-se de transformar em judeu".[55]

O próprio nome Moisés é egípcio. É a palavra normal para "criança" e ocorre entre os nomes, por exemplo, dos faraós da XVIII Dinastia. Há anos, Eduard Meyer sugeriu que no caso de Moisés a primeira parte do nome – Ra-moisés (Ramsés), Tut-moisés (Tutmósis), A-moisés (Amósis) e outros – pode ter sido retirada, para ocultar a origem egípcia.[56] De qualquer maneira, a ideia de que uma princesa egípcia tivesse considerado a palavra como hebraica demonstra que os contadores de histórias nem sempre urdem bem as suas tramas. Conforme continua a encantadora lenda:

> Eis que a filha de Faraó desceu para se lavar no Rio, enquanto as suas criadas andavam à beira do Rio. Ela viu o cesto entre os juncos e mandou uma de suas servas apanhá-lo. Abrindo-o, viu a criança: era um menino que chorava. Compadecida, disse: "É uma criança dos hebreus!" Então a sua irmã disse à filha de Faraó: "Queres que eu vá e te chame uma mulher dos hebreus que possa criar esta criança?" A filha de Faraó respondeu: "Vai!" Partiu, pois, a moça e chamou a mãe

---

* *Supra*, pág. 68.
** *Supra*, pág. 68.

da criança. A filha de Faraó lhe disse: "Leva esta criança e cria-a e eu te darei a tua paga". A mulher recebeu a criança e a criou. Quando o menino cresceu, ela o entregou à filha de Faraó, a qual o adotou e lhe pôs o nome de Moisés [hebraico *Mosheh*], dizendo: "Eu o tirei das águas [hebraico *mashah*]".[57]

Isso tem semelhança com a lenda grega, mais ou menos do mesmo período, de Perseu, o que nasceu da princesa Dânae. Ela era filha de Acrísio, rei de Argos; mas Acrísio, temendo o filho profetizado, tinha-a aprisionado num calabouço, juntamente com sua ama. Zeus, entretanto, enviou uma chuva de ouro, pela qual a virgem concebeu. Mãe e filho juntos foram então jogados ao mar numa arca, que um pescador puxou para a costa – e no final, Perseu, por um lapso curioso, matou seu avô, Acrísio, com um disco, símbolo do sol.[58]

Mais adiante voltaremos a falar de Perseu. Por enquanto, basta-nos observar que há precedente mítico representando o Futuro Salvador como um neto adotivo, dentro da casa do Monarca Tirano. Se Moisés foi de fato tal, não sabemos. Na verdade, não sabemos com certeza se o herói de tal lenda deve ser considerado figura histórica factual ou mera figura simbólica associada a um certo tipo de ensinamentos e crenças. De qualquer maneira, no caso de Moisés, o Texto Elohímico (E) forneceu essa nobre procedência egípcia e lenda de origem heroica, enquanto o Jeovista (J) conta a lenda do casamento de nosso herói com uma das sete filhas de um sacerdote madianita do deserto.

"E aconteceu que", conta essa outra lenda,

> Moisés, já crescido, saiu para ver os seus irmãos, e viu as tarefas que pesavam sobre eles; viu também um egípcio que feria um de seus irmãos hebreus. E como olhasse para uma e outra parte e visse que ninguém estava ali, matou o egípcio e o escondeu na areia. No dia seguinte, voltou no momento em que dois hebreus estavam brigando, e disse ao agressor: "Por que feres o teu próximo?" E ele respondeu: "Quem te constituiu nosso chefe e nosso juiz? Acaso queres matar-me como mataste ontem o egípcio?" Moisés teve medo e disse: "O fato já é conhecido!" Faraó, tendo notícia do caso, procurava matar Moisés. Mas este, fugindo da sua vista, retirou-se para a terra de Madiã e assentou-se junto a um poço.
>
> Ora, um sacerdote de Madiã tinha sete filhas. Elas, vindo tirar água, depois de terem enchido os bebedouros, queriam dar de beber ao rebanho de seu pai. Sobrevieram uns pastores e as expulsaram dali. Então Moisés se levantou e, defendendo as moças, deu de beber ao rebanho. Elas voltaram para Raguel, seu pai, e este lhes disse: "Por que voltastes mais cedo hoje?" Responderam: "Um egípcio livrou-nos da mão dos pastores e, além disso, tirou água para nós e deu de beber ao rebanho". "Onde está ele?" perguntou o pai. "Por que deixastes ir esse homem? Chamai-o para comer." Moisés decidiu ficar com ele, que deu a Moisés sua filha Séfora. E ela deu à luz um filho, a quem ele chamou de Gersam, pois disse: "Sou um imigrante [hebraico *ger*] em terra estrangeira".[59]

A lenda análoga desse episódio traz de volta a questão dos Patriarcas: os motivos sugerem o casamento de Jacó. Assim como Moisés, temendo por sua vida, Jacó fugiu para o deserto. Não tinha assassinado nenhum egípcio, mas havia fraudado Esaú em seu direito de primogenitura e Esaú, seu irmão, dissera a si mesmo: "Matarei meu irmão Jacó" (Gênese 27:41). No deserto, Jacó encontrou sua amada Raquel junto de um poço e se tornou pastor do pai dela. Trabalhou sete anos para conquistá-la. (No presente caso, temos sete filhas.) Enganado por Labão, Jacó recebeu Lia em vez de Raquel, e para conquistar a última teve que trabalhar mais sete anos, depois do que fugiu com suas duas esposas, duas concubinas e filha, muita riqueza e sua preciosa tribo de doze filhos.

Comum a ambas as lendas são o perigo letal em casa (relacionado com um familiar: o irmão Esaú, o avô faraó); a fuga para o deserto; a noiva no poço (relacionada com o número sete), e a servidão, como pastor, ao pai dela. Nas duas lendas, além do mais, a fuga para o deserto leva a um encontro direto com Deus e à revelação de um grandioso destino: Jacó em Betel, deitado com a cabeça na pedra, sonhou que havia uma escada cujo topo alcançava o céu. Os anjos do Senhor desciam e subiam por ela e, vejam, Jeová encontrava-se no alto dela (Gênese 28:11-13). Igualmente, Moisés ouviu na sarça ardente a voz do mesmo deus do deserto.

Da maneira como chegou até nós, esse episódio apresenta um entrelaçamento extremamente complexo de elementos J e E, ilustrando de modo elegante a maneira de cortar, costurar e misturar dos editores sacerdotais do século IV. Reproduzo os elementos J em tipo romano, os E em itálico e mantenho os números dos versículos. O capítulo é o Êxodo 3.

O DEUS NA SARÇA ARDENTE

(1) *Apascentava Moisés o rebanho de Jetro*, seu sogro, sacerdote de Madiã. Conduziu as ovelhas para além do deserto e chegou ao Horeb, a montanha de Elohim.* (2) O Anjo de Jeová apareceu-lhe numa chama de fogo, do meio de uma sarça. Moisés olhou, e eis que a sarça ardia no fogo, e a sarça não se consumia. (3) Então disse Moisés: "Darei uma volta e verei este fenômeno estranho; verei por que a sarça não se consome". (4) Viu Jeová que ele deu uma volta para ver. *E Elohim o chamou do meio da sarça. Disse: "Moisés, Moisés!"* Este respondeu: "Eis-me aqui". (5) Ele disse: "Não te aproximes daqui; tira as sandálias dos pés porque o lugar em que estás é uma terra santa". (6) *Disse mais: "Eu sou o Deus de teus pais, o Deus de Abraão, o Deus de Isaac e o Deus de Jacó". Então Moisés cobriu o rosto, porque temia olhar para Elohim.*

(7) Jeová disse: "Eu vi, eu vi a miséria do meu povo que está no Egito. Ouvi seu grito por causa dos seus opressores; pois eu conheço as suas angústias. (8) Por

---

* Compare com o texto J, *supra*, pág. 113, onde o nome é Raguel.

isso desci a fim de libertá-lo da mão dos egípcios, e para fazê-lo subir desta terra para uma terra boa e vasta, terra que mana leite e mel, o lugar dos cananeus, dos heteus, dos amorreus, dos ferezeus, dos heveus e dos jebuseus. (9) *Agora, o grito dos israelitas chegou até mim, e também vejo a opressão com que os egípcios os estão oprimindo.* (10) *Vai, pois, e eu te enviarei a Faraó, para fazer sair do Egito o meu povo, os israelitas."*

(11) *Então disse Moisés a Elohim: "Quem sou eu para ir a Faraó e fazer sair do Egito os israelitas?"* (12) *Elohim disse: "Eu estarei contigo; e este será o sinal de que eu te enviei: quando fizeres o povo sair do Egito, vós servireis a Elohim nesta montanha."*

(13) *Moisés disse a Elohim: "Quando eu for aos israelitas e disser: 'O Deus de vossos pais me enviou até vós'; e me perguntarem: 'Qual é o seu nome?', que direi?"* (14) *Disse Elohim a Moisés: "Eu sou aquele que é."* Disse mais: "Assim dirás aos israelitas: 'EU SOU me enviou até vós.'"* (15) *Disse Elohim ainda a Moisés: "Assim dirás aos israelitas:* 'Jeová, o Deus de vossos pais, o Deus de Abraão, o Deus de Isaac e o Deus de Jacó me enviou até vós. É o meu nome para sempre, e é assim que me invocarão de geração em geração.'"

(16) "Vai, reúne os anciãos de Israel e dize-lhes: 'Jeová, o Deus de vossos pais, o Deus de Abraão, o Deus de Isaac e o Deus de Jacó me apareceu, dizendo: De fato vos tenho visitado e visto o que vos é feito no Egito'. (17) Então eu disse: 'Far-vos-ei subir da aflição do Egito para a terra dos cananeus, dos heteus, dos amorreus, dos ferezeus, dos heveus e dos jebuseus, para uma terra que mana leite e mel.' (18) E ouvirão a tua voz; e irás com os anciãos de Israel ao rei do Egito, e lhe dirás: 'Jeová, o Deus dos hebreus, veio ao nosso encontro. Agora, pois, deixa-nos ir pelo caminho de três dias de marcha no deserto para sacrificar a Jeová nosso Deus.' (19) *Eu sei, no entanto, que o rei do Egito não vos deixará ir, se não for obrigado por mão forte.* (20) *Portanto, estenderei a mão e ferirei o Egito com todos os prodígios que farei no meio dele; depois disso é que ele vos deixará partir".*

(21) *"Darei a este povo a boa graça dos egípcios; e quando sairdes, não será de mãos vazias.* (22) *Cada mulher pedirá à sua vizinha e à sua hóspede joias de prata, joias de ouro e vestimentas, que poreis sobre os vossos filhos e sobre as vossas filhas; e despojareis os egípcios."*

A questão da época e origem do nome e culto de Jeová foi discutida por muitos. O mais lúcido e recente compêndio da discussão é o do Prof. T. J. Meek. Ele nota que no texto que acabamos de citar, Êxodo 3:15, o deus no deserto madianita deu seu nome como "Jeová, o Deus de vossos pais, o Deus de Abraão, o Deus de Isaac e o Deus de Jacó", e em seguida definiu o significado como "Eu Sou". Contudo, no Texto Sacerdotal do século quarto, em uma passagem posterior, Êxodo

---

* Ou, "Eu Sou o que Sou", ou "Eu Serei o que Serei".

6:3, o mesmo deus afirma que "Apareci a Abraão, a Isaac e a Jacó como *El Shaddai*; mas meu nome, Jeová não lhes fiz conhecer". Sobre este particular o Prof. Meek afirma:

> O nome [...] era estranho aos hebreus e, na tentativa de explicá-lo, o relacionaram com a palavra *hayah*, "ser", exatamente como os gregos que, não sabendo a origem e o significado exato de "Zeus", vincularam o nome com ξάω "viver", enquanto, em última instância, ele é derivado do indo-europeu *dyu*, "brilhar". O argumento de Jeová ser de origem árabe está perfeitamente de acordo com os registros do Antigo Testamento, que o relacionam com o Neguebe e com os santuários do sul, como Sinai-Horeb e Kadesh. [...] A origem mais provável do nome em nossa opinião é [...] da raiz árabe *hwy,* "soprar".[60]

E, portanto, aqui estamos: com uma fantasmagoria frágil de motivos folclóricos e uma congérie de deuses que diferem consideravelmente: 1. um faraó cruel, sem nome, imaginário, perseguindo um povo cuja presença no Delta ninguém explicou (tema: ogro-tirano); 2. tem uma filha, também sem nome, que encontra um bebê num cesto nas águas do Nilo e toma-o para criar, dando-lhe o nome Moisés (em egípcio, "criança"), que ela acredita ser uma palavra hebraica sugerindo *mashah*, "retirar" (tema: nascimento virginal modificado, com abandono da criança no sentido inverso, isto é, de família humilde para uma nobre); 3. um sacerdote madianita de Kadesh, que se tornará o sogro do herói (de nome Raguel, no Texto J, e Jetro, no E); 4. tem sete filhas (o número mágico sete: sete esferas celestes, cores do arco-íris etc.); 5. que são encontradas, junto do poço, por um fugitivo do deserto que acabou de matar um egípcio; 6. ele desposa uma das filhas e torna-se o pastor de seu sogro (paralelo da lenda de Jacó: fuga para o deserto, futura esposa junto do poço, a serviço como pastor do sogro, duas vezes sete anos); 7. a voz de Jeová na sarça ardente atribui a esse pastor a tarefa cósmica de libertar seu povo das garras do ogro-tirano; depois do que, segue 8. sua disputa mágica, auxiliado por seu irmão subitamente presente, Aarão (tema do Herói Gêmeo), contra os sacerdotes e magos do Egito (disputa xamânica); culminando em 9. as Pragas do Egito (que, por alguma razão desumana, Jeová prolonga excessivamente, "endurecendo o coração de Faraó" uma e outra vez) e 10. o Êxodo (motivo da Fuga Mágica, Travessia das Águas, Dissolução no Umbral do Poder Subterrâneo, Recompensa com o Espólio do Mundo Subterrâneo etc.: compare-se com Abraão e Isaac espoliando o faraó e Abimelec por meio de astúcia).

Portanto, a tarefa dos editores sacerdotais (Texto S) do século quarto a.C., que reuniram tudo isso, foi entrelaçar os dois fios da lenda em uma única linha de argumento; um argumento, além do mais, para o qual nenhum deles tinha sido pensado originalmente. Tal como lemos nas passagens cruciais do Texto S, nas quais o novo tema foi introduzido:

Eis os nomes dos israelitas que entraram no Egito com Jacó; cada qual entrou com sua família: Rúben, Simeão, Levi e Judá, Issacar, Zabulon e Benjamin, Dã e Neftali, Gad e Aser. Os descendentes de Jacó eram, ao todo, setenta pessoas. José, porém, já estava no Egito. [...] Os israelitas foram fecundos e se multiplicaram; tornaram-se cada vez mais numerosos e poderosos, a tal ponto que o país ficou repleto deles (Êxodo 1:1-5 e 7). [...] Os egípcios obrigavam os israelitas ao trabalho, e tornavam-lhes amarga a vida com duros trabalhos: a preparação da argila, a fabricação de tijolos, vários trabalhos nos campos, e toda espécie de trabalhos aos quais os obrigavam (Êxodo 1:13-14).

Em conjunto, o grande argumento sacerdotal que unifica o Pentateuco é que todas as tribos de Israel descendem de um único pai, a quem havia sido dada uma bênção divina que se verificaria em sua história comum; ou seja, Abraão, pai de Isaac, que por sua vez gerou Jacó, pai daqueles doze filhos que, supunha-se, fundaram as doze tribos. O grande problema narrativo, portanto, foi colocar os antigos mitos e lendas dos Patriarcas pastoris da Idade do Bronze tardia em relação, primeiro, com um suposto intervalo egípcio e, depois, com a tradição épica da conquista e assentamento em Canaã durante a Idade de Ferro. No entanto, logo podemos detectar três incongruências que os mestres da escola sacerdotal não conseguiram reconhecer, ou bem passaram por cima.

A primeira dessas incongruências, que ainda não foi racionalizada nem pela teologia nem pela ciência, deriva-se do fato de que a conquista hebraica de Canaã já se havia iniciado muito antes da primeira data plausível ter sido atribuída ao Êxodo do Egito; a saber, a data sugerida por Freud, que, como vimos, situa-se no período imediatamente após a morte do herético faraó Akenaton: especificamente o período de oito anos, 1358-1350 a.C., que decorreu antes da restituição da ortodoxia de Amon, por meio da força, sob Haremhab.

"A natureza ativa de Moisés", escreveu Freud,

concebeu o plano de fundar um novo império, de encontrar um novo povo, a quem ele podia dar a religião que o Egito desdenhara. Foi, como percebemos, uma tentativa heroica de lutar contra seu destino, para encontrar compensação em duas direções pelas perdas que tinha sofrido com a catástrofe de Akenaton. Talvez ele fosse, naquele período, governante daquela província fronteiriça (Gosen) na qual, possivelmente, já no "período hicso", certas tribos semíticas tinham-se estabelecido. A essas ele escolheu para ser seu novo povo. Uma decisão histórica!

Estabeleceu relações com elas, colocou-se à frente delas e comandou o Êxodo "com mão firme". Em pleno contraste com a tradição bíblica, podemos supor que esse Êxodo tenha ocorrido pacificamente e sem perseguições. A autoridade de Moisés fez com que isso fosse possível, e não havia então nenhum poder central que pudesse impedi-lo.

De acordo com nossa interpretação, o Êxodo do Egito teria ocorrido entre 1358 e 1350 a.C., o que quer dizer, após a morte de Akenaton e antes da recuperação da autoridade do Estado por Haremhab. A meta da jornada somente podia ser Canaã. Após a supremacia do Egito ter sucumbido, hordas de arameus guerreiros enxamearam o país, conquistando e pilhando e, dessa maneira, mostrando como um povo capaz podia apossar-se de novas terras. Sabemos desses guerreiros a partir das cartas que foram encontradas em 1887 nos arquivos da cidade destruída de Amarna. Eles são chamados os habiru, e o nome passou adiante – ninguém sabe como – para os invasores judeus e hebreus que chegaram depois e, portanto, não poderiam ter sido mencionados nas cartas de Amarna.[61]

Freud, como vemos, resolveu a dificuldade pela suposição intempestiva de que os habiru não eram hebreus, enquanto a maior parte dos estudiosos atuais pensa que eram.[62] Além do mais, para complicar as coisas, há a afirmação bíblica, frequentemente citada, de que os judeus perseguidos foram obrigados a construir as cidades de Pitom e Ramsés (Êxodo 1:11, do Texto J). Estas foram construídas somente no período de Ramsés II, que reinou de 1301 a 1234 a.C., portanto um século depois de Akenaton. Por isso, a maioria desses estudiosos modernos que acha que o Êxodo pode ser datado, o situa nessa época posterior.

Mas mesmo aqui há um desacordo. A data tardia chega mesmo a ampliar o problema de relacionar o Êxodo com o início da pilhagem e fundação de Canaã pelos habiru. Para que o leitor possa escolher por si mesmo uma data, vou simplesmente indicar, num esquema das dinastias XVIII e XIX, algumas das sugestões apresentadas recentemente, junto com a ideia interessante de Thomas Mann, em seu romance *José no Egito*, que situa a chegada dos Patriarcas exatamente no período em que Freud fez seus descendentes partirem.

EXPULSÃO DOS HICSOS (ÊXODO?)[63]; *C*.1570 A.C.

XVIII DINASTIA: 1570-1345 A.C.

Amósis I	1570-1545
Amenhotep I	1545-1524
Tutmósis I e II	1524-*c*.1502
Rainha Hatshepsut	1501-1480
(A "filha do faraó" que salvou Moisés?)[64]	
Tutmósis III (disputando o trono da Rainha Hatshepsut)	1502-1448
Êxodo? (tese de J.W. Jack)[64]	
Amenhotep II	1448-1422
Tutmósis IV	1422-1413
Amenhotep III	1413-1377
(Início da heresia de Aton)	

DEUSES E HERÓIS DO LEVANTE

Amenhotep IV (Akenaton)	1377-1358
(Período Amarna: incursões dos habiru)	
José chega ao Egito? (tese de Thomas Mann)[65]	
Tutâncamon	1358-1349
(Período de calmaria: virtual interregno)	
Êxodo? (tese de Freud)[66]	
(Restauração do culto de Amon: 1350)	
Eie (Haremhab, o virtual governante)	1349-1345

XIX DINASTIA: 1345-1200 A.C.

Haremhab	1345-1318
Ramsés I	1318-1317
Seti I	1317-1301
Ramsés II	1301-1234
(Projetos de construção: cidades de Pitom e Ramsés)	
Êxodo? (tese de Albright): *c*.1280[67]	
(tese de Scharff): *c*.1240-1230[68]	
Merneptah	1234-*c*.1220
Êxodo? (tese de Scharff): *c*.1240-1230[68]	
("Estela Israelita" mencionando a supressão de uma	
revolta "israelita" na Palestina: surgimento pela primeira	
vez do termo "israelita")	
Seti II	1220-1200
Êxodo? (tese de Meek): período de confusão logo após a	
morte de Seti II.[69]*	

Tudo isso tem a ver, apenas, com a primeira das incongruências envolvidas na narrativa sacerdotal do século IV, que coloca todos os hebreus invasores de Canaã como descendentes da prole de Abraão disseminada no Egito. Uma segunda dificuldade provém do fato de que as tribos beduínas em questão não eram uma só família, mas várias, que se introduziram em Canaã, além do mais, não de uma vez, mas por etapas e vindas de várias direções. E uma terceira e séria dificuldade permanece: a dificuldade já mencionada de encontrar a data em que José e seus irmãos pudessem ter chegado ao Egito, para permanecer.

Vamos admitir, em resumo, que ninguém até hoje foi capaz de explicar quanto, como e por que qualquer parte desta lenda colossal ocorreu. Isso, ainda por cima, deixando de lado a continuidade de suas etapas. Vista, entretanto, como um mito de origem normal – em vez de uma pista histórica – a narrativa revela imediatamente tanto a forma quanto a função de sua mensagem. A forma é a de um grande ciclo de descida ao mundo subterrâneo e de retorno. Quem entrou no Egito (Mundo

---

* A data de Meek para o reinado de Seti é, entretanto, *c*.1214-1194.

Subterrâneo: Reino Sob as Ondas) foram os Patriarcas (José no poço e descendo até o Egito); o que emergiu foi o Povo (Travessia do Mar Vermelho).

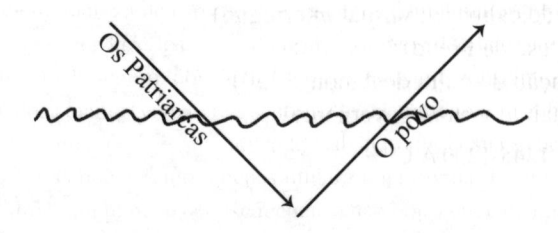

[diagrama: Os Patriarcas / O povo]

Em todos os mitos de descida e retorno, o que resulta é um benefício ou elixir; no presente caso: a) o conhecimento de Jeová, b) a força nuclear do Povo Escolhido, e c) a promessa de um destino a esse povo, com a recompensa de uma Terra Prometida. Entretanto, ao contrário de todos os outros mitos dessa ordem, o herói aqui não é um indivíduo – nem mesmo Moisés –, mas o povo judeu. É altamente significativo que a festa posterior da Páscoa judaica que, como vimos*, foi celebrada pela primeira vez em 621 a.C. em comemoração ao Êxodo, ocorre na data da ressurreição anual de Adônis, que no culto cristão tornou-se a Páscoa. Tanto no culto pagão quanto no cristão, a ressurreição é de um deus, ao passo que no judaico é do Povo Escolhido – que recebeu conhecimento e apoio de seu Deus quando passava pelos tormentos do mundo subterrâneo do Rei da Morte.

Dessa maneira emerge uma distinção fundamental que, através de toda a história do judaísmo, permaneceu como seu segundo ponto de notável distinção entre as religiões do mundo: enquanto em outras religiões o princípio da vida divina é simbolizado por um indivíduo divino (Dumuzi-Adônis-Átis-Dioniso-Cristo), no judaísmo é o Povo de Israel, cuja história mítica exerce, desse modo, a função que em outros cultos pertence a uma corporificação ou manifestação de Deus.

No *Hagadah* da Páscoa judaica, durante o cerimonial familiar, a seguinte reflexão é lida pelo pai de família: "Em cada geração, a pessoa deveria considerar-se a si mesma como se tivesse pessoalmente saído do Egito". Quer dizer, todo judeu está consubstanciado com Israel, um pouco à maneira de cada migalha da hóstia na missa Católica Romana, transubstanciada no corpo e sangue do Cristo sacrificado e ressuscitado, que desceu aos infernos e em três dias ressurgiu dos mortos. E a força desse princípio de identificação judaica – não com Deus, que é transcendente, mas com o Povo de Deus, que é a única entidade do Universo pela qual se expressa Sua vontade para o futuro – é mesmo tão forte que, para um ato válido de adoração ortodoxa, precisam estar presentes pelo menos dez varões maiores

---

* *Supra*, pág. 88, 89.

de treze anos de idade (o *minyan*). O indivíduo não tem nenhuma relação com Deus a não ser por meio da comunidade, ou consenso. Deus – o único Deus que existe – está separado e o corpo de seu Povo Escolhido é a única coisa sagrada que existe na terra. O indivíduo separado dele é, portanto, irrelevante.

Contrasta com essa ênfase no social a ideia indiana de que a realização última da verdade é para ser experienciada individualmente, pela ioga, na floresta; ou a chinesa, de que a harmonia é para ser experienciada com o Tao, o Caminho da natureza e do Universo, que é também o Caminho do coração de cada um. No livro de Moisés, contudo, o caminho de Deus, que é transcendente, não está nem no interior da pessoa nem na natureza, mas no grupo – naquele grupo apenas, com suas leis, que são as únicas verdades realmente importantes a serem conhecidas.

Assim, pode-se dizer que as duas primeiras partes do ciclo lendário do Povo Escolhido representam: I. A Entrada dos Patriarcas no Mundo Subterrâneo da Morte e Tormento, para Renascer para uma Vida Superior, e II. O Renascimento, como um Povo, sob Jeová. A terceira parte, Os Anos no Deserto, representa a fase de confirmação do povo na estrutura ritualística da nova vida sob Jeová, para a qual o povo ascendeu; e a quarta, A Conquista da Terra Prometida, celebra a introdução da Lei de Jeová, por meio da vitória de seu povo, na história do mundo.

O assassinato de Moisés, deduzido por Freud a partir de evidências tanto da psicologia judaica quanto de numerosos relatos sobre revoltas violentas contra Moisés no deserto (por exemplo, Números 16), teria fornecido, de acordo com sua visão, o evento nuclear (conteúdo latente) de todo esse sonho mítico; e o mito (conteúdo manifesto) é interpretado por Freud, consequentemente, mais como uma estrutura de ocultamento do que uma estrutura reveladora.

Não pretendo entrar em nenhuma discussão sobre a relevância dessa teoria específica quanto a esse poderoso ciclo lendário, que teve grande influência sobre o povo judeu. Pretendo apenas observar, com referência à teoria geral mais ampla de nosso tema, que, de fato, dois tipos de mitologia têm que ser reconhecidos. A saber, um tipo (do qual os mitos bíblicos são os exemplos mais conhecidos) em que toda a ênfase é colocada na historicidade dos episódios; e o outro (do qual a mitologia indiana é um exemplo), em que os episódios *devem* ser interpretados simbolicamente, sugerindo significados por meio de e além de si mesmos. É óbvio que na visão de Freud a referência última (conteúdo latente) de ambos os tipos é um desejo infantil de matar o pai (faraó: Moisés) e penetrar na mãe (Terra Prometida). Entretanto, minha impressão pessoal é que mesmo os mitos do primeiro tipo têm algo mais a dizer do que isso; e que Freud, com seu dogma edípico, levou para a ciência o afã bíblico de concretização. Saber com precisão que elementos da lenda Patriarcal e mosaica derivam de ocorrências factuais do segundo milênio a.C., e quais procedem das criativas plumas sacerdotais do primeiro milênio a.C., permanece – e permanecerá talvez para todo o sempre – como uma pergunta para a qual toda resposta será sintomática mais da mente do indivíduo que a responde, do que da verdade, seja histórica ou de Deus.

CAPÍTULO 4

DEUSES E HERÓIS DO OCIDENTE EUROPEU: 1500-500 a.C.

I. O DIÁLOGO ENTRE O NORTE E O SUL

Felizmente não será necessário argumentar que os mitos gregos, célticos ou germânicos eram mitológicos. Os próprios povos sabiam que se tratava de mitos e os estudiosos europeus, ao lidar com eles, não se sentiram persuadidos pela ideia de que houvesse algo especialmente sagrado no tema. Não foram realizados muitos estudos comparando esses mitos com os bíblicos; mas na própria esfera europeia contamos com tantas pesquisas sérias e excelentes que no presente capítulo estamos finalmente, por assim dizer, em terreno familiar.

Acredito que Friedrich Nietzsche foi o primeiro a reconhecer a influência, na trajetória grega, da interação de duas mitologias: a herança pré-homérica da Idade do Bronze do campesinato, na qual a libertação do jugo da individualidade era alcançada por ritos grupais que induziam o arrebatamento, e a mitologia olímpica da moderação e autoconhecimento humanista, que está epitomizada para nós na arte clássica. A glória da visão trágica grega, ele percebeu, está no conhecimento da reciprocidade dessas duas ordens de espiritualidade, nenhuma das quais sozinha oferece mais que uma experiência parcial do valor humano.

Nietzsche tinha apenas vinte e oito anos quando em 1872 *O Nascimento da Tragédia* foi publicado, mesmo ano em que seu compatriota mais velho, Heinrich Schliemann, escavava Troia para revelar, no mundo mítico de Homero, seu núcleo de verdade histórica. Nos anos posteriores, Nietzsche criticou seu próprio livro como uma obra de pessimismo e esteticismo juvenis, escrito ao som dos tiros de canhões da Guerra Franco-Prussiana, sob a influência de Schopenhauer e Wagner. Entretanto, a lucidez de sua percepção tem sido demonstrada pelas descobertas de um século de pesquisas arqueológicas, em áreas das quais nem mesmo os esboços principais tinham surgido em seu tempo.

Como revelam os registros, as primeiras populações conhecidas que se introduziram na Grécia chegaram por volta de 3500 a.C. Parece não ter havido nenhuma ocupação paleolítica ou mesolítica na península. Os imigrantes chegaram da Ásia Menor por mar, trazendo uma cultura agropastoril de refinado estilo neolítico: finos objetos de cerâmica, instrumentos e armas de pedra polida, facas de obsidiana (de Melos?), que continuaram a importar, além das estatuetas femininas usuais. Eles estabeleceram-se principalmente nas planícies da Tessália, da Fócida e da Beócia, construindo pequenas casas retangulares de teto achatado, de tijolos, sobre alicerces de pedra. Alguns poucos dirigiram-se para o norte, para as margens do rio Haliacmon no extremo sul da Macedônia; outros foram para o sul até a Ática, atravessaram o Peloponeso e estabeleceram-se aqui e ali na Argólida, Arcádia, Lacônia e Messênia; mas houve pouca ou nenhuma expansão desse povo para o oeste.

Então, posteriormente, como as ruínas nos permitem saber, por volta de 2500 a.C. uma das cidades mais setentrionais localizada às margens do Haliacmon, na Sérvia, foi destruída pelo fogo; e ali surgem nas ruínas, de maneira dramática, os artefatos de um povo pastoril rude, completamente diferente, vindo do norte.

"A cultura intrusiva", afirma o Prof. N. G. L. Hammond em sua excelente *History of Greece to 322 B.C.* [História da Grécia até 322 a.C.], "é marcada por um estilo diferente de cerâmica que é mais tosco tecnicamente; sua ornamentação inclui linhas paralelas gravadas em ziguezague, e a modelagem com motivos de arcadas e gotas".

> Duas sepulturas [continua ele] foram descobertas na camada que sucede a destruição pelo fogo. Na primeira o corpo estava enterrado numa cova, numa postura contraída com uma mão no rosto; ao lado dele havia vasos e uma lâmina de obsidiana. Na segunda, que estava sobre a primeira, foram encontrados ao lado do esqueleto alguns fragmentos de um bracelete de mármore com fecho, alfinetes de osso e um falo de argila.
>
> Da Sérvia, essa cultura intrusiva, já influenciada e enriquecida pela cultura tessálica, difundiu-se para o leste, para a Macedônia central e a Calcídica, e para o sul até a Tessália. [...] A difusão da nova cultura é marcada pela cerâmica gravada, pela decoração de espirais, achas de pedra, emblemas fálicos e um novo tipo de casa. Os emblemas fálicos, dos quais o primeiro exemplo ocorre na sepultura da Sérvia, indicam um culto do aspecto masculino da vida e estão em marcante contraste com as estatuetas femininas da cultura tessálica neolítica. Quando os intrusos se estabeleceram em Dhimíni e Sésklo, na Tessália, fortificaram as aldeias com uma murada circular. Mais tarde construíram casas com alpendres,

frequentemente apoiadas sobre pilares de madeira e com fornos internos voltados para um lado. Tais casas eram provavelmente os protótipos dos quais a casa típica micênica – o *mégaron* – desenvolveu-se séculos mais tarde.[1]

Os estágios subsequentes do diálogo entre essas duas culturas pré-históricas na Grécia podem ser sumarizados para nosso propósito no seguinte esquema:

FASE I: GRÉCIA HELÁDICA ANTIGA
TROIA DE I A V: c.2500-1900 a.C.

Chegada e estabelecimento das antigas formas da Idade do Bronze: rápida fusão com as predecessoras neolíticas, desenvolvimento notável de construções.

Troia, controlando a entrada aos Dardanelos, desenvolve-se a partir de aldeia de pesca (Troia I) para transformar-se num grande porto comercial (Troia V).

Na Grécia, dois estilos regionais de cerâmica: 1. norte do istmo, figuras claras sobre fundo escuro (comércio com Troia e noroeste da Ásia Menor); 2. sul do istmo, figuras escuras sobre fundo claro (comércio com a Egina e as Ilhas Cíclades).

FASE II: GRÉCIA HELÁDICA MÉDIA
ANTIGA FASE DE TROIA VI: c.1900-1600 a.C.

Destruições violentas na Grécia oriental. Surgimento do tipo *mégaron* de habitação. Duas novas cerâmicas: 1. com pintura fosca (desenvolvida dos antigos estilos da Idade do Bronze); 2. cerâmica cinza *Minyan* (moldada em torno, imitando formas de metal).

Queda de Troia V, fundação da fortificada Troia VI. Em Troia, o cavalo aparece (contribuição hurrita-cassita do Leste?).*

Nova e poderosa dinastia em Micenas (Dinastia Tumular de Poço I): esqueletos em postura estendida, alguns com mais de 1,80 metros (raça muito mais alta do que a minoica); delicados adornos mortuários, excelente trabalho em ouro, prata e eletro (nenhuma semelhança com a minoica). O comércio continua com Troia e Ilhas Cíclades. Primeiros contatos diretos feitos com Creta.

Dos remanescentes desse estágio é evidente que os árias, nórdicos ou indo-europeus provenientes do norte já haviam recebido uma considerável contribuição cultural da "Cerâmica Pintada" e de outros povos sedentários da região do Danúbio. Eles não eram exatamente caçadores paleolíticos, mas pastores nômades desenvolvidos, comparáveis culturalmente – embora não em temperamento – a seus contemporâneos do Oriente Próximo, os acádios, que sob Sargão de Acad tinham-se tornado senhores do antigo mundo sumério. Tendo alcançado as costas meridionais da Grécia e estabelecido contato com a elegante civilização de Creta, estavam prestes a receber e se submeter à sua influência cultural.

* Compare-se *supra*, págs. 106-108.

FASE III: HELÁDICO TARDIO I – TROIA VI
ANTIGA FASE INTERMEDIÁRIA: c.1600-1500 a.C.

Período de apogeu de Creta (Minoico Tardio IA): domínio de Cnossos por todo o Egeu.

Início do predomínio de Minos sobre Micenas: nova dinastia (Dinastia Tumular de Poço II): esqueletos em posição contraída; carruagens puxadas por cavalos; elegantes adagas com incrustrações de graciosas cenas de caça e guerra (motivos micênicos, artesãos provavelmente minoicos); capacetes de dentes de javali (não minoicos); joalheria de âmbar (âmbar báltico desconhecido em Creta). Nas sepulturas dos homens: peitorais e máscaras mortuárias de ouro (máscaras mostrando rostos com barba e bigode), espadas, adagas, taças de ouro e prata, anéis de sinete de ouro; vasos de pedra, argila e metal. Nas sepulturas das mulheres: tiaras de ouro, estojos para artigos de toucador, joias e pátenas. Um afresco tebano mostra as mulheres em trajes minoicos.

Grande expansão da influência micênica por toda a Argólida e até a Beócia: dinastias similares surgem em Tebas, Goulas e Orcômeno. Em paralelo, um comércio crescente com Troia.

FASE IV: HELÁDICO TARDIO II – TROIA VI
FASE INTERMEDIÁRIA TARDIA: c.1500-1400 a.C.

Ascensão de Micenas sobre Creta (Minoico Tardio IB e II): nova e poderosíssima dinastia micênica (Dinastia Sepultura Tolos I): grandes tumbas circulares abobadadas, talhadas diretamente em encostas, cobertas de terra, revestidas de alvenaria e fechadas com portas maciças; o acesso se dá por longos corredores descobertos. Fusão intensa das formas de arte micênicas e minoicas (predominância da minoica). Comércio através do Mar de Creta, em detrimento de Cnossos.

c.1450 a.C.: – palácios cretenses destruídos (terremoto? ataque?)
– relações entre Micenas e Creta interrompidas
– colônia micênica em Rodes
c.1425 a.C.: – colônia micênica em Cós

Comércio da Alta Idade do Bronze no apogeu, circulando mercadorias da Núbia (ouro), Cornualha, Hungria e Espanha (estanho), Sinai e Arábia (cobre); âmbar báltico; peles, madeiras, vinhos, azeite de oliva e tinturas púrpuras da Europa; cordas, papiro e linho do Egito.

Período da XVIII Dinastia egípcia e Stonehenge III.

FASE V: HELÁDICO TARDIO IIIA
FASE FINAL DE TROIA VI: c.1400-1300 a.C.

Hegemonia hitita na Ásia Menor, associada com Troia: o rei hitita Mursilis II (c.1345-1315 a.C.) menciona reis de Ahhiyava (aqueus). Os aqueus lutam como aliados

dos hititas e como mercenários do Egito. (Período de Akenaton, 1377-1358: os habiru fustigam a Síria e a Palestina.)

c.1400 a.C.: – conquista micênica de Creta

c.1350 a.C.: – o Palácio de Micenas é ampliado – muros gigantescos, "Portal do Leão" etc.; imensas sepulturas tolos ("Tesouro de Atreu", cúpula com 12 metros de altura). As cidades cretenses revivem sob os aqueus; invenção da escrita Linear B (micênica). Troia também floresce entre maciças fortificações.

c.1325 a.C.: – surge um novo tipo de espada na região egeia (usada pela primeira vez na Hungria), exigindo um novo tipo de armadura: pequeno escudo circular no braço (substituindo o grande escudo de pele de touro pendendo do ombro), capacete pontudo ou com chifres, que desviava o golpe para baixo.

c.1300 a.C.: – Troia VI destruída por terremoto.

FASE VI: TROIA DE HOMERO (TROIA VII): c.1300-c.1184 a.C.

Uma poderosa e maravilhosa cidade, exatamente como na *Ilíada*, próspera e com um comércio florescente...

E assim chegamos ao período épico das façanhas dos heróis de Homero; época, também, dos heróis do Livro dos Juízes. As duas idades heroicas ocorreram simultaneamente. Em ambos os domínios tinha havido um longo período de influências mútuas e adaptação entre os povos agrícolas e o dos pastores guerreiros intrusos. Depois desse período, porém, ataques violentos e súbitos de novos povos guerreiros pastoris (na Palestina os hebreus, na Grécia os dórios) precipitaram um verdadeiro *Gütterdämmerung* [crepúsculo dos deuses] e o fim da era mundial dos povos da Idade do Bronze. As façanhas da "raça divina de heróis" de Homero ocorrem no período entre cerca de 1250 e 1150 e, seguindo uma extensão de cerca de três séculos, suas epopeias tomaram forma, coincidindo suas datas aproximadamente com as bíblicas. Conforme segue:

c.850 a.C.: *Ilíada* – Texto Jeovista (J)
c.750 a.C.: *Odisseia* – Texto Elohímico (E)

É demasiadamente claro para ser mera coincidência. E como Freud observou, há ainda o problema de por que no caso da Grécia o que surgiu foi a poesia, e no dos hebreus, a religião.

II. OS CASAMENTOS DE ZEUS

É instrutivo comparar a história das cidades da antiga Idade do Bronze do Vale do Indo com as do Egeu. Os períodos dos dois desenvolvimentos foram mais ou menos os mesmos, em torno de 2500-1500 a.C. A origem última das duas culturas também foi a mesma, o Oriente Próximo nuclear. Mas quando as artes e mitologias do Neolítico e da Idade do Bronze da vida nas aldeias e cidades difundiram-se para o Indo, penetraram numa zona pouco desenvolvida de aldeias paleolíticas e mesolíticas: numa das principais províncias daquela "segunda espécie de cultura" equatorial, tropical e atemporal, que Leo Frobenius chamou de "protagonista invisível na história cultural da humanidade".[2] E a influência daquele meio ambiente na história subsequente da mitologia e civilização indiana foi decisiva.

Os indivíduos sacrificados de diferentes maneiras, os corpos esquartejados e em putrefação, os pedaços de carne humana enterrados, e outros restos manipulados cerimonialmente em ritos espantosos – comuns a todas as províncias culturais tropicais – são considerados, em analogia com mudas de plantas, como geradores de crescimento humano e social contínuo e sempre renovado. "As pessoas viviam", como afirma Frobenius, "no espírito do mundo vegetal; identificavam-se com ele, e ele com elas."[3] O principal tema mitológico de toda a zona tropical equatorial é o do ser divino morto e esquartejado, de cujo corpo nascem as plantas comestíveis. E os ritos primitivos de toda a zona são correlatos desse mito.[4]

Mas nas mitologias da Alta Idade do Bronze, o tema principal também era o da morte e ressurreição, reproduzido nos ritos de sacrifício humano em grande escala. Consequentemente, quando esses mitos e ritos alcançaram a Índia primitiva, onde encontraram e se fundiram com os tropicais, desenvolveu-se um rico complexo de estilos de morte ritual – nobres e humildes, sofisticados e simples –, dos quais o culto embebido de sangue da deusa negra Kālī e a cremação das viúvas nas piras funerárias de seus maridos são os exemplos mais conhecidos.

A distância física da Índia, em relação aos principais centros da civilização da Idade do Bronze, deixou as promissoras cidades de Mohenjo-Daro e Harapa como que a definhar. Nenhum vestígio de evolução cultural local apareceu na arqueologia de seus sítios, mas apenas uma involução gradual.[5] Enquanto isso, o resto do grande subcontinente permaneceu em um nível de desenvolvimento mais ou menos comparável ao da Melanésia de hoje. Isso não é, talvez, tão desfavorável, pois parece exercer um verdadeiro fascínio sobre os antropólogos. Tampouco pode ser comparado com o mundo florescente do comércio mediterrâneo daquela época: cobre, ouro, prata e bronze, unindo em uma comunidade em desenvolvimento a Mesopotâmia e o Egito, a Núbia e a Espanha, a Irlanda, Hungria, Creta e Arábia.

Além do mais, quando os indo-árias em suas carruagens de combate, pastores e salmistas védicos chegaram com seu panteão de deuses árias (Indra, Varuna, Mitra, Vayu, Agni e outros), destruíram as cidades do Indo, passaram à planície do Ganges, cerca de 1500-1000 a.C., e também foram deixados a definhar. Seu heroísmo, bem como o de seus deuses, foi em pouco tempo absorvido pela substância eterna, toda-absorvente e regeneradora da deusa-mãe Kālī ao sussurro quimérico de "Paz! Paz! Paz para todos os seres!" Enquanto isso, o sangue das vítimas decapitadas jorrava em paz, continuamente, como ambrosia, para sua boca.

No Egeu, por outro lado, as novas ordens da civilização atingiram uma zona próxima à dos descendentes do período Paleolítico da Grande Caça, nas extensas pradarias do norte. Esses descendentes, além do mais, vinham recebendo e assimilando há séculos contínuas influências dos principais centros criativos do Oriente Próximo nuclear. A região manifestava uma grande vitalidade e, como acabamos de ver, após as primeiras migrações de árias e protoárias terem atingido o sul (por volta de 2500 a.C.), seguiram-se outras. Até que, em oposição radical à solução indiana, não foi a ordem mítica da deusa que consumiu os deuses, mas o inverso. E a ordem que foi assim consumida, ademais, não foi a das ogras canibais da Melanésia, mas a das elegantes e encantadoras donzelas que conhecemos de Creta.

Já assistimos ao Zeus olímpico conquistar o filho-consorte serpente da deusa-mãe Gaia. Vamos agora observar seu comportamento com as numerosas jovens deusas que encontrou ao chegar, por assim dizer, à alegre "cidade das festas". Todos já lemos a respeito de suas disparatadas autotransformações em touros, serpentes, cisnes e chuvas de ouro. Ficava enlouquecido com cada ninfa mediterrânea que via. Em consequência, quando os gregos se tornaram, com o tempo, tão civilizados quanto os cretenses, os namoros de seu deus supremo mostraram-se constrangedores para a teologia. Isso, entretanto, não precisava ter ocorrido, já que as suas deusas eram todas aspectos de uma única, com roupagens caleidoscópicas. Ele, porém, em cada uma de suas epifanias era tão diferente da outra quanto o era a deusa em questão.

A fórmula de tal multiplicidade divina na unidade está presente na doutrina cristã da Trindade: uma substância divina, três (ou mais) personalidades divinas. De maneira comparável, no Antigo Testamento os diferentes "anjos de Jeová" que apareceram, por exemplo, a Jacó, Moisés e Gideon, tanto eram quanto não eram Jeová. Os deuses no mundo inteiro têm um jeito de fazer esse tipo de coisa, o que para um estudioso atento de seus hábitos jamais é surpreendente, embora alguém acostumado apenas com a lógica aristotélica possa supor que algo incomum tenha ocorrido e gritar: "Oh! Senhor, vossos desígnios são incompreensíveis para a humanidade!"

O problema particular enfrentado por Zeus naquela época era simplesmente que onde quer que os gregos chegassem, em cada vale, cada ilha e cada enseada, havia uma manifestação local da deusa-mãe do mundo a quem ele, como o grande deus da ordem patriarcal, tinha que dominar à maneira patriarcal. E quando todas essas conquistas foram reunidas pelos sistematizadores da era alexandrina, obtiveram um sumário pitoresco. Uma consequência afortunada desse escândalo sobrenatural foi ter, por fim, libertado os gregos de toda a teologia anterior (consequência essa que se desejaria tivesse ocorrido em certas outras províncias do mito arcaico). Entretanto, nos dias felizes dos casamentos do deus, esses eram de valor social importante, apesar de serem apresentados um tanto frivolamente nas narrativas tardias.

Um exemplo máximo do humor, lógica e função dessa mitologia encontra-se na lenda do nascimento de Palas Atena. O nome já aparece numa tabuleta do Linear B, de aproximadamente 1400 a.C., da cidade-palácio cretense de Cnossos. "A-TA-NA PO-TI-NI-JA", lê-se: "Para a Senhora de Atana".[6] A palavra refere-se aqui a um lugar (como no título "Nossa Senhora de Chartres"), em língua pré-helênica. O Prof. Martin Nilsson acredita que a referência seja a uma deusa local do tipo representado nos santuários domésticos e palacianos de Creta (figuras 20 e 21). "A deusa palaciana (cretense)", escreve ele, "era a padroeira pessoal do rei e tal foi o papel assumido por Atena. [...] Ela é a guardiã protetora dos heróis".[7] Entretanto, conforme o mundo sabe, no panteão clássico Atena é representada não como uma antiga divindade cretense, mas como uma nova e jovem olímpica nascida, literalmente, do cérebro de Zeus.

Figura 20 – A Deusa Serpente

Porque Zeus, no início de sua longa carreira de violação teológica pelo casamento, tinha tomado como primeira esposa a deusa Métis, filha do primevo casal cósmico-aquático Oceano e Tétis (que eram correspondentes exatos dos mesopotâmicos Apsu e Tiamat). E assim como o filho primogênito do casal mesopotâmico primevo tinha sido Mummu – a Palavra, o Logos, Senhor da Verdade e do Conhecimento –, Métis era também infinitamente sábia. Ela, na verdade, sabia mais que todos os deuses. Conhecia, além do mais, a arte de mudar de forma, que punha em prática sempre que Zeus aparecia, até que finalmente, por astúcia, ele a possuiu e ela concebeu.

Figura 21 – Aspectos da Deusa Serpente

Então Zeus percebeu que o segundo filho dela, se nascesse, significaria o seu fim; sem mais delongas, atraiu-a para seu leito (ela ainda grávida) e a engoliu de vez. Tempos depois, enquanto andava em volta de um lago, começou a sentir uma dor de cabeça crescente, que foi aumentando com tamanha intensidade que Zeus gritou em desespero. E, como declaram alguns, Hefesto – outros afirmam que foi Prometeu – chegou com um machado de dupla lâmina e abriu sua cabeça com um golpe: com isso, Atena, totalmente armada, irrompeu com um grito de guerra – e Zeus desde então afirma que Métis, ainda em seu estômago, concede-lhe a graça de sua sabedoria.[8]

Temos aqui, certamente, um exemplo gráfico do que Freud chamou de "sublimação", aplicada entretanto a uma ampla situação histórica (e não apenas individual). O caso assemelha-se ao de Adão dando à luz Eva, exceto que no primeiro a mulher nasce da própria divindade. Como Eva em sua encarnação pré-hebraica tinha sido a consorte da serpente,* também em Creta as oferendas destinadas a A-TA-NA PO-TI-NI-JA eram para uma deusa-serpente. No Gorgoneum, escudo mágico que a Atena clássica porta sobre o seu peito, está afixada a cabeça de Medusa com seus horrendos cabelos de cobras silvantes entrelaçadas.

Já falamos da Medusa e dos poderes que seu sangue tem de gerar tanto a vida quanto a morte.** Abordaremos agora a lenda de seu assassino, Perseu, por quem sua cabeça foi cortada e oferecida a Atena. O Prof. Hammond situa o histórico rei Perseu de Micenas em uma data aproximada de 1290 a.C., como o fundador de uma dinastia.[9] E Robert Graves – cujos dois volumes da obra *The Greek Myths* [Os Mitos Gregos] são particularmente valiosos pelas sugestivas aplicações históricas – propõe que a lenda de Perseu decapitando a Medusa significa, especificamente, que os "helenos devastaram os principais santuários da deusa" e "despiram as sacerdotisas de suas máscaras gorgóneas", sendo que usavam essas máscaras apotropaicas para assustar os profanos.[10]

Quer dizer que ocorreu ali, no início do século XIII a.C., uma verdadeira ruptura histórica, uma espécie de trauma sociológico, que foi registrado nesse mito da mesma maneira que – segundo Freud – o conteúdo latente de uma neurose está registrado no conteúdo manifesto de um sonho: registrado porém oculto, registrado no inconsciente, porém desconhecido ou falsificado pela mente consciente. E em todos os mitos filtrantes – em todas as mitologias desse tipo (sendo a bíblica, como acabamos de ver, outro exemplo) – encontramos uma duplicidade essencial inerente, cujas consequências não podem ser desconsideradas ou suprimidas. A Mãe Natureza, Mãe Eva, Mãe-Senhora-do-Mundo, está ali para ser reconhecida o tempo todo e, quanto mais brutalmente ignorada ela for, mais assustador será o seu Gorgoneum. Isso pode fazer com que seu filho matricida realize uma grande quantidade de feitos extraordinários e acabe tornando-se senhor da superfície da terra. Mas, oh! que inferno conhecerá – e, porém, não conhecerá – dentro de si, onde deveria estar seu paraíso!

De qualquer modo, Medusa, em seus séculos pré-olímpicos mais fascinantes e viçosos, foi uma das numerosas netas de Gaia, a deusa Terra que, no início, havia gerado de si mesma, sem consorte, o Céu (Uranos), as Montanhas (Urea) e o Mar (Pontos). Gaia tinha então concebido, de seu filho Uranos, a raça dos Titãs – que incluía Oceano e Tétis, de quem nasceu Métis; também Cronos, Reia, Têmis e, de maneira especial, Afrodite. Gaia, concebendo então de seu filho Pontos, deu à luz uma segunda geração, na qual estavam Fórcis e Ceto que, por sua vez, tornaram-se os pais das Greias, as Górgonas e a serpente do fim do mundo, que guarda as maçãs douradas das Hespérides. O nome Medusa significa "senhora", "governante", "rainha" (estamos em terreno familiar, não é?). E o deus das marés, Posídon (a quem

---

* *Supra*, págs. 18-35.
** *Supra*, pág. 31.

já encontramos como filho e esposo das Duas Rainhas)*, gerou com ela gêmeos, a quem, entretanto, ela foi incapaz de dar à luz: Crisaor, o herói "da espada de ouro", e Pégaso, um cavalo alado.

Bem, como vimos,** há ainda um certo mistério sobre a chegada do cavalo ao Egeu. Parece ter ocorrido entre cerca de 2100 e 1800 a.C., sendo Troia um centro de projeção. Mas não se sabe se foi proveniente do norte, através da Macedônia[11], ou do leste, pela Anatólia, vindo do contexto indo-ária e introduzido pelos hurritas e cassitas. O que sabemos, entretanto, é que no sacrifício ária-védico do cavalo – que na Índia tornou-se o rito supremo dos reis[12] – a estrutura e simbologia foram adaptadas em grande parte do sacrifício anterior do touro.

Parece ainda que o ritual do sacrifício do touro, no Egeu, foi precedido pelo do porco. Este pertence a uma ordem extremamente primitiva e amplamente disseminada, muito evidente nos mitos e ritos das deusas Deméter e Perséfone de Elêusis. Na Grécia, além do mais, os mitos e ritos do sacrifício do porco mostram analogias precisas com os da Melanésia e o Pacífico que, por sua vez, baseavam-se numa concepção vinculada à lua e à serpente. Abordamos tudo isso no volume *Mitologia Primitiva*[13] e não será necessário repetir o argumento, mas apenas mencionar a continuidade e a sequência lua-serpente-porco-touro-cavalo.

Medusa e as outras deusas gregas da antiga geração de Titãs – que certamente se encontravam em seu habitat na Grécia e no Egeu muito antes de aparecerem os helenos – apresentam todos os sinais possíveis de uma relação original com um contexto neolítico de lua-serpente-porco muito antigo – talvez mesmo mesolítico – que está representado nos mitos e ritos da Melanésia e do Pacífico, por um lado e, por outro, da Irlanda céltica. Na verdade, a forma usual na qual Medusa é apresentada – agachada, de braços levantados, com a língua pendendo sobre o queixo e olhos arregalados – é uma postura característica da guardiã do outro mundo, nos cultos do porco da Melanésia. Ali, ela é uma guardiã-demônio do caminho para o outro mundo, cuja permissão para atravessá-lo é obtida pelo sacrifício de um porco como substituto da própria pessoa.[14] E Medusa ocupa exatamente tal lugar em sua caverna além do confim do dia, a caminho da árvore da maçã dourada. Compare-a também com a sibila Siduri, da aventura de Gilgamesh.***

Mas, ao mesmo tempo, a Medusa era relacionada na Grécia clássica com o contexto mítico muito posterior do cavalo sacrificial. Ela e Posídon juntos, na verdade, estavam relacionados com uma mitologia de cavalos. Essa conexão pôde ser estabelecida tão somente depois de 2000 a.C. Nas tabuletas micênicas do Linear B, de cerca de 1400-1200 a.C., estão registradas oferendas a um deus I-QO (*hippo*, "cavalo"); sabemos que Posídon era chamado de Híppios nos tempos clássicos.[15] Posídon, na forma de um cavalo, uniu-se com Medusa como égua. Nessa união

---

* *Supra*, págs. 48, 49.
** *Supra*, pág. 107.
*** *Supra*, págs. 81-83.

ela concebeu o Pégaso alado e seu gêmeo humano Crisaor. Há, ainda, como observa Robert Graves, "uma antiga representação da deusa com a cabeça de Górgona e o corpo de égua"[16]; portanto, ele interpreta o mito de Perseu com o seguinte significado: "Os helenos devastaram os principais santuários da deusa, despiram as sacerdotisas de suas máscaras gorgóneas e se apossaram de seus cavalos sagrados".

Mais um detalhe: Frazer, em *O Ramo Dourado*, mostrou que havia uma associação mítica do cavalo com o bosque de Diana em Nemi, onde o ritual regicida era realizado mesmo em tempos romanos tardios. O jovem Hipólito, arrastado para a morte pelos cavalos de sua própria carruagem quando se assustaram com um touro de Posídon que apareceu vindo do mar, supõe-se ter sido ressuscitado por Diana e reinado em Nemi como o seu rei, o Rei do Bosque. "E é impossível acreditar", acrescenta Frazer, "que o Santo Hipólito do calendário romano, que foi arrastado para a morte por cavalos no dia treze de agosto – o mesmo dia de Diana –, seja outro que não o herói grego de mesmo nome, quem depois de morrer duas vezes como pecador pagão foi felizmente ressuscitado como santo cristão".[17]

Temos, portanto, que acrescentar à nossa visão do contexto mítico de Posídon, a Medusa e a façanha heroica de Perseu, a mitologia da morte e ressurreição do rei lunar e, com ela, o ritual regicida. Em um dos primeiros capítulos do volume *Mitologia Primitiva*, apresentei um relato da Etiópia, de um rei educado na Grécia de nome Ergamenes que, no período do faraó alexandrino Ptolomeu II Filadelfo, 309-246 a.C., foi com um grupo de soldados ao muito temido santuário do Templo Dourado. Ali, matou os sacerdotes que haviam sido até então os intérpretes do oráculo do ritual regicida, interrompendo desse modo aquela terrível tradição antiga e reorganizando as coisas de acordo com uma nova perspectiva do destino, função e poderes de um rei.[18] Por analogia, se Perseu foi de fato o fundador de uma nova dinastia em Micenas, cerca de 1290 a.C., sua violação do vizinho bosque da deusa deve ter marcado o fim de um rito antigo – possivelmente de regicídio – ali praticado. O mito de seu nascimento miraculoso, mediante a chuva de ouro de Zeus, teria sido então de grande importância para validar seu ato em termos de uma ordem divina de crença patriarcal. Esta viria suplantar a antiga, da deusa-mãe, na qual a morte é vida.

Perseu, conta-se, foi concebido de Zeus miraculosamente pela princesa Dânae da Argólida e jogado ao mar em uma arca junto com sua mãe. Recolhidos na Ilha de Sérifo por um pescador cujo irmão, Polidectes, era o rei local, Dânae tornou-se escrava do rei junto com seu filho. Segundo outra versão, tornou-se sua esposa, ou ainda, de acordo com outra, ficou com Díctis, o pescador que era irmão do rei. Mas o rei, como todos os monarcas das lendas desse tipo, era um ogro cruel e, para se livrar de Perseu e ficar com a mãe, impôs ao jovem a difícil tarefa – se não impossível – de conseguir a cabeça da Medusa.

Esse monstro terrível tinha duas irmãs e todos os três eram dotados de asas de ouro, garras de bronze, cabeças e corpos entrelaçados com cobras, e rostos com dentes de javali. Tão terríveis de se olhar que todo aquele que os visse seria transformado em pedra. Perseu, em seu caminho, passou por vários perigos míticos e durante suas façanhas recebeu das ninfas aquáticas um par de sandálias aladas, uma capa que o tornava invisível e uma bolsa para guardar a cabeça capturada. Com isso, ele foi além do mar mais afastado, no confim do dia e, chegando ao reino das trevas no qual as estrelas e os planetas desaparecem para renascer, ele foi primeiro até a curiosa tríade das Greias. Eram três velhas irmãs grisalhas, dividindo um único dente e olho. Quando passavam o olho, uma para a outra, Perseu arrebatou-o e não o devolveu enquanto elas não lhe ensinaram o caminho até a caverna das Górgonas – que elas, supostamente, protegiam. Depois do que, conforme narra Ésquilo, "como um javali ele penetrou na caverna".[19]

Dentro da caverna, as Górgonas dormiam, e enquanto os olhos de Perseu mantinham-se afastados da visão petrificadora da Medusa, Atena, a deusa padroeira dos heróis, orientou a mão direita de Perseu que sustentava uma espada (ou, conforme outra narrativa, deixou-lhe ver sua vítima refletida num escudo). Com um único golpe de sua espada recurva, ele capturou o troféu, guardou-o na bolsa, virou-se e saiu correndo, enquanto Pégaso e Crisaor surgiram do pescoço cortado da Medusa. As duas irmãs perseguiram-no, mas Perseu chegou em casa, onde exibiu sua terrível presa, elevando-a para que todos pudessem vê-la. Então o rei tirano com todos os seus convivas do jantar tornaram-se pedras – e é por isso que a Ilha de Sérifo é hoje tão rochosa.[20]

III. A JORNADA PELO MAR DAS TREVAS

A conotação dos personagens femininos numa mitologia patriarcal é em geral obscurecida pelo mecanismo que Sigmund Freud denominou, com referência ao conteúdo manifesto nos sonhos, de "transferência de ênfase". Isso consiste em introduzir um tema secundário que distrai a atenção, em torno do qual os elementos de uma situação são reagrupados. Cenas reveladoras, atos ou observações são omitidos, reinterpretados ou apenas vagamente sugeridos. E "uma sensação de algo interligado de modo mais profundo" permeia o todo. Isso, porém, mais confunde que ilumina a mente.

Nas cosmogonias patriarcais, por exemplo, as imagens normais da maternidade divina são assumidas pelo pai. Na Índia encontramos tal motivo no Lótus do Mundo que cresce do umbigo do deus Visnu reclinado – ao passo que a referência ancestral do lótus, nessa mesma cultura, sempre foi a deusa Padma, "Lótus", cujo próprio corpo é o Universo; portanto, o longo caule do umbigo ao lótus conota o cordão umbilical pelo qual o fluxo de energia passaria da deusa para o deus, da mãe para o filho, e não o contrário. Ou na imagem clássica de Zeus parindo Atena de seu cérebro, onde já havíamos reconhecido um exemplo de "sublimação", percebemos agora que a "sublimação" foi realizada por meio de uma imagem do tipo que Freud chamou de "transferência ascendente": como a mulher dá a vida pelo útero, o pai o faz pelo cérebro. A criação pelo poder da Palavra é outro exemplo de tal transferência para o "útero" masculino: a boca é a vagina, a Palavra é o nascimento. Uma consequência extremamente importante dessa aberração "ascendente" – bizarra, porém muito respeitada – é a ideia, comum a toda a espiritualidade ocidental, de que espiritualidade e sexualidade são opostos. Isso é enfatizado de maneira especial pelos nossos numerosos mestres solteirões e homossexuais.

"Pelo deslocamento de ênfase e reagrupamento dos elementos", Freud escreveu em sua exposição do funcionamento da censura no sonho, "o conteúdo manifesto elabora-se de modo tão diferente dos pensamentos latentes que ninguém suspeitaria da presença destes últimos por detrás do primeiro".[21] E assim tem sido em todas as mitologias patriarcais. A função da mulher foi sistematicamente desvalorizada, não apenas no sentido simbólico cosmológico, mas também no pessoal psicológico. E seu papel é abreviado, ou mesmo suprimido, tanto nos mitos de origem do Universo como nas lendas de heróis. É surpreendente com que extensão as figuras femininas da epopeia, do drama e do romance foram reduzidas à categoria de meros objetos; ou, quando sujeitos com iniciativa própria, foram representadas como demônios corporificados ou como meras aliadas da vontade masculina. A ideia de um diálogo efetivo parece que jamais ocorre, mesmo quando o homem – ele próprio ou seu mundo destroçado por uma dessas brilhantes demônias (oh! tragédia) – deveria receber dela (no mundo ínfero, supõe-se) alguma revelação além dos limites de seu horizonte arcaico de ideias e sentimentos (iluminação, autorrealização, renascimento). Em toda a literatura encontramos imagens que parecem apontar – obviamente em algum contexto anterior, pré-patriarcal – para iniciações recebidas por homens por intermédio de mulheres. Mas a ênfase está sempre tão deslocada que elas parecem à primeira vista – embora não à segunda – sustentar a ideia patriarcal de virtude, *areté*, que, de fato, elas refutam em alguma medida.

Mesmo a pesquisa contemporânea do período Clássico tem colaborado amplamente com esse deslocamento patriarcal. Na verdade, foi necessário uma erudita do porte fantástico da Dra. Jane Ellen Harrison, já falecida, para observar a trivialidade e vulgaridade do episódio que se supunha causador de toda a constelação de glórias e tragédias da Guerra de Troia: o julgamento de Páris.

> O mito em sua forma atual [escreveu ela] é suficientemente patriarcal para agradar o gosto do próprio Zeus olímpico, trivial e mesmo vulgar o bastante para proporcionar material para uma antiga obra satírica ou uma moderna ópera-bufa.
>
> "Três deusas foram até Ida
> Para resolver uma disputa imortal –
> Qual era a mais bela das três,
> E qual devia portar o prêmio à beleza."
>
> O pomo da discórdia é uma maçã dourada lançada por Éris ("Disputa") no casamento de Peleu e Tétis, que congregou os deuses. Nela estava escrito "que a

formosa a pegue", ou, segundo algumas autoridades no assunto, "a maçã para a que é formosa". As três deusas supremas apresentam-se para julgamento ao filho do rei, o pastor Páris. O núcleo do mito é, de acordo com essa visão, καλλιστεῖου, um concurso de beleza.[22]

E a lição de moral do mito, podemos acrescentar, é a *areté*, ou orgulho na excelência, que designa a própria alma do herói homérico – como também a do celta e do germânico e, em qualquer parte, a do varão indômito.

Mas aqui ele se apresenta também como próprio da alma feminina; e aí está o problema. Nesse mundo ideal masculino, a excelência da mulher supõe-se que reside em: a) a beleza de seu corpo (Afrodite); b) sua constância e respeito pelo leito matrimonial (Hera), e c) sua habilidade para inspirar homens excelentes a realizarem feitos patriarcais excelentes (Atena). Por último, naturalmente, sendo mulher, a vencedora do concurso de beleza trapaceia. Afrodite promete a Páris que, se lhe for dada a maçã dourada, ela lhe entregará a dourada Helena, que já é esposa de Menelau. "Um concurso de beleza", afirma Jane Harrison com indisfarçado desgosto, "vulgar por si mesmo e complicado por um suborno ainda mais vulgar".[23] Mas mesmo assim, por gerações ele parece ter sido aceito como o princípio mítico adequado (isto é, sem importância) da epopeia de "excelência" ἀρετή mais elevada do mundo e de tudo o que seguiu em seu rastro.

O que seguiu foram os *nostoi*, "retornos", quando os senhores da excelência no mundo das façanhas externas retornaram às suas esposas abandonadas que, por dez anos (ou, no caso de Ulisses, vinte), esperava-se tivessem permanecido fiéis sentadas em casa, à maneira de Griselda (redenção pelo amor, estilo patriarcal). Entretanto, como sabemos, ao menos um dos heróis que retornaram teve uma surpresa formidável.

Há um princípio de complementaridade que funciona na psique, na sociedade, na história e no simbolismo dos mitos. O Dr. Carl Gustav Jung discutiu isso em todos os seus escritos e deu exemplos procedentes de todos os cantos do globo. "Não importa o quanto nos tornemos conscientes", escreveu ele sobre os mecanismos desse princípio, "sempre haverá uma quantidade indeterminada e indeterminável de elementos inconscientes que pertencem à totalidade do eu (Si-Próprio)".[24] Mas esses elementos inconscientes não repousam simplesmente inertes na psique. Como potencialidades não realizadas, possuem uma certa disposição para se ativar em um equivalente compensatório da atitude consciente. De maneira que, sempre que na esfera da atenção consciente aconteça uma diminuição das demandas e o indivíduo não for mais solicitado a canalizar todas as suas energias para um único objetivo determinado – por exemplo, vencer a Guerra de Troia –, as energias disponíveis liberadas retornam, por assim dizer, e fluem para os centros de experiência e desenvolvimento potenciais que estão à espera. "Não está em nosso poder", diz Jung, "transferir a energia 'disponível' ao bel-prazer para um objeto escolhido racionalmente".[25] Ao contrário, a transferência está inevitavelmente não apenas fora de controle, mas é também complementária da vontade consciente, porque, como observa Jung citando Heráclito – que conforme ele diz, era de fato um homem muito sábio –, "tudo tende mais cedo ou mais tarde a passar para o seu oposto".

O filósofo grego Heráclito (cerca de 500 a.C.) chamou a esse processo de perda de equilíbrio psicológico, histórico e cosmogônico, de *enantiodromia*, "correr para o lado oposto". E como exemplo do processo não se poderia ter outro melhor que o fornecido pelas duas epopeias contrastantes de Homero, as quais formaram Heráclito e toda a sua geração: de um lado, a *Ilíada*, com seu mundo de *areté* e façanhas masculinas; do outro, a *Odisseia*, o longo retorno – completamente sem controle – dos mais sábios dos homens daquela geração heroica para o reino daqueles poderes e conhecimentos que, no intervalo, tinham estado à espera, negligenciados, não desenvolvidos e mesmo desconhecidos, naquela "outra mente" que é mulher: a mente que se havia manifestado nos primeiros tempos egeus daquelas adoráveis criaturas de Creta, mas que na época heroica – puramente masculina – submergira como uma Atlântida.

Jane Harrison mostra uma série reveladora de cenas derivadas não do lado literário homérico da tradição grega do julgamento de Páris, mas da mais antiga e muda herança da arte cerâmica. E nela vemos, como na figura 22, não um jovem na pose lânguida usual de um *"boulevardier"* realizado, mas um Páris alarmado, a quem o deus Hermes – guia das almas para o mundo ínfero – teve que, de fato, agarrar pelo pulso para obrigá-lo a cumprir sua tarefa. "Não há aqui", observa Jane Harrison, "evidentemente, nenhuma manifestação de prazer voluptuoso diante da beleza das deusas".[26] E, de fato, quando se observa, não se o vê.

Figura 22. O Julgamento de Páris

A cena dessa cerâmica mostra a tentativa de fuga de Páris em direção a Troia, o que é elucidativo para o nosso tema. Ao passo que a tríade do princípio feminino – à qual ele tem de enfrentar por alguma crise em sua própria vida, e não na delas – está do lado da pátria grega, onde Agamênon iria encontrar Clitemnestra, Menelau sua recapturada jovem dourada, e o grande e sábio Ulisses (que seria o único preparado para a ocasião) a Penélope com seu círculo de pretendentes. Gostaria de sugerir que situássemos à direita a vida curta porém repleta de façanhas e glória, combates, *areté*, Zeus e Apolo; enquanto à esquerda pertencem, além das antigas deusas do tempo e do direito materno, as ilhas místicas de Circe, Calipso e Nausícaa, com Hermes no papel de guia das almas para o mundo ínfero e para os conhecimentos além da morte.

Heinrich Schliemann supôs corretamente que, na realidade, houvera uma Troia e uma Guerra de Troia. Seguindo o fio da epopeia descobriu tanto Troia quanto a cidade de Micenas. Também Sir Arthur Evans escavou Cnossos e o palácio do labirinto, seguindo pistas da literatura mítica clássica. "Mas", como observou o Prof. Martin Nilsson, "num caso a pista da mitologia falhou: quando Dörpfeld procurou pelo palácio de Ulisses em Ítaca; e além do mais", acrescenta, "sabemos agora por quê. Pois a *Odisseia* não é uma saga épica semi-histórica, mas pura ficção, construída sobre o bem-conhecido tema da esposa fiel ao marido que partiu há muito tempo, e que é dado como morto".[27] Bem, é verdade, em certo sentido! Até aí, tudo bem! Mas essa ficção, meu caro professor, só pode ler-se dessa maneira a partir do ponto de vista deslocado do foco secundário, patriarcal. Há muito mais profundidade com relação a Penélope do que isso.

O deus padroeiro da *Ilíada* é Apolo, o deus do mundo luminoso e da excelência dos heróis. A morte, na visão daquela obra, é o fim; não há nada espantoso, extraordinário ou poderoso além do véu da morte, mas apenas sombras desconcertantes, trêmulas. E o sentido trágico da obra está precisamente em seu profundo regozijo com a beleza e excelência da vida, o nobre encanto das mulheres formosas e o verdadeiro valor dos homens viris, não obstante o reconhecimento da realidade última, ou seja, que o fim de tudo é cinzas. Na *Odisseia*, por outro lado, o deus padroeiro da aventura de Ulisses é o ardiloso Hermes, guia das almas para o mundo ínfero; patrono, também, do renascimento e mestre dos conhecimentos além da morte, que podem ser acessíveis a seus iniciados mesmo em vida. Ele é o deus relacionado com o símbolo do caduceu, as duas serpentes entrelaçadas. E é o varão tradicionalmente associado à tríade daquelas deusas do destino – Afrodite, Hera e Atena –, as quais, na grande epopeia, causaram a Guerra de Troia.

A guerra durou dez anos e a viagem de Ulisses também dez. Mas como assinalou o ilustre mestre da tradição clássica, Prof. Gilbert Murray, há algumas décadas em seu volume *The Rise of the Greek Epic* [A origem do épico grego], no período clássico o esforço para coordenar os calendários lunar e solar (os doze meses lunares de 354 dias e mais algumas horas, e o ano solar de 364 dias e mais algumas horas) culminou no "Grande Ciclo de Dezenove Anos" do astrônomo Meton, segundo o qual (citando Murray): "No último dia do décimo nono ano, que era também pela contagem grega o primeiro do vigésimo, a Lua Nova coincidiria com o Sol Novo do Solstício de Inverno; esse era chamado de 'Encontro do Sol e da Lua' Σύνοδος Ἡλίον καὶ Σελήνης – algo que não tinha ocorrido por dezenove anos completos antes e não ocorreria novamente durante outros dezenove anos".[28]

Ulisses, observou Murray, retornou a Ítaca "justamente quando do surgimento daquela estrela mais brilhante que anuncia a luz da Filha do Alvorecer" (*Odisseia* v. 93). Ele reuniu-se a sua mulher "no vigésimo ano". Isto é, chegou assim que iniciou o vigésimo ano, assim que o décimo nono ano completou-se (ψ 102, 170, ρ 327, β 175). Ele chegou na lua nova, no dia que os atenienses chamavam "Velho-e-Novo", "quando um mês está acabando e o outro começando" (τ 307, ξ 162). Mas essa lua nova era também o dia da Festa de Apolo, ou Festival do Solstício do Sol (υ 156, ϕ 258), e a estação era o inverno. Além do mais, Ulisses tinha exatamente 360 javalis, dos quais um morria a cada dia (ξ 20); igualmente, os animais do Sol estão em sete rebanhos de cinquenta cada um, totalizando 350. Ulisses baixa ao interior do mundo pelo oeste, visita o reino dos mortos e reaparece no extremo leste, "onde a Filha do Alvorecer tem sua morada e celebra suas danças, e o Sol está surgindo" (μ 3)[29] – enquanto Penélope, como todos sabemos, estava sentada em casa, tecendo durante o dia para desfazer o trabalho à noite, como a lua.

Os estudiosos do século XIX e início do XX sempre gostaram de identificar dessa maneira analogias lunares e solares, porque confirmavam um ponto que estava ficando claro em sua época: que o imaginário de nossa herança mítica é, em grande parte, originário da simbologia cosmológica da Idade do Bronze. Mas temos agora que acrescentar a essa importante intuição a compreensão posterior de que uma ideia fundamental de *todas* as disciplinas religiosas pagãs, tanto do Oriente quanto do Ocidente, durante o período sobre o qual estamos escrevendo (primeiro milênio a.C.), era a seguinte: a virada da mente para o interior (simbolizada pelo pôr do sol) culminaria em uma compreensão da identidade *in esse* do indivíduo (microcosmo) e do Universo (macrocosmo) que, ao ser alcançada, uniria em uma ordem de ação e realização os princípios da eternidade e do tempo, do sol e da lua, do masculino e do feminino, Hermes e Afrodite (Hermafrodito) e as duas serpentes do caduceu.

A imagem do "Encontro do Sol e da Lua" é em todas as partes simbólica dessa instância. E as únicas questões não resolvidas com relação à sua universalidade são: a) quão distante ela retrocede no tempo; b) onde surgiu primeiro, e c) se desde o início foi interpretada tanto psicológica quanto cosmologicamente.

No *Kuṇḍalinī-Yoga* hinduísta do primeiro milênio d.C., os dois canais espirituais ao lado do canal central da espinha, pelos quais o poder da serpente supõe-se que ascende mediante o controle da mente e da respiração, são chamados de canais lunar e solar. Sua relação com o centro é representada exatamente como as das duas serpentes com o pilar na figura 1 – que é o bastão de Hermes. Na figura 2, vemos o encontro do sol e da lua também em relação significativa com a serpente e o pilar axial, árvore ou coluna vertebral. O simbolismo era conhecido da Europa, China e Japão, dos astecas e dos navajos; é pouco provável que não fosse conhecido dos gregos.

E assim – para se dizer o mínimo – a união de Ulisses e Penélope, no início do vigésimo ano, deve ser vista como algo de interesse maior que a sorte da paciente Griselda. Para dizer algo mais: como Penélope é a única mulher no livro que não pertence à ordem mágica, fica claro (para mim, pelo menos) que os encontros de Ulisses com Circe, Calipso e Nausícaa representam aventuras psicológicas na esfera mítica dos arquétipos da alma, em que o homem tem que *vivenciar* a importância da mulher antes de poder encontrá-la plenamente em vida.

1. A primeira aventura de Ulisses, depois de sua partida com *doze navios* das praias da conquistada Troia, foi um ataque pirata a Ísmaro, uma cidade da Trácia. "Eu saqueei a cidade e matei as pessoas", relatou a respeito de seu ato. "E da cidade tomamos suas esposas e muitas posses e as dividimos entre nós."[30] A façanha brutal foi seguida de *uma tempestade enviada por Zeus*, que transformou as velas dos navios em farrapos. Foram empurrados pelo vento depois disso, *sem controle, por nove dias* e, por aquele vento de Zeus, foram levados para além dos limites do mundo conhecido.

2. "No décimo dia", segundo o relato de Ulisses, "nós pisamos *na Terra dos Comedores de Lótus*, que se alimentam de flores". Mas entre seus homens, os que comeram daquele alimento não tiveram mais desejo de voltar para casa (motivo de *Léthe*, esquecimento: a mente volta-se para o mítico, isto é, a esfera interior); de maneira que ele os arrastou chorando para os navios, atou-os e partiu.

3. Ulisses e sua frota encontravam-se agora numa esfera mítica de provas e travessias difíceis, das quais a primeira seria a *Terra dos Ciclopes*, "nem perto, nem longe", onde Polifemo, o gigante de um olho, filho do deus Posídon (que, como sabemos, era o senhor das marés e das Duas Rainhas e o senhor, também, da Medusa), vivia com seu rebanho em uma caverna.

> Era ele um monstro espantoso deveras, que aspecto não tinha
> de homem que vive de pão, mas de um pico, coberto de selvas,
> de alta montanha que, longe, das mais se destaca, isolada.*

Ulisses, escolhendo *doze homens*, os melhores do grupo, deixou os navios na costa e encaminhou-se para a grande caverna. Foi encontrada com abundantes estoques de queijo; rebanhos de ovelhas e cabritos cercados separadamente; baldes de leite, jarros de soro de leite; e quando o grupo entrou e sentou-se para aguardar, esperando hospitalidade, o proprietário adentrou, conduzindo seus rebanhos. Trazia uma carga pesada de madeira seca, que ele jogou fazendo estrondo dentro

---

* As citações da *Odisseia* seguem a tradução de Carlos Alberto Nunes, Edições Melhoramentos, São Paulo, 1962. [N. do E.]

da caverna, de maneira que todos, assustados, correram para se esconder. Erguendo uma imensa porta de pedra, que vinte e duas boas carretas de quatro rodas não poderiam ter levantado do chão, ele colocou-a diante da entrada da caverna. Sentou-se, ordenhou as ovelhas e cabras e embaixo de cada uma colocou seu filhote. Depois, acendeu um fogo e espreitou seus hóspedes.

Dois foram devorados naquela noite como jantar, dois na manhã seguinte como desjejum e dois na noite seguinte (*seis eliminados*). Mas os companheiros, enquanto isso, tinham preparado uma prodigiosa estaca com a qual furariam o único olho do ciclope. E quando o esperto Ulisses, dizendo que seu nome era *Ninguém*, aproximou-se e ofereceu ao gigante um trago de vinho, Polifemo, tendo bebido sua cota, "deitou-se de costas", conforme pode-se ler, "com o grande pescoço dobrado, e um sono que vence a todos os homens recaiu sobre ele". O vinho e os pedaços de carne dos homens que ele havia devorado saíram pela boca e ele vomitou, bêbado.

"Então", disse Ulisses,

> Foi quando o pau, que eu cortara, enfiei bem no meio da cinza,
> para aquecê-lo. Coragem procuro incutir com palavras
> nos companheiros; não fosse algum deles recuar só de medo.
> Mas, quando o pau de oliveira, apesar de ser verde, se achava
> quase no ponto de em chamas arder, e ficara brilhante,
> rapidamente do fogo o tirei; ao redor se postaram
> meus companheiros; coragem nos deu qualquer grande demônio.
> Eles, então, levantaram o pau, cuja ponta afilada
> no olho do monstro empurraram; por trás, apoiando-me nele,
> fi-lo girar, como fura com trado uma viga de nave
> o carpinteiro, enquanto outros, em cima, as correias manobram
> de ambos os lados; o trado não cessa de à roda mover-se:
> dessa maneira virávamos todos o pau incendiado
> no olho redondo, escorrendo-lhe à volta fervente sangueira.
> A irradiação da pupila incendiada destruiu toda a pálpebra
> e a sobrancelha; as raízes, à ação do calor, rechinaram.
> Do mesmo modo que um grande machado, ou um machado pequeno,
> em água fria mergulha o bronzista, entre grandes chiados –
> esse o remédio com que se costuma dar têmpera ao ferro –
> dessa maneira rechia no pau de oliveira o olho grande.
> Solta o gigante urro enorme, que atroa a profunda caverna.
> Apavorados recuamos. Depois, arrancou do próprio olho
> o pau vermelho do sangue, que dele abundante escorria,
> e longe o atira, a agitar as mãos ambas com gesto de louco.
> Em altos brados, então, chama os outros Ciclopes, que em grutas
> da redondeza habitavam, nos cimos por ventos batidos.

Estes lhe ouviram os gritos, correndo de todos os lados.
Postos em roda da furna, perguntam de que se queixava:
"Ó Polifemo, que coisa te faz soltar gritos tão grandes
na noite santa, o que tanto a nós todos o sono perturba?
Mau grado teu, porventura, algum homem te pilha o rebanho?
Mata-te alguém, ou com uso de força ou por meio de astúcia?"
De dentro mesmo da furna lhes diz Polifemo fortíssimo:
"Dolosamente Ninguém quer matar-me, sem uso de força".
Eles, então, em resposta, as aladas palavras disseram:
"Se ninguém, pois, te forçou, e te encontras aí dentro sozinho,
meio não há de evitar as doenças que Zeus nos envia.
Pede, portanto, socorro a Posídon, teu pai poderoso".
Isso disseram e foram-se logo dali. Ri-me no íntimo,
por ver que o ardil excelente do nome alcançara o objetivo.

Restava, entretanto, o problema da saída da caverna obstruída. O ciclope, gemendo e tateando com as mãos, ergueu a pedra e sentou-se na entrada. E Ulisses espertamente amarrou juntos três grandes carneiros do rebanho, "bem nutridos e lanosos, grandes e bonitos, com lã tão escura quanto o violeta". Preparou ao todo seis tríades dessa maneira. O carneiro do meio de cada tríade deveria carregar um homem pendurado em sua parte inferior, enquanto o par lateral deveria dar proteção. Para ele próprio, pegou um belo e jovem carneiro, o melhor de todos, enroscou-se sob a barriga peluda. E assim que surgiu o alvorecer, os dezenove carneiros, juntamente com o rebanho, saíram da caverna, levando os sete homens.

É conveniente assinalar: a penetração simbólica do olho ("olho de touro": análogo à porta do sol que leva ao outro mundo); o nome simbólico *Ninguém* (autodespojamento na passagem para o outro mundo: como ele não afirmou seu caráter secular, seu nome e fama pessoal, Ulisses pôde passar pelo guardião do limiar cósmico para entrar numa esfera de forças transpessoais, sobre as quais o ego não tem controle); identificação com o carneiro (simbolicamente um animal solar: compare-se com o Amon egípcio).

4. Os navios dirigiram-se para a *Ilha de Éolo*, deus dos ventos (*pneuma, spiritus*, espírito): uma ilha flutuante onde o deus e seus doze filhos – seis meninas e seis rapazes – viviam em salões de bronze. "E vejam, ele deu suas filhas a seus filhos, como esposas; e eles festejaram eternamente por seu querido pai e sua bondosa mãe, e inumeráveis iguarias estavam sempre à mão."

"Ele deu-me um odre", disse Ulisses, "feito do couro de um boi de nove anos, e nele colocou os rumos de todos os ventos ruidosos. [...] E o fez amarrar no porão do navio com uma correia de prata reluzente, para que nem a brisa mais fraca pudesse escapar. Então ele soprou uma rajada de Vento Oeste para levar-nos, e a nossos navios, na devida direção".

Por nove dias e nove noites os navios foram conduzidos pelos ventos vindos do odre. E no décimo avistaram a terra natal. Mas enquanto Ulisses dormia, seus homens, para ver que riquezas havia no odre, abriram-no e uma rajada violenta levou a frota de volta para Éolo que, dessa vez, recusou-se a recebê-los.

Pode-se reconhecer nessa, e na aventura seguinte, representações simbólicas de uma experiência psicológica comum: primeiro, júbilo (o termo de Jung é "inflação"), e depois depressão: a sequência maníaco-depressiva comum aos imaturos e santos. Tendo realizado o primeiro passo – vamos chamá-lo de travessia do limiar em direção a algum tipo de iluminação – o grupo sentiu já ter alcançado a meta; porém, a empresa mal começara. Visto da psicologia individual: enquanto Ulisses, a vontade dominante, dormia, seus homens, as faculdades incontroladas, abriram o odre (a Única Coisa Proibida). Ou, em termos sociológicos: a realização individual foi desfeita pela vontade coletiva. Ou, até, juntando os dois: Ulisses ainda não havia se libertado da identificação com seu grupo, ideais do grupo, opinião do grupo etc.; mas o autodespojamento significa despojamento do grupo também. Daí que, depois de inflação social inspirada, seguiu-se:

5. *Deflação, humilhação, a Noite Escura da Alma:* "Seguimos navegando, com os corações feridos. E o ânimo dos homens esgotou-se com o penoso rumar devido a nosso vão esforço, porque não havia sinal algum de vento". E no sétimo dia, assim esforçando-se, chegaram à *Terra dos Lestrigões*, um lugar rico com muitos rebanhos, onde um grupo de reconhecimento desceu à terra.

Viram uma cidade adiante e, antes da cidade, encontraram uma donzela tirando água de um poço. Ela era a filha do rei e os introduziu em sua casa, onde conheceram a mãe, imensa como o pico de uma montanha, que os encheu de terror. A mãe chamou o rei e este, também um gigante, arrebatando um dos homens do grupo, preparou-o para ser comido, ao passo que o resto fugia apavorado. O rei deu um grito de guerra e inumeráveis lestrigões acorreram de todos os lados e, dirigindo-se para a costa, destruíram a pedradas todos os navios, exceto um.

6. Humilhado, degradado e abatido, nosso grande navegante, Ninguém, estava agora preparado para o primeiro encontro fundamental com o princípio feminino, não em termos de *areté*, beleza, constância, paciência ou inspiração, mas nas condições a serem ditadas por *Circe, a dos cachos trançados,* uma ninfa concebida por uma filha de Oceano e pelo Sol que ilumina todos os homens.

O navio aportou na ilha de Circe por acaso e, por dois dias e duas noites, os homens permaneceram na costa, consumindo seus pesares. Porém, quando amanheceu o terceiro dia, Ulisses, armado de lança e espada, subiu uma montanha e viu fumaça vindo de uma floresta, do outro lado. Retornando a seus homens, matou um veado galhado e se banquetearam, lamentando os companheiros perdidos. Então um grupo partiu para fazer o reconhecimento da região e, nas clareiras da floresta, descobriram as mansões de Circe, construídas de pedras polidas.

Por perto viam-se lobos monteses e leões imponentes
que ela encantara ao lhes dar a beber umas drogas funestas.
Contra os estranhos nenhuma das feras saltou; ao invés disso,
todas, imbeles, a cauda comprida, festivas agitam.
Do mesmo modo que um cão, quando o dono vem vindo da mesa
bate com a cauda, saudando-o, a esperar que lhe dê qualquer naco:
assim também festejaram os leões imponentes e os lobos
meus companheiros que, à vista das feras, recuam medrosos.
Ante o vestíbulo da deusa de tranças bem feitas pararam,
e Circe ouviram, que dentro cantava com voz amorável
e no seu ritmo tecia uma tela imortal, como as deusas
fina e graciosa costumam fazer, de brilhante textura.
Primeiramente falou-lhes Polites, o condutor de homens,
que me era o mais dedicado e querido de todos os sócios:
"Caros amigos, lá dentro alguém tece, meneando-se ao canto,
num grande tear, de tal forma que, à volta, o chão todo ressoa;
é talvez, deusa ou mulher; em voz alta chamemos depressa".
Isso disse ele; os demais para dentro em voz alta chamaram.
Sem se fazer esperar, veio Circe e o portão lhes franqueia,
belo e brilhante; os estultos, então, para dentro a seguiram,
com exceção só de Euríloco, por suspeitar de algum dolo.
Ela os levou para dentro e ofereceu-lhes cadeiras e tronos,
e misturou-lhes, depois, louro mel, queijo e branca farinha
em vinho Prâmnio; à bebida, assim feita, em seguida mistura
droga funesta, que logo da pátria os fizesse esquecidos.
Tendo-lhes dado a mistura, e depois que eles todos beberam,
com uma vara os tocou e, sem mais, meteu-os na pocilga.
Tinham de porcos, realmente, a cabeça, o grunhido, a figura
e as cerdas grossas; mas ainda a consciência anterior conservavam.
Dessa maneira os prendeu, apesar dos lamentos, lançando-lhes
Circe bolotas, azinhas e frutos que dá o pilriteiro,
para comerem, quais porcos que soem no chão rebolcar-se.

Apavorado, Euríloco levou a notícia para o navio. Ulisses pegou a grande lança de bronze, empunhou o arco e partiu. Mas, no caminho, encontrou *Hermes, o do bastão de ouro,* na forma de um rapaz com a primeira penugem no lábio superior, a época em que o jovem é mais gracioso. Este tomou a mão de Ulisses e, vejam, deu-lhe *uma erva virtuosa*, chamada de *móli* pelos deuses, para protegê-lo da feiticeira. Alertou-o quanto ao procedimento dela:

> Logo que Circe com sua varinha tocar-te no corpo,
> saca depressa da espada cortante, que ao lado te pende,
> e contra a deusa arremete, mostrando intenção de matá-la.
> Ela, com medo, há de, então, implorar-te que ao leito a acompanhes.
> De modo algum te negues subir para o leito da deusa,
> para que os sócios te queira livrar e tratar-te benigna.
> O juramento dos deuses, porém, deves exigir dela,
> de que nenhuma outra insídia, de fato, planeja em teu dano;
> não aconteça fazer-te vileza ao te ver desarmado.

Hermes partiu em direção ao Olimpo através da floresta insular, e Ulisses fez o que ele havia-lhe mandado. E depois dela haver feito o juramento, finalmente Ulisses foi para o belo leito de Circe, enquanto suas criadas ocupavam-se dos afazeres domésticos. Elas eram quatro donzelas nascidas das fontes e dos bosques e dos rios sagrados que correm para o mar salgado. Logo entraram os homens, que foram transformados em porcos e ela, andando entre eles, lançou-lhes um novo encantamento.

> Logo dos ombros as cerdas caíram, tais como nasceram
> por eficácia da droga potente que a deusa lhes dera.
> Voltam de novo a ser homens, porém de conspecto mais jovem,
> com mais bonita aparência e estatura maior de ser vista.

Esse "matrimônio sagrado" de um herói que possuía 360 javalis em casa, com uma deusa capaz de transformar homens em porcos e novamente em homens, mais belos e altos do que tinham sido, lembra-nos que na mitologia e ritos de Deméter e Perséfone de Elêusis, e no festival das Antestérias, o porco era o animal sacrificial, representando um motivo de morte e renascimento[31] – como o é também nos ritos melanésios já referidos. Ulisses na ilha de Circe, protegido pelo conselho e poder de Hermes, deus do caduceu, havia passado para um contexto de iniciações associadas com o lado oposto ao representado por sua anterior esfera heroica de vida da dupla herança clássica. Na *Odisseia*, como na mitologia da Melanésia, a deusa, que em seu aspecto terrível é a ogra canibal do mundo subterrâneo, era em seu aspecto benévolo guia e guardiã daquele reino e a provedora da vida imortal.

7. Descobrimos em seguida, por isso, que Circe ofereceu-se para guiar Ulisses *ao Mundo Ínfero*.

> Filho de Laertes, de origem divina, Odisseu engenhoso,
> contra vontade, por certo, não mais ficareis aqui em casa;
> mas é preciso que empreendas, primeiro, outra viagem e que entres
> à casa lúgubre de Hades e da pavorosa Perséfone,
> para que possas consulta fazer ao tebano Tirésias,

cego adivinho, cuja alma os sentidos mantêm ainda intactos.
A ele, somente, Perséfone deu conservar o intelecto
mesmo depois de ser morto; as mais almas esvoaçam quais sombras.

Um ponto extremamente importante! Nem todos na morada de Hades são meras sombras. Aqueles que, como Tirésias, viram e entraram em contato com o mistério das duas serpentes e, em algum sentido ao menos, foram eles próprios tanto homem quanto mulher, conhecem a realidade de ambos os lados que cada um dos sexos experiencia como sombra a partir de seu próprio lado. Nesse sentido, eles assimilaram o que é substancial à vida e são, portanto, eternos.

Há um parágrafo de Sófocles referindo-se aos Mistérios de Elêusis: "Três vezes abençoados são aqueles entre os homens que, depois de terem se aproximado desses ritos, descem para o Hades. Apenas para eles há vida ali. Todos os demais terão grande sofrimento".[32]

Essa ideia é fundamental para o pensamento clássico maduro e, na verdade, é o que o distingue de seu eco no neoclassicismo acadêmico. É a expressão de uma síntese orgânica dos dois mundos da dupla herança grega e corresponde, poder-se-ia dizer, a obter o fruto tanto da segunda como da primeira árvore do Jardim – o que foi negado ao nosso triste casal, na outra doutrina.

Ulisses, seguindo a orientação de Circe, conduziu então sua nave para os limites do mundo, onde chegou à terra e cidade dos cimérios, envolta em névoa e nuvens, uma terra de noite eterna. Depositou ali suas oferendas aos mortos, numa vala escavada na terra (ao contrário da direção para cima das oferendas olímpicas) e os espíritos acorreram de todos os lados com um grito espantoso. Ele falou com os que conhecia: sua mãe, Tirésias, Fedra, Prócris, Ariadne e muitos outros, Agamênon e Aquiles. E viu ali, além do mais, o rei cretense Minos, filho de Zeus, tendo na mão um cetro e julgando os mortos do alto de seu trono.

Logo, porém, com medo de que Perséfone lhe entregasse a cabeça da Medusa, o viajante partiu e retornou a Circe, sua mistagoga, e recebeu dela suas últimas instruções.

8. *O caminho e os perigos do caminho para a Ilha do Sol:* Os perigos do caminho eram os seguintes: a) as sereias, b) os recifes, ou, por uma rota alternativa: b') Cila e Caribdes. O primeiro é simbólico do encanto da beatitude paradisíaca ou, como dizem os místicos indianos, "saborear o suco": aceitando o êxtase paradisíaco como a finalidade (o espírito desfrutando de seu objeto), em vez de perseguir a iluminação não dual, transcendente. Os outros dois representam o limiar último da experiência mística de união, passando *além* dos pares de opostos: um passo pela experiência *além* das categorias da lógica (A não é B, "tu não és isso"), *além* de todas as formas de percepção, para uma participação consciente na consciência inerente a todas as coisas. Ulisses escolheu o caminho entre o par de opostos Cila e Caribdes, e o percorreu.

Entretanto, na Ilha do Sol, na qual chegaram seus homens com apetite humano, mataram, assaram e comeram uma grande quantidade de gado do Sol, enquanto Ulisses dormia. E quando depois zarparam, "de súbito veio o estridente vento oeste com a fúria de uma grande tempestade, e a rajada arrebentou os dois cabos de sustentação do mastro". O navio, soçobrando, afundou com toda a tripulação, à exceção do próprio Ulisses que, agarrando-se à quilha e ao mastro, sobreviveu – enfim a sós.

E esse foi o clímax de sua viagem espiritual.

Fica clara a analogia dessa crise com a da grande passagem do primeiro limiar. E o contraste com o ideal supremo de iluminação indiano é também evidente. Porque se Ulisses tivesse sido um sábio indiano, ele agora não se encontraria sozinho, flutuando no mar, a caminho de volta para sua esposa Penélope, para pôr em prática na vida doméstica o que tinha aprendido. Ele estaria unido com o Sol – Ninguém para sempre. E essa, em resumo, é a linha divisória crítica entre a Índia e a Grécia, entre o caminho do desapego e o do engajamento trágico.

Pode-se, na verdade, comparar a lição das duas visitas de Ulisses sob a proteção de Circe, por um lado com o Reino dos Pais e, por outro, com a Ilha do Sol, com "os dois caminhos: o da Fumaça e o do Fogo", ensinados nos Upanixades indianos de cerca de 700-600 a.C.[33] Na Índia, como na Grécia, a tradição desses dois caminhos pertenceu originalmente não ao componente ária, mas ao pré-ária do complexo de heranças. Além do mais foi transmitida aos deuses brâmanes do patriarcado ária (de acordo com um mito preservado no *Kena Upaniṣad*) por uma deusa: Umā Haimavatī, que era uma encantadora manifestação da terrível Kālī.[34]

Tanto na Grécia quanto na Índia houve um diálogo entre as duas ordens contrárias do pensamento patriarcal e matriarcal, o que na tradição bíblica foi deliberadamente suprimido em favor exclusivamente do varão. Todavia, embora tanto na Grécia quanto na Índia essa interação tenha sido fomentada, os resultados nas duas províncias não foram o mesmo. Na Índia, o poder da deusa-mãe prevaleceu a tal ponto que o princípio de iniciativa do ego masculino foi suprimido, chegando a dissolver o desejo de vida individual.[35] Na Grécia, a vontade e o ego masculinos não apenas sobreviveram, mas prosperaram de uma forma que naquela época foi única no mundo: não à maneira do compulsivo "eu quero" da infância (que é a modalidade e o conceito do ego normal no Oriente), mas à maneira de uma inteligência autorresponsável, liberta tanto do "eu quero" quanto do "tu deves", considerando racionalmente e julgando responsavelmente o mundo dos fatos empíricos, com o objetivo final não de servir aos deuses, mas de desenvolver e amadurecer o homem. Pois, como Karl Kerényi muito bem formulou: "O mundo grego é sobretudo de luz solar, embora não o sol, mas o homem, esteja em seu centro".[36]

E assim chegamos à viagem de volta a casa, o retorno de Ulisses, do Mundo Ínfero e da Ilha do Sol.

9. *Ilha de Calipso:* Milagrosamente, Ulisses em seu quase naufrágio rumou de volta entre Cila e Caribdes. Por mais nove dias foi levado sobre o mar, para ser

lançado, no décimo, nas praias da Ilha de Ogígia, da Calipso dos belos cabelos. E a encantadora deusa, vivendo ali numa caverna entre suaves campinas, flores, videiras e pássaros, cantando docemente enquanto andava de um lado para o outro diante do tear, tecendo com uma lançadeira de ouro, resgatou-o. Ele morou com ela oito anos (um oitavo, uma era), assimilando as lições aprendidas com a primeira ninfa, Circe, a dos cachos trançados. E quando finalmente chegou a hora de sua partida, Zeus enviou o deus-guia Hermes para dizer a ela que apressasse a partida do seu iniciado; o que ela fez com relutância. Ulisses construiu uma balsa e, quando ela acabou de banhá-lo e vesti-lo com trajes adequados, observou-o encaminhar-se para o mar e desaparecer.

10. Mas Posídon, ainda furioso pela cegueira de seu filho, o Ciclope (estamos retornando, plano por plano, estação por estação, através das águas desse profundo e escuro mar da noite da alma), enviou uma rajada de vento para destruir a balsa. Arremessado novamente ao mar, Ulisses nadou dois dias e duas noites.* Em seguida, foi lançado nu na *Ilha dos Feaces*. E ali então ocorre o gracioso episódio da pequena princesa, Nausícaa, com seu séquito de donzelas que chegam na praia jogando bola. A bola cai na água, as meninas gritam e o grande homem, prostrado entre os arbustos, acorda com os gritos. Ele apareceu, segurando um ramo de árvore à sua frente e, depois de um momento de medo, as meninas (o princípio feminino novamente, mas agora em deliciosa infância) deram-lhe um pano para se cobrir e lhe mostraram o caminho para o palácio.

Naquele anoitecer o grande homem vindo de longe contou a todos, durante o jantar, as aventuras de seus dez anos. E os bons e amáveis feaces construíram para ele um navio e proporcionaram-lhe uma bela tripulação para levá-lo de volta para casa.

> Para Odisseu uma colcha e uma tela de linho estenderam
> sobre a coberta de trás, a fim de que, sossegado, dormisse,
> na popa. Sobe Odisseu para bordo e silente se deita.
> Os companheiros sentam-se, cada um no seu banco de remo,
> todos em ordem, e a amarra desatam da pedra furada.
> E, quando o corpo esticaram, ferindo com os remos as ondas,
> *sono invencível baixou sobre os cílios do grande guerreiro,*
> *muito suave e profundo, qual cópia perfeita da Morte.*

11. "... *e o grande Ulisses despertou onde ele dormia, já em sua terra natal.*"

Poder-se-ia dizer isso de maneira mais clara?

Quando, nas profundezas da noite, ele tinha se aproximado do palácio de Circe, Hermes tornou-se o guia de Ulisses e, quando chegou a hora de deixar Calipso,

---

* Felizmente, para os nossos recordes atléticos não tomamos os mitos dos gregos tão literalmente quanto os da Bíblia!

novamente Hermes foi o mensageiro: o guia das almas, senhor do caduceu e das três deusas. Agora que o grande viajante havia emergido do mar das trevas das formas míticas e encontrava-se no plano da vida desperta, com seu mundo de realidades sociais (realidades domésticas, agora), seu guia seria Atena. Ela apareceu-lhe na praia disfarçada de um jovem homem,

> mui delicado e mimoso, tal como os de reis descendentes.
> Traz sobre os ombros um manto bem feito e bastante folgado,
> nos pés brilhantes sandálias; na mão, um venábulo curto.
> Muito Odisseu se alegrou quando a viu; e, para ela avançando,
> logo começa a falar e lhe diz as palavras aladas.

Atena já tinha obrigado o filho dele, Telêmaco, a deixar o palácio de sua mãe, o qual os pretendentes à sua mão, juntamente com as criadas, estavam transformando em um bordel e o espoliando. A deusa havia chegado ao pórtico do palácio disfarçada de estrangeira; e o jovem, que estava sentado entre os pretendentes com o coração triste, sonhando com seu pai, viu a visitante e ergueu-se para saudá-la no pórtico externo. Depois do jantar daquela noite, ela o aconselhou a procurar seu pai, e o pôs a caminho. Por isso ela teria, agora, que conciliar os dois.

E o encontro deles seria na choupana do porcariço de Ulisses.

De maneira que, mais uma vez nesta epopeia de partida, iniciação e retorno, encontramos o motivo arcaico do porco eleusino-melanésio contendo o grande tema e demarcando os momentos supremos da fusão dos dois mundos da Eternidade e do Tempo, Morte e Vida, Pai e Filho.

Os episódios restantes são os seguintes:

12. *A chegada de Ulisses na sua casa:* Transformado por Atena à semelhança de um mendigo (Ninguém, ainda), o retornado dono da casa foi reconhecido apenas pelo seu cão e sua ama, já muito velha. Esta última viu acima do joelho de Ulisses a velha cicatriz da ferida causada pela mordida de um javali. (Compare-se com Adônis e o javali; Átis e o javali e, na Irlanda, Diarmuid e o javali.) Pedindo à ama que guardasse silêncio, Ulisses observou por um tempo o comportamento desavergonhado dos pretendentes e criadas em sua casa; depois do que e, finalmente:

13. Penélope, propondo-se desposar qualquer um dos presentes que conseguisse manejar o potente arco de seu esposo, colocou um alvo de *doze machadinhas para ser perfurado*. Nenhum dos pretendentes conseguiu sequer retesar o arco. Muitos tentaram valentemente. Então o mendigo recém-chegado candidatou-se, e foi escarnecido. Entretanto, como pode-se ler:

> Odisseu, que nas mãos já se achava com o arco
> a experimentá-lo prudente, virando-o de todos os lados,
> pelo receio de haver a carcoma corroído a madeira. [...]

Os pretendentes assim comentavam. No entanto Odisseu,
quando já havia o grande arco apalpado por todos os lados,
como cantor primoroso que sabe o manejo da cítara,
mui facilmente consegue passar na cravelha uma corda
feita de tripa torcida, depois de a firmar dos dois lados:
do mesmo modo Odisseu o grande arco vergou facilmente.
Na mão direita tomando-o, fez logo experiência da corda,
que um belo som produziu, qual se fosse o cantar da andorinha.
   Os pretendentes ficaram tomados de susto, fugindo-lhes
do rosto o sangue. Mandou logo Zeus um terrível rimbombo.
   Muito se alegra com isso o divino e sofrido Odisseu,
pois Zeus, nascido de Cronos astucioso, um sinal lhe mandara.
Toma depressa de um dardo veloz, que se achava isolado,
junto da mesa; os demais, que os Acaios provar deveriam
dentro de pouco, ainda estavam guardados na aljava escavada.
   Sobre o arco, então, apoiando-a, puxou logo as barbas e a corda,
de onde se achava sentado, no banco, e com vista segura
fez o disparo da flecha, que pelos machados perpassa,
sem falha alguma. Através dos anéis e da porta evolou-se
o dardo brônzeo.

O herói solar, tendo assim demonstrado sua passagem pelos doze signos e seu senhorio no palácio, continuou com maestria a atirar nos pretendentes. "[...] o pálido Medo dos moços se apossa, os quais de todos os lados por onde fugir procuravam." Depois do que, "a qualquer hora que o queiras, teu leito acharás preparado", disse a sensata esposa Penélope. "Mas, uma vez que falaste no assunto, que um deus te pôs na alma, esse trabalho me conta, porque, se é forçoso que tenha de conhecê-lo, será preferível saber tudo logo."

IV. A PÓLIS

O salto, da época obscura dos bárbaros reis guerreiros de Homero, para os dias da luminosa Atenas – que no século V a.C. tinha-se tornado de súbito presente, como flor que se abre rapidamente, como a coisa mais promissora do mundo – , é comparável a uma passagem, sem transição, do sonho da meninice (vida mitologicamente compelida) para a jovem virilidade autônoma. A mente, tendo ousado por fim matar o velho adversário, dragão blindado em ouro "Tu deves!", começara a emitir, com uma sensação de novidade, seu próprio rugido de leão. E como o rugido fulgurante do sol-nascente espanta os rebanhos de estrelas, assim também a nova vida espantou a velha, não apenas na Grécia, mas (quando um dia ele tiver aprendido a abrir os olhos) em todo o mundo.

"Nossa forma de governo não entra em rivalidade com as instituições dos outros", declarou Péricles (495?-429) em seu famoso discurso funerário, exaltando a vida que os atenienses, na Guerra do Peloponeso, estavam lutando para preservar.

Vivemos sob uma forma de governo que não se baseia nas instituições de nossos vizinhos; ao contrário, servimos de modelo a alguns em vez de imitar outros. Seu nome, como tudo depende não de poucos mas da maioria, é democracia. Nela, no tocante às leis, todos são iguais para a solução de suas divergências privadas, quando se trata de escolher (se é preciso distinguir em qualquer setor), não é o fato de pertencer a uma classe, mas o mérito, que dá acesso aos postos mais honrosos; inversamente, a pobreza não é razão para que alguém, sendo capaz de prestar serviços à cidade, seja impedido de fazê-lo pela obscuridade de sua condição. Conduzimo-nos liberalmente em nossa vida pública, e não observamos com uma curiosidade suspicaz a vida privada de nossos concidadãos, pois não nos ressentimos com nosso vizinho se ele age como lhe apraz. [...]

Instituímos muitos entretenimentos para o alívio da mente fatigada; temos concursos, temos festas religiosas regulares ao longo de todo o ano, e nossas casas são arranjadas com bom gosto e elegância, e o deleite que isso nos traz todos os dias afasta de nós a tristeza. Nossa cidade é tão importante que os produtos de todas as terras fluem para nós, e ainda temos a sorte de colher os bons frutos de nossa própria terra com certeza de prazer não menor que o sentido em relação aos produtos de outras.

Somos também superiores aos nossos adversários em nosso sistema de preparação para a guerra nos seguintes aspectos: em primeiro lugar, mantemos nossa cidade aberta a todo o mundo e nunca, por atos discriminatórios, impedimos alguém de conhecer e ver qualquer coisa que, não estando oculta, possa ser vista por um inimigo e ser-lhe útil. Nossa confiança baseia-se menos em preparativos e estratagemas que em nossa bravura no momento de agir. Na educação, ao contrário de outros que impõem desde a adolescência exercícios penosos para estimular a coragem, nós, com nossa maneira liberal de viver, enfrentamos pelo menos tão bem quanto eles perigos comparáveis. [...]

Ver-se-á em uma mesma pessoa ao mesmo tempo o interesse em atividades privadas e públicas, e em outros entre nós que dão atenção principalmente aos negócios não se verá falta de discernimento em assuntos políticos, pois olhamos o homem alheio às atividades públicas não como alguém que cuida apenas de seus próprios interesses, mas como um inútil; nós, cidadãos atenienses, decidimos as questões públicas por nós mesmos, ou pelo menos nos esforçamos por compreendê-las claramente, na crença de que não é o debate que é empecilho à ação, e sim o fato de não se estar esclarecido pelo debate antes de chegar a hora da ação. Consideramo-nos ainda superiores aos outros homens em outro ponto: somos ousados para agir, mas ao mesmo tempo gostamos de refletir sobre os riscos que pretendemos correr; para outros homens, ao contrário, ousadia significa ignorância e reflexão traz a hesitação. Deveriam ser justamente considerados mais corajosos aqueles que, percebendo claramente tanto os sofrimentos quanto as satisfações inerentes a uma ação, nem por isso recuam diante do perigo. [...]

Mais ainda: em nobreza de espírito contrastamos com a maioria, pois não é por receber favores, mas por fazê-los, que adquirimos amigos. De fato, aquele que faz o favor é um amigo mais seguro, por estar disposto, mediante constante benevolência com o beneficiado, a manter vivo nele o sentimento de gratidão. Em contraste, aquele que deve é mais negligente em sua amizade, sabendo que a sua generosidade, em vez de lhe trazer reconhecimento, apenas quitará uma dívida. Enfim, somente nós ajudamos os outros sem temer as consequências, não por mero cálculo de vantagens que obteríamos, mas pela confiança inerente à liberdade.[37]

Os gregos, depois de uma prova de fogo a que poucos teriam sobrevivido, haviam feito bater em retirada de modo decisivo as hordas persas numericamente superiores, não apenas uma vez, mas quatro. E encontravam-se agora à beira do século mais produtivo, em termos do amadurecimento da mente humana, na história do mundo. E eles sentiam-se orgulhosos, tanto quanto poderiam sentir-se, de ser homens em vez de escravos. De ser os únicos no mundo que tinham aprendido, finalmente, a viver como os homens deveriam viver: não como servos de um deus, obedientes a alguma lei divina invocada, nem como funcionários ajustados a alguma ordem cósmica em eterna rotação; mas como homens com discernimento racional, cujas leis eram votadas, não "ouvidas"; cujas artes celebravam a humanidade, não a divindade (pois mesmo os deuses haviam agora se tornado homens) e, consequentemente, em cujas ciências a verdade e não a fantasia começava a aparecer. A constatação de uma ordem cósmica não era interpretada como um modelo para a ordem humana, mas como seu marco ou limite. Tampouco a sociedade era para ser santificada acima dos homens que a constituíam. Pode-se compreender, depois de todos aqueles milênios de religião, a admiração que despertou no mundo todo a maravilhosa e terrena humanidade da pólis grega. Conforme expressa muito bem o Prof. H. D. F. Kitto: "Certamente esta seria a primeira (descoberta) que um grego antigo colocaria entre as primeiras das descobertas de seus conterrâneos: que eles haviam descoberto a melhor maneira de se viver".[38]

O impacto dessa mudança sobre o panorama da mitologia é evidente; primeiro, no antropomorfismo extremo do panteão grego e, em seguida, na presença vaga, porém sempre sentida, da força da Moira, destino, que limita até mesmo os deuses. Em contraste com a visão anterior da Idade do Bronze, de um processo tranquilo, matematicamente ordenado, determinado pelo ritmo dos planetas, em cujo mecanismo todas as coisas estão engrenadas e ao qual servem como agentes, a visão grega sugere uma circunscrição indefinível, dentro de cujos limites tanto os deuses quanto os homens exercem suas vontades individuais, em constante perigo de violar os limites indefinidos e serem derrubados, porém com margem suficiente –

dentro dos limites – para alcançar uma realização modesta dos objetivos humanamente concebidos.

Também em contraste com a visão bíblica (que se torna ainda mais enfática no islamismo), em que um deus pessoal atuando livremente é anterior à ordem do Universo, ele próprio não limitado pela lei, os deuses gregos eram aspectos do Universo – filhos de Caos e da grande Terra, exatamente como são os homens. E mesmo o Caos e a grande Terra geraram o nosso mundo não por atos de vontade criativa, mas como as sementes geram árvores, a partir da espontaneidade natural de sua substância. O segredo dessa espontaneidade pode ser aprendido ou sentido, em silêncio, nos mistérios e em toda vida, mas não é definível como vontade, obra ou plano divino de uma personalidade.

É verdade que nas epopeias de Homero o grande varão Zeus está acima de todo o desenrolar da obra de uma maneira que parece, de início, assemelhar-se ao papel de Jeová. Entretanto, Zeus governa apenas a esfera de relação com o homem, sendo ele próprio limitado pelo temperamento do destino. Além do mais, seu poder, mesmo dentro da esfera de seu controle, é contrabalançado por outros deuses e igualmente por homens que seduzem outros deuses para que façam sua vontade. Nos escritos posteriores, em que aparece uma tendência a elevar Zeus acima da Moira, permitindo que sua vontade pessoal adquira contornos próprios do destino, a vontade então não é intencional, mas é conhecida como lei natural; e a ênfase pessoal no deus é tão reduzida que Zeus torna-se um mero nome masculino para o que é conhecido comumente como Moira.

Portanto, em nenhum momento da história do pensamento propriamente grego aparece a ideia de um livro de estatutos morais, revelados por um deus pessoal de uma esfera de existência anterior e fora das leis da natureza. O tipo de saber característico tanto da sinagoga quanto da mesquita, por isso, onde a busca meticulosa do último grão do significado dos livros sagrados é exaltada acima de toda ciência, jamais entusiasmou os gregos. Nas grandes tradições levantinas, a escolástica é a representante suprema e opõe-se à ciência dos gregos: pois se o mundo fenomênico estudado pela ciência não é mais do que uma função da vontade de Deus, e a vontade de Deus está sujeita a mudanças, que sentido pode ter o estudo da natureza? Todo o conhecimento do princípio último do mundo, ou seja, a vontade de Deus, foi pela misericórdia de Deus em tornar-se conhecido do homem no livro que ele ditou. *Ergo* (portanto): leia, leia, leia, enfie o nariz nas páginas sagradas e deixe que os pagãos joguem beijos para a lua.

Os gregos atiravam beijos para a lua – e agora, em nossa época, os homens andaram na lua, que se revelou, depois de tudo, não ser nenhuma divindade. O estudo racional do mundo, na condição de esfera de realidades a serem observadas, começou, como sabemos, com os gregos. Pois quando eles atiravam beijos para a lua, ou ao amanhecer róseo, não se prostravam diante dela, mas aproximavam-se, de homem para homem, ou de homem para deusa. E o que descobriram é o que nós já descobrimos: que tudo é, de fato, maravilhoso, porém sujeito à observação.

Tales de Mileto, o primeiro filósofo empírico que se conhece, extremamente idoso quando morreu (c.640-546 a.C.), é famoso por ter acreditado que "a água é o ἀρχή, primeiro princípio ou causa de todas as coisas", mas também que "todas as coisas são plenas de deuses: o ímã tem vida, porque tem a capacidade de mover o ferro".

Ora, é um pouco difícil hoje em dia entusiarmar-se com duas afirmações desse tipo, especialmente porque não parecem dizer muito mais do que disseram os mitos durante séculos, isto é, que todas as coisas estão plenas de deuses e emergiram do abismo das águas. Entretanto, a novidade aqui é uma nova atitude: não se trata de fé ou aceitação passiva de uma doutrina recebida, mas uma busca ativa, racional. E as implicações disso tornam-se claras quando se observa que o pupilo de Tales, Anaximandro (c.611-547 a.C.), não repetiu as ideias de seu mestre, mas disse algo inteiramente diferente; ou seja, que o ἀρχή é o ἄπειρον, "o infinito ou ilimitado": nem água nem nenhum outro elemento, mas uma substância diferente de todos, que é infinita e da qual surgiram todos os céus e os mundos dentro deles.

No infinito estão os pares de opostos: úmido e seco, quente e frio etc. Sua alternância é o que produz o mundo. "E de volta para aquilo do qual surgiram, as coisas se desvanecem mais uma vez, e assim é como deve ser", declara Anaximandro, "pois desse modo compensam e reparam as injustiças que fizeram umas às outras no curso do tempo".

No inverno, o frio comete injustiça contra o calor; no verão, o calor contra o frio; mas um princípio de justiça mantém o equilíbrio. A terra está suspensa no espaço, suportada por nada, mas mantém-se no lugar porque é equidistante de tudo. As esferas celestes são rodas de fogo; trovões e relâmpagos, rajadas de vento. A vida emergiu do elemento úmido quando este foi evaporado pelo fogo, e o homem, no princípio, era como um peixe.

Com Anaximandro percorremos, na realidade, uma longa distância da ordem mítica anteriormente personificada. E outro pupilo de Tales propõe uma outra visão: o ἀρχή é ar, o sopro, disse Anaxímenes (floresceu c.600). Em virtude da rarefação e condensação, ele se transforma em substâncias diferentes: dilatado, o ar torna-se fogo; condensado, nuvem, água, terra e rocha.

Temos de notar que na Índia também houve na mesma época um desenvolvimento do pensamento filosófico, mais conhecido entre nós pelo sistema Sanquia e pela ciência classificatória dos jainistas[39], e lá também foi empreendida uma busca racional da substância ou elemento primevo. Foi identificado variadamente como espaço ou éter (ākāśa), a partir do qual os elementos ar, fogo, água e terra são condensados nessa ordem; como sopro (prāṇa); como a dupla alma e não alma (jīva-ājīva); como um poder divino (brahman); como vazio (śunyatā) ... Ademais, uma classificação de todos os seres, inclusive os deuses, segundo o número de seus sentidos, uma noção da evolução e degeneração das formas, e a correlação de tudo isso com uma ciência psicológica interior, foram extremamente promissores de um desenvolvimento refinado da pesquisa objetiva.

Entretanto, na Índia o princípio de isenção jamais venceu o da aplicação prática e, particularmente, o da aplicação para fins psicológicos e sociológicos. As magníficas cosmologias, desenvolvidas pelo que deve ter sido um grande movimento de ideias criativas (possivelmente *c.*700-600 a.C.), haviam se tornado, já no tempo de Buda (563-483 a.C.), meros ícones, imagens para a contemplação religiosa, usadas para afastar a mente do mundo e não aproximá-la. Qualquer que fosse o espírito de investigação que as gerou, já havia se solidificado em uma tradição estática de repetição mecânica. E na ordem normal da religião, as cosmologias eram preservadas e ensinadas a jovens pouco críticos, mesmo quando os fatos conhecidos as refutavam. Portanto, descanso eterno para uma ciência oriental!

No mundo grego, a corrente de pensamento mais próxima da Índia era a do movimento órfico-dionisíaco, que culminou no século VI a.C. no puritanismo militante do contemporâneo de Buda – porém mais idoso –, Pitágoras (*c.*582-500 a.C.). No sistema órfico anterior encontramos uma atitude negativa com o mundo. De acordo com o grande mito órfico, o homem era representado como um composto das cinzas de Dioniso e dos Titãs.[40] A alma (fator dionisíaco) era divina, mas o corpo (fator titânico) mantinha-a aprisionada. O lema era, portanto, *soma sema*, "o corpo, um túmulo". E um sistema tanto de pensamento quanto de prática, exatamente paralelo ao do ascetismo indiano, foi transmitido por mestres iniciados a pequenos círculos de devotos. A alma, dizia-se, retornava repetidamente à vida, presa na roda do renascimento (compare-se com o *saṃsāra,* do sânscrito). Pelo ascetismo (*tapas*, em sânscrito), entretanto, o corpo podia eximir-se de sua casca titânica (em sânscrito, *nirjarā*, "desvencilhar-se") e a alma libertar-se (em sânscrito, *mokṣa,* "liberação"). Também os rituais que promoviam a meditação sobre o fator positivo eram de ajuda (em sânscrito, *bhakti,* "devoção"). E quando, finalmente, em êxtase *(samādhi),* o iniciado era fiel a seu próprio ser intrínseco (*svasvarūpam*), era divino *(Śivāham,* "Eu sou Śiva").

> Onde quer que o Zagreu da meia-noite perambula, eu perambulo;
> Eu suportei seu grito retumbante;
> Participei dos seus festins vermelhos e sangrentos;
> Mantive (aceso) o fogo da montanha da Grande Mãe:
> Estou Liberto e chamado pelo nome
> Um Baco dos Sacerdotes Encouraçados.
>
> Envolto em puro branco eu conduzi-me puro
> Da vil condição humana e lama envolvente,
> E exilado de meus lábios
> Um toque de toda carne onde a vida esteve presente.[41]

As disciplinas incluíam o vegetarianismo, conforme indicam as duas últimas linhas; e se interpretarmos literalmente o verso anterior, "Participei dos seus festins vermelhos e sangrentos", deve ter havido um ritual com "consumo de carne crua" (omofagia), tanto no culto órfico quanto no dionisíaco. Parece também que algum tipo de matrimônio sagrado era realizado ou simulado. Sabemos que havia, primeiro, o ato de cobrir o neófito com um véu de noiva. Em seguida, levava-se até sua presença um *liknon*, cesto em forma de pá feito de vime, contendo um falo e cheio de frutas (comparar com a figura 7). Finalmente, passavam uma cobra de ouro pelo peito e a recolhiam por baixo: o deus, como pai de si mesmo, renascido do devoto.

Não consigo encontrar nenhuma diferença *fundamental* entre tudo isso e a linha indiana jaino-sanquia-vedantina da pedagogia de liberação, a não ser que na Grécia a doutrina jamais tenha conquistado terreno, permanecendo como secundária e distante do espírito, em geral positivo, da cultura. Houve aqueles que tentaram demonstrar que o movimento proveio da Índia, mas a probabilidade não é grande. É mais razoável assinalar uma fonte comum na ordem arcaica da Idade do Bronze, que em suas últimas fases passou por uma transformação negativa que denominei *A Grande Reversão*[42], quando uma literatura de lamento procedeu do Egito para a Mesopotâmia, depois de séculos de invasões, assassinatos e saques. Para muitos o centro de convergência religioso passou então deste mundo para o próximo, e as disciplinas que em épocas anteriores tinham se voltado para a realização da perfeição foram ali traduzidas em disciplinas de fuga.

O próprio nome Orfeu pertence ao nível mais antigo dos nomes gregos: os que terminam em "eu" (por exemplo, Atreu). São nomes pré-homéricos. As primeiras representações o mostram cantando, atraindo para si animais, pelo poder de seu canto; também o mostram como cantor de festivais, cujos ouvintes – significativamente – são homens. O Dr. Karl Kerényi sugere plausivelmente que a ideia básica é a de um iniciador cujo poder transforma até mesmo as criaturas mais selvagens, animais e homens que vivem nas selvas. Uma tal figura estaria associada com a iniciação de homens jovens em lugares silvestres, excluindo as mulheres. Ali, algo significativo era-lhes revelado mediante a música e o canto que os libertava de sua selvageria sangrenta, e dava um sentido profundo aos mitos de passagem da infância para a vida adulta. E o introdutor desse mistério tocava lira, mas não era um simples cantor.

Mais tarde, no período da vida urbana grega desvinculada do contexto anterior dos ritos secretos masculinos tribais, os chamados Ορφεοπελεταί, "sacerdotes que iniciavam no culto de Orfeu", adaptaram suas artes espirituais às novas necessidades do espírito. E suas formas de apresentação foram então divididas em uma categoria inferior, amplamente ritualística, e uma superior, puramente espiritual, a filosófica, em que os iniciadores eram, de fato, filósofos: primeiro os pitagóricos, mas depois também outros, de Empédocles em diante, seguindo assim até os nossos caros e bem conhecidos hóspedes do *Banquete* de Platão.[43]

Na doutrina de Pitágoras, a busca filosófica pelo ἀρχή, a causa última e princípio de todas as coisas, foi levada a uma consideração do problema da mágica da própria lira órfica, pela qual os corações dos homens eram apaziguados, purificados e restituídos para sua parte em Deus. Sua conclusão era que o ἀρχή é número, que é audível na música e, pelo princípio da ressonância, toca – e com isso afina – a sintonização da alma. Essa ideia é fundamental nas artes tanto da Índia quanto do Extremo Oriente e talvez retroceda até a Idade das Pirâmides. Entretanto, pelo que sabemos, foi Pitágoras quem primeiro formulou-a de modo sistemático, como um princípio pelo qual a arte, a psicologia, a filosofia, o ritual, a matemática e mesmo os esportes seriam reconhecidos como aspectos de uma única ciência da harmonia. Além do mais, sua abordagem foi inteiramente grega. Medindo comprimentos de corda com a mesma tensão, dedilhando-as para produzir diferentes notas, ele descobriu as proporções 2:1 para a oitava, 3:2 para a quinta e 4:3 para a terceira. E então, como afirma Aristóteles, os pitagóricos supuseram que os elementos dos números fossem os elementos de todas as coisas e que todo o céu fosse escala musical e números.[44] Portanto, finalmente, o conhecimento, e não o êxtase, tornou-se o meio de realização. E aos antigos modos do mito e da arte ritualística uniu-se harmoniosamente a aventura alvorecente da ciência grega, para uma nova vida.

PARTE III

A IDADE DOS GRANDES CLÁSSICOS

CAPÍTULO 5

O PERÍODO PERSA: 539-331 a.C.

I. DUALISMO ÉTICO

Foi em novembro de 1754 que um jovem francês, Abraham Hyacinthe Anquetil-Duperron (1731-1805), alistou-se como soldado no exército francês para ir à Índia, onde ele esperava encontrar – e, de fato, encontrou – o que restava das obras do lendário profeta persa Zoroastro. Em 1771 apareceu a publicação de seu *Zend Avesta*. O avanço das pesquisas realizadas desde então pelos orientalistas, em direção a um entendimento da relação desses textos com as doutrinas do cristianismo e do islamismo, tem sido – apesar de extremamente lento – seguro e convincente.

As palavras do profeta persa foram preservadas como pedras preciosas na compilação de uma obra litúrgica posterior conhecida como *Yasna*, "Livro da Oferenda". É uma compilação clerical de orações, confissões, invocações etc., arranjadas de acordo com os rituais nos quais eram empregadas. Os capítulos estão divididos em três partes: 1-27, invocações sacerdotais; 28-34, 43-51 e 53, os *Gathas* do profeta (sermões, hinos e revelações, em um dialeto consideravelmente mais antigo que o do restante da obra); e 35-42, 52, 54-72, novamente de invocações sacerdotais, revelando uma teologia mais bem sistematizada que a dos próprios *Gathas*.

O Prof. L. H. Mills, na introdução de sua tradução do *Yasna*, sugere para os *Gathas* um período grosso modo entre cerca de 1500 e 900 a.C.[1] O Prof. Eduard Meyer situa o profeta por volta de 1000 a.C.[2] E o Prof. Hans Heinrich Schaeder, observando que a ordem social representada nos *Gathas* situa o profeta num mundo de "insignificantes monarcas regionais, que não estão, obviamente, sujeitos a um chefe supremo comum", atribui-lhe uma data precedente à ascensão do Império de Média no século VII a.C.³ Mas, por outro lado, há uma doutrina influente que iria comparar um certo Rei Vishtaspa citado nos *Gathas*⁴ ao pai do Rei Dario, Histaspes, e assim situar o profeta tão tardiamente quanto por volta de 550 a.C.⁵

O problema é extremamente complicado, com argumentos e argumentadores de ambos os lados. Entretanto, a evidência em favor da antiguidade da língua, ordem social e atmosfera religiosa não pode ser colocada de lado. Ela resiste. O Prof. Meyer, com erudita perplexidade, observa: "Que ainda existam estudiosos acreditando ser possível, ou mesmo discutível, que o Rei Vishtaspa (dos *Gathas*) pudesse ser identificado com o pai de Dario, Histaspes, é uma dessas anomalias incompreensíveis que foram particularmente notórias e irritantes nessa área. E provam apenas quão distante de muitos de nossos principais filólogos deve estar todo o entendimento da história e do pensamento histórico".⁶

Meyer chamou Zoroastro de "a primeira personalidade que trabalhou criativamente e de modo formativo sobre o curso da história religiosa".⁷ O faraó Akenaton foi, obviamente, anterior, mas "seu monoteísmo solar não durou".⁸ Por outro lado, em toda a história da religiosidade ética ocidental – em contraste com a religiosidade metafísica do Oriente –, os grandes temas anunciados pela primeira vez nos diálogos *gáthicos* entre o Deus da Verdade, Ahura Mazda, e seu profeta Zoroastro, podem ser ouvidos por meio dos ecos que reverberam em grego, latim, hebraico, aramaico, árabe e em todas as línguas do Ocidente.

A primeira novidade dessa doutrina radicalmente original está em seu tratamento em termos puramente éticos da natureza suprema e do destino tanto da humanidade quanto do mundo. No oriente da Índia nenhuma tentativa havia sido feita na esfera religiosa para renovar ou reformar qualquer princípio fundamental do mundo. A ordem cósmica das eras, sempre girando em um portentoso círculo de períodos de tempo que inevitavelmente retornam – da eternidade e pela eternidade – nunca mudará seu majestoso rumo, por nenhum ato dos homens. O sol, a lua, as estrelas em seus cursos, as várias espécies animais e a hierarquia das castas do sistema social ortodoxo indiano tinham suas trajetórias estabelecidas para sempre. E a verdade, a virtude, o êxtase e o ser real consistia em fazer o mesmo de sempre, o que tradicionalmente se fizera – sem protesto, sem ego, sem julgamento –, exatamente conforme instruído. O indivíduo, portanto, tinha apenas dois caminhos: ou aceitar todo o sistema e esforçar-se para desempenhar seu papel de ator na peça de modo competente (sem esperança, sem medos), ou renunciar, liberar-se, deixando que a farsa continuasse.

O supremo Ser dos seres (ou, em termos budistas, o vazio da fantasmagoria da aparência) está fora do alcance do julgamento ético. Na verdade, está fora de todos os pares de opostos: bem e mal, verdadeiro e falso, ser e não ser, vida e morte. De maneira que os sábios (como eram chamados aqueles que, finalmente, após muitas vidas, atingiram a capacidade de reconhecer a futilidade da esperança), "chamuscados", conforme se lê, "pelo fogo da incessante roda de renascimento e morte – como alguém cuja cabeça está em chamas corre para um lago –"⁹, ou retiravam-se para a floresta, para ali mergulhar no não ser do Ser, ou permaneciam no fogo, para arder voluntariamente até se consumir com a infatigável entrega de si próprio à futilidade, sem esperança mas com compaixão.

A orientação de tal ordem de pensamento era metafísica, não ética ou racional, mas *trans-ética* e *trans*-racional. E no Extremo Oriente, bem como na Índia, seja nas esferas míticas do xintoísmo, taoísmo e confucionismo, ou no Mahayana, o mundo não era para ser reformado, mas apenas conhecido, reverenciado, e suas leis obedecidas. A desordem pessoal e social resultava do afastamento dessas leis cósmicas, e a reforma podia ser realizada apenas pelo retorno a essa origem imutável.

Na nova visão mítica de Zoroastro, por outro lado, o mundo estava corrompido – não por natureza, mas por acidente – e devia ser reformado pela ação humana. Sabedoria, virtude e verdade encontravam-se, portanto, no compromisso e não no desengajamento. E o ponto crucial de decisão, entre o Ser supremo e o não ser, era ético. Pois o caráter primevo da criação havia sido luz, sabedoria e verdade, nas quais, entretanto, a escuridão, a falsidade e a mentira tinham penetrado, constituindo-se agora dever do homem erradicá-las por meio de sua própria virtude de pensamento, palavra e ação.

Especificamente, de acordo com essa doutrina, duas forças contrárias formaram e sustentam o mundo no qual os homens vivem: primeiro, Ahura Mazda, o Senhor da Vida, Sabedoria e Luz, Criador da Ordem Justa; e em seguida, também, seu antagonista, Angra Mainyu, o Demônio da Mentira que quando o mundo foi criado corrompeu todas as partículas do seu ser. Essas duas forças são contemporâneas, existiram desde toda a eternidade. Entretanto, não são eternas, porque o Demônio da Mentira será destruído no final dos tempos, quando a verdade sozinha prevalecerá. Dessa maneira notamos, além da novidade básica da postura ética do sistema zoroastriano, uma segunda originalidade em sua visão progressiva da história cósmica. Ela não é o velho ciclo que gira de modo incessante nas mitologias arcaicas da Idade do Bronze, mas uma sequência de criação, queda e redenção progressiva, até culminar numa vitória final, decisiva e irrefutável do Único Deus Eterno da Justiça e da Verdade.

"Sim", lê-se nas palavras do profeta,

> falarei das duas forças primárias do mundo, das quais a benéfica dirigiu-se desta maneira à perniciosa: "Não coincidimos em nossos pensamentos nem em nossas ordens, entendimentos ou crenças, ações, consciências ou espíritos".
>
> Declararei, dessa maneira, o primeiro ensinamento do mundo, o qual o que tudo sabe, Ahura Mazda, comunicou a mim. E entre vocês, os que não obedecerem e praticarem sua ordem sagrada, como eu agora a expresso e proclamo, suas vidas cairão em desgraça.¹⁰

Um terceiro ensinamento é que certos poderes provenientes do Criador despertam seus correspondentes no homem. Os mais importantes deles são os arcanjos Boa Inteligência e Ordem Justa, aos quais a Perfeita Soberania e a Piedade Divina apoiam, acompanhadas pela Excelência e pela Imortalidade. Opostos a esses são os poderes da Mentira, conhecidos como Inteligência Malévola e Falsa Aparência, Covardia, Hipocrisia, Miséria e Extinção. Estes foram mais tarde sistematizados como hierarquias opostas aos benévolos Amesha Spentas e aos malévolos Devas – de onde as ordens cristãs de anjos e demônios derivaram-se. Entretanto, nos *Gathas* não há nenhum sinal de semelhante angeologia sistematizada. Os vários poderes são nomeados e invocados quase indistintamente, para ativar o espírito do devoto. Além do mais, são ambos "deus" e "de Deus"; e são igualados na "Inteligência Superior" de cada homem.

> Ó Grande Criador, Senhor Vivente! Inspirado por Tua Inteligência Amorosa, aproximo-me de Teus poderes e imploro-Te* que me concedas uma dádiva tão generosa – favorecendo os mundos do corpo e da mente – quanto as conquistas resultantes da Justiça Divina, por meio da qual a Justiça personificada em nós possa conduzir aqueles que a recebem para a Gloriosa Beatitude.[11]

De grande importância é a ideia do livre-arbítrio e da capacidade de decisão. A pessoa não deve seguir mecanicamente uma ordem, como animal de rebanho, mas agir dotado de inteligência. Tal qual se lê no famoso verso:

> Ouça então com vossos ouvidos, veja as chamas resplandecentes com os olhos da Mente Superior. Isso é válido tanto para as decisões particulares quanto para as questões de ordem religiosa, cada um individualmente por si mesmo. Antes do grande empenho pela causa, despertai para o nosso ensinamento.[12]

Cada um, tendo escolhido a sua causa, deve ser fiel a ela, não apenas em pensamento, mas também em palavra e ação. "Aquele que curva sua mente para alcançar o melhor e mais sagrado", escreveu o profeta, "tem que seguir a Boa Religião de perto em palavra e ação. Sua vontade e desejo devem ser coerentes e fiéis à crença escolhida".[13] E quando o curso da vida chegar ao fim, a alma, na Ponte Chinvat, a Ponte do Julgamento, toma conhecimento da natureza da recompensa conquistada.

Há uma representação notável dessa ponte numa obra zoroastriana tardia conhecida como *A Visão de Arda Viraf*, escrita em alguma data indeterminada durante o período sassânida tardio da restauração zoroastriana pós-alexandrina (226-641 d.C.). O documento fornece um relato da visita dantesca de um visionário em transe, porém ainda vivo, ao outro mundo.

---

* O plural Vós e os singulares Tu e Tua intercalam-se no texto.

O PERÍODO PERSA

Dando o primeiro passo com o Bom Pensamento, o segundo passo com a Boa Palavra e o terceiro passo com a Boa Ação, cheguei (escreveu o visionário no início de seu relato) à Ponte Chinvat, muito larga e forte, criada por Ahura Mazda. E quando cheguei lá, vi a alma de um falecido, que nas três primeiras noites permaneceu sentada sobre o seu corpo, pronunciando estas palavras do *Gatha*: "Bem está quem fez que seu próprio benefício se tornasse o benefício de outro".

E nessas três noites aquela alma recebeu tanto benefício, consolo e prazer como tinha visto no mundo, proporcional ao consolo, felicidade e alegria que ela mesma havia causado. Em seguida, quando surgiu o terceiro alvorecer, aquela alma piedosa partiu em direção à doce fragrância das árvores, a fragrância que tinha agraciado seu nariz entre os vivos, e aquele sopro de fragrância chegou até ela vindo do Sul, o quadrante de Deus.

E ali estavam diante dela sua própria Religião e Atos, na forma de uma donzela, uma bela aparência, madura em virtude, com seios proeminentes; o que quer dizer, seus seios intumesciam para baixo, o que é encantador para o coração e a alma. E sua manifestação era tão magnífica quanto prazerosa, e desejável a sua visão. A alma na ponte perguntou à donzela: "Quem és tu? Que pessoa és tu? Jamais no mundo dos vivos vi uma donzela de formas mais elegantes e corpo mais bonito que o teu". Ao que ela respondeu: "Ó Jovem de bons pensamentos, boas palavras e boas ações, bem como de boa religião, eu sou as tuas próprias ações. É por causa de tua boa vontade e boas ações que eu sou tão bela e boa, perfumada, radiante e alegre quanto tu me vês. Porque no mundo tu entoaste os *Gathas*, consagraste a água benta, cuidaste do fogo e honraste os devotos que vieram para ti de longe e de perto. Apesar de formosa desde o início, tornei-me ainda mais formosa por tua causa. Apesar de virtuosa, tornei-me mais virtuosa. Apesar de sentada num trono resplandecente, estou por tua causa entronizada com maior resplendor ainda. E apesar de sublime, sou mais sublime por ti – consequência de teus bons pensamentos, boas palavras e boas ações".[14]

Depois de observar esse maravilhoso encontro da alma com seu *fravashi* (seu *alter ego* não terrestre, poeticamente chamado de "Espírito do Caminho") o visitante Arda Viraf foi tomado pela mão por dois anjos, Obediência Divina e Fogo Flamejante do Pensamento. A ponte alargou-se. E ele a atravessou até onde outros anjos também ofereciam proteção. Além do mais, numerosos Espíritos do Caminho dos Justos, que estavam ali aguardando suas contrapartes vivas, curvaram-se diante dele saudando-o. E havia um anjo, Justiça, que tinha na mão uma balança de ouro, para pesar os piedosos e os ímpios. Seus dois guardiões disseram para Arda Viraf: "Venha, vamos mostrar-lhe o céu e o inferno, o lugar do verdadeiro e o lugar do falso; a realidade de Deus e dos arcanjos e a não realidade de Angra Mainyu e seus demônios; a ressurreição dos mortos e o futuro corpo".

Os dois guardiões, Obediência Divina e Fogo Flamejante do Pensamento, conduziram o visionário; primeiro, a um lugar onde ele viu almas que permaneciam sempre na mesma posição. "Quem são esses?", perguntou. "E por que eles permanecem assim?" Ao que seus dois guardiões responderam: "Este lugar é chamado de Sempre Imutável. As almas que estão aqui permanecerão até a ressurreição do corpo futuro. São as almas daqueles em quem boas ações e pecados eram iguais. Seu castigo é frio ou calor, de acordo com a rotação da atmosfera; e elas não têm nenhuma outra dor".

O visionário e seus guias avançaram um passo em direção ao Espaço Estelar, o lugar onde os bons pensamentos recebem sua recompensa. O fulgor das almas aumentava cada vez mais, como o brilho das estrelas; e seu trono e assento, sob a luminosidade, eram esplendorosos, repletos de glória. "Que lugar é este?", perguntou o viajante. "Quem são essas pessoas?" E foi informado: "Essas são as almas daqueles que no mundo não ofereceram nenhuma prece, não entoaram os *Gathas*, não contraíram matrimônio com parentes consanguíneos e não exerceram nenhuma soberania, posto de governo ou chefia, mas mediante outras boas ações tornaram-se piedosos".

O Dante zoroastriano deu um segundo passo, ao Espaço Lunar, onde as boas ações recebem sua recompensa. "Essas são as almas", foi informado, "daqueles que no mundo não ofereceram preces, não entoaram os *Gathas*, não contraíram matrimônios com parentes consanguíneos, mas por outras obras vieram para cá; e seu brilho equipara-se ao da lua".

Seu terceiro passo foi em direção ao Espaço Solar, onde as boas lideranças encontram sua recompensa; e havia ali o brilho chamado o Supremo dos Supremos, onde viu os devotos em tronos e tapetes de ouro. Eram tão brilhantes quanto o brilho do sol. "Essas são as almas daqueles", foi informado, "que no mundo exerceram bem a soberania, postos de governo e de chefia".

Ele continuou, deu o quarto passo e chegou ao lugar de esplendor chamado Todo Glorioso, onde foram ao seu encontro almas dos falecidos que pediam bênçãos, exaltando-o e dizendo: "Como é que, ó devoto, tu vieste até nós? Tu vieste daquele mundo mau, perecível, a este mundo tranquilo e imperecível. Experimenta, portanto, a imortalidade, pois aqui tu vês a bem-aventurança eterna".

De um trono de ouro o arcanjo Boa Inteligência ergueu-se. Pegou a mão do visitante e com as palavras "bom pensamento, boa palavra e boa ação", levou-o para o meio de Deus, dos arcanjos e dos santos, além dos Espíritos do Caminho de Zoroastro e seus filhos, bem como de outros líderes e patrocinadores da religião, brilhantes e excelentes além de qualquer um que ele tivesse visto.

"Veja! Ahura Mazda!", disse o arcanjo Boa Inteligência. E Arda Viraf prestou homenagem. Mas quando Ahura Mazda falou, ficou surpreso, pois embora visse uma luz e ouvisse uma voz clara, ele não distinguiu nenhum corpo. "Arda Viraf, saudações!", disse a voz. "Sê bem-vindo! Tu vieste daquele mundo perecível para este lugar de pura iluminação." Ahura Mazda dirigiu-se aos dois guias: "Levem Arda Viraf. Mostrem-lhe o lugar de recompensa dos devotos e de castigo dos malvados".

O PERÍODO PERSA

Ele foi levado, portanto, para o lugar dos generosos, que passeiam ornados, e dos que tinham entoado os *Gathas*. Andavam em trajes bordados de ouro e prata. Viu as almas dos que haviam contraído matrimônio com os da sua classe; as dos bons governantes e monarcas; dos grandes e sinceros oradores; mulheres de excelentes pensamentos, palavras e ações, submissas ao controle, que tinham considerado seus maridos senhores, respeitado a água, o fogo, a terra, as árvores, o gado, as ovelhas e a todas as outras criações de Deus, realizando os rituais religiosos e praticando com fervor. Elas usavam vestes de ouro e prata, cobertas de pedras preciosas. Havia também as almas daqueles que tinham conhecido as escrituras de cor, que haviam celebrado os ritos; guerreiros e reis cujas armas eram de ouro, enfeitadas de pedras preciosas, belamente trabalhadas. Viu as almas dos que tinham matado muitas criaturas nocivas; agricultores em roupas grossas e majestosas oferecendo preces aos espíritos da água e da terra, das árvores e dos animais; artesãos que no mundo tinham servido bem seus governantes e chefes; pastores que tinham salvo seus rebanhos do lobo, do ladrão e do tirano; pais de família e juízes; chefes de tribos; mestres e pesquisadores; intercessores e buscadores da paz, além dos que se sobressaem pela devoção; todos sentados em tronos, grandes, esplêndidos e embelezados, na luz fulgurante do espaço perfumado com manjericão doce, cheios de glória e regozijo, sem saciedade.

> Então eu cheguei [escreveu o viajante no relato de sua grandiosa visão] a um rio grande e lúgubre, terrível como o inferno, no qual havia muitas almas e Espíritos do Caminho. Alguns deles não eram capazes de cruzá-lo e outros cruzavam apenas com dificuldades; outros, entretanto, facilmente. Perguntei: "Que rio é este? E quem são essas pessoas tão aflitas?" Obediência Divina e Fogo Flamejante do Pensamento disseram-me: "Este rio é o rio das lágrimas que os homens derramaram em lamentação por seus mortos. Eles derramaram as lágrimas que formaram este rio indevidamente. Os incapazes de atravessá-lo são aqueles por quem houve muita lamentação; os que o atravessam com mais facilidade são aqueles por quem menos se lamentou. Quando retornar ao mundo propague dizendo: "Enquanto (estiverem) no mundo, não lamentem indevidamente, pois isso pode causar muito mal e dificuldade para seus falecidos".

E Arda Viraf retornou à Ponte Chinvat.

> Mas então [conta ele] eu vi a alma de um dos malvados a quem, durante aquelas três noites sentada sobre seu cadáver, fora mostrada tanta aflição como jamais ela vira no mundo. E eu perguntei: "De quem é esta alma?" Um vento frio e malcheiroso veio encontrar o ímpio na região dos demônios, o Norte, e ele viu sua própria Religião e Ações na forma de uma mulher devassa, nua, envelhecida, boquiaberta, com pernas tortas, de costas curvadas e coberta de pústulas, de

maneira que uma se juntava à outra. Na verdade, ela era a mais hedionda, nociva e suja das criaturas, além de fedorenta.

A alma ímpia falou assim: "Quem és tu, que jamais vi criatura do Deus da Verdade e do Demônio da Mentira mais feia, suja e fedorenta?"

"Eu", respondeu ela, "sou tuas próprias más ações, ó jovem de maus pensamentos, palavras, ações e religião. É por causa de tua vontade e ações que sou hedionda e desprezível, iníqua, doente, decaída, repelente, miserável e infortunada, como vês. Porque enquanto observavas alguém realizando ritos em louvor, prece e serviço de Deus, preservando e protegendo a água, o fogo, os animais, as árvores e as boas criações, tu, por outro lado, fazias a vontade da Mentira e de seus demônios, com atos indecorosos. E enquanto vias alguém que dava recepção hospitaleira, com oferendas e caridade merecidas, a pessoas boas que vinham de longe e de perto, tu, ao contrário, eras avaro e fechavas a porta. De maneira que, se eu já era pecaminosa, tornei-me mais pecaminosa. Se era espantosa, tornei-me ainda mais por tua causa. Se medrosa, tornei-me ainda mais por ti. E se já vivia na região Norte dos demônios, fui deslocada por ti ainda mais ao norte, como consequência daqueles maus pensamentos, palavras e ações que tu praticaste".

Então aquela alma iníqua deu o primeiro passo em direção à região dos Maus Pensamentos, o segundo, em direção à região das Más Palavras, e o terceiro, em direção à região das Más Ações. Todavia, os anjos pegaram-me pela mão e eu acompanhei tudo, incólume, vendo o frio, o calor, a seca e o fedor, em tal grau que jamais tinha visto ou ouvido falar igual no mundo.

Vi as mandíbulas ávidas do inferno: a fossa mais aterradora, descendo numa fenda assustadora, muito estreita, e numa escuridão tamanha que fui obrigado a tatear o caminho, entre tal fedor que todos os que inalavam aquele ar debatiam-se, cambaleavam e caiam em situação tão lastimável que a existência parecia impossível. Cada um pensou, "estou sozinho"; e quando se haviam passado apenas três dias, supunham que chegara o fim dos nove mil anos, quando o tempo deixaria de existir e a ressurreição do corpo ocorreria. "Os nove mil anos passaram", pensava cada um deles, "porém não estou liberto". Naquele lugar, mesmo as criaturas menos nocivas são tão imponentes quanto as montanhas, e submetem, destroçam e atormentam as almas dos iníquos como nem um cão mereceria ser tratado. Mas eu passei facilmente por ali sob a condução de Obediência e Pensamento.

Eu vi a alma de um homem sendo penetrado por uma cobra, como uma estaca, que saia pela boca; e muitas outras cobras capturavam seus membros. "Que pecado", eu perguntei, "foi cometido por esse corpo, cuja alma sofre um castigo tão severo?" "Essa", fui informado, "é a alma de um homem que, no mundo, praticou a sodomia".

Sobre a alma de uma mulher que eu vi, a quem eles deram para beber uma taça após outra das impurezas e imundícies de homens, eu perguntei: "Que pecado foi cometido pelo corpo cuja alma sofre dessa maneira?" "Tendo deixado de abster-se", eles responderam, "essa mulher perversa aproximou-se da água e do fogo durante a menstruação". Vi, ainda, a alma de um homem, cuja pele da cabeça estava sendo tirada [...], que, no mundo, tinha matado um homem devoto. Vi a alma de um homem em cuja boca eles derramavam o sangue menstrual de mulheres, enquanto ele assava e comia seu próprio filho. [...] "Quando ainda no mundo", fui informado, "aquele homem ímpio tinha tido relação sexual com uma mulher menstruada".

As visões dessa terrível fossa de sofrimentos continuaram. Uma mulher suspensa pelos seios, que no mundo tinha sido adúltera, estava sendo roída de baixo para cima por bestas nefastas. Havia homens e mulheres, roídos de várias maneiras, porque no mundo tinham andado descalços, sem roupas adequadas ou urinado de pé; um, cuja língua pendia sobre o queixo, era consumido por criaturas nocivas, porque no mundo tinha sido caluniador; em seguida, um avarento, estendido num ecúleo, sobre cujo corpo mil demônios brutais pisavam, golpeando-o com violência; mulheres revolvendo montanhas de terra com os seios, porque tinham negado leite a seus filhos; outras cortando os seios com pentes de ferro, porque tinham sido infiéis a seus maridos; uma que lambia continuamente um fogão quente com a língua, porque no mundo tinha ofendido ao seu senhor; muitos pendurados por uma perna, por todos os orifícios, de cujos corpos sapos, escorpiões, cobras, formigas, moscas, vermes e outras criaturas nocivas entravam e saíam, porque na vida tinham sido falsos; e então um homem que estava ereto com forma de serpente, como coluna, mas com cabeça humana, porque tinha praticado abjuração...

É desagradável constatar que tanto na visão de Arda Viraf quanto na *Divina Comédia* de Dante as agonias do inferno são descritas muito mais vividamente, com mais imaginação, do que a bem-aventurança do paraíso, onde tudo que vemos são as várias intensidades de luz e companhias suaves, sentadas, de pé ou vagando, muito bem vestidas. A crônica verdadeiramente horrível do tormento continua por várias páginas, só terminando quando toda a extensão da fossa repulsiva e fedorenta foi vista: "Então", escreve o visionário, "eu vi aquele Espírito Perverso, o implacável destruidor do mundo, cuja religião é a perversidade, sempre ridicularizando e escarnecendo daqueles que estavam no inferno, a quem ele perguntava: 'Por que vocês fizeram sempre o meu trabalho e, deixando de pensar em seu Criador, praticaram apenas a minha vontade?'"

> Depois disso [como então relata], meus dois guias angélicos, Obediência Divina e Fogo Flamejante do Pensamento, tiraram-me fora daquele lugar escuro, terrível e espantoso, levaram-me para a Luz Eterna e o lugar de reunião de Ahura Mazda e seus anjos. E quando eu desejei prestar homenagem, Ahura Mazda disse-me graciosamente: "Um perfeito servo tu tens sido, ó piedoso Arda Viraf. Tu vieste como mensageiro dos meus devotos na terra. Volta a eles agora e conta para o mundo toda a verdade do que viste e compreendeste. Diz aos meus

devotos, Arda Viraf: 'Há apenas um caminho de devoção, o caminho da religião superior; os outros caminhos não são caminhos. Tomem o caminho da piedade e não saiam dele na prosperidade ou adversidade, nem em circunstância alguma; mas pratiquem bons pensamentos, boas palavras e boas ações. E estejam conscientes disto também: que os rebanhos são pó, o cavalo é pó, ouro e prata são pó e o corpo do homem é pó. Apenas aquele que, no mundo, devota-se à piedade, cumpre com os deveres e realiza boas obras não se mistura com o pó'. Tu és perfeito, Arda Viraf, vai e prospera: cada pureza e purificação que tu realizas e respeitas, observando a Deus, eu sei, eu sei tudo".

"E depois de ouvir essas palavras", conclui a magnífica obra, "eu me curvei com profundo respeito diante do Criador, Ahura Mazda. Depois, os dois grandes anjos, Obediência Divina e Fogo Flamejante do Pensamento, conduziram-me corajosamente e com êxito para este lugar atapetado onde agora escrevo:
"Que a glória da boa religião dos masdeístas triunfe!
Concluída na saúde, no prazer e na alegria".[15]

II. QUEDA CÓSMICA E RENOVAÇÃO

O mito persa da Criação, Queda e Renovação do Mundo – que influenciou tanto as ideias messiânicas do judaísmo e do cristianismo, quanto sua paródia marxista do apocalipse do proletariado, no capítulo final do primeiro volume de *O Capital* – foi preservado apenas numa obra tardia em pálavi (idioma dos persas do período médio), o *Bundahish*, "O Livro da Criação". Da mesma forma que *A Visão de Arda Viraf*, ele também foi um produto da restauração sassânida tardia, 226-641 d.C. A obra não estava concluída em sua forma atual até cerca de 881 de nossa era.[16] Consequentemente, inclui muito do que é tanto de data posterior quanto de uma ordem de crença mais popular que as profecias que originaram seu tema principal: a resolução do conflito cósmico entre o bem e o mal. Entretanto, como o antigo mestre dos estudos persas, James Darmesteter, observou sobre a tradição zoroastriana: "Não houve nenhuma outra grande crença no mundo que deixasse remanescentes tão pobres e escassos de seu passado esplendoroso".[17] As destruições, primeiro de Alexandre, o Grande (331 a.C.), e, após difícil reconstrução, as dos fanáticos do Islã (641 d.C.), lamentavelmente deixaram para os séculos posteriores muito pouco, mesmo das ruínas, do que fora um dia a grandiosa estrutura da religião imperial persa.

De acordo, então, com o *Bundahish*: existiram desde toda eternidade os dois Criadores, por cuja dialética tudo neste mundo foi feito, de maneira que em toda parte da natureza há o bem e o mal em conflito consigo mesmo e caracterizado pela desordem. Mas não deverão ambos permanecer por toda a eternidade. No final, que é inevitável, o poder obscuro e malévolo, Angra Mainyu, com toda a sua laia, deverá ser destruído para sempre em uma crise de renovação do mundo, para a qual caminha toda a História – e para cuja realização todos os indivíduos são peremptoriamente convocados.

> Pois assim [nas palavras do próprio profeta Zoroastro] são os dois espíritos primevos que, como um par, ainda que independentes em suas ações, são conhecidos desde os tempos mais remotos. Eles são um Melhor e um Pior, com relação ao pensamento, palavra e ação. E entre esses dois, que a escolha sábia seja a correta. Portanto, escolham, então, não como malfeitores! E que possamos ser como aqueles que realizam a grande renovação e fazem este mundo melhorar, até que sua perfeição seja alcançada.[18]

Ahura Mazda, pela onisciência (lemos no *Bundahish*), sabia *a priori*, desde toda a eternidade, que Angra Mainyu existia. Mas este último, por causa de seu conhecimento *a posteriori*, não sabia da existência da luz. A criação começou quando Ahura Mazda gerou seres espirituais que permaneceram por três mil anos num estado espiritual perfeito: imóveis, sem pensamento e com corpos intangíveis. No fim desse período, o poder das trevas, erguendo-se, percebeu o resplendor e, por causa da malícia de sua natureza desejosa de destruição, apressou-se a aniquilar a luz. Entretanto, viu que o poder dela era maior que o seu próprio e, retornando desgostoso para o seu abismo, criou ali espíritos malignos que, em comum acordo, levantaram-se contra a luz.

Então o Senhor da Luz e da Verdade, por ser onisciente sabendo qual seria o fim, foi encontrar o monstro da Mentira, propondo paz. Este último pensou: "Ahura Mazda, sentindo-se impotente, propõe a paz". Mas Ahura Mazda disse: "Você não é nem onisciente nem onipotente; assim, não pode derrotar-me nem fazer que as minhas criaturas desertem. Entretanto, vamos determinar um período de nove mil anos de conflito intermitente". Pois sabia que por três mil anos tudo seria de acordo com sua própria vontade; por três mil haveria uma participação das duas vontades; e nos últimos três mil anos, seguintes ao nascimento de Zoroastro, a vontade do outro seria destruída. Juntamente com os primeiros três mil da situação estacionária, esses nove totalizariam doze mil anos. E Angra Mainyu, não sabendo o que haveria de acontecer por causa de seu conhecimento *a posteriori*, ficou contente com esse arranjo. Retornou ao seu abismo e a luta começou.

Ahura Mazda, dando o primeiro passo, criou Boa Inteligência e Céu; o outro, Inteligência Malévola e Mentira. Boa Inteligência produziu a Luz do Mundo, a Boa Religião, Ordem Justa, Soberania Perfeita, Piedade Divina, Excelência e Imortalidade. Em seguida, na segunda etapa, o Senhor Mazda criou o exército das constelações com quatro comandantes nos quadrantes, a lua, o sol e, depois, a água, a terra, as plantas, os animais e o homem.

Angra Mainyu, enquanto isso, tinha voltado a dormir. Mas no final dos três mil anos um demônio feminino, Jahi (Menstruação) apareceu e gritou-lhe: "Levante, ó pai de todos nós! Pois vou agora provocar no mundo um disputa que trará miséria e injúria a Ahura Mazda e seus Arcanjos. Vou envenenar o homem justo, o boi laborioso, a água, as plantas, o fogo e toda a criação". Em seguida, Angra Mainyu, levantando-se, beijou-a na testa e a praga chamada menstruação apareceu no demônio feminino. "Qual é o seu desejo?" perguntou. "O que posso dar-te?" "Um homem é meu desejo", ela respondeu, "dê-me um". A forma de Angra Mainyu, que tinha sido a de um lagarto, transformou-se então na de um jovem de quinze anos; e isso provocou o ardor de Jahi.

Angra Mainyu, enchendo-se então de maldade, saltou como cobra sobre as constelações, contra as quais arremessou os planetas móveis, que destruíram a ordem imutável do Universo. Sua segunda investida foi contra a água, sobre a qual recaiu a seca. Na seguinte, despejou na terra a serpente, o escorpião, o sapo e o lagarto, de modo que nem a ponta de uma agulha ficasse livre de coisas nocivas. A terra estremeceu e surgiram as cadeias montanhosas. Angra Mainyu perfurou-as, penetrando seu centro, cuja passagem é agora o caminho para o inferno. E na sua quarta investida, secou as plantas. Mas o Anjo da Vegetação, batendo-as e transformando-as em fragmentos, misturou-as com a água que o Anjo da Chuva despejou. Então, em todo o mundo surgiram plantas como se fossem cabelos nas cabeças dos homens. E dos germes de todas aquelas plantas surgiu a Árvore de Todas as Sementes no meio do oceano do mundo, que tem uma única raiz, sem galhos, sem casca, suculenta e doce. E o grifo está pousado nela e, quando sai voando, espalha sementes na água que caem em forma de chuva na terra.

Além do mais, na proximidade dessa primeira árvore surgiu uma segunda, a Gaokerena, *haoma* branca (em sânscrito, *soma*) aquela que impede a velhice, revive os mortos e concede a imortalidade. Na sua raiz, Angra Mainyu criou um lagarto para danificá-la; mas com o propósito de afastar o lagarto foram criados dez peixes *kar*, que giram constantemente em volta de sua raiz, de tal maneira que a cabeça de um está sempre voltada para o lagarto. E entre essas duas árvores apareceu uma montanha com 9.999.000 miríades de cavernas, às quais foi atribuída a função de proteger as águas, de maneira que brote das cavernas um fluxo de águas e se espalhe em canais para todas as regiões.

Com referência à natureza das plantas: antes da chegada de Angra Mainyu, nenhuma tinha casca ou espinhos mas, como a Árvore de Todas as Sementes, eram doces e macias.

A quinta investida de Angra Mainyu foi contra o Boi-Criado-Único, o animal primevo que, à margem do rio Daiti – em Eran Vej, a região central das sete regiões da terra – estava pastando na forma de uma vaca, branca e reluzente como a lua, quando o inimigo chegou rápido como uma mosca. Avareza, desejo, dor, fome, doença, cobiça e letargia foram instilados no animal; e quando aquele Boi-Criado-Único morreu, caiu do lado direito. Sua alma saiu do corpo, ficou em pé e chamou por Ahura Mazda em voz tão alta quanto a de dez mil homens gritando juntos: "A quem tem sido confiada a proteção das criaturas, agora que a desgraça recaiu sobre a terra? Onde está o homem sobre quem você um dia declarou: 'Eu o criarei, para que possa pregar a doutrina do Zelo'?"

O Senhor da Luz respondeu: "Você está doente, ó Alma do Boi, da doença causada por Angra Mainyu. Se houvesse chegado a hora de ter criado aquele homem na terra, Angra Mainyu não teria obtido qualquer resultado".

A Alma do Boi dirigiu-se à Região da Estrela e gritou da mesma maneira, depois à Região Lunar e à do Sol. Mas ali o Espírito do Caminho do profeta Zoroastro foi-lhe mostrado, e se apaziguou. Ela disse: "Eu nutrirei as criaturas da terra". Ela havia renovado seu consentimento para uma criação terrena no mundo.

Enquanto isso, o corpo do Boi-Criado-Único, que havia caído para o lado direito, derramou seu sêmen. Este passou para a lua, e foi purificado com sua luz. Daquele sêmen purificado brotaram então um macho e uma fêmea animais, depois do que surgiram na terra pares de duzentos e oitenta e duas espécies: pássaros no ar, quadrúpedes na terra e peixes nas águas. No lugar onde saiu para fora o tutano do Boi, cresceram cinquenta e cinco espécies de grãos e doze tipos de plantas medicinais. De seus chifres cresceram ervilhas, de seu nariz o alho-poró, do sangue a videira, de cuja fruta é feito o vinho, dos pulmões as ervas do tipo arruda e do centro do coração o tomilho.

O sexto ataque de Angra Mainyu foi contra o primeiro homem criado, Gayomart, que em sua forma espiritual vivera com o Boi-Criado-Único em Eran Vej, a região central das sete áreas da terra. Ahura Mazda, o Senhor da Luz, anteriormente provocara um suor em Gayomart, pelo espaço de tempo necessário para a recitação de uma estrofe de uma prece. Daquele suor fez o corpo jovem de um homem de quinze anos, alto e radiante; e esse corpo de Gayomart tinha se originado daquele suor, com olhos em busca de O Grande. Ele viu, entretanto, o mundo tão escuro quanto a noite, e a terra tão infestada de vermes que não havia espaço algum livre deles. A grande esfera celeste estava em revolução; o sol e a lua, em movimento; os planetas, em luta com as estrelas.

Angra Mainyu precipitou sobre Gayomart o Demônio da Morte, mas sua hora estipulada não chegara: sua vida ainda iria durar mais trinta anos. Avareza, desejo, dor, fome, doença, cobiça e letargia, tudo isso foi instilado em Gayomart. E quando ele morreu, caiu para a esquerda e liberou seu sêmen. O do Boi tinha sido purificado pela lua; o de Gayomart foi purificado pelo sol. Ademais, quando morreu, surgiram oito tipos de metais preciosos de seus membros: ouro, prata, ferro, cobre, estanho, chumbo, mercúrio e magnetita.

O ouro permaneceu na terra quarenta anos, guardado pelo Anjo da Meditação Perfeita, quando surgiu dele, na forma de uma planta de um só talo com quinze folhas – cada folha um ano – , o primeiro casal humano, entrelaçados um nos braços do outro e seus corpos tão juntos que não se podia ver qual era o do homem e qual o da mulher, ou mesmo se tinham espíritos vivos separados. Da forma de planta passaram a ser criaturas humanas: Mashya e Mashyoi; o alento, isto é, a alma, penetrou neles, e Ahura Mazda disse: "Você é Homem, o ancestral do mundo, criado perfeito em devoção. Cumpra os deveres da lei, tenha bons pensamentos, fale boas palavras, faça boas ações e não cultue os demônios".

O primeiro pensamento de cada um foi agradar ao outro. O primeiro ato foi lavarem-se meticulosamente. Suas primeiras palavras foram que Ahura Mazda havia criado a água e a terra, as plantas, os animais, as estrelas, a lua e o sol e toda a prosperidade. Mas então o inimigo, Antagonismo, precipitou-se em suas mentes e eles disseram que Angra Mainyu era o criador de tudo.

Haviam passado trinta dias sem comer, vestidos com trajes de folhas, quando toparam com uma cabra e sugaram o leite do úbere com suas bocas. Mashya disse: "Antes de beber esse leite eu era feliz. Mas agora que meu corpo abjeto bebeu-o, meu prazer é maior". A segunda parte daquela fala infeliz fortaleceu o poder dos demônios que, em seguida, reduziram o gosto do alimento, para que de uma centena de partes restasse apenas uma.

Depois de outros trinta dias eles encontraram uma ovelha, gorda e de queixada branca, que mataram. Os anjos os ensinaram a fazer fogo com lenha e eles assaram a carne. Jogaram três punhados no fogo, dizendo: "Esta é a parte do Fogo", e atiraram um pedaço para o céu dizendo: "Esta parte é para os anjos". Um abutre carregou uma porção e um cão consumiu o primeiro bocado. Vestiram então roupas de peles, escavaram a terra da qual obtiveram ferro e, depois de batê-lo com pedras até transformá-lo num instrumento afiado, cortaram madeira e construíram um abrigo do sol.

Angra Mainyu fez com que os dois brigassem, puxando os cabelos e arranhando as faces um do outro. Os demônios gritaram: "Vocês são homens! Adorem o demônio, para que vosso demônio da malícia se acalme". Mashya matou uma vaca e derramou leite na direção do quadrante norte, e os demônios obtiveram tanto poder com isso que pelos próximos cinquenta anos o casal não teve nenhum desejo sexual. Então o desejo surgiu primeiro em Mashya e depois em Mashyoi, pois ele disse a ela: "Quando vejo seu sexo, meu desejo desperta". Ela disse: "Quando vejo seu grande desejo subir, também fico excitada". E assim que o desejo se tornou mútuo, refletiram: "Esse, mesmo durante aqueles cinquenta anos, era nosso dever".

Nasceram deles um macho e uma fêmea e, devido à sua ternura pelos filhos, a mãe devorou um e o pai o outro. Ahura Mazda, por isso, tirou-lhes a ternura para que mantivessem as crianças vivas. E então eles tiveram sete pares de gêmeos, cada qual formando um par irmão e irmã-esposa...[19]

Como o segundo capítulo do Gênese, esse mito zoroastriano revela sua origem no complexo agrícola discutido no volume *Mitologia Primitiva*.[20] Entretanto, nas mitologias dos primitivos não há tal crítica moral da vida e do mundo como nessas doutrinas levantinas da Queda; consequentemente, tampouco qualquer tema de Redenção.

Tanto a Bíblia quanto o *Bundahish* representam a Queda como resposta ao enigma moral do mal no mundo. Contudo, suas duas visões do incidente mítico diferem totalmente, como diferem também suas visões da Redenção. Porque no mito persa considera-se o mal a partir de uma perspectiva cósmica, anterior à Queda do homem, a qual foi apenas seu episódio culminante. Na Bíblia, entretanto, a Queda *procede do homem*, cujos atos de desobediência trazem a calamidade para o mundo natural, bem como para si mesmo. Este tema é abordado pelo falecido Prof. Joseph Klausner – da Universidade Hebraica de Jerusalém – em sua importante obra *The Messianic Idea in Israel* [A Ideia Messiânica em Israel]:

> Os males naturais (calamidades) eram aos olhos dos profetas consequência da maldade humana. Deus, o criador da natureza, não pode ser a fonte do mal: se fosse, duas forças, bem e mal, seriam usadas por Ele em uma mescla confusa e Seu caráter não seria completo, harmonioso, essencialmente grandioso. Os atos do homem são, por isso, a fonte do mal tanto na sociedade quanto na natureza.[21]

E mais (os itálicos são do Prof. Klausner):

> Os homens sábios de Israel, ao contrário dos sábios da Grécia, viam o mal natural (calamidade) não como uma entidade independente, mas como resultado do mal humano (erro). Como os profetas acreditavam em um único Deus – não em muitos deuses que corporificam os poderes da natureza, bons e maus – eles foram *obrigados* a concluir que tanto o bem quanto o mal procediam do *único* Deus. E se o bem e o mal procediam do *único* Ser Supremo, cuja natureza tem que ser absolutamente perfeita e harmoniosa (senão Ele não seria *único* e, portanto, haveria lugar para a crença no dualismo), então o Supremo Ser por necessidade cria o mal, *por causa* das pessoas más e *para* as pessoas más. Assim, se o mal das pessoas más, que é o mal humano, acabasse, *todo mal* deixaria de existir, mesmo os males naturais em geral.[22]

Como o mal pode ter tido sua origem em Deus, e ainda assim não em Deus mas nas pessoas más, não vou tentar explicar; mas o contraste entre essa confusão de ideias e o sistema zoroastriano justifica um momento de consideração. Porque no mito persa a causa indicada para a corrupção da criação não é um personagem, mas um princípio, a Mentira, que é, filosoficamente, correspondente ao princípio indiano de *māyā* o poder criador do mundo ilusório. Mas o pecado de Adão e Eva foi a desobediência, que é uma questão *antes* de interesse pedagógico do que ontológico ou mesmo ético – particularmente porque a ética da própria ordem pode ser uma questão discutível. Uma grande parte do pensamento do Antigo Testamento radica na obediência a uma multidão de ordens aparentemente arbitrárias desse tipo (alimentos proibidos, leis sabáticas, adoração sem imagens, circuncisão, endogamia e outras). No zoroastrismo é também colocada uma grande ênfase em tais questões: casamento com parentes próximos, corte do cabelo e das unhas, lenha seca para o fogo, impureza menstrual etc. Mas quando os aspectos mais profundos das duas tradições são comparados – além da esfera de sua elevação de costume tribal à lei cósmica – vê-se que propõem duas ordens contrastantes de desenvolvimento possível.

A visão bíblica, situando a Queda dentro do marco da história humana como uma ofensa contra seu deus, reduz o alcance mais amplo de um desafio ao caráter daquele deus, denigre a natureza do homem e promove, além do mais, uma insistência cada vez mais insustentável na historicidade de seu mito, enquanto a outra perspectiva do problema, a cósmica, é na verdade uma filosofia simbolizada e, como os séculos posteriores demonstrariam, tornar-se-ia uma das principais inspirações de toda grande ameaça espiritual à hegemonia do literalismo bíblico no Ocidente.

A ideia messiânica em Israel, como bem demonstra o Prof. Klausner, era, em essência, não cosmológica, mas política. Sua preocupação principal era a elevação de Israel à liderança do mundo. "Na crença no Messias do povo de Israel", escreve Klausner (e os itálicos são novamente dele), "*a parte política anda de mãos dadas com a parte ética e a nacionalista, com a universalista*".[23] No período anterior à derrocada de Jerusalém (586 a.C.), a ênfase da pregação profética estava na exigência de cumprir as leis do Senhor, o que quer dizer, de viver como judeus, não como gentios. O Messias exaltado pelo Primeiro Isaías (*c*.740-700 a.C.) fora especificamente o jovem rei de Judá da época, o Rei Ezequias (reinou 727-698 a.C.); e o Prof. Klausner, nesse sentido, cita o seguinte ditado talmúdico: "O Santíssimo, bendito seja Ele, desejava designar Ezequias como o Messias, e Senaqueribe como Gog e Magog" (Sanedrim 94a); também a expressão da escola Amora R. Hillel: "Não haverá nenhum Messias para Israel, porque eles já o desfrutaram na época de Ezequias" (*ib.*, 98b e 99a).[24] O termo "o Dia do Senhor", naquele período, não fazia nenhuma referência ao fim do mundo ou fim dos tempos, com a ressurreição dos mortos e tudo o mais. Tais ideias ainda não tinham penetrado na corrente bíblica de crença proveniente da fonte zoroastriana.

Mas, nessa fonte, a ideia da redenção era cosmológica, não política, e deveria ocorrer no final de uma era mundial de doze mil anos, prevista por Ahura Mazda, quando ele apareceria para julgar os vivos e os mortos. O objetivo último do profeta Zoroastro havia sido, por isso, realizar radicalmente, por meio de sua pregação, a transfiguração da terra, depois do que o mundo seria novamente como foi no princípio: livre das trevas, do sofrimento e da morte. "E dali em diante", como se pode ler em um texto avéstico tardio, "ele jamais envelhecerá e jamais morrerá. Jamais decompor-se-á e jamais apodrecerá, vivendo e crescendo eternamente, senhor de sua própria vontade: então os mortos se erguerão, surgirão a vida e a imortalidade e o mundo será restaurado de acordo com sua vontade".[25]

Como personagem real no plano terreno do primeiro milênio antes da era cristã, Zoroastro pode não estar representado com precisão nas poucas notas sobre sua vida que chegaram até nós. Mas no plano simbólico, como representante do homem perfeito zoroastrista, aparece em plena luz, naquilo que não é obviamente a crônica, mas o mito de sua vida – como as vidas do Buda e de Cristo; o que quer dizer, como uma revelação ou símbolo da verdade na qual ele viveu, cuja glória o modelou e a qual ele ensinou. Pois, como se afirma a seguir:

Ele pensou de acordo com a Lei, falou de acordo com a Lei e agiu de acordo com a Lei. De maneira que ele foi o mais santo das santidades em todo o mundo existente, o mais criterioso no exercício do poder, o mais brilhante entre os brilhantes e o mais magnífico na magnificência, o mais vitorioso na vitória. E ao vê-lo os demônios fugiam.[26]

Seu nascimento e pregação no mundo marcaram o início dos últimos três milênios da era de doze mil anos – no final de cujo período seu filho espiritual Saoshyant, "o Futuro Salvador", o Messias do Mundo, apareceria para alcançar a vitória da Verdade sobre a Mentira e instituir para sempre a restauração da criação prístina de Deus.

Conforme a lenda, o lugar de nascimento de Zoroastro, como o do primeiro homem Gayomart e o Boi-Criado-Único, era à margem do rio Daiti, na região central das sete regiões da terra, Eran Vej. Ele riu quando nasceu. Como se pode ler: "No seu nascimento e crescimento, as águas e árvores rejubilaram-se. No seu nascimento e crescimento, as águas e árvores cresceram. Em seu nascimento e crescimento, as águas e árvores gritaram de alegria".[27]

Os demônios, entretanto, tiveram uma atitude diferente. Angra Mainyu precipitou-se das regiões do norte, gritando para a sua horda: "Aniquilem-no!" Mas o santo recém-nascido recitou em voz alta a prece conhecida como Ashi Vanguhi e os demônios dispersaram-se. "A vontade do Senhor é a Lei da Santidade", orou. "As riquezas da Boa Inteligência são daquele que labuta neste mundo para Ahura Mazda, exercendo o poder – de acordo com Sua Lei – concedido por ele, para libertar os pobres."[28]

Conta-se que as esposas do profeta eram três. Mas devemos reconhecer nisto mais mitologia do que história, como demonstra a informação posterior que "ele foi à sua primeira e privilegiada esposa, chamada Hvov, três vezes e a cada vez o sêmen penetrou na terra". O que quer dizer, ela era a própria deusa Terra. "E o anjo que recebeu o sêmen do primeiro homem criado, Gayomart, recebeu também a força e o esplendor desse sêmen."[29] Pois nasceriam daquele sêmen três filhos na época da Renovação cósmica: Ukhshyat-ereta, Ukhshyat-nemangh e, finalmente, o Messias Saoshyant.[30]

Porque uma donzela, Eredad-ereta, banhando-se no Lago Kansava, conceberia por aquele sêmen no final da era do mundo de doze mil anos e daria à luz o salvador Saoshyant; sendo seus dois precursores paridos da mesma maneira, pelas duas outras virgens, Srutad-fedhri e Vanghu-fedhri.[31]

Mas com respeito à natureza da Renovação futura, revela-se que:

> Enquanto Mashya e Mashyoi, que tinham crescido como planta da terra, alimentaram-se primeiro da água, depois das plantas, do leite, da carne e, quando chegou o tempo de sua morte, desistiram primeiro da carne, depois do leite, do pão, até que, quando a ponto de morrer, se alimentaram de água. Assim também

no milênio dos últimos anos, a força do apetite diminuirá. Um bocado do alimento consagrado será mais que suficiente por três dias e três noites. As pessoas, então, desistirão de comer carne e alimentar-se-ão de verduras e leite. Em seguida, abster-se-ão do leite e, depois disso, dos vegetais, e se alimentarão de água. E por dez anos antes da chegada de Saoshyant abster-se-ão completamente de se alimentar e não morrerão.[32]

Segundo o *Bundahish*, a ressurreição dos mortos deverá suceder a chegada de Saoshyant. Primeiro, erguer-se-ão os ossos de Gayomart, em seguida Mashya e Mashyoi e, por fim, do resto da humanidade. Quando todos tiverem recuperado seus corpos, cada um conhecerá seu pai, sua mãe, seu irmão, sua esposa e outros de sua linhagem.

Então [lemos], haverá uma assembleia onde toda a humanidade estará de pé e cada um verá suas próprias ações boas e más. E ali, naquela assembleia, um homem perverso se sobressairá tão visivelmente quanto uma ovelha branca entre negras. Além do mais, naquela assembleia, o homem perverso reclamará do benévolo que foi seu amigo no mundo, dizendo: "Por que não me contou, quando estava no mundo, das boas ações que você mesmo estava praticando?" E se o homem virtuoso não o tinha informado, então, naquela assembleia ele se envergonhará.

Em seguida, eles separam os bons dos maus, e o bom vai para o céu e o mau é jogado no inferno. Por três dias e três noites infligem castigos corporais no inferno, e então o perverso contempla por três dias e três noites a felicidade do céu. Diz-se que no dia em que o homem justo é separado do perverso, as lágrimas das pessoas escorrem pelas pernas. E quando eles separam um homem de sua esposa, irmão de irmão, amigo de amigo, eles sofrem, cada um por suas próprias ações e lamentam, o justo pelo perverso e os perversos por si mesmos. Pois pode haver um pai que é justo cujo filho é perverso, um irmão justo e outro perverso...

Quando um grande meteoro cair, o sofrimento da terra será como o da ovelha ao ser atacada por lobos. O Fogo e o anjo do Fogo derreterão nos infernos e nas montanhas o metal que correrá pela terra como um rio. Todos os homens passarão por aquele metal e tornar-se-ão puros: quando um é justo parece-lhe que está andando em leite quente, mas quando perverso, parece-lhe que está andando em metal derretido.

No final, com a maior das afeições, todos se reunirão, pai e filho, irmão e amigo, e se perguntarão uns aos outros: "Onde esteve todos esses anos e qual foi o julgamento de sua alma? Foste justo ou perverso?" A primeira alma que o corpo vê, inquire com essas palavras. Todos os homens erguerão, então, numa única voz uma prece a Ahura Mazda e seus anjos. Saoshyant com seus assistentes matará ritualmente um boi, de cuja gordura junto com a *haoma* branca é preparada uma bebida da imortalidade, a qual é dada a todos os homens que, com isso, tornam-se imortais.

Consta também: a quem quer que tenha chegado à idade madura na terra, eles dão a idade de quarenta anos; a quem não, eles dão a idade de quinze. E dão a cada um a sua mulher e lhe mostram seus filhos com sua mulher; assim eles se comportam agora como no mundo, mas não há mais procriação. E ainda: quem quer que no mundo não tenha feito adoração e usado roupas corretas está nu ali; mas àquele que fizer a devida adoração os anjos providenciarão o uso de roupas.

No final, Ahura Mazda captura Angra Mainyu e cada arcanjo, o seu oponente. O meteoro caído abraçará à serpente no metal derretido e o fedor e a corrupção do inferno serão também queimados por esse metal, até o inferno tornar-se bastante puro. Ahura Mazda tomará a terra do inferno para ampliar o mundo, acontecerá a renovação do Universo e tudo se tornará imortal.

Diz-se também que desaparecerão o gelo e os desníveis da terra. Mesmo a montanha, cujo pico sustenta a Ponte Chinvat, cairá e desaparecerá.[33]

III. O REI DOS REIS

O poderoso monarca assírio Teglat-Falasar III (que reinou entre 745-727 a.C.) criou uma nova estratégia para quebrar a resistência das populações conquistadas. O método foi usado em toda a sua dinastia por Salmanasar V (726-722), Sargão II (721-705), Senaqueribe (704-681), Assaradão (680-669) e Assurbanípal (668-626). Das ruínas da biblioteca cuneiforme deste último advém a maior parte do nosso conhecimento do antigo mundo semítico.

A estratégia dos conquistadores que antecederam Teglat-Falasar III havia sido massacrar todos os seres vivos dentro de uma cidade dominada – como somos informados, por exemplo, a respeito dos soldados de Josué em Jericó: "Eles destruíram todos na cidade, homens, mulheres, crianças e velhos, assim como bois, ovelhas e jumentos, passando-os ao fio da espada"[34] e novamente em Hai[35], Gabaon, Maceda, Lebna, Gezer, Eglon, Hebron, Debir e toda a região de Negueb, "para que", conforme está escrito, "fossem totalmente destruídos, sem clemência, exterminados como Jeová ordenou a Moisés".[36] Ou, por outro lado, o vencedor podia reduzir cidades inteiras à servidão e tributo, como Manassés reduziu Meguido, e Zabulon reduziu Cetron.[37] Mas o primeiro método tinha a desvantagem de privar o vencedor de súditos, e o último de deixar as populações intactas, prontas para a revolta.

A ideia genial de Teglat-Falasar III foi romper os vínculos afetivos com o solo, transferindo populações vencidas para regiões distantes das originárias. A Babilônia foi conquistada em 745 e uma grande parte de sua população foi removida: inscrições indicam que não menos que trinta e cinco diferentes populações daquele país foram dominadas e transferidas.[38] No ano de 739 a Armênia foi subjugada, e por volta daquela época trinta mil pessoas miseráveis da província de Emat foram levadas pelo rei para a província de Tushan, no Alto Tigre. Um número igual de pessoas foi levado de Calane, na Síria, e para tomar seu lugar foram transferidos arameus do Elam.[39] O profeta Amós, chorando em Israel, advertiu seu povo sobre as catástrofes que estavam acontecendo nas nações vizinhas. "Ai daqueles que estão tranquilos no Sião", berrou, e "daqueles que se sentem seguros na montanha da Samaria. [...] Passai em Calane e vede, de lá ide a Emat, a grande; depois descei à Gat dos filisteus".[40] As populações estavam sendo jogadas de leste para oeste, de oeste para leste, de norte para sul e de sul para norte, até que não restou mais nenhum vestígio do sentimento de continuidade nacional enraizado no solo.

O papel histórico mundial dos reis da Assíria pode ser descrito, portanto, como a supressão do passado e a criação no Oriente Próximo de uma população completamente miscigenada, internacionalizada e inter-racial que, desde então, permaneceu essencialmente a mesma. Por outro lado isso criava para eles mesmos um horizonte extremamente perigoso. No ano de 616 a.C., uma aliança do Rei Nabopolassar de uma Babilônia revivida, com o Rei ária Ciáxares II dos medas – estes estavam vindo do nordeste – ergueu-se contra os assírios, cuja capital Nínive foi tomada em 612 a.C. E as populações ultrajadas do império dedicaram-se à vingança com um resultado tal que, como descreve o Prof. Eduard Meyer: "Foi uma catástrofe do tipo mais avassalador. Não apenas um império que até então havia controlado toda a Ásia Menor foi para os ares, mas praticamente todo o povo que por séculos tinha sido o flagelo e horror das nações foi aniquilado. [...] Nenhum povo jamais foi tão completamente destruído quanto os assírios".[41]

Pelos setenta e cinco anos seguintes, o domínio do Oriente Próximo esteve dividido entre os medas, controlando o norte, e os reis caldeus babilônicos controlando o sul. Destes últimos, o mais notável foi Nabucodonossor II (reinou entre 604-562 a.C.), a quem o profeta Jeremias caracterizou como o servo de Jeová, que castigava o povo de Judá por seus pecados de desobediência.[42] O reino do norte, Israel, tinha sucumbido em 721 a uma aliança entre Judá e Assíria. E a própria Judá caiu, em 586, nas mãos de Nabucodonosor, "o servo de Jeová". Ambas as populações foram removidas.

Entretanto, durante a metade do século VI a.C., um novo tipo de governante apareceu no cenário político do Oriente Próximo, com uma nova ideia de Estado. Com quatro golpes magistrais, o persa Ciro, o Grande, primeiro derrotou o Rei Astíages, dos medas, no ano de 550. Em vez de arrancar seus olhos, esfolá-lo vivo ou maltratá-lo à maneira que os reis costumavam fazer até então, cedeu-lhe uma residência em sua capital. Depois, quando ameaçado por uma aliança entre Nabonido da Babilônia, Amasis do Egito, o poderoso Creso da Lídia e a cidade-estado grega de Esparta, ele avançou diretamente contra o principal adversário, Creso, e no final do ano 546 era o governante da Anatólia. Ciro, o Grande, conferiu ao inimigo derrotado o governo da cidade de Barene, perto de Ecbátana. O terceiro golpe magistral ocorreu no ano 539, quando estava em marcha para o sul em direção à Babilônia, e os sacerdotes do deus Marduk do principal templo local o convidaram para entrar

O PERÍODO PERSA

e tomar posse da cidade, o que ele fez. E quarto, tendo se tornado senhor de toda a Ásia Menor, adorou na Babilônia a Marduk, o deus daquela cidade; removeu do templo as imagens das divindades capturadas de numerosas cidades importantes do Oriente Próximo e as devolveu aos lugares de origem; finalmente deu ordem para que o povo de Judá retornasse a sua terra e que o templo de Jerusalém fosse reconstruído. "A nobreza de seu caráter resplandece", escreve o Prof. Meyer, "tanto nos escritos dos persas, a quem ele conduziu ao domínio do mundo, como nos dos judeus, que libertou, e dos gregos a quem derrotou".[43]

"Ciro, o rei", lemos em Esdras,

> mandou trazer os utensílios do Templo de Jeová que Nabucodonosor havia transportado de Jerusalém e posto no Templo de seu deus. Ciro, rei da Pérsia, confiou-os às mãos de Mitrídates, o tesoureiro, que os entregou contados a Sasabassar, príncipe de Judá. Eis o seu número: trinta cálices de ouro, mil cálices de prata, vinte e nove facas, trinta copos de ouro, quatrocentos e dez copos de prata e mil outros utensílios. Todos os objetos de ouro e de prata somavam cinco mil e quatrocentos. Tudo isso Sasabassar levou quando fez subir os exilados da Babilônia para Jerusalém.[44]

O segundo Isaías, escrevendo por volta de 539 a.C., no período do retorno do exílio, denominou o nobre rei Ciro, da Pérsia, de "o ungido de Jeová", a quem o próprio Jeová havia tomado pela mão direita, "a fim de subjugar a ele nações e desarmar reis, a fim de abrir portas diante dele, a fim de que os portões não sejam fechados".[45] Enquanto o próprio Ciro supunha que Ahura Mazda havia sido seu guia, o profeta hebreu sabia, ao contrário, que a voz do deus que ele havia ouvido era a de Jeová, dizendo:

> Eu mesmo irei na tua frente e aplainarei lugares montanhosos, arrebentarei as portas de bronze, despedaçarei as barras de ferro e dar-te-ei tesouros ocultos e riquezas escondidas, a fim de que saibas que eu sou Jeová, aquele que te chama pelo teu nome, o Deus de Israel.
>
> Foi por causa do meu servo Jacó, por causa de Israel, o meu escolhido, que te chamei pelo teu nome, e te dei um nome ilustre, embora não me conhecesses.
>
> Eu sou Jeová e não há nenhum outro; fora de mim não há Deus. Embora não me conheças, eu te cinjo, a fim de que saibas, desde o nascente do sol até o poente, que fora de mim não há ninguém. Eu sou Jeová e não há nenhum outro.

Além disso, em claro confronto com o dualismo da doutrina zoroastriana, supõe-se que Jeová tenha dito a Ciro: "Eu formo a luz e crio as trevas, asseguro o bem-estar e crio a desgraça: sim eu, Jeová, faço tudo isso".[46]

Isaías continua então a afrontar todos os outros deuses locais a quem o Rei dos Reis, ungido do Senhor, havia se empenhado por devolver a seus templos. E ele exulta então, com um hino eloquente, o milagre da restauração que o Senhor havia realizado por meio de um rei estrangeiro.

Mas os sacerdotes do deus Marduk da Babilônia também foram exuberantes nas preces; pois o último rei caldeu, Nabonido, havia sido um devoto do deus-lua Sin de Harran, cujo culto ele próprio restabelecera e favorecera, para constrangimento do clero de Marduk.[47] Ciro, à sua maneira nobre, concedera residência a Nabonido em Carmânia, enquanto na cidade de Marduk os escribas do templo, religiosamente, prestaram homenagem ao rei redentor. Seu tributo está preservado em um cilindro de barro – o Cilindro de Ciro – que depois de sete ou oito linhas mutiladas no início, queixando-se da heresia de Nabonido, revela o seguinte texto:

>...as oferendas diárias foram negligenciadas... o culto de Marduk, Rei dos Deuses... As pessoas foram submetidas por um jugo implacável...
>E o Senhor dos Deuses, dando atenção às suas súplicas, encheu-se de cólera... Voltou-se para elas com piedade. Passou em revista as nações, em busca de um monarca justo, de acordo com seu coração, para conduzi-lo pela mão.
>Ciro, Rei de Ansan, cujo nome Ele pronunciou, Ele convocou para o domínio universal. A terra dos gutis, todo o reino dos reis dos medas, Ele submeteu sob seus pés. O povo de cabelos negros, que foi entregue às suas mãos, o rei recebeu com retidão e justiça; e Marduk, o grande Senhor, protetor da humanidade, viu com alegria suas boas ações e seu coração justo.
>Marduk mandou-o marchar para a Babilônia, Sua cidade. Dirigiu-o na estrada para a Babilônia, enquanto Ele caminhava, como amigo e companheiro, a seu lado. Suas tropas, poderosas em número, incontáveis como as águas dos rios, iam a seu lado com armas. Sem combate, sem matança, Ele o fez entrar na Babilônia, Sua cidade. Babilônia, Ele protegeu da aflição. Nabonido, o Rei, por quem Marduk não tinha sido reverenciado, Marduk entregou ao poder de Ciro. E o povo da Babilônia, todos juntos, todos da Suméria e Acádia, os poderosos e governantes, curvaram-se diante dele, beijaram seus pés, rejubilaram-se por seu governo e suas faces brilharam. Ao Senhor que, em sua majestade, tinha ressuscitado os mortos, redimindo a todos da aniquilação e do mal, eles abençoaram com júbilo, em celebração de seu nome.

O texto atribui o seguinte ao novo Rei dos Reis:

>Sou Ciro, Rei do Universo, o grande rei, o poderoso rei, rei da Babilônia, rei da Suméria e Acádia, rei dos quatro quadrantes do mundo... cuja dinastia Bel (Marduk) e Nabu (o mensageiro de Bel) amam, e por cujo reino eles se rejubilam em seus corações. Quando fiz minha piedosa entrada na Babilônia e, entre júbilos e alegrias, instalei-me no trono da realeza, o palácio dos reis, Marduk, o grande Senhor, fez com que os corações dos nobres babilônios se voltassem para mim e eu dei consideração diária às suas reverências. Minhas tropas muito numerosas moveram-se pacificamente pela Babilônia. Em toda Suméria e Acádia não permiti que

nenhum inimigo se levantasse. Respeitei com prazer o interior da cidade, e todos os seus lugares sagrados. Libertei os habitantes de seu jugo aviltante. Restaurei suas residências destruídas e removi as ruínas.

Marduk, o senhor poderoso, rejubilando-se com minhas ações, revelou-se cheio de graça tanto a mim, Ciro, o Rei, que o reverenciou, quanto a meu querido filho Cambises e a todos os meus soldados, enquanto nós, por nossa vez, prestamos reverência sincera e jubilante à Sua divindade exaltada. Todos os reis que habitam palácios de todos os quadrantes do mundo, do Mar Superior ao Inferior, e todos os reis do Oeste, que vivem em tendas, trouxeram suas importantes oferendas e na Babilônia beijaram meus pés. Eu devolvi a seus lugares de origem os deuses que viviam nas cidades de Assur e Susa, Agade, Eshnunna, Zamban, Me-Turnu, Der, o reino dos gutis, e as cidades do Tigre, fundadas há muito tempo. Construí para eles moradas eternas. Restituí as comunidades a seus povos, cujas habitações reconstruí. Sob o comando de Marduk, o poderoso Senhor, permiti que os deuses encontrassem uma morada de paz em seus santuários para regozijo de seus corações: os deuses da Suméria e Acádia, a quem Nabonido – provocando a fúria dos deuses – tinha mandado trazer para a Babilônia.

Que todos os deuses que eu devolvi para suas cidades orem diariamente para Bel e Nabu, para que eu tenha vida longa e digam a Marduk, meu Senhor: "Que Ciro, o rei que o adora, e Cambises, seu filho, sejam abençoados..."[48]

Não se sabe se em outros povos e cidades o clero mostrou-se tão desejoso de reivindicar a honra da vitória como o de Jerusalém e Babilônia, interpretando o curso da História em termos de seu próprio sistema de causalidade sobrenatural. Mas sabemos que pelo menos um grupo considerável da própria religião zoroastriana de Ciro ficou irado ante esses acontecimentos, assim como a parte javista dos judeus encolerizou-se diante da idolatria de seus reis a deuses estranhos. Pois quando, no ano 529 a.C., Ciro caiu em combate durante uma guerra que estava travando contra as tribos invasoras da fronteira nordeste iraniana, uma perigosa intriga do sacerdócio persa – os magos – ameaçou destruir tudo o que ele havia realizado e desintegrar internamente o Estado persa, como outrora os banhos de sangue dos javistas haviam feito no Estado hebreu.

O filho de Ciro, Cambises, seguindo o exemplo de seu pai, no ano 525 a.C. conquistou o Egito e com isso completou a obra de unificação, em um único império intercultural e inter-racial, abraçando toda a extensão da Antiguidade, do Egeu ao Indo e do Mar Cáspio ao Sudão núbio.* E como Ciro tinha feito na Babilônia,

---

* Foi exatamente nesse período que a antiga capital núbia, Napata, foi tomada e a sede do governo transferida para Meroé, que se supõe ter recebido esse nome em homenagem à irmã de Cambises. Dessa maneira, retornamos, em um grande círculo, ao momento da história sugerido como o pano de fundo da lenda sudanesa de Napata-Meroé, recontada no volume *Mitologia Primitiva*, primeiro desta coleção.

183

também Cambises no Egito prestou reverência aos deuses locais, curvou-se diante deles e vestiu o manto de suas bênçãos. Cambises tornou-se faraó. E permaneceu no Egito por três anos. Mas ele tinha um irmão mais novo, de nome Esmérdis, a quem seu pai fizera governador da Báctria, da Corasmia, da Pártia e da Carmânia; e para se proteger contra possíveis intrigas daquele quadrante, Cambises mandou assassinar o irmão antes de partir para o Nilo.

O assassinato foi mantido em segredo. Mas um sacerdote-mago chamado Gaumata, que se parecia com o irmão assassinado, assumiu seu papel e incitou os elementos dissidentes a se revoltarem. Há evidências consideráveis de que a revolta foi, pelo menos em parte, religiosa; pois numerosos templos foram demolidos pelo usurpador sacerdotal. E no verão do ano 522 a.C. esse falso Esmérdis reclamou o trono persa. Cambises abandonou o Egito às pressas e caiu em combate em março de 522 a.C. confessando, entretanto, antes da morte, o assassinato de seu irmão. Porém ninguém ousou levantar-se contra o usurpador até que um jovem, primo bastante distante da dinastia Aquemênida, de nome Dario, tomou o destino em suas mãos e, em outubro de 522 a.C., matou o usurpador e toda a sua corte. No final de fevereiro de 521 a.C. a insurreição havia sido sufocada e o jovem Rei dos Reis, Dario I, era o monarca do mundo.[49]

Em Behistun há uma famosa inscrição em rocha em três línguas – persa antigo, elamita e babilônio –, anunciando essa vitória e descrevendo-a em detalhes, reconhecendo repetidas vezes a orientação não de Jeová nem de Marduk, mas do deus persa.

> Eu sou Dario, o grande rei, Rei dos Reis, rei da Pérsia, rei de todos os povos, filho de Histaspes, neto de Arsames, o aquemênida. [...]
>
> O Rei Dario fala: Oito de minha família foram reis, eu sou o nono. Nove de nós, em duas linhagens, foram reis. [...] Pela vontade de Ahura Mazda, sou rei. Ahura Mazda tornou-me soberano. [...] Nestas terras, ao homem prudente eu tratei bem; ao que era hostil, puni severamente. Pela vontade de Ahura Mazda, estas terras obedeceram minhas leis. Elas cumpriram minhas ordens.
>
> O Rei Dario fala: E isto, pela vontade de Ahura Mazda, é o que eu fiz ao tornar-me rei:
>
> Um de nome Cambises, filho de Ciro, de nossa dinastia, era aqui rei. Esse Cambises tinha um irmão, Esmérdis, da mesma mãe e do mesmo pai que Cambises. Cambises matou Esmérdis. E quando Cambises matou Esmérdis, o povo não tomou conhecimento de que Esmérdis fora assassinado. Depois disso, Cambises foi para o Egito. Quando Cambises foi para o Egito, o povo tornou-se seu inimigo, e a Mentira cresceu na terra, tanto na Pérsia quanto na Média e outras regiões.
>
> O Rei Dario fala: Havia um homem, um certo mago, de nome Gaumata que se rebelou desde Pishijau-uada, da montanha chamada Arakadrish. Era o dia 14 de Addaru [11 de março de 522 a.C.] quando se rebelou. Ele mentiu ao povo, dizendo assim: "Eu sou Esmérdis, filho de Ciro, irmão de Cambises". Em seguida todo o

povo abandonou Cambises e foi para outras regiões, bem como os persas e os medos. Ele buscava o poder. Era dia 9 de Garmapada [2 de abril de 522] quando ele alcançou o poder. Então Cambises foi morto por suas mãos.

O Rei Dario fala: Esse poder, que Gaumata, o Mago, tomou de Cambises, pertencia à nossa família desde os tempos de outrora. Então Gaumata tomou de Cambises a Pérsia, bem como a Média e as outras terras, apropriou-se delas, tornou-as suas e se proclamou rei.

O Rei Dario declara: Não houve ninguém – nem persa, nem medo, nem ninguém da nossa linhagem – que resgatasse o governo de Gaumata, o Mago. O povo o temia intensamente: ele matara muitos que conheceram Esmérdis, matou muitos [pensando:] "para que o povo não saiba que eu não sou Esmérdis, filho de Ciro". Ninguém ousou dizer uma palavra com referência a Gaumata, o Mago, até eu chegar.

Então eu orei a Ahura Mazda. Ahura Mazda enviou-me ajuda. No dia 10 de Bagajadish [29 de setembro de 522] eu matei com alguns homens aquele Gaumata, o Mago, e os que foram seus principais seguidores. Há uma fortaleza chamada Sikajau-uatish numa região chamada Nisaja, na Média: ali eu o matei, arrebatei-lhe o domínio. Pela vontade de Ahura Mazda eu tornei-me rei. Ahura Mazda conferiu-me o poder.

O Rei Dario fala: O poder que havia sido tomado de nossa linhagem eu resgatei e restabeleci em seu devido lugar como antes. Reconstruí os templos que Gaumata destruíra. Restituí ao povo pastagens, os rebanhos de gado e as moradas e prédios que Gaumata, o Mago, tinha-lhes tomado. Coloquei as pessoas em seus lugares de antes, na Pérsia, na Média e em outras regiões. Restitui-lhes o que lhes havia sido tomado. Empenhei-me de acordo com a vontade de Ahura Mazda, até tudo ficar como se Gaumata, o Mago, jamais houvesse destronado nossa família.

O Rei Dario fala: E eu fiz o seguinte...[50]

O texto continua relatando para todos os séculos vindouros as maravilhas do reinado de um dos mais criativos soberanos da história do mundo, Dario I, senhor de todo o Oriente Próximo de 521 a 486 a.C. Ele foi contemporâneo de Buda (563-483 a.C.) e de Confúcio (551-478 a.C.). Pode-se dizer que representou com eles a imagem da autoridade espiritual suprema que, daí para a frente, seria a marca distintiva de cada esfera mitológica, a saber: Déspota levantino por vontade de Deus, o Iogue indiano e o Sábio chinês. Em suas próprias palavras, Dario tinha se tornado rei pela vontade de Ahura Mazda. Seu reinado, portanto, tinha sido o veículo daquela vontade e, portanto, a única medida da justiça moral; e todo inimigo de um tal rei é agente do inimigo de Deus – Angra Mainyu, o Demônio da Mentira.

IV. O RESTANTE

Oswald Spengler parece ter sido o primeiro a observar que, do tempo dos persas em diante, o desenvolvimento cultural do Oriente Próximo ocorreu em termos não de nações mas de igrejas, não de comunidades primárias pós-neolíticas assentadas na terra, mas de seitas flutuando livremente, sem limites geográficos. O desenraizamento e as deportações que as populações de toda essa região cultural haviam sofrido durante séculos eliminaram o processo de continuidade anterior. O primeiro ciclo do mundo do nascimento e florescimento da civilização no Oriente Próximo tinha acabado, e estava em formação um novo nascimento – de um tipo sem precedentes.

O império de Dario estendeu-se das ilhas jônicas gregas ao Vale do Indo, e do Mar Cáspio às cataratas superiores do Nilo. Durante os dois milênios seguintes germinaria e floresceria nesse domínio unificado uma nova e resplandecente civilização de seitas opostas, que se depreciavam umas às outras, relacionadas estreitamente em espírito, porém muito afastadas em doutrina. Do mesmo modo que seria impossível saber alguma coisa da Europa sem reconhecer, por um lado, que a França, a Alemanha e a Inglaterra são diferentes em espírito, porém, como membros da ordem europeia compartem um único espírito, algo semelhante ocorre com a influência e interação das diferentes seitas emergentes no Oriente Próximo, ainda que relacionadas estreitamente, do período de Ciro, o Grande, até Muhammad e as Cruzadas. Para entendê-las temos que considerar as afinidades e as diferenças, primeiramente, dos mitos persas, judeus e caldeus da primeira fase desse desenvolvimento; em seguida, dos cristãos primitivos, dos bizantinos e gnósticos da época do florescimento da cultura e, por último, do surgimento e vitória total do islamismo.

Spengler, com sua intuição para o simbolicamente importante, viu o interior arquitetônico criado pela cúpula – tumba de Adriano em Roma, Santa Sofia em Constantinopla e as mesquitas por todo o Islã – como exemplo do novo senso espacial levantino e, consequentemente, do mundo maravilhoso da criação. A abóbada celeste, vista de um deserto ou planície, fornece o modelo para o interior em forma de caverna, limitado, porém arrojado, criado pela cúpula arquitetônica. Nos mitos do novo Levante – como no mito zoroastriano da era mundial de doze mil anos – tempo e espaço tinham limites simetricamente uniformes, um começo, um meio e um fim, dentro dos quais tudo quanto ocorria, todas as coisas, tinham tanto seu tempo quanto seu sentido ou razão.

Há, na verdade, uma certa qualidade mágica de mistério em todo esse mundo limitado de cavernas das mitologias do Levante, como se um espírito universal o habitasse. Somos em todas as partes envolvidos na magia rítmica de um espaço, um período de tempo, um espírito todo-abrangente e a ideia de uma única doutrina verdadeira. Cada uma de tais doutrinas, também, de uma maneira mágica, foi revelada uma vez para sempre, para ser o tesouro permanente de um certo grupo; e portanto, há também um único grupo autorizado.

Tal grupo, como já disse, não é uma nação geográfica, mas uma igreja, uma seita em posse de um tesouro mágico. O funcionamento de seu tesouro está condicionado por certas leis mágicas – parecidas às leis que imperam nos contos de fadas – que são as leis do grupo. Desse modo, ser membro não é uma questão de tempo nem de espaço, mas de conhecimento e execução das leis, que são a uma só vez seculares e religiosas; reveladas, não inventadas pelo homem, e categóricas, não sujeitas a revisão. Quando cumpridas, resultam em bênçãos além de tudo o que o mundo jamais conheceu – bênçãos mágicas. Porém, quando violadas, mesmo acidentalmente, resultam numa catástrofe mágica contra a qual a força e a vontade do indivíduo – ou mesmo do agora infortunado grupo do qual ele é membro – nada consegue fazer. Por isso, o bem e o mal, a virtude e o valor de todos e de cada um não estão no pensamento ou esforço individuais criativos, mas na participação nos costumes do grupo. De maneira que, no que diz respeito ao princípio do livre-arbítrio – geralmente defendido nessa cultura –, seu efeito consiste em tornar o indivíduo responsável por sua decisão de obedecer ou desobedecer. Não é de sua alçada decidir o que é bom e o que é mau.

Conforme Spengler define o caráter da ordem moral desse novo sentimento do mundo levantino ou, como ele o denomina, mundo mágico:

> O homem mago não é mais do que parte de um "Nós" espiritual que, descendo do alto, é o mesmo e único em todos os membros. Como corpo e alma ele pertence apenas a si mesmo, mas algo mais, algo estranho e superior habita nele, tornando-o com todas as suas aparências e convicções apenas um membro de um consenso que, como emanação de Deus, exclui o erro. Mas exclui também toda possibilidade de um Ego autoafirmado. A verdade é para ele algo diferente do que é para nós (isto é, para nós de mentalidade especificamente europeia). Todos os nossos métodos epistemológicos, que se baseiam no julgamento *individual*, são para ele loucura e arrogância e seus resultados científicos obra do Demônio, que confundiu e enganou o espírito afastando-o de suas autênticas inclinações e propósitos. Nisso está o segredo último – para nós inatingível – do pensamento do mago em seu mundo de cavernas – a impossibilidade de um Ego pensante, crente e conhecedor é a pressuposição de todos os fundamentos de todas essas religiões.[51]

O primeiro Isaías (*c.*740-700 a.C.) havia suposto que o jovem Rei Ezequias era o Messias. Dois séculos depois, um segundo Isaías (*c.*545-518 a.C.) praticamente aplicou o conceito a Ciro. O primeiro tinha previsto que, após o dia de ira de Jeová, permaneceria um "remanescente", como que purgado pelo fogo, para renovar e realizar a promessa. Conforme escreveu numa famosa profecia:

> Naquele dia, o resto de Israel, os sobreviventes da casa de Jacó não continuarão a apoiar-se sobre aquele que os fere; apoiar-se-ão sobre Jeová, o Santo de Israel, com fidelidade. Um resto, o resto de Jacó, voltará ao Deus forte. Com efeito,

ó Israel, ainda que o teu povo seja como a areia do mar, só um resto dele voltará, pois a destruição está decidida, a justiça transborda! Sim, a destruição está decidida; o Senhor, Jeová dos Exércitos, a fará executar no meio de toda a terra.[52]

Para o segundo Isaías e para o sacerdote Esdras, que o sucedeu um século depois, o decreto de Ciro, o Grande, renovando Jerusalém e o templo parecia a realização daquela profecia. Suas palavras, segundo Esdras, foram as seguintes:

> Jeová, o Deus do céu, entregou-me todos os reinos da terra e me encarregou de construir-lhe um templo em Jerusalém, na terra de Judá. Todo aquele que dentre vós pertence ao seu povo, Deus esteja com ele, e suba a Jerusalém, na terra de Judá, e construa o Templo de Jeová, o Deus de Israel – o Deus que reside em Jerusalém. Que todos os sobreviventes, de toda parte onde moram, traga uma ajuda em prata, ouro, bens, animais e donativos espontâneos para o Templo de Deus que está em Jerusalém.[53]

A resposta não foi animadora. O número dos que retornaram à cidade destruída é, segundo consta, de "quarenta e dois mil trezentos e sessenta, sem contar servos e servas, em número de sete mil trezentos e trinta e sete; tinham consigo também cantores e cantoras".[54] Supõe-se que esse grupo chegou em 537 ou 536 a.C. A reconstrução do templo foi iniciada durante o reinado de Dario, em 520. Sua consagração ocorreu em 516. Depois disso, entretanto, temos poucas informações até o reinado de Artaxerxes I (465-424 a.C.), quando Neemias, que declara ter sido "copeiro do rei"[55], foi enviado a seu próprio pedido para Jerusalém, para ser seu governante, e encontrou a cidade ainda em ruínas.[56] Ele iniciou a reconstrução das muralhas. Mas o grande dia que ficou marcado como o dia da fundação propriamente dita do moderno judaísmo chegou apenas no reinado de Artaxerxes II (404-358 a.C.) quando, no ano de 397 a.C., Esdras, o Escriba, com um grande grupo de fiéis e autoridade conferida pelo rei, chegou da Babilônia a Jerusalém e ficou escandalizado com o que encontrou. Esdras relata:

> [...]Os chefes vieram procurar-me, dizendo: "O povo de Israel, os sacerdotes e os levitas não se separaram dos povos das terras mergulhados em suas abominações – cananeus, heteus, ferezeus, jebuseus, amonitas, moabitas, egípcios e amorreus! – porque, para si e para seus filhos, tomaram esposas entre as filhas deles: a linhagem santa misturou-se com os povos das terras: os chefes e os magistrados foram os primeiros a participar dessa infidelidade!" Quando ouvi isso, rasguei as minhas vestes e meu manto, arranquei os cabelos da cabeça e da barba e sentei-me consternado.[57]

Esdras rezou e pediu perdão a Deus por seu povo, e se lançou ao chão diante da casa de Deus, onde se congregou uma grande quantidade de pessoas – homens, mulheres e crianças – que se uniram a ele em sua dor e choraram. Depois disso, lemos:

> Fez-se uma proclamação em Judá e em Jerusalém, para que todos os exilados se reunissem em Jerusalém: quem não comparecesse dentro de três dias – foi esse o parecer dos chefes e dos anciãos – veria todos os seus bens votados ao anátema e seria excluído da assembleia dos exilados. Reuniram-se, pois, todos os homens de Judá e de Benjamin, no prazo de três dias, em Jerusalém: era o vigésimo dia do nono mês; todo o povo encontrava-se na praça do Templo de Deus, tremendo por causa do assunto a ser tratado e porque chovia forte. Então o sacerdote Esdras levantou-se e declarou-lhes: "Cometestes uma infidelidade desposando mulheres estrangeiras: aumentastes desta forma a culpa de Israel! Mas agora rendei graças a Jeová, o Deus de vossos pais, e executai sua vontade separando-vos dos povos da terra e das mulheres estrangeiras". A assembleia inteira respondeu com voz forte: "Sim, nosso dever é agir segundo tuas ordens! Mas o povo é numeroso e estamos na estação das chuvas: não se consegue ficar ao relento; além disso, o assunto não se resolve em um dia ou dois, pois somos muitos os que fomos rebeldes neste ponto. Que nossos chefes representem a assembleia inteira: todos os que, em nossas cidades, desposaram mulheres estrangeiras virão aqui em datas marcadas, acompanhados dos anciãos e dos juízes da respectiva cidade, até que tenhamos afastado de nós a grande ira de nosso Deus, acesa por causa disso".
>
> Só Jônatas, filho de Asael, e Jaasias, filho de Tícua, fizeram oposição a essa proposta, sustentados por Mosolam e pelo levita Sebetai. Os exilados agiram como fora proposto. O sacerdote Esdras escolheu para si chefes de família, segundo suas casas, todos designados nominalmente. Começaram no primeiro dia do décimo mês as sessões para examinar os casos. E no primeiro dia do primeiro mês terminaram todos os processos relativos aos homens que tinham desposado mulheres estrangeiras. [...]
>
> E todos estes despediram as mulheres e os filhos.[58]

Dessa maneira, por um tempo pelo menos, o restante do povo que desfrutava da sua confiança reconquistou a paz com seu deus.

V. O DEUS DO AMOR

O Rei dos Reis da Pérsia iluminou com o brilho da sua justiça, por um lado, as cidades-estado gregas jônicas do extremo ocidental da Ásia Menor, como a Satrapia I de seu domínio sem precedentes e, por outro, os mais antigos centros da civilização indiana, no Punjab, como a Satrapia XX. Além disso, a imagem de sua grandiosa soberania – conforme simbolizada no esplendor de seu trono e palácio em Persépolis –, bem como os métodos do despotismo que em suas mãos tornaram-se os tendões nervosos da organização social mais poderosa que o mundo havia visto até então, foram tão prodigiosamente impressionantes que, apesar de terem durado menos de dois séculos, permaneceram desde então como a figura emblemática de majestade real e soberania.

Na Índia, na corte e no sistema de governo de Chandragupta Maurya (c.322-293 a.C.), cuja arte do despotismo é epitomizada no livro de Kautilya intitulado *Arthashastra*, "O Manual da Arte de Alcançar as Metas", e na China, no reinado de Shih Huang Ti (221-206 a.C.), cujo equivalente do livro de Kautilya é o *Shang Tzu*, "Livro do Senhor Shang", o modelo do Rei dos Reis persa foi copiado e adotado definitivamente para todos os ideais orientais de método e realização política, até hoje. Além disso, nas visões proféticas da majestade de Deus no Antigo Testamento podemos reconhecer como fonte última a marca do Rei dos Reis da Pérsia. Sabemos de seu reinado e dos métodos praticados no seu reino pela obra de seu súdito grego Heródoto. Seu brilho era o de Ahura Mazda, mas o instrumento de sua majestade era o chicote.

Entretanto, na pequena e luminosa península grega – distante da benevolência daquele divino governo levantino –, na pólis elogiada por Péricles em sua famosa oração, estava em gestação uma ideia bastante diferente de majestade e poder, bem como de divindade, cuja presença era o melhor suporte tanto da lei quanto da vida. Pois era inevitável que, onde a excelência individual fosse a tal ponto reverenciada como na Grécia, a força e princípio do Amor – Eros – teria que ser reconhecida não meramente como um deus, mas como o deus que anima todas as coisas. Porque ninguém alcança a excelência em sua missão de vida sem amor por ela, ninguém alcança excelência em si mesmo sem amor por si mesmo, ou em sua família sem amor por seu lar. O amor faz com que tudo floresça, cada um de acordo com seu próprio potencial, e assim é o verdadeiro pedagogo da sociedade livre e aberta. "Pois" – como declarou Agatão no discurso imortalizado na obra de Platão sobre o mais esplêndido banquete na história do mundo – "todos servem ao Amor de bom grado, e onde há amor, bem como obediência, ali, como dizem as leis que regem a cidade, há justiça".[59]

O Prof. Warner Fite, de Princeton, anos atrás refutou uma versão vitoriana tardia do ideal de amor platônico assinalando para uma geração que não sabia grego que: o Prof. Jowett (cuja obra era estudada na escola) traduziu como "amor verdadeiro" a expressão grega *orthos paiderastein* que, de fato, significa "o tipo correto de pederastia".[60] De maneira que todos então ficaram sabendo – como já se desconfiara – que o amor entre meninos, pederastia ou sodomia, que na maioria dos códigos morais do mundo é considerado ofensa nefanda contra a natureza era, para os companheiros de Platão, o caminho verdadeiro em direção à espiritualidade e à sublimação da mera natureza até convertê-la em discurso admirável, poesia, ciência, excelência e a cidade-estado perfeita.

Em ritos primitivos de iniciação, como os dos nativos da Austrália, a pederastia exerce um papel no afastamento dos meninos da mãe, a fim de aproximá-los dos conhecimentos secretos da virilidade. Mas logo, por meio de outros ritos, são conduzidos de volta para a aldeia e para o casamento.[61] Também, na esfera pedagógica e na atmosfera dos cantores rurais órficos já descritos,* a participação temporária dos jovens numa sociedade exclusivamente masculina era, à maneira de uma escola elementar, uma preparação para a vida. Mas no círculo superior das celebridades de Atenas, durante um vasto período do século V e início do IV, 450-350 a.C., a atmosfera pedagógica adquiriu contornos de alienação perfumada. Tudo o que lemos sobre ela tem um maravilhoso caráter adolescente de céus infinitos opalinos – intocados pela seriedade vulgar de um compromisso heterossexual com a vida. Também a arte dos belos corpos nus de pé, com toda sua graça e sedução, é afinal neutra – como a voz de um menino cantor – e isso se percebe imediatamente quando a comparamos com a arte da Índia dos períodos Gupta, Chalukya e Rashtrakuta. Para citar uma observação de Heinrich Zimmer:

> A escultura grega desenvolveu-se, até seu ápice de perfeição, por meio da representação dos belos corpos atléticos de jovens e meninos que ganhavam troféus por lutar e correr nas competições religiosas nacionais de Olímpia e outros lugares. A indiana, a seu turno, no período de apogeu, apoiava-se nas experiências íntimas do organismo vivo e nos mistérios do processo vital, que provêm da consciência interior alcançada pelas práticasióguicas – e simultaneamente tinha uma preferência heterossexual definida, destilada e refinada até tornar-se uma fragrância de sedução sutil. A arte grega resultou das experiências da visão; a indiana, das experiências da circulação do sangue.[62]

Há um verso significativo do poeta satírico romano Juvenal (60-140 d.C.), que expressa sua desaprovação do que ocorria em um dos cultos femininos secretos:

> *nil ibi per ludum simulabitur, omnia fient*
> *ad verum...*
> "Nada ali é simulado como no faz-de-conta, tudo é feito com seriedade..."[63]

Na adolescência, um jovem é afortunado se pode viver, pensar e brincar por um tempo em um mundo exclusivamente de homens, onde a mente – livre do sistema de seriedade feminino – pode desenvolver-se de maneira divertida em direção à ciência e estética, filosofia e atletismo; em suma, ao mundo do Logos, onde mesmo Eros aparece exalando um perfume inorgânico. Do mesmo modo o Ocidente e o mundo foram afortunados ao receber o presente da escola de canto dos meninos gregos, ainda que tenha sido por um breve período de tempo. O apogeu desse período foi a cena do banquete de jovens e velhas celebridades na casa do poeta Agatão.

O leitor certamente lembra-se do momento mágico. Sócrates levantou-se para falar sobre o amor, como tinha aprendido com a sábia Diotima, de quem não sabemos nada além do que ele conta.

* *Supra*, págs. 156, 157.

"Quero falar sobre algumas lições que recebi, certa vez, de uma mulher da Mantineia, chamada Diotima", disse ele, "uma mulher profundamente versada nesse e em muitos outros campos do conhecimento. Foi ela quem conseguiu adiar por dez anos a grande epidemia sobre Atenas graças à celebração de um certo sacrifício, e foi ela quem me ensinou a filosofia do Amor".[64]

Como Zeus, com Métis na barriga, assim também foi Sócrates com Diotima.*

Em sua celebração do amor podemos reconhecer a filtragem de uma sabedoria anterior, pré-helênica, do mundo das rainhas-serpente de Creta, de Circe e Calipso também. Mas no "útero" masculino de sua testa, o saber foi transmutado para estar de acordo com a atmosfera inorgânica do perfume do banquete. Não podemos imaginar como teria sido dito pela própria Diotima. Sabemos apenas o que chega até nós por Sócrates:

> Pois bem, começou ela [disse o velho sátiro a seus companheiros de banquete], o candidato a essa iniciação não pode, se quiser que seus esforços sejam recompensados, iniciar cedo demais sua dedicação às belezas do corpo. Antes de tudo, se seu preceptor o instruir como deveria, ele se apaixonará pela beleza de um só corpo, para que sua paixão possa dar vida ao nobre discurso. Em seguida, ele tem que considerar quão estreitamente relacionada está a beleza de um corpo com a beleza de outro, quando então perceberá que se quiser dedicar-se ao encanto da forma, será absurdo negar que a beleza de todo e qualquer corpo é a mesma. Tendo chegado a esse ponto, ele terá que se dispor a ser amante de todo corpo atraente e sossegar esse veemente apego a um único corpo, atribuindo-lhe pouca ou nenhuma importância.
>
> Depois, ele terá que compreender que as belezas do corpo não são nada diante das belezas da alma, de maneira que sempre que encontrar beleza espiritual, mesmo na casca de um corpo não belo, o achará suficientemente bonito para apaixonar-se e apreciá-lo – e belo o suficiente para despertar em seu coração o desejo por palavras que tornam uma natureza nobre. Dali ele será levado a contemplar a beleza das leis e instituições. E, quando descobrir quão estreitamente cada tipo de beleza está relacionado com qualquer outro, concluirá que a beleza do corpo não é, afinal, tão importante.
>
> Então, sua atenção deverá desviar-se das instituições para as ciências, a fim de conhecer a beleza de cada tipo de conhecimento. Assim, esquadrinhando o vasto horizonte da beleza, estará salvo de uma dedicação servil e mesquinha à beleza de um único jovem, um único homem ou uma única instituição. E voltando os olhos para o mar aberto da beleza, encontrará em tal contemplação a semente do discurso mais frutífero e do pensamento mais sublime e colherá uma safra áurea de filosofia, até que, confirmado e fortalecido por ela, chegará a uma única forma de conhecimento, o conhecimento da beleza de que vou falar.

* *Supra*, págs. 129-131.

Nesse ponto, disse-me Diotima, você tem que estar o mais atento possível.

Quem quer que tenha sido iniciado tão profundamente nos mistérios do Amor e tenha visto todos esses aspectos do belo na devida sequência está, por fim, aproximando-se da revelação suprema. Agora, Sócrates (disse ela), irrompe sobre ele aquela maravilhosa visão que é a própria alma da beleza que tanto procurou. É uma beleza eterna que não vem e nem vai embora, nem floresce nem se desvanece, pois tal beleza é a mesma em tudo, a mesma agora e antes, aqui e lá, nessa ou naquela forma, a mesma para cada devoto, como é para qualquer outro.

Tampouco sua visão do belo assumirá a forma de um rosto ou mãos, ou de qualquer outra parte do corpo. Também não será de palavras nem de conhecimento e nem de algo que existe em outro algo, como uma criatura viva, ou a terra, os céus ou qualquer coisa existente. Mas subsistirá de si e por si mesma numa eterna unidade, enquanto toda coisa bela participa dela de tal maneira que, por mais que as partes possam aumentar e diminuir, ela não será nem mais nem menos, mas continuará sendo a mesma totalidade inviolável.

E assim, quando sua devoção prescrita às belezas juvenis levou nosso candidato tão longe que a beleza universal surge em sua visão interna, ele está prestes a alcançar a revelação suprema. E essa é a maneira, a única maneira, pela qual ele poderá aproximar-se, ou ser conduzido, ao santuário do Amor. Começando pelas belezas individuais, a busca da beleza universal terá que encontrá-lo subindo continuamente a escada celeste, subindo de degrau em degrau: isto é, de um só corpo a dois, e de dois a *todos* os corpos belos; da beleza física para a das instituições, das instituições ao saber e do saber em geral para o saber especial que não se refere a nada, senão à própria beleza. Até que, por fim, ele conheça o que é a beleza.

E se, meu caro Sócrates, continuou Diotima, a vida do homem vale a pena ser vivida, é quando ele alcança essa visão da própria essência da beleza. Uma vez tendo-a visto, você jamais será seduzido novamente pelo fascínio do ouro, do vestuário, de jovens graciosos ou meninos acabando de despertar para a virilidade. Não dará nenhuma importância às belezas que costumavam deixá-lo estupefato e despertar em você e em muitos outros iguais a você, Sócrates, a paixão de estar sempre ao lado do ser amado, deleitando seus olhos nele, de maneira que, se fosse possível, não comerias nem beberias para continuar na sua companhia.

Mas se fosse concedido ao homem contemplar a essência da beleza – imaculada, pura e livre da decadência mortal que persegue a beleza frágil da carne e do sangue; se, quero dizer, fosse permitido ao homem ver a beleza celestial face a face, você diria que *a dele* – perguntou-me ela – seria uma vida pouco invejável, vida essa de quem contemplou a beleza a ponto de torná-la sua para sempre?

Lembre-se, disse ela, somente quando se estima a beleza no que é visível, e apenas então, que um homem será vivificado com a verdadeira virtude e não com a aparência dela. Porque é a própria virtude que o vivifica, não a aparência da virtude. E quando ele tiver gerado e criado essa virtude perfeita, será chamado amigo de Deus. E se algum homem pudesse obter a imortalidade, esse seria ele.[65]

Chegamos agora a uma elevação tão elísia que parece termos transcendido as palavras. Entretanto, as bibliotecas estão repletas de obras que foram dedicadas a esse discurso imortal da sábia Diotima. E de tudo o que se poderia dizer com respeito à sua exposição sobre o Caminho da Beleza e do Amor, chamarei a atenção apenas para dois aspectos, que se aplicam à metamorfose da mitologia no século V a.C. Eles são:

1. *A ênfase no corpo*: Spengler fez, parece-me, uma observação extremamente importante ao indicar o corpo (*soma*), o belo nu de pé, como a marca e símbolo supremo da ordem de experiência clássica; ou, conforme ele a denomina, experiência apolínea. A mente grega estava centrada quase exclusivamente no que está presente para os sentidos, revelando um claro contraste tanto com o sentido mágico do mundo das cavernas – com seu único espaço, único ciclo de tempo, único espírito universal –, quanto com o sentido posterior de nostalgia norte-europeia e gótica, que ansiava por infinitude. Spengler denomina esta última experiência de fáustica.

Essa mente grega expressava-se tanto no monumento de pedra do templo clássico quanto na arte do nu escultural. Era a inspiração, além disso, da matemática euclidiana (um matemático de corpos estáticos) e da política da pólis (a área da região visível de sua Acrópole) ou, nas palavras do próprio Spengler:

> A estátua clássica em sua esplêndida corporalidade – toda estrutura e superfície expressivas e nenhum *arrière-pensée* incorpóreo – contém sem excesso tudo o que a realidade é para a visão clássica. O material, o oticamente definido, o compreensível, o presente imediato – esta lista esgota as características desse tipo de expressão. O universo clássico, o *cosmos* ou a totalidade bem ordenada de todas as coisas próximas e completamente visíveis, é coroado pela abóbada corpórea do céu. Mais não há. A necessidade que há em nós de conceber o "espaço" como estando tanto atrás quanto na frente dessa abóbada, era completamente ausente no sentimento clássico do mundo.
>
> Os estoicos foram tão longe que trataram mesmo as propriedades e relações das coisas como "corpos". Para Crisipo, o Divino Pneuma é um "corpo"; para Demócrito, ver consiste em sermos penetrados pelas partículas materiais das coisas vistas. O Estado é um corpo constituído por todos os corpos de seus cidadãos; a lei conhece apenas pessoas corpóreas e coisas materiais. E o sentimento encontra sua última e mais nobre expressão no corpo de pedra do templo clássico. O interior desprovido de janelas é cuidadosamente ocultado pela fileira de colunas; mas do lado de fora não se encontra nenhuma linha verdadeiramente reta. Cada lance de escada tem uma leve curva para fora, cada degrau está em proporção ao seguinte. O frontão, a viga-mestra, os lados são todos curvados. Cada coluna tem uma leve curva e nenhuma está erguida de maneira verdadeiramente vertical ou verdadeiramente equidistante das outras. Mas curva, inclinação e distância variam dos cantos para os centros dos lados em uma proporção cuidadosamente harmonizada, e assim a toda obra é dado um quê misterioso

girando em torno de um centro. As curvaturas são tão delicadas que em certa medida são invisíveis ao olho e podem apenas ser "sentidas". Mas é justamente por esses meios que a direção em profundidade é eliminada. Enquanto o estilo gótico *eleva-se*, o jônico *flutua*. O interior da catedral alça-se com força primeva, mas o templo é sentido em repouso majestoso.[66]

O conceito e a experiência dos gregos sobre Eros estão, portanto, firmemente vinculados ao corpo. E como diz a sábia Diotima, todo aprofundamento na "essência da beleza" não apenas tem de começar pela especificidade corpórea, como também permanecer, no final, com a "beleza no que é visível". Para o espírito grego não há nenhum salto para qualquer esfera de despersonificação ou pré-personificação, como é típico em certas tendências do pensamento neoplatônico pós-clássico. Há porém um aprofundamento, e isto nos leva ao segundo ponto.

2. *A ideia da beleza em toda parte*: Tales de Mileto, como vimos, acreditava que a "água" era a causa última ἀρχή de todas as coisas perceptíveis; Anaximandro, o "ilimitado"; Anaxímenes, o "ar"; os pitagóricos, o "número". Penetramos agora no mundo das ideias, mais ou menos um século depois, onde o amor – da beleza e como beleza – tornou-se a ἀρχή, ou substância primeira de todas as coisas. Como qualquer estudante de filosofia sabe, Platão e sua escola identificaram esse princípio, de uma maneira muito interessante, com o princípio anterior do número, harmonia e música das esferas. Isso, como também vimos, já fora vinculado ao mistério da magia da música da lira e do canto órficos, que apaziguava até mesmo o coração de Hades e dos animais selvagens. Além disso, foi demonstrado que a figura de Dioniso assoma detrás do órfico, que é, em última instância, aquele mesmo poderoso senhor da morte e da ressurreição que reconhecemos em Osíris, Tammuz e no belo touro de ouro com barba dourada da graciosa harpa das tumbas reais de Ur. De maneira que agora está irrompendo no cenário uma verdadeira torrente de temas, figuras e motivos míticos anteriores, exibindo fragmentos combinados de diferentes maneiras de todo o poço profundo, escuro e túrbido do senhor serpente e sua noiva: o simbolismo do touro-lua, o rei divino morto e ressuscitado, aquelas fascinantes harpas do rei-lua das tumbas reais de Ur e os grandes nomes de Osíris, Tammuz, Átis, Adônis, Dioniso e outros.

Na obra *Teogonia*, de Hesíodo (*c*.750 a.C.), o deus do amor, Eros, era uma das quatro divindades tidas como originárias. Uma era Caos; outra, Gaia, Mãe-Terra; Tártaro, a região escura do Hades embaixo da terra, foi dada como terceira; e a quarta, Eros – "que é amor, o mais belo entre todos os imortais, que tira a força dos membros e que tanto em deuses quanto em humanos subjuga a inteligência do coração e todos os seus planos sagazes".[67] Hesíodo não diz mais nada sobre esse deus. Eros não aparece absolutamente em Homero. Ele provém do estrato de pensamento mitológico egeu pré-helênico. Está relacionado firme e definitivamente a Afrodite, como seu filho. Nas mitologias alegóricas posteriores aparece – como Cupido, filho de Vênus – com seu arco e flecha envenenada, penetrando tanto os corações brutos quanto os delicados, para matá-los ou curá-los pelo deleite. A alegoria é apropriada e atraente, denotando de uma maneira literária o impacto do amor sobre o indivíduo.

Mas como toda a nossa pesquisa da pré-história do Egeu demonstrou, a deusa Afrodite e seu filho são exatamente a grande mãe cósmica e seu filho, o deus que está eternamente morrendo e eternamente ressuscitando. A variedade de origem dos mitos de Eros remonta a um tal passado. Ele é o filho do Caos. Ele é chocado pelo ovo da Noite. Ele é o filho, ora de Gaia e Urano, ora de Ártemis e Hermes, ora ainda de Íris e Zéfiro, todas transformações do mesmo fundo mitológico apontando, sem exceção, para o catálogo infinito de temas com os quais já estamos familiarizados. Esses temas são o da vítima voluntária em cuja morte está nossa vida, cuja carne é nosso alimento e cujo sangue nossa bebida; a vítima presente no jovem casal abraçado do primitivo ritual de amor e morte, que no momento do êxtase é morto, para ser sacramentalmente grelhado e consumido;[68] a vítima presente em Átis ou Adônis morto por um javali, Osíris assassinado por Set, Dioniso esquartejado, assado e consumido pelos Titãs. Nas encantadoras alegorias posteriores de Eros (Cupido) e sua vítima, *o deus desempenha o papel do inimigo sombrio* – o javali atacando, o irmão obscuro Set, o bando titânico – e *o amante é o deus encarnado que morre*. Mas, como sabemos, nesta mitologia, baseada no mistério conhecido no antigo Egito como "o Segredo dos Dois Parceiros",[69] o assassino e sua vítima – embora no palco estejam aparentemente em conflito – são por trás dos bastidores uma única realidade. Realidade esta que no mistério obscuro do amor consome, redime, cria e justifica a vida.

Nos antigos mitos dos mundos primitivo e arcaico, aos quais dedicamos tantas páginas, as ênfases dos ritos e narrativas desse tema eram em geral colocadas sobre o aspecto divino ou mítico do mistério. Os sentimentos e a tragédia da vítima humana eram sublime e sistematicamente desconsiderados. Os rituais indianos do sati e do sacrifício humano diante de Kālī não apenas ignoravam o indivíduo, mas também, na verdade, eram disciplinas com a intenção de inspirar e consumar uma espiritualidade de devoção não egoica aos arquétipos da ordem social, fundamentados mitologicamente.[70]

Porém na Grécia, com sua apreciação apolínea pela forma individual, sua beleza e sua particular excelência, as ênfases dos mesmos temas míticos básicos antigos transferiram-se radicalmente do arquétipo repetido sem cessar para o da individualidade única de cada vítima; e não apenas para essa individualidade particular, mas também para toda ordem de valores que pode ser denominada pessoal, como oposta à ordem impessoal do grupo, ou da espécie, ou da ordem puramente natural. É essa mudança dramática, memorável e – pelo que demonstra a nossa documentação – sem precedentes, de lealdade do impessoal para o pessoal, que eu quero caracterizar aqui como o milagre grego, europeu. É comparável a uma mutação psicológica evolutiva.

Alhures, as particularidades do indivíduo, inovações de ideias e qualidades do desejo e prazer individuais eram rigorosamente rejeitados em nome das normas absolutas do grupo. Mas, na Grécia, as qualidades particulares de cada um eram, pelo menos na teoria – embora nem sempre na realidade como, por exemplo, se o indivíduo fosse mulher ou escravo – legal e pedagogicamente respeitadas. Também a mente humana e sua reflexão eram respeitadas. A norma para a conduta humana tornou-se não a norma infantil da obediência ("ser bonzinho", fazer conforme ensinado e mandado), mas o desenvolvimento racional do indivíduo ("a vida boa"), regido por leis não supostamente provenientes de Deus, mas reconhecidas como produtos do juízo puramente humano. E, de fato, no que diz respeito à divindade, até mesmo Zeus podia pensar, raciocinar, aprender e aperfeiçoar-se moralmente através do tempo.

CAPÍTULO 6

HELENISMO
331 a.C.-324 d.C.

I. O CASAMENTO DO ORIENTE COM O OCIDENTE

Tem-se argumentado que a mitologia grega degenerou de religião em literatura por causa do sentido sumamente crítico da mente grega, que já se havia voltado contra ela nos séculos VI e V a.C. Com frequência, esse argumento envolve a ideia de que o politeísmo é uma forma inferior de religião, vulnerável à crítica, enquanto o monoteísmo, não. Em consequência, quando a mente grega começou a analisá-lo de modo crítico, o politeísmo foi liquidado. Abriu-se então o caminho para a Verdade Cristã revelada do Deus Único em Três Pessoas, com seu panteão de anjos, contrapanteão de demônios, comunhão de santos, perdão de pecados e ressurreição do corpo. Abriu-se caminho também à presença múltipla (em cada gota consagrada do vinho e hóstia da Missa) do Filho de Deus morto e ressuscitado – verdadeiro Deus e verdadeiro Homem –, nascido milagrosamente da Virgem Mãe Maria.

Entretanto, os olímpicos jamais foram confundidos pelos gregos com o Ser último da existência. Como os homens, os deuses tinham nascido da Grande Mãe. Apesar de mais fortes e de vida mais longa que os homens, eram seus irmãos. Além disso, não passavam de regentes temporários do Universo, que tinham arrebatado de uma geração anterior de filhos divinos da deusa, e o perderiam – como sabia Prometeu – para uma geração posterior. Em regra, eram os arquétipos dos ideais da cidade-estado grega e, com o fim desta, eles também acabaram.

Mas no período helenista, quando Alexandre, o Grande, brilhante discípulo de Aristóteles, depois de ter conquistado todo o Levante e invadido a Índia, uniu em um único mundo a Grécia, a Índia, a Pérsia, o Egito e mesmo os judeus fora de Jerusalém, a religião grega atingiu uma nova fase: de um lado, de grandioso universalismo e, de outro, de contato pessoal e direto com o divino. Na realidade, os belos deuses, longe de morrer, sopraram seu alento inspirador por toda a Ásia, despertando novas formas religiosas e estéticas na Índia Maurya, na China Han e, finalmente, no Japão. No Ocidente, despertaram Roma e no sul deram um novo significado aos antiquíssimos cultos da deusa Ísis e seu cônjuge.

Uma apreciação do ponto de vista dos gregos helenistas, relativo à religião, pode ser obtida pela leitura do mitógrafo alexandrino Máximo de Tiro (floresceu no século II d.C.):

> O próprio Deus, o pai e criador de tudo o que existe, anterior ao Sol ou ao Céu, maior que o tempo e a eternidade e todo o curso da existência, é inominável por qualquer legislador, impronunciável por qualquer voz, invisível para qualquer vista. Mas nós, incapazes de apreender Sua essência, usamos o auxílio dos sons, nomes e imagens laminadas de ouro, marfim e prata, de plantas e rios, picos montanhosos e correntezas, ansiando por conhecê-Lo. E em nossa ignorância, nomeamos tudo o que é belo neste mundo à imagem de Sua natureza – exatamente como acontece com os amantes terrenos. Para eles, a mais bela visão será a dos contornos do ser amado. Mas também ficarão felizes com a visão de uma lira, de uma pequena lança, de uma cadeira talvez, ou de qualquer outra coisa que desperte a lembrança do amado. Por que eu deveria examinar mais e fazer julgamentos sobre imagens? Permita-se que os homens saibam o que é divino ($\tau o\ \theta \varepsilon \hat{\iota} o\nu\ \gamma \acute{\varepsilon} \nu o\varsigma$), permita-se que conheçam: isso é tudo. Se um grego é despertado para a lembrança de Deus pela arte de Fídias, um egípcio pela adoração de animais, outro homem pelo culto a um rio, outro ainda ao fogo – eu não me irrito com suas divergências. Deixe que conheçam, que amem e que lembrem.[1]

No vasto império multicultural e internacional dos persas, apesar da perfeita tolerância praticada com os deuses dos povos conquistados, jamais foi feita qualquer tentativa, nem pelo Rei dos Reis nem por qualquer sacerdote mago, de promover um sistema geral de universalização sincrética. A tolerância religiosa persa era política e prudente, não uma expressão de crença. Mas quando interessava a seus fins políticos, os persas não hesitavam por um único minuto antes de profanar santuários estrangeiros. Alexandre, ao invadir a Pérsia nos anos 336-330 a.C., deu ordens estritas para que absolutamente nenhum objeto sagrado fosse violado; mas quando os persas, quase dois séculos antes, tinham tentado subjugar a Grécia, eles destruíram templos, queimaram imagens de deuses e profanaram santuários, com o mesmo tipo de fanatismo que tinha movido Elias, Josias e Ezequias – porque, afinal, eles também eram "monoteístas" levantinos, para quem não havia outro deus verdadeiro senão o seu próprio.[2]

Os gregos ficaram tão enfurecidos quanto horrorizados com tal irreverência. E Ésquilo, em sua tragédia patriótica, *Os Persas*, atribuiu a tais atos ímpios e sacrílegos a derrota obviamente milagrosa da poderosa esquadra persa, na incrível catástrofe de Salamina. "Esses ímpios", escreveu ele, "que por orgulho fizeram da Grécia a sua vítima, não tiveram vergonha de roubar seus deuses e incendiar seus santuários":

> Altares e imagens de Deus destroçados,
> Destruídos, degradados e pisoteados como entulho.
> Por cujos terríveis pecados, terrível é o sofrimento deles agora,
> E mais terrível ainda será...³

Dario I, tendo se tornado o senhor do mundo, enviou uma frota para dominar Atenas no verão do ano de 490 a.C. Seu exército desembarcou na costa de Maratona – e qualquer colegial sabe o que aconteceu. Ésquilo lutou, e seu irmão morreu na batalha: 6400 persas e 192 atenienses caíram mortos em batalha. E Dario começou a preparar imediatamente uma outra esquadra e exército muito maiores, para uma segunda tentativa. Ele morreu, entretanto; e seu filho Xerxes, o Grande (reinou de 486 a 465 a.C.), uma década depois da batalha de Maratona, enviou contra Atenas a maior força militar que o mundo jamais tinha visto reunida – cerca de meio milhão de homens, atraídos de todos os quadrantes de seu império, e uma frota de cerca de 3000 barcos, com ele próprio no comando. Entretanto, nas Termópilas, Leônidas com 300 espartanos, absolutamente corajosos, impediram por três dias completos a passagem das forças persas. Eles morreram cercados por um exército conduzido a golpes de chicote; e à sua volta caíram mortos 4000 persas. Depois disso, na enseada de Salamina – 23 de setembro de 480 a.C. –, o escol da esquadra persa, com 1200 navios, superado em manobra e combate por uma esquadra grega de 380, foi à ruína diante dos olhos espantados do Rei dos Quatro Quadrantes. E o Oriente, podemos dizer, tinha então encontrado o seu limite.⁴

Alexandre foi a resposta da Europa. Duas gerações após sua morte, aos trinta e três anos, ele era celebrado no Oriente como um deus. Ele foi, no mínimo, o criador de um novo mundo. Entre as numerosas coisas que se poderia dizer desse mundo, quatro sobressaem como de importância particular para o nosso estudo da história do mito.

Em primeiro lugar, como já foi observado, notamos não apenas respeito pelos deuses de todas as religiões, mas também um esforço quase científico para reconhecer analogias; de maneira que divindades específicas dos vários países começaram a ser identificadas e cultuadas como equivalentes entre si: Ísis e Deméter, Hórus e Apolo, Tot e Hermes, Amon e Zeus. Os gregos na Báctria e na Índia identificaram Kṛṣṇa com Héracles, Śiva com Dioniso e, no Ocidente, os romanos posteriores viram – não apenas nos deuses gregos, mas também nos célticos e germânicos – sósias respeitáveis de seus próprios deuses. Antes do período alexandrino tinha havido muitos movimentos sincréticos regionais, como o da grande síntese religiosa egípcia de Rá e Amon, Ptá e Osíris, e a união primorosa de Rá, Osíris, Set, Hórus e Tot numa única e grandiosa mitologia. Também na Índia e China sincretismos regionais proliferaram e havia em geral, como na Grécia, um respeito razoável pelos deuses de outros povos. Entretanto, em nenhum momento antes do período de Alexandre, o Grande, parece ter emergido a ideia – ou pelo menos posta em prática – de um sincretismo transcultural, cultivado sistematicamente. Podemos ver nisso a extensão do respeito grego com o indivíduo além das fronteiras da própria Grécia, bem como a introdução da ideia de um império não de tirania, mas de homens livres com referência à esfera do pensamento. Pois naquele período o ideal de Péricles da pólis estendeu-se para o ideal alexandrino de cosmópolis: *oecumene* ou o mundo inteiramente habitado como posse comum da humanidade civilizada.

O segundo ponto a ser observado é o papel da filosofia e da ciência na interpretação e desenvolvimento superior do mito. Na Grécia dos séculos VI e V, os filósofos tinham reconhecido uma relação do complexo dionisíaco-órfico com o pensamento filosófico, e agora descobriam nos cultos do Oriente possibilidades análogas. Na astronomia e matemática babilônicas – de cujo período arcaico originaram-se praticamente todas as mitologias importantes do Oriente e do Ocidente[5] – eles encontraram nova inspiração para o aprofundamento de sua própria visão cosmológica. E os novos desenvolvimentos de ambas as ciências, no período alexandrino, resultaram em novas ideias concernentes à estrutura do Universo. Essas tornaram-se básicas no pensamento mítico ocidental (na *Divina Comédia* de Dante, por exemplo) até o século de Copérnico, quando o sol substituiu a terra no centro da ordem macrocósmica.

O terceiro ponto a ser observado é o da irrupção na Índia, com Alexandre, do inquieto intelecto grego, onde um tipo totalmente imprevisto de investigação filosófica tinha se desenvolvido nas várias escolas iogues dos centros jainistas, budistas e bramanistas. Uma compreensão muito mais profunda da relevância psicológica prática – em oposição à cosmológica – da mitologia era representada naquelas disciplinas iogues, num nível que nenhuma disciplina do Ocidente alcançaria antes do século de Nietzsche, Freud e Jung. Entretanto, enquanto isso, uma influência formidável de saber místico psicossomático, apenas semicompreendido, jorrava da Índia para os eremitérios e mosteiros, escolas e universidades do Ocidente relativamente jovem. Dessa influência originou-se uma série de cultos pitorescos e movimentos gnósticos, teosóficos e herméticos.

Finalmente, como quarto ponto a ser notado no rico contexto do mundo helênico, temos de observar que, depois de cerca de dois séculos de influência europeia sobre a Ásia, a tendência começou a se inverter, até desenvolver em breve uma poderosa onda de reação, culminando com as vitórias do cristianismo sobre os deuses e filosofias da Antiguidade clássica e com o subsequente colapso – por um período de sete séculos – da civilização do Ocidente europeu.

II. MONOTEÍSMO SINCRÉTICO E ÉTNICO

Podemos definir o politeísmo como o reconhecimento e o culto de uma diversidade de deuses; a monolatria, como a adoração de um único deus – o seu próprio – embora se reconheça outros.* O monoteísmo é a crença de que existe, em última instância, apenas um deus essencial. Há dois tipos de monoteísmo a ser diferenciados: 1. o tipo inclusivo, cosmopolita, aberto e sincrético, e 2. o tipo étnico, fechado e exclusivo. O monoteísmo étnico é a crença de que o único deus é o cultuado pelo seu próprio grupo, sendo falsos todos os outros. O monoteísmo sincrético, reconhecendo que todos os conceitos de divindade são limitados, pressupõe um deus último, inconcebível, acima de todos, ao qual todos se referem. O escritor inglês Alexander Pope publicou em 1738 um poema intitulado "Prece Universal", do qual as seguintes três estrofes – em seus minuetos afetados – são suficientes para o ponto em questão:

> Pai de Todos! Em todas as Eras,
>   Em todas as Partes adorado,
> Por Santos, Selvagens e Sábios,
>   Jeová, Júpiter ou Senhor!

> Não deixes que esta mão débil, ignorante,
>   Ouse lançar vossos raios,
> E espalhe a danação pela terra,
>   A quem julgue ser teu Inimigo.

> A ti, cujo Templo é todo o Espaço,
>   Cujo Altar é a Terra, o Mar, o Céu,
> Que todos os Seres elevem um Cântico,
>   Todo o Incenso da Natureza eleve-se![6]

O exemplo mais óbvio de monoteísmo étnico é, sem dúvida, o do monoteísmo pós-exílio da Bíblia, que passou depois para o cristianismo e o islamismo. Os sistemas mais ricamente desenvolvidos de monoteísmo sincrético foram os do Oriente Próximo helenizado, de Roma, da Índia Gupta e pós-Gupta e (no sentido mais amplo) o do saber humanista da Europa desde a Renascença. O epicurismo, o budismo e as esferas superiores do hinduísmo são excepcionais, porquanto seus

---

* Em escritos teológicos recentes, o termo "henoteísmo" tem sido usado incorretamente nesse sentido. Henoteísmo é um termo criado por Max Müller com referência específica à teologia védica, onde um deus após outro é celebrado como supremo. No hinduísmo posterior, igualmente, um devoto pode adorar primeiro a Śiva, depois Viṣṇu e depois ainda à Deusa; no espírito do ditado védico, "A verdade é uma só, os sábios a chamam por vários nomes" (*Rig Veda* X, 164.46).

termos últimos não são personificados, ou antropomorfizados de alguma maneira, como "Deus". Entretanto, nas esferas superiores do monoteísmo sincrético e mesmo, ocasionalmente, do étnico, onde a divindade pode ser reconhecida como absolutamente desconhecida (*deus absconditus:* "deus oculto"), é estabelecido um ponto de contato para uma articulação válida da teologia com essas ordens de crença transteológicas ou não teológicas.

Na Grécia clássica, um prelúdio precoce dos tipos de monoteísmo helênico e romano, renascentista e do século XVIII, pode ser reconhecido na afirmação frequentemente citada de Xenófanes de Colofão (floresceu em 536 a.C.), o famoso fundador da escola eleata, da qual Platão extraiu certos traços mitológicos de sua filosofia.

> Há um Deus, acima dos deuses e dos homens, nem em forma nem em pensamento semelhante aos mortais. [...] Ele é todo visão, todo mente, todo ouvidos. [...] Ele habita sempre no mesmo lugar imóvel e lhe convém não ficar andando de um lado para outro. [...] Mas os homens imaginam que os deuses nasceram, vestem-se, têm voz e corpo como eles próprios. [...] Por isso, os deuses dos etíopes são escuros e de nariz achatado, os deuses dos trácios, de cabelos loiros e olhos azuis. [...] Por isso, Homero e Hesíodo atribuíram aos deuses tudo o que é vergonhoso e repreensível entre os homens – roubo, adultério, engano e outros atos ilícitos. [...] Mesmo os bois, leões e cavalos, se tivessem mãos com as quais esculpir imagens, moldariam deuses de acordo com suas próprias formas e fariam seus corpos iguais aos seus próprios.[7]

Temos também as palavras de Antístenes (nascido cerca de 444 a.C.): "Deus não se assemelha a nada; por isso, não se pode compreendê-lo por meio de uma imagem".[8]

Xenófanes foi contemporâneo de Buda (563-483 a.C.) e, segundo Aristóteles, "foi o primeiro a acreditar na unidade de todas as coisas".[9] Segundo Simplício, baseado na autoridade de Teofrasto, Xenófanes concebeu o Uno, a Unidade de todas as Coisas que era Deus, nem como limitado nem ilimitado, nem em movimento nem imóvel[10] – o que é uma visão suficientemente próxima da concepção indiana de *brahman* ou do Vazio, permitindo comparação entre ambas.

Antístenes foi o fundador da escola cínica (*kynikos*, "semelhante ao cão") e seu discípulo mais célebre, Diógenes (412?-323 a.C.), pode ser comparado a um certo tipo de asceta indiano. Vivendo (significativamente) num buraco na terra, do lado de fora do templo da Grande Mãe, para ilustrar o aspecto "canino" de sua filosofia de retorno à natureza, ele se aliviava de suas necessidades fisiológicas em qualquer lugar, sem vergonha nenhuma, sempre que essas se manifestavam. Presume-se que Alexandre, o Grande, o tenha visitado, como o segundo homem mais notável do mundo. E quando o jovem monarca perguntou-lhe se havia qualquer coisa que o despojado desejasse, o cínico respondeu: "Você está entre mim e o sol, por favor afaste-se". Assim, com esmero mais radical que seu equivalente posterior Jean-Jacques Rousseau, Diógenes foi fundo no seu caminho de volta ao que considerava a condição natural do homem.

O consciencioso enfoque "canino" dos posteriores mestres zen da China e do Japão veio afirmar a mesma rejeição tanto às amenidades quanto aos ideais da civilização. O mesmo ocorre com a concepção taoísta chinesa – mais ou menos contemporânea de Diógenes – de retorno à condição de "pedra não esculpida", o sábio sentado com a mente vazia.[11] E podemos, talvez, reconhecer algo semelhante na rejeição de Cristo ao mundo: "Se queres ser perfeito, vai, vende os teus bens e dá aos pobres, e terás um tesouro nos céus. Depois, vem e segue-me".[12]

"Se não fosse Alexandre, eu seria Diógenes", dizem que o gênio político do mundo conhecido declarou; ao que o cínico contestou: "Se não fosse Diógenes, eu seria Alexandre". Entretanto, a tendência principal da religiosidade grega jamais aceitou a ideia cínica de que o homem fora da civilização pôde ser considerado *homem*. Para a mente grega, para a mente europeia, a faculdade da razão é a tal ponto peculiar ao homem que apagá-la não significa retornar à natureza, mas fugir dela – da natureza *humana*. E se a excelência – *areté* – de qualquer espécie deve ser reconhecida em uma vida vivida de acordo com a natureza, então a espécie humana deve ser reconhecida de acordo com a razão – nem transmitida de maneira estática pelas chamadas "revelações divinas", nem suprimindo as faculdades humanas para se tornar animal ou vegetal. Por outro lado, a faculdade da razão não se desenvolve na solidão, mas na sociedade, pois como o Imperador Marco Aurélio (a quem Matthew Arnold denominou "talvez a mais bela figura da história"),[13] escreveu em suas memórias de admoestação a si mesmo:

> Se a parte intelectual é comum a todos, também o é a razão graças à qual somos seres racionais. Se é assim, comum também é a razão que nos diz o que fazer e o que não fazer. Se é assim, há também uma lei comum. Se é assim, somos concidadãos. Se é assim, somos membros de uma comunidade política. Se é assim, o mundo é de alguma maneira um Estado. Pois de que outra comunidade política comum poder-se-ia dizer que toda a raça humana é membro? E, por essa razão, dessa comunidade política comum provém também nossa própria faculdade intelectual e de raciocínio, bem como nossa capacidade para lidar com as leis. Ou então, de onde provêm elas? Porque assim como minha porção terrena é uma porção dada a mim pelo elemento terra, e a aquática me foi dada por outro elemento, e a quente e ígnea por alguma outra fonte peculiar (pois nada vem do nada, assim como nada retorna à não existência), também a parte intelectual vem de alguma fonte.[14]

E escreve ainda: "O princípio básico na constituição humana é, portanto, o social".[15] "Os homens existem uns para os outros."[16]

Além do mais, como há alegria e beleza, bem como excelência, na vida vivida de acordo com sua natureza, por isso a excelência – isto é, "virtude", devidamente entendida – tem que ser e *é* sua própria recompensa. Ou, como continuamos a ler, nas palavras do rei filósofo:

> Um homem, quando presta um favor a outro, tende a contá-lo como um favor conferido. Outro não tende a fazer isso, mas em sua mente considera o homem como seu devedor, e sabe o que fez. Um terceiro, até certo ponto, nem mesmo sabe o que fez, mas é como uma videira que produziu uvas e não procura nada mais depois de ter produzido seus próprios frutos. Como o cavalo depois de ter corrido, o cão depois de ter pego a caça, a abelha depois de ter feito o mel, assim também o homem, depois de ter praticado uma boa ação, não chama os outros para virem vê-la, mas prossegue com outra ação, como a videira continua a produzir uvas. Deve o homem, então, ser um desses que, até certo ponto, age dessa maneira sem perceber? Sim.[17]

Em certo sentido a mesma ideia poderia parecer, de início, estar implicada nas palavras de Jesus: "Não saiba a tua mão esquerda o que faz a tua direita". Entretanto, o texto completo da admoestação cristã altera o ponto de vista:

> Guardai-vos de praticar a vossa justiça diante dos homens, para serdes vistos por eles. Do contrário não recebereis recompensa junto ao vosso Pai, que está nos céus. Por isso quando deres esmola, não te ponhas a trombetear em público, como fazem os hipócritas nas sinagogas e nas ruas, com o propósito de serem glorificados pelos homens. Em verdade vos digo: já receberam a sua recompensa. Tu, porém, quando deres esmola, não saiba a tua mão esquerda o que faz a tua direita, para que a tua esmola fique em segredo; e teu Pai, que vê no segredo, te recompensará.[18]

Como observa sobriamente Matthew Arnold: "Os temas da recompensa e do castigo, a partir do entendimento errôneo desse tipo de linguagem, foram exagerados por muitos moralistas cristãos, deteriorando e descaracterizando assim o cristianismo".[19] Para contrastar, ele cita a passagem acima transcrita do César estoico.

A noção e avaliação da virtude presente em tudo isso é, no essencial, a mesma que a da *areté* homérica. Entretanto, surgiu um novo estado interior, uma nova maturidade ou maioridade. Pois o ideal relativamente jovem dos séculos anteriores caracterizados pelo otimismo e as maravilhas físicas, quando tudo ia muito bem com os gregos sempre prontos para a guerra, tinha há muito tempo sido minado pela desagregação lamentável do final de século V e início do IV a.C. As vitórias sobre a Pérsia da geração de Ésquilo foram seguidas de uma sequência de catástrofes internas: as Guerras do Peloponeso, de 431 e 413-404 a.C.; a Guerra de Corinto, 395-387 a.C.; a Guerra de Tebas, 371-362 a.C. e finalmente, em 335 a.C., a estarrecedora destruição de Tebas por Alexandre, o Grande, e a transferência da hegemonia grega para as mãos do jovem e implacável senhor do Norte.

O Prof. Gilbert Murray denominou os séculos entre o florescimento da Atenas clássica e o radicalmente diferente jardim do início da era cristã, de período do Colapso do Vigor.[20] Foi uma época comparável à da Índia no tempo de Buda, e da China no período de Confúcio; pois em cada uma delas a estrutura social anterior estava em processo de dissolução, os centros mais avançados da civilização estavam se desagregando diante do poder absoluto dos relativamente bárbaros, e a tarefa central da filosofia havia se tornado, por um lado, sociopolítica (recuperar a saúde de uma civilização em desintegração) e, por outro, moral e psicológica (como o indivíduo, num mundo despedaçado, poderia observar e desenvolver sua própria humanidade). O sermão de Buda é bem conhecido:

>   Toda vida é dolorosa;
>   A causa do sofrimento é o desejo ignorante;
>   A dor pode ser eliminada (nirvana);
>   O Meio é o Nobre Óctuplo Caminho:
>   Reta concepção, reto pensamento, retas palavras, reta conduta,
>   Reto meio de vida, reto esforço, reta atenção e reta meditação.

As leis do Universo, em si mesmas, não interessavam à proposta budista, que estava em busca de uma via de saída moral. Não havia lei proveniente de Deus. Porque não havia Deus, e os deuses ou princípios que mantinham o mundo eram eles próprios redes, armadilhas e obstáculos os quais o iogue tem que evitar. O Caminho Óctuplo do Buda era um caminho assumido voluntariamente, contra a ordem do Universo. E quando o vencedor tivesse eliminado todo medo e desejo em si mesmo, sobreviria, paradoxalmente, um êxtase tanto de transcendência quanto de compaixão por todos os seres que ainda não se haviam liberado.

A doutrina sábia de Confúcio, ao contrário desse caminho de desapego individual por intermédio da ioga, era um caminho de reconstrução social pela integridade individual. A nobre humanidade dessa linha de pensamento sugeriu a muitos uma comparação com a linha grega. Entretanto, a diferença está no conservadorismo da chinesa, em contraste com as experimentações inventivas e racionais das escolas gregas, em todos os campos. No confucionismo, assim como no taoísmo, o ideal chinês residia em colocar o indivíduo em concordância tanto com a ordem de sua própria natureza quanto com a do mundo. E na tradição estoica do Ocidente, a ideia principal era – aparentemente – a mesma.

Por outro lado, tanto no Oriente como no Ocidente, a própria ordem cósmica era concebida nos termos da antiga ideia sumério-babilônica de um eterno círculo de eras, sempre em retorno, sendo o homem – microcosmo – um órgão do todo. Assim como os mestres taoístas do quietismo renunciavam à sociedade para se colocar em harmonia com a natureza, os cínicos gregos faziam o mesmo. E assim

HELENISMO

como os confucianos procuravam colocar em prática no contexto social os princípios de vida de acordo com a natureza (em harmonia com o Tao), isso também faziam os estoicos gregos e, mais efetivamente, os romanos. Todavia, em suas abordagens do estudo da natureza, bem como em suas visões do indivíduo e do Estado, os pensadores clássicos estavam tão distantes dos chineses quanto possível.

Em primeiro lugar, enquanto a visão chinesa do Universo permanecia arcaica, a ciência grega, durante o período helênico, encontrava-se em fase de transformação sem precedente. Ao mesmo tempo que os sábios orientais meditavam filosoficamente sobre as influências alternantes das forças masculinas (*yang*) e femininas (*yin*) na harmonia cósmica do céu, terra e homem, os gregos, partindo dos princípios sumério-babilônicos, já estavam abordando a possibilidade de uma astronomia heliocêntrica em contraposição a uma geocêntrica.

Aristarco de Samos (*c.*310-230 a.C.) propôs a perspectiva de que a Terra e todos os planetas giravam em torno do Sol em círculos, ao passo que o próprio Sol e as estrelas seriam estacionários. Ele não conseguiu, no entanto, provar sua ideia. Assim, quando Hiparco de Niceia (segundo século a.C.) pareceu ter resolvido melhor o problema com uma hipótese geocêntrica, usando epiciclos e círculos excêntricos para explicar as órbitas planetárias, seu sistema prevaleceu até que Copérnico (1473-1543) resolveu devidamente a questão.[21] Eratóstenes de Cirene (275-200 a.C.), enquanto isso, tinha medido a circunferência da Terra com uma imprecisão de apenas 321 quilômetros, e concluído que se podia navegar da Espanha, na direção oeste, até a Índia. Sugeriu também que o Atlântico estaria dividido longitudinalmente por uma massa de terra (América).[22] Na medicina, Herófilo de Calcedônia (século III a.C.) descobria a relação entre o cérebro, a coluna vertebral e os nervos, e Erasístrato de Chíos (também século III a.C.) reconhecia a diferença entre os nervos motores e os sensoriais.[23] No sistema estoico grego e romano, portanto, a natureza com a qual o homem tinha de se harmonizar não era a das antigas visões míticas de mundo. Contudo, na ideia da natureza como um grande organismo e na dos ciclos de surgimento e dissolução do mundo, que se repetem eternamente, conservaram-se temas da antiga Suméria altamente significativos.

Outro ponto de divergência – embora em vários sentidos os sábios gregos e chineses parecem haver pensado de maneira muito semelhante –[24] é que, enquanto a educação chinesa permaneceu como um privilégio da elite – devendo-se em parte à natureza críptica da escrita chinesa –, a educação helênica era para todos. De maneira correspondente, ao passo que o governo chinês era – tanto na teoria quanto na prática – uma expressão de ideias míticas arcaicas a respeito da designação divina do imperador, que reinava pelo mandado celeste como um órgão do cosmos, a ideia e prática gregas de governo eram de seres humanos – fossem eles déspotas ou eleitos – administrando leis humanas convencionadas, não leis ordenadas sobrenaturalmente.

Foram nos escritos das grandes personalidades da escola estoica helênica e romana que surgiram as exposições mais duradouras e influentes das implicações morais, políticas e cosmológicas do monoteísmo sincrético helenista. Encontramos essas exposições especialmente nas obras de seu fundador greco-fenício Zenão (336?-264 a.C.); do autor romano Sêneca (4 a.C.-65 d.C.); do escravo aleijado frígio-romano Epicteto (c.60?-120 d.C.) e do imperador Marco Aurélio Antonino (121-180 d.C.). Epicteto e Aurélio são de interesse particular, porque representaram mais enfaticamente os dois extremos do destino social; sabemos que cada um fala a partir de sua experiência de vida. Epicteto pergunta:

> Como pode ser que alguém que não tem nada, nem roupa, nem casa, nem abrigo, nem cuidados físicos, nem servos, nem cidade, viva assim mesmo tranquilo e satisfeito? Vejam, Deus enviou-lhe um homem para lhes provar que pode ser assim. Olhem para mim! Não tenho nem cidade, nem casa, nem posses e nem escravos: a terra é meu leito. Não tenho esposa, nem filhos, nem lar – nada, a não ser a terra e o céu e um pobre manto. Porém, o que me falta? Acaso sou perturbado pelo sofrimento, pelo medo? Não sou livre?[25]

E do outro extremo, o imperador:

> Que parcela ínfima do tempo infinito e incomensurável é dada a cada homem? Pois ela é muito rapidamente dissolvida no eterno. E que parcela ínfima de toda a substância? E que parcela ínfima do espírito universal? E em que torrão ínfimo de toda a terra você rasteja? Refletindo sobre tudo isso, nada considere como sendo grande, a não ser o agir de acordo com a natureza e suportar o que a natureza comum oferece.[26]

Zenão de Citium, um tímido e calado estrangeiro de Chipre, parcialmente de origem fenícia, tornou-se conhecido em Atenas pela primeira vez em 300 a.C., como um filósofo que falava para quem quisesse ouvi-lo, em uma colunata pública – o Pórtico Pintado. Sua escola tornou-se, por isso, conhecida como a *Stoa*, o Pórtico. Como a virtude de sua vida equivalia à de sua doutrina, tanto a nobreza de seu caráter quanto seu saber atraíram-lhe um séquito de jovens excelentes. Quando morreu, a cidade de Atenas ofereceu-lhe um funeral de herói.[27]

Seus dois discípulos mais importantes, Cleantes de Assos, na Trôade (floresceu por volta de 260 a.C.), e Crisipo de Soli, na Cilícia (morto em 206 a.C.), desenvolveram a doutrina. O primeiro deu-lhe uma ênfase platônica e o segundo assimilou as divindades, heróis e cultos mânticos do povo. Por sua vez, Posidônio de Apamea, na Síria (135?-50? a.C.), que se estabeleceu no grande porto marítimo helênico de Rodes, produziu com enorme erudição uma síntese enciclopédica do pensamento religioso e científico de sua época, que foi tanto a obra teórica estoica culminante quanto uma das mais extraordinárias do mundo antigo. Segundo Posidônio, a física e a teologia são dois aspectos do mesmo conhecimento, já que Deus é imanente em toda a natureza, bem como infinitamente transcendente. A ciência, por isso, lida com o corpo material do qual Deus é o espírito vivo.

Para todos esses pensadores, Deus, o princípio inspirador do mundo, é racional e absolutamente bom. Nada, portanto, pode ocorrer que não seja – na constituição da totalidade – absolutamente bom. A doutrina, em sua essência, é a satirizada por Voltaire em *Cândido*, sobre o melhor dos mundos possíveis. Mas em termos convincentes ela foi reafirmada por Nietzsche em sua entusiástica obra *Assim Falava Zaratustra*, onde a palavra "bom" é interpretada não como "confortável" mas como "excelente", e é emitido um chamado a cada um para amar seu destino: *amor fati*. Oswald Spengler também representa essa concepção em seu lema, adotado de Sêneca: *Ducunt fata volentem, nolentem trahunt*, ou seja, "O destino guia aquele que o deseja; ao que não, ele arrasta". É uma visão resultante mais da coragem e alegria que da demonstração racional – é fruto de um entusiasmo e afirmação de vida, fora de qualquer cálculo de prazer e dor. Ela deixa o sentimento budista de compaixão (*karuṇā*) bem para trás, porque a compaixão contempla o sofrimento. E o problema de Jó também fica para trás, pois ele também se fundamenta no reconhecimento da dor. Nas palavras de Sêneca: "Não o que você suporta, mas como o suporta é que conta".[28] E ainda: "No mundo não pode haver exílio, pois nada do mundo é estranho ao homem".[29]

"Grande é Deus", declarou o escravo coxo Epicteto:

> Este é o bastão de Hermes: *o que quer que com ele você toque,* dizem, *transforma-se em ouro.* Não apenas isso, mas tragam o que quiserem que eu transmutarei em Bem. Tragam-me doença, morte, pobreza e vergonha, tragam provações – todas essas coisas, pelo bastão de Hermes, serão transformadas em benefícios.[30]
>
> *Grande é Deus*, porque Ele nos deu instrumentos com os quais cultivar a terra;
>
> *Grande é Deus*, por ter-nos dado mãos e a capacidade de engolir e digerir; e de crescer e respirar inconscientemente enquanto dormimos! Por isso deveríamos sempre ter cantado: sim, esse, o maior e mais divino de todos os hinos;
>
> *Grande é Deus*, por ter-nos dado a mente para compreender essas coisas e usá-las devidamente![31]
>
> Você próprio é um fragmento tirado de Deus; você tem uma porção Dele em si.[32]

O ideal da indiferença à dor e ao prazer, ganhos e perdas, na realização de sua missão na vida, que é da essência dessa ordem estoica, sugere o ideal indiano do *karma-yoga* descrito na *Bhagavad Gītā*. "O espírito tranquilo, indiferente à dor e ao prazer, a quem nenhum dos dois consegue perturbar: somente ele está preparado para a imortalidade[33]. Por isso, sem apego, faça o que deve ser feito; essa é maneira pela qual a condição suprema é alcançada."[34] Entretanto, as obrigações da vida indiana são impostas a cada um pelos códigos de sua casta, enquanto as da greco--romana são as reconhecidas e impostas a cada um pela sua própria razão: porque aqui Deus é Inteligência, Conhecimento e Razão Justa.[35] Além disso, o estado de nirvana, emancipação em transe de êxtase – que é a meta última da ioga indiana – é inteiramente diferente do ideal grego de *ataraxia*, a mente racional não perturbada pelo prazer ou pela dor.

Todavia, nas duas visões há muito que pode ser comparado. Particularmente, pode-se comparar sua fundamentação no que os sábios cristãos gostam de chamar de "panteísmo", que é essencial tanto para o Oriente – seja Índia ou Extremo Oriente – como para o mundo clássico. Oposto a ele, a visão bíblica, seja no pensamento judaico, cristão ou islâmico, coloca-se de maneira inflexível e até mesmo beligerante.

Em um mundo que é divino em si mesmo, onde Deus é imanente, no impulso do voo dos pássaros, no raio, na chuva que cai, no brilho do sol, há uma epifania de divindade em toda visão, todo pensamento e todas as ações, que – para aqueles que a reconhecem – é o começo e o fim em si mesmo. Há para todos, e em todos, uma revelação universal. Contudo, num mundo que não é em si mesmo divino, no qual o Criador está separado, a divindade dá-se a conhecer apenas pela revelação *especial* – como no Sinai ou em Cristo, ou ainda nas palavras do Alcorão. A retidão consiste então em colocar-se em harmonia, não com a natureza, mas com o Sinai, com os ensinamentos de Cristo ou com o Alcorão. E não se vive simplesmente para exercer bem o papel que em si mesmo é a finalidade (como a videira ao produzir uvas); mas vive-se, como disse Cristo, "para que o Pai possa recompensar". A finalidade não está no aqui e agora, mas em algum outro lugar.

Conforme o estudioso conservador judeu Jacob Hoschander observou, os primeiros discursos indubitavelmente monoteístas, diferentes dos monolátricos da Bíblia, podem ser encontrados no Segundo Isaías, cerca de 539 a.C., no período de Ciro, o Grande.[36] Porém, o Deus assim universalizado era ainda especificamente o Deus da casa de Jacó, que se supunha teria levado Ciro à vitória para que seu povo fosse resgatado.[37] E nos discursos subsequentes de Esdras, nos autores do Texto Sacerdotal (TS), por quem o Pentateuco foi compilado, e nos escritos judaicos dos tempos romanos não houve interrupção dessa linha básica. Na verdade, como o Prof. Klausner demonstrou, mesmo Fílon, o Judeu (*c.*20 a.C.-54 d.C.), o mais helenizado dos filósofos judeus semiplatônicos não conseguia pensar em Deus como imanente. A respeito o Prof. Klausner diz:

> O Logos de Fílon é diferente, em um sentido fundamental, do Logos de Heráclito e dos estoicos. Enquanto para estes a inteligência universal ou "matéria insuflada" (matéria na qual foi inspirado um sopro animador) e a divindade são a mesma coisa, chegando dessa maneira ao panteísmo bem como a um certo materialismo (mesmo "matéria animada" é matéria), para Fílon, o Judeu, a divindade é uma entidade separada (inserida no mundo). [...] Não há nada em comum, a não ser o nome, entre o "Logos" de Fílon e o "Verbo" do Evangelho segundo São João (que se apoia em Fílon), por um lado, e o "Logos" de Heráclito e de Epicteto,

por outro. O "Logos" de Fílon é uma concepção quase totalmente original, fruto do pensamento e doutrina judaicos, baseada nas Escrituras (*Midrash*).[38]

"No mundo como é", conforme disse Klausner, "há o bem e o mal; assim, como poderia Deus, que é absolutamente bom e perfeito, criar um mundo que contém o mal, a essência da imperfeição?"[39]

A isso, o escravo coxo frígio, da outra margem, já respondeu:

> Quando somos convidados para um banquete, comemos o que é colocado diante de nós. E se alguém tivesse que chamar seu anfitrião para pôr peixe ou doces na mesa, isso seria considerado ridículo. Entretanto, numa palavra, pedimos aos deuses o que eles não dão; e isso apesar de terem nos dado tantas coisas![40]

A mágica de Epicteto, para transformar todas as coisas em ouro, era a do bastão de Hermes.

III. CULTOS DE MISTÉRIO E APOCALIPSE

O termo japonês *jiriki* – "a força própria de alguém" – refere-se a disciplinas de autoconfiança como o estoicismo ou, no Oriente, o zen-budismo; em contrapartida o termo *tariki* – "força externa, força de outro" – refere-se a meios que se baseiam na ideia de um salvador: no Japão, o budismo Amida. Pela invocação do nome do infinitamente radiante Buda Solar do Reino da Felicidade, a pessoa renasce, na morte, em seu paraíso, onde alcançará o nirvana.[41] Durante o período helênico, correspondentes ocidentais desse budismo popular eram os numerosos cultos de mistério que floresceram com crescente influência até que, no período romano tardio, primeiro o mitraísmo e depois o cristianismo ganharam apoio imperial e, com isso, o domínio.

Nem todos somos filósofos. Muitos precisam de uma atmosfera de incenso, música, vestimentas e procissões, gongos, sinos, gestos e gritos dramáticos, para serem catapultados fora de si mesmos. E para isso existem os vários estilos de religião – onde, entretanto, na maior parte, a verdade está tão envolvida em símbolos que se torna imperceptível a todo aquele que ainda não é filósofo. Foram desenvolvidos graus de iniciação pelos quais a mente poderá ser conduzida para além das esferas dos símbolos, para uma realização cada vez mais elevada – como se passasse por um véu atrás do outro. Mas as compreensões últimas diferem, por um lado, de acordo com os cultos nos quais a divindade é vista a um só tempo como imanente e transcendente e, por outro, diferenciam-se de acordo com as liturgias ortodoxas zoroastriana, judaica, cristã e muçulmana, onde a distinção ontológica é mantida entre Deus e Homem, Criador e Criatura.

Nos cultos do primeiro tipo, as duas forças – "externa" e "interna" – devem, em última instância, ser reconhecidas como idênticas. O salvador venerado como externo, embora de fato externo, é ao mesmo tempo o Si-Próprio da pessoa. "Todas as coisas são coisas-Buda." Mas nas grandes ortodoxias do Oriente Próximo, nenhuma identidade assim pode ser imaginada ou mesmo concebível. A finalidade não é chegar a uma realização do Si-Próprio, aqui e agora, como um mistério com o Ser dos seres; mas conhecer, amar e servir neste mundo a um Deus que está separado (dissociação mítica)[42] embora próximo (onipresença), e ser feliz com ele quando o tempo tiver acabado e a eternidade alcançada. O referencial (o "Deus") dos cultos do primeiro tipo jamais é um personagem em algum outro lugar para ser conhecido, amado, servido e algum dia contemplado (que, na verdade, é a ideia a ser afastada); mas é um estado de compreensão a ser atingido por meio de imagens iniciáticas e liberadoras da apreensão de "Deus", como por um símile. A função de tais símbolos é causar uma transformação psicológica de valor imediato em si mesma, ao passo que a função da mitologia ortodoxa é fixar a mente e a vontade num estado de espírito que ainda virá.

Como exemplo do primeiro tipo, pagão e oriental, podemos tomar o culto que um dia foi poderoso, proveniente do Irã, dos Mistérios de Mitra, que floresceu no Oriente Próximo durante o período helenista como uma espécie de heresia zoroastriana; e que no período romano foi o rival mais importante do cristianismo tanto na Ásia como na Europa, chegando tão distante ao norte quanto ao sul da Escócia. Nele eram oferecidos sete graus de iniciação. No primeiro, o neófito era conhecido como "Corvo" (*corax*) e nos ritos os celebrantes usavam máscaras representando os animais do zodíaco; pois a astronomia passava por um novo desenvolvimento nesse período, mediante a aplicação de ideias gregas aos dados dos séculos de observação sumério-caldeia. Em todas as religiões da época, o zodíaco tinha chegado a representar a esfera limitante de tempo-espaço-causalidade, que gira eternamente, dentro da qual o Espírito ilimitado opera – imóvel, porém movendo-se em tudo. As órbitas das sete esferas visíveis – Lua, Mercúrio, Vênus, Sol, Marte, Júpiter e Saturno – eram concebidas como envoltórios em torno da Terra, através das quais a alma tinha passado quando desceu para nascer. O indivíduo recebera de cada uma delas uma qualidade específica temporal-espacial, que por um lado contribuía com o seu caráter, mas, por outro era uma limitação. Por isso, os sete estágios da iniciação eram para facilitar a passagem do espírito, uma por uma, pelas sete limitações, culminando numa realização do estado absoluto.

O Corvo, o pássaro negro da morte com o qual o místico identificava-se no primeiro estágio da iniciação, levava-o simbolicamente para além da esfera lunar, que era o sinal – tanto aqui quanto em todas as partes – das mudanças do ciclo de nascimento e morte: as energias vitais, nutritivas, do aspecto vegetal da existência. Identificada com o Corvo, a imaginação mística deixava o corpo físico para o trabalho de mudança e dissolução, a fim de voar através do portão lunar, para a segunda esfera: a de Mercúrio (Hermes grego; Tot egípcio; Votam e Odin germânicos), a esfera dos poderes ocultos, da magia e da sabedoria do renascimento.

Em um segundo rito, o candidato, conhecido agora como "Mestre Oculto" (*cryphius*), passava de Mercúrio à esfera de Vênus, onde a ilusão do desejo ganhava um caráter místico, e novamente eram experienciadas certas disciplinas de iniciação. Assumindo o papel de "Soldado" (*miles*), ele passava em seguida para a esfera do Sol, o reino da arrogância intelectual e do poder, onde se oferecia uma coroa sobre uma espada; o candidato empurrava a espada com a mão, de maneira que ela caía, e o candidato declarava então que somente Mitra seria sua coroa. Ali ele se tornava um "Leão" (*leo*) e participava de uma refeição sacramental de pão e água misturada com vinho, como um rito de graduação suprema. Dali passava pelo portão solar para a quinta zona, Marte – de desafio e audácia –, onde recebia o barrete frígio e a folgada vestimenta iraniana do próprio Salvador Mitra, assumindo o título de "Persa" (*perses*).

Restavam mais duas transformações. Na primeira, debelando em seu coração a imprudência da audácia, ele passava para Júpiter, para ser conhecido como "Corredor do Sol" (*heliodromus*); e finalmente, de Júpiter ascendendo até Saturno, ele era santificado como "Pai" (*pater*). As provações ao longo do caminho tinham servido para cultivar a virtude estoica da indiferença ao prazer e à dor, enquanto as imagens simbólicas haviam gravado na mente certas atitudes essenciais. Os ritos celebravam-se, normalmente, numa gruta representando a caverna do mundo, na qual o antigo tema mitológico da unidade do macrocosmo (o Universo), do mesocosmo (a liturgia) e do microcosmo (a alma) era elucidado. E contemplando a doutrina da imanência de Deus, no último estágio o místico era levado a uma experiência da realidade transcendente de sua própria existência.

O deus que seria a inspiração e que se tornaria na hora devida a forma encarnada do iniciado, era a antiga divindade ária Mitra – equivalente ao Mitra védico –, cujo nome apareceu pela primeira vez, pelo que se sabe, no tratado que se estabeleceu por volta de 1400 a.C. entre os hititas e os mitanianos.* Ali esse deus aparecia como uma das cinco divindades ário-védicas convocadas para testemunhar e aprovar o pacto. São elas: Mitra, Varuna, Indra (o matador do monstro) e os gêmeos Aśvin, ou Nāsatya e Dasra. Podemos presumir, a partir daí, tanto sua antiguidade quanto sua origem nórdica ária, apesar de não ser mencionada nos *Gathas* de Zoroastro. Nos hinos do posterior *Zend Avesta* (por volta do século VI a.C.), o nome aparece em sua forma persa, como a mais importante de uma ordem de anjos conhecida como os Yazatas, "os adorados". Chamado "o senhor das vastas pastagens", ele é ali louvado pelo próprio Criador e declarado possuidor de "mil orelhas, dez mil olhos", como o Indra védico. "Eu o criei", Ahura Mazda teria dito ao seu profeta Zoroastro, "para ser tão merecedor de sacrifícios e orações quanto eu próprio".[43]

Supra, pág. 107.

Figura 23. Mitra Tauroctonus [ária]

Parece que Mitra não alcançou o caráter de símbolo supremo até o período helênico, quando apareceu em duas manifestações contrastantes, ainda que afins. A figura 23 mostra um exemplo, do século II d.C., de uma imagem da qual literalmente centenas de correlatas foram encontradas em toda a Europa. O modelo parece ter sido criado por um escultor da escola de Pérgamo no final do século III a.C., possivelmente tendo os traços de Alexandre como inspiração.[44] Com a vestimenta folgada iraniana e usando o barrete frígio característico adotado muitos séculos depois (e de maneira alguma por casualidade) pelos profetas da luz da razão da Revolução Francesa, o fulgurante herói-salvador realiza seu ato simbólico supremo na qualidade de Tauroctonus, Matador do Touro Primevo – que foi o papel atribuído no sistema zoroastriano ortodoxo ao perverso Angra Mainyu, o Antagonista.*

É importante lembrar que na visão zoroastriana mais difundida todo o mal do mundo recai sobre o Demônio da Mentira, que no final será destruído, quando o salvador Saoshyant aparecer; e há uma referência a todos os atos de virtude dirigidos à realização daquele dia messiânico. Um tema apocalíptico progressivo, historicamente orientado, subjaz a toda a tradição, enquanto aqui, nessa representação helênica do deus e salvador persa Mitra, está expressa uma nova interpretação – ou talvez primitiva renascente – do imemorial símbolo mítico do sacrifício.

Permita-me o leitor que mais uma vez o lembre dos ritos brutais, descritos no volume I desta coleção, *Mitologia Primitiva*, do ser divino assassinado, esquartejado

---

* Ver *supra*, págs. 172, 173.

e enterrado, de cujo corpo crescem todas as plantas comestíveis.[45] Segundo a visão primitiva representada naqueles ritos, o mundo não é para ser aperfeiçoado, mas afirmado, mesmo naquilo que para o moralista racionalista pareça ser a sua mais horrível e revoltante propensão para o pecado; isto porque exatamente nela reside sua força criativa, já que a vida surge da morte, da decomposição, da violência e da dor. Como nas palavras de William Blake: "O rugir dos leões, o uivar dos lobos, a fúria do mar tempestuoso e a espada exterminadora são partes da eternidade, demasiadamente grandes para a visão do homem".[46] A virtude do heroísmo tem que estar, portanto – de acordo com uma visão desse tipo –, não na vontade de reformar, mas na coragem para afirmar a natureza do Universo. E nos cultos de mistério do período helênico greco-persa, prevaleceu esse tipo otimista de afirmação mística e amante do mundo, e não a visão ortodoxa de aperfeiçoamento do mundo.

O Prof. Franz Cumont, a cujas pesquisas devemos a maior parte do que hoje conhecemos do mitraísmo, observou que nos melhores exemplos da imagem de Mitra Tauroctonus os traços do deus têm uma expressão de compaixão quando crava a faca, assumindo a culpa – se assim pode-se dizer – da vida que vive da morte.[47] Na imagem cristã correspondente do Sacrifício na Cruz, embora se diga que o salvador carregou em suas costas os pecados da humanidade, uma certa culpa terrível permanece com os judeus, por quem ele foi condenado, com Judas, que o traiu e com Pôncio Pilatos, por quem ele foi crucificado. Porque o deus-homem é ali a vítima, a ovelha sacrificada, enquanto aqui, o deus-homem é o sacerdote sacrificador. Comparem com o sacrifício cretense da figura 18. Ele próprio está executando o ato brutal pelo qual o mundo é repetidamente renovado. Ele é o leão-pássaro, a ave solar, da figura 16; e apesar de o touro estar sofrendo, em nossa visão, ele é na verdade o mesmo touro cósmico do sorriso arcaico.

Notamos na figura 23 que onde a faca penetra no touro o sangue surge em forma de cereal – confirmando o antigo mito já mencionado, bem como o tema zoroastriano do cereal proveniente do tutano do Boi.* Uma serpente desliza por baixo, representando, como a serpente sempre faz, o princípio da vida unido ao ciclo de renovação da pele perdida. O cão, que no mito iraniano é o amigo e correspondente do homem, e no episódio do primeiro casal é quem comeu o primeiro pedaço de carne,** come aqui o cereal (o sangue), na condição de arquétipo da vida nutrida pelo sacrifício. Por sua vez, o escorpião que agarra os testículos do touro tipifica igualmente a vitória da morte – já que a morte, como a vida, é um aspecto do mesmo processo da existência.

Há ainda uma referência astronômica a ser reconhecida nos símbolos do touro e do escorpião. Nos séculos durante os quais foram fundadas as bases de toda iconografia astrológica (c.4300-2150 a.C.), o signo zodiacal de Taurus, o Touro, encontrava-se no equinócio de primavera e Scorpio, o Escorpião, no de outono.

---

* *Supra*, págs. 172, 173.
** *Supra*, pág. 174.

Leo, o Leão, era então o signo do sol do solstício de verão, quando iniciava seu declínio em direção ao inverno, e Aquarius, o Portador da Água, estava na casa do solstício de inverno, onde o deus sol, *Sol invictus*, renascia anualmente, a 25 de dezembro.

Nas grutas do culto helênico de Mitra, todos esses festivais do círculo solar eram celebrados com ritos ocultos, aos quais eram vinculados os ritos de iniciação. Somos informados por numerosas fontes sobre um verdadeiro sacrifício do touro, o *taurobolium*, que era realizado sobre uma cova na qual o iniciado se deitava, para ser batizado numa torrente do sangue quente do touro.[48] Dois ajudantes, um na frente e outro atrás do sacrifício, empunhavam tochas acesas, uma virada para cima e outra para baixo, para representar respectivamente a elevação da luz para o mundo superior e a descida para o inferior: nascer e pôr do sol, equinócio de primavera e de outono, nascimento, morte e a circulação da energia da luz do ato central do sacrifício. Esses ajudantes, chamados Dadóforos, às vezes podiam carregar as cabeças de um touro e de um escorpião, como Taurus e Scorpio. Eles foram comparados aos dois ladrões crucificados com Cristo, um dos quais iria ascender ao céu e o outro descer para o inferno. Também foram comparados ao motivo cristão medieval das virgens sábias e tolas, as primeiras com velas erguidas queimando para cima e as últimas com velas voltadas para baixo.[49] Entretanto, na interpretação cristã usual é dada uma tendência moral a tais signos, para que seu sentido místico desapareça; porque conservá-lo significaria que o próprio inferno seria redimido, enquanto todo o sentido do dualismo cristão é que o pecado é o mal absoluto, o inferno é eterno e suas almas estão condenadas para sempre.

Do pouco que conhecemos da biografia mítica do salvador persa Mitra, há uma série de paralelos tanto com temas do cristianismo quanto do zoroastrismo. Todavia, exatamente como no caso dos Dadóforos, que em um nível são análogos e, de fato, provêm da mesma fonte, representam uma leitura completamente diferente da natureza do Universo e do homem: uma afirmação mística contra um corretivo moral, e uma confirmação do sacrifício na sua forma mais antiga, primitiva e em geral pagã.

Mitra, como Gayomart – de quem ele é em certo sentido o equivalente antitético – , nasceu ao lado de um rio sagrado sob uma árvore sagrada. Em obras de arte ele é mostrado saindo como bebê nu de uma "Rocha Geradora" (*petra genetrix*), usando o barrete frígio, carregando uma tocha e armado com uma faca. Diz-se que seu nascimento aconteceu *solo aestu libidinis*, "apenas pelo calor da libido (calor criativo)".[50] Como o Dr. Carl G. Jung observou em uma de suas numerosas discussões sobre esse tema, ali todos os símbolos elementares maternos da mitologia estão reunidos: terra (a rocha), madeira (a árvore) e água (o rio).[51] A terra deu à luz, em nascimento virginal, o Homem arquetípico.

E para que saibamos que o nascimento é simbólico (não pré-histórico, como se pretenderia, digamos, de um Adão ou Gayomart), perto há pastores que presenciam o advento e chegam com seus rebanhos para prestar homenagem ao salvador, como nas cenas de natividade no Natal. Cristo, o segundo Adão, era o renovador da imagem do homem. No salvador persa Mitra os dois *Adões* encontram-se reunidos; pois não havia nenhum pecado, nenhuma Queda em que estivessem envolvidos nos atos de sua vida temporal. Com a faca, a criança cortou a fruta da árvore e fez uma vestimenta com as folhas: novamente como Adão – mas sem pecado. Há outra cena que o mostra atirando flechas numa rocha, de onde jorra água para refrescar um suplicante de joelhos. O mito não chegou até nós, mas o episódio foi comparado com o de Moisés obtendo água da rocha no deserto com seu bastão (Êxodo 17:6). Entretanto, Moisés pecou, porque ele golpeou duas vezes e, consequentemente, foi-lhe impedida a entrada na Terra Prometida – como Adão pecou e foi-lhe negado o Paraíso. Mas o salvador Mitra tanto comeu o fruto da árvore-mãe quanto extraiu água da vida de sua rocha-mãe – sem pecado.

O touro primevo pastava numa colina quando o jovem e atlético deus, pegando-o pelos chifres, montou-o. O animal, galopando selvagemente, derrubou-o. Mas o deus agarrado a seus chifres foi arrastado, até que o grande animal desmaiou. Então agarrou-o pelos cascos traseiros, colocando-os nos ombros, iniciando o assim-chamado *transitus*, a difícil tarefa de arrastar o touro vivo, de cabeça para baixo, pelo caminho de muitos obstáculos até sua caverna. Essa provação, igualmente difícil para o herói e para o touro, tornou-se simbólica tanto do sofrimento humano em geral quanto das provas específicas do iniciado a caminho da iluminação – correspondendo (embora sem a devida força) à *Via Crucis* do culto cristão posterior. Quando ele chegou à caverna, um corvo enviado pelo Sol trouxe ao salvador a mensagem de que o momento do sacrifício chegara. Pegando sua vítima pelas narinas, ele enfiou a faca em seu flanco. (Notemos o corvo da primeira iniciação associado aqui ao sacrifício do touro, a besta lunar, e vejamos novamente a figura 16.) Saiu trigo da coluna vertebral do touro e de seu sangue, vinho – daí o pão e o vinho da ceia sacramental. Seu sêmen, recolhido e purificado pela lua – como no mito zoroastriano ortodoxo* –, gerou os animais úteis para servir ao homem. Como já observamos na cena representada, os animais da deusa-mãe da morte e renascimento chegaram para realizar suas várias tarefas: o escorpião, o cão e a serpente.[52]

Esse mito e ritual do iniciado "banhado no sangue do touro" era apenas a introdução a um mistério maior e mais profundo, simbolizado na segunda figura mais relevante do culto: Zervan Akarana, "Tempo Ilimitado". A imagem desse mistério mostrada na figura 24 foi encontrada nas ruínas do templo de Mitra, no porto romano de Óstia, onde foi oferecida no ano 190 d.C. por um certo C. Valerius e seus filhos. Um corpo masculino nu com a cabeça de leão. Quatro asas saem das costas, portando os símbolos das estações do ano. Em cada mão há uma chave, e na esquerda também um cetro representando autoridade. Uma serpente formando

---

* *Supra*, pág. 173.

Figura 24. Zervan Akarana

seis espirais sobe pelo corpo, colocando sua cabeça (7ª espiral) sobre a testa. E o símbolo no peito do homem é o do raio flamejante, ao qual nada consegue resistir.[53]

Mas esse símbolo do raio ígneo, exatamente na mesma forma, é o atributo normal de um certo aspecto do Buda, conhecido como o Buddha Vajradhara – "Portador do Raio" –, que representa aquela Iluminação suprema da qual os Budas que aparecem no tempo e espaço são apenas manifestações visíveis. Tal raio pode aparecer na mão do Buda ou gravado em seu peito, e significa (para citar as palavras de Heinrich Zimmer), "a arma ou substância da verdade e realidade adamantinas, comparadas com as quais todas as outras substâncias são frágeis".[54] O termo sânscrito *vajra* significa tanto "raio" quanto "diamante". Como o diamante não pode ser cortado por outras pedras, também todas as coisas cedem diante do raio; elas pertencem à simples esfera fenomênica e não podem oferecer resistência. E nesse ramo do budismo conhecido como Vajrayana – "À Maneira do Raio" – (no Japão recebe o nome de Shingon), que é uma forma extremamente ousada e colorida, além de místico-mágica da disciplina tântrica budista,[55] o místico budista, por meio da meditação, posturas e pronúncia de palavras mágicas, pode substancializar o poder *vajra* imanente em si mesmo. Este pode então ser aplicado ou à feitiçaria ou ao alcance da Iluminação suprema.[56]

HELENISMO

No *Mitologia Oriental*, 2º volume desta coleção, demonstrei que há uma influência iraniana indiscutível nas seitas populares chinesas e japonesas do Buda Solar Amitābha-Amitāyus (*amitābha*, "incomensuravelmente radiante"; *amitāyus*, "perdurável para sempre"; conhecido como Amida no Japão), cuja veneração apareceu pela primeira vez no noroeste da Índia por volta de 100 d.C., difundindo-se dali em diante até o Extremo Oriente.[57] O culto é do tipo "força externa" (*tariki*). Caracteriza-se pela repetição da litania *Namu Amida Butsu*, "Glória ao Buda Amida", pela qual a mente e o coração preparam-se para a graça redentora desse salvador infinitamente compassivo.

Agora é preciso notar que exatamente nos mesmos séculos a influência do Irã helenizado difundia-se ainda mais intensamente em direção oeste, onde os exércitos romanos estacionados em toda a Europa celebravam os ritos mitraicos. Existiam santuários em abundância pelos vales do Danúbio e Reno, pela Itália e sul da França, com extensões até a Espanha. Muitos dos escravos levantinos conduzidos para a Europa romana era iniciados, como eram também muitos dos últimos imperadores, de Cômodo (reinou de 180 a 192 d.C.) até Juliano (reinou de 361 a 363). O culto imperial do *Sol invictus*, instituído por Aureliano (reinou de 270-275), foi sincretizado com o de Mitra. Como o sincretismo não era menos apropriado às religiões nativas da Europa que às do Oriente, desenvolveu-se por todo o mundo pós-alexandrino – da Escócia à África Setentrional e a leste até a Índia, com ampliações até o Extremo Oriente – um único, rico e colorido império religioso, com uma abundância infinita de formas, unindo e harmonizando em muitos níveis todos os panteões das nações: céltico, germânico, romano, grego e oriental.

Por acaso não ouvimos o eco de *Namu Amida Butsu* na evocação inscrita nos santuários mitraicos da Europa dos séculos II e III: *Nama, nama Sebezio?*[58] A divindade aqui invocada é obviamente a grega Sabázio que, como Jane Harrison demonstrou, era semelhante a Dioniso – simbolizado por aquela serpente dourada que nos ritos órficos de iniciação deixava-se deslizar "pelo peito", sugerindo simbolicamente a unidade entre deus e o devoto.* Por acaso não reconhecemos nosso homem-leão na figura popular hindu de Visnu como o Homem-Leão Narasimha?

Retornando à figura 24, notamos no canto esquerdo inferior a tenaz e o martelo do deus Vulcano, do fogo e dos ferreiros: o fogo por intermédio do qual o metal é extraído do minério e pelo qual o artesão cria formas. No canto direito inferior há um galo, o anunciador do novo dia. Diante dele está a pinha simbólica das sementes da vida produzidas pela árvore cósmica, que está sempre em autorrenovação. Finalmente, a serpente que se enrosca no corpo do homem-leão está repetida no caduceu, que corresponde – não apenas na forma, mas também certamente em sentido – àquela da taça do Rei Gudea de Lagash (figura 1). A serpente da figura principal torna-se duas no caduceu – como Adão tornou-se Adão e Eva. E essas serpenteiam

---

* *Supra*, pág. 156.

o poste axial (*axis mundi*), a coluna vertebral do próprio homem-leão, que é o Alfa e o Ômega de todos os produtos do tempo.

Em outras palavras, o saber mítico sincrético desse período cosmopolita não era em nenhum sentido mera mistura de todos os cantos da Terra. Todo o simbolismo era tão consistente quanto podia ser e em concordância, além do mais, com uma herança comum compartilhada desde outrora. O que acontece é que todas essas religiões das culturas avançadas baseadas na agricultura tinham-se desenvolvido, na realidade, de algumas poucas percepções das idades neolíticas do Bronze e do Ferro, adaptadas localmente a paisagens e costumes de exigências um tanto quanto diferentes. De maneira que, nessa época de intercâmbios culturais, elas puderam ser prontamente reunidas por qualquer um devidamente treinado em sua própria tradição. Os paralelismos, na realidade, não são difíceis de reconhecer, mesmo hoje; ao menos pelos estudiosos que não estão de tal modo comprometidos com a ideia usual judaico-cristã de transcendência a ponto de impedi-los de decifrar o alfabeto da imanência, mesmo depois de terem trabalhado com ele por todas as suas vidas.

Na tradição ário-védica, com a qual a ário-persa está relacionada, o deus Mitra (Mitra persa) aparece sempre associado com Varuna – tão intimamente, na verdade, que os dois em geral são chamados por um único nome composto, Mitravarunau. Nos hinos, Varuna é descrito como o senhor do ritmo cósmico (*ṛta*) do céu estelar cíclico,[59] enquanto sua outra metade, o deus Mitra, traz a luz do alvorecer, que durante a noite está encoberta por Varuna. Na literatura ritualística védica tardia prescreve-se que no sacrifício Mitra tem que receber uma vítima branca e Varuna uma escura. E no *Śatapatha Brāhmaṇa*, a pessoa composta de Mitra-Varuna é analisada como "o Conselho e o Poder". "Esses", diz-se, "são suas duas personalidades: Mitra é o Conselho, Varuna o Poder; Mitra o Sacerdócio, Varuna a Realeza; Mitra o Conhecedor, Varuna o Executor".[60]

Examinando a figura 24, vemos que Zervan Akarana é também um deus composto: um homem-leão nu envolvido por uma cobra de sete espirais. O leão é simbólico da luz solar, que é eterna; a serpente, dos ciclos rítmicos das marés lunares do tempo, que jamais cessam. Dessa maneira a figura é exatamente o que diz seu nome: Zervan Akarana, "Tempo Ilimitado", no qual a eternidade e o tempo são um, ainda que dois. Mas se alguém supusesse que jamais encontraria essa figura em qualquer lugar fora dos limites do tempo (que é ilimitado), teria perdido o sentido de sua iniciação e teria que ter sido enviado de volta, imagino que para seu estágio de Corvo.

A serpente forma sete espirais: essas são as voltas da temporalidade. Eram identificadas no mundo helênico com as sete esferas celestes, segundo as quais são nomeados os dias da nossa semana, como Sun-day, Moon-day, Mars- (Tiwes germânico) day, Mercury- (Votam germânico) day, Jupiter- (germânico Tor) day, Venus- (germânico Frigg) day e Saturn-day.* Já vimos que a via mística atravessava

---

* Em português não foi adotada essa associação do nome dos dias da semana com os planetas. [N. do E.]

essas sete espirais para chegar à verdade adamantina. E essa verdade nos é mostrada aqui no símbolo do homem-leão.

A meio caminho da iniciação, como vimos, representava-se o *taurobolium* como uma reedição da morte do touro pelo salvador Mitra. De maneira análoga, na mitologia védica indiana, Indra – o rei guerreiro e salvador dos deuses – matou Vritra que a tudo envolve e, que embora seja uma serpente, é descrito também como um touro. Ele é o aspecto negativo do poder de Varuna; e Indra, seu matador, é em muitas versões o análogo do persa Mitra Tauroctonus. Diz-se que ambos têm mil olhos. Ambos são aspectos ativos, em primeira instância, da luz ou força solar que atua no tempo. Ambos renovam o mundo com seus feitos. E nos ritos realizados para o benefício de indivíduos idôneos, a repetição da realização sacerdotal de seu sacrifício dá ao beneficiário o conhecimento da vida eterna. Como lemos, por exemplo, no *Taittirīya Saṃhitā* védico: "Por meio de Mitra o sacerdote sacrifica Varuna para ele (o beneficiário) [...] liberta-o do laço de Varuna para que, mesmo que sua vida esteja a ponto de se esvair, ele em verdade viva"[61]. Dessa maneira, os símbolos do homem-leão persa e do matador do touro correspondem, de uma forma bastante precisa, aos de Mitra-Varuna védico e o matador do dragão-touro.

Além disso, como os dois portadores de tochas, os Dadóforos, assistem à façanha do Mitra Tauroctonus persa, também no contexto védico indiano temos um par equivalente que representa o princípio da sizígia (a unidade dos opostos aparentes): Nasatya e Dasra, os cavaleiros gêmeos, ou Aśvin. Esses são identificados, entre outras associações, com o céu e a terra (isto é, acima e abaixo), eternidade e tempo, sacerdote e rei, como as duas metades de uma pessoa espiritual.[62] Permitam-me novamente chamar a atenção para os nomes das cinco divindades védicas que eram invocadas para testemunhar o tratado, cerca de 1400 a.C., dos reis hititas e mitanianos. Elas eram Mitra, Varuna, Indra e os Aśvin, os cavaleiros gêmeos; exatamente aqueles cinco que mais se assemelham com Zervan Akarana (= Mitravarunau), Mitra Tauroctonus e os Dadóforos do culto mitraico – que parece, aliás, ter-se originado precisamente naquela parte do Oriente Próximo onde floresceram os hititas e os mitanianos onze séculos antes.[63]

Há muito mais para ser dito. Mas já vimos o necessário para uma obra com o objetivo desta. Espero ter deixado absolutamente claro, no mínimo, que se certos estudiosos do presente assunto encontraram dificuldades para reconhecer qualquer coisa além de um conglomerado de ingenuidades nos cultos de mistérios e sincretismos do período helênico, a culpa não é de maneira nenhuma da Antiguidade. A função desses cultos era causar, de uma maneira ou de outra, uma transformação psicológica no candidato ao conhecimento. Desse modo, sua mente chegaria à compreensão de que a divindade tanto inere quanto transcende cada partícula do Universo e todas as suas criaturas; chegaria ainda à percepção de que a dualidade é secundária; de que a finalidade do homem não pode ser extinguir a dualidade no final dos tempos – como na doutrina ética, dualista, do profeta Zoroastro – já que o tempo, sendo infinito, jamais acaba. Tempo Ilimitado, Zervan Akarana detém tudo em sua tenaz; modela todas as coisas com seu martelo; revela por suas difíceis iniciações o conhecimento da realidade adamantina, que está aqui e agora, além do véu obscurecedor da dualidade, a verdadeira eternidade de todos nós.

Esse ensinamento é o mesmo, essencialmente, que o das escolas de ioga da Índia; uma analogia notável é a da *Kuṇḍalinī-Yoga* dos períodos Gupta e pós-Gupta. Pois nela o objetivo era despertar o "Poder da Serpente" – a força espiritual do iogue – de seu lugar na base da coluna, subindo por um caminho interno até o topo da cabeça, completando sete estágios, em cada um dos quais são superadas as limitações psicológicas dos níveis inferiores de envolvimento.[64] Como na Índia, também nesses mistérios helênicos o iniciado compreendia a um só tempo sua própria divindade e era honrado como um deus: que melhor sinal de divindade poderia existir do que um ser humano em quem sua própria divindade havia-se consumado? Ou, que melhor guia para o aperfeiçoamento de si próprio? O impacto dos cultos secretos pagãos daquela época não foi sentido apenas por mentes confusas como, caro leitor, você e eu podemos ter sido levados a acreditar. Ninguém menos que Marco Túlio Cícero (106-43 a.C.) escreveu, em sua obra *De Legibus* sobre os mistérios gregos de Elêusis:

> Entre as muitas excelentes e divinas instituições que sua Atenas desenvolveu e contribuiu para a vida humana, não há nenhuma, em minha opinião, melhor do que esses mistérios, pelos quais fomos conduzidos de nosso rústico e selvagem modo de existência a uma condição refinada e cultivada de civilização. E como os ritos são chamados de "iniciações", na verdade aprendemos com eles os primeiros princípios de vida e ganhamos o entendimento, não apenas para vivermos felizes, mas também para morrermos com mais esperança.[65]

Os ritos de Deméter e Perséfone em Elêusis; Ísis em Alexandria; Mitra dos persas; e da Grande Mãe, Cibele, na Ásia Menor, influenciaram-se mutuamente e enriqueceram uns aos outros no curso desses séculos – tudo em decorrência de uma capacidade comum de sentir e experienciar o próprio milagre da vida como divino, maravilhosamente divino. Em contraste a isso verificamos que na igreja ortodoxa zoroastriana – bem como no judaísmo e, mais tarde, no cristianismo e islamismo – a visão suprema não era a do tempo infinito, mas de um tempo em que o tempo começou, bem como de um tempo em que o tempo acabaria. Além disso, supunha-se que o mundo e seus habitantes pudessem ser julgados na maior parte maus, porém suscetíveis de algum tipo de correção ontológica; por último, onde (especialmente no judaísmo, cristianismo e islamismo) nenhuma divindade imanente era reconhecida no mundo material, mas Deus, embora onipresente e (nas palavras do Alcorão) "mais próximo do homem do que sua veia jugular", era absolutamente outro e separado. O objetivo final não era, e nem podia ser, a realização da vida eterna neste mundo.

HELENISMO

Consequentemente, enquanto nos mistérios pagãos o simbolismo da aniquilação do mundo aplicava-se sempre a uma crise psicológica, espiritual, do iniciado, por meio da qual a ação fantasmagórica da fenomenalidade era eliminada como por um raio, e o adamantino Ser dos seres compreendido imediatamente e para sempre; nas religiões levantinas ortodoxas, ao contrário, nas quais a ênfase está colocada no desenvolvimento ético, o mesmo simbolismo do extermínio do mundo era aplicado de modo histórico, como se se referisse a um dia por vir quando acontecerá o juízo final.

Nos primeiros escritos judaicos sobre o Dia do Messias, a ideia subjacente era a da restauração do Estado judaico sob um rei da casa de Davi, e o reconhecimento voluntário por todas as nações do verdadeiro Povo Escolhido de Deus. Entretanto, no período helênico, particularmente de cerca de 200 a.C. a 100 d.C., irrompeu em certas mentes judaicas a ideia estimulante de que seu próprio Messias nacional seria, na verdade, o Messias cósmico do final dos tempos (como Saoshyant) – a cuja aparição sucederia gloriosamente, entre fenômenos extraordinários, a ressurreição dos mortos, a liquidação dos tempos e tudo mais. Além disso, aquele dia estava próximo. Uma literatura apocalíptica abundante, imaginativa, floresceu primeiro entre os judeus e depois também entre os cristãos: o Livro de Enoch, Testamentos dos Doze Patriarcas, Apocalipse de Baruch, Assunção de Moisés etc.; e, sobretudo na série cristã, as palavras atribuídas ao próprio Cristo, referindo-se ao final dos tempos e a seu próprio retorno glorioso. Vale a pena reproduzi-las aqui por extenso. Em contraste direto com o simbolismo iniciatório do culto dos Mistérios que acabamos de ver, elas expõem com clareza o ponto de vista típico de um Apocalipse, além de revelar inteiramente a cosmologia do tempo finito da primeira igreja cristã e (aparentemente) do próprio Cristo. Como podemos ler:

> Sentado no monte das Oliveiras, diante do Templo, Pedro, Tiago, João e André lhe perguntavam em particular: "Dize-nos: quando será isso e qual o sinal de que todas essas coisas estarão para acontecer?"
>
> Então Jesus começou a dizer-lhes: "Atenção para que ninguém vos engane. Muitos virão em meu nome, dizendo 'Sou eu', e enganarão a muitos. Quando ouvirdes falar de guerras e de rumores de guerras, não vos alarmeis: *é preciso que aconteçam,* mas ainda não é o fim. Porque *levantar-se-á nação contra nação e reino contra reino.* E haverá terremotos em todos os lugares, e haverá fome. Isso é o princípio das dores do parto.
>
> Ficai de sobreaviso. Entregar-vos-ão aos sinédrios e às sinagogas, e sereis açoitados, e vos conduzirão perante governadores e reis por minha causa, para dardes testemunho perante eles. É necessário que primeiro o Evangelho seja proclamado a todas as nações.
>
> Quando vos levarem para vos entregar, não vos preocupeis com o que havereis de dizer; mas, o que vos for indicado naquela hora, isso falareis; porque não sereis vós que falareis, mas o Espírito Santo. O irmão entregará o irmão à morte, e o pai entregará o filho. *Os filhos se levantarão contra os pais* e os farão morrer. E

sereis odiados por todos por causa do meu nome. Aquele, porém, que perseverar até o fim, esse será salvo.

Quando virdes a *abominação da desolação* instalada onde não devia estar (que o leitor entenda),* então os que estiverem na Judeia fujam para as montanhas, aquele que estiver no terraço não desça nem entre para apanhar alguma coisa em sua casa, aquele que estiver no campo não volte para trás a fim de apanhar a sua veste. Ai daquelas que estiverem grávidas e estiverem amamentando naqueles dias! Pedi para que isso não aconteça no inverno. Porque naqueles dias haverá *uma tribulação tal, como não houve* desde o princípio do mundo que Deus criou *até agora,* e não haverá jamais. E se o Senhor não abreviasse esses dias, nenhuma vida se salvaria; mas, por causa dos eleitos que escolheu, ele abreviou os dias. Então, se alguém vos disser 'Eis o Messias aqui!' ou 'Ei-lo ali!', não creiais. Hão de surgir falsos Messias e *falsos profetas,* os quais *apresentarão sinais e prodígios* para enganar, se possível, os eleitos. Quanto a vós, porém, ficai atentos. Eu vos predisse tudo.

Naqueles dias, porém, depois daquela tribulação, *o sol escurecerá, a lua não dará a sua claridade, as estrelas estarão caindo do céu, e os poderes que estão nos céus serão abalados.* E verão *o Filho do Homem vindo entre nuvens* com grande poder e glória. Então ele enviará os anjos e *reunirá* seus eleitos, *dos quatro ventos, da extremidade da terra à extremidade do céu.*

Aprendei, pois, a parábola da figueira. Quando o seu ramo torna-se tenro e as suas folhas começam a brotar, sabeis que o verão está próximo. Da mesma forma, também vós, quando virdes essas coisas acontecerem, sabei que ele está próximo, às portas. Em verdade vos digo que esta geração não passará até que tudo isso aconteça. Passarão o céu e a terra. Minhas palavras, porém, não passarão. Daquele dia e da hora, ninguém sabe, nem os anjos no céu, nem o Filho, somente o Pai.

Atenção, e vigiai, pois não sabeis quando será o momento. Será como um homem que partiu de viagem: deixou sua casa, deu autoridade a seus servos, distribuiu a cada um sua responsabilidade e ao porteiro ordenou que vigiasse. Vigiai, portanto, porque não sabeis quando o senhor da casa voltará: à tarde, à meia-noite, ao canto do galo, ou de manhã, para que, vindo de repente, não vos encontre dormindo. E o que vos digo, digo a todos: vigiai!"[66]

IV. OS VIGILANTES DO MAR MORTO

Se podemos afirmar que Maratona foi o marco crucial de resistência do espírito europeu à Ásia, também podemos dizer que o limite da tolerância levantina ao paganismo europeu manifestou-se na reação dos verdadeiros "remanescentes" à

---

* Os estudiosos contemporâneos tomam essa observação como evidência de que as palavras aqui atribuídas a Jesus na verdade não eram suas.

instalação de um altar grego – a "Abominação da Desolação" – no mesmo local do altar judaico situado no pátio do templo de Jerusalém. O ano era 167 a.C. e o perpetrador da indignidade era o imperador selêucida da Síria, Antíoco IV Epífanes, que reinou de 175 a 164 a.C.

No Primeiro Livro dos Macabeus lemos:

> Naqueles dias, Matatias, filho de João, filho de Simeão, sacerdote da linhagem de Joiarib, deixou Jerusalém para estabelecer-se em Modin. Tinha cinco filhos [...]. Ao ver as impiedades que se cometiam em Judá e em Jerusalém, exclamou: "Ai de mim! Por que nasci para contemplar a ruína do meu povo e o pisoteamento da cidade santa, deixando-me estar aqui sentado enquanto ela é entregue à mercê dos inimigos e o Santuário ao arbítrio dos estrangeiros?
>
> Seu Templo tornou-se como um homem aviltado, os ornatos que faziam a sua glória foram levados como presa; seus filhinhos, trucidados nas praças e seus jovens, pela espada do inimigo. Qual é a nação que não herdou dos seus tesouros reais ou não se apoderou dos seus despojos? Todos os seus enfeites foram-lhe arrebatados e, de livre que era, tornou-se escrava. Eis devastado o nosso lugar santo, a nossa beleza, a nossa glória, tudo os gentios o profanaram! A que serve ainda viver?"
>
> E Matatias rasgou suas vestes, o mesmo fazendo seus filhos. Revestiram-se de pano grosseiro e prorromperam em grande pranto.
>
> Os emissários do rei, encarregados de forçar à apostasia, vieram à cidade de Modin para procederem aos sacrifícios. Muitos israelitas aderiram a eles, mas Matatias e seus filhos conservaram-se reunidos à parte. Tomando então a palavra, os emissários do rei disseram a Matatias: "Tu és um chefe ilustre e de prestígio nesta cidade, apoiado por filhos e parentes. Aproxima-te, pois, por primeiro, para cumprir a ordem do rei, como o fizeram todas as nações bem como os homens de Judá e os que foram deixados em Jerusalém. Assim, tu e teus filhos sereis contados entre os amigos do rei e sereis honrados, tu e teus filhos, com prata e ouro e copiosos presentes". A essas palavras retrucou Matatias em alta voz: "Ainda que todas as nações que se encontram na esfera do domínio do rei lhe obedeçam, abandonando cada uma o culto dos seus antepassados e conformando-se às ordens reais, eu, meus filhos e meus irmãos continuaremos a seguir a Aliança dos nossos pais. Deus nos livre de abandonar a Lei e as tradições. Não daremos ouvido às palavras do rei, desviando-nos de nosso culto para a direita ou para a esquerda". Mal terminou ele de proferir essas palavras, um judeu apresentou-se, à vista de todos, para sacrificar sobre o altar de Modin, segundo o decreto do rei. Ao ver isso, Matatias inflamou-se de zelo e seus rins estremeceram. Tomado de justa ira, ele arremessou-se contra o apóstata e o trucidou sobre o altar. No mesmo instante matou o emissário do rei, que forçava a sacrificar, e derribou o altar. Ele agia por zelo pela Lei, do mesmo modo como havia procedido Finéias com Zambri, filho de Salu. A seguir Matatias clamou em alta voz pela cidade: "Todo o que tiver o zelo da

Lei e quiser manter firme a Aliança, saia após mim!" Então fugiu, ele e seus filhos, para as montanhas, deixando na cidade tudo o que possuíam.

Muitos que amavam a justiça e o direito desceram ao deserto para ali se estabelecerem, eles, seus filhos, suas mulheres e seu gado, porque se tinham multiplicado os males sobre eles.[67]

E assim, somos informados, começou a revolta que levou à fundação do Estado judaico dos reis-sacerdotes macabeus, também chamados asmonianos.

Porém, nem todo o povo era da mesma opinião; tampouco estavam todos, de maneira alguma, na Palestina. Havia comunidades no Egito, Babilônia, Síria e Anatólia, nas ilhas gregas e em Roma. Além do mais, o privilégio de julgar-se por suas próprias leis tinha se tornado em muitos lugares um direito formalmente concedido. E em muitas das sinagogas dessas comunidades vastamente dispersas, os serviços eram realizados não em hebraico, mas em grego. Na verdade, foi por esse motivo – e, particularmente, pela vasta comunidade judaica de Alexandria, no Egito – que foi assumida a tarefa, do século III ao I a.C., de traduzir o Antigo Testamento para o grego. Isso resultou na versão chamada Septuaginta, da palavra latina que designa "setenta" – pois, segundo a lenda, foram setenta e dois os tradutores (seis de cada uma das doze tribos) e suas versões do texto sagrado foram miraculosamente idênticas.*

Mas com a língua e os costumes gregos veio também, obviamente, o pensamento grego. Algumas das comunidades toleravam os casamentos mistos; alguns de seus membros, frequentando os ginásios, faziam exercícios nus, como os gregos e, quando vestidos, preferiam as roupas gregas. Alguns chegaram mesmo a negligenciar a circuncisão. Além disso, havia prosélitos de outras crenças de quem não se exigia que fossem circuncidados, mas apenas que respeitassem o sabá, adorassem Jeová e observassem as prescrições alimentares. Havia até mesmo judeus que participavam de cultos helênicos. Na Mesopotâmia, conforme relata o Prof. W. W. Tarn, as mulheres judias por séculos acompanharam as suas vizinhas nas lamentações anuais por Tammuz. E então, na Ásia Menor, o próprio Jeová tinha recebido um nome grego, *Theos Hypsistos*, Deus, o Altíssimo – nome usado mais tarde também por Fílon. "Sabázio, também", como observa Tarn, "foi comparado com o deus dos judeus, a partir de uma identidade imaginária do Senhor Sabázio com o Senhor Sabaoth"; e na verdade, no ano 139 d.C., muitos judeus foram expulsos de Roma por introduzirem ostensivamente o culto de Zeus Sabázio.

Zeus-Sabázio-Sabaoth-Jeová-Hypsistos: "Esses cultos", sugere o Prof. Tarn, "podem ter sido suficientemente importantes para fazer Antíoco IV Epífanes pensar que não haveria dificuldade insuperável para introduzir, mesmo na Judeia, o culto a Zeus".[68]

---

* Sobre o significado do número 72 com respeito à astrologia sumério-bíblica, ver *As Máscaras de Deus,* volume *Mitologia Oriental,* págs. 97-102 e 108.

Alguns poucos anos antes da promulgação de sua ordem ofensiva, dois concorrentes ao sacerdócio supremo do templo de Jerusalém tinham-no procurado, particular e sucessivamente, em busca de apoio: Jasão, da família Onias, e Menelau, da família Tobias. Ambos eram helenizantes. Primeiro venceu Jasão, depois Menelau; e então irrompeu na comunidade uma guerra civil aberta – com a participação da Síria, Egito, Arábia e um cruzamento de todos os tipos de família e facções sectárias. Também houve influência de Roma, que agora surgia no Ocidente como uma ameaça a Antíoco e à Pérsia, no ressurgente Leste.

Uma ideia de como os costumes gregos foram adotados por aqueles que no Livro dos Macabeus são chamados de "os homens perversos que deixaram Israel" (I Macabeus 1:11) pode ser obtida com um exame das figuras 25 e 26 – que não são de maneira alguma excepcionais para o período. Como o Prof. Erwin R. Goodenough demonstrou na sua obra monumental em 12 volumes, *Jewish Symbols in the Greco-Roman Period* [Símbolos Judaicos no Período Greco-romano], já em antigos túmulos palestinos aparecem muitos amuletos com nomes judaicos ao lado de figuras de deuses do Egito, Síria e Babilônia. No Segundo Livro dos Macabeus, há uma passagem (II Macabeus 12:32-45) onde se conta que no momento em que os corpos de vários judeus, mortos lutando por Jeová, eram preparados para o sepultamento, descobriu-se entre suas vestes "um amuleto dos ídolos de Jâmnia".[69]

As representações em nossas figuras são de um tipo conhecido da ciência como "o Anguípede", ou Deus cujas pernas terminam em forma de serpente. Nos amuletos, ele é normalmente chamado Iaw. Digno de se notar é a cabeça de galo. Em alguns exemplares ela se torna uma cabeça de leão e parece que estamos de volta ao Zervan Akarana mitraico. Tanto o galo quanto o leão são símbolos solares. Outras figuras mostram uma ênfase fálica, o que é bem apropriado a um deus cujo rito de iniciação é a circuncisão; entretanto, a outra associação, em um de nossos exemplares com uma águia envolvida por uma serpente, é muito especial. Goodenough identifica a pequena e estranha figura chifrada no lado direito da composição com o antigo deus egípcio Anubis, tendo um sistro na mão esquerda e "um peculiar instrumento forcado" na direita.[70]

O Anguípede judaico é normalmente representado como um deus da guerra, tendo no braço direito um escudo e na mão esquerda o chicote de Hélio. Na cabeça, em um caso, vemos a figura de Ares, o deus grego da guerra. Ainda outro exemplo mostra-o como Hélio, o sol, sobre um leão que, por sua vez, está pisoteando um crocodilo. Nesse caso, a segunda pequena figura humana é o deus Harpócrates – uma forma egípcia tardia do Hórus criança –, com a mão esquerda na boca e uma cornucópia no braço direito. No período heleno-romano a mão nos lábios dessa criança foi interpretada como uma admoestação para silenciar. E descobrimos o sentido disso no seguinte texto atribuído a Mitra:

"Quando os deuses olham diretamente para ti e se abatem sobre ti, imediatamente leva um dedo aos lábios e diz: 'Silêncio, Silêncio, Silêncio, Símbolo do Deus vivo indestrutível. Protegei-me, Silêncio: *nechtheir thanmelou*'". Depois, a pessoa deve dar um longo assobio, um cacarejo e pronunciar outras palavras mágicas.[71]

Na época dos macabeus, os líderes do partido helenizante em Jerusalém eram os saduceus, entre os quais havia famílias sacerdotais alegando descendência do patriarca sacerdotal Zadoc (Zadoc → Saduceu). Seus principais opositores eram os fariseus, ou "Separatistas", que se consideravam mais ortodoxos – embora, na verdade, eles tivessem combinado a antiga herança hebraica do Dia de Jeová que estaria por vir com a ideia de fim do mundo da escatologia zoroastriana. O historiador judeu Joseph ben Matthias – ou, como ele preferia grafar seu nome, Flávio Josefo (*c*.37-95 d.C.) – escreveu sobre essas duas seitas em seu *De Bello Judaico* o seguinte:

> Os fariseus são considerados mais hábeis na exposição exata de suas leis e constituem a primeira seita. Eles atribuem tudo ao destino e a Deus, mas admitem que agir corretamente, ou o contrário, está no poder dos homens, embora o destino coopere em todas as ações. Eles dizem que todas as almas são incorruptíveis, mas que apenas as almas dos homens bons são removidas para outros corpos, enquanto as almas dos homens maus são sujeitas ao castigo eterno.[72]

Em outras palavras, embora estritos em sua prática das regras cerimoniais, eles tinham acrescentado às suas crenças a ideia da imortalidade da alma, da ressurreição do corpo e de uma recompensa futura. Ademais, também acreditavam em um Messias que viria nos últimos dias do mundo, bem como em um panteão de anjos.

> "Mas os saduceus", afirma Josefo, "compõem a segunda ordem, e excluem totalmente a ideia de destino e supõem que Deus não está preocupado se fazemos ou não o mal. Eles afirmam que fazer o bem ou o mal é escolha própria do homem, e que cada homem escolhe um ou outro de acordo com sua vontade. Também excluem a crença na permanência imortal da alma e nas recompensas e castigos no Hades".[73]

Figura 25 - Iaw

Na verdade, os saduceus, apesar da sua helenização, em questões de doutrina seguiam exclusivamente a antiga lei, rejeitando as tradições populares absorvidas dos persas por seus oponentes. Além do mais, em política eles estavam mais próximos que os fariseus do espírito reinante entre os macabeus, que, afinal, eram ainda vassalos dos selêucidas helenistas, embora livres agora para adorar quem quisessem. Os saduceus eram, em suma, o partido aristocrático: inteligentes, conservadores, esnobes, sofisticados. "Enquanto", afirma Josefo, "os fariseus são amáveis uns com os outros e partidários da concórdia e consideração pelos demais, entre os saduceus reina um espírito menos cordial, e em suas relações com os homens de sua própria classe são tão duros como se estes fossem gentios".[74]

É um fato, ilustrado na história do Levante, e particularmente no judaísmo e islamismo, que quando a religião é identificada com uma comunidade (ou, como expressamos a ideia, com um consenso)*, e essa comunidade, por sua vez, não está identificada com um verdadeiro organismo sociopolítico baseado na terra, mas com um princípio transcendental corporificado nas leis de uma igreja ou seita, suas consequências no corpo político local secular – dentro do qual ela prospera, mas com o qual não se identifica – são inevitáveis e previsivelmente destrutivas. O Livro dos Reis do Antigo Testamento descreve em detalhes as terríveis consequências de tal intransigência na história da monarquia do rei Davi. Vamos agora vê-la novamente em ação – com fúria crescente – na calamitosa desintegração interna do estado tão valentemente defendido pelos macabeus.

Porque quando o corajoso Matatias e seus filhos tinham se colocado contra os altares gregos, eles e seus amigos ficaram perambulando "e todos os meninos que encontravam não circuncidados no território de Israel, eles circuncidavam à força. Deram caça aos filhos da soberba, e o empreendimento prosperou em suas mãos. Conseguiram recuperar a Lei das mãos dos gentios e dos reis, e não permitiram que o celerado triunfasse".[75]

Figura 26 - Iaw

---

* *Supra*, págs. 120, 121.

Matatias foi seguido por seu filho mais velho, Judas Macabeu, que em seus atos "foi semelhante ao leão nas suas façanhas e ao filhote de leão que ruge sobre a presa, deu caça aos iníquos desencovando-os, e às chamas entregou aqueles que perturbavam seu povo". De fato, ele conseguiu até mesmo matar o agente de Antíoco IV Epífanes, Apolônio, que, como podemos ler, reuniu os gentios e "um forte contingente da Samaria para empreender a guerra contra Israel. Ciente disso, Judas saiu ao seu encontro, derrotou-o e o matou. Muitos tombaram, feridos de morte, e os restantes fugiram. Recolhidos seus despojos, ficou Judas com a espada de Apolônio, com ela combatendo todos os seus dias".[76] Judas aliou-se ao poder emergente de Roma. Mas foi morto em batalha quando confrontou um exército sírio que se levantara traiçoeiramente contra ele, encorajado pelo helenizante sacerdote supremo de Jerusalém, Alcimo.

Judas foi sucedido por seu irmão mais novo, Jônatas (reinou de 160 a 143 a.C.). Entretanto, como continua a história: "reapareceram sobre todo o território de Israel os iníquos, e reergueram-se todos os que praticavam a injustiça".[77] Alcimo, o sacerdote supremo helenizante, estava agora no comando da cidade. Mantendo-se fiel a seu programa de integrar a vida judaica à contemporânea, relaxou a observância ao código mosaico, chegando mesmo a remover todas as muralhas do pátio interno do templo. Intrigas – de um lado com Roma, e de outro com a Síria –, milagres de intervenção sobrenatural, misérias e execuções ocorreram por todo Israel numa sucessão desconcertante. Jônatas refugiou-se numa cidade do deserto, que fortificou e, em 152 a.C., alguns anos depois da morte de Alcimo, com ajuda síria, retornou vitorioso a Jerusalém, restaurou a muralha e ressantificou a cidade.[78]

Entretanto, não havia agora nenhum sacerdote supremo consagrado. Ademais, o último detentor do cargo, Alcimo, fora membro da pretensiosa família Tobias, não da autêntica família Onias. Para agravar a impropriedade da situação, Jônatas Macabeu conseguiu instalar-se naquele posto sagrado durante a Festa dos Tabernáculos do ano de sua vitória. Ele morreu nove anos depois e o cargo passou para seu irmão, Simão, que foi confirmado "pelos sacerdotes e povo e pelos chefes da nação e pelos anciãos do país", bem como pelo imperador selêucida da Síria. Esse ultraje foi celebrado por uma placa de bronze onde se afirmava que Simão deveria ser "seu chefe e sumo sacerdote para sempre, até que surgisse um profeta fiel. [...] E ainda (assumindo ele a responsabilidade pelo lugar santo), que todos lhe obedecessem, que em seu nome se redigissem todos os documentos do país, que fosse revestido de púrpura e usasse ornamentos de ouro".[79]

Simão reinou apenas oito anos (142-134 a.C.). Enquanto fazia uma viagem de inspeção em Jericó, seu genro, em um grande banquete oferecido ostensivamente em sua homenagem, o embriagou e matou. Sua esposa e dois de seus filhos foram aprisionados – mais tarde cruelmente assassinados[80] –, mas o terceiro filho, João Hircano, conseguindo fugir, assumiu imediatamente o sacerdócio supremo e reinou por trinta e um anos razoavelmente prósperos (135-104 a.C.), combatendo em todas as frentes com grande êxito. Todavia, como afirma Josefo, "esses êxitos tornaram-no invejado e ocasionaram uma sedição no país; houve muitos ali que se uniram e não tiveram descanso enquanto não entraram em guerra declarada – na qual foram derrotados".[81]

Esses que se levantaram e foram derrotados eram os fariseus, a quem, nos primeiros anos de seu reinado, João Hircano outorgou privilégios, mas posteriormente traiu. Em uma ocasião ele convidou muitos de seus líderes para uma festa e, no final do jantar, pediu que seu cargo fosse declarado sagrado. Ao que um velho fariseu presente, cujo nome era Eleazar, respondeu que se realmente desejava ser justo teria de abandonar o sacerdócio, pois sua família não tinha nenhum direito. Depois disso, Hircano não apenas orientou seus privilégios para os saduceus, como também proibiu formalmente a prática dos ritos farisaicos. E foi aparentemente no curso desse reinado, cerca de 100 a.C., que se construiu o monastério recentemente descoberto dos Manuscritos do Mar Morto, aproximadamente dezesseis quilômetros do local, no Jordão, onde João Batista mais tarde batizaria.

Na cidade de Jerusalém a disputa das duas seitas adversárias continuou intensificando-se, a tal ponto que muitos achavam que a guerra profetizada do fim dos tempos, o momento apocalíptico, havia chegado. João Hircano morreu em 104 a.C., legando o governo para sua esposa, e o sumo sacerdócio para seu filho Aristóbulo. O filho, entretanto, jogou a mãe na prisão, onde a deixou morrer de fome.[82] E, como afirma Josefo, "transformou o governo num reino, e foi o primeiro a colocar um diadema sobre a cabeça".[83] Isso acumulava sacrilégio sobre sacrilégio: pois se a família não tinha direito ao sacerdócio supremo de Zadoc, tampouco o tinha sobre o reino de Davi; ademais, o fato de assumir ambos os cargos equivalia a aparecer como um messias apocalíptico.

Aristóbulo não viveria muito para desfrutar de seu ato blasfemo. Pois ele fez com que seu irmão Antígono fosse morto por um assassino e, quando ele próprio tossiu sangue e estava sendo levado por um criado, o servo tropeçou e o sangue se derramou exatamente no lugar manchado com o sangue do irmão. Perguntando pelo significado do grito estarrecedor do criado, ao ser informado morreu imediatamente, tendo reinado apenas por um mísero ano (104-103 a.C.).[84]

A viúva de Aristóbulo, Alexandra, soltou da cadeia os sobreviventes irmãos dele, que haviam sido aprisionados por ordem do próprio Aristóbulo. Ela desposou o mais velho, Alexandre Janeu (reinou de 103 a 76 a.C.), que lhe pareceu ser o mais moderado e responsável em temperamento. Ele, entretanto, envolveu-se imediatamente numa série de guerras, ao norte, sul, leste e oeste, reprimindo enquanto isso, com suas tropas estrangeiras, todas as insurreições judaicas. Os fariseus estavam inflamando-se. "Ele matou", de acordo com Josefo, "não menos que cinquenta mil judeus num período de seis anos. Porém, não teve motivo para rejubilar-se com essas vitórias, já que estava apenas consumindo o seu próprio reino. Finalmente, deixou de lutar e se esforçou para chegar a um acordo com eles, conversando com os seus súditos. Mas a mutabilidade e irregularidade de sua conduta fizeram que eles o odiassem ainda mais. E quando lhes perguntou por que o odiavam tanto e como poderia tranquilizá-los, responderam que morrendo".[85]

Enquanto tudo isso ocorria, os fariseus convidaram Demétrio, selêucida da Síria, para auxiliá-los e ele, obviamente, ajudou-os. Investiu contra Jerusalém com um exército tanto de judeus quanto de sírios, que derrotou o exército de Alexandre Janeu. Mas após a vitória, seis mil de seus judeus desertaram unindo-se a Alexandre Janeu, e o rei sírio retirou-se.[86] Em seguida, o rei e o sacerdote supremo de Jerusalém vingaram-se dos fariseus. "Sua fúria", afirma Josefo, "tornou-se tão absurda que sua barbaridade resultou em crueldade; quando ordenou que oitocentos homens fossem crucificados no meio da cidade, mandou cortar os pescoços de suas mulheres e filhos diante de seus próprios olhos. Ele assistia às execuções, bebendo deitado com suas concubinas. Isso causou um terror tão profundo no povo que oito mil de seus opositores fugiram naquela mesma noite, de toda a Judeia; essa fuga só terminou quando Alexandre Janeu morreu".[87]

Com essa morte, em 76 a.C., os fariseus chegaram ao poder e a onda destrutiva apenas se inverteu. Novos expurgos, fratricídios, traições, exterminações e milagres mantiveram o reino em distúrbio até que, depois de uma década de tamanha loucura, as legiões romanas de Pompeu foram convidadas, por um dos dois irmãos que disputavam a coroa, para auxiliá-lo em sua causa. Foi dessa maneira que a cidade de Deus, Jerusalém, passou no ano de 63 a.C. para o domínio de Roma.

O monastério dos Manuscritos do Mar Morto, descoberto recentemente no deserto e próximo do lugar de pregação de João Batista, pertence a essa época. Considerando que todos os judeus crentes daquela época supunham que a história de seu próprio povo era o destino da Criação, nada há de surpreendente na aceitação generalizada de que o fim do mundo estava próximo. De fato, a guerra final e a manifestação das "dores de parto do Messias", o terrível Armagedão, já estava em pleno andamento. A mitologia tinha se tornado história, e os profetas reconheciam por todas as partes milagres exultantes, tanto de promessa quanto de perdição. Saduceus e fariseus, juntamente com os poderosos macabeus (que agora eram chamados asmonianos, por causa de um suposto ancestral de Matatias) haviam transformado sua própria Terra Prometida num verdadeiro inferno. Mas uma quarta seita, muito diferente, retirou-se com grande solenidade para o deserto e o Mar Morto, com a intenção de se preparar para o dia dos dias, que estava próximo.

Era a seita constituída pelos que se chamavam essênios, que acreditavam ser os membros da última geração do mundo, e estavam se preparando para esse momento definitivo em que apareceria o Messias. A guerra acabaria em vitória, como resultado, em grande parte, de sua própria participação do lado do princípio da luz. E a Terra, então, seria renovada. Conforme haviam lido nas palavras do profeta Habacuc: "A Terra será repleta do conhecimento da glória de Jeová, como as águas cobrem o fundo do mar" (Habacuc 2:14). A data dos Manuscritos do Mar Morto foi fixada entre cerca de 200 a.C. e a época da Primeira Revolta Judaica contra Roma,

HELENISMO

em 66-70 d.C. São os mais antigos manuscritos hebraicos hoje conhecidos. E seus conteúdos são de dois tipos:

1. Fragmentos do texto bíblico do período da Septuaginta.* Consequentemente, até três séculos mais antigos que o comentário ortodoxo do Antigo Testamento intitulado Massorá, e um milênio mais antigo que o primeiro manuscrito hebraico da Bíblia até então conhecido. (Codex Babylonicus Petropolitanus, de 916 d.C.)

2. Escritos originais da seita dos essênios, dos quais os principais exemplos são os seguintes:

A) O MANUSCRITO DA GUERRA ENTRE OS FILHOS DA LUZ E OS FILHOS DAS TREVAS

Esse é um rolo quase perfeito, de couro, com mais de dois metros e setenta centímetros de comprimento, quinze centímetros de largura, envolto num invólucro de pergaminho.[88] Nele está projetado, em detalhes, um plano de guerra de 40 anos, pelo qual os essênios conquistariam o mundo para Deus em três campanhas militares. As duas primeiras seriam contra a Mesopotâmia, a Síria, o Egito e os outros vizinhos imediatos, que juntamente durariam seis anos, após os quais seguiria um ano sabático de trégua. Então, a última campanha seria iniciada contra os povos mais distantes do mundo, o que demandaria vinte e nove anos, com quatro sabáticos interpolados (os quais o inimigo aparentemente também deveria respeitar). O título desse manuscrito sugere a influência zoroastriana, que está evidente em todo ele, mesclada a ecos dos primeiros profetas hebreus, interpretados aqui como se referindo a uma época da qual aqueles antigos lamentadores não faziam ideia. E embora tudo estivesse previsto, até mesmo a duração de cada campanha, a humanidade – ou pelo menos os eleitos da humanidade, que eram os membros dessa seita – teria que participar com todo o vigor da ação.

Uma ideia do espírito desse plano de guerra pode ser obtida pela leitura da seguinte instrução:

> Nas trombetas da assembleia da congregação eles devem escrever "Os Chamados de Deus". Na assembleia dos comandantes eles devem escrever "Os Príncipes de Deus". Nas trombetas dos parentes eles devem escrever "A Ordem de Deus". Nas trombetas dos homens de renome eles devem escrever "Os Chefes dos Pais da Congregação". Quando estiverem reunidos na casa do encontro eles devem escrever "As Testemunhas de Deus para o Santo Concílio". Nas trombetas dos campos devem escrever "A Paz de Deus nos Seus Campos Sagrados". Nas trombetas do levantar acampamento eles devem escrever "O Poder de Deus para Dispersar o Inimigo, e Fazer Fugir Aqueles Que Odeiam a Retidão, e Tratar sem Bondade Aqueles que Odeiam Deus". Nas trombetas das fileiras de batalha

---
* *Supra*, pág. 226.

eles devem escrever "As Fileiras dos Estandartes de Deus pela Vingança de Sua Ira Contra Todos os Filhos das Trevas". Nas trombetas das colunas dos campeões, quando os portões de guerra são abertos para avançar contra a fileira do inimigo, eles devem escrever "Memorial de Vingança na Assembleia de Deus". Nas trombetas da matança eles devem escrever "A Poderosa Mão de Deus Mata na Luta para Derrubar Todos os Infiéis". Nas trombetas da emboscada eles devem escrever "Os Mistérios de Deus para a Destruição do Mal". Nas trombetas de perseguição eles devem escrever "Deus Está Castigando Todos os Filhos das Trevas – Sua Ira Não se Aplacará Enquanto Não Forem Destruídos". [...]

Quando eles forem para a guerra escreverão em seus estandartes "A Verdade de Deus", "A Retidão de Deus", "A Glória de Deus", "A Justiça de Deus", e depois disso toda a explicação de seus nomes. Quando se aproximarem da batalha escreverão em seus estandartes "A Mão Direita de Deus", "A Assembleia de Deus", "O Temor de Deus", "A Matança de Deus" e depois disso toda a explicação de seus nomes. Quando retornarem da batalha escreverão em seus estandartes "A Exaltação de Deus", "A Grandeza de Deus", "Os Louvores de Deus", "A Glória de Deus", com toda a explicação de seus nomes.[89]

B) O MANUAL DE DISCIPLINA

Um manuscrito de couro em dois rolos, com vinte e dois centímetros de largura e talvez originalmente, quando costurado, cerca de um metro e oitenta centímetros ou dois metros e treze centímetros de comprimento.[90] O conteúdo do texto é de duas ordens: um manifesto da Doutrina de Dois Espíritos, e uma declaração dos regulamentos pelos quais a seita estava organizada e preparada para sua tarefa histórica.

> Deus criou o homem para ter domínio sobre o mundo, e criou para ele dois espíritos para que os siga até a hora designada de sua visitação: são os espíritos da Verdade e do Erro. Na morada da luz estão as origens da Verdade, e na das trevas estão as origens do Erro. No poder do Príncipe da Luz está o domínio sobre todos os filhos da retidão; pelos caminhos da luz eles andam. E nas mãos do Anjo das Trevas está todo o domínio sobre os filhos do erro; e pelos caminhos das trevas eles andam. [...] Mas o Deus de Israel e seu anjo da verdade ajudaram a todos os filhos da luz. Pois ele criou os espíritos da luz e das trevas e sobre eles fundou toda a obra e sobre seus caminhos toda a ação. Um dos espíritos Deus ama por todas as eras da eternidade e com todos os seus atos, e está satisfeito para sempre; quanto ao outro, Ele abomina sua companhia e a todos os seus caminhos Ele odeia para sempre. [...]
> Mas Deus, nos mistérios de seu entendimento e na sua gloriosa sabedoria, determinou um período para a ruína do erro, e na hora designada do castigo Ele o destruirá para sempre. E então será conhecida para sempre a verdade do

mundo, pois este está enredado nos caminhos do mal e do domínio do erro até a hora designada do julgamento, que está decretada. E então Deus purificará em sua verdade todas as ações do homem, e purificará para si mesmo o entorno do homem, destruindo todos os espíritos do erro ocultos em sua carne e o purificando, com um espírito santo, de todos os atos perversos. E espargirá sobre ele um espírito da verdade, como a água faz com as impurezas, de todas as abominações da falsidade e sujeição ao espírito da impureza, para fazer com que o correto perceba o conhecimento do Supremo e a sabedoria dos Filhos do Céu, a fim de instruir aqueles cuja conduta é irrepreensível. Porque Deus os escolheu para uma aliança eterna, e Dele é toda glória do homem; e então não haverá nenhum erro, para a vergonha de todas as práticas enganosas. [...]

Pois em igual medida Deus estabeleceu os dois espíritos até o período que foi decretado para uma total renovação; e Ele conhece as suas ações por todos os períodos da eternidade. E Ele faz que os filhos dos homens os herdem para que conheçam o bem e o mal, fazendo a sorte recair sobre cada homem de acordo com seu espírito no mundo, até a hora da visitação.[91]

"E essa", lemos a seguir, "é a ordem para os homens da comunidade que se ofereceram para se afastar de todo mal e para obedecer a tudo o que Ele ordenou de acordo com sua vontade, para tornar-se uma comunidade na lei e na prosperidade..."

Mais notável ainda que o modo estritamente ordenado da vida comunal, puritana, vida de acampamento pseudomilitar, é que os essênios consideravam necessários para o cumprimento de seu objetivo os votos de castidade, pobreza e obediência; os anos e etapas de noviciado, as refeições semissagradas comunitárias e a ênfase em um tipo de banho ritualístico. É muito provável que a casa-sede da seita fosse o grande complexo de construções recentemente escavado no Wady Qumrã, no extremo noroeste do Mar Morto. Nas proximidades há um vasto cemitério contendo na maior parte sepulturas de homens; foi lá, em vários esconderijos, cavernas e fendas rochosas do deserto, onde os preciosos textos foram escondidos às pressas, para protegê-los, na época da Revolta Judaica. As datas de ocupação do local são agora computadas como de cerca de 110 a.C. a 67/70 d.C., com um intervalo de desocupação durante o período do reinado de Herodes, 31-4 a.C., para o qual nenhuma explicação foi encontrada até o momento.

Acredita-se que em torno da casa-sede havia um acampamento, e que nas cidades do território também existiam células ou grupos de encontro de essênios. Josefo notou a semelhança do movimento essênico com o órfico dos gregos, tanto em mitologia quanto em prática. Igualmente podemos sugerir associações com o ideal hindu-budista da vida monástica, pois temos evidências suficientes da penetração nessa época de influências indianas na esfera heleno-levantina. Uma inscrição em parede de rocha, recentemente descoberta, do rei budista Ashoka (que reinou de 268-232 a.C.), perto de Kandahar, sul do Afeganistão, contém um texto bilíngue em grego e aramaico.[92] E outro édito do período de Ashoka declara que o rei budista enviou missionários a Antíoco II da Síria, Ptolomeu II do Egito, Magas de Cirene, Antígono Gônatas da Macedônia e Alexandre II de Epiro[93] – todos monarcas influentes dos maiores centros do mundo helênico.

A determinação arqueológica da data das ruínas, a datação paleográfica dos manuscritos, nosso conhecimento da história dos macabeus e a passagem de Josefo a respeito dos essênios, coincidem perfeitamente para nos situar na esfera histórico--social geral da qual emergiu a seita Qumrã. E ainda temos mais uma contribuição ao nosso conhecimento desta seita nos textos a seguir.

C) O COMENTÁRIO HABACUC

Esse é um fragmento muito danificado, com apenas um metro e meio de comprimento e cerca de doze centímetros de largura, deteriorado nas bordas, com uma perda aparente de cerca de cinco centímetros.[94] Nele aparecem passagens do Livro de Habacuc, século VI a.C., do Antigo Testamento, reinterpretadas como se referindo ao período macabeu, de tal forma que as palavras do profeta sobre as guerras dos "últimos dias" eram, na verdade, essas.

"Sim, eis que suscitarei os caldeus, esse povo cruel e impetuoso" (Habacuc 1:6). Isso significa (afirma o Comentário) os *kittim* (os romanos), que são rápidos e valentes no combate, derrubando governantes e subjugando-os ao domínio dos *kittim*. Eles se apossam de muitos países e não acreditam nos decretos de Deus.

[...] Eles andam a campo aberto destruindo e saqueando as cidades da terra.[95]

No começo desse texto mencionam-se dois personagens que, no entusiasmo inicial que se seguiu à publicação do documento, pareceu a alguns sugerir que toda a mitologia da vida, crucificação, ressurreição e segunda vinda de Jesus, o Messias, havia sido antecipada na figura do fundador da comunidade essênia de Qumrã. Conforme podemos ler:

"Por isso a lei se enfraquece" (Habacuc 1:4). Isso significa que eles (os líderes dos judeus) rejeitaram a lei de Deus. "E o direito não aparece nunca mais! Sim, o ímpio cerca o justo." Isso significa que o homem ímpio é o Sacerdote Ímpio, e o homem justo é o Mestre da Justiça.[96]

As evidências de que dispomos hoje permitem-nos concluir que a pessoa referida como o Sacerdote Ímpio era um dos sacerdotes supremos vigentes em Jerusalém. Muitos estudiosos sustentam que era Jônatas Macabeu (reinou de 160 a 142 a.C.), quem, como acabamos de ver, foi o primeiro de sua linhagem a assumir o ofício sagrado.[97] Outros atribuem o papel a Simão (reinou de 142 a 134 a.C.), que havia sido confirmado formalmente na função por um decreto inscrito em uma placa de bronze.⁹⁸ Uma terceira sugestão é a de que seja João Hircano (reinou de 134 a 104 a.C.), que assumiu o cargo não apenas de sumo sacerdote, mas também de rei. Nesse caso, o ousado desafiador Eleazar pode ter sido o Mestre da Justiça; e uma retirada dos fariseus (ou talvez de uma ala extrema do partido farisaico) para o deserto pode haver criado a oportunidade para a fundação do centro em Qumrã, cerca de 110 a.C., que está dentro do período cronológico de seu reinado.⁹⁹

Na linguagem dos Manuscritos, o Sacerdote Ímpio é chamado de Pregador da Mentira, o Homem da Mentira, Aquele que Pregava com Mentiras, o Homem da Falsidade e o Homem da Zombaria. Todos esses epítetos sugerem o conceito zoroastriano de Mentira como o Senhor das Trevas, e Verdade como a qualidade da Luz.

Outro texto do complexo do Mar Morto, um simples fragmento de um comentário sobre o Livro de Naum, do Antigo Testamento, fala do "Leão da Ira [...] que enforca homens vivos", refere-se provavelmente a Alexandre Janeu (reinou de 104 a 78 a.C.) que, como vimos, crucificou oitocentos judeus de Jerusalém em uma noite e matou suas esposas diante da vista deles, enquanto ele próprio se divertia com suas concubinas.¹⁰⁰ E como Josefo diz, muitos judeus, depois disso, fugiram em busca de refúgio no deserto. "Foi uma noite", escreve o Reverendo Duncan Howlett, "que o mundo raramente tem visto. É preciso continuar procurando pelo Sacerdote Ímpio dos Manuscritos do Mar Morto?"¹⁰¹

Para ser o Sacerdote Ímpio encontramos, pelo menos, quatro candidatos qualificados; enquanto para ser o Mestre da Justiça, de quem se diz que perseguiu o Sacerdote Ímpio, o único nome que foi sugerido – e sem grande convicção – é o do velho e corajoso fariseu Eleazar. Seriam então os essênios um grupo dissidente dos fariseus? A questão está aberta. Seria o Mestre da Justiça o fundador da seita? Teria ele sido crucificado pelo Sacerdote Ímpio? Ressurgiu ele dos mortos? E retornará ele no papel de Messias? Permitam-me citar o Prof. Millar Burrows com relação a essas questões.

"O Mestre pode ter sido crucificado [...]. Pode ter sido apedrejado ou levado à morte por outros meios. Mas igualmente pode ter morrido de morte natural [...]. Nem o Comentário Habacuc nem qualquer outro texto Qumrã publicado até hoje afirma ou sugere com clareza que o mestre foi assassinado." Além do mais: "Não há nenhuma evidência de que se acreditasse que ele já houvesse ressuscitado". E por último, segundo Burrows, é "bastante incerto" que o mestre fosse identificado com o profeta ou Messias do final dos tempos.¹⁰² Sabemos a partir de outro texto do movimento, o assim chamado Documento de Damasco (descoberto em 1895 e considerado anteriormente um texto farisaico), que se continuava esperando pela vinda de um "mestre da justiça, um intérprete da lei, um profeta e dois Messias". Mas, como conclui o Prof. Burrows, "que relação existia – se é que havia alguma – entre o mestre da justiça, que já viera, e qualquer uma dessas pessoas, que ainda viriam, é uma questão bastante incerta".¹⁰³

MITOLOGIA OCIDENTAL

O que é certo, por outro lado, é que encontramos nos Manuscritos do Mar Morto o *Sitz in Leben* (para usar a expressão do Prof. F. M. Cross)[104] do movimento apocalíptico judaico do período helenístico tardio. Também é certo que foi das proximidades desse movimento que surgiu a missão cristã. O Prof. Cross diz a respeito: "Do mesmo modo que a Igreja primitiva, a comunidade essênia distinguia-se das associações farisaicas e outros movimentos dentro do judaísmo, precisamente por sua consciência 'de ser já a Congregação nomeada e escolhida do final dos tempos'".[105]

Entretanto, necessitamos fazer uma distinção. Porque, enquanto os essênios, convencidos de estar vivendo o "final dos tempos", esperavam o Messias, para os primeiros cristãos o Messias já havia chegado. Ele estava, por assim dizer, avançado no tempo. O tema principal da comunidade do Mar Morto era que Jeová, como em tempos de outrora, tinha colocado os exércitos dos gentios contra seu povo como punição por seus pecados. Nesse sentido, os essênios seguiam diretamente a linha dos antigos profetas. Todavia, enquanto Amós, Oseias, Jeremias e os demais haviam concebido a calamidade dos hebreus em termos históricos, a ideologia agora injetada tinha uma conotação escatológica zoroastriana. De acordo com a visão anterior o povo estava sendo punido, mas remanescentes sobreviveriam para restaurar o poder mundial da messiânica Casa de Davi. A ideia agora, ao contrário, era que o dia que estava próximo marcaria o fim do próprio tempo histórico, o fim da luta cósmica dos dois Espíritos, da Luz e das Trevas; além do mais, que no tumulto daquele dia de Deus – agora em plena contagem regressiva –, os remanescentes que fariam parte da idade perfeita vindoura não seriam os membros de qualquer outra seita judaica senão os dessa, preparada com esmero para seu supremo destino no monastério do deserto, junto ao Mar Morto.[106]

A compreensão dos primeiros cristãos era semelhante. Mas, como muitos estudiosos observaram, o legalismo e exclusivismo do Antigo Testamento, que ainda reverberam em cada passagem dos Manuscritos do Mar Morto, foram deixados para trás pelos cristãos, já que se consideravam "avançados no tempo". A crise cósmica da Guerra dos Filhos da Luz e dos Filhos das Trevas tinha acabado e, portanto, a antiga ética do Juízo podia ser substituída pela ética do Amor. Lemos no Manual de Disciplina do Mar Morto que o candidato à admissão na ordem da Comunidade de Deus deveria "procurar Deus... amar tudo que Ele escolheu e odiar tudo que rejeitou... amar a todos os Filhos da Luz, cada um de acordo com sua sorte no desígnio de Deus, e odiar a todos os Filhos das Trevas, cada um de acordo com sua culpa na vingança de Deus".[107] Já na esfera messiânica, as palavras a serem ouvidas eram, de preferência:

> Ouvistes o que foi dito: "Amarás o teu próximo e odiarás o teu inimigo". Eu, porém, vos digo: Amai os vossos inimigos e orai pelos que vos perseguem; desse modo vos tornareis filhos do vosso Pai que está nos céus, porque Ele faz nascer o seu sol igualmente sobre maus e bons, e cair a chuva sobre justos e injustos.

Com efeito, se amais aos que vos amam, que recompensa tendes? Não fazem também os publicanos a mesma coisa? E, se saudais apenas os vossos irmãos, que fazeis de mais? Não fazem também os gentios a mesma coisa? Portanto, deveis ser perfeitos, como o vosso Pai Celeste é perfeito.[108]

O que equivale, em termos zoroastrianos: tem-se que ir além do Bem e do Mal, das serpentes entrelaçadas, para a postura do homem-leão. Comparem isso com o mistério de Tirésias já analisado e, em termos bíblicos, com a condição do homem antes da Queda.

Até aqui, portanto, pareceria que as origens da mitologia cristã poderiam interpretar-se como um desenvolvimento das ideias do Antigo Testamento, sob influência persa, sem nada que fosse particularmente grego – a não ser a ênfase no amor e (possivelmente) uma concepção de Humanidade em vez de especificamente o Homem Judeu. Entretanto, com relação ao termo Messias, algo mais tem que ser dito. Para isso voltamos nossos olhos em direção a Roma.

CAPÍTULO 7

A GRANDE ROMA:
c.500 a.C. – *c*.500 d.C.

I. A PROVÍNCIA CELTA

As guerras gaulesas de César que começaram em 58 a.C. abriram as portas da Europa ao império romano – como as guerras de Pompeu abriram o Levante – e acabaram com o poder dos celtas, que durante séculos vinham fustigando as cidades do Sul. Os celtas entraram na Península Ibérica e a ocuparam no século V a.C., chegando até Cádiz. Avançaram igualmente para Roma, no ano 390 a.C., sitiando-a durante sete meses; e essa foi apenas uma das numerosas incursões na Península Itálica. A leste, em 280 a.C., a Tessália estava aniquilada, a Grécia invadida, Delfos saqueada e no ano seguinte as regiões montanhosas da Ásia Menor – conhecidas até hoje como Galácia – tornaram-se o centro de operações do qual partiram destacamentos de guerra até 232 a.C. Esses destacamentos chegaram à Síria, quando o rei Átalo I de Pérgamo subjugou os gálatas. A famosa estátua de vitória helênica do "Gaulês Agonizante" mostra um de seus belos guerreiros louros usando um típico torque céltico ou colar de ouro.

As primeiras matrizes do complexo cultural céltico foram as regiões alpinas e sul da Alemanha. E os séculos de seu desenvolvimento foram os do início da Idade do Ferro na Europa, constituído de duas fases: 1. a cultura Hallstatt, *c*.900-400 a.C., e 2. a La Tène, *c*.550-15 a.C. A primeira se caracterizou inicialmente por uma introdução gradual de instrumentos de ferro entre os de bronze, forjados por uma classe de ferreiros itinerantes que, na tradição mítica posterior, vão aparecer como magos perigosos – por exemplo, na lenda germânica de Weyland, o Ferreiro. O tema arturiano da espada tirada da pedra sugere o caráter mágico, inspirado pela arte de produzir ferro de minério. O Prof. Mircea Eliade, nos estudos fascinantes dos ritos e mitos da Idade do Ferro, demonstrou que uma das principais ideias dessa mitologia era a da pedra na condição de rocha-mãe, e o ferro – como arma de ferro – na condição de seu filho, parido pela arte obstétrica da forja.[1] O leitor poderá compará-la com a do salvador Mitra nascido de uma rocha com uma espada na mão.*

"Ferreiros e xamãs vêm do mesmo ninho", diz um provérbio iacuto citado por Eliade.[2] O corpo supostamente indestrutível do xamã que pode caminhar sobre o fogo é análogo à qualidade do metal forjado pela ação do fogo. A capacidade do ferreiro na sua forja flamejante de produzir um "raio" imortal, a partir da pedra bruta da terra, é um milagre semelhante à iniciação espiritual (a saber, mitraísta ou budista), pela qual o indivíduo aprende a se identificar com sua própria parte imortal. Em certos templos budistas do Japão há uma imagem de um sábio em profunda meditação, Fudo, "Imóvel" (sânscrito Acalanātha, "Senhor Impassível"), sentado, solene, em meio a uma chama crepitante, empunhando na mão direita uma espada com firmeza adamantina, como um Mitra saído da rocha. Na ideia bíblica de que haverá sobreviventes capazes de suportar as duras provações, dos quais o Messias será o rei, e que apareceu pela primeira vez no Livro de Isaías 10:21-22 (c.740-700 a.C.), encontramos uma aplicação da ideia ao conceito do herói não como um indivíduo esclarecido, mas como um povo purificado: um consenso experimentado e autêntico portador do propósito de Jeová através dos tempos.

Podemos supor, então, que os instrumentos de ferro encontrados entre os vestígios mais antigos de Hallstatt (c.900 a.C.) devem representar uma introdução, na Europa, da tradição ritual de tirar espadas de pedras, tanto na bigorna da alma quanto nas chamas da forja. A própria Hallstatt, o local típico, fica na Áustria, a cerca de 48 quilômetros a sudeste de Salzburgo. Porcos, ovelhas, gado, cães e cavalos eram os animais que domesticavam. Cabanas e caminhos feitos de toras de madeira atestam em favor das duras condições físicas. E a ornamentação dos utensílios de cerâmica e metal, das armas, dos arreios dos cavalos e das carroças, broches etc., era pouco elegante: sem vida, grosseiramente simétrica, geométrica e rígida. O blusão comprido e uma espécie de boné pontudo do camponês europeu parecem ter sido a vestimenta usual. O rito funerário comum era a cremação, embora o sepultamento também fosse praticado.

Os primeiros locais dessa cultura foram a Boêmia e o sul da Alemanha. Mas ela difundiu-se. No seu último século chegou até Espanha e Bretanha, Escandinávia e Ilhas Britânicas, fornecendo uma base sobre a qual o florescimento céltico subsequente do período da La Tène então surgiu, por volta de 550-15 a.C.

O local típico da La Tène, a segunda Idade do Ferro da Europa Central e Ocidental, fica na Suíça, a cerca de oito quilômetros da cidade de Neuchâtel. Foram

---

* *Supra*, pág. 216.

encontrados ali uma carruagem com rodas de dez raios, com cerca de um metro de diâmetro, presas com arcos de ferro; duas cangas, cada uma para uma parelha de cavalos; partes de uma albarda e numerosos arreios equestres menores; escudos ovais, partes de um longo arco; 270 pontas de lança e 166 espadas – tendo, várias dessas, bainhas de bronze graciosamente decoradas no típico estilo curvilíneo do apogeu celta.

Durante esse período Roma foi sitiada pelos celtas, que também entraram na Ásia Menor. A corrente difundiu-se para o leste até a Rússia meridional, mas o principal curso foi para o oeste, onde sobrepujou os locais Hallstatt anteriores. Pelo final do século V a.C. as regiões do Reno e do Elba foram ocupadas, e no início do século IV cruzaram o Canal da Mancha, levando as tribos conhecidas como bretões para o que hoje é a Inglaterra e os gaélicos para a Irlanda de onde, mais tarde, invadiram a Escócia, a Cornualha e Gales. A Gália e a Espanha foram também ocupadas por grupos tribais do complexo de La Tène. E até que César, no ano de 52 a.C., derrotou Vercingetorix e a confederação helvética, floresceu uma mesma civilização vigorosa por todo o norte e oeste europeus, trazendo influências da Etrúria, da Grécia e dos centros do Oriente Próximo; eram, em geral, de um brilho bárbaro todo particular.

Júlio César, no sexto livro de sua obra *Guerra Gaulesa,* diz:

> Em toda a Gália há duas classes de pessoas de valor e dignidade definidos. As pessoas comuns, porém, são tratadas quase como escravas, não se arriscando a nada por conta própria, nem sendo jamais consultadas. A maior parte delas, oprimida como está pelas dívidas, pelo peso dos tributos ou pela injustiça dos mais poderosos, submete-se à servidão dos nobres, que têm, na verdade, os mesmos direitos sobre elas que os senhores têm sobre os escravos. Das duas classes acima mencionadas uma é a dos druidas e a outra a dos cavaleiros.
>
> A dos druidas ocupa-se com as questões divinas, realizam os sacrifícios públicos e privados e explicam os assuntos religiosos; um grande número de jovens reúne-se em volta deles para receber instrução e os tratam com grande respeito. Na verdade, são eles que decidem a maioria das disputas, públicas e privadas; e se algum crime ou assassinato foi cometido, se há alguma controvérsia sobre herança ou fronteiras, eles também decidem, determinando recompensas ou penalidades. Se alguma pessoa não obedece a decisão deles, ela é excomungada do sacrifício, o que constitui a penalidade máxima. Os excomungados são considerados ímpios e criminosos. Todos os homens afastam-se de seu caminho e evitam sua aproximação, ou mesmo conversar com eles, por medo de serem prejudicados pelo contato. Nenhuma justiça é feita se eles a procuram, nenhuma honraria concedida pelas suas ações.
>
> De todos esses druidas há um que é o chefe, com autoridade suprema entre eles. Quando morre, sucede-o algum que tem posição proeminente ou, se há vários na mesma posição, eles disputam a primazia pelo voto dos druidas ou, por

vezes, até mesmo pela força das armas. Esses druidas, em certa época do ano, encontram-se nas fronteiras dos carnutos*, cujo território é considerado o centro de toda a Gália, e reúnem-se em conclave num lugar consagrado. Para ali acorrem de todas as partes todos os que têm disputas, e obedecem as decisões e sentenças dos druidas. Acredita-se que sua regra de vida tenha sido desenvolvida na Bretanha e transferida então para a Gália. Hoje, aqueles que desejam estudar a questão mais minuciosamente viajam para aquele local.

Os druidas normalmente mantêm-se afastados da guerra e não pagam tributos à guerra. São dispensados do serviço militar e isentos de todas as obrigações. Atraídos por essas grandes vantagens, muitos jovens apresentam-se voluntariamente para receber sua instrução; muitos são enviados pelos pais e parentes. Relatos informam que nas escolas dos druidas eles precisam decorar muitos versos e, por isso, algumas pessoas permanecem vinte anos sob instrução. Eles não acham adequado submeter tais ensinamentos à escrita, embora em quase todos os outros assuntos, em seus documentos públicos e privados, façam uso das letras gregas. Acredito que adotaram essa prática por duas razões: 1º) não querem que sua doutrina seja levada para o vulgo, e 2º) para não negligenciar o cultivo da memória confiando demasiadamente na escrita. Na verdade, acontece normalmente que a ajuda da escrita tende a relaxar a diligência da ação da memória. A doutrina principal que eles procuram ensinar é que as almas não morrem, mas após a morte passam de uns para outros; essa crença – que afasta o medo da morte – eles consideram ser o maior incentivo à bravura. Além disso, eles têm muitas discussões a respeito dos astros e seus movimentos, o tamanho do Universo e da Terra, a ordem da natureza, a força e os poderes dos deuses imortais. E transmitem seu saber para os jovens.

A outra classe é a dos cavaleiros. Esses, quando há necessidade e há uma guerra – e antes da chegada de César isso ocorria quase todos os anos, significando que eles próprios iniciavam ataques ou os repeliam – engajam-se todos nela. Dependendo da importância de cada um em termos da linhagem e recursos, terá uma quantidade de vassalos e partidários. Essa é a única forma de influência e poder que conhecem.

Toda a nação dos gauleses é amplamente devotada à observância dos rituais. Por essa razão, os que estão contaminados por doenças graves ou engajados nos perigos da guerra sacrificam vítimas humanas ou prometem fazê-lo, empregando os druidas como oficiantes de tais sacrifícios. Eles acreditam que, a não ser que a vida de um homem seja paga com a de outro homem, a majestade dos deuses imortais não ficará satisfeita. Tanto na vida pública quanto na privada observam rituais de sacrifícios da mesma espécie. Outros usam bonecos imensos, cujos

---

* O nome francês Chartres vem do latim Carnutes. A tribo habitou a região que hoje abrange mais ou menos o Eure e o Loire e Loiret.

membros trançados de ramos preenchem com homens vivos, e logo ateiam fogo; assim, os homens morrem envoltos em chamas. Acreditam que a execução dos que foram pegos em atos de roubo, pilhagem ou algum crime, é a que mais agrada aos imortais; mas quando não existe suprimento de tais pessoas, eles apelam para o martírio até mesmo de inocentes.

Entre os deuses, o mais venerado é Mercúrio.* Há numerosas imagens dele; consideram-no inventor de todas as artes, o guia de todos os caminhos e viagens, julgam que ele tem a maior influência em todas as transações econômicas. Depois dele, colocam Apolo, Marte, Júpiter e Minerva. Dessas divindades eles têm quase a mesma ideia que os outros povos: Apolo afasta as doenças; Minerva provê os princípios básicos das artes e ofícios; Júpiter detém o império do céu; Marte controla as guerras. A Marte, quando ganham uma batalha decisiva, oferecem em regra qualquer pilhagem que tenham feito. Após uma vitória sacrificam todos os seres vivos que tenham pilhado e reúnem os objetos em um único lugar. Em muitas cidades, montes de tais despojos podem ser vistos em lugares sagrados. E não acontece com frequência de um homem, desafiando os escrúpulos religiosos, ousar esconder tais espólios em sua casa ou removê-los de seu lugar; porque o castigo mais terrível, com tortura, é ordenado contra uma tal ofensa.

Os gauleses declaram serem todos descendentes de um mesmo pai, Dis, e afirmam que isso foi revelado pelos druidas. Por essa razão eles determinam os períodos do tempo não pelo número de dias, mas de noites (porque Dis é o senhor do mundo ínfero). Observam os dias de nascimento e inícios dos meses e anos, de maneira que o dia segue à noite, e esta precede o dia. Nos outros rituais da vida, a principal diferença entre eles e o restante da humanidade é que não permitem que seus filhos os tratem abertamente antes de terem atingido a idade de poder carregar o fardo do serviço militar. Consideram vergonhoso que um filho ainda menino apareça em público na presença do pai.[3]

Como não há nenhuma literatura céltica de Hallstatt, La Tène ou mesmo dos períodos romanos, temos que confiar nos relatos de César, Estrabão, Plínio, Deodoro Sículo e alguns outros[4]; também em certos monumentos de pedra do período romano; e finalmente – mais importante – numa abundância de pistas das literaturas célticas posteriores da Irlanda, Escócia e Gales, às quais devemos acrescentar o saber mágico da Irlanda moderna e o mundo céltico das aventuras do Rei Artur.

Há, por exemplo, um curioso encantamento poético que se supõe ter sido recitado pelo principal poeta dos invasores celtas gaélicos, Amairgen, quando seus navios aportaram na costa irlandesa:

---

* A denominação desses deuses célticos por César apenas por meio dos seus correspondentes romanos, deixa-nos um pouco no escuro. Entretanto, seus prováveis nomes e atributos célticos podem ser sugeridos, como se evidenciará.

Eu sou o vento que sopra no mar,
Sou a onda das profundezas,
Sou o touro das sete batalhas,
Sou a águia no rochedo,
Sou um fragmento do sol,
Sou a mais formosa das plantas,
Sou um javali pela bravura,
Sou um salmão na água,
Sou um lago na planície,
Sou a palavra do conhecimento,
Sou a ponta de lança que golpeia na guerra,
Sou o deus que faz o fogo [= pensamento] na cabeça.

Quem difunde a luz na assembleia da montanha?*
Quem prediz as fases da lua?**
Quem fala do lugar em que o sol descansa?***

Muito foi escrito sobre esse poema e certos outros do mesmo tipo, sugerindo afinidades do pensamento druídico com o hinduísmo, o pitagorismo e a filosofia posterior do neoplatônico irlandês Scotus Erígena (morto cerca de 875 d.C.). O texto do poema pertence ao *Lebor Gabala* (Livro das Invasões) irlandês que, embora preservado apenas em manuscritos da época medieval tardia, é um compêndio de temas antigos compilados não depois do século VIII d.C. e pode conter material tão antigo, na verdade, quanto das primeiras chegadas dos gaélicos à Irlanda.[5] A observação de César, de que os celtas não tinham medo de morrer porque acreditavam que viveriam novamente, pareceu a muitos apoiar o argumento de o poema provir da Antiguidade, embora outros sustentem que é uma composição tardia do período de apogeu das cortes de Tara e Cashel; ou seja, século IV e início do V d.C.[6]

De qualquer maneira, o que o poema oferece, com o intuito de uma filosofia de mundo, é antes uma forma de panfeitiçaria do que de teologia mística desenvolvida.[7] Como uma autoridade expressou, a comparação a ser feita é com "as expressões fanfarrãs dos curandeiros primitivos"[8], e outra: "o que reivindica o poeta não é tanto a memória de existências passadas quanto a capacidade de assumir todas as formas à vontade; é isso que o coloca no nível e lhe permite superar seus adversários super-humanos".[9] Tais ideias são básicas à prática xamânica.[10] Entretanto, elas podem facilmente ser desenvolvidas para algo superior, como na Índia, onde

---

* Glosa: "Quem, senão eu, elucida cada questão?"
** "Quem, senão eu, indica as fases da lua?"
*** "Senão o poeta?"

o xamã tornou-se o iogue e alcançou a compreensão do Si-Próprio como o Eu Cósmico e, consequentemente, a essência de todas as coisas. Comparemos, por exemplo, o cântico de Amairgen com a estrofe já citada da Śvetāsvatara Upaniṣad:

> Você é o pássaro azul-escuro e o papagaio verde de olhos vermelhos.
> Você tem o raio como seu filho. Você é as estações e os mares.
> Não tendo princípio, você habita com toda-abrangência,
> De onde provêm todos os seres.*

Não é possível separar categoricamente o xamã do místico. Além disso, do xamanismo primitivo às ordens supremas do pensamento arcaico e oriental, onde o micro e o macrocosmo unem-se e são transcendidos, não há um passo tão grande quanto o que leva ao pensamento do homem para quem Deus está fora e separado. Na verdade, através da história do mito europeu, a tendência dos modos místicos mais recentes de se unir aos – e encontrar apoio nos – modos tanto dos mitos germânicos quanto dos célticos foi decisiva para o desenvolvimento do muito que em nossa literatura é de suprema importância espiritual.

Os ciclos mitológicos irlandeses falam de uma série de levas de invasores vindas do continente para a Irlanda, das quais a última foi a do povo do poeta Amairgen, os assim-chamados Filhos de Mil, ou milésios. Entretanto, os diligentes monges cristãos, a cujas penas devemos a preservação desses textos, fizeram um grande esforço para relacionar seus personagens com figuras não menos míticas que as que encontramos na Bíblia e, assim, o que finalmente chegou até nós é uma espécie de monstro-quimera de duas linhagens de absurdos combinados. Nenhuma pesquisa foi até hoje capaz de relacioná-las com qualquer parcela da verdadeira história da humanidade.

Por exemplo, os primeiros a chegar na Irlanda foram Banba e duas outras filhas de Caim, que vieram por mar com um grupo de cinquenta mulheres e três homens, mas que então ali morreram de peste. Em seguida, chegaram três pescadores, que "com coragem tomaram posse da ilha de Banba de Belas Mulheres". Entretanto, tendo retornado para casa em busca de suas mulheres, eles pereceram no Dilúvio.[11] A neta de Noé, a saber Cessair, chegou com seu pai, seu marido e um terceiro cavalheiro, Ladru, "o primeiro homem morto em Erin", também com cinquenta donzelas; mas seu navio naufragou e todos, exceto Finntain, seu marido que sobreviveu por séculos, pereceram no Dilúvio.[12]

Banba, o leitor deve saber, é o nome de uma deusa pelo qual a própria Irlanda é carinhosamente chamada. O significado da palavra é "porco", de maneira que estamos novamente em terreno familiar: a ilha de uma Circe nórdica. Uma lenda popular irlandesa, recontada no volume I de As Máscaras de Deus, Mitologia

---

* Supra, pág. 97.

Primitiva, narra a história da filha de um monarca do Reino da Juventude, que surgiu na terra como uma donzela com cabeça de porco – que, entretanto, podia desaparecer com um beijo.[13] Autores clássicos escreveram sobre ilhas, habitadas por sacerdotisas, localizadas em áreas celtas remotas. Estrabão descreve uma, próxima da embocadura do Loire, devotada a cultos orgíacos, onde não se permitia que nenhum homem pusesse os pés, e outra, perto da Bretanha, onde os sacrifícios se pareciam com os de Deméter e Perséfone, na Samotrácia.[14] O geógrafo romano Mela (floresceu por volta de 43 d.C.) fala de nove virgens na minúscula Ilha de Seim, na altura da Pointe du Raz, na costa oeste da Bretanha, que eram dotadas de poderes incríveis e podiam ser abordadas pelos navegantes especialmente para consultá-las.[15] Porcos figuravam com proeminência nos mitos e ritos de Deméter e Perséfone; elas próprias podiam aparecer como porcos.[16]

O porco é também associado ao culto dos mortos. Por isso, ao tratar sobre as ilhas célticas de mulheres, estudiosos observaram que importantes cemitérios pré-célticos foram escavados nas pequenas ilhas do Canal da Mancha, Alderney e Herm, bem como em Er Lanic, no Golfo de Morbihan. "As sepulturas", afirma uma autoridade no assunto, "levam-nos de volta aos povos pré-célticos e, por isso, estimulam a crença de que os cultos insulares representavam uma profunda fé enraizada no povo nativo, e que não eram necessariamente de origem celta. Na verdade, se aceitamos as lendas dessas comunidades de mulheres, dificilmente podemos deixar de admitir ao mesmo tempo que elas existiram além, e não apenas como parte, do sistema religioso druídico. Portanto, devem ter continuado as práticas de uma fé pré-druídica".[17]

Depois da série antidiluviana de Banba, do grupo de pescadores e da neta de Noé, chegou à Ilha Esmeralda um povo grotesco chamado fomoriano, no qual alguns indivíduos eram desprovidos de pés, outros tinham apenas um lado e todos eram descendentes do Han bíblico. Apesar de gigantes, foram derrotados pelos novos invasores, a raça dos partolanos da Península Ibérica, entre os quais "nenhum era mais sábio que o outro". Entretanto, todos, exceto um, morreram de uma peste – e foi aquele um, Tuan mac Caraill, que, tendo sobrevivido até a era cristã, transmitiu toda a história da Irlanda antiga ao Santo Finnen.[18]

O próximo a chegar foi o povo de Nemed, cujos membros também eram descendentes de Noé e que, como os partolanos, arribaram pela Península Ibérica. Foram subjugados pelos fomorianos, que haviam se recuperado da derrota e estavam governando a região a partir de uma torre de vidro na Ilha Tory, na altura da costa noroeste de Donegal. Os nemédios dali em diante tiveram que pagar cada ano, por ocasião do *Halloween*, dois terços da colheita anual e das crianças nascidas.

Depois foi a vez dos firbolgs. Muitos estudiosos acharam que eles pudessem representar a verdadeira população pré-céltica da Irlanda, e que os fomorianos fossem seus deuses. Entre esses últimos havia um deus chamado Net, seu perigoso neto, Balor do Olho-Maléfico, e um deus do conhecimento, Elatha. Os firbolgs vieram da Grécia através da Península Ibérica, como os construtores de megalitos.

Supõe-se que eram governados por uma rainha, de nome Taltiu. Segundo as crônicas, eles venceram os fomorianos, mas por sua vez foram derrotados pelo próximo povo a invadir essas terras, os radiantes Tuatha De Danann, o Povo (Tuatha) da deusa Dana – que, a seu turno, foram vencidos pelo último povo dessa série lendária: o povo do poeta Amairgen, os milésios, considerados por alguns pesquisadores como tendo sido os celtas. Então, o povo Tuatha vencido retirou-se para as montanhas mágicas, invisíveis como o cristal, onde vivem por toda a Irlanda até hoje.

Mostraremos a seguir alguns dos traços marcantes da mitologia do povo Tuatha De Danann. O primeiro é a proeminência de uma constelação de deusas, que em muitos sentidos correspondem às mais e às menos importantes deusas gregas. Dana (genitivo Danann), que dá seu nome a todo o grupo, é chamada a mãe dos deuses; corresponde a Gaia. Ela é a Mãe Terra, doadora da fertilidade e da abundância; pode ter sido uma das divindades a quem eram oferecidos sacrifícios humanos. Duas colinas em Kerry são chamadas "As Tetas de Anu"; Anu é uma variante de seu nome derivado da raiz verbal *an*, "nutrir".

Brigit* ou Brig (irlandês *brig*: "poder"; galês *bri*: "renome"), a padroeira da poesia e do conhecimento, representa outro aspecto da deusa e foi chamada por César de a Minerva céltica. O culto popular de Santa Brígida, que carregou sua adoração até os tempos cristãos, estava representado em Kildare por um fogo sagrado, do qual não devia aproximar-se nenhum homem, e era vigiado diariamente por dezenove monjas vestais, a cada turno, e no vigésimo dia pela própria santa. Brigit, além do mais, era a doadora da civilização. Conforme observa o Prof. John A. MacCulloch: "Ela deve ter surgido no período em que os celtas adoravam, de preferência, deusas e não deuses, e o conhecimento – a arte de curar, a agricultura e a inspiração – era antes da mulher que do homem".[19]

A grande figura paterna desse panteão era o deus do inferno, comparado por César a Dis, Plutão, ou Hades. Seu nome gaulês era Cernunnos, significando talvez "chifrado", derivado de *cerna*, "chifre".[20] Nas epopeias irlandesas é chamado de Dagda, que vem de *dago devos*, "o Bom Deus". Nos monumentos gauleses, ele é representado com chifres ou galhos e usando um colar céltico (como no altar de Reims reproduzido no volume II de *As Máscaras de Deus*, *Mitologia Oriental*, figura 20); ou com três cabeças, com barba espessa (como na estátua encontrada em Ceondat, França). E ele pode carregar no braço um saco de abundância, do qual procede um rio de cereais.

Nos monumentos, ele é uma figura de aparência imponente. Nas epopeias irlandesas, por outro lado, ele é uma espécie de palhaço. E aqui tocamos num dos traços mais profundos das mitologias norte-europeias, seja céltica ou germânica: mesmo os deuses e deusas mais importantes aparecem em manifestações que frente a um olhar ponderado não sugerem qualquer vínculo com religião.

---

* Em português conhecida como Brígida (Santa). [N. do T.]

O Dagda era o pai tanto de Banba como de Brigit e possuía, ademais, um caldeirão do qual "ninguém jamais saía descontente", cujo conteúdo restituía a vida aos mortos e despertava inspiração poética. Tal caldeirão sugere, entretanto, origem em uma deusa; e a atribuição a um deus da paternidade de deusas anteriores denuncia também a apropriação por uma divindade patriarcal de temas notadamente matriarcais – à maneira da vitória de Zeus, Apolo e Perseu sobre as deusas da Idade do Bronze e as sacerdotisas do Egeu.

Não é de surpreender, portanto, que em certo dia o Dagda encontrou e deitou com a grande deusa da guerra Morrigan, a mesma que em romances posteriores se tornaria a irmã fatídica do Rei Artur, Fata Morgana, Morgana a Fada. Ele a espiou quando se banhava num rio, com um pé em Echumech, no norte e o outro em Loscuinn, no sul.

Mas naquele mesmo dia ele fora desafiado pelos fomorianos a beber um certo caldo. Eles encheram o caldeirão prodigioso de seu próprio rei, Balor do Olho-Maléfico, com quatro vezes vinte galões de leite, quatro vezes vinte de farinha e gordura, e acrescentaram cabras, ovelhas e porcos. Ferveram, misturaram e despejaram tudo isso num grande buraco na terra. Mas o Dagda – um deus poderoso – pegou uma concha suficientemente grande para um homem e uma mulher deitarem-se nela, e despejou o conteúdo na boca até que o buraco ficou vazio. Depois disso, levou a mão ao buraco e raspou tudo o que restava sobre a terra e cascalhos.

Então o sono recaiu sobre o Dagda e todos os fomorianos começaram a rir; pois sua barriga estava do tamanho de um caldeirão de uma grande família. Mas em breve ele se levantou. Pesado como estava, começou a andar. Na verdade, sua roupa tampouco tinha boa aparência, pois ele vestia uma casaca que chegava aos cotovelos e uma capa marrom, comprida na frente mas curta atrás; os sapatos que calçava eram de couro de cavalo, com a parte peluda para fora; e levava na mão um arado circular que precisaria de oito homens para carregar, de maneira que o rastro que ele deixava atrás de si era suficientemente profundo para servir como trincheira divisória de uma província. E foi enquanto ia para casa, nesse estado, que ele viu por acaso Morrigan, a velha Gralha de Guerra, prodigiosa, em seu banho.[21]

Mas como a conversa de alcova entre a Rainha Meave e seu esposo celta Ailill já nos deu a conhecer, as deusas pré-célticas, embora subjugadas na Irlanda, não estavam de maneira alguma fora do poder. A grotesca epopeia da guerra do Touro Marrom de Cooley, precipitada pela ação descarada de Meave quando mandou buscar o touro e se ofereceu a si própria como parte do pagamento, está repleta do sentido da força dos poderes femininos sobre o destino até mesmo da guerra – em contraste com o espírito da epopeia grega, em que, embora Afrodite e Helena fossem os destinos verdadeiros e mais profundos, os deuses e heróis usurpam a cena na maior parte do tempo.

Cuchullin, por exemplo – o Aquiles irlandês dessa curiosa Ilíada irlandesa – despertou uma noite por causa de um grito terrível ressoando ao norte. Acordou tão subitamente que caiu da cama. Precipitou-se pela ala leste de sua casa, desarmado, saindo para o ar livre. Emer, sua esposa, seguiu-o com sua armadura e vestimentas. Ele atravessou correndo a vasta planície, seguindo o som. Logo ouviu o barulho de uma carruagem, vinda do distrito argiloso de Culgaire. Viu então, diante de si, um carro atrelado a um cavalo alazão.

O animal tinha apenas uma pata e a haste da carruagem atravessava seu corpo, de modo que a ponta dianteira encontrava o cabresto que passava por cima de sua cabeça. Dentro da carruagem estava sentada uma mulher, de sobrancelhas vermelhas e com um manto carmesim à volta. O manto caía para trás, entre as rodas, de maneira que se arrastava no chão. Um homem grande caminhava ao lado. Ele também usava uma capa carmesim e levava nas costas uma vara aforquilhada, enquanto tocava diante de si uma vaca.

"Essa vaca", disse Cuchullin ao homem, "não está gostando de ser conduzida". Ao que a mulher respondeu: "Ela não lhe pertence; tampouco a nenhum de seus sócios ou amigos". Cuchullin voltou-se para ela. "As vacas de Ulster em geral me pertencem", disse ele. Ela retrucou: "Então, você seria capaz de tomar uma decisão a respeito da vaca? Você está pretendendo muito, ó Cuchullin!" Ele perguntou: "Por que é a mulher e não o homem que fala comigo?" Ela respondeu: "Não foi ao homem que você se dirigiu". Ele disse: "Oh! sim, foi. Mas foi você quem respondeu no lugar dele". "Ele é Uar-gaeth-sceo Luschair-sceo", disse a mulher.

"Bem, certamente", disse Cuchullin, "o comprimento do nome é extraordinário. Fale comigo então você mesma; pois o amigo ali não fala. Qual é o seu nome?"

"A mulher com quem você está falando", disse o homem, "chama-se Faebor beg-beoil cuimdiuir folt scenb-gairit sceo uath".

Cuchullin respondeu: "Você está me fazendo de tolo". E ele saltou para a carruagem, colocou seus dois pés nos ombros dela e sua lança na risca dos cabelos. Ela advertiu: "Não ponha sua arma cortante em mim". "Então diga-me seu verdadeiro nome", ordenou ele. "Afaste-se de mim. Sou uma satirista feminina", respondeu ela, "e ele é Daire, filho de Fiachna de Cuailgne. Além do mais, levo esta vaca como recompensa por um poema que fiz". "Permita-nos ouvir seu poema", disse Cuchullin. "Só se você se afastar", ela disse. "Seu agito sobre a minha cabeça não vai de maneira alguma me influenciar."

Cuchullin afastou-se até ficar entre as duas rodas. Então ela entoou-lhe uma canção de insulto. Ao ouvi-la, ele se preparou para saltar de novo sobre ela; mas cavalo, mulher, carruagem, homem e vaca tinham todos desaparecido. Então Cuchullin percebeu que ela se transformara num pássaro preto, sobre um galho próximo.

"Você é uma perigosa mulher encantada!", disse Cuchullin.

Ela respondeu: "De agora em diante este lugar vai se chamar o Lugar Encantado". E, de fato, foi o que ocorreu.

Cuchullin disse: "Se eu soubesse que era você, não teríamos nos desentendido dessa maneira".

"O que quer que você fizesse", replicou ela, "teria lhe trazido má sorte".

"Você não pode me fazer mal", provocou Cuchullin.

"Certamente que posso", disse ela. E foi então que a velha Gralha de Guerra o fez saber do que ela era capaz. "Na verdade", disse ela, "estou agora vigiando o seu leito de morte e o vigiarei daqui em diante. Esta vaca eu trouxe da Montanha Mágica de Cruachan, para que cruze com o touro chamado o Marrom de Cuailgne, que pertence a Daire, que é filho de Fiachna. Enquanto o bezerro dela não cumprir um ano, sua vida perdurará. E essa será a causa da Invasão do Gado de Cuailgne".

Os dois trocaram uma série animada de ameaças, antecipando a batalha na qual ele deveria morrer. Quando, como disse ela, ele estaria em combate com um homem tão forte, vitorioso, ágil, terrível, incansável, nobre, poderoso e destemido como ele próprio. Ela então se tornaria uma enguia e lançaria um laço em volta de seus pés no vau, de maneira que a sorte estaria contra ele.

"Juro", disse Cuchullin, "pelos deuses pelos quais os ultônios juram, que eu a esmagarei contra uma pedra verde do vau".

"Eu me tornarei um lobo cinzento", retrucou ela, "e arrancarei a carne da sua mão direita, e até o seu braço esquerdo".

"Vou atacá-la com minha lança", prometeu ele, "até arrancar seu olho esquerdo ou direito".

"Eu me tornarei uma vaca branca de orelhas vermelhas", ela disse, "e irei até o charco junto do vau no qual você estará em combate, com uma centena de vacas brancas de orelhas vermelhas atrás de mim. E eu, e todas elas atrás de mim, nos precipitaremos para o vau e, nesse dia, o Jogo Limpo dos Homens será testado, e sua cabeça será cortada".

"Sua perna direita ou esquerda", ameaçou ele, "eu quebrarei com um arremesso de minha lança e você jamais terá qualquer ajuda de mim, se não me der sossego".

Então Morrigan partiu para a Montanha Mágica de Cruachan, em Connacht, e Cuchullin retornou para a sua cama.[22]

A deusa Morrigan, como uma manifestação do destino vinda das Fortalezas Mágicas de Tuatha De Danann, é conhecida como Badb, a gralha ou grou de guerra. Como as outras deusas dos mundos céltico, germânico, grego e romano, ela aparece, normalmente, triplicada. As figuras 27 e 28 são os dois lados de um altar céltico encontrado em Paris, sob a Notre Dame, hoje preservado no Museu Cluny. Na primeira, há um personagem em trajes de lenhador cortando uma árvore, com seu nome, Esus, acima. Na outra, há um touro sob os galhos de uma árvore que parece crescer de seu corpo e com três grous sobre as costas. Na parte de cima, lemos as palavras *Tarvos Trigaranos*: "O Touro com Três Grous".

O eminente pesquisador celta H. D'Arbois de Jubainville associou o touro desse altar gaulês com o Touro Marrom da epopeia irlandesa; Esus com Cuchullin; os grous com a deusa Morrigan e o episódio descrito, com a passagem que acabamos

Figura 27: Esus

de ver.²³ O Prof. MacCulloch sugere que o bezerro do Touro Marrom, cuja vida seria a medida da vida do herói, era o sósia animal de Cuchullin. E como o gaulês Esus parece ter sido um deus da vegetação, a quem seres humanos eram sacrificados e pendurados em árvores, o mito pode ter estado associado a um sacrifício do touro, para o fomento da vegetação.²⁴ São apontadas analogias com a mitologia de Mitra: o touro morto com vegetação crescendo de suas carnes, e o sacrifício como um ato realizado pelo equivalente humano do touro (ver figura 23).

No período gálico-romano, ao qual pertencem essas estruturas de altar, tais analogias interculturais não poderiam passar inadvertidas. Portanto, agora é necessário reconhecer que, nesses grotescos feitos heroicos primitivos dessa epopeia do norte, a deusa da Montanha Mágica – que aparece variadamente como mãe-terra, promotora cultural, musa e deusa do destino e da guerra, em forma humana ou animal – é em última instância análoga à grande deusa do Oriente Próximo nuclear. Ao passo que os heróis guerreiros célticos, tendo Cuchullin como seu exemplo máximo, simbolizam em suas façanhas míticas temas que provieram do filho e consorte-serpente – Dumuzi, Tammuz – da Grande Mãe da antiga Idade do Bronze.

Figura 28: O Touro com Três Grous

II. ETRÚRIA

Na próspera planície da Toscana, a oeste dos Apeninos, situada entre os celtas do norte e o poder emergente de Roma, encontravam-se as doze cidades autônomas da antiga Confederação Etrusca, centrada simbolicamente em volta do lago sagrado de Bolsena. As origens dessa cultura datam do período Villanova, cerca de 1100-700 a.C., que coincide parcialmente com o de Hallstatt ao norte*, e representa, no sul, mais ou menos o mesmo nível de desenvolvimento. Um grande número de curiosas urnas funerárias, enterradas muito próximas umas das outras, em vastos campos, sugerem não apenas uma respeitosa preocupação permanente com os mortos, mas também uma certa ideia do poder purificador e transformador do fogo, com relação ao estado futuro da alma. O Dr. Otto-Wilhelm von Vacano interpretou o simbolismo dessas urnas: "Quando os ossos eram retirados da pira

---

* *Supra*, pág. 240.

funerária logo que esta deixava de arder, os restos das cinzas eram colocados na urna, para assegurar-se de que mesmo as menores partículas dos ossos fossem incluídas". Muitas das urnas tinham a forma humana e eram colocadas sobre tronos de cerâmica; outras tinham forma de choupanas. O texto do Dr. von Vacano continua:

> Subjacente a tudo isso está a crença de que os mortos, nas tumbas, se transformarão em seres com um poder novo e maior; a ideia é que, por enquanto, são como bebês recém-nascidos desamparados e têm, por isso, que depender dos cuidados dos sobreviventes, pois estão germinando no útero da terra para brotar na forma de uma nova vida. [...]
> Nessa época, concepções desse tipo percorreram em ondas a Europa, e foram também influentes na Ásia. Possivelmente seu lugar de origem foi o Cáucaso ou a Pérsia. [...] Na esfera de influência dessas primeiras culturas do ferro, a urna funerária é uma espécie de vaso hermético, com o qual um processo misterioso de transformação e criação ocorre.

O Dr. von Vacano, em uma afirmação que corrobora muito bem nossas próprias pesquisas sobre a Idade do Ferro céltica, diz:

> Uma característica notável nisso tudo é a crença no poder purificador e transformador do fogo. Tais concepções encontraram expressão em inumeráveis contos e lendas de ferreiros; nas histórias do "homenzinho que era queimado até se tornar jovem"; no caldeirão revificador fervente sobre o fogo; no mito de Medeia e Pélias. Por outro lado, é nos ritos de iniciação dos xamãs que tomamos conhecimento de um certo processo onírico pelo qual o iniciado é cortado e esquartejado pelo espírito de um de seus ancestrais, e seus ossos limpos de todo sangue e carne. Apenas seu esqueleto é preservado e então coberto com uma nova carne e sangue. E dessa maneira, transformado numa criatura que é senhora do tempo e do espaço.[25]

O período de apogeu da confederação das cidades da Toscana estendeu-se de cerca de 700 a.C. até o ano 88 a.C., que eles próprios consideraram como o último. Pelo norte foram acossadas continuamente por celtas bárbaros de La Tène, e pelo sul minadas aos poucos pelo poder crescente e a política pragmática de Roma. Entretanto, essa confederação permaneceu em seu tempo como um enclave de conservadorismo provinciano e colonial, mantendo o senso de estilo e santidade de uma época em pleno declínio. O Dr. von Vacano observou que o número doze das cidades de sua confederação era uma soma simbólica, sagrada, determinada por considerações religiosas, e não práticas. "Como constelações em volta da Estrela Polar, esses lugares sagrados agrupavam-se em torno do bosque do deus Voltumna, cujo local ainda não foi identificado; mas situa-se no território de Bolsena, chamado Volsinii pelos romanos e Velzna pelos próprios etruscos."[26]

O deus desse bosque, Voltumna, era andrógino – acima dos pares de opostos. Anualmente, num festival celebrado no bosque, entre os eventos festivos clássicos de competição atlética e artística, o Prego Anual era afixado na parede do templo da deusa Nortia (Fortuna), simbolizando a inevitabilidade do destino.[27] A figura 29 é o reverso de um espelho etrusco, de cerca de 320 a.C. A deusa alada ao centro, com um martelo na mão direita, segura o Prego Anual com a esquerda. Seu nome, inscrito na parte de cima, é Athrpa, relacionado com a parca grega Átropos. Podemos notar a cabeça de um javali associada à mão que segura o prego, bem como a posição do martelo na altura dos genitais do jovem localizado à direita da deusa. Ele é Adônis (Atune etrusco), que foi escornado, morto e castrado pelo javali. A figura feminina a seu lado é Afrodite, sua amada. O encantador casal do lado oposto, segundo a inscrição, são Atalante e Meleagro, cujo destino também foi selado por um javali.

A antiga lenda conta que quando Meleagro nasceu, as parcas apareceram para sua mãe. A primeira delas, Cloto, profetizou que ele seria um homem de espírito nobre. A segunda, Láquesis, que ele seria um herói. E a última, Átropos, que ele viveria enquanto a tora, que então queimava na lareira, não fosse consumida. A mãe, Alteia, saltando da cama, pegou o tição do fogo e o escondeu numa arca. Meleagro cresceu e se dedicou à caça. Mas Ártemis, deusa dos animais selvagens – que se ofendeu quando o pai dele, Rei Oineus de Cálidon, deixou de homenageá-la com uma oferenda por ocasião de uma grande cerimônia sacrificial – liberou um javali tão forte que ninguém conseguiu matá-lo. Nas palavras do poeta romano Ovídio, recontadas pelo nosso próprio poeta Horace Gregory:

> Sangue e fogo fervilhavam em seus grandes olhos.
> O pescoço era ferro, as cerdas eriçavam-se como lanças.
> E quando ele grunhia, saliva branca leitosa espumava
> Fervendo de sua garganta evaporava-se pelo seu dorso...
> Só um elefante da Índia
> Tinha presas iguais às suas, e jatos de luz
> Jorravam dos lábios largos, e quando ele sorria ou suspirava
> Trepadeiras e gramíneas incendiavam-se sob o seu sopro.[28]

O aflito Rei Oineus convidou os heróis das regiões da Grécia para competirem na matança desse javali. Acudiram todos os grandes nomes: Castor e Pólux, Idas e Linceu, Teseu, Admeto, Jasão, Peleu e muitos outros. Porém, o mais interessante foi a presença da bela donzela Atalante, cuja habilidade em muitas artes já fora exibida quando ela matara um par de centauros que um dia tentaram raptá-la, e quando nos jogos fúnebres de um certo príncipe ela derrotara, em luta, Peleu, pai de Aquiles.

Muitos foram mortos pelo javali durante a celebração daquela caçada. A primeira lança a atingir a besta foi a de Atalante; a de Meleagro derrubou-o. Mas o jovem

MITOLOGIA OCIDENTAL

já fora atingido mais gravemente pela beleza da formosa caçadora (que praticava todos esses esportes masculinos totalmente despida, como homem), do que o javali pela lança. Quando a besta foi morta, ele concedeu a pele a ela.

Esse ato ofendeu profundamente seus tios, os irmãos de sua mãe, que desejavam que o prêmio fosse mantido dentro da família matriarcal. Isso resultou numa rixa de magnitude quase irlandesa, durante a qual os tios arrancaram o prêmio da moça. Daí, Meleagro os matou. E sua mãe, furiosa pela morte de seus parentes (mas também, talvez, irritada pelo desaforo da moça impetuosa que causara tudo isso), pegou o tição do esconderijo e o lançou na lareira. Seu filho morreu enquanto ainda trinchavam o javali.²⁹

Mais uma vez o porco surge como centro no simbolismo da morte, do destino, do mundo subterrâneo e da imortalidade! Dos personagens representados no espelho etrusco, Adônis, morto por um javali, era um deus; Meleagro, um príncipe. Tanto os deuses quanto os homens são, por assim dizer, governados pelo poder da deusa, simbolizada pelo javali.

Figura 29. A Cravação do Prego Anual

É surpreendente, mas hoje inegável, que o vocabulário do símbolo é de tal maneira constante em todo o mundo, que tem de ser reconhecido como uma única escrita pictórica, pela qual se expressam mensagens de um *tremendum* experimentado através da vida. Parece também que não apenas nas grandes culturas, mas também entre muitos dos sacerdotes e visionários das culturas populares, esses símbolos – ou, como dizemos frequentemente, "deuses" – não tiveram a intenção de se constituírem em poderes em si mesmos. Eles são sinais pelos quais os poderes da vida e suas revelações são reconhecidos e liberados; poderes tanto da alma quanto do mundo vivo.

Além disso, como no caso dessa composição etrusca, os símbolos/sinais podem ser organizados para fazer novas afirmações poéticas relativas aos grandes temas que desde sempre preocupam a todos os seres humanos. De um poema pictórico desse tipo novas ondas de compreensão percorrem toda a extensão da herança mítica mundial. De maneira que podemos reconhecer um discurso polimórfico, intercultural, como em evolução desde talvez o alvorecer da cultura humana, possibilitando compreensões do significado inerente tanto nos próprios símbolos quanto nos mistérios da vida e do pensamento, com os quais eles levam a mente a se harmonizar.

A *Disciplina Etrusca* prolongou até uma data tardia o espírito da cosmologia da antiga Idade do Bronze dos ciclos irreversíveis, que se repetem infinitamente; a imagem do espaço também era a das tradições ortodoxas: quatro quadrantes e os pontos intermediários, cada um presidido por uma divindade, e com uma nona divindade, o supremo Tinia, o Senhor do Céu, que os romanos comparavam a Júpiter. Os reis das diferentes cidades, que eram Tinia encarnado, usavam um manto que simbolizava o céu, bordado com estrelas. Cada um coloria a face de vermelho, portava um cetro encimado por uma águia e andava numa carruagem puxada por cavalos brancos. A cada fase da lua o rei apresentava-se cerimonialmente ao povo, oferecendo sacrifícios para saber a vontade do destino; no campo de batalha, ele ia na frente de seus homens. Como entre os celtas, o rei pode ter sido sacrificado no final de um período de oito ou doze anos. A magnitude dos túmulos desses reis e o luxo desses aposentos são testemunhos de um culto regicida, enquanto o costume do bosque de Nemi, analisado por Frazer em sua obra *O Ramo Dourado*, torna quase seguro que esse culto conservou até uma data tardia o antigo rito de matar o rei.

Com a queda da cidade de Veii sob o poder de Roma no ano de 396 a.C., o destino da Etrúria foi selado. Mas embora o poder militar e as leis seculares do império em expansão tenham prevalecido e o povo da Etrúria, em 88 a.C., tenha ganho a cidadania romana, a autoridade em questões sacerdotais permaneceu com os antigos mestres etruscos. Ainda em 408 d.C. magos etruscos ofereciam seus conselhos e ajuda aos romanos, que na época eram ameaçados por Alarico e seus godos. Há até mesmo um informe de que o Papa Inocêncio I – que era então bispo da cidade – permitiu-lhes fazer uma demonstração pública de sua capacidade de conjurar o relâmpago.[30]

"Isso", escreveu o estoico romano Sêneca, "é o que nos distingue dos toscanos, mestres na observação do relâmpago. Achamos que o relâmpago surge porque as nuvens se chocam umas contra outras; eles, por outro lado, mantêm a crença de que as nuvens se chocam apenas para provocar o relâmpago. Como eles relacionam tudo a Deus, têm a noção de que o relâmpago não é importante em si, mas somente aparece porque tem que dar sinais divinos".[31]

E assim passamos, finalmente, do mundo antigo para o moderno.

III. A ERA DE AUGUSTO

Plutarco conta que Rômulo e Remo eram gêmeos de uma jovem virgem da descendência real de Eneias, que fora obrigada por seu pai Amúlio, o irmão do Rei Numitor de Alba, a se tornar uma Virgem Vestal. Logo depois que ela assumiu o voto, descobriu-se que estava grávida. Teria sido enterrada viva se sua prima, filha do rei, não houvesse suplicado por sua vida. Confinada, ela pariu dois meninos de tamanho e beleza supra-humanos. O pai dela, alarmado, ordenou a um criado que se livrasse deles. O homem colocou-os numa pequena gamela, levou-a até o rio e a deixou numa margem. O rio, subindo, levou o pequeno barco correnteza abaixo até um lugar plano, onde crescia uma grande figueira silvestre. Uma loba veio amamentá-los e um pica-pau trazia-lhes alimentos. O fato de esses dois animais serem tão queridos por Marte deu crédito – como afirma Plutarco – à alegação da mãe de que Marte era o pai dos gêmeos; alguns afirmavam, porém, que o pai das crianças seria o próprio pai dela, Amúlio, que tinha ido até ela disfarçado numa armadura, como o deus.

Depois de um período em que receberam cuidados dos animais, os gêmeos foram descobertos pelo porqueiro de Amúlio, que os criou em segredo; segundo dizem outros, contudo, isso foi feito com o conhecimento e ajuda do rei, pois se diz que frequentaram a escola e tiveram instrução nas letras. Foram chamados Rômulo e Remo a partir da palavra *ruma* (ubre da loba). Enquanto cresciam, mostraram-se valentes. Eram queridos pelos seus camaradas e inferiores, mas desprezavam os acólitos do rei. Dedicaram-se ao estudo, bem como à corrida, à caça, à perseguição dos ladrões e à libertação dos oprimidos.

Surgiu uma disputa entre dois vaqueiros, um do rei e o outro do seu irmão, durante a qual Remo caiu nas mãos, primeiro do irmão do rei e depois do próprio rei. Rômulo atacou a cidade, libertou Remo, matou o tirano e seu irmão. E os gêmeos, dizendo adeus à mãe, partiram para construir uma cidade no lugar onde haviam passado sua infância. Surgiu uma disputa quanto ao local em que a cidade deveria ser erigida, mas conseguiram concordar em determiná-lo pela adivinhação. Entretanto, quando Remo viu seis abutres e Rômulo doze, lutaram e Remo morreu.

Plutarco relata que quando Rômulo iniciou a fundação de Roma, mandou buscar homens na Toscana para dirigir as cerimônias segundo a *Disciplina Etrusca*:

> Primeiro eles cavaram uma vala circular em volta do que é hoje o *comitium*, ou Tribunal da Assembleia, e nela jogaram solenemente os primeiros frutos de todas as coisas sancionadas pelo costume como boas, ou como necessárias pela natureza. Logo, cada homem levou uma pequena porção de terra de seu lugar nativo, e todos juntos a jogaram dentro. Eles chamam essa vala como chamam o céu: *Mundus*. Tomando-a como centro, traçaram a cidade fazendo um círculo em volta dela. Em seguida o fundador acoplou uma relha de metal a um arado e, atrelando a isso um touro e uma vaca, ele próprio lavrou um sulco profundo que demarcava os limites, enquanto a tarefa dos que o seguiram foi cuidar de que a terra revolvida se voltasse para dentro, em direção da cidade, e que nenhum torrão ficasse do lado de fora. Com esse sulco traçaram o curso da muralha [...] e, onde eles propunham haver um portão, erguiam o arado do chão e deixavam um espaço livre. Por essa razão, consideram toda a muralha como sagrada, exceto os lugares onde estão os portões; pois se os tivessem considerado sagrados não poderiam, sem ofender a religião, permitir a livre entrada e saída para as necessidades da vida, que são por si mesmas impuras.[32]

Rômulo preencheu sua cidade com as mulheres que obteve mediante o famoso rapto das Sabinas, que se tornaram dessa maneira primeiro parentes e depois cidadãs de Roma. Outras guerras ampliaram o domínio. Em pouco tempo ele morreu; ou melhor, desapareceu – de uma forma que vai ao encontro daqueles que têm interesse na atmosfera mitológica do Império Romano no mesmo século do nascimento e morte, ressurreição e desaparecimento de Cristo.

Pois o período de vida de Plutarco, nosso biógrafo (*c*.46-120 d.C.), inclui os anos tanto da missão de São Paulo (morreu aproximadamente em 67 d.C.) quanto da escrita dos Evangelhos (*c*.75-120 d.C.). Ademais, o contraste entre a atitude "moderna" romana diante dos milagres e a atitude "religiosa" dos santos do Levante é fundamental tanto para o nosso tema presente, quanto para a compreensão geral da esquizofrenia científico-religiosa da moderna "igreja" ocidental. Permitam-me citar o autor, palavra por palavra.

Plutarco acaba de nos narrar a conquista romana da Etrúria e a queda de sua principal cidade, Veii, e ele continua:

> Quando Rômulo, por iniciativa própria, repartiu entre seus soldados as terras conquistadas pela guerra e devolveu para a cidade de Veii os reféns que havia tomado, sem perguntar ao Senado romano nem pedir-lhe consentimento, pareceu que fez uma grande afronta ao Senado. Consequentemente, quando ocorreu seu súbito e estranho desaparecimento pouco tempo depois, o Senado ficou sob suspeita e calúnia. Rômulo desapareceu nas Nonas de Julho – como eles chamam o mês que então era *Quintilis* –, não deixando nenhum rastro seguro da sua morte, exceto a época conforme acabamos de mencionar; porque nesse dia são ainda realizadas muitas cerimônias que representam o que aconteceu.

Tampouco essa incerteza deve ser considerada estranha, levando em conta como exemplo a morte de Cipião, o Africano, que morreu em sua própria casa depois de jantar. Isso não conseguiu ser provado nem refutado. Pois alguns dizem que ele morreu de morte natural, sendo de hábitos doentios; outros, que ele se envenenou; outros ainda, que seus inimigos, caindo sobre ele à noite, o sufocaram. Mas o cadáver de Cipião pôde ser visto por todos e qualquer um, de maneira que a partir da própria observação, conseguia alimentar suas suspeitas ou conjeturas. Ao passo que Rômulo, quando desapareceu, não deixou nem uma parte de seu corpo, nem vestígio de suas roupas para serem vistos.

Em consequência, alguns imaginaram que os senadores, tendo caído sobre ele no templo de Vulcano, esquartejaram seu corpo e cada um levou consigo um pedaço no peito. Outros acham que o desaparecimento não ocorreu nem no templo de Vulcano, nem pelos senadores; mas que quando ele discutia com umas pessoas fora da cidade, perto de um lugar chamado de Charco da Cabra, de repente aconteceram no local distúrbios estranhos e inexplicáveis. A face do sol escureceu e o dia virou noite, e esta tampouco foi uma noite tranquila e de paz, mas de terríveis trovoadas e ventos violentos de todos os quadrantes. E durante a tempestade, as pessoas se dispersaram e fugiram, mas os senadores se mantiveram juntos. Quando a tempestade passou e a luz apareceu novamente, as pessoas voltaram a se reunir, perceberam a ausência e perguntaram por seu rei. Os senadores não permitiram que o procurassem e tampouco se preocupassem com o assunto – eles ordenaram que se homenageasse e adorasse Rômulo, porque fora levado pelos deuses e, agora, estava prestes a ser para eles, em vez de um bom príncipe, um deus auspicioso. A multidão, ao ouvir isso, foi embora acreditando e se alegrando por ele; mas houve alguns que, considerando a questão de uma maneira hostil, acusaram e caluniaram os patrícios de terem persuadido o povo a crer em histórias ridículas, quando eles próprios eram os assassinos do rei.

Estando as coisas nesse clima de desordem um patrício, de família nobre e bom caráter, além de leal e grande amigo do próprio Rômulo, que tinha vindo com ele de Alba, cujo nome era Júlio Próculo, apresentou-se no Fórum. E fazendo o mais sagrado juramento, declarou diante de todos que, enquanto viajava pela estrada, Rômulo viera a seu encontro, e parecia mais alto e belo que nunca, vestido com armadura reluzente e flamejante. E ele, espantado com a aparição, perguntou: "Por que, ó Rei, ou por qual propósito nos abandonaste a injustas e perversas conjeturas, e igualmente ao luto e sofrimento infindos?" E declarou que ele respondeu: "Agrada aos deuses, ó Próculo, que nós, que viemos deles, permanecêssemos entre os homens o tempo que permanecemos; e tendo construído uma cidade para ser a maior do mundo em império e glória, eu devia retornar ao céu. Adeus, e diga aos romanos que, pelo exercício da temperança e firmeza, alcançarão o apogeu do poder humano; nós seremos, para vocês, o auspicioso deus Quirino". Isso pareceu crível aos romanos, pela honestidade e juramento do narrador e, de fato, também misturou-se à declaração uma certa paixão divina, alguma influência sobrenatural similar à possessão por uma divindade. Ninguém o contradisse e, colocando de lado todos os ciúmes e difamações, eles oraram para Quirino e o saudaram como um deus.[33]

Quem, ao ler essa passagem, não lembrou aquele outro encontro na estrada, recontado no capítulo vigésimo quarto de Lucas?

Eis que dois deles viajavam nesse mesmo dia para um povoado chamado Emaús, a sessenta estádios de Jerusalém; e conversavam sobre todos esses acontecimentos. Ora, enquanto conversavam e discutiam entre si, o próprio Jesus aproximou-se e pôs-se a caminhar com eles; seus olhos, porém, estavam impedidos de reconhecê-lo. Ele lhes disse: "Que palavras são essas que trocais enquanto ides caminhando?" E eles pararam, com o rosto sombrio.

Um deles, chamado Cléofas, perguntou-lhe: "Tu és o único forasteiro em Jerusalém que ignora os fatos que nela aconteceram nestes dias?" – "Quais?", disse-lhes ele. Responderam: "O que aconteceu a Jesus, o Nazareno, que foi um profeta poderoso em obra e em palavra, diante de Deus e diante de todo o povo: como nossos sumos sacerdotes e nossos chefes o entregaram para ser condenado à morte e o crucificaram. Nós esperávamos que fosse ele quem iria redimir Israel; mas, com tudo isso, faz três dias que todas essas coisas aconteceram! É verdade que algumas mulheres, que são dos nossos, nos assustaram. Tendo ido muito cedo ao túmulo e não tendo encontrado o corpo, voltaram dizendo que tinham tido uma visão de anjos a declararem que ele está vivo. Alguns dos nossos foram ao túmulo e encontraram as coisas tais como as mulheres haviam dito; mas não o viram!"

Ele, então, lhes disse: "Insensatos e lentos de coração para crer tudo o que os profetas anunciaram! Não era preciso que o Cristo sofresse tudo isso e entrasse em sua glória?" E, começando por Moisés e por todos os Profetas, interpretou-lhes em todas as Escrituras o que a ele dizia respeito.

Aproximando-se do povoado para onde iam, Jesus simulou que ia mais adiante. Eles, porém, insistiram dizendo: "Permanece conosco, pois cai a tarde e o dia já declina". Entrou então para ficar com eles. E, uma vez à mesa com eles, tomou o pão, abençoou-o, depois partiu-o e distribuiu-o a eles. Então seus olhos se abriram e o reconheceram; ele, porém, ficou invisível diante deles.[34]

Retornemos agora ao outro texto, escrito pelo sóbrio romano, comentando a aparição de Rômulo:

Isso se parece com certas fábulas gregas sobre Aristéas de Proconeso e Cleomedes de Astipaleia. Pois dizem que Aristéas morreu em uma oficina de tecidos, e seus amigos quando foram procurá-lo souberam que seu corpo havia desaparecido. Pouco depois, pessoas que vieram de longe disseram tê-lo encontrado viajando na direção de Crotona. E que Cleomedes, sendo um homem extraordinariamente forte e gigantesco, mas também selvagem e louco, cometeu muitos atos violentos. E por fim, num prédio escolar, golpeando um pilar que sustentava o teto, com seu punho quebrou-o ao meio, de maneira que a casa ruiu e matou as crianças que estavam nela. E quando o perseguiram, escondeu-se numa grande arca, fechando-a com a tampa, mantendo-a tão firme que muitos homens, com suas forças reunidas, não conseguiram abri-la. Mais tarde, quebraram a arca, mas não encontraram nenhum homem nela, nem vivo nem morto; assustados foram consultar o oráculo de Delfos, e a pitonisa respondeu: "De todos os heróis, Cleomedes é o último".

Dizem também que o corpo de Alcmena, enquanto a levavam para a sepultura, desapareceu e que uma pedra foi encontrada no ataúde. E muitas outras improbabilidades deste tipo que vossos fabulosos escritores narram, deificando criaturas naturalmente mortais; pois embora seja ímpio e vil negar completamente uma natureza divina à virtude humana, confundir o céu com a terra é ridículo! Acreditemos com Píndaro que diz:

Todos os corpos humanos rendem-se ao mandato da Morte,
A alma sobrevive por toda a eternidade.

Pois apenas ela provém dos deuses, deles vem e para eles retorna; não com o corpo, mas quando está livre e separada dele, e quando está pura, limpa e livre da carne: pois a alma mais perfeita, diz Heráclito, é uma luz seca, que sai do corpo como o raio rompe a nuvem; mas a que está saciada de corpo é como incenso denso e úmido, que é difícil de acender e, quando queima, se eleva lentamente. Não temos portanto que, contrariando a natureza, enviar ao céu também os corpos dos homens bons. Mas devemos realmente acreditar que, de acordo com sua condição e lei divinas, sua virtuosidade e suas almas são transferidas dos homens para os heróis, dos heróis para os semideuses, depois de passarem, como em um rito de iniciação, por uma purificação e santificação final; e libertando-se assim de tudo o que pertence à natureza humana e aos sentidos são, não por decreto humano, mas de acordo com a razão correta, elevados a deuses e admitidos na maior e mais abençoada perfeição. [...]

Contam-nos que Rômulo deixou o mundo quando tinha 54 anos, e estava no trigésimo oitavo ano de seu reinado.[35]

Os romanos usavam duas palavras para designar presenças ou poderes divinos, a saber: *deus* [com a mesma grafia que usamos em português] e *numem,* para a qual não temos nenhum termo apropriado. A raiz *Nv-*, da qual a segunda palavra é derivada, significa (muito curiosamente) "aceno de cabeça" (indicando aquiescência), daí a conotação "comando ou vontade" e então, "vontade divina ou poder, império divino".[36] Os antropólogos encontram para esse termo romano uma série de correspondentes primitivos. Por exemplo, o *mana* melanésio; o *wakon* dos índios dacotas; o *orenda* iroquês; o *manitu* algonquino; todos eles referindo-se a uma força mágica imanente impregnando certos fenômenos. O "aceno", portanto, teria sido experienciado não como vindo de fora, mas de dentro do objeto contemplado. Assim, enquanto a palavra latina *deus,* da raiz *Div*, "resplandecer", está relacionada com a palavra sânscrita *deva* – "deus" – e sugere um ser com uma personalidade definida, o termo *numem* sugere, antes de tudo, o impulso de uma vontade ou força sem nenhuma definição pessoal. Podemos lembrar aqui do sentido japonês das presenças divinas – *kami* – discutidas no volume II de *As Máscaras de Deus, Mitologia Oriental*, no capítulo dedicado ao xintoísmo.[37] Pois, como no Japão, também na Roma primitiva o universo vivente era considerado, tanto em seus aspectos maiores quanto menores, com um senso de perplexidade diante de sua mera existência. Há uma passagem pertinente em uma das cartas de Sêneca:

> Quando estamos num bosque de árvores excepcionalmente antigas e altas, cujos galhos entrelaçados misteriosamente ocultam a vista do céu, a grande altura da mata e o isolamento do lugar, juntamente com uma sensação de espanto diante da densa e impenetrável sombra, desperta em nós a crença em um deus. E quando uma gruta foi aberta na rocha viva de uma montanha, não por mãos humanas, mas pelos poderes da natureza, a alma humana é invadida por um surpreendente sentido do religioso. Nós honramos as nascentes dos grandes rios. Altares são erigidos onde brotam os inesperados cursos dos riachos. Mananciais de águas quentes e fumegantes inspiram veneração. E muitos pequenos lagos foram santificados por causa de sua localização oculta ou profundidade imensurável.[38]

Os *numina* romanos mais importantes eram os do lar, onde o celebrante principal era o *pater familias*. O culto familiar ocupava-se, em primeiro lugar, do mistério de sua própria continuidade no tempo, conforme representado nos rituais em homenagem aos antepassados (*manes*) e nos festivais dos mortos em geral (*parentes*). Os *numina* do lar também eram reverenciados: os da despensa (*penates*) e dos utensílios domésticos (*lares*). O guardião do fogo do lar, Vesta, era personificado em uma deusa e o da porta, Janus, era um deus. Havia também a ideia de um *numem* do poder procriador de cada varão, seu *genius*, e do poder conceptivo e gestativo da fêmea, seu *juno*. *Genius* e *juno* vinham à existência e morriam com o indivíduo, permaneciam a seu lado em vida protegendo os espíritos e podiam ser representados como serpentes. Sob a influência grega, o poder de *juno* transformou-se mais tarde na deusa Juno, protetora do parto e da maternidade, identificada então com a grega Hera. Uma série de *numina* das várias fases do processo agrícola era também celebrada: Sterculinius, o poder efetivo da fertilização das lavouras; Vervactor, a primeira aragem do solo; Redarator, a segunda; Imporcitor, a terceira; Sator, a semeadura da lavoura... e assim por diante, até Messia, a colheita; Convector, o recolhimento da colheita; Noduterensis, a eira; Conditor, o armazenamento dos grãos no celeiro; Tutilina, sua permanência ali, e Promitor, sua remoção para a cozinha.[39]

Outros *numina*, de presença mais constante, adquiriam caráter mais substancial, como Júpiter, senhor dos céus radiantes e da tempestade, identificado posteriormente com Zeus; Marte, o deus da guerra, equivalente a Ares; Netuno, o deus das águas, identificado com Posídon; Fauno, o patrono da vida animal; Silvanos, o deus dos bosques. De maneira comparável, entre as forças femininas temos: Ceres identificada com Deméter; Tellus-Mater com Gaia; Vênus, originalmente uma deusa do mercado, com a Afrodite cipriota; e a Fortuna, com Moira. Sabemos também da existência de Flora, deusa das Flores; Pomona, deusa das frutas; Carmenta, uma deusa das fontes e do nascimento; Mater Matuta, primeiro uma deusa do alvorecer e depois do nascimento.[40]

Na esfera mais ampla do culto do Estado, o correspondente do *pater familias* era o rei, originalmente um rei-deus. Seu palácio era o santuário principal, a rainha era sua esposa-deusa. Já observamos que no lar o *numem* da lareira (ou forno) era a deusa Vesta. Na família maior do Estado, o mesmo princípio sagrado foi reverenciado em toda a história da Roma pagã num templo circular, onde um fogo imaculado era guardado por seis mulheres altamente respeitadas. A chama era extinta no final de cada ano e reacendida à maneira primitiva, com varas incandescentes. As roupas das Virgens Vestais pareciam o vestido de noiva das romanas. Ao assumir seu voto, a monja devotada era solenemente abraçada pelo Sumo Pontífice, o sacerdote principal da cidade, que dizia a ela: *Te, Amata, capio*!: "Minha Amada, Eu tomo posse de ti!" Os dois tornavam-se simbolicamente marido e mulher e, se a Vestal quebrava o voto de castidade, era enterrada viva.

A correspondência desse contexto do Fogo Vestal, em todos os mínimos detalhes, com os rituais regicidas e o reacender do fogo sagrado, descritos no volume *Mitologia Primitiva,* desta mesma coleção[41] não poderia ser mais exata. A mitologia de tais rituais provinha das Idades Neolítica e do Bronze. Por isso, embora nada por escrito tenha chegado até nós sobre os séculos anteriores da cidade, é evidente que a mesma grandiosa mitologia das eras, anos e dias cíclicos, que modelou cada uma das outras civilizações do mundo, também modelou a de Roma – tanto em termos espaciais, no próprio plano da cidade conforme descrito na lenda da cerimônia de fundação por Rômulo, quanto em termos de calendário, nas leis de sua vida.

Num período precoce, a segunda parte do século VI a.C., uma casa real etrusca, a dos Tarquíneos, originários da Tarquínea (hoje Corneto), governou Roma. Eles foram expulsos por volta de 509 a.C., e foi então que começou o processo memorável da helenização da religião romana, que colocou seus costumes locais arcaicos em concordância com o novo humanismo dos principais centros da civilização que estavam em franco desenvolvimento. Nas décadas do governo etrusco, os templos e as imagens do culto eram feitas de estuque; mas pela pedra, Roma teve que esperar até a chegada dos artesãos gregos no século II a.C., quando também chegaram os Livros Sibilinos de Cuma, no sul: era um antigo lugar sagrado, cerca de dezenove quilômetros a oeste de Nápoles, fundado pelos gregos já no século VIII a.c., e particularmente conhecido por sua caverna oracular, onde profetizava a Sibila – sobre quem Virgílio escreveu na Égloga IV. A velha senhora visitou a cidade com um fardo de nove livros proféticos, dos quais três foram adquiridos e enterrados por segurança no templo de Júpiter, onde de tempos em tempos eram consultados, até desaparecerem no incêndio de 82 a.C.

Conforme narra Plutarco, as profecias eram sobre "muitas coisas tristes [...] muitas revoluções e deportações de cidades gregas, muitos surgimentos de exércitos bárbaros e mortes de homens de liderança".[42] Elas parecem também ter dividido a história do mundo em idades, as quais foram designadas segundo vários metais e divindades.[43] E, como podemos deduzir a partir das célebres palavras de Virgílio, o ciclo sibilino, em seu declínio, seria continuado – como em todos os ciclos míticos semelhantes – por uma Idade de Ouro de recomeço.

> Agora começa a última era da profecia de Cuma: o grande ciclo das eras ressurge. Agora retorna a Virgem, retorna o reinado de Saturno. Agora, das alturas do céu desce uma nova geração. Ó Lucina, santa deusa do parto, seja benevolente no nascimento daquele menino com quem a Raça de Ferro deverá começar a acabar, e em todo o mundo começará a despertar a de Ouro...[44]

Esse poema, com seu maravilhoso Menino, foi assumido na Idade Média cristã como uma profecia de Cristo. Virgílio foi, por isso, considerado uma espécie de profeta pagão. Sua ideia da Idade de Ouro vindoura lembra um pouco a escatologia dos escritores judeus apocalípticos. E o período de sua vida, 70-19 a.C., coincide perfeitamente com o período dos essênios de Qumrã. Entretanto, no delicado poema romano não há nenhum tumulto e nenhuma Guerra dos Últimos Dias. A imagem é de um *retorno* da Idade de Ouro no curso natural do ciclo que gira eternamente, não de uma passagem memorável, em um "dia do Messias", para um estágio final eterno do Universo. O Menino em questão, por último, não era um Messias de nenhum tipo, mas uma criança normal, nascida em uma família distinta, conhecida do poeta, numa época que Virgílio considerava, devidamente, como a do alvorecer de uma era de paz universal (para aqueles que estavam dispostos a desfrutá-la) sob o império de Roma. Tampouco o sentido das metáforas de Virgílio é para ser tomado literal e concretamente, mas sim de modo poético, como uma figura clássica de retórica.

Por volta do ano 100 a.C., o sumo pontífice romano Q. Mucius Scaevola, no espírito de um sábio estoico, propôs a teoria de uma tripla ordem de deuses: os deuses dos poetas, dos filósofos e dos estadistas. As duas primeiras ordens eram impróprias para a mente popular, e apenas a segunda era verdadeira. Entretanto, uma quarta ordem de deuses, muito mais potente que qualquer uma que ele concebera, já estava se tornando conhecida em Roma na sua época: a ordem do

Oriente Próximo, cujo apelo era, no sentido grego, nem poético nem filosófico, e cuja força, além do mais, iria influenciar em última instância não a preservação, mas a ruína da ordem moral de Roma e sua civilização.

A primeira ocasião para a introdução dessas forças estrangeiras altamente influentes havia ocorrido no ano de 204 a.C., quando o exército cartaginês de Aníbal ainda era uma ameaça dentro da Itália. Repetidas tempestades e chuvas de granizo tinham causado a impressão de que os próprios deuses, por alguma razão, estavam descontentes com o povo de Roma; e consultaram-se os Livros Sibilinos. A resposta foi que o inimigo seria expulso apenas quando o culto da Grande Deusa, da cidade frígia de Pesina, fosse introduzido em Roma.

Esta Magna Mater era Cibele, a mãe-esposa do salvador Átis, o que morria e ressuscitava eternamente; e esses dois eram as formas locais do casal que chegamos a conhecer tão bem: Inanna e Dumuzi, Ístar e Tammuz. Na alta idade etrusca, como mostra a figura 29, o mito cognato de Afrodite e seu amante Adônis morto e resgatado fora introduzido na Itália. Então, pelo conselho dos oráculos sibilinos, Cibele Magna Mater, sob o aspecto de uma grande pedra negra, foi importada e colocada num templo no Palatino.

Já comentamos a influência do culto de Mitra dentro do Império. Uma terceira religião dessa ordem, proveniente de Alexandria, foi a da então helenizada Ísis e seu esposo, agora chamado Serápis (do nome Osíris-Ápis). Todos esses cultos anteriormente locais tinham sido na época helênica sincretizados com as semelhantes tradições gregas dos movimentos dionisíaco, órfico e pitagórico, aos quais fora acrescentado algo da astrologia caldeia-helênica tardia. Tudo isso formou um complexo do saber macromicrocósmico que predominaria no Ocidente, de uma maneira ou de outra, até que a ciência renascentista acabasse com a antiga cosmologia de um universo geocêntrico, e revelasse surpresas jamais sonhadas pelos sábios dos antigos caminhos místicos.

Figuras relevantes nesse desenvolvimento foram o grego estoico Posidônio, já mencionado (*c*.135-50 a.C.)*; seu eloquente discípulo Cícero (106-43 a.C.); o amigo de Cícero, Públio Nigídio Fígulo (*c*.98-45 a.C.); e depois, Virgílio (70-19 a.C.); Ovídio (40 a.C.-17 d.C.); Apolônio de Tiana (floresceu no século I d.C.); Plutarco (*c*.46-120 d.C.); Ptolomeu (floresceu no século II d.C.) e Plotino (*c*.205-270 d.C.). Nas obras de todos eles ressoa uma certa nota moderna; pois as ciências de seu tempo – como fazem agora as ciências do nosso tempo – revelavam fatos da ordem natural que não podiam ser absorvidos pelas antigas cosmologias. De maneira que a ordem do dia era reter as ideias espirituais substanciais do passado, enquanto se pressionava em direção a novos horizontes.

Talvez o exemplo mais lúcido da maneira como o antigo saber estava traduzido em termos compatíveis com o novo, pode ser visto no "Sonho de Cipião

---

* *Supra*, pág. 208.

Africano, o Jovem", de Cícero, com o qual ele concluiu o argumento de sua *República*. O jovem que escolheu para ser o protagonista da obra vivera aproximadamente entre 185 e 129 a.C. Supunha-se que ele tivesse visto seu avô numa aparição, Cipião Africano, o Ancião (273-183 a.c.), que muitos anos antes havia invadido a África e derrotado Aníbal. O Ancião é representado revelando a seu neto parte daquilo que o aguardava no futuro e, ainda, uma nova visão espiritual tanto do Universo quanto do lugar do homem nele.

"Caí num sono mais profundo que o habitual", teria dito o Jovem, "e achei que o Africano estava diante de mim, assumindo a forma que me era familiar pela representação do seu busto mais que da sua pessoa".

Esta inflexão psicológica já é interessante. A visão retrata uma atitude subjetiva. Não se pede que acreditemos nela como um caso real de retorno de um morto – a atmosfera é poética e não mítico-religiosa.

O Africano perguntou: "Por quanto tempo seus pensamentos estarão fixados na terra indigna? Não vê em que regiões sublimes você adentrou?" E ele assinalou para as maravilhas de um Universo de nove esferas celestes. "A externa, o céu, compreende todas as demais", disse, "e é ela própria o Deus Soberano, mantendo e abarcando em si mesma todas as outras esferas. Nela são determinados os eternos cursos rotativos dos astros, e abaixo dela há sete outras esferas, que giram em direção oposta à do céu". O Africano nomeou-as em ordem: Saturno, Júpiter, Marte e o Sol, Vênus, Mercúrio e a Lua. "Abaixo da Lua", ele disse, "não há nada a não ser o que é mortal e condenado à decomposição, exceto as almas dadas aos homens pela generosidade dos deuses, enquanto que acima da Lua tudo é eterno. E a nona esfera ou a central, que é a Terra, está imóvel, inferior a todas, e em direção a ela todos os corpos materiais são atraídos por sua própria tendência natural para baixo".

A cosmologia é a da ciência helênica, que foi mais tarde sistematizada por Ptolomeu e conservada até Dante. Ela é originária, em última instância, da astrologia do zigurate, mas a Terra tornou-se uma esfera suspensa no meio de uma espécie de caixa chinesa de esferas concêntricas; não mais o disco plano de outrora, circundado por um oceano cósmico.

Perguntou o sonhador: "O que é esse som agradável que invade os meus ouvidos?" E a visão respondeu:

> O som é produzido pela impulsão e movimento das próprias esferas. Os intervalos entre elas, embora desiguais, estando dispostos numa proporção exatamente determinada, produzem diferentes harmonias, devido a uma agradável combinação de tons agudos e graves. Pois tais movimentos poderosos não podem ocorrer tão rapidamente em silêncio. E a natureza providenciou para que um extremo produza tons graves, enquanto o outro emite os agudos. Por isso, a esfera superior do céu, que sustenta as estrelas, porque gira mais rapidamente, produz um som alto, agudo, enquanto a esfera inferior em rotação, a da Lua, produz o som mais grave. Quanto à esfera terrestre, a nona, permanece sempre

imóvel e estacionária em sua posição no centro do Universo. Mas as outras oito esferas, duas das quais se movem com a mesma velocidade, produzem sete sons diferentes – número que é chave de quase tudo.

Os homens instruídos, imitando essa harmonia em instrumentos de corda e no canto, conquistaram para si um retorno a essa região, como outros obtiveram a mesma recompensa devotando seus brilhantes intelectos a buscas divinas em suas vidas terrenas. Os ouvidos dos homens, sempre invadidos por esse som, tornaram-se surdos a ele; pois não há sentido mais insensível do que o da audição. [...] Mas essa música poderosa, produzida pela revolução de todo o Universo na mais alta velocidade, não pode ser percebida pelos ouvidos humanos, da mesma maneira que não se pode olhar diretamente para o Sol, sem que o sentido da visão seja vencido pela sua radiação.

A teoria dos números de Pitágoras com relação ao princípio da harmonia na alma enuncia aqui uma nova imagem do Universo, e um modo moderno, secularizado, de vida. A ordem arcaica do Estado hierático com suas castas, sacrifícios e tudo o mais, e das artes servindo para iluminar tal Estado, pertence ao passado. As artes e os outros "propósitos divinos" de "intelectos brilhantes" aqui mencionados são concebidos em termos humanistas helenizados. Porém, nada ficou perdido da essência da doutrina.

A aparição de Ciprião Africano, o Ancião, continuou falando, referindo-se agora à esfera terrena, seus polos e zonas tórrida e temperada:

> Você notará que a Terra está cercada e circundada por certas zonas, das quais as duas que estão mais distantes e sustentadas por polos opostos do céu, estão confinadas pelas faixas geladas, enquanto a zona central e mais vasta é queimada pelo calor do Sol. Duas zonas são habitáveis. Dessas, a austral (cujas pegadas dos habitantes são opostas às tuas) não tem nenhuma relação com a tua zona. Examine esta zona norte na qual habita e perceberá que uma pequena parte dela pertence aos romanos. Pois todo esse território que vocês detêm, sendo estreito de norte ao sul e mais largo de leste a oeste é, na verdade, apenas uma pequena ilha cercada pelo mar, que vocês na terra chamam de Atlântico, o Grande Mar, ou o Oceano. Agora você pode ver quão pequeno ele é, apesar de seu nome imponente!

Em contraste surpreendente com todos os temas mitológicos apresentados até então, a terra natal, com seu sistema de valores locais e círculo de horizontes, é aqui reduzida, não aumentada, em importância. A visão é a de um intelecto humano razoável, consciente da magnitude do mundo e receptivo, que saúda e não resiste às perspectivas abertas para as quais a nova ciência, a política e as possibilidades de vida o estavam convidando. A diplomacia e a política teriam dali em diante um caráter secular e não pseudorreligioso. Entretanto, como os seguintes fragmentos do discurso demonstram, nem a diplomacia nem o espírito do homem sofreriam absolutamente nada com isso.

O espírito é o verdadeiro eu [disse o Africano], não esta forma física que pode ser apontada com o dedo. Saiba, portanto, que você é um deus, se deus é aquele que vive, sente, lembra e prevê; e que você controla, governa e movimenta o corpo no qual ele está, exatamente como o Deus Soberano acima de nós dirige este Universo. E exatamente como o Deus eterno move o Universo, que é parcialmente mortal, também um espírito imortal move o frágil corpo. [...]

Pois aquilo que está sempre em movimento é eterno. Mas aquilo que transmite o movimento a alguma outra coisa, mas é ele próprio movido por outra força, necessariamente deixa de viver quando esse movimento acaba. Por isso, apenas aquilo que se move a si próprio jamais cessa seu movimento, porque ele jamais abandona a si mesmo; é a fonte e causa primeira do movimento em todas as outras coisas que são movidas. Mas essa causa primeira não tem ela própria nenhum começo, pois tudo se origina da causa primeira, enquanto ela jamais pode se originar de qualquer outra coisa; porque não seria uma causa primeira aquela que devesse sua origem a qualquer outra coisa. E como jamais teve começo, jamais terá fim. [...]

Portanto, agora que está claro que o que se move por si mesmo é eterno, quem poderá negar que esta é a natureza dos espíritos? Pois tudo o que é movido por um impulso externo é desprovido de espírito. Mas o que quer que possua um espírito é movido por um impulso interno próprio. Porque assim é a natureza peculiar e propriedade do espírito. E como o espírito é a única força que se move por si mesma, certamente ele não tem nenhum começo e é imortal. Use-o, portanto, nos melhores propósitos!

Chegamos, assim, à questão dos melhores propósitos para o homem, e a resposta novamente é a de um homem sensato.

"Os melhores propósitos", disse o velho soldado estadista, "são aqueles assumidos em defesa da terra natal. Um espírito ocupado e treinado em tais atividades virá para aqui, seu lar e morada permanente, de maneira mais rápida. E esse voo será ainda mais rápido se, em sublimes meditações contemplando o Bom e o Belo, romper a prisão material que o prende".

A ênfase tipicamente romana, aqui colocada no valor espiritual de uma dedicação ao Estado, está apropriadamente representada pela figura do ancião salvador de sua cidade natal. E está em forte contraste com os muitos cultos orientais de negação do mundo, que estavam sendo introduzidos. Neles, uma dissociação das ordens temporal e eterna era assumida, implicando que para a realização espiritual era necessário renunciar totalmente a uma e dedicar-se à outra. No movimento órfico-pitagórico tal ideia era expressa no aforismo *soma-sema* ("o corpo, um túmulo"). Cícero, o bom estoico, confronta agora diretamente o tema.

MITOLOGIA OCIDENTAL

"Perguntei ao Africano", continua o jovem visionário, "se ele e meu pai e os outros a quem consideramos mortos estavam, na verdade, vivos. E ele respondeu: 'Certamente que estão vivos todos aqueles que conseguiram escapar, como se fosse de uma prisão, do cativeiro do corpo. Mas a vida de vocês, que os homens assim a chamam é, na verdade, a morte'".

O jovem, em desespero, gritou então a seu pai, Paulo: "Ó tu, o melhor e mais irrepreensível dos pais, já que aquela é a verdadeira vida, conforme o Africano me fez saber, por que deveria permanecer por mais tempo nesta terra?"

E seu pai, aparecendo-lhe, respondeu:

> Não é como você pensa. Pois a não ser que Deus – cujo templo é tudo o que você vê – o tenha libertado da prisão do corpo, você não conseguirá entrar nestes céus. Pois o homem ganhou a vida para que pudesse habitar a esfera chamada Terra, que você vê no centro deste templo. E ele recebeu um espírito daqueles fogos eternos que você chama de estrelas e planetas que, sendo corpos redondos e esféricos animados por inteligências divinas, giram em suas órbitas fixas em velocidade fantástica. Por isso, você, Públio, e todos os homens bons, têm que deixar o espírito sob a tutela do corpo. E não devem abandonar a vida humana, a não ser por ordem Dele, que lhes deu a vida, para que não pareçam ter fugido da responsabilidade que foi imposta ao homem por Deus. [...]
>
> Cultivar a justiça e a piedade, que devem ser grandes com pais e familiares, mas acima de tudo com referência à pátria. Uma vida assim é o caminho para o céu, para a reunião daqueles que concluíram suas vidas terrenas e foram libertados do corpo. E que vivem em um lugar além, que você agora vê e que vocês na Terra chamam de Via Láctea.[45]

Assim, ao mesmo tempo em que reconhece a tese órfica *soma-sema*, Cícero, como um verdadeiro espírito romano, deu toda a ênfase moral ao destino do espírito humano no tempo.

> Todos aqueles que tiverem preservado, auxiliado ou engrandecido sua pátria têm um lugar especialmente preparado no céu, onde poderão gozar uma vida eterna de felicidade. Pois nada, de tudo o que é feito na Terra, agrada mais ao Deus Soberano que governa todo o Universo, do que as assembleias e reuniões de homens unidos na justiça, que são chamadas Estados. Seus governantes e mantenedores provêm daquele lugar e para ele retornam.[46]

A doutrina difere muito pouco do *karma-yoga* indiano apregoado pelos sábios reais Ajatashatru e Jaibali, nos primeiros Upanixades.[47] Assim como os mestres indianos ensinam a libertação – tanto de si mesmos quanto de seus Estados –, Cícero, em sua nobre visão, ensina o desapego, bem como o dever. "Os espíritos daqueles que se entregam aos prazeres sensuais e se tornam, por assim dizer, seus escravos", declara ele, "que violam as leis de Deus e dos homens na instigação da voluptuosidade libidinosa, que são subservientes ao prazer, depois de deixarem seus corpos flutuam próximos da Terra e não retornam ao lugar celestial, a não ser depois de muitos anos de tortura".[48]

Seria difícil criar uma analogia mais próxima à doutrina da reencarnação do Oriente, e no entanto a atmosfera romana diferia tão radicalmente da indiana quanto o conceito dos deveres humanos de ambas as culturas. Pois os "propósitos divinos" do cidadão romano não eram determinados pela casta, mas pelo julgamento de suas próprias faculdades; tampouco era sua referência última a libertação do mundo, mas servir inteligentemente os propósitos humanos enquanto se vive nele. Virgílio, no livro sexto da *Eneida*, apresentou outra visão dessa mesma mitologia. Ao fazê-lo, tornou-se qualificado para conduzir Dante por uma revelação posterior dessa terra do espírito; embora também entre Virgílio e Dante houvesse uma diferença, visto que para o romano a inteligência no centro da terra não era satânica, porém divina.

Escritores cristãos – mesmo os do tipo mais liberal –, jamais foram capazes de apreciar a devoção dos pagãos romanos; por exemplo, aquela veneração do imperador que o patrono de Virgílio, Augusto, fez com que fosse instituída como política de Estado. As duas afirmações de Cícero, de que o caminho para o céu passa pelo servir à pátria e que cada um deve saber que é um deus, abriram caminho para o posterior culto ao imperador, que Virgílio apoiou em uma passagem importante da *Eneida*,[49] e também Ovídio em sua *Metamorfoses*.[50] Porque, afinal, se todo peixe e toda mosca tem uma divindade interior, por que o chefe de Estado não poderia ser reverenciado como *primus inter pares*? Não se deve comparar, entretanto, tal atitude de respeito com a deificação do contemporâneo de Augusto, Jesus: porque na visão cristã o mundo e suas criaturas não são providos de divindade. A deificação de Jesus marca uma designação radical, muito além de qualquer coisa possível onde todas as coisas são em essência *numina*. E do ponto de vista romano, a recusa cristã de conceder uma pitada de incenso a uma imagem do imperador era uma atitude não apenas rebelde, mas também ateia, com a divindade do Universo que toda visão mítica e filosófica na história conhecida da humanidade (exceto a da até então completamente desconhecida Bíblia) tinha ensinado como a Verdade última das verdades.

Augusto, tendo reinado de 27 a.C. até o ano de 14 d.C. e mantido na medida do possível a aparência do Estado como uma república, deu uma nova grandeza imperial às antigas bases religiosas da cidade. Seu próprio palácio tornou-se o santuário principal do Estado, como nos tempos antigos haviam sido os palácios dos reis-deuses. Um novo templo das Virgens Vestais foi construído vinculado ao palácio, e aumentaram as homenagens públicas dedicadas às Vestais. A Apolo – divindade protetora de Augusto, a quem ele creditou a vitória no Áccio, sobre Antônio e Cleópatra –, foi construído um templo no Palatino. E numa parte destacada do novo Fórum ergueu-se um templo a Marte Ulter, "O Vingador", ancestral divino da dinastia juliana, a quem foi atribuída a vingança sobre os assassinos de César. Esse templo tornou-se então o santuário de todos os ritos familiares da dinastia; bem como da investidura de todos os magistrados provinciais; da tomada de decisões do Senado sobre a guerra e a paz; da preservação dos emblemas triunfantes de batalha e das cerimônias de cravação do Prego Anual.

No ano de 17 a.C. foi celebrado um estupendo jubileu, o Festival do Saeculum, para expressar de maneira impressionante a ideia do Mundo Renovado, anunciada por Vírgilio na sua Égloga IV. Arautos solicitaram aos quatro ventos a participação de todos, e só foram excluídos os escravos. Os ritos funerários foram suspensos e os procedimentos da corte protelados. De 26 a 28 de maio, distribuíram-se fumigantes para a purificação dos lares. De 29 a 31 de maio, as autoridades receberam dos cidadãos contribuições em cereais para serem distribuídos aos atores e espectadores dos jogos festivos. E na véspera de 1º de junho, iniciou-se a grande festa que se prolongaria por três dias.

Permitam-me que relate aqueles dias, usando-me das palavras do falecido Prof. L. A. Deubner, da Universidade de Friburgo. Seu artigo sobre a religião romana, no clássico *Lehrbuch der Religionsgeschichte* [Manual de História das Religiões], do Prof. Chantepie de la Saussaye, abriu-me os olhos pela primeira vez, há quase quarenta anos, à origem comum do mito arcaico do Menino da Idade de Ouro de Vírgilio e o Messias apocalíptico cristão.

> Na primeira noite Augusto sacrificou nove ovelhas e nove cabras às Parcas. Depois, foram representadas peças teatrais e cento e dez matronas ofereceram banquetes religiosos a Juno e Diana. No dia 1º de junho, Augusto, e a seguir seu genro Agripa, ofereceram um boi a Júpiter, depois do que, num teatro de madeira no Campo de Marte, foram apresentadas peças latinas. Na noite seguinte, Augusto sacrificou nove vacas, de cada uma das três espécies, à deusa do nascimento, Ilítia; e no dia 2 de junho, Agripa ofereceu uma vaca à Juno Regina do Capitólio. Depois de orar por si mesmo e por Augusto, Agripa fez outra oração pelas cento e dez matronas. E as peças daquele dia foram as mesmas apresentadas no dia anterior.

> Na última noite, Augusto sacrificou uma leitoa prenha à Mãe Terra e as matronas novamente prepararam banquetes. Durante o dia seguinte, o último, Augusto e Agripa ofereceram a Apolo e Diana nove vacas de cada uma das espécies que tinham sido sacrificadas na segunda noite. Em todas essas noites e dias, as preces pronunciadas nos momentos dos sacrifícios suplicavam proteção para o Estado e seu povo tanto na guerra como na paz, a vitória, saúde e bênçãos para o povo e as legiões, para a pessoa e família do imperador que oferecia o sacrifício, e também para o colégio do sacerdócio sibilino. Terminando as cerimônias de 3 de junho, um coro de 27 meninos e 27 meninas, cujos pais estavam todos vivos, cantaram o hino do festival composto por Horácio, primeiro no Palatino, onde Apolo e Diana foram reverenciados, e depois no Capitólio. [...] As últimas

horas do dia foram preenchidas com peças teatrais, corridas de carruagens e apresentações de prestidigitadores. Depois de tudo, foram acrescentados alguns dias de vários tipos de apresentações, durante os quais a exaltação do festival foi decrescendo.

Quando se compara esse Festival do Saeculum promovido por Augusto com festejos anteriores desse mesmo tipo (comenta o Prof. Deubner), torna-se evidente a ideia envolvida. Os anteriores haviam sido festivais exclusivamente noturnos, devotados às divindades do mundo ínfero, Plutão e Perséfone. Sua função era corrigir falhas, purificar pecados, satisfazer os poderes das trevas, aplacar as mandíbulas da morte e estabelecer limites entre o que fora e o que haveria de ser. O novo festival, por outro lado, acrescentou o festival diurno ao noturno. Dessa maneira, proclamava a mensagem triunfante a todos que quisessem ouvir: das Trevas para a Luz! E mesmo nas celebrações noturnas, as divindades invocadas não eram Plutão e Perséfone, mas as forças geradoras da vida residentes nas profundezas da terra. Elas iam derramar sobre o mundo da luz as bênçãos que Roma pedia tão ferventemente. O Festival da Morte do Antigo Saeculum transformara-se no Festival da Ressurreição do Novo. E o imperador do alegre populacho aparecia no papel de Salvador da Era da Alvorada, inundado na glória da luz de Apolo.[51]

Não se pode deixar de reconhecer nessa ideia o prelúdio da transferência do Dia de Deus que na tradição cristã passou do sábado – "Dia de Saturno" (o deus e planeta das trevas frias e da obstrução) – para o domingo do Novo Testamento, "Dia do Sol": *Sol invictus*, o símbolo da luz, a vitória sobre as trevas e o renascimento.*

Augusto, após a morte, foi elevado ao círculo dos deuses do Estado romano. Seu antecessor foi Júlio César que, morto por assassinato, recebeu um templo em sua honra edificado no próprio Fórum. Augusto, enquanto vivo, não havia permitido que sua pessoa fosse diretamente venerada em Roma – só admitiu oferendas dedicadas a seu *genius*. Entretanto, nas províncias recebeu adoração, na condição de veículo do espírito do Estado romano, e recusar-lhe uma tal reverência era crime político suscetível de pena capital. Depois de sua morte, foi criado um sacerdócio especial dedicado aos serviços de seu culto, assim como nos anos vindouros surgiriam sacerdócios específicos para cada um dos imperadores deificados, até que, como observa o Prof. Deubner, "sobreveio uma completa desvalorização da ideia de apoteose".[52]

Cômodo (reinou de 180 a 192 d.C.) foi o primeiro que permitiu ser adorado como deus vivo em Roma; Aureliano (reinou de 270 a 275) admitiu ser tratado como "Senhor e Deus" (*dominus et deus*). Diocleciano (reinou de 284 a 305)

---

* Ver págs. 215, 216. [N. do T.]

chegou às últimas consequências, ordenando que fosse conhecido como Jovius, "de Júpiter", e a seu vice-rei Maximiano, como Herculius, "de Hércules". Naqueles dias de declínio do Império, quando os restos sagrados de um imperador eram colocados numa grande pira de muitos degraus e cremados, programava-se para que na hora certa aparecesse, voando do pico da flamejante Torre Cósmica, uma águia – o pássaro do Sol –, simbolizando o espírito do falecido, libertado de seu fardo terreno, agora voando para casa.

IV. O CRISTO RESSUSCITADO

O evento mitológico recorrente da morte e ressurreição de um deus, que fora por milênios o mistério central de todas as grandes religiões do Oriente Próximo nuclear, tornou-se na doutrina cristã um evento temporal, que ocorrera apenas uma vez e marcara o momento da transfiguração da história. Pela Queda de Adão junto à Árvore do Jardim, a morte havia chegado ao mundo. Pela aliança de Deus com os Filhos de Israel, um povo foi preparado para receber e encarnar o Deus Vivo. Por intermédio de Maria aquele ser divino chegara ao mundo, não como mito, não como símbolo, mas em carne e osso, historicamente. Na cruz ele proporcionou aos olhos e ao coração um sinal silencioso, que foi interpretado distintamente à luz dos diferentes pontos de vista das diferentes seitas, mas foi para todos – seja qual for a interpretação – uma força prodigiosa tanto afetiva quanto simbólica.

Não sabemos de fato se, historicamente, Jesus de Nazaré sabia que ia morrer na cruz. Poder-se-ia argumentar, suponho, que em seu caráter de Homem Verdadeiro talvez não soubesse, embora como Deus Verdadeiro talvez soubesse desde toda a eternidade. Mas o paradoxo da vida – a um só tempo trágica e além da tragédia – está implícito em seu sinal silencioso. Contudo, independentemente de saber ou não, e de que maneira sabia, o fato é que duas décadas após sua morte, a Cruz do inspirado e inspirador jovem anunciador do Dia de Deus, crucificado sob a administração de Pôncio Pilatos (o procurador romano da Judeia de 26 a 36 d.C.), já tinha se tornado, para seus seguidores, o símbolo compensatório da Árvore da Queda no Jardim.

Os primeiros documentos cristãos que chegaram até nós são as cartas de Paulo, 51 a 64 d.C., escritas a seus conversos das agitadas cidades mercantis helenistas, nas quais ele introduzira a nova fé. Nelas, a imagem mítica fundamental da Queda pela Árvore e da Redenção pela Cruz já estava definida firmemente. "Com efeito, visto que a morte veio por um homem", escreveu Paulo, "também por um homem vem a ressurreição dos mortos. Pois, assim como todos morrem em Adão, em Cristo todos receberão a vida".[53] E na sua epístola aos Filipenses, escrita por volta de 61-64 d.C., há uma citação notável de um antigo hino cristão – o mais antigo de que temos conhecimento – onde Jesus já crucificado é aclamado como o Messias, "quem", como podemos ler, tinha a condição divina; e não considerou o ser igual a Deus como algo a que se apegar ciosamente. Mas esvaziou-se a si mesmo, e assumiu a condição de servo, tomando a semelhança humana. E, achado em figura de homem, humilhou-se e foi obediente até a morte, e morte de cruz! Por isso Deus o sobre-exaltou grandemente e o agraciou com o Nome que é sobre todo o nome para que, ao nome de Jesus, se dobre todo joelho dos seres celestes, dos terrestres e dos que vivem sob a terra, e, para glória de Deus, o Pai, toda língua confesse: Jesus é o Senhor.[54]

Esse, entretanto, é um conceito muito diferente de Messias, quando comparado ao conceito da expectativa judaica ortodoxa, em que não há nenhuma ideia do Messias na condição de Deus. Conforme o Prof. Joseph Klausner analisou a expectativa, ela era – e é – (os itálicos são do Prof. Klausner) de:

um homem verdadeiramente preeminente, à medida que a *imaginação judaica* podia imaginá-lo, era supremo em força e heroísmo, era supremo também em qualidades morais. Uma grande personalidade, incomparavelmente superior e mais forte do que as pessoas comuns; uma personalidade à qual todos se submetem voluntariamente e que todos acreditam que pode superar todas as coisas. Por essas mesmas razões, contudo, ele tem um poderoso sentido de dever – esse é o homem preeminente do judaísmo. De um homem preeminente como esse é possível dizer-se: "Tu o fizeste um pouco inferior a Deus". Porque de um homem preeminente como esse a Deus é apenas um passo. Mas esse passo o judaísmo *não deu*. Dentro dos limites de uma humanidade que está aperfeiçoando-se continuamente, formou o ideal de carne e sangue, "a ideia do limite último do homem" (na expressão de Kant), essa grande personalidade, por meio da qual e pela ajuda da qual a redenção e a salvação podem chegar à humanidade – o Rei Messias.[55]

Ao contrário disso, a lenda cristã de um tempo antigo (quão antigo, entretanto, é uma questão controversa) tomou para si um motivo já bem conhecido tanto na mitologia grega – notadamente nos mitos de Leda e o Cisne, Dânae e a Chuva de Ouro – quanto no mito zoroastriano de Saoshyant: ou seja, o do nascimento virginal.

O NASCIMENTO VIRGINAL

Segundo o Evangelho de Lucas:

No sexto mês, o anjo Gabriel foi enviado por Deus a uma cidade da Galileia, chamada Nazaré, a uma virgem desposada com um varão chamado José, da casa de Davi; e o nome da virgem era Maria. Entrando onde ela estava, disse-lhe: "Alegra-te, cheia de graça, o Senhor está contigo!" Ela ficou intrigada com essa palavra e pôs-se a pensar qual seria o significado da saudação. O Anjo, porém, acrescentou: "Não temas, Maria! Encontraste graça junto de Deus. Eis que conceberás no teu seio e darás à luz um filho, e tu o chamarás com o nome de Jesus. Ele será grande, será chamado Filho do Altíssimo, e o Senhor Deus lhe dará o trono de Davi, seu pai; ele reinará na casa de Jacó para sempre, e o seu reinado não terá fim". Maria, porém, disse ao Anjo: "Como é que vai ser isso, se eu não conheço homem algum?" O anjo lhe respondeu: "O Espírito Santo virá sobre ti e o poder do Altíssimo vai te cobrir com a sua sombra; por isso o Santo que nascer será chamado Filho de Deus". [...] Disse, então, Maria: "Eu sou a serva do Senhor; faça-se em mim segundo a tua palavra!" E o Anjo a deixou.[56]

No simples plano da lenda, sem consideração pela possibilidade de um milagre verdadeiro, o nascimento de mãe virgem tem de ser interpretado como um motivo mítico do lado persa ou grego – não hebraico – da herança cristã; e nas duas versões existentes da atmosfera da Natividade aparecem mais motivos desse lado gentílico.

O BEBÊ NA MANJEDOURA

Também segundo Lucas:

Naqueles dias, apareceu um edito de César Augusto, ordenando o recenseamento de todo o mundo habitado. Esse recenseamento foi o primeiro enquanto Quirino era governador da Síria. E todos iam se alistar, cada um na própria cidade. Também José subiu da cidade de Nazaré, na Galileia, para a Judeia, na cidade de Davi, chamada Belém, por ser da casa e da família de Davi, para se inscrever com Maria, sua mulher, que estava grávida. Enquanto lá estavam, completaram-se os dias para o parto, e ela deu à luz o seu filho primogênito, envolveu-o com faixas e reclinou-o numa manjedoura, porque não havia um lugar para eles na sala.

Na mesma região havia uns pastores que estavam nos campos e que durante as vigílias da noite montavam guarda a seu rebanho. O Anjo do Senhor apareceu-lhes e a glória do Senhor envolveu-os de luz; e ficaram tomados de grande temor. O anjo, porém, disse-lhes: "Não temais! Eis que eu vos anuncio uma grande alegria, que será para todo o povo: Nasceu-vos hoje um Salvador, que é o Cristo-Senhor, na cidade de Davi. Isto vos servirá de sinal: encontrareis um recém-nascido envolto em faixas deitado numa manjedoura". E de repente juntou-se ao anjo uma multidão do exército celeste a louvar a Deus dizendo: "Glória a Deus no mais alto dos céus e paz na terra aos homens que ele ama!"

Quando os anjos os deixaram, em direção ao céu, os pastores disseram entre si: "Vamos já a Belém e vejamos o que aconteceu, o que o Senhor nos deu a conhecer". Foram então às pressas, e encontraram Maria, José e o recém-nascido deitado na manjedoura. Vendo-o, contaram o que lhes fora dito a respeito do menino; e todos os que os ouviam ficavam maravilhados com as palavras dos pastores. Maria, contudo, conservava cuidadosamente todos esses acontecimentos e os meditava em seu coração. E os pastores voltaram, glorificando e louvando a Deus por tudo o que tinham visto e ouvido, conforme lhes fora dito.⁵⁷

Esse episódio ecoa, na narrativa dos pastores de ovelhas, o motivo familiar da lenda do advento de Mitra, nascido de um rochedo. O angélico Senhor dos Exércitos sugere também um antecedente zoroastriano, particularmente porque a glória do Senhor ilumina à sua volta. Tal brilho – em avéstico, *Xvarnah*: "Luz de Glória"⁵⁸ – é a luz da criação prístina de Ahura Mazda, simbolizada pela auréola, que aparece primeiramente na arte persa e passa para o Leste, para a esfera budista, e a Oeste, à esfera cristã. Uma versão totalmente diferente da Natividade é dada pelo Evangelho segundo Mateus, tão distante quanto possível da atmosfera idílica do cenário pastoral pacífico de Lucas.

A VISITA DOS MAGOS

Tendo Jesus nascido em Belém da Judeia, no tempo do rei Herodes, eis que vieram magos do Oriente a Jerusalém, perguntando: "Onde está o rei dos judeus recém-nascido? Com efeito, vimos a sua estrela no céu surgir e viemos homenageá-lo". Ouvindo isso o rei Herodes ficou alarmado e com ele toda Jerusalém. E, convocando todos os chefes dos sacerdotes e os escribas do povo, procurou saber deles onde havia de nascer o Cristo. Eles responderam: "Em Belém da Judeia, pois é isto que foi escrito pelo profeta: E tu, Belém, terra de Judá, de modo algum és o menor entre os clãs de Judá, pois de ti sairá um chefe que apascentará Israel, o meu povo".

Então Herodes mandou chamar secretamente os magos e procurou certificar-se com eles a respeito do tempo em que a estrela tinha aparecido. E, enviando-os a Belém, disse-lhes: "Ide e procurai obter informações exatas a respeito do menino e, ao encontrá-lo, avisai-me, para que também eu vá homenageá-lo". A essas palavras do rei, eles partiram. E eis que a estrela que tinham visto no céu surgir ia à frente deles até que parou sobre o lugar onde se encontrava o menino. Eles, revendo a estrela, alegraram-se imensamente. Ao entrar na casa, viram o menino com Maria, sua mãe, e, prostrando-se o homenagearam. Em seguida, abriram seus cofres e ofereceram-lhe presentes: ouro, incenso e mirra. Avisados em sonho que não voltassem a Herodes, regressaram por outro caminho para a sua região.⁵⁹

A Festa da Visita dos Magos é hoje celebrada em 6 de janeiro. Essa era a data do festival, na Alexandria egípcia, do nascimento do novo Aion (uma personificação sincrética de Osíris), dado à luz por Core, "a Virgem", que era identificada com Ísis, de quem a brilhante estrela Sírio (Sótis) elevando-se no horizonte fora por milênios o sinal aguardado. O surgimento da estrela anunciava a elevação das águas do Nilo, pela qual a graça renovadora do mundo do deus Osíris, morto e ressuscitado, inundaria a terra.

Escrevendo sobre o Festival de Core no templo de Alexandria, Santo Epifânio (*c*.315-402 d.C.) afirma que "na véspera daquele dia era costume passar a noite cantando e adorando as imagens dos deuses. Ao alvorecer, descia-se até uma cripta de onde se retirava uma imagem de madeira que tinha o símbolo de uma cruz e uma estrela de ouro marcados nas mãos, joelhos e cabeça. Ela era levada em procissão e depois trazida de volta para a cripta. Dizia-se que isso era feito porque 'a Virgem' tinha dado à luz Aion".[60]

O atual costume de se celebrar o Natal no dia 25 de dezembro parece não ter sido instituído antes do ano 353 ou 354, em Roma, sob o Papa Libério: possivelmente para absorver o festival do advento de Mitra, nesse dia, nascido de um rochedo. Porque 25 de dezembro marcava naqueles séculos o solstício de inverno. De maneira que Cristo, então, como Mitra e o Imperador de Roma, podia ser reconhecido como o sol ascendente.[61] Temos, portanto, dois mitos e duas datas do episódio da Natividade, 25 de dezembro e 6 de janeiro, com vínculos que apontam por um lado para o domínio persa e, por outro, para a esfera egípcia.

A FUGA PARA O EGITO E O MASSACRE DOS INOCENTES

A versão de Mateus continua:

> Após sua partida, eis que o Anjo do Senhor manifestou-se em sonho a José e disse-lhe: "Levanta-te, toma o menino e sua mãe e foge para o Egito. Fica lá até que eu te avise, porque Herodes vai procurar o menino para o matar". Ele se levantou, tomou o menino e sua mãe, durante a noite, e partiu para o Egito. Ali ficou até a morte de Herodes, para que se cumprisse o que dissera o Senhor por meio do profeta: "Do Egito chamei o meu filho". (Oseias 11,1)
>
> Então Herodes, percebendo que fora enganado pelos magos, ficou muito irritado e mandou matar, em Belém e em todo o seu território, todos os meninos de dois anos para baixo, conforme o tempo de que havia se certificado com os magos. Então cumpriu-se o que fora dito pelo profeta Jeremias: "Ouviu-se uma voz em Ramá, choro e grande lamentação: Raquel chora seus filhos e não quer consolação, porque eles já não existem". (Jeremias 31,15)
>
> Quando Herodes morreu, eis que o Anjo do Senhor manifestou-se em sonho a José, no Egito, e disse-lhe: "Levanta-te, toma o menino e sua mãe e vai para a terra de Israel, pois os que buscavam tirar a vida ao menino já morreram". Ele se levantou, tomou o menino e sua mãe e entrou na terra de Israel. Mas, ouvindo que Arquelau era rei da Judeia em lugar de seu pai Herodes, teve medo de ir para lá. Tendo recebido um aviso em sonho, partiu para a região da Galileia e foi morar numa cidade chamada Nazaré, para que se cumprisse o que foi dito pelos profetas: "Ele será chamado Nazareu".[62] [forma usada por Mateus para "Nazareno"]

É interessante comparar esta narrativa sobre a malícia do rei tirano, com a lenda judaica do nascimento de Abraão, extraída de um *Midrash* tardio:

O nascimento de Abraão foi lido nas estrelas por Nimrod; pois esse rei ímpio era um astrólogo sagaz e foi-lhe manifestado que na sua época nasceria um homem que ia se levantar contra ele, e triunfantemente desmentiria sua religião. Apavorado com o destino previsto nos astros, ele chamou seus príncipes e governadores e pediu-lhes conselhos para o problema. Eles responderam, dizendo: "Nosso conselho unânime é que tu deverias construir uma grande casa, colocar um guarda na porta dela e fazer saber em todo o teu reino que todas as mulheres grávidas devem dirigir-se para lá acompanhadas de suas parteiras, que deverão permanecer com elas durante o parto. Quando os dias de gravidez tiverem se cumprido e a criança tiver nascido, será dever da parteira matá-la, se for menino. Mas se for menina, ela deverá ser mantida viva e a mãe receberá presentes e roupas caras, e um mensageiro proclamará: "Isso é feito para a mulher que pare filha!"

O rei gostou desse conselho e fez publicar uma proclamação em todo o reino, convocando todos os arquitetos para construírem uma grande casa para ele, com sessenta varas de altura e oitenta de largura. Quando ficou pronta, publicou uma segunda proclamação, convocando todas as mulheres grávidas para lá, onde deveriam permanecer até o parto. Foram designados oficiais para levarem as mulheres para a casa e guardas foram colocados dentro e fora dela, para impedir que as mulheres escapassem. Enviou também parteiras para a casa e lhes ordenou que matassem as crianças do sexo masculino, quando estivessem mamando. Mas se a criança nascida fosse menina, ela deveria ser envolvida em linho, seda e roupas bordadas, e levada da casa de detenção com grandes honras.

Não menos do que setenta mil crianças foram mortas dessa maneira. Então os anjos apareceram diante de Deus, dizendo: "Não vês Tu o que ele está fazendo, aquele pecador e blasfemador, Nimrod filho de Canaã, que mata tantos bebês inocentes que não fizeram nenhum mal?" Deus respondeu, dizendo: "Anjos divinos, sei disso e vejo o que ocorre, pois nem descanso nem durmo. Eu vejo e sei as coisas secretas e as que são reveladas, e vós sereis testemunhas do que farei a esse pecador e blasfemador, pois voltarei Minha mão contra ele para castigá-lo".

Foi por volta dessa época que Terah desposou a mãe de Abraão e ela ficou grávida. Quando seu corpo alargou-se no final de três meses de gravidez e o rosto ficou pálido, Terah perguntou-lhe: "O que é que tens, minha esposa, que teu rosto está tão pálido e teu corpo tão inchado?" Ela respondeu, dizendo: "Todos os anos sofro desse mal". Mas Terah não ficou satisfeito. E insistiu: "Mostre-me teu corpo. Parece-me que tu estás grávida. Se for verdade, cabe-nos não violar a ordem de nosso deus Nimrod". Quando ele passou a mão pelo corpo dela, ocorreu um milagre. A criança subiu até colocar-se entre os seios da mãe e Terah não pôde sentir nada com suas mãos. Ele disse para sua mulher: "Tu disseste a verdade", e nada se tornou visível até o dia do parto.

Quando a hora estava próxima, ela deixou a cidade em pânico e andou em direção ao deserto, seguindo pela margem de um vale, até topar com uma caverna.

Entrou no refúgio e, no dia seguinte, iniciaram-se as dores do parto e ela deu à luz um filho. A caverna inteira ficou repleta da luz do semblante da criança, como se fosse o esplendor do sol, e a mãe rejubilou-se de alegria. O bebê que ela deu à luz foi o nosso patriarca Abraão.

A mãe, lamentando-se, disse a seu filho: "Pobre de mim que te pari nesta época em que Nimrod é rei. Por tua causa setenta mil crianças do sexo masculino foram mortas e estou aterrorizada por ti, que ele fique sabendo da tua existência e te mate. Melhor que morresses aqui nesta caverna do que assistir tua morte no meu peito". Ela pegou a roupa que vestia e envolveu com ela o menino. Em seguida abandonou-o na caverna, dizendo: "Que o Senhor esteja contigo, que ele não se esqueça de ti nem te abandone".

Assim Abraão foi abandonado na caverna, sem ninguém para tomar conta dele e começou a chorar. Deus enviou Gabriel para dar-lhe leite, e o anjo fez jorrar do dedo mindinho da mão direita do bebê e ele sugou-o até ter dez dias. Então levantou-se, caminhou e abandonou a caverna...[63]

Na Índia, a mesma lenda é narrada a respeito do estimado salvador Kṛṣṇa, cujo malvado tio, Kansa, era, neste caso, o rei tirano. A mãe do salvador, Devakī, era de descendência real, a sobrinha do tirano. Quando ela se casou, o terrível monarca ouviu uma voz misteriosa, que o fez saber que o oitavo filho dela seria seu assassino. Por isso, confinou-a, a ela e seu marido, o nobre devoto Vāsudeva, numa prisão fortemente vigiada. Ali, matou os seis primeiros filhos dela, tão logo nasceram.

Porque naqueles dias um grande número de demônios, que seduziram as mulheres da terra por meios de diferentes ardis, conseguiram nascer no mundo como tiranos, dos quais Kansa era o maior. E o peso de sua tirania era tal que a deusa Terra, incapaz de suportar a carga de seus exércitos em guerra, assumiu a forma de uma vaca, e se lamentando de maneira comovente, foi até os deuses suplicar por ajuda, no pico da montanha cósmica. Eles então, juntamente com a vaca, encaminharam-se para a margem do oceano cósmico, em cuja superfície o Senhor do Universo repousa sobre a serpente infinita Ananta, dormindo o sono eterno, sonhando o sonho que é o Universo. E à margem do oceano cósmico, o líder dos deuses reunidos, Brahma, o Criador, prostrou-se e suplicou à grande forma que se via ao longe sobre as águas profundas: "Ó Tu, grande Viṣṇu, tanto possuidor de forma quanto desprovido de forma, simultaneamente de uma e muitas formas; que ouve sem ter ouvidos, que vê sem ter olhos, conhecedor sem ser conhecido de ninguém: tu és o centro comum, protetor de todas as coisas, no qual tudo repousa. Não há nada além de ti mesmo, ó Senhor, e jamais haverá. Glória a ti, maior entre os grandes, menor entre os pequenos, que tudo abrange. Vê esta deusa Terra, que agora vem a teu encontro terrivelmente oprimida!"

Acabada a prece, ouviu-se uma voz profunda, ampla, porém suave e auspiciosa, como o ribombar de trovão distante, dizendo que ficassem todos em paz. Então, a radiante forma adormecida, da cor de um lótus azul, repousando sobre as espirais branco-leitosas da serpente de múltiplas cabeças, Ananta, puxou de si mesma dois fios de cabelo: um branco-leitoso e outro negro-azulado, soltando-os no ar.

O fio branco, branco como Ananta, nasceu como o sétimo filho de Devakī, o salvador Balarāma, e o fio negro como o oitavo, o negro Kṛṣṇa. Mas o esposo da nobre senhora, Vāsudeva, tinha sete esposas, das quais uma fora enviada através do rio Jumna para um distrito conhecido como Região da Vaca; e quando o menino Balarāma foi concebido, foi colocado milagrosamente no útero da esposa do outro lado do rio; e o rei tirano foi informado de que Devakī havia sofrido um aborto. A oitava criança, entretanto, foi deixada desenvolver-se onde estava e enquanto a gestava, a mãe foi investida de tal luz que ninguém podia fixar o olhar nela. Os deuses, invisíveis aos mortais, louvaram-na continuamente, desde que Viṣṇu, havendo encarnado como Kṛṣṇa, tinha penetrado em sua pessoa.

Os quatro quadrantes iluminaram-se de alegria no dia do nascimento. Todos os virtuosos, naquele dia, experienciaram um novo júbilo: ventos violentos acalmaram-se, os rios deslizavam aprazíveis, e os mares, murmurando, entoaram uma música, que as ninfas celestiais dançaram. À meia-noite as nuvens, emitindo um som baixo e agradável, derramaram uma chuva de flores para saudar o nascimento.

Mas quando Vāsudeva viu o bebê – que era de uma cor luminosa negra azulada, com quatro braços, e no peito havia um cacho de pelos brancos – disse aterrorizado: "tu nasceste!". Mas, ó Soberano Deus dos Deuses, portador da concha, do disco e da clava, por clemência oculta essa sua forma celestial!" E Devakī, a mãe, também suplicou. Então o deus, por seu *maya,* adotou a forma comum de um bebê recém--nascido.

Vāsudeva então o pegou e se precipitou na noite chuvosa; pois os guardas, encantados pelo poder de Viṣṇu, estavam adormecidos. A serpente cósmica de muitas cabeças seguiu-o de perto, estendendo seus grandes capelos branco-leitosos sobre as cabeças do pai e do filho. Quando Vāsudeva, entrando no rio, atravessou-o para a outra margem, as águas ficaram calmas, de modo que passou facilmente para a Região da Vaca. Ali também ele encontrou o mundo adormecido. E uma boa mulher, de nome Yashodā, com quem sua segunda mulher estava morando, tinha acabado de dar à luz uma menina. Vāsudeva trocou seu filho por aquela criança, colocando-o ao lado da mãe adormecida; de maneira que, quando ela despertou, descobriu, com satisfação, que havia dado à luz um menino. Levando a outra criança, ele atravessou novamente o rio, para o lado de Devakī, sem ser visto, e os portões da cidade, bem como os da prisão, fecharam-se por si mesmos.

Quando o choro da recém-nascida despertou os guardas, estes levantaram-se bruscamente e avisaram o tirano, que correu de imediato até o quarto, arrancou o bebê do peito da mãe e o arremessou contra uma rocha. Entretanto, a pretensa vítima elevou-se no ar e se transformou na figura de uma imensa deusa com oito braços, cada um empunhando uma fabulosa arma: arco, tridente, flechas e escudo, espada, concha, disco e clava. Rindo de maneira aterrorizante, a visão gritou-lhe:

"Ó Kansa, que vantagem tiveste em ter-me atirado ao chão? Aquele que irá matar-te já nasceu". Pois ela era a deusa Mahāmāyā, "A Grande Ilusão". Ela era o poder do sonho que suporta o mundo do próprio Viṣṇu e, enquanto ele entrara no útero de Devakī, ela se introduziu no de Yashodā, exatamente para realizar esse feito. Trajando vestimentas radiantes e com muitos ornamentos esplendorosos e joias, louvada pelos espíritos do ar e da terra, ela tomou conta dos céus – e dissolveu-se neles.[64]

Em matéria de milagres, a Índia é campeã. O texto que eu resumi é do *Bhagavata Purāṇa*, uma obra popular do século X d.C., da qual extraí no volume II de *As Máscaras de Deus – Mitologia Oriental*, uma das versões comparadas com a dança ao luar de Kṛṣṇa e as Gopīs.[65] Mas o culto de Kṛṣṇa é mencionado muito mais cedo, pelo enviado grego Megástenes à corte de Chandragupta Maurya (300 a.C.), que compara o deus-herói indiano com Héracles. Os primeiros documentos sobre suas façanhas são a epopeia *Mahābhārata* (*c*.400 a.C.-400 d.C.) e seu apêndice, o *Harivamsa* (século sexto d.C.). Portanto, o período do desenvolvimento da lenda de Kṛṣṇa coincide mais ou menos com a expansão pós-exílio dos hebreus, e com a contribuição da Pérsia, dos gregos e, finalmente, de Roma para o tráfego intercultural.

Não há dúvida de que as mitologias têm estreitas relações umas com as outras. Entretanto, apresentam também contrastes importantes quanto à implicação e também ao estilo. As lendas levantinas deram ênfase a um argumento sociológico, celebrando seus próprios cultos e difamando quaisquer outros que, por acaso, fossem conhecidos. Em contrapartida, as indianas desenvolveram uma simbologia essencialmente psicológica, em que o demônio tirano significava não uma religião estrangeira, mas a orientação de uma mente presa ao ego e ao medo da morte; ao passo que o salvador era uma manifestação daquele Espírito além da vida e da morte, que é a realidade inerente de todos nós. A travessia para a outra margem, para a Região da Vaca (comparem com os pastores de ovelhas e seus rebanhos), denota uma mudança de ênfase da orientação do ego – o mundo do rei tirano – para a da realidade manifesta pela natureza – o mundo da grande deusa Terra – personificada desde os primeiros tempos neolíticos na figura de uma vaca.* Os mitos são muito similares, mas não seria apropriado elucidar um de acordo com o significado de outro. Eles estão a um fio de cabelo de distância, embora também haja todo um abismo separando-os.

Além do mais, eles são todos consideravelmente posteriores à lenda grega do nascimento de Zeus, recontada na *Teogonia* de Hesíodo, por volta de 750 a.C.

> Reia [lemos naquela obra], submissa ao amor de Cronos [seu irmão-esposo], pariu filhos gloriosos: Héstia e Deméter; Hera das sandálias de ouro e o poderoso

---

* Compare com a Hátor egípcia, a suméria Ninhursag etc. em *As Máscaras de Deus*, volume II – *Mitologia Oriental,* pág. 49, e *supra*, págs. 57, 58.

Hades, que vive sob a terra em seu palácio e tem um coração impiedoso; o trovejante Agitador da Terra [Posídon] e o prudente Zeus, que é o pai dos deuses e dos mortais e sob cujo trovão toda a terra estremece. Mas à medida que cada um desses filhos saía do útero da mãe até os joelhos, o grande Cronos o engolia, com a intenção de que nenhum outro dos ilustres filhos da linhagem de Uranos detivesse a posição de rei entre os imortais. Pois ele tinha ouvido, de Gaia e do brilhante Uranos, que estava decretado que ele, apesar de toda a sua grande força, seria derrotado por seu filho, e pelos desígnios do grande Zeus. Por isso, ele se manteve vigilante e não dormia, esperando por seus filhos e os engolindo, enquanto o sofrimento de Reia não tinha fim.

Mas quando estava prestes a parir Zeus, pai dos mortais e dos deuses, Reia suplicou a seus próprios queridos pais – Gaia e o brilhante Uranos – para que tramassem um plano pelo qual quando ela desse à luz seu querido filho o fato não fosse conhecido, e que a fúria da vingança recaísse sobre o velhaco Cronos, o grande, levada a cabo por seu pai e seus próprios filhos que ele havia devorado. Eles ouviram sua amada filha e concordaram, explicando-lhe tudo o que deveria ocorrer com respeito a Cronos, que era rei, e seu filho, de poderoso espírito, e enviaram-na a Lictos, na fértil região rural de Creta na ocasião em que ela estava para parir o mais jovem de seus filhos, o grande Zeus.

E a deusa-terra, a imensa Gaia, tomou-o dentro de si na vasta Creta, para ali mantê-lo vivo e criá-lo. Ela chegou através da rápida noite negra, carregando-o, e foi primeiro a Lictos e, segurando-o em seus braços, escondeu-o numa caverna profunda nos lugares secretos da terra, no Monte Egéon, que é coberto de espessos bosques. Ela envolveu uma grande pedra com roupas de bebê e a deu de presente ao senhor supremo Cronos, filho de Uranos, que um dia governou os imortais. E ele tomou a pedra nas mãos e a empurrou para dentro da barriga, o grande miserável! Não percebeu que lhe tinha sido escondido, em lugar da pedra, um filho, invencível e imperturbável nos dias por vir, que logo, por meio da força e das mãos, o derrotaria e lhe usurparia o título, e então se tornaria senhor dos imortais.

E logo depois disso, os membros radiantes e o poder do senhor Zeus tornaram-se grandes. E com os anos pairando sobre o grande Cronos – o velhaco enganado pelas artimanhas de Gaia – vomitou sua progênie. Primeiro vomitou a pedra, que havia engolido por último. Zeus pegou a pedra e a instalou na terra dos caminhos abertos, no Píton sagrado, nos desfiladeiros profundos sob o Parnaso, para se tornar dali em diante um augúrio e um milagre para os mortais. Então ele libertou dos grilhões os irmãos de seu pai, os filhos de Uranos, a quem seu pai enlouquecido acorrentara. E eles ficaram reconhecidos e cheios de gratidão pelo bem que lhes tinha feito, e deram-lhe então o trono, o raio fumegante e o relâmpago que Gaia, a gigante, tinha escondido até esse momento. Com essa ajuda tornou-se Senhor dos imortais e dos mortais.[66]

O mito retrocede ao milênio de Creta e, além, até a deusa-terra neolítica e seu filho. Recordamos da Grécia posterior o nascimento de Perseu e, na lenda de Zoroastro, o lamento do espírito da vaca. Lembramos, na verdade, de uma imensidão de lendas e episódios semelhantes. Em vista deles, tudo leva a concluir, em suma, que uma atmosfera rica em saber mítico difundiu-se, com as artes neolíticas da agricultura e da vida assentada em aldeias, por toda a face da terra, da qual foram usados elementos em todas as partes para a formação de mitos de heróis, seja no México de Quetzalcoatl, no Egito de Osíris, na Índia de Kṛṣṇa e Buda, e no Oriente Próximo de Abraão ou de Cristo. Zoroastro, Buda e Cristo parecem ter sido personagens históricos, outros podem não ter sido.

Sejam fictícios ou históricos, os nomes e figuras dos grandes e pequenos heróis do mundo atuam irresistivelmente como ímãs daqueles filamentos oscilantes de mito que estão no ar, em todos os quadrantes. O Prof. Charles Guignebert, da Sorbonne, ao tratar da história dos Evangelhos, afirma que no curso do desenvolvimento da lenda cristã "Jesus, o Nazareno, desapareceu para dar lugar ao Cristo glorificado".[67] Não poderia ter sido de outra maneira. Na esfera budista, a biografia de Gautama foi transformada numa vida sobrenatural por uma constelação de muitos dos mesmos temas. Mediante tal processo, a história se perde; mas também se faz. Pois a função de tal construção do mito é interpretar o sentido – não registrar os fatos – de uma vida, e oferecer a arte da lenda como um símbolo ativador para a inspiração e orientação de vidas e – até mesmo – de civilizações futuras.

Consideremos mais alguns episódios significativos da lenda do Homem que era Deus.

O BATISMO NO JORDÃO

Muito foi discutido, pelos séculos afora, sobre o fato de que no Evangelho segundo Marcos não há referência nem ao nascimento virginal nem à infância do Salvador. O texto começa com o batismo e a descida, então, do Espírito em forma de pomba. É um relato tão breve e simples quanto poderia ser:

> Aconteceu, naqueles dias, que Jesus veio de Nazaré da Galileia e foi batizado por João no rio Jordão. E, logo ao subir da água, ele viu os céus se rasgando e o Espírito, como uma pomba, descer até ele, e uma voz veio dos céus: "Tu és o meu Filho amado, em ti me comprazo".[68]

O batismo é o primeiro evento da biografia a aparecer nos três Evangelhos sinóticos. Sendo a versão de Marcos a primeira da série, cerca de 75 d.C., ela forneceu o tema que deu origem aos outros dois. No entanto, em um texto oficial do Evangelho segundo Lucas, a voz vinda do céu não declara "tu és o meu Filho amado", mas, sim: "Eu, hoje, te gerei!"[69]

Assim sendo, a controvérsia sobre a dignidade de Maria depende da questão de Jesus ser o verdadeiro filho de Deus a partir da concepção, ou se foi dotado com a missão divina apenas no momento de seu batismo por João. Aparentemente a historicidade de João Batista não pode ser negada. O quase contemporâneo historiador judeu Josefo (c.37-95 d.C.) afirma que "ele era um bom homem e ordenava que os judeus exercessem a virtude por meio da retidão de um ao outro, e devoção a Deus, e que, fazendo isso, chegar-se-ia ao batismo; porque o batismo só seria aceitável por Deus se praticado, não para expiar pecados, mas para purificar o corpo, depois de o espírito ter sido totalmente purificado pela retidão". E mais: "Como muitos influenciados por suas palavras acorriam a ele, Herodes* temeu que a grande influência de João sobre o povo pudesse levá-lo à rebelião (pois o povo parecia disposto a fazer tudo o que ele aconselhasse). Por isso, achou melhor matá-lo para impedir qualquer dano que pudesse causar, e para evitar possíveis futuros problemas por ter poupado a vida de um homem que poderia fazê-lo arrepender-se tarde demais de sua indulgência. Consequentemente, por causa da natureza desconfiada de Herodes, João foi aprisionado na fortaleza Maqueronte e ali executado".[70]

O Evangelho segundo Marcos fala da decapitação de João Batista no célebre conto da dança de Salomé.[71] Sobre a pregação e batismo de João, o mesmo Evangelho relata:

> João Batista esteve no deserto proclamando um batismo de arrependimento para a remissão dos pecados. E iam até ele toda a região da Judeia e todos os habitantes de Jerusalém, e eram batizados por ele no rio Jordão, confessando seus pecados.
>
> João se vestia de pelos de camelo e se alimentava de gafanhotos e mel silvestre. E proclamava: "Depois de mim, vem aquele que é mais forte do que eu, de quem não sou digno de, abaixando-me, desatar a correia das sandálias. Eu vos tenho batizado com água. Ele, porém, vos batizará com o Espírito Santo".[72]

A área de atuação de João ficava, como já foi observado,** a dezessete quilômetros da comunidade dos essênios de Qumrã, onde um exército do Senhor vestido de branco esperava, atento e se preparando para a chegada de alguém exatamente igual a quem tinha sido anunciado. A atmosfera do deserto naqueles dias, na verdade, estava repleta de expectativas por um Messias e pela era messiânica. João, porém, não era essênio, como sabemos tanto a partir de sua vestimenta quanto de sua alimentação. Ele era, antes, da linhagem de Elias, que é descrito no Livro dos Reis como "um homem vestido de pelos e com um cinto de couro ao redor dos

---

* Isto é, Herodes Antipas, que governou a Galileia e a Pereia de 4 a.C. a 39 d.C.
** *Supra*, pág. 232.

rins".⁷³ O rito do batismo que pregava, qualquer que possa ter sido o significado naquela época, era um rito antigo proveniente da antiga cidade-templo suméria de Eridu, do deus das águas Ea, "Deus da Casa da Água", cujo símbolo é o décimo signo do zodíaco, Capricórnio (um animal composto com as partes dianteiras de cabra e corpo de peixe), que é o signo no qual o sol entra no solstício de inverno para renascer. No período helênico, Ea era chamada de *Oannes,* que em grego é *Ioannes*, em latim *Johannes*, em hebraico *Yohanan*, em inglês *John* [e em português *João*; acréscimo da tradutora]. Vários estudiosos sugeriram, por isso, que nunca existiu um João, tampouco Jesus, mas apenas um deus-água e um deus-sol. A crônica de Josefo parece, entretanto, afiançar a existência de João.⁷⁴ Eu, contudo, deixarei que o leitor imagine como ele atribuiu-se tanto o nome quanto o rito daquele deus de Eridu.

O episódio do batismo, então, se tomado como um tema mitológico ou um evento biográfico, responde pela travessia irrevogável de um limiar. O correspondente na lenda de Buda é a longa sucessão de visitas a eremitérios e sábios, terminando com os cinco mendicantes em jejum na margem do rio Nairanjana, com quem Buda, depois de ter estado, banhou-se nas águas do rio e partiu sozinho para a Árvore da Iluminação.⁷⁵ De maneira análoga, João Batista e seus seguidores representam o horizonte último da religiosidade anterior à vitória do Salvador: o último posto avançado, além do qual sua aventura individual e solitária prosseguiria. E assim como o futuro Buda, depois de ter inquirido todos os sábios de seu tempo, banhou-se no rio Nairanjana e partiu para a sua árvore sozinho, também Jesus, meio milênio mais tarde, deixando para trás a sabedoria da Lei e a doutrina dos fariseus, chegou ao último mestre de seu tempo – e foi adiante.

No Evangelho segundo Marcos, como dissemos, esse evento é o primeiro que se conta sobre o Salvador. Não há nenhuma referência, naquele texto, ao nascimento virginal. Mas tampouco há qualquer menção a esse nascimento em Paulo ou em João – nem mesmo em Mateus e Lucas, além das duas passagens já mencionadas, que podem ser interpolações tardias. Ademais, em Mateus e Lucas aparecem duas genealogias um tanto quanto diferentes, traçando ambas, porém, a descendência da casa de Davi até Jesus, através de José.⁷⁶ É possível que no primeiro estágio, estritamente judaico do desenvolvimento desta lenda, a ideia totalmente não judaica de um herói gerado por um deus pode não ter exercido nenhuma influência, e que o episódio do batismo iniciatório no Jordão deve ter marcado o início da carreira messiânica.

A TENTAÇÃO NO DESERTO

Depois das palavras "Tu és o meu Filho amado", o Evangelho de Marcos continua: "E logo o Espírito o impeliu para o deserto. E ele esteve no deserto quarenta dias, sendo tentado por Satanás; e vivia entre as feras, e os anjos o serviam".⁷⁷

Mateus e Lucas ampliam essa narrativa. A passagem seguinte é de Lucas:

Jesus, pleno do Espírito Santo, voltou do Jordão; era conduzido pelo Espírito através do deserto durante quarenta dias e tentado pelo diabo. Nada comeu nesses dias e, passado esse tempo, teve fome. Disse-lhe, então, o diabo: "Se és filho de Deus, manda que esta pedra se transforme em pão". Replicou-lhe Jesus: "Está escrito: *Não só de pão vive o homem* (Deuteronômio 8:3)".*

O diabo, levando-o para mais alto, mostrou-lhe num instante todos os reinos da terra e disse-lhe: "Eu te darei todo este poder com a glória destes reinos, porque ela me foi entregue e eu a dou a quem eu quiser. Por isso, se te prostrares diante de mim, toda ela será tua". Replicou-lhe Jesus: "Está escrito: *Adorarás ao Senhor teu Deus, e só a ele prestarás culto* (Deuteronômio 6:13)".

Conduziu-o depois a Jerusalém, colocou-o sobre o pináculo do Templo e disse-lhe: "Se és Filho de Deus, atira-te para baixo, porque está escrito: *"Ele dará ordem a seus anjos a teu respeito, para que te guardem. E ainda: E eles te tomarão pelas mãos, para que não tropeces em nenhuma pedra* (Salmo 91:11-12)". Mas Jesus lhe respondeu: "Foi dito: *Não tentarás ao Senhor, teu Deus* (Deuteronômio 6:16)".**

Tendo acabado toda a tentação, o diabo o deixou até o tempo oportuno.***

Deve-se notar que o poema épico do puritano Milton, *Paraíso Reconquistado*, está dedicado a esse episódio da derrota do demônio no deserto da mente; enquanto um autor gótico, por outro lado, ou um católico atual, teria esperado que uma obra com tal título tratasse do sacrifício redentor do mundo na Cruz.

Deve-se notar também a semelhança – embora com contraste – dessa tentação do Salvador do Mundo por um demônio, em cujas mãos estão a glória e o poder dos reinos do mundo, com a do Buda – o anterior Salvador do Mundo –, pelo senhor da ilusão do mundo, cujo nome é "Desejo e Morte". Depois de ter considerado todos os ensinamentos dos sábios e práticas dos ascetas, e depois de ter-se banhado no rio Nairanjana, o Futuro Buda sentou-se na margem. A filha de um pastor, comovida e guiada pelos deuses, ofereceu-lhe uma tigela de leite, com que ele fortaleceu seu corpo enfraquecido. Em seguida, ele encaminhou-se sozinho para a Árvore da Iluminação, sob a qual posicionou-se. E ali apareceu-lhe o criador da ilusão do mundo.

Reproduzi a lenda no volume *Mitologia Oriental*[78], desta mesma coleção, e não é necessário repeti-la aqui, exceto para sugerir a analogia com o episódio de Cristo no deserto. A primeira tentação do Buda foi pelo desejo (*kāma*), a segunda pelo medo, o medo da morte (*māra*); ambos correspondem às duas causas principais

---

* A versão de Mateus é mais ou menos a mesma, porém acrescenta: "...mas de toda palavra que provém da boca de Deus".

** Mateus inverte a ordem da segunda e terceira tentação.

*** Lucas 4:1-13. Mateus termina assim: "Com isso, o diabo o deixou. E os anjos de Deus se aproximaram e puseram-se a servi-lo" (Mateus 4:1-11).

de delusão, tal como reconhecidas nas modernas escolas de psiquiatria: desejo e agressão, eros e tanatos.⁷⁹ São as motivações principais da vida. Transcendendo-as, o Buda elevou-se a uma esfera de conhecimento que a ilusão do mundo encobre. Depois, pregou por cerca de cinquenta anos.

No episódio cristão, a primeira tentação foi econômica: primeiro comer, depois a busca espiritual; que é a filosofia "das moscas do mercado" de Nietzsche: segurança, orientação do mercado, determinismo econômico. A segunda tentação (segundo Lucas e terceira, segundo Mateus) foi política: governar o mundo (em nome, é claro, de Deus, como sempre acontece no Levante); que era o plano da esperança messiânica do Antigo Testamento. Para citar mais uma vez o Prof. Klausner (com seus itálicos usuais):

> A definição de crença no Messias é: a *esperança profética no fim desta era, quando um poderoso redentor forte, pelo poder do seu espírito, trará redenção total, política e espiritual ao povo de Israel e, com ela, felicidade terrena e perfeição moral de toda a raça humana.*[...] *Na crença no Messias, do povo de Israel, a parte política anda de braço dado com a parte ética e a nacionalista com a universalista.* Foi o cristianismo que tentou remover a parte política e nacionalista que está ali presente, deixando apenas a parte ética e espiritual.⁸⁰

Na cena cristã da tentação, temos o correspondente exato, em termos simbólicos, dessa definição verbal oficial da mudança de pensamento do Antigo para o Novo Testamento. E assim parece que, mesmo na primeira interpretação cristã da Era Messiânica, a orientação político-econômica tinha sido rejeitada e alcançado um nível de universalismo que não era nem nacional nem racial. Se o próprio Cristo foi o responsável por isso, ninguém pode dizer com certeza. De qualquer maneira, é fundamental para os Evangelhos e é, na verdade, a base para a classificação do cristianismo – e igualmente do budismo – como Religião Mundial (não étnica, tribal, racial ou nacional).

Entretanto, o perigo do que o Dr. Jung chamou de "enfatuação" está na próxima tentação, a elevação da mente mística, quando ela acredita ter superado a Terra.* Levado por Satã para o pináculo do Templo, o Filho de Deus, que acabara de vencer as duas exigências materiais das ordens de existência que Schopenhauer denominou de "vegetal" e "animal", terá agora que se considerar um anjo, sem mancha de terra, sem peso. Mas Cristo, o Verdadeiro Homem bem como o Verdadeiro Deus, é (para usar um outro termo junguiano) um símbolo "unificador" ou "transcendente", mostrando o caminho entre as antíteses – neste caso, a terra e o céu. Assim, o que descobrimos a seguir é que, em vez de desaparecer no êxtase, esse Filho do Homem, bem como de Deus, retornou à sua comunidade, para ensinar.

---

* Ver o episódio de Éolo, na *Odisseia*, discutido na pág. 143.

O MESTRE DO MUNDO

Também segundo o Evangelho de Marcos:

> Depois que João foi preso, veio Jesus para a Galileia proclamando o Evangelho de Deus: "Cumpriu-se o tempo e o Reino de Deus está próximo. Arrependei-vos e crede no Evangelho".
> Caminhando junto ao mar da Galileia, viu Simão e André, o irmão de Simão. Lançavam a rede ao mar, pois eram pescadores. Disse-lhes Jesus: "Vinde em meu seguimento e eu vos farei pescadores de homens". E imediatamente, deixando as redes, eles o seguiram.
> Um pouco adiante, viu Tiago, filho de Zebedeu, e João seu irmão, eles também no barco, consertando as redes. E logo os chamou. E eles, deixando o pai Zebedeu no barco com os empregados, partiram em seu seguimento.
> Entraram em Cafarnaum e, logo no sábado, foram à sinagoga. E ali ele ensinava. Estavam espantados com o seu ensinamento, pois ele os ensinava como quem tem autoridade e não como os escribas.
> Na ocasião, estava na sinagoga deles um homem possuído de um espírito impuro, que gritava dizendo: "Que queres de nós, Jesus Nazareno? Vieste para arruinar-nos? Sei quem tu és: o Santo de Deus". Jesus, porém, o conjurou severamente: "Cala-te e sai dele". Então o espírito impuro, sacudindo-o violentamente e soltando grande grito, deixou-o. Todos então se admiraram, perguntando uns aos outros: "Que é isto? Um novo ensinamento com autoridade! Até mesmo aos espíritos impuros dá ordens, e eles lhe obedecem!" Imediatamente a sua fama se espalhou em todo o lugar, em toda a redondeza da Galileia.[81]

Visto à distância, o sábio errante da Galileia, com seu séquito de discípulos, ensinando, realizando milagres e desafiando os intérpretes oficiais da Lei, assemelha-se a muitos outros, tanto anteriores quanto posteriores: o Buda, os numerosos Mestres do Mundo dos jainistas, Elias e Eliseu, Pitágoras, Parmênides, Apolônio de Tiana. E os milagres, em particular, sugerem a figura arquetípica do milagreiro oriental. Na verdade, um grande número de tais personagens é mencionado no próprio Novo Testamento: Simão, o Mago de Samaria (Atos 8:9-24); Bar-Jesus e Elimas, o Mago (Atos 13:6-12); em Éfeso, os sete filhos do supremo sacerdote judeu Scevas (Atos 19:13-20), e em Cesareia, Agabo, o Profeta (Atos 21:10-11). A Igreja fez um grande alarde dos milagres de Cristo. Entretanto, não podemos deixar de nos surpreender perante o fato de, em certa época, alguns homens ilustrados considerarem que tais sinais ocultos fossem a prova – mesmo a expressão desejável – de uma religião elevada. A esse respeito escreve o Prof. Guignebert:

> Todas as religiões que assim quiseram, tiveram seus milagres, os *mesmos* milagres. Por outro lado, todas mostraram-se igualmente incapazes de produzir certos outros milagres. O erudito despido de preconceitos não se surpreende com

isso, porque sabe que as mesmas causas produzem os mesmos efeitos em todas as partes. Mas o que é estranho é o fato de o crente tampouco se surpreender. Ele meramente insiste que [...] *os milagres de sua religião* são os únicos verdadeiros; os outros são meras aparências vazias, invenções, fraudes, fatos incompreendidos ou bruxaria.[82]

Visto mais de perto, por outro ângulo, no contexto de sua herança, o evangelho do Nazareno representa duas inovações profundas. A primeira teve que ser reinterpretada quando sua promessa não se cumpriu, porém suporta até hoje a esperança mitológica básica do fiel. A segunda deu ao mundo cristão sua base ética e espiritual, distinta da clerical e sacramental.

Pois já no primeiro grito registrado das Boas-Novas, foi anunciada a convicção de que o reino de Deus estava próximo. E por todo o primeiro século da Igreja essa proclamação foi interpretada literalmente, em termos históricos apocalípticos. Como na epístola de Paulo aos romanos. "Tanto mais que sabeis em que tempo estamos vivendo: já chegou a hora de acordar, pois nossa salvação está mais próxima agora do que quando abraçamos a fé. A noite avançou e o dia se aproxima."[83] O dia do Messias profetizado pelos essênios havia chegado.

Porém, o próprio Messias, ao contrário dos essênios observadores e pacientes, ao contrário também do Batista, não era nem moralista nem asceta no sentido comum desses termos. Ele deliberadamente, de vez em quando, desobedecia os estatutos da Lei Mosaica, declarando por exemplo: "O sábado foi feito para o homem, e não o homem para o sábado; de modo que o Filho do homem é senhor até do sábado".[84] E ainda: "Ninguém põe vinho novo em odres velhos; caso contrário, o vinho estourará os odres, e tanto o vinho como os odres ficam inutilizados. Mas, vinho novo em odres novos!"[85] E quando se o acusava de sentar-se para comer com os pecadores, respondia: "Eu não vim chamar justos, mas pecadores".[86] Além do mais, a expressão mais vívida do contraste entre a visão cristã da pureza de coração e a essênica, a temos no fato de que a irmandade vestida de branco de Qumrã pregava o amor pelos da própria irmandade da luz, mas ódio a todos os filhos das trevas. No cristianismo, por outro lado, temos as palavras de Jesus: "Amai os vossos inimigos".[87] E quando interrogado por um dos escribas: "Qual é o primeiro de todos os mandamentos?" Ele respondeu: "O primeiro é: Ouve, ó Israel, o Senhor nosso Deus é o único Senhor, e amarás o Senhor teu Deus de todo teu coração, de toda tua alma, de todo teu entendimento, e com toda a tua força. (Deuteronômio 6:4-5). O segundo é este: Amarás o teu próximo como a ti mesmo (Levítico 19:18). Não existe outro mandamento maior do que esses".[88]

O PODER DAS CHAVES

Conforme lemos no Evangelho segundo Mateus:

Chegando Jesus ao território de Cesareia de Filipe, perguntou aos discípulos: "Quem dizem os homens ser o Filho do Homem?" Disseram: "Uns afirmam que é João Batista, outros que é Elias, outros, ainda, que é Jeremias ou um dos profetas". Então lhes perguntou: "E vós, quem dizeis que eu sou?" Simão Pedro, respondendo, disse: "Tu és o Cristo, o filho do Deus vivo". Jesus respondeu-lhe: "Bem-aventurado és tu, Simão, filho de Jonas, porque não foi carne ou sangue que te revelaram isso, e sim o meu Pai que está nos céus. Também eu te digo que tu és Pedro, e sobre esta pedra edificarei minha Igreja, e as portas do Inferno nunca prevalecerão contra ela. Eu te darei as chaves do Reino dos Céus e o que ligares na terra será ligado nos céus, e o que desligares na terra será desligado nos céus". Em seguida, proibiu severamente aos discípulos de falarem a alguém que ele era o Cristo.

A partir dessa época, Jesus começou a mostrar aos seus discípulos que era necessário que fosse a Jerusalém e sofresse muito por parte dos anciãos, dos chefes dos sacerdotes e dos escribas, e que fosse morto e ressurgisse ao terceiro dia. Pedro, tomando-o à parte, começou a repreendê-lo, dizendo: "Deus não o permita, Senhor! Isso jamais te acontecerá!" Ele, porém, voltando-se para Pedro, disse: "Afasta-te de mim, Satanás! Tu me serves de pedra de tropeço, porque não pensas as coisas de Deus, mas as dos homens!"[89]

Na vida e lenda do Buda há uma relação de ambivalência semelhante entre o Mestre do Mundo e seu fiel discípulo Ananda. Assim como Pedro, Ananda nunca assimilou devidamente as coisas espirituais, mas apesar disso foi feito o chefe da igreja. Notamos que em lenda cristã posterior, Pedro não é colocado dentro do santuário celeste, mas sim à entrada, como porteiro. Poder-se-ia supor, consequentemente, que o rebanho a seus cuidados, a boa gente da igreja da qual ele é a pedra fundamental, também está do lado de fora.

Certamente na igreja budista, onde os ministérios do sacerdócio representam simplesmente um agrupamento preparatório da boa ovelha *em direção* a uma experiência à qual cada um tem que chegar sozinho no silêncio de seu coração, tal é o significado da humanidade ternamente representada, mas desajeitada, de Ananda. Não se deve deixar de suspeitar que nos escritos dos evangelistas também pode ter havido uma tal implicação na representação de Pedro como um bom homem – de fato, muito bom –, leal, nobre, honrado e devoto de seu mestre, mas a quem faltava a perspicácia que poderia fazê-lo atravessar o portão e chegar à realização.

O ÚLTIMO DIA

Ao cair da tarde, ele foi para lá com os Doze. E quando estavam à mesa, comendo, Jesus disse: "Em verdade vos digo: um de vós que come comigo há de me entregar". Começaram a ficar tristes e a dizer-lhe, um após outro: "Acaso sou eu?" Ele, porém, disse-lhes: "Um dos Doze, que coloca a mão no mesmo prato comigo. Porque, na verdade, o Filho do Homem vai, conforme está escrito a seu respeito.

Mas, ai daquele homem por quem o Filho do Homem for entregue! Melhor seria para aquele homem não ter nascido!"

Enquanto comiam, ele tomou um pão, abençoou, partiu-o e distribuiu-lhes, dizendo: "Tomai, isto é o meu corpo". Depois, tomou um cálice e, dando graças, deu-lhes e todos dele beberam. E disse-lhes: "Isto é o meu sangue, o sangue da Aliança, que é derramado em favor de muitos. Em verdade vos digo, já não beberei do fruto da videira até aquele dia em que beberei o vinho novo no Reino de Deus".

Depois de terem cantado o hino, saíram para o monte das Oliveiras. Jesus disse-lhes: "Todos vós vos escandalizareis, porque está escrito: Ferirei o pastor e as ovelhas se dispersarão. Mas, depois que eu ressurgir, eu vos precederei na Galileia". Pedro lhe disse: "Ainda que todos se escandalizem, eu não o farei!" Disse-lhe Jesus: "Em verdade te digo que hoje, esta noite, antes que o galo cante duas vezes, três vezes me negarás!" Ele, porém, reafirmou com mais veemência: "Mesmo que tivesse de morrer contigo, não te negarei". E todos diziam o mesmo.

E foram a um lugar cujo nome é Getsêmani e ele disse a seus discípulos: "Sentai-vos aqui enquanto vou orar". E levando consigo Pedro, Tiago e João, começou a apavorar-se e a angustiar-se. E disse-lhes: "A minha alma está triste até a morte. Permanecei aqui e vigiai". E, indo um pouco adiante, caiu por terra, e orava para que, se possível, passasse dele a hora. E dizia: "*Abba*! Ó Pai! Tudo é possível para ti: afasta de mim este cálice; porém, não o que eu quero, mas o que tu queres". Ao voltar, encontra-os dormindo e diz a Pedro: "Simão, estás dormindo? Não foste capaz de vigiar por uma hora? Vigiai e orai para que não entreis em tentação: pois o espírito está pronto, mas a carne é fraca". E, afastando-se de novo, orava dizendo a mesma coisa. E, ao voltar, de novo encontrou-os dormindo, pois os seus olhos estavam pesados de sono. E não sabiam o que dizer-lhe. E, vindo pela terceira vez, disse-lhes: "Dormi agora e repousai. Basta! A hora chegou! Eis que o Filho do Homem está sendo entregue às mãos dos pecadores. Levantai-vos! Vamos! Eis que o meu traidor está chegando".

E, imediatamente, enquanto ainda falava, chegou Judas, um dos Doze, com uma multidão trazendo espadas e paus, da parte dos chefes dos sacerdotes, escribas e anciãos. O seu traidor dera-lhes uma senha, dizendo: "É aquele que eu beijar. Prendei-o e levai-o bem guardado". Tão logo chegou, aproximando-se dele, disse: "Rabi!" E o beijou. Eles lançaram a mão sobre ele e o prenderam. Um dos que estavam presentes, tomando da espada, feriu o servo do Sumo Sacerdote e decepou-lhe a orelha.

Jesus, tomando a palavra, disse: "Como a um ladrão, saístes para prender-me com espadas e paus! Eu estive convosco no Templo, ensinando todos os dias e não me prendestes. Mas é para que as Escrituras se cumpram". Então, abandonando-o, fugiram todos. Um jovem o seguia, e a sua roupa era só um lençol enrolado no corpo. E foram agarrá-lo. Ele, porém, deixando o lençol, fugiu nu.

Levaram Jesus ao Sumo Sacerdote, e todos os chefes dos sacerdotes, os anciãos e os escribas estavam reunidos. Pedro seguira-o de longe, até o interior do pátio do Sumo Sacerdote e, sentado junto com os criados, aquecia-se ao fogo.

Ora, os chefes dos sacerdotes e todo o Sinédrio procuravam um testemunho contra Jesus para matá-lo mas nada encontravam. Pois muitos davam falso testemunho contra ele, mas os testemunhos não eram congruentes. Alguns, levantando-se, davam falso testemunho contra ele: "Nós mesmos o ouvimos dizer: Eu destruirei este Templo feito por mãos humanas e, depois de três dias, edificarei outro, não feito por mãos humanas". Mas nem quanto a essa acusação o testemunho deles era congruente.

Levantando então o Sumo Sacerdote no meio deles, interrogou a Jesus, dizendo: "Nada respondes? O que testemunham estes contra ti?" Ele, porém, ficou calado e nada respondeu. O Sumo Sacerdote o interrogou de novo: "És tu o Messias, o Filho do Deus Bendito?" Jesus respondeu: "Eu sou. E vereis o Filho do Homem sentado à direita do Poderoso e vindo com as nuvens do céu". O Sumo Sacerdote, então, rasgando as suas túnicas, disse: "Que necessidade temos ainda de testemunhas? Ouvistes a blasfêmia. Que vos parece?" E todos julgaram-no réu de morte.

Alguns começaram a cuspir nele, a cobrir-lhe o rosto, a esbofeteá-lo e a dizer: "Faça uma profecia!" E os criados o esbofeteavam.

Quando Pedro estava embaixo, no pátio, chegou uma das criadas do Sumo Sacerdote. E, vendo a Pedro que se aquecia, fitou-o e disse: "Também tu estavas com Jesus Nazareno". Ele, porém, negou dizendo: "Não sei nem compreendo o que dizes". E foi para fora, para o pátio anterior. E o galo cantou. E a criada, vendo-o, começou de novo a dizer aos presentes: "Este é um deles!" Ele negou de novo! Pouco depois, os presentes novamente disseram a Pedro: "De fato, és um deles; pois és galileu". Ele, porém, começou a maldizer e a jurar: "Não conheço esse homem de quem falais!" E imediatamente, pela segunda vez, o galo cantou. E Pedro se lembrou da palavra que Jesus lhe havia dito: "Antes que o galo cante duas vezes, me negarás três vezes". E começou a chorar.

Logo de manhã, os chefes dos sacerdotes fizeram um conselho com os anciãos e os escribas e todo o Sinédrio. E manietando a Jesus, levaram-no e entregaram-no a Pilatos.

Pilatos o interrogou: "És tu o rei dos judeus?" Respondendo, ele disse: "Tu o dizes". E os chefes dos sacerdotes acusavam-no de muitas coisas. Pilatos o interrogou de novo: "Nada respondes? Vê de quanto te acusam!" Jesus, porém, já nada mais respondeu, de sorte que Pilatos ficou impressionado.

Por ocasião da Festa, ele lhes soltava um preso que pedissem. Ora, havia um, chamado Barrabás, preso com outros amotinadores que, numa revolta, haviam cometido um homicídio. A multidão, tendo subido, começou a pedir que lhes fizesse como sempre tinha feito. Pilatos, então, perguntou-lhes: "Quereis que eu vos solte o rei dos judeus?" Porque ele sabia, com efeito, que os chefes dos sacerdotes o tinham entregue por inveja. Os chefes dos sacerdotes, porém, incitavam o povo para que pedisse que, antes, lhes soltasse Barrabás. Pilatos perguntou-lhes de novo: "Que farei de Jesus, que dizeis ser o rei dos judeus?" Eles gritaram de novo: "Crucifica-o!" Disse-lhes Pilatos: "Mas que mal ele fez?" Eles, porém, gritaram com mais veemência: "Crucifica-o!" Pilatos, então, querendo contentar a multidão, soltou-lhes Barrabás e, depois de fazer açoitar Jesus, entregou-o para que fosse crucificado.

Os soldados o levaram ao interior do palácio, isto é, do Pretório, e convocaram toda a coorte. Em seguida, vestiram-no de púrpura e tecendo uma coroa de espinhos, impuseram-lha. E começaram a saudá-lo: "Salve, rei dos judeus!" E batiam-lhe na cabeça com um caniço. Cuspiam nele e, de joelhos, o adoravam. Depois de caçoarem dele, despiram-lhe a púrpura e tornaram a vesti-lo com as suas próprias vestes.

E levaram-no fora para que o crucificassem. Requisitaram um certo Simão Cireneu, que passava por ali vindo do campo, para que carregasse a cruz. Era o pai de Alexandre e de Rufo. E levaram Jesus ao lugar chamado Gólgota que, traduzido, quer dizer o lugar da Caveira.

Deram-lhe vinho com mirra, que ele não tomou. Então o crucificaram. E repartiram as suas vestes, lançando sorte sobre elas, para saber com o que cada um ficaria. Era a terceira hora quando o crucificaram. E acima dele estava a inscrição da sua culpa: "O Rei dos judeus". Com ele crucificaram dois ladrões, um à sua direita, o outro à esquerda.

Os transeuntes injuriavam-no, meneando a cabeça e dizendo: "Ah! tu, que destróis o Templo e em três dias o edificas, salva-te a ti mesmo, desce da cruz!" Do mesmo modo, também os chefes dos sacerdotes, caçoando dele entre si e com os escribas, diziam: "A outros salvou, a si mesmo não pode salvar! O Messias, o Rei de Israel... que desça agora da cruz, para que vejamos e creiamos!" E até os que haviam sido crucificados com ele o ultrajavam.

À hora sexta, houve trevas sobre toda a terra, até a hora nona. E, à hora nona, Jesus deu um grande grito, dizendo: "*Eloi, Eloi, lemá sabachtháni*" que, traduzido, significa: "Deus meu, Deus meu, por que me abandonaste?" Alguns dos presentes, ao ouvirem isso, disseram: "Eis que ele chama por Elias!" E um deles, correndo, encheu uma esponja de vinagre e, fixando-a numa vara, dava-lhe de beber, dizendo: "Deixai! Vejamos se Elias vem descê-lo!" Jesus, então, dando um grande grito, expirou. E o véu do Santuário rasgou-se em duas partes, de cima a baixo. O centurião, que se achava bem defronte dele, vendo que havia expirado desse modo, disse: "Verdadeiramente este homem era filho de Deus!"

E também estavam ali algumas mulheres, olhando de longe. Entre elas, Maria Madalena, Maria, mãe de Tiago, o Menor, e de Joset, e Salomé. Elas o seguiam e serviam enquanto esteve na Galileia. E ainda muitas outras que subiram com ele para Jerusalém.

E, já chegada a tarde, sendo dia da Preparação, isto é, a véspera de sábado, veio José de Arimateia, ilustre membro do Conselho, que também esperava o Reino de Deus. Ousando entrar onde estava Pilatos, pediu-lhe o corpo de Jesus. Pilatos ficou admirado de que ele já estivesse morto e, chamando o centurião, perguntou-lhe se fazia muito tempo que morrera. Informado pelo centurião, cedeu o cadáver a

José, o qual, comprando um lençol, desceu-o, enrolou-o no lençol e o pôs num túmulo que fora talhado na rocha. Em seguida, rolou uma pedra, fechando a entrada do túmulo. Maria Madalena e Maria, mãe de Joset, observavam onde ele fora posto.

Passado o sábado, Maria Madalena e Maria, mãe de Tiago, e Salomé compraram aromas para ir ungi-lo. De madrugada, no primeiro dia da semana, elas foram ao túmulo ao nascer do sol.

E diziam entre si: "Quem rolará a pedra da entrada do túmulo para nós?" E erguendo os olhos, viram que a pedra já fora removida. Ora, a pedra era muito grande. Tendo entrado no túmulo, elas viram um jovem sentado à direita, vestido com uma túnica branca, e ficaram cheias de espanto. Ele, porém, lhes disse: "Não vos espanteis! Estais procurando Jesus de Nazaré, o Crucificado. Ressuscitou, não está aqui. Vede o lugar onde o puseram. Mas ide dizer aos seus discípulos e a Pedro que ele vos precede na Galileia. Lá o vereis, como vos tinha dito". Elas saíram e fugiram do túmulo, pois um tremor e um estupor se apossaram delas. E nada contaram a ninguém, pois tinham medo..."[90]

V. O CRISTO ILUSÓRIO

É claro que, seja ela exata ou não como particularidade biográfica, a comovente lenda do Cristo Crucificado e Ressuscitado era adequada para oferecer um novo entusiasmo, aproximação e humanidade aos velhos motivos dos ciclos dos caros Tammuz, Adônis e Osíris. Na verdade, foram esses antigos mitos – que ocupavam a atmosfera de todo o leste do Mediterrâneo – que proporcionaram o ambiente favorável no qual a lenda cristã surgiu e se difundiu tão rapidamente. Mas as mitologias pagãs e seus cultos estavam, eles próprios, na época, numa fase de transformação florescente. O conceito helenístico de "humanidade" como uma totalidade, transcendendo todas as formas raciais, nacionais, tribais e sectárias, estava atuando em todas as direções para efetuar uma fecundação cruzada de cultos. E um predomínio das populações cosmopolitas sobre as rurais havia, séculos antes, convertido as antigas e adoradas divindades do campo em guias espirituais intimamente pessoais e psicologicamente efetivas, aparecendo nos ritos de iniciação tanto elitistas quanto populares.

Além do mais, uma associação geral do pensamento místico e filosófico com os símbolos da religião possibilitaram, em todas as partes, passar de um modo de comunicação a outro, de novas definições verbais a novas combinações iconográficas e vice-versa. Certas influências da Índia, que datavam das missões budistas de Ashoka (268-232 a.C.),* também estavam atuando. A multiplicação de cultos era, consequentemente, grande; como o era, também, a multiplicação de mitos. E em tal

---

* Supra, págs. 235, 236 e *As Máscaras de Deus*, volume II – *Mitologia Oriental*, pág. 231.

atmosfera, era inevitável que a imagem do salvador dos cristãos corresse o risco não apenas de contaminação dos pagãos, mas também de absorção, de uma maneira ou de outra, nos cultos pagãos similares.

Já em uma das cartas tardias de Paulo, enviada de Roma, por volta de 61-64 d.C., para sua recém-fundada comunidade de Colossas, na Ásia Menor, há menção de uma crescente heresia gnóstica entre os membros daquela jovem congregação. Ele adverte seu rebanho distante da seguinte forma:

> Tomai cuidado para que ninguém vos escravize por vãs e enganosas especulações da "filosofia", segundo a tradição dos homens, segundo os elementos do mundo, e não segundo Cristo. [...] ele despojou os Principados e as Autoridades, expondo-os em espetáculo em face do mundo, levando-os em cortejo triunfal. [...] Ninguém vos prive do prêmio, com engodos de humildade, de culto dos anjos, indagando de coisas que viu, inchado de vão orgulho em sua mente carnal, ignorando a Cabeça; pela qual todo o Corpo, alimentado e coeso pelas juntas e ligamentos, realiza o seu crescimento em Deus. [...] Mortificai, pois, os vossos membros terrenos: fornicação, impureza, paixão, desejos maus, e a cupidez, que é idolatria. Essas coisas provocam a ira de Deus sobre os desobedientes. Assim também andastes vós quando vivíeis entre eles. Mas agora abandonai tudo isto.[91]

Até recentemente, não se sabia quais tinham sido os verdadeiros ensinamentos dessas seitas cristãs gnósticas que nos primeiros séculos floresceram por todo o Império Romano; porque, com a vitória da Igreja Ortodoxa nos séculos IV e V d.C., os escritos, ensinamentos e mestres proibidos desapareceram. Nossos relatos deles vieram apenas de seus inimigos, os Pais da Igreja, notavelmente Justino Mártir e Ireneu (século II); Clemente de Alexandria (final do século II e início do III); Hipólito (morreu cerca de 230 d.C.) e Epifânio (*c*.315-402 d.C.).

Portanto, foi um evento não menos importante do que o da descoberta dos Manuscritos do Mar Morto, quando um grande jarro foi desenterrado perto de Nag-Hamadi no Alto Egito, em 1945, contendo quarenta e oito obras gnósticas coptas, totalizando mais de setecentas páginas. A maior parte delas se encontra hoje no Museu Copta, no Cairo. Uma chegou em 1952 ao Instituto Jung de Zurique. Traduções e edições estão sendo preparadas, muito está por surgir, e os estudiosos da próxima década terão um conhecimento muito maior do gnosticismo do que é possível hoje. Entretanto, já foram identificados certos princípios e temas relevantes do movimento.

Em 1896, quando o Museu de Berlim adquiriu um códex em papiro mais ou menos da mesma data desses textos Hamadi, três importantes obras gnósticas vieram à luz: "A Sabedoria de Jesus Cristo", "O Apócrifo de João" e "O Evangelho de Maria". Uma aquisição do Museu Britânico em 1785, hoje conhecida como *Pistis Sophia* – da qual começaram a aparecer traduções por volta da metade da década de 1850 – também forneceu informações interessantes. Finalmente, parte de uma obra com influências gnósticas e ortodoxas conhecida como os "Atos de João", atribuída ao suposto autor do Quarto Evangelho, e frequentemente citada, foi lida em voz alta no Concílio de Niceia, 325 d.C., e formalmente condenada. Quando as examinamos à luz do que hoje temos conhecimento – tanto pelo grande tesouro encontrado em Nag-Hamadi, quanto pela nossa compreensão recente das doutrinas docéticas do budismo Mahayana (cujo período de desenvolvimento e florescimento coincidiu exatamente com o período do apogeu do movimento gnóstico) – podem-se apreciar melhor as implicações de suas metáforas.

Por exemplo, nos "Atos de João" encontramos a seguinte versão surpreendente do episódio de Cristo convocando seus apóstolos no Mar da Galileia. O Messias acabara de chegar de seus quarenta dias de jejum no deserto e de sua vitória sobre Satanás. João e Tiago estão no barco, pescando. Cristo aparece na costa. E supõe-se, agora, que João esteja falando da ocasião:

> Pois, depois que tinha escolhido Pedro e André, que eram irmãos, ele veio até mim e Tiago, meu irmão, dizendo: "Preciso de vós, vinde até mim". E meu irmão, ao ouvi-lo, disse-me: "João, o que quer aquela criança que está na praia e que chama por nós?" E eu perguntei: "Que criança?" E ele insistiu: "Aquela que está acenando para nós". E eu respondi: "Por causa da longa vigília que mantivemos no mar, tu não estás vendo bem, meu irmão Tiago. Não vês o homem parado lá, gracioso, bonito e de semblante alegre?" Mas ele respondeu: "Esse, meu irmão, eu não estou vendo. Mas vamos lá ver o que ele quer".
>
> E assim, quando trouxemos nosso barco para a costa, nós o vimos e também nos ajudou a amarrá-lo; e quando nós saímos, pensando segui-lo, ele pareceu-me ser bastante calvo, mas com uma barba espessa e longa; porém, para Tiago, ele pareceu um jovem com barba incipiente. Ficamos, por isso, ambos confusos com o que poderia significar o que vimos. E enquanto o seguíamos, fomos ficando cada vez mais perplexos ao considerar a questão. Pois no meu caso surgia esta coisa ainda mais fantástica: tentava observá-lo secretamente e jamais, em momento algum, vi seus olhos piscarem, mantendo-se sempre abertos. E com frequência ele me parecia ser um homem pequeno, feio, mas então, novamente, como alguém que alcançasse o céu. Além do mais, havia nele uma outra maravilha: quando sentamos para comer, de vez em quando ele vinha me abraçar e, por vezes, seu peito me parecia macio e suave, mas, por outras, duro como pedra...[92]
>
> Ainda outra maravilha, vou lhes contar, meus irmãos: às vezes, quando eu ia tocá-lo, dava-me com um corpo material e sólido, mas outras vezes, quando o tocava, a substância era imaterial e como que absolutamente inexistente. E se alguma vez ele era convidado por algum fariseu e aceitava o convite, nós o acompanhávamos; e era colocado diante de cada um de nós um pão por aqueles que nos acolhiam; e como nós, ele também recebia o seu. Mas esse ele benzia e dividia entre nós. E com aquele pouco todos ficavam satisfeitos e nossos próprios pães sobravam inteiros, de maneira que os que o convidavam ficavam estupefatos. E

frequentemente quando eu andava com ele, desejava ver as marcas de suas pegadas, se elas ficavam na terra, pois via-o como que suspenso acima da terra; e jamais vi suas pegadas.

E essas coisas, meus amigos, conto-lhes para estimular a vossa fé nele; pois temos que, pelo momento, manter silêncio a respeito de suas poderosas e extraordinárias obras, visto que elas são indescritíveis e, talvez, não possam ser nem expressas nem ouvidas.[93]

O termo "docetismo" (do grego *dokein,* "aparecer") denota uma concepção do Salvador que sustenta que o corpo de Cristo – como visto pelos homens – era uma mera aparência, sendo a sua realidade celestial ou divina. Além disso, a aparência estava em função da mentalidade de quem a via, não a realidade do que é visto: uma simples máscara, que podia mudar, mas não ser eliminada.

É digno de nota que na Índia, justamente nesses primeiros séculos da era cristã, estava se desenvolvendo o [budismo] Mahayana, que interpretava a aparência do Buda exatamente da mesma maneira. O Buda do Mahayana não é um homem que alcançou a Iluminação, mas a manifestação da própria Iluminação que surgiu na forma de um mestre, expressamente para iluminar os envolvidos nas espirais de suas próprias ilusões mascarantes – ilusões resultantes do desejo universal de vida e do medo da morte. Na visão budista Mahayana, o mundo tal como visto é igualmente ilusório, sendo sua substância o próprio Buda.

> Estrelas, escuridão, uma lâmpada, um fantasma, orvalho, uma bolha;
> Um sonho, um relâmpago e uma nuvem:
> Assim deveríamos considerar o mundo.[94]

Ou, na linguagem maravilhosa de Shakespeare:

> ...Somos da mesma substância
> De que são feitos os sonhos, e nossa curta vida
> Acaba em sono.[95]

Assim, estamos novamente na esfera própria do mito, não da pseudo-história. Nela Deus não se torna Homem; mas o homem, o próprio mundo, é conhecido como divino, uma esfera de profundidade espiritual inesgotável. O problema da Criação é o problema da origem da ilusão que, como no budismo, é tratado psicologicamente. O problema da Redenção é, portanto, segundo essa concepção, também psicológico.

Num conjunto greco-egípcio de ensinamento gnóstico pagão, conhecido como Corpus Hermeticus, proposto como uma revelação do deus sincrético Hermes-Tot, o guia das almas, há uma passagem magnífica sobre esse assunto:

Se você não se torna igual a Deus, não consegue apreender Deus; pois os semelhantes se reconhecem. Mantenha-se afastado de tudo o que é corpóreo e procure desenvolver-se até a magnitude da grandeza que está além de todas as medidas. Eleve-se acima do tempo e se torne eterno. Então você apreenderá Deus. Considere que também para você nada é impossível, considere que você também é imortal e que é capaz de compreender todas as coisas em seu pensamento, de conhecer todas as artes e todas as ciências. Encontre seu lar no espírito de cada criatura viva. Torne-se superior a todas as alturas e inferior a todas as profundidades. Una em si todas as qualidades opostas, calor e frio, aridez e fluidez. Pense que está em todas as partes ao mesmo tempo, na terra, no mar, no céu. Pense que você ainda não foi concebido, mas que está no útero, que é jovem, que é velho, que morreu, que está no mundo além-túmulo. Compreenda em seu pensamento tudo isso a uma só vez, em todos os tempos e lugares, em todas as substâncias e qualidades e magnitudes juntas. Então você consegue apreender Deus. Mas se fechar a alma em seu corpo, humilhar-se e dizer "não sei nada, não sei fazer nada, tenho medo da terra e do mar, não posso subir ao céu, não sei o que fui e nem o que serei", então, o que tem a ver com Deus? Seu pensamento não consegue compreender nada que é bom e belo, se você se apega ao corpo e é malvado.

Uma vez que o cúmulo do mal é não conhecer Deus. Mas ser capaz de conhecer Deus, desejar e esperar conhecê-Lo, é o caminho que leva diretamente ao Bem; e é um caminho fácil de percorrer. Em todas as partes Deus virá ao seu encontro, em todas as partes lhe aparecerá, em lugares e horas em que não O está procurando, nas suas horas de vigília e de sono, quando está viajando por mar e por terra, de noite e de dia, quando está falando e quando está em silêncio. Visto que não há nada que não seja Deus. E você diz: "Deus é invisível"? Não fale assim. Quem é mais manifesto do que Deus? Por esse mesmo propósito é que Ele criou todas as coisas. Nada é invisível, nem mesmo uma coisa incorpórea; a mente é vista em suas inclinações e Deus em suas obras.

Até aqui, três vezes grande, eu lhe mostrei a verdade. Considere, por você mesmo, tudo o mais de maneira semelhante, e não se enganará.[96]

Em um dos códigos gnósticos do jarro de Hag-Hamadi recentemente descoberto, encontramos o seguinte, atribuído a Jesus:

Sou a Luz que está acima de tudo,
Sou o Tudo.
O Tudo emanou de Mim e o Tudo chegou a Mim.
Corte um pedaço de madeira, eu estou ali:
Levante a pedra e ali me encontrará.[97]

Concluiu-se que as palavras atribuídas a Jesus nos Evangelhos do Novo Testamento originaram-se de uma fonte comum de "sentenças" (*logia*), preservadas e passadas adiante – primeiro oralmente – entre as comunidades dos fiéis, fixando-se depois, de várias maneiras, em diversos escritos. Os editores dos Evangelhos segundo Marcos, Mateus e Lucas (nessa ordem, entre cerca de 75 a 90 d.C.), valeram-se desses escritos ao fazer suas versões separadas e mutuamente contraditórias. Mateus e Lucas basearam-se independentemente em Marcos, mas também em outro texto, hoje extraviado, conhecido pelos eruditos como "Q" (da palavra alemã *Quelle*, "Fonte"), que se acredita ter sido uma coletânea apenas de "sentenças". Marcos pode também ter-se baseado em "Q"; mas Mateus e Lucas certamente o fizeram. E cada um dispõe as "sentenças" à sua própria maneira, como pérolas em composições criadas por eles próprios.

Mas agora, subitamente, veio de Nag-Hamadi uma coletânea de tais "sentenças", na qual foi dada uma inclinação gnóstica às palavras há muito conhecidas por nós, entretanto em um sentido bem diferente daquele utilizado nos Evangelhos ortodoxos. Por exemplo:

> Quem procura não deixe de procurar antes de encontrar, e quando encontrar ficará perturbado, e depois de ficar perturbado se assombrará e reinará sobre Tudo.

> Seus discípulos perguntaram-lhe: "Quando chegará o Reino?" E Jesus respondeu: "Ele não virá pela espera; eles não dirão, 'Olha aqui', ou 'Olha lá'. Mas o Reino do Pai está espalhado pela terra e os homens não o veem".

> Se aqueles que os conduzem disserem "vejam, o Reino está no céu", então os pássaros do céus precederão vocês. Se disserem "o Reino está no mar", então os peixes lhes precederão. Mas o Reino está dentro de vocês e fora de vocês. Se conhecerem a si próprios, então serão conhecidos e saberão que são os filhos do Pai Vivo. Mas se não conhecerem a si mesmos, então estarão na pobreza e serão a pobreza.[98]

Lucas baseou-se, aparentemente, numa sentença relacionada com a última destas, quando atribuiu a Jesus, num discurso aos fariseus, as seguintes – e muito discutidas – palavras:

"A vinda do Reino de Deus não é observável. Nem se poderá dizer: 'Ei-lo aqui! Ei-lo ali!', pois eis que o reino de Deus está no meio de vós" – $\dot{\epsilon}\nu\tau\dot{o}\varsigma\ \dot{v}\mu\hat{\omega}\nu\ \dot{\epsilon}\sigma\tau\dot{\iota}\nu$ – ou, conforme alguns interpretaram a frase grega, "está dentro de vós".[99]

O problema com esta última interpretação, entretanto, quando aplicada a uma passagem canônica cristã, não gnóstica, é que implica numa teologia de imanência, que é exatamente o que a Igreja – seguindo os passos dos profetas – vem condenando como heresia e expiando a ferro e fogo durante todos estes séculos. Nas palavras de Charles Guignebert, escritas muito antes da descoberta do jarro de Nag-Hamadi:

Argumentos linguísticos parecem justificar a tradução de ἐντὸς como *dentro*: mas a probabilidade está contra isso. Jesus dificilmente poderia dizer aos fariseus, sem que parecesse absurdo, que o Reino de Deus estava dentro deles, em seus corações. E ignorando os fariseus, nenhum de seus discípulos, que eram todos autênticos judeus, poderia ter compreendido tal estranha afirmação, que não se apoia em nenhum ensinamento dos Evangelhos. Se esse *logion* é o ponto central de toda a doutrina de Jesus com respeito ao Reino, seu isolamento é incrível. Essas objeções levantam e, em todos os aspectos, descartam o problema de sua autenticidade.

Tampouco isso é tudo. Se interpretamos o verso no seu contexto com ἐντὸς como sendo *dentro,* o resultado é uma contradição. Lucas faz dessa expressão uma espécie de introdução a um ensinamento sobre a vinda do Reino (17:22 e seguintes).* Mas a vinda do Filho do Homem é ali mencionada como se fosse ocorrer logo: 17:24, "De fato, como o relâmpago relampeja de um ponto do céu e fulgura até o outro, assim acontecerá com o Filho do Homem em seu Dia". Na visão de todos os seus discípulos, o único objetivo de sua vinda era a fundação do Reino. Ele, portanto, dificilmente poderia dizer no mesmo fôlego que o Reino estava no coração de seus ouvintes, e que ele o estabeleceria subitamente, em um dia em que não fosse esperado.

A conclusão óbvia, então, é que ἐντὸς ὑμῶν significa *entre vós*, o que parece igualmente implicar na presença concreta do Reino. Mas então surge a questão de se o verbo ἐστὶν está no tempo presente real ou num presente profético, o que quer dizer, futuro. Isso alteraria tudo, mesmo se ἐντὸς fosse tomado como significando *dentro*. O provável significado de toda a passagem é: "Quando o Reino chegar ninguém terá nenhuma dificuldade para reconhecê-lo ou precisará perguntar onde ele se encontra. Ele subitamente estará entre vós ou em vossos corações: isso é, os que se prepararam devidamente de acordo com a doutrina do próprio Jesus, entrarão nele". [...]

Jesus pregou, em conformidade com a crença judaica prevalecente, que o Reino viria como uma dádiva de Deus. Mas ele talvez acreditasse, ou pelo menos seus discípulos posteriores acreditaram, que sua própria missão era anunciar a aproximação iminente dessa manifestação: sua doutrina. Ou de outro ângulo, a crença em sua vocação era a câmara externa através da qual os homens teriam que atravessar para alcançar o Reino. [...] O Reino é primária e essencialmente a transformação material deste atual mundo malvado.[100]

É uma questão delicada, mas importante, pois pesa sobre ela todo o contraste entre o caminho da Igreja de Pedro e Paulo e as vias – tão numerosas quanto as variedades de experiência interior – dos gnósticos.

---

* A essência disso também ocorre em Mateus 24; Lucas associa com o discurso apocalíptico de Marcos 13 (*supra*, págs. 223-225). "Q", sem dúvida, fornece a base para isso (nota de Guignebert).

O Evangelho Segundo Tomás, que é o texto que venho citando, contém 114 *logia*. Seu manuscrito copta é de cerca de 500 d.C., mas o texto grego do qual foi traduzido pertencia a cerca de 140 d.C., que é bem o período no qual os Evangelhos foram compostos; sendo que todos os quatro continuaram a ser tocados e retocados até o cânone ser finalmente estabelecido em Roma, somente por volta do início do século IV.

O período de maior desenvolvimento do movimento gnóstico foi a metade do século II, notavelmente o período dos Antoninos – Antonino Pio (reinou de 138 a 161) e Marco Aurélio (reinou de 161 a 180) –, que Edward Gibbon marcou como o apogeu da glória do Império Romano: o sistema mundial, conforme ele escreveu, que naquela época "compreendia a melhor parte da terra e a porção mais civilizada da humanidade", e quando os vários modos de culto que prevaleciam no mundo conhecido "eram considerados pelo povo como igualmente verdadeiros; pelos filósofos, como igualmente falsos; e pelos magistrados, como igualmente úteis". De maneira que "a tolerância resultou não apenas em indulgência mútua, mas também em harmonia religiosa. Roma tornou-se gradualmente o templo comum de seus súditos. E a liberdade da cidade foi conferida a todos os deuses da humanidade".[101]

Permitam-me concluir esta breve observação dos mistérios da anatematizada herança gnóstica com uma segunda passagem dos Atos de João: a passagem que foi lida e condenada no Concílio de Niceia. É a afirmação mais iluminadora que nos resta da visão docética – ou, como se poderia dizer também de modo apropriado, visão Mahayana – do símbolo silencioso do crucifixo. Pois, como consta:

> Então, antes de ser levado pelos judeus sem lei, que haviam recebido sua lei da serpente sem lei,* ele reuniu-nos a todos e disse: "Antes que eu me entregue a eles, oremos ao Pai um hino de louvor, para assim ir ao encontro do que virá". Então, ele pediu-nos para formarmos um círculo, de mãos dadas, e se colocou no centro. E disse: "Respondam-me com Amém". Então começou a cantar um hino de louvor:
> "Glória a ti, Pai!"
> E nós todos, girando em círculo à sua volta, respondemos, "Amém."
> "Glória a ti, Palavra!
> Glória a ti, Graça !" – "Amém."
> "Glória a ti, Espírito Divino!
> Glória a ti, Santíssimo!
> Glória a ti, Transfiguração!" – "Amém."

---

* Compare-se com a serpente Noestã de Reis II 18:4, que era adorada no templo de Salomão. Ver também as figuras 25, 26 e 30. De acordo com a visão gnóstica, se o mundo é mau, seu criador era mau; seu criador foi exatamente Satã, que apareceu a Cristo no deserto e é o Jeová do Antigo Testamento. O correspondente budista é o tentador do Buda, Kāma-Māra, representado nos Upanixades como o Si-Próprio, de cujo Desejo e Medo surgiu o mundo. Ver *As Máscaras de Deus*, volume II – *Mitologia Oriental*, págs. 23-27.

"Louvamos a ti, Pai!
Damos graças a ti, ó Luz,
Onde não há trevas!" – "Amém."
"E por tanto damos graças, e direi:
Serei salvo e salvarei!" – "Amém."
"Serei liberto e libertarei!" – "Amém."
"Serei ferido e ferirei!" – "Amém."
"Serei gerado e gerarei!" – "Amém."
"Serei consumido e consumirei!" – "Amém."
"Ouvirei e serei ouvido!" – "Amém."
"Eu, que sou todo espírito, serei conhecido!" – "Amém."
"Serei purificado e purificarei!" – "Amém."
"A Graça ritma a dança circular.
Eu tocarei a flauta.
Dancem todos em círculo!" – "Amém."
"Eu prantearei, pranteem todos!" – "Amém."
"O Panteão dos Oito (os Ogdoad) canta louvores conosco!" – "Amém."
"O Número Doze marca o compasso da roda nas alturas!" – "Amém."
"A todos e a cada um é permitido participar da dança!" – "Amém."
"Aquele que não compartilha da dança toma erroneamente o evento!" – "Amém".
"Desaparecerei e eu permanecerei." – "Amém."
"Adornarei e serei adornado." – "Amém."
"Serei compreendido e compreenderei." – "Amém."
"Uma mansão eu não tenho, mas mansões eu tenho." – "Amém."
"Uma tocha eu sou para quem me percebe." – "Amém."
"Um espelho eu sou para quem me compreende." – "Amém."
"Uma porta eu sou para quem chama por mim." – "Amém."
"Um caminho eu sou para quem passa." – "Amém."

Assim, enquanto respondem à minha dança, vejam-se em mim, o que fala. E quando perceberem o que faço, mantenham silêncio a respeito de meus mistérios. Os que dançam, ponderem o que faço, pois sua é esta paixão de humanidade que estou prestes a sofrer. Pois não poderiam de modo algum ter compreendido seu sofrimento, se eu não tivesse sido-lhes enviado como a Palavra do Pai. Quando virem meu sofrimento, vejam a mim como o sofredor; e ao vê-lo não permaneçam impassíveis, mas todos estremecidos. Em seu esforço em direção à sabedoria, vocês têm a mim como leito: descansem em mim. Vocês saberão quem eu sou, quando eu partir. O que hoje pareço ser, eu não sou. Vocês verão quando chegarem. Se soubessem como sofrer, seriam capazes de não sofrer. Olhem através do sofrimento e terão o não sofrimento. O que não sabem, eu lhes ensinarei. Eu sou seu Deus, não o Deus dos traidores. Eu trarei as almas dos santos em harmonia comigo. Em mim a Palavra da Sabedoria. Repitam comigo novamente:

"Glória a ti, Pai!
Glória a ti, Palavra!
Glória a ti, Espírito Santo!"

E para que compreendam o que eu sou, saibam isto: tudo o que eu disse, expressei graciosamente e não tive absolutamente vergonha disso. Eu dancei; mas no que toca a vocês, considerem o todo, e tendo-o considerado, digam:
"Glória a ti, Pai! Amém!"[102]

O narrador, João, está agora prestes a prosseguir para uma visão da crucificação, do ponto de vista dessa compreensão docética do mistério. O Pai que recebe louvor nessas jaculatórias não pode ser identificado nem com o Deus do Antigo Testamento nem com o Pai do Novo. A melhor analogia é com Ahura Mazda do mito persa. Jeová ou Elohim é então o correspondente aproximado de Angra Mainyu, o criador do mundo da Mentira, no qual vivemos e do qual o salvador deverá nos libertar. Além do mais, esse salvador, como Zoroastro, vem da esfera da Luz; mas diferentemente de Zoroastro, participa da natureza do mundo apenas de modo aparente.

E assim, meus mui amados, tendo dançado conosco, o Mestre partiu.
E como homens que se perdem ou estão entorpecidos de sono, nós perambulamos de um lado para o outro. E eu, então, quando o vi sofrer, não suportei seu sofrimento e fugi para o Monte das Oliveiras, lamentando o que tinha ocorrido. E quando ele foi pregado na cruz, a escuridão recaiu na sexta hora sobre toda a terra.
E eis que meu Mestre estava de pé no meio da cova, iluminando-a, e disse: "João, para a multidão lá em Jerusalém eu estou sendo crucificado e perfurado por lanças e varas; vinagre e fel me foram dados para beber. Mas a você eu digo e preste atenção no que digo. Secretamente eu lhe fiz subir este monte, para que aprendesse o que um discípulo deve aprender de seu mestre, e o homem de Deus".
Com essas palavras ele mostrou-me uma cruz de luz, e em volta da cruz uma multidão indefinida. E naquela cruz de luz havia uma forma e uma aparência. E sobre a cruz eu vi o próprio Mestre e ele não tinha forma alguma, mas apenas voz; e uma voz não como a que nos era familiar, mas uma voz doce, suave e verdadeiramente de Deus, dizendo-me: "João, é necessário que haja um que ouça de mim essas coisas, pois tenho necessidade de alguém que as ouça. Esta cruz de luz é às vezes chamada por mim de Palavra, para seu benefício; é chamada às vezes de Mente; às vezes Jesus; às vezes Cristo; às vezes Porta; às vezes Caminho; às vezes Pão; às vezes Semente; às vezes Ressurreição; às vezes Filho; às vezes Pai; às vezes Espírito; às vezes Vida; às vezes Verdade; às vezes Fé; às vezes Graça. Assim (ela) é para os homens. Mas o que é na verdade, como concebida em si

mesma e expressa entre nós, é a delimitação de todas as coisas, e a firme elevação de coisas fixas surgidas de coisas instáveis, e a harmonia da sabedoria – da sabedoria que é harmonia.

Mas há forças da direita e forças da esquerda, potências, poderes angelicais e demoníacos, poderes eficazes, ameaças, explosões de ira, diabos, Satanás e a raiz inferior da qual surgiu a natureza do Vir a Ser. E assim é essa cruz que uniu espiritualmente o Todo e que demarcou o domínio da mudança e o domínio inferior, e que fez com que todas as coisas se elevassem.

Não é aquela cruz, a cruz de madeira que você verá quando descer daqui; tampouco sou eu a quem você não consegue ver, mas cuja voz só você pode ouvir, o que está na cruz. Eu fui considerado ser o que não sou, não sendo o que era para muitos outros: o que eles dirão de mim é desprezível e não merecido por mim. Aqueles que nem veem nem podem nomear o lugar do silêncio, muito menos poderão ver o Senhor.

A multidão de muitas feições que se aglomera em volta da cruz é a natureza inferior. E se aqueles que você vê em torno da cruz não têm ainda uma forma particular, então todas as partes daquele que desceu ainda não se uniram. Mas quando a natureza da humanidade tiver sido elevada e uma geração de homens movidos por minha voz aproximar-se de mim, você, que me ouve agora, estará unido a ela e o que agora é não será mais. Mas você então pairará acima daqueles, como eu agora. Porque enquanto você não se chamar a si próprio de meu, eu não serei o que sou. Quando você me ouvir, porém, será um ouvinte como eu próprio. Pois isso você é através de mim.

Por isso não se preocupe com os muitos e despreze os profanos. Saiba que eu formo um todo com o Pai e o Pai um todo comigo. Nada do que eles dirão de mim eu terei sofrido. Mesmo a paixão que eu revelei a você e aos outros, na dança circular, eu gostaria que fosse chamada de mistério. Pois o que você é, o que você vê, eu lhe mostrei: mas o que sou, apenas eu sei e nenhum outro homem. Permita-me então, ficar com o que é meu, mas o que é seu, observe através de mim; e veja-me em minha essência, não pelo que eu disse que era, mas como você, que é meu próximo, me conhece.

Você ouviu dizer que eu sofri, mas não sofri.
Um não sofredor eu fui, porém sofri.
Perfurado eu fui, porém não injuriado.
Pendurado eu fui, porém não pendurado.
Sangue escorreu de mim, mas também não escorreu.

Em resumo, o que eles dizem de mim, isso eu não sofri; mas o que eles não dizem, eu sofri. O que é, eu insinuo num enigma, pois sei que você compreenderá. Conheça-me, então, como o louvor da Palavra, a transfixação da Palavra, o sangue da Palavra, a ferida da Palavra, o pendurado da Palavra, o sofrimento da Palavra, a cravação da Palavra, a morte da Palavra. E assim em meu discurso distingui o homem de mim mesmo.

Primeiro, portanto, conheça a Palavra, a natureza interna, o significado. Então, você conhecerá o Senhor e, por último, o homem e o que ele sofreu.

Quando ele acabou de dizer-me isso e ainda mais, que eu não sei dizer como ele gostaria que eu dissesse, ele se levantou e ninguém da multidão o viu. E quando eu desci, ri de todos, porque ele me contara o que tinham dito a seu respeito. Retive esta única coisa em mim mesmo: que o Senhor realizava tudo simbolicamente, para a conversão e salvação dos homens.[103]

VI. A MISSÃO DE PAULO

Durante os primeiros séculos da era cristã, existiam três concepções da missão de Jesus. A primeira foi a dos cristãos judeus da Palestina, da qual lemos no primeiro capítulo dos Atos dos Apóstolos, que quando eles tinham se reunido e o Cristo ressuscitado lhes apareceu, perguntaram a ele: "Senhor, é agora o tempo em que irás restaurar a realeza em Israel?"[104]

Para eles, não deve ter existido nenhuma mitologia do parto virginal. Seu mestre era o Messias, o Escolhido do Senhor, conforme profetizado para Israel desde os tempos de outrora. E a coisa nova era simplesmente que o Dia de Jeová tinha agora chegado, factual e historicamente: o dia em que Israel seria glorificado e justificado diante do mundo. A essa podemos chamar de concepção apocalíptica primária. Isaías havia profetizado sobre aquele dia: "Os teus mortos tornarão a viver, os teus cadáveres ressurgirão".[105] Cristo tinha ressuscitado: esse era o toque de trombeta (Isaías 27:13). O dia que Jeová tinha anunciado por intermédio de seu profeta chegara: "Com efeito, vou criar novos céus e nova terra; as coisas de outrora não serão lembradas, nem tornarão a vir ao coração. [...] Sim, regozijar-me-ei em Jerusalém".[106]

A segunda concepção foi a dos gnósticos. Essa, como vimos, em sua teologia era mais antiga do que o cristianismo e estranha aos judeus, e durante o primeiro século esteve vinculada apenas vagamente com o movimento cristão. Entretanto, no curso do segundo século, quando não aconteceu a grandiosa promessa da antiga concepção apocalíptica cristã – de modo que a expectativa teve de alguma maneira que ser espiritualizada –, as sementes do gnosticismo cristão criaram raízes e se fortaleceram. Além disso, uma ameaça ainda mais perigosa à autoridade da Igreja Paulina surgiu no vigoroso heresiarca Marcion (c.150 d.C.), sobre quem Justino Mártir escreveu: "com a ajuda dos demônios, ele fez com que muitos em todas as nações dissessem blasfêmias e negassem que Deus é o criador do Universo, além de afirmar que algum outro ser maior do que Ele realizou obras mais importantes".[107]

Marcion, portanto, enfatizou o contraste entre a concepção de Deus do Antigo Testamento e a do Novo. E propôs um cânone cristão completamente independente do Antigo, baseado principalmente em Paulo e Lucas. Sua própria doutrina era que o

Deus do Antigo Testamento tinha, de fato, sido o criador do mundo que conhecemos como mau. Ele tinha criado o homem da matéria e imposto a ele uma lei severa que ninguém podia cumprir; assim, toda a raça tinha caído em maldição. Entretanto, ele não era o Deus supremo, embora se considerasse como tal. Acima dele havia um outro poder – desconhecido para ele – que, por amor e compaixão pelo mundo atormentado enviou seu filho: Cristo, como redentor.

Provido de um corpo visionário, à semelhança de um homem de trinta anos, o Filho fez sua aparição no décimo quinto ano do Imperador Tibério (reinou de 14 a 37 d.C.), pregando na sinagoga de Cafarnaum. Os judeus o confundiram com seu Messias nacional, e mesmo seus apóstolos não conseguiram entendê-lo. Além do mais, a própria divindade do Antigo Testamento não fazia ideia da dignidade desse pregador, mas por medo o levou a ser crucificado e por esse ato cumpriu seu destino. Cristo, segundo Marcion, depois da crucificação apareceu a Paulo, que de todos foi o único que entendeu o Evangelho. Opondo-se aos cristãos judeus, fundou devidamente igrejas cristãs entre os gentios que, entretanto, estavam agora sendo corrompidas por tendências judaizantes, contra as quais o verdadeiro Deus ordenou a Marcion que predicasse.

Em contraposição à via gnóstica, Marcion enfatizou não o conhecimento, mas a fé, coisa que exercia, obviamente, maior atração popular. Sua doutrina, em consequência, foi uma ameaça real à Igreja primitiva. Foi, na verdade, uma ameaça tão real que os Padres elaboraram sua própria versão do Novo Testamento, em grande parte para refutar o cânone anterior dos marcionitas. E por todo um século – 150-250 d.C. – pareceu realmente que o testamento independente do heresiarca pudesse conquistar terreno.

Contudo, o livro que venceu foi aquele de acordo com o qual a Nova Lei interpretava-se como um cumprimento da Antiga, mas num plano antes de ideais espirituais do que sociopolíticos. Mesmo assim, continuou-se a esperar que no final chegaria o dia do juízo profetizado – muito baseado nos termos zoroastrianos, com Cristo no papel de Saoshyant, à direita do Pai, para julgar os vivos e os mortos –, o que seria então o fim literal do mundo. Por alguma razão, os autores cristãos preferem interpretar essa crença e esperança como uma doutrina positiva, afirmativa do mundo e a contrapõem à gnóstica, que classificam como negativa. Comumente eles referem-se também ao grande "perigo" do gnosticismo, porque este fomentava – e continuaria a fomentar – a diversidade e multiplicidade de cultos. Ao passo que, com a vitória da única Igreja verdadeira no século IV d.C., prevaleceu uma religião "universal" que (para citar uma reconhecida autoridade) "não via a si mesma como um círculo social da elite espiritual",[108] e (para citar outra) "representava um conceito inteiramente novo de religião", que "não podia desenvolver-se, de acordo com a Lei de sua própria natureza, sem libertar-se das forças insidiosas que a teriam prendido a um mundo passado".[109]

Na verdade, no gnosticismo – como no budismo até hoje – havia diversidade porque (como a Igreja descobriria no tempo devido) os indivíduos têm diferentes capacidades e necessidades espirituais. De maneira que – como já mencionado naquele simples episódio dos Atos de João sobre Jesus na praia* – ninguém pode arvorar-se com certeza ter apreendido a Verdade de uma vez por todas, menos ainda um colégio (seja de cardeais ou de presbíteros) legislar em nome da grande maioria de uma religião popular e assim-chamada universal, para quem a especulação metafísica, a experiência e a simbolização têm que permanecer num nível bastante elementar. Há um antigo provérbio romano: *Senatus bestia est*; *senatores, boni viri*; nem o tempo nem o dízimo o desatualizaram.

Além do mais, o interesse máximo de uma religião popular não pode ser – nem nunca foi – a "Verdade", mas sim a manutenção de um certo tipo de sociedade; inculca no jovem e renova no velho um "sistema de valores" aprovado, do qual dependem as instituições e os governos locais. Como demonstra a documentação do nosso tema, a própria história da sociedade foi marcada, através dos milênios, por uma ampliação gradual – muito gradual – dos horizontes grupais: da tribo ou aldeia para o povo ou nação e finalmente, com o budismo e o helenismo, para o conceito todo-abrangente de humanidade; que é, entretanto, uma união de indivíduos em termos espirituais e não governáveis.

Numa união dessa espécie têm que haver muitas mansões, como houve no gnosticismo. Não é correto denegrir tais ordens separadas (cada uma ocupando-se de seus próprios interesses), chamando-as de círculos sociais de amigos. Elas são, antes, escolas de instrução mútua para aqueles que têm as mesmas propensões: mais aproximadas, por exemplo, aos Alcoólicos Anônimos que, digamos, à União da Sobriedade das Mulheres Cristãs**; esta última pregaria a abstenção de bebidas alcoólicas por serem demasiadamente fortes para alguns.

Temos que lembrar, a respeito de Paulo, que ele iniciou sua trajetória como perseguidor dos primeiros cristãos judeus, em nome de sua herança farisaica. Ele esteve presente, como sabemos pelos Atos dos Apóstolos do Novo Testamento, na morte por apedrejamento de Santo Estêvão. "As testemunhas", consta ali, "depuseram seus mantos aos pés de um jovem chamado Saulo. [...] Ora, Saulo estava de acordo com a sua execução. Naquele dia, desencadeou-se uma grande perseguição contra a Igreja que estava em Jerusalém. [...] Saulo devastava a Igreja: entrando pelas casas, arrancava homens e mulheres e metia-os na prisão".[110]

Poder-se-ia dizer que, ao se converter de fariseu para cristão, Paulo simplesmente transferiu seu temperamento para o outro lado da linha, e que a Igreja cristã que ele fundou herdou e levou para a Europa a marca de sua preocupação pelo consenso monolítico tipicamente levantino. O primeiro princípio de sua doutrina era que em Cristo a Lei fora anulada. Na verdade, como Marcion, ele sustentava

---

* *Supra*, págs. 296-298.
** A União da Sobriedade das Mulheres Cristãs foi organizada em 1874 por mulheres preocupadas com os problemas que o álcool causava às suas famílias e à sociedade. Essa entidade existe até hoje, e suas associadas adotam um estilo de vida de total abstinência ao álcool e têm a proteção ao lar como seu lema.

que a Lei havia sido uma maldição sobre os homens pois, como escreveu, "Cristo nos remiu da maldição da Lei [...] para que, pela fé, recebamos o Espírito prometido".[111] E novamente: "Assim a Lei se tornou nosso pedagogo até Cristo, para que fôssemos justificados pela fé. Chegada, porém, a fé, não estamos mais sob pedagogo. [...] Não há judeu nem grego, não há escravo nem livre, não há homem nem mulher; pois todos vós sois um só em Cristo Jesus".[112] Essas são palavras maravilhosas, ardentes. Mas já na carta seguinte, percebemos que estava em movimento uma nova coação, da qual Paulo era o mentor:

> Eu vos exorto, irmãos, em nome de nosso Senhor Jesus Cristo: guardai a concórdia uns com os outros, de sorte que não haja divisões entre vós; sede estreitamente unidos no mesmo espírito e no mesmo modo de pensar. [...] Eu vos escrevi em minha carta que não tivésseis relações com impudicos. [...] Não vos associeis com alguém que traga o nome de irmão e, não obstante, seja impudico ou avarento ou idólatra ou injurioso ou beberrão ou ladrão. Com tal homem não deveis nem tomar refeição. [...] Afastai o mau do meio de vós.[113]

> Cada um recebe o dom de manifestar o Espírito para a utilidade de todos. [...] Com efeito, o corpo é um e, não obstante, tem muitos membros, mas todos os membros do corpo, apesar de serem muitos, formam um só corpo. Assim também acontece com Cristo! Pois fomos todos batizados num só Espírito para ser um só corpo, judeus e gregos, escravos e livres, e todos bebemos de um só Espírito. [...] Ora, vós sois o corpo de Cristo e sois os seus membros, cada um por sua parte. E aqueles que Deus estabeleceu na Igreja são, em primeiro lugar, apóstolos; em segundo lugar, profetas; em terceiro lugar, doutores... Vêm, a seguir, os dons dos milagres, das curas, da assistência, do governo; e o de falar diversas línguas.[114]

> Quero, porém, que saibais que a cabeça de todo homem é Cristo, a cabeça da mulher é o homem, e a cabeça de Cristo é Deus. Todo homem que ore ou profetize com a cabeça coberta desonra a sua cabeça. Mas toda a mulher que ore ou profetize com a cabeça descoberta desonra a sua cabeça; é o mesmo que ter a cabeça raspada. Se a mulher não se cobre com véu, mande cortar os cabelos! Mas, se é vergonhoso para uma mulher ter os cabelos cortados ou raspados, cubra a cabeça! Quanto ao homem, não deve cobrir a cabeça, porque é a imagem e a glória de Deus; mas a mulher é a glória do homem. Pois o homem não foi tirado da mulher; mas a mulher, do homem. E o homem não foi criado para a mulher, mas a mulher para o homem. Sendo assim, a mulher deve trazer sobre a cabeça o sinal da sua dependência, por causa dos anjos.[115]

"Sede meus imitadores", escreveu Paulo a suas ovelhas, "como eu mesmo o sou de Cristo".[116] Quer dizer: que ninguém conceba ou se oriente pela sua própria imagem de Cristo, como nos Atos de João, mas apenas pela que Paulo e sua comunidade apontaram. E desse modo, em nome de sua comunidade, à medida em que a própria imagem de Cristo amadurecia gradualmente, a história do Ocidente foi sendo esculpida e polida durante os próximos dois mil anos.

O primeiro evento memorável na história desse novo consenso havia sido o apedrejamento de Estêvão. "Naquele dia", como podemos ler nos Atos dos Apóstolos, "desencadeou-se uma grande perseguição contra a Igreja que estava em Jerusalém. Todos, com exceção dos apóstolos, dispersaram-se pelas regiões da Judeia e da Samaria".[117]

A espantosa dispersão levou a uma disseminação da doutrina para além de Jerusalém e da Galileia. Paulo levou-a então adiante, pregando até mesmo fora da congregação judaica, aos gentios; especificamente, nas cidades mercantis em que raças e culturas se misturavam, onde judeus e gregos (para usar a expressão comum de Paulo) viviam um ao lado do outro. Na cidade puramente grega de Atenas ele não teve quase nenhum êxito e, na Jerusalém puramente judaica, mal conseguiu escapar com vida.

"Em Atenas", somos informados, "seu espírito inflamava-se dentro dele, ao ver cheia de ídolos a cidade". Os ídolos, obviamente, eram aquelas magníficas obras de arte da Acrópole que estão, até hoje, entre as glórias que coroam o espírito humano. E para aqueles que se reuniram à sua volta no centro do Areópago (pois, como lemos: "Todos os atenienses e também os estrangeiros aí residentes, não se entretinham noutra coisa senão em dizer, ou ouvir, as últimas novidades"), ele proclamou: "Cidadãos atenienses! Vejo que, sob todos os aspectos, sois os mais religiosos dos homens. Pois, percorrendo a vossa cidade e observando os vossos monumentos sagrados, encontrei até um altar com a inscrição: 'Ao Deus desconhecido'. Ora bem, o que adorais sem conhecer, isto venho eu anunciar-vos".

Essa proclamação foi, do ponto de vista pagão, sem dúvida, um erro elementar. Porque o Inefável não é nomeado ou anunciado por ninguém, mas encontra-se manifesto em todas as coisas. Reivindicar o conhecimento exclusivo dele é não ter entendido absolutamente o seu sentido. Além do mais, o altar em questão não havia sido erigido ao Inefável, mas a qualquer deus ou deuses importantes desconhecidos que tivessem sido omitidos pelo culto local. Nesse sentido, o deus proclamado por Paulo poderia facilmente ter sido bem-vindo; entretanto, o pregador não estava proclamando seu deus nessa condição.

"O Deus que fez o mundo e tudo o que nele existe", Paulo anunciou para a cidade na qual Xenófanes, Sócrates, Platão, Aristóteles e Zenão tinham ensinado,

> ...não habita em templos feitos por mãos humanas. Também não é servido por mãos humanas, como se precisasse de alguma coisa, ele que a todos dá vida, respiração e tudo o mais. De um só ele fez toda a raça humana para habitar sobre toda a face da terra, fixando os tempos anteriormente determinados e os limites do seu habitat. Tudo isto para que procurassem a divindade e, mesmo se às apalpadelas, se esforçassem por encontrá-la, embora não esteja longe de cada um de nós. Pois nele vivemos, nos movemos e existimos, como, alguns dos vossos, aliás já disseram: "Porque somos também de sua raça".

Ora, se nós somos de raça divina, não podemos pensar que a divindade seja semelhante ao ouro, à prata, ou à pedra, a uma escultura da arte e engenho humanos. Por isso, não levando em conta os tempos da ignorância, Deus agora notifica aos homens que todos e em toda parte se arrependam, porque ele fixou um dia no qual julgará o mundo com justiça por meio do homem a quem designou, dando-lhe crédito diante de todos, ao ressuscitá-lo dentre os mortos.

Alguns zombaram dele, somos informados, mas outros disseram: "A respeito disto vamos ouvir-te outra vez". Alguns poucos uniram-se a Paulo e o seguiram. Mas o resultado foi decepcionante. De maneira que ele sacudiu a poeira de Atenas de seus pés e foi para a cidade mercantil de Corinto,[118] onde viveu e pregou entre gregos e judeus por dezoito meses.

Em Jerusalém, para cuja cidade sagrada Paulo em breve retornou, deu-se ainda pior do que se dera em Atenas; quase tão mal, na verdade, quanto Estevão diante de seus próprios olhos, muitos anos antes. Pois ali, conforme foi registrado,

> A cidade toda se agitou e houve aglomeração do povo. Apoderaram-se de Paulo e arrastaram-no para fora do Templo, fechando-se imediatamente as portas. Já procuravam matá-lo, quando chegou ao tribuno da coorte a notícia: "Toda Jerusalém está amotinada!" Ele imediatamente destacou soldados e centuriões e arremeteu contra os manifestantes. Estes, à vista do tribuno e dos soldados, cessaram de bater em Paulo. Aproximou-se então o tribuno, deteve-o e mandou que o prendessem com duas correntes; depois perguntou quem era e o que havia feito. Uns gritavam uma coisa, outros outra, na multidão. Não podendo, pois, obter uma informação segura, por causa do tumulto, ordenou que o conduzissem para a fortaleza. Quando chegou aos degraus, Paulo teve de ser carregado pelos soldados, por causa da violência da multidão. Pois a massa do povo o seguia, gritando: "À morte com ele!"[119]

Paulo, na verdade, estava entre dois mundos. Mas o tempo estava do seu lado. Porque tanto a religião da pólis quanto a religião do deus tribal foram ultrapassadas pela interação de povos em todo o vasto Império Romano. De mais a mais, a própria Roma iria em breve sair do seu apogeu.

VII. A QUEDA DE ROMA

No ano 167 da era cristã, o sexto do reinado de Marco Aurélio, hordas germânicas do norte atravessaram a muralha romana entre o Reno superior e o Danúbio, invadindo até o norte da Itália. E como não podiam ser repelidos, tiveram permissão para se estabelecer como agricultores em terras designadas dentro da fronteira. Marco Aurélio morreu no ano 180. Seu filho devasso Cômodo o sucedeu; e irromperam revoltas na Germânia, Gália, Bretanha, noroeste da África e Judeia. Uma conspiração na própria Roma foi reprimida em 183, mas nove anos depois o imperador foi assassinado. Seu sucessor, Pertinax, foi derrubado no ano seguinte por um motim da guarda, dando início à grande catástrofe do império.

O exército de Roma levou Dídio Juliano ao trono. Mas o exército da Síria apoiava Pescênio Níger; o da Bretanha, Clódio Albino; e o da fronteira com o Danúbio, Sétimo Severo, que, por fim, venceu, depois de cerca de quatro anos de guerras civis furiosas. Severo reinou com extremo rigor entre guerras incessantes até 211, para ser sucedido por seu filho Caracala, que no ano 213 repeliu uma invasão germânica na Gália, no ano seguinte subjugou a Armênia e no próximo uma revolta no Egito. Em 216 ele voltou-se contra a Pártia, mas foi assassinado por sua própria guarda – e assim continuou, de uma surpresa a outra. Os godos, ao longo da costa norte do Mar Negro, faziam pirataria e, passando para o Mediterrâneo, saqueavam todos os lugares pelos quais passavam. Outras tribos germânicas atacaram a Itália; outras ainda a Gália e Hispânia; algumas poucas cruzaram a África. Cidades, aldeias e lavouras romanas, por todo o domínio, estavam sendo incendiadas.

Os germânicos constituíam um povo ária vivendo a nordeste dos celtas, além do Elba, do Báltico até o Mar Negro. De cabelos claros, olhos azuis e de estatura muito alta, eles eram – como os celtas – guerreiros valentes. E as legiões romanas, não sendo mais o que haviam sido no tempo de César, encontravam neles adversários superiores. Entretanto, esses belicosos pastores seminômades, ameaçando cada vez com mais força as defesas ao norte, representavam apenas uma das três grandes ameaças às quais a civilização romana era submetida na época, e que provocaram a sua ruína.

A segunda estava do outro lado do Tigre, no Oriente mal-defendido, na forma da nova dinastia persa dos sassânidas, pela qual os partos tinham sido derrotados em 226 d.C. E enquanto o perigo germânico do norte era principalmente físico, representando em certo sentido uma barbarização e rejuvenescimento do próprio espírito dos europeus, a crescente ameaça persa era antes um risco para esse mesmo espírito. Diocleciano (reinou de 284 a 305) transferiu a corte romana para a Ásia Menor com o propósito de enfrentar o novo poderio militar ante o qual teve mais sucesso do que contra as forças do norte. Mas ele não era páreo para a sedução da mitologia oriental de seu inimigo. Os sassânidas eram zoroastrianos. O *Bundahish* e outros textos sagrados foram editados, interpretados e ampliados durante o período de sua dinastia, e uma igreja oficial chegou a florescer sob um poderoso clero de magos. A abertura do Ocidente para as ideias religiosas persas pode ser julgada a partir da rápida difusão do mitraísmo por todo o Império Romano, desde o reinado de Vespasiano (reinou de 69 a 79). Mas na própria Pérsia o redespertar zoroastriano, longe de gerar qualquer sentimento de coexistência intercultural era, no verdadeiro estilo levantino, contrário ao mundo gentio, particularmente ao Ocidente ou de modo mais direto ao helenismo e sincretismo, que a precedente dinastia parta favorecera.

Diocleciano, depois de estabelecer sua corte asiática na Nicomédia, na Ásia Menor, adotou o estilo e a pose de um déspota asiático: o simbólico manto celeste, bordado com as pérolas e as pedras preciosas das constelações do Universo. Assim como o sol brilha entre todas, como a porta de ouro para a eternidade, assim também a cabeça real com seu diadema brilhava esplendorosamente acima do manto. O escabelo do mundo ficava a seus pés, diante do qual todos tinham que se curvar. Como outra consequência da influência do arcaico ideal asiático, o próprio Império Romano foi transformado numa máquina estatal oriental. Os impostos tinham aumentado significativamente desde a época de Marco Aurélio. Agora tornava-se costume atribuir a responsabilidade pela arrecadação de cada distrito aos homens ricos da região: o que não conseguissem extrair do povo, tinham que tirar da sua própria fortuna; assim arruinou-se a classe média, ao passo que os camponeses há muito haviam sucumbido à devastação das guerras.

Em todas as partes aumentava o número de indigentes, mendigos, ladrões, bem como a violência. E Diocleciano, para conter essa tendência, criou leis proibindo os homens de deixarem ou mudarem de ocupação. A participação em corporações e guildas tornou-se obrigatória e não podia ser transferida; de maneira que resultou num verdadeiro sistema de castas com todas elas trabalhando para o Estado. Salários e preços eram determinados pelo Estado. Os olhos e ouvidos do imperador, seus espiões, estavam em todas as partes observando para assegurar-se de que as ordens estavam sendo cumpridas. O Prof. James Breasted, há muitos anos resumiu a situação num parágrafo que permaneceu em minha mente desde os tempos de estudante, como a profecia de um tempo futuro em nosso belo reino de homens livres:

> Cambaleando sob o peso esmagador dos impostos, num Estado que se encontrava praticamente falido, o cidadão de todas as classes era agora um mero dente da vasta máquina governamental. Ele não tinha outra função a não ser trabalhar para o Estado, que extorquia tanto do fruto de seu trabalho que podia se considerar feliz se conseguisse sobreviver do que lhe restava. Equiparado a mero trabalhador para o Estado, ele se encontrava, finalmente, na mesma situação em que o camponês do Nilo estivera há milhares de anos. O imperador tinha se tornado um faraó, e o Império Romano, o Egito colossal dos tempos antigos. O século de revoltas que acabou na reorganização despótica de Diocleciano, destruiu completamente a capacidade criativa dos antigos artistas e literatos, bem como todo o progresso nos negócios e finanças. Uma vez que o mundo antigo esteve comprometido com o avanço civilizatório, sua história termina com a ascensão de Diocleciano.[120]

Os germânicos por um lado e o Oriente por outro tinham criado essa Roma, na qual o cristianismo entraria agora como uma terceira força transformadora. Diocleciano tratou rudemente os cristãos, reconhecendo-os como inimigos do

MITOLOGIA OCIDENTAL

Estado. Mas Galério, seu sucessor (reinou de 304 a 311), publicou um édito de tolerância baseado no antigo princípio pagão de que todo deus tem direito de ser adorado por seu próprio povo. E durante o curso dos complicados interlúdios de assassinatos, intrigas palacianas, guerras declaradas e massacres, que se estenderam entre a morte de Galério e a ascensão de Constantino (isto é, de 311 a 324), a questão da causa cristã pendeu precariamente na balança. Até que – conforme continua a famosa lenda, nas palavras do próprio Constantino ao seu biógrafo Eusébio –, durante os preparativos para a batalha crucial com Maxêncio, seu principal rival pela coroa, que era inimigo dos cristãos, o ainda pagão Constantino viu no céu uma cruz brilhando com as palavras *Hoc vince*. Seu exército viu-a também. Num sonho na noite seguinte, Cristo apareceu-lhe e o mandou adotar tal símbolo como seu estandarte; o que ele fez e, conquistada a vitória, manteve lealdade à cruz.[121]

O lugar de Constantino, o Grande, em relação à história do cristianismo, pode-se comparar ao de Ashoka na causa budista. Ambos surgiram três séculos após o tempo de vida de seu salvador, e ambos converteram o que havia sido uma religião indiferente à política e mesmo à ordem social vigente, na religião secular de um império. As datas comparativas são as seguintes:

Jesus Cristo	Gautama Buda
c.3 a.C.-30 d.C.	563-483 a.C.
Constantino, o Grande	Ashoka, o Grande
reinou de 324 a 337 d.C.	reinou de 268 a 232 a.C.

Entretanto, enquanto Ashoka pregou e praticou a não violência e a tolerância religiosa,[122] Constantino, assim que conquistou o trono, iniciou o trabalho de extirpar duas heresias. A primeira foi a dos donatistas do norte da África. Estes sustentavam que a eficácia de um sacramento depende do estado espiritual do sacerdote: aquele que trai a fé, eles diziam, está em poder não da fé, mas da culpa (*qui fidem a perfido sumserit, non fidem percipit sed reatum*). A resposta ortodoxa a essa heresia foi que os sacramentos são sagrados por si mesmos, não pela virtude dos homens (*sacramenta per se esse sancta, non per homines*). E o perigo da controvérsia era que, se os donatistas estivessem com a razão, toda a estrutura cerimonial da Igreja dependeria do caráter moral do clero, e ninguém jamais poderia estar certo de que um determinado rito tivesse sido sobrenaturalmente efetivo; ao passo que, se os donatistas estivessem equivocados, um sacramento poderia ser administrado de modo eficaz mesmo por um herege ou pagão.

A segunda controvérsia enfrentada por Constantino foi ainda mais radical. Era a dos seguidores de Ário, que sustentavam que Cristo não foi nem o Verdadeiro Deus nem o Verdadeiro Homem. Deus, eles asseveravam, é absolutamente incognoscível e único. Cristo, embora pré-existente à sua encarnação, é um ser criado e, portanto, não o verdadeiro Deus, embora venerado como o criador de todas as outras criaturas. Em sua encarnação como Jesus, o Filho tinha assumido corpo humano, mas não alma humana. Por isso, ele não era nem o Verdadeiro Deus nem o Verdadeiro Homem.[123]

Talvez, ao se comparar as atitudes de Ashoka e Constantino com relação às diferenças na crença, deveria levar-se em conta o fato que o indiano já conquistara o seu império quando o terrível espetáculo do massacre e calamidade perpetrados por seu exército atingiu-o na alma com a flecha do remorso. E ele se converteu à ética budista da não violência e compaixão. Constantino, a seu turno, teve uma visão da vitória futura, o que o levou a se converter a algo que passou então a chamar-se de cristianismo; embora seja difícil explicar sua relação com a lição das tentações de Cristo no deserto.*

A próxima observação teria de ser, porém, que enquanto o império budista de Ashoka ruiu só meio século após sua morte, o império cristão de Constantino resistiu até a queda de Constantinopla sob o poder dos turcos, onze séculos e vinte e nove anos após sua subida ao trono. E a observação crucial para a teoria geral do tema em questão, teria de ser, talvez, que no Oriente e no Ocidente os destinos opostos das duas grandes religiões seculares de salvação foram estabelecidos pelas personalidades opostas de seus primeiros grandes conversos reais, não pelos profetas a cujos nomes estão relacionados.

O reconhecimento do sofrimento, por Ashoka, fora da ordem (embora não da intensidade) do próprio Buda quando ele declarou a Primeira de suas Quatro Nobres Verdades: "Toda vida é sofrimento". Consequentemente, nos éditos reais, a essência do ensinamento foi conservada na íntegra, e a não violência e a compaixão foram fomentadas com sinceridade. Mas, no Ocidente, a religião de Cristo tornou-se com Constantino a serva (ou melhor, a fada madrinha) da política; e a autoridade para a manutenção de uma certa ordem social tornou-se alegadamente originária daquele que se supôs ter dito: "Meu reino não é deste mundo; se meu reino fosse deste mundo, meus súditos teriam combatido".[124] Daí que, à pergunta que divide o mundo – "tens interesse na sociedade ou na Verdade?" –, o monarca ocidental, respondendo honestamente, teria que dizer: "na primeira", enquanto o indiano poderia ter dito: "na Verdade".

Porém, ironicamente, no Ocidente a religião do Redentor sofreu durante toda a história a degradação de sua identificação com a política; nossas práticas políticas ocidentais foram modificadas de maneira significativa devido à sua influência. Ao contrário disso, o pensamento político oriental continua governado até hoje pela lei política elementar da natureza, que é, de modo absoluto e para sempre, a Lei dos Peixes (em sânscrito, *matsya-nyāya*): os grandes comem os pequenos, e os pequenos têm que ser espertos.

Constantino, o Grande, nasceu em Dácia (hoje Romênia), cerca de 274. Sua mãe, Helena, era uma mulher de posição humilde da Bitínia (no noroeste da Ásia Menor) e concubina de Constâncio que, entretanto, a deixou de lado, no ano 293,

* *Supra*, págs. 286-288.

para desposar Teodora, a filha adotiva de Maximiano. Constâncio então se tornou imperador de Roma e o jovem Constantino foi enviado para a corte asiática do Imperador Diocleciano – com quem ele marchou para o Egito, onde conheceu Eusébio, o futuro bispo de Cesareia e, posteriormente, seu biógrafo. O jovem príncipe tomou como concubina uma donzela chamada Minervina, que concebeu seu filho Crispo – embora já em 293 ele tivesse sido prometido em casamento à filha ainda criança de Maximiano, Fausta.

Como a situação na corte voltou-se contra ele, fugiu para a Gália, onde – quando seu pai morreu dominando uma rebelião na Bretanha – assumiu e logo obteve o comando do império do Ocidente. Podemos ler a respeito de suas guerras na Gália, de 306 a 312, que "mesmo os pagãos ficaram chocados quando ele entregou às feras reis bárbaros acompanhados de milhares de seus seguidores".[125] E sabemos também que quase imediatamente após ter convocado e presidido o Concílio de Niceia – no qual a vontade e a natureza de Deus foram proclamadas e definidas para toda a humanidade –, ele matou, por alguma razão desconhecida, tanto seu filho Crispo quanto sua mulher Fausta. Alguma tragédia do tipo *Fedra* foi sugerida como motivo. Mas qualquer que tenha sido a causa, fica claro que Constantino era um homem muito mais insensível que Ashoka.

Tendo conquistado para si todo o império por volta de 324, Constantino, o Grande, começou a consolidá-lo em um único bloco espiritual. Com essa finalidade convocou, em 325, o Concílio de Niceia. Mais de trezentos bispos compareceram, vindos de todas as províncias do domínio. Após um sermão do imperador sobre a necessidade de unidade, eles iniciaram o trabalho, primeiro fixando uma data para a Páscoa e, em seguida, anatematizando os seguidores de Ário. O credo finalmente aceito (escrito pelo jovem diácono Atanásio de Alexandria) reza o seguinte:

> Cremos em um só Deus, Pai Todo-Poderoso, criador de todas as coisas, tanto visíveis quanto invisíveis:
> E em um só Senhor Jesus Cristo, o Filho de Deus e único gerado pelo Pai; isto é, da essência [οὐσία] do Pai,
> Deus de Deus, Luz da Luz, verdadeiro Deus de verdadeiro Deus – gerado, não criado –, sendo da mesma essência [ὁμοούσιον] do Pai;
> por quem todas as coisas foram criadas, tanto as do céu quanto as da terra;
> que por nós homens e para a nossa salvação desceu (do céu) e encarnou, foi feito homem, sofreu e ressuscitou no terceiro dia, subiu ao céu e virá julgar os vivos e os mortos;
> E no Espírito Santo.
> Mas aqueles que dizem que "houve uma vez em que ele não era" e que "antes de ele ter sido gerado, ele não existia", e que "ele foi feito de coisas que não eram", ou afirmam que o Filho de Deus é de uma essência diferente [ἐξ ἑτέρος οὐσίας ἡὑποστάσεως], ou criado ou sujeito a mudanças morais ou alterações – a esses a Igreja Católica e Apostólica anatematiza.[126]

Sob o reinado de Constantino foi concedido ao cristianismo o mesmo *status* das religiões pagãs do império. Mas meio século mais tarde, no reinado de Teodósio, o Grande (reinou de 379 a 395), o cristianismo foi declarado a única religião permitida. Com isso inaugurou-se por decreto imperial o período que passou a ser conhecido como Idade Média. Edward Gibbon narra seu início; e não consigo imaginar uma maneira mais apropriada de abaixar a cortina sobre a Idade dos Grandes Clássicos do que com uma passagem de sua prosa clássica. Após rever o panorama de várias das províncias romanas, Gibbon escreve:

> Na Síria o divino e excelso Marcelo – como é chamado por Teodoreto, um bispo inspirado com fervor apostólico – resolveu destruir os templos imponentes da diocese de Apamea. Seu ataque foi resistido pela habilidade e solidez com que os templos de Júpiter tinham sido construídos. A construção estava fundada sobre um cume: em cada um dos quatro lados, o imponente teto era suportado por quinze colunas maciças com quatro metros e 87 centímetros de circunferência. E as grandes pedras com as quais eles haviam sido construídos estavam firmemente afixadas com chumbo e ferro. As ferramentas mais fortes e afiadas foram usadas sem resultado. Achou-se necessário solapar as bases das colunas, que ruíram assim que as estacas provisórias de madeira foram consumidas pelo fogo.
>
> As dificuldades da empreitada são descritas alegoricamente como obra de um demônio preto, que retardou, embora não pudesse derrotar, as operações dos engenheiros cristãos. Orgulhoso da vitória, Marcelo assumiu pessoalmente a batalha contra os poderes das trevas. Uma numerosa tropa de soldados e gladiadores marchou sob o estandarte episcopal, e ele atacou sucessivamente os templos rurais e as aldeias da diocese de Apamea. Sempre que receava alguma resistência ou perigo, o campeão da fé – cujo manquejar impedia-o tanto de combater quanto de fugir – posicionava-se a uma distância conveniente, fora do alcance dos dardos. Mas essa prudência foi a causa de sua morte: ele foi surpreendido e morto por um bando de homens rústicos exasperados; e o sínodo da província pronunciou, sem vacilar, que o santo Marcelo havia sacrificado sua vida pela causa de Deus. Em apoio a essa causa distinguiram-se pelo fervor e entusiasmo os monges furiosos que chegavam do deserto. Eles mereceram a inimizade dos pagãos; e alguns deles puderam receber as acusações de avareza e intemperança que praticavam às custas do povo que, por sua vez, admirava estupidamente seus trajes esfarrapados, sua salmodia ruidosa e sua palidez artificial.
>
> Um pequeno número de templos foi protegido pelos temores, pela venalidade, pela predileção ou pela prudência dos governantes civis e eclesiásticos. O templo da Vênus Celeste em Cartago, cujos precintos sagrados formavam uma circunferência de três mil e duzentos metros, foi judiciosamente convertido em igreja cristã, e outra consagração semelhante preservou inviolada a majestosa cúpula do Panteão de Roma. Mas em quase todas as províncias do mundo romano, um

exército de fanáticos, sem autoridade e sem disciplina, atacava os habitantes pacíficos; e a ruína das mais belas estruturas da antiguidade ainda mostra as devastações *daqueles* bárbaros que foram os únicos que tiveram tempo e vontade para realizar tão laboriosa destruição. [...]

Os templos do império romano foram abandonados ou destruídos, mas a engenhosa superstição dos pagãos continuou tentando enganar as leis de Teodósio, pelas quais todos os sacrifícios tinham sido rigorosamente proibidos. Os habitantes do campo, cuja conduta estava menos exposta à vista da curiosidade malévola, ocultavam seus encontros *religiosos* sob o disfarce de *reuniões sociais*. Nos dias de festividades solenes, reuniam-se em grande número sob a sombra protetora de algumas árvores sagradas. Ovelhas e bois eram abatidos e assados. E esse entretenimento rural era santificado pelo uso do incenso e pelos hinos entoados em louvor aos deuses. Mas supunha-se que – como nenhuma parte do animal era incinerada no altar como oferenda aos deuses, como nenhum altar era arranjado para receber o sangue, e como a antiga oblação de bolos salgados e as cerimônias finais de oblação eram cuidadosamente omitidas – tais reuniões festivas não implicavam os convidados em culpa ou pena por um sacrifício ilegal.

Qualquer que fosse a verdade dos fatos ou o mérito da distinção, essas pretensões vãs foram varridas pelo último édito de Teodósio, que desferiu um golpe mortal na superstição dos pagãos. Essa lei proibitiva foi expressa nos termos mais absolutos e abrangentes. "É nossa vontade e desejo", diz o imperador, "que nenhum de nossos súditos, sejam magistrados ou cidadãos particulares, por mais nobre ou humilde a sua posição e condição, atreva-se em qualquer cidade ou lugar a adorar um ídolo inanimado pelo sacrifício de uma vítima inocente". A prática do sacrifício e da adivinhação pelas entranhas da vítima é declarada (sem nenhuma consideração pelo motivo da consulta) crime de alta traição contra o Estado, que pode ser expiado apenas pela morte do culpado. Os ritos da superstição pagã que possam parecer menos sangrentos e atrozes são abolidos como graves ofensas à verdade e honra da religião. Velas, grinaldas, incenso e libações de vinho são especialmente enumerados e condenados; e as necessidades inofensivas dos espíritos domésticos, dos deuses domésticos, estão incluídas nesta rigorosa proscrição. A prática de qualquer uma dessas cerimônias profanas e ilegais submete o transgressor ao confisco da casa ou propriedade em que elas foram realizadas; e se ele astutamente escolhe a propriedade de outro para a prática de sua irreverência, é obrigado a pagar, sem retardamento, uma pesada multa de vinte e cinco libras de ouro ou mais de mil libras esterlinas. Uma multa não menos considerável é imposta sobre a conivência dos inimigos secretos da religião que negligenciarem a responsabilidade de seus respectivos cargos, seja para revelar ou punir o crime de idolatria. Tal era o espírito persecutório das leis de Teodósio, que foram repetidamente reforçadas por seus filhos e netos, com o aplauso unânime e ruidoso do mundo cristão...

A ruína da religião pagã é descrita pelos sofistas como um terrível e espantoso prodígio, que cobriu de trevas a terra e restaurou o antigo domínio do caos e da noite. Eles relatam em narrativas solenes e patéticas que os templos foram transformados em sepulcros e que os lugares sagrados, que tinham sido adornados com as estátuas dos deuses, foram aviltantemente profanados pelas relíquias dos mártires cristãos. "Os monges" (uma raça de animais imundos, a quem Eunápio recusa-se a chamar de homens) "são os autores do novo culto que, em lugar das divindades concebidas pelo entendimento, puseram os escravos mais sórdidos e desprezíveis. As cabeças, salgadas e conservadas em salmoura, de infames malfeitores que por sua infinidade de crimes sofreram uma morte justa e ignominiosa; seus corpos, ainda marcados pelo açoite e pelas cicatrizes das torturas inflingidas pela sentença do magistrado; tais" (continua Eunápio) "são os deuses que a terra produz em nossos dias; tais são os mártires, os supremos árbitros das nossas preces e súplicas à Divindade, cujas tumbas são agora consagradas como objetos de veneração do povo".[...]

A experiência satisfatória (Gibbon conclui) de que as relíquias dos santos eram mais valiosas do que o ouro ou as pedras preciosas, estimulou o clérigo a multiplicar os tesouros da Igreja. Sem muita consideração pela verdade ou probabilidade, eles inventaram nomes para os esqueletos e ações para os nomes. A fama dos apóstolos e dos santos que imitaram suas virtudes foi obscurecida pela ficção religiosa. Ao inventário honroso de mártires genuínos e primitivos, eles acrescentaram miríades de heróis imaginários que jamais tinham existido, a não ser na fantasia dos astutos ou crédulos. E há razão para se suspeitar que Tours não foi a única diocese onde os ossos de um malfeitor foram adorados em lugar dos ossos de um santo.[127]

Teodósio, o Grande, morreu em 395 d.C., e exatamente quinze anos depois os visigodos, sob Alarico, devastaram Roma. Santo Agostinho (354-430) escreveu sua grande obra, *A Cidade de Deus*, para responder ao argumento que, embora a cidade tivesse florescido por um milênio sob seus próprios deuses, quando se voltou para Cristo pereceu. A Cidade dos Homens, do pecado, da danação, tinha perecido, concordou o bom bispo, mas em seu lugar a Cidade de Deus, a Igreja, o Corpo Vivo de Cristo, permaneceria por toda a eternidade. "E nessa cidade sagrada", escreveu, como alguém que tem certeza daquilo que diz,

> haverá esta grande bênção: nenhum inferior invejará qualquer superior, como agora os arcanjos não são invejados pelos anjos, porque ninguém desejará ter o que não recebeu, mas com certeza estará na mais absoluta concórdia com aquele que sim recebeu; como no corpo o dedo não procura ser o olho, mas ambos os órgãos estão harmoniosamente incluídos na estrutura total do corpo. E assim, junto com este dom, maior ou menor, cada um receberá este outro dom de satisfação para não desejar mais do que tem.[128]

Tudo muito bem! Mas, enquanto isso, em toda a Europa avançavam, sem obstáculos, os bárbaros não apenas da Europa, mas também da Ásia. Pois Átila, o Huno, com sua horda de cavaleiros armados, penetrando na Europa vindo das estepes russas, fundou uma capital de esplendor bárbaro nas proximidades da atual Budapeste e destruiu a metade do continente até sua morte, em 453. Os vândalos precipitaram-se através da Espanha para a África, seguidos pelos visigodos, que na Espanha fundaram um reino. A Bretanha, abandonada pelos romanos, foi invadida e povoada pelos germânicos jutos, anglos e saxões; ao passo que os francos estabeleceram-se na Gália, à qual deram seu nome, chamando-a de França. A própria Roma estava governada por oficiais germânicos cristianizados, que empossaram e destronaram uma série última de deploráveis imperadores fantoches até setembro de 476, quando o alto e loiro Odoacro tomou o governo para si, e não haveria mais imperador no Ocidente pelos próximos 324 anos; até que outro germânico, Carlos Magno, colocou a coroa solar na própria cabeça, no dia de Natal do ano 800, na Igreja de São Pedro, em Roma, após ter recebido o símbolo radiante de Ahura Mazda das mãos do Papa Leão III.

PARTE IV

A IDADE DAS GRANDES CRENÇAS

INTRODUÇÃO

O DIÁLOGO ENTRE A EUROPA E O LEVANTE

Durante os reinados de Trajano (98-117) e do seu sucessor Adriano (117-138), as formas da cúpula e do arco começaram a surgir na arquitetura de Roma, e com elas – conforme Spengler identificou – desponta a percepção generalizada de ascensão do Levante. Em suas palavras: "O Panteão [...] é *a mais antiga de todas as mesquitas*".[1] Ao mesmo tempo, os olhos dos bustos dos imperadores passaram a ter suas pupilas escavadas, ao passo que nas esculturas clássicas anteriores os olhos apareciam como se estivessem cegos: o espírito interior não contemplava o espaço externo.[2] Porque, exatamente como o templo grego tinha enfatizado o exterior com suas colunas, existindo interiormente apenas uma nave, que não proporcionava nenhuma sensação de espaço interno mas apenas de corporalidade externa, da mesma forma (usando novamente as palavras de Spengler), para o homem clássico, "o Templo do Corpo também não abrigava nenhuma 'interioridade'".[3]

A mesquita, ao contrário, era toda interior: uma réplica arquitetônica da caverna mundial, que para a mente levantina parece ser o símbolo apropriado para a forma espiritual do Universo. "Uma engenhosa e confusa interpenetração de formas esféricas e poligonais", conforme Spengler escreve a esse respeito, "um peso colocado de tal maneira sobre um tambor de pedra, que parece flutuar levemente no alto, porém deixando o interior sem saída; todas as linhas estruturais estão ocultas; uma luz difusa é permitida através de uma pequena abertura no centro da cúpula, entretanto, apenas para enfatizar ainda mais o cercamento – tais são as características que vemos nas obras-primas desta arte: São Vital em Ravenna, Santa Sofia em Constantinopla e o Domo da Rocha (a Mesquita de Omar) em Jerusalém".[4]

Um sentido aterrorizante, impregnado de espaço e tempo limitados, como uma espécie de caverna de Aladim, na qual luz e trevas, bem e mal, graça e obstinação, espírito e alma, interagem para criar não história, mas um poderoso conto de fadas de agentes divina e diabolicamente motivados, perpassa todas as mitologias do Levante – seja do judaísmo, zoroastrismo, mitraísmo, maniqueísmo, cristianismo oriental, neoplatonismo, gnosticismo, dos Mistérios clássicos tardios ou do islamismo. E a visão cognata do indivíduo neste mundo não é absolutamente de um indivíduo, mas de um órgão ou parte do grande organismo – como na concepção de Paulo ou de Agostinho, do Corpo Vivo de Cristo. Em cada ser, como em toda a caverna do mundo, agem os dois princípios contrários todo-abrangentes do Espírito e da Alma: em hebraico *ruach* e *nephesh;* em persa *ahu* e *urvan*; em mandeu *manuhmed* e *gyan*; em grego *pneuma* e *psiquê*.

"*Ruach*", como observa Spengler, "significa, originalmente, o vento, e *nephesh*, o alento. A *nephesh* tem sempre alguma afinidade com o corpo e o elemento terreno, com o que há 'em baixo', com o Mal, com as trevas. Seu afã é 'subir'. A *ruach* faz parte do divino, das alturas, da luz. Ao descer até ao homem provoca nele o heroísmo (Sansão), a ira sagrada (Elias), a iluminação do juiz que pronuncia sentença (Salomão), bem como todos os tipos de profecia ou êxtase, que é derramada sobre o homem."[5]

À manifestação de uma cultura em recente desenvolvimento por intermédio das formas de uma herança estranha – como é representada pelo surgimento da cúpula na arquitetura romana tardia e pelas pupilas nos olhos da estatuária romana –, Spengler denominou "pseudomorfose". A palavra, derivada do vocabulário de mineralogia, refere-se propriamente à forma externa ilusória, à "falsa formação" de um cristal que se solidificou numa fenda de rocha, ou outra forma, incongruente com a sua estrutura interna. Conforme Spengler define a categoria:

> Pseudomorfoses históricas são para mim aqueles casos em que uma velha cultura estranha pesava com tamanha força sobre um país que uma cultura nova, autóctone, não conseguiu respirar e se tornou incapaz, não só de desenvolver formas expressivas peculiares e puras, mas também de alcançar a plenitude da sua consciência própria. Toda a matéria que subisse das profundezas da alma primitiva era então vertida nos moldes da vida alheia. Sentimentos jovens focalizavam-se em obras antiquadas e, em vez de levantar-se a própria força criadora, crescia apenas o ódio ao poder longínquo, assumindo proporções gigantescas.[6]

No caso da cultura levantina, como ele demonstra, essa situação prevaleceu, de uma maneira ou de outra, do início ao fim. Seu primeiro estágio de germinação situou-se inteiramente no âmbito da antiga civilização babilônica. O seguinte, a partir de cerca de 529 a.C., foi marcado pela tirania de um pequeno clã persa, primitivo como os ostrogodos, cuja dominação por duzentos anos, até a conquista de Alexandre, baseou-se no extremo esgotamento das já extenuadas populações babilônicas. "Mas, a partir de 300 a.C.", afirma Spengler, "um grande despertar sacudiu os jovens povos desse mundo, no qual se falava o aramaico, desde o Sinai até os montes Zagros". Porém, exatamente nesse momento chegaram os macedônios, que deitaram uma fina camada de civilização clássica até a Índia e o Turquestão. Com as conquistas de Pompeu na Síria e, depois, de Augusto no Áccio (30 a.C.), a pesada toga romana recaiu sobre a região. E durante os séculos posteriores, até a verdadeira explosão do islamismo de uma forma inesperada, o pensamento e o sentimento levantinos tiveram que se expressar – exceto no domínio independente dos reis sassânidas persas – sob formas que os nossos estudiosos mal-interpretaram continuamente como representando um intervalo extenso de transição, do estágio clássico para o gótico, da nossa própria civilização europeia.

"A Cultura Mágica é", como Spengler parece ter sido o único historiador a observar,

> no que tange à sua geografia e à sua história, a que ocupa o ponto central do grupo das culturas superiores, e a única a manter contato com quase todas as demais, no espaço tanto como no tempo. A estrutura do conjunto histórico, no quadro que esboçamos do mundo depende, portanto, integralmente da possibilidade de reconhecermos a forma interior dessa cultura, falsificada pela forma externa. Infelizmente, isso é o que justamente ainda não sabemos, graças aos preconceitos teológicos e filológicos e, ainda mais, à tendência moderna de superespecialização que ininteligentemente subdividiu a pesquisa ocidental em uma série de ramos separados – cada um distinguindo-se do outro não apenas por seus conteúdos e métodos, mas também por sua própria maneira de pensar –, impedindo com isso que os grandes problemas chegassem a ser vistos. No caso da *cultura mágica*, a especialização tornou-se sumamente perniciosa. Os historiadores propriamente ditos ativeram-se à esfera de interesse da filologia clássica, cujo horizonte terminava, todavia, na fronteira oriental, alcançada pelos idiomas "antigos". Em consequência disso, nunca notaram a profunda unidade de evolução aquém e além dessa divisa, que não corresponde a nenhuma realidade psíquica. O resultado foi a perspectiva de "Antiguidade – Idade Média – Época Moderna", limitada e vinculada pelo uso da língua greco-latina. Axum, Sabá e também o Império Sassânida continuavam inacessíveis ao conhecedor de idiomas "antigos", agarrado aos seus "textos", e portanto não existiam, virtualmente, para a historiografia. Os pesquisadores da literatura, filólogos também, confundiam o espírito da língua com o das obras. Tudo quanto na região aramaica houvesse sido escrito em grego, ou pelo menos se conservasse em versão grega, foi incorporado a uma literatura grega "posterior" e atribuído a um período especial da mesma. Os textos cognatos em outras línguas estão fora do seu departamento e foram classificados em outros grupos de literatura da mesma maneira artificial. Contudo, ali havia a prova mais contundente de todas de que a história de uma literatura jamais coincide com a história de uma língua. Ali, na realidade, havia uma coletânea completa da literatura nacional maga, única em espírito, mas escrita em várias línguas – as clássicas, entre outras. Porque uma nação como a do tipo mago não possui nenhuma língua materna. Há literaturas nacionais talmúdica, maniqueia, nestoriana, judaica ou mesmo neopitagórica, mas não helênica ou hebraica.

A investigação teológica, por sua vez, subdividiu o seu campo em disciplinas avulsas, segundo as confissões da Europa ocidental, e para a teologia cristã é, e prossegue sendo, decisiva a "divisa filológica" no Ocidente. O estudo dos persas caiu em mãos da filologia iraniana e à medida que os livros *Avesta* foram difundidos – embora não escritos – em um dialeto ária, seu enorme enigma passou a ser considerado um ramo menor do trabalho do indólogo, desaparecendo completamente do raio de visão da teologia cristã. E finalmente, para a história do judaísmo talmúdico, não se constituiu nenhuma disciplina especializada, já que a filologia hebraica, combinada com a investigação do Antigo Testamento, formava uma única matéria. Assim se explica que todas as grandes histórias das religiões, às quais tive acesso, levem em conta quaisquer crenças primitivas dos povos negros – porque existe uma ciência especializada da Etnografia – e as mais insignificantes seitas indianas, mas se esqueçam por completo do judaísmo da referida fase. Esse é o estado da ciência, diante da grande tarefa que a pesquisa histórica terá que enfrentar.[7]

Nas próximas páginas do presente volume examinaremos em linhas gerais – apenas mencionando as mais importantes das numerosas tradições especiais – a interação dos dois grandes mundos espirituais, o levantino e o europeu, através de um labirinto pictórico de equívocos mútuos e próprios; e, com isso, surgirão duas pseudomorfoses opostas. Sobre a primeira, Spengler acabou de nos informar: a germinação de formas levantinas sob um revestimento de fórmulas greco-romanas. E a segunda poderia ser chamada de vingança levantina: a ampla difusão do cristianismo de Paulo sobre todo o domínio cultural da Europa; depois da qual o sentido da existência e o modo de experiência dos celtas e germanos nativos foram obrigados a encontrar tanto expressão quanto suporte em termos alienígenas, antípodas ou mesmo contrários a qualquer sentimento e impulso nativos. A irrupção do espírito levantino liberto numa manifestação tardia, porém poderosa, será vista na vívida e definitiva vitória do Islã, do século VII em diante. E de modo semelhante, a irrupção da mente europeia liberta aparecerá na dupla vitória: 1) da consciência individual com a Reforma e 2) da ciência desimpedida, juntamente com o restabelecimento do humanismo na Renascença.

Tentaremos dar uma visão panorâmica, por assim dizer, primeiro da província levantina e, em seguida, da europeia, até por volta de 1350 d.C., quando as fendas na antiga pseudomorfia começaram a rachar. Nosso propósito será revelar, de modo significativo, as principais características tanto de cada ordem nativa, quanto da força deturpadora de cada influência no próprio desenvolvimento.

CAPÍTULO 8

A CRUZ E O CRESCENTE

I. OS MAGOS

Não se sabe quase nada a respeito da fase parta da religião do Irã. Sob a dinastia selêucida grega (312-64 a.C.), o ideal de Alexandre de unir Oriente e Ocidente parecia, de maneira geral, que prosperava. Entretanto, a totalidade do novo Levante ascendente não podia ser controlada sob o domínio de um único cetro. Cerca de 212 a.C., um governante macedônio da Báctria, Eutidemo, foi capaz de fundar um estado independente.[1] A Palestina, aproximadamente quatro anos depois, revoltou-se junto com os macabeus. Então Roma começou a se apoderar das províncias ocidentais.

Foi naqueles anos que surgiu na Pártia (Irã Oriental) a dinastia nativa que é conhecida como a dos partos ou arsácidas. Fundada por um obscuro chefe tribal, Ársaces, cerca de 250 a.C., foi consolidada por dois irmãos, Fraates I (reinou de c.175-170 a.C.) e Mitrídates I (reinou de c.170-138 a.C.). E apesar de continuamente em guerra em todas as frentes – ao norte e leste contra os citas, bactrianos e kushanas; a oeste, primeiramente contra os selêucidas e, depois, por dois séculos, contra Roma –, a vigorosa dinastia intensificou seu domínio e perdurou até 226 d.C., quando foi destronada internamente por uma nova dinastia persa, a sassânida, que permaneceu no poder até ser derrotada pelo Islã em 641.

No *Denkart*, uma obra sassânida tardia do século VI, consta que no século I d.C.:

> Valakhsh, o Arsácida (Vologaeses I, reinou de 51 a 77 d.C.) mandou que um memorando fosse enviado a todas as províncias, com instruções para preservar – qualquer que fosse o estado em que se encontrassem – todos os (livros) *Avesta* e *Zend* que aparecessem e fossem genuínos; também, quaisquer ensinamentos

extraídos deles que, embora dispersos, devido ao caos e confusão que Alexandre deixou em seu rastro e à pilhagem e saques dos macedônios no reino do Irã, pudessem ter sobrevivido ou pela escrita ou pela comunicação oral competente.[2]

No geral, em toda a extensão do período parta prevaleceu uma forte tendência helenizante. Entretanto, nesse texto consta o início de um redespertar dos magos zoroastrianos, que se consolidou e se impôs no período da dinastia sassânida. O fundador da nova dinastia, Ardachir I (reinou de 226 a 241 d.C.), dedicou-se imediatamente a revitalizar a herança religiosa de seu império, com a ideia de instituir uma ortodoxia pela qual sua população heterogênea seria amalgamada. Ele escolheu para dirigir essa missão um membro do sacerdócio zoroastriano, Tansar, cujo empenho encontra-se registrado no *Denkart*.

> Sua Majestade, o Rei dos Reis, Ardachir, filho de Papak, de acordo com Tansar na condição de autoridade religiosa, determinou que todas as doutrinas dispersas (anteriormente unidas por Valakhsh) sejam trazidas à corte. Tansar iniciou seu trabalho, selecionou uma versão, excluiu outras do cânone e publicou o seguinte decreto: "A interpretação de todos os ensinamentos da Religião dos Adoradores de Mazda é responsabilidade nossa; pois agora não há falta de certos conhecimentos a respeito deles".[3]

Justamente quando o cânone cristão tomava forma, o mesmo ocorria com o cânone zoroastriano ortodoxo. Entretanto, um desafio à reconstrução da herança zoroastriana, sob o sacerdote mago Tansar, foi colocado pelos ensinamentos do maior sábio e pregador da época, o profeta babilônico Mani (216?-276? d.C.). Sua grandiosa síntese maniqueísta de ideias zoroastrianas com budistas e gnóstico-cristãs pareceu, por um tempo, prometer ao Rei dos Reis uma fusão ainda mais ampla de crenças do que um simples cânone de saber zoroastriano. O segundo monarca da dinastia, Chapur I (reinou de 241 a 272), um homem de visão ampla, ficou impressionado, conforme podemos ler na continuação do texto:

> O Rei dos Reis, Chapur, filho de Ardachir, continuou coletando os escritos da Religião que estavam dispersos por toda a Índia, o Império Bizantino* e outras terras, e que tratavam de medicina, astronomia, movimento, tempo, espaço, substância, criação, vir a ser, morrer, mudança qualitativa, lógica e outras artes e ciências. Esses ele acrescentou ao *Avesta* e ordenou que uma cópia integral de todos eles fosse depositada no Tesouro Real. E ele estudou a possibilidade de basear todas as formas de disciplina acadêmica na Religião dos Adoradores de Mazda.[4]

---

* O Império Bizantino ainda não tinha sido fundado. O termo no texto é anacrônico.

Mani, que iniciou sua missão em 242 d.C., entrevistou-se com Chapur e obteve liberdade de pregar onde quisesse. Aparentemente, o próprio Rei dos Reis manteve contato por algum tempo com a doutrina maniqueísta. Porém, esse monarca de mente liberal morreu em 272 e o profeta, em seu trigésimo ano de pregação, foi denunciado ao sacerdócio ortodoxo pelo segundo rei sucessor, Bahram I (reinou de 273 a 276). Então, na capital, no mais puro estilo levantino, ele foi executado por pregar heresia – segundo sua lenda, crucificado, como Cristo.

Depois da morte de Chapur, a reação dos magos às concepções helenísticas, humanísticas em termos gerais, foi reforçada pelo próprio sacerdote supremo Karter – o inquisidor por quem Mani foi condenado. A esse respeito, o Prof. R. C. Zaehner, em sua obra *The Dawn and Twilight of Zoroastrianism* [O Alvorecer e o Crepúsculo do Zoroastrismo], afirma:

> Sob sua autoridade, o zoroastrismo aparece pela primeira vez como uma religião fanática e persecutória. A lista das seitas perseguidas mostra, entretanto, quão justificada era a tentativa dos primeiros reis sassânidas para encontrar uma força unificadora que desse coesão a seu império; pois não apenas são mencionados judeus, cristãos, maniqueus e mandeus, mas também budistas e brâmanes; a todos esses Karter proclama ter castigado. [...] "Heréticos e apóstatas", conta-nos Karter, "que faziam parte da comunidade de magos, foram poupados por serem adeptos da Religião dos Adoradores de Mazda e dos ritos dos deuses, mas não pela difusão e proselitismo: Eu os castiguei, repreendi-os e os recuperei".
>
> A uniformidade de crença [comenta o Prof. Zaehner] foi, então, certamente fortalecida. E a probabilidade é que essa unidade estivesse de acordo com desígnios estritamente dualistas e masdeístas. A política de Karter tem, portanto, que ser vista como uma reação, sob uma série de reis inaptos, contra a política religiosa pessoal de Chapur.[5]

Permitam-me sugerir que formulemos o princípio sociológico – anteriormente ilustrado pela reação macabeia e agora por essa reação maga à influência do helenismo – em termos químico-orgânicos de "tolerância": a capacidade constitucional de um sistema para suportar um alimento ou droga que, até certo ponto ou por um certo tempo, pode ser assimilado proveitosamente mas que, excedendo esse limite, torna-se intolerável e é espontaneamente expelido.

Sem questionar se um Estado consegue sobreviver sem obrigar seus cidadãos a aceitar como Verdade Absoluta qualquer sistema de crenças que a elite dominante tenha decidido propor como revelação divina, devemos apenas observar que na história do Levante essa forma pseudorreligiosa de sociologia pode ser estudada por atacado e, por assim dizer, no mais puro estilo. E onde uma vez prevalecer a permissão, ela aumenta em força e terror, à medida que os fatores violados e coagidos tornam-se cada vez mais ingovernáveis pela operação de uma segunda lei natural; ou seja, que os deuses reprimidos tornam-se demônios. Quer dizer, os fatores psicológicos e sociológicos nem assimilados nem reconhecidos pelo sistema conscientemente controlado tornam-se autônomos. E têm que, por fim, romper o sistema aceito.

Da seguinte afirmação do *Denkart* sabemos que durante o reinado do Rei Chapur II (310-379) – que foi contemporâneo exato de Constantino, Agostinho e Teodósio, o Grande –, a reação persa ao que a mente ortodoxa chama de heresia esteve de vento em popa. O grande homem devoto era agora Aturpat, a quem, conforme afirma o Prof. Zaehner, "os livros Pahlavi consideram como a própria personificação da ortodoxia. Aturpat submeteu-se à provação do metal fundido, e emergiu dela vitorioso 'durante sua polêmica com todo o tipo de seitas e heresias'".⁶

Segundo o *Denkart*:

> O Rei dos Reis, Chapur, filho de Ohrmazd (Chapur II), convocou homens de todas as terras para examinar e estudar todas as doutrinas, para que todas as causas de disputa fossem removidas. Depois de Aturpat ter sido justificado pela consistência de seu argumento contra todos os outros representantes das diferentes seitas, doutrinas e escolas, promulgou uma declaração com o seguinte teor: "Agora que vimos a Religião sobre a terra, não devemos abandonar ninguém à sua falsa religião e devemos ser extremamente zelosos". E assim o fez.⁷

Entretanto – e quem se surpreenderia? –, o perigo de heresia para o império, à direita e à esquerda, continuou solto ainda dois séculos completos depois, chegando ao período de Cósroe I (reinou de 531 a 579), um contemporâneo de seu equivalente cristão Justiniano (reinou de 527 a 563), cujos problemas e soluções eram aproximadamente os mesmos. Deixemos que seu próprio texto coloque-se como nossa última transcrição do *Denkart*, obra que foi escrita durante o seu reinado.

> Sua Majestade atual, o Rei dos Reis, Khusraw, filho de Kavat [Cósroe I], depois de ter suprimido a irreligiosidade e a heresia com o maior zelo vingativo, de acordo com a Revelação da religião a respeito de toda heresia, fortaleceu muito o sistema das quatro castas e estimulou a argumentação correta. E na dieta [assembleia legislativa] das províncias ele pronunciou a seguinte declaração:
>
> "A verdade da Religião dos Adoradores de Mazda foi reconhecida. Homens inteligentes conseguem com confiança instituí-la no mundo pela discussão. Mas a propaganda efetiva e progressiva deveria basear-se não tanto na discussão quanto nos pensamentos, palavras e ações puros, na inspiração do Bom Espírito e na adoração a Deus praticada em absoluta conformidade com a Palavra. O que o mago supremo de Ohrmazd [= Ahura Mazda] proclamou, nós proclamamos; porque entre nós ele demonstrou possuir discernimento espiritual. E pedimos e continuaremos a pedir-lhe que faça a mais completa exposição da doutrina, tanto em matéria de intuição espiritual quanto no que se refere à aplicação prática na terra. E por isso damos graças a Deus.

Felizmente para o bom governo da nação, o reino do Irã avançou confiante na doutrina da Religião dos Adoradores de Mazda, que é a síntese do conhecimento acumulado daqueles que percorreram, antes de nós, toda esta região central. Não temos nenhuma controvérsia com aqueles que têm outras convicções, porque nós próprios possuímos – tanto na linguagem avéstica pela pura tradição oral, quanto nos documentos escritos, livros e memorandos, e no idioma vulgar por meio da exegese –, em resumo, toda a sabedoria original da Religião dos Adoradores de Mazda. Apesar de reconhecer que todas as doutrinas dúbias estranhas à Religião dos Adoradores de Mazda chegam a este lugar provenientes do mundo inteiro, um exame e estudo mais minucioso provam que absorver e difundir conhecimentos estranhos à Religião dos Adoradores de Mazda não contribui para o bem-estar e a prosperidade de nossos súditos, tanto quanto contribui um líder religioso que muito examinou e ponderou em sua recitação da liturgia. Com a melhor das intenções e de acordo com os inteligentes, nobres, honrados e bons magos, decretamos que os (livros) *Avesta* e *Zend* sejam estudados zelosa e repetidamente, para que o que for adquirido deles possa aumentar dignamente e fecundar o conhecimento de nossos súditos.

Os que dizem aos nossos súditos que é impossível adquirir, ou que é possível adquirir em sua totalidade o conhecimento do Criador, o mistério dos seres espirituais e a natureza da criação do Criador, devem ser julgados como homens de intelecto deficiente e livres-pensadores. Os que dizem que é possível compreender a realidade por meio da revelação da Religião, por analogia devem ser julgados investigadores da verdade. Os que expõem claramente essa doutrina devem ser julgados sábios e versados na Religião. E como a origem de todo conhecimento é a doutrina da Religião, tanto em seu poder espiritual quanto por sua manifestação aqui na terra, um homem que fala em nome dessa causa fala sabiamente, mesmo se inferem a doutrina a partir de uma revelação não avéstica. Por isso ele deve ser estimado por falar em concordância com a Religião, cuja função é dar instrução aos filhos dos homens."[8]

II. BIZÂNCIO

Mais uma vez recorremos a Spengler que, na obra já citada, expõe:

Ao passo que o homem clássico postava-se diante de seus deuses como um corpo diante de outro, a divindade maga é o indefinido e enigmático Poder Celeste que derrama sua Ira ou sua Graça, desce ela própria para as trevas ou eleva a alma até a luz, quando a considera digna. A ideia da vontade individual simplesmente carece de sentido, porque "vontade" e "pensamento" no homem não são originais, mas efeitos da divindade acima dele. Desse inabalável sentimento essencial, que é meramente reexpresso, jamais alterado em sua essência por qualquer conversão, iluminação ou refinamento no mundo, emerge por necessidade a ideia do

Mediador Divino, aquele que transforma essa condição de tormento em bênção. Todas as religiões magas estão unidas por essa ideia e separadas das religiões de todas as outras culturas.⁹

Na parte zoroastriana do mundo mago, a questão mitológica principal que separou as várias seitas em disputa foi a da relação de Angra Mainyu com Ahura Mazda, a relação do poder das trevas com a fonte e existência da luz; em outras palavras, a origem e natureza última do mal. Já na congregação cristã, o ponto principal da discórdia foi o problema da Encarnação, a natureza do Mediador que penetrou na esfera do tempo, da matéria e do pecado, para salvar a humanidade. Nos concílios da Igreja que seguiram o de Niceia, numa rápida sucessão, essa foi a questão que uniu ou separou a todos. Não é necessário revermos a controvérsia em todas as suas requintadas voltas. Entretanto, o poder das puras considerações políticas na determinação do que se apresentava como uma disputa teológica, "não deste mundo", justifica algumas páginas de consideração. Pois é na história desses concílios que melhor aparece o desenvolvimento da doutrina cristã, como função da usual necessidade levantina de consenso monolítico de opinião (que é então para ser aceito como verdade indiscutível).

Da disputa participaram quatro facções importantes: 1. a grande escola teológica egípcia de Alexandria (da qual era produto o jovem diácono Atanásio, do Concílio de Niceia e do Credo Atanasiano),* que enfatizava a *divindade* de Cristo. No desenvolvimento da controvérsia vigente, essa escola seria representada principalmente por dois bispos poderosos, Cirilo e Dióscuro, dos quais o primeiro seria canonizado e o segundo anatematizado por manter, em essência, o mesmo ponto de vista; 2. a escola sírio-capadócia de Antióquia, que enfatizava a *humanidade* de Cristo, representada principalmente pelo grande heresiarca Nestório, que seria condenado por São Cirilo e aniquilado; 3. o imperador em seu trono em Constantinopla, a Nova ou Segunda Roma, cuja preocupação máxima era impedir que o império se desintegrasse em decorrência da disputa, e 4. o papa em seu trono em Roma, empenhado em afirmar a primazia de sua autoridade, alegando a sua fundação por Pedro; como Pedro tornara-se chefe dos apóstolos, também o papa, agora, deveria ser o chefe de todos os bispos. Entretanto, a grande maioria dos bispos era levantina e Roma não era mais a sede do domínio imperial.

PRIMEIRA FASE (c.370-431)

A primeira e principal fase do grande conflito começou quando o poderoso bispo Apolinário de Laodiceia (uma cidade exatamente ao sul de Antióquia), opositor de Ário, propôs, por volta de 370 d.C., responder a um certo argumento polêmico:

Supra, pág. 316.

se todos os homens são pecadores e Cristo não era um pecador, então ele não pode ter sido verdadeiramente um homem. A resposta do virtuoso bispo Apolinário foi que em Cristo o lugar da alma humana foi tomado pelo Logos, o Verbo Encarnado; mas como o espírito humano foi criado à imagem do Logos (Gênesis 1:28), a diferença não tornava Cristo menos, e sim mais humano. O Logos e o homem não eram existências estranhas, mas estavam unidos na sua natureza mais íntima e, em certo sentido, cada um era incompleto sem o outro.[10]

Foi uma resposta inteligente. Entretanto, em vez de acalmar, apenas exacerbou a discussão. Além do mais, colocou o próprio Apolinário quase ao lado dos gnósticos que afirmavam a manifestação ilusória do Salvador.* Ele foi condenado no Segundo Concílio Ecumênico, em 381 em Constantinopla, e morreu nove anos depois. Mas seu argumento ressurgiu no ano 428, quando Nestório tornou-se o bispo de Constantinopla. Educado em Antióquia, onde se discutia a doutrina da realidade da natureza humana de Cristo, o novo bispo da Segunda Roma propôs que Maria não havia sido a mãe de Deus ($\theta\varepsilon o\tau \acute{o}\kappa o\varsigma$), mas apenas a mãe da natureza humana de Cristo. "Não posso falar de Deus como se tivesse dois ou três meses de idade", relata-se que ele disse; e também: "Bem, de qualquer maneira, não transformem a Virgem numa deusa!"

Nessa altura, o grande bispo Cirilo de Alexandria entrou na controvérsia com uma torrente de cartas à corte de Constantinopla – ao imperador Teodósio II (reinou de 408 a 450), a quem se dirigia como "a Imagem de Deus na terra", e às suas irmãs como "as princesas mais devotas", em particular a mais velha, Pulquéria, que acompanhara de perto a educação de Teodósio quando criança; reinara como regente durante sua menoridade; escolhera para ele uma esposa que não desafiaria a sua própria autoridade e fizera, junto com suas irmãs, votos perenes de castidade –, visando não apenas um esplêndido lugar no céu, mas também uma autoridade incontestável no palácio do império. As damas gastaram a sua inocência colocando flores diante de altares, urdindo e trocando conselhos com os clérigos e eunucos de altas posições.

Cirilo de Alexandria, ao escrever a elas e a seu irmão, justificava $\theta\varepsilon o\tau \acute{o}\kappa o\varsigma$ com citações de numerosas autoridades. E em cartas a Nestório, culpava-o por não ter conseguido entender o Credo Nicênico. Cartas eram também trocadas entre Cirilo e o papa em Roma, que na época era Celestino I (422-432). Em seguida, foi convocado em Roma um sínodo no qual Nestório foi condenado e, em outro sínodo, em Alexandria, foi novamente condenado. Mas ele emitiu contra-anátemas de sua própria diocese de Constantinopla; e nessa altura entrou o imperador.

Teodósio II convocou um concílio no ano 431 em Éfeso, cidade da Ásia Menor que por milênios antes da era cristã fora o principal santuário da grande deusa asiática Ártemis, mãe do mundo e do deus que morre e ressuscita eternamente.

Supra, págs. 296-298.

Podemos concluir que sua influência persistente, não menos do que a das matriarcas virgens do palácio, atuou sobre os concílios dos bispos ali reunidos. Porque foi ali que a Mãe Virgem foi declarada θεοτόκος, a Mãe de Deus – cinco dias antes de chegarem os delegados de Antióquia. Nestório recusara-se a comparecer. Ele foi condenado e privado de sua diocese. Juntamente com o grupo de Antióquia, entretanto, ele convocou um concílio próprio, que condenou Cirilo, mas no final foi obrigado a se submeter. E no exílio, no deserto do Egito, foi assassinado, aparentemente pelas mãos de um famoso monge do deserto, Senuti.[11]

Todavia sua doutrina teve uma trajetória própria. Ela se difundiu para o leste, longe da igreja de Roma e Constantinopla, para florescer na Pérsia e chegar até Madras e Pequim. Marco Polo (1254-1323) encontrou igrejas nestorianas ao longo das rotas de caravanas, onde os monges budistas de tradição Mahayana também tinham os seus santuários. E se alguém desejar introduzir-se num campo de estudos ainda pouco explorado, obterá um grande proveito – embora difícil – nos centros comerciais asiáticos, onde as representações iconográficas do budismo e bramanismo, do taoísmo e confucionismo, do maniqueísmo, nestorianismo e zoroastrismo eram aceitas e tornaram-se moedas de troca.

SEGUNDA FASE (448-553)

A segunda fase mais importante da discussão sobre a natureza da Encarnação começou no ano 448. O bispo Cirilo morrera quatro anos antes – foi logo canonizado – e Dióscuro o sucedeu na diocese alexandrina. A controvérsia recomeçou quando um certo abade idoso chamado Eutiquio – que de seu mosteiro perto de Constantinopla opusera-se a Nestório – foi acusado de disseminar erros de um tipo oposto. Levado diante de um concílio na capital, ele declarou sua crença, um tanto canhestra, de que Cristo tivera duas naturezas (Deus e Homem) antes de uni-las na Encarnação, mas, uma só natureza depois dela; por isso foi condenado e destituído. Entretanto, ele apelou ao imperador, ao Papa Leão, o Grande (440-461), e aos monges de Constantinopla.

Teodósio convocou um segundo concílio para rever as decisões do primeiro, e Dióscuro de Alexandria foi convidado a presidi-lo. Todavia, foi então o Papa Leão que começou a escrever ao imperador, a Pulquéria e a várias outras personalidades importantes, afirmando: 1. que Eutiquio estava errado; 2. que se deveria haver um concílio, o lugar do mesmo teria de ser em Roma, e 3. que era ele, como sucessor de Pedro, que deveria escrever a exposição oficial, ou Tomo, com os pontos da controvérsia a serem discutidos. O concílio foi convocado pelo imperador em 449, não em Roma, mas em Éfeso; e não o presidiu Leão, mas Dióscuro, o bispo de Alexandria. Leão enviou três delegados – um bispo, um padre e um diácono – mas seu Tomo não foi nem mesmo lido. Os que haviam condenado Eutiquio foram eles próprios condenados, e com a assinatura de 115 bispos o velho abade foi declarado ortodoxo e reempossado. O único protesto – *Contradicitur* – foi pronunciado por Hilário, o diácono delegado do papa, que conseguiu escapar vivo e levar a notícia da catástrofe a Roma, onde Leão deu ao concílio o nome pelo qual ele ainda é conhecido: o Latrocínio de Éfeso.

Quando Teodósio II caiu do cavalo no rio Lico, quebrou a coluna e morreu em julho de 450, Pulquéria foi proclamada imperatriz e "os romanos, pela primeira vez", escreve Gibbon, "submeteram-se a um reinado feminino".[12] Ela desposou um senador prudente, Marciano, que respeitou sua virgindade e, como imperador, apoiou com ela a exigência do Papa Leão de um novo concílio; que ele, entretanto, convocou não para ser realizado em Roma, conforme se esperava, mas na Calcedônia, perto de Constantinopla. Dessa vez prevaleceu o Tomo do papa. E Dióscuro, anatematizado, foi expulso de sua diocese, mas com o resultado desconcertante de que, antes de a década ter acabado, a igreja alexandrina havia se separado de Constantinopla e investia bispos por conta própria, desafiando as nomeações imperiais.

Desse modo surgiu, com caráter independente, o ramo copta monofisista (Uma Natureza) naquele Corpo Vivo de Cristo que estava se desintegrando rapidamente. Na sua formação recebeu grande influência das multidões de eremitas que, desde o período de Santo Antonio (251-356?), infestavam os vários desertos egípcios, praticando as mais excêntricas austeridades. Alguns, por exemplo, os chamados estilitas e dendritas, como certos iogues da Índia,[13] condenavam-se à imobilidade perpétua, sendo que os primeiros sentavam-se no topo das colunas abandonadas entre as ruínas dos antigos templos, e os últimos empoleiravam-se nos galhos das árvores. Outros, conhecidos como "pastadores", alimentavam-se de pasto, como os animais. Outros ainda, acorrentavam-se a rochedos. Alguns carregavam nos ombros cangas pesadas. E ainda mais: multidões estavam disponíveis para manifestações públicas, onde gritavam: "Uma Natureza! Uma Natureza!", quando os teólogos alexandrinos necessitavam mostrar grande apoio.

Numa zona própria, depois do cisma da Calcedônia, a Igreja Copta-Monofisista desenvolveu-se fora do âmbito de interesse europeu, vinculada a uma civilização pouco estudada que surgiu nas regiões em torno do Mar da Arábia: Abissínia e Somália, Hadramaute, Bombaim e Malabar. Quem, por exemplo, escreveu sobre a vida e os tempos das quarenta e tantas igrejas monolíticas da Lalibela etíope, e sobre sua relação com os templos-caverna de Ajanta?[14] E o que dizer do lendário rei-serpente das proximidades de Axum, de cujo matador, o Nahas ou Negus (compare-se com o termo sânscrito *naga*, "serpente, rei-serpente"), Hailé Selassié da Etiópia, considerava-se descendente?[15] Ou quem investigou a origem das lendas de Issa (Jesus) e dos reis da Pérsia e Roma, que Leo Frobenius reconheceu em todo o Sudão e até tão distante a oeste quanto o Níger?[16] Esse é um mundo – no que diz respeito à moderna ciência da mitologia, bem como à Igreja Católica – completamente perdido.

Mas a perda virtual da África não foi a única calamidade do Concílio da Calcedônia, pois começou também a surgir uma divergência entre Bizâncio e Roma.

A diocese de Pedro não exercera anteriormente quase nenhuma influência nos concílios da Igreja, pois tinham sido convocados por imperadores, realizados em cidades levantinas, e dos quais participaram literalmente centenas de bispos do Oriente e apenas uma meia dúzia do Ocidente. A pretensão do papa à dignidade de Pedro fora simplesmente ignorada. Mas agora, Leão, o Grande – um homem de estatura e caráter singular, que entre as ruínas de sua cidade, como pastor de seu rebanho, enfrentou o huno Átila na entrada de Roma em 451, e ao desafiá-lo mediante um poder inexplicável o fez recuar – não era homem para renunciar à pretensão papal. E o Oriente, consciente de sua estatura, respondeu na Calcedônia com o seguinte desafio, conhecido como Cânone XXVII. Começava com a reafirmação das decisões do concílio de Teodósio, e continuava com as afirmações dos bispos, como segue:

> Seguindo em tudo [declararam eles] as decisões dos santos Padres e reconhecendo o cânone, que foi acabado de ler, dos Cento e Cinquenta Bispos queridos por Deus (que se reuniram na cidade imperial de Constantinopla, que é a Nova Roma, dos tempos do Imperador Teodósio de feliz memória), nós também aprovamos e decretamos as mesmas coisas com respeito aos privilégios da Santíssima Igreja de Constantinopla, que é a Nova Roma. Pois os Padres concederam justamente privilégios ao trono da Antiga Roma, porque era a cidade imperial. E os Cento e Cinquenta Bispos mais religiosos, levados pela mesma consideração, concederam privilégios iguais ao santíssimo trono da Nova Roma, julgando com justiça que a cidade – honrada com a Soberania e o Senado e possuindo privilégios iguais aos da antiga Roma imperial – deveria, em questões eclesiásticas, também ser exaltada como é e figurar ao seu lado com igual prestígio. Para que [e aqui está a armadilha] nas Dioceses pônticas, asiáticas e trácias, somente os prelados metropolitanos e os bispos das Dioceses supracitadas que se encontram entre povos bárbaros, deveriam ser ordenados pelo mencionado santíssimo trono da santíssima igreja de Constantinopla; ao passo que todos os prelados metropolitanos das Dioceses supracitadas, juntamente com os bispos de sua província, ordenariam seus próprios bispos provinciais, conforme foi declarado pelos cânones divinos; mas, como já foi dito, os prelados metropolitanos das supracitadas Dioceses deveriam ser ordenados pelo arcebispo de Constantinopla, depois de as devidas eleições terem sido realizadas de acordo com o costume e relatadas a ele.[17]

O ideal bizantino do Reino de Deus na Terra – assim como o ideal de Israel no Antigo Testamento – era político, material e concreto; assim como Moisés com relação a Aarão, também o imperador com relação ao clero, num Estado que foi concebido como o único veículo da lei de Deus na história do mundo. "O ponto central da estrutura (bizantina)", conforme escreve a Profa. Adda B. Bozeman em sua pesquisa magistral sobre a interação entre política e cultura, *Politics and Culture in International History* [Política e Cultura na História Internacional]: "era o conceito de Estado centralizado, e esse conceito foi efetivado por muitas instituições governamentais separadas mas interligadas. Cada uma dessas instituições tinha seu próprio sistema de referências, porque estava designada a servir a um aspecto particular do Estado. Mas todas, inclusive as envolvidas em questões eclesiásticas, derivavam-se da premissa de que o sucesso final de todo governo depende mais da devida administração das suscetibilidades humanas que da obediência fiel a teorias e imagens preconcebidas".[18]

Além disso: "Como o Estado era em geral considerado a expressão suprema da sociedade, tomava-se como óbvio que todas as atividades e valores humanos deveriam ser levados a ter uma relação direta com ele. Isso significava que o conhecimento não deveria ser buscado tendo como finalidade apenas o conhecimento em si, mas também como um serviço ao Estado. Significava, na verdade, que o aprendizado tinha um valor político oficial, exatamente como ocorria com a fé".[19] E não só a fé, temos que acrescentar também a mitologia da fé, o temor da fé e a vontade de servir.

O Dr. Robert Eisler, em seu estudo enciclopédico sobre o simbolismo dos mantos e tronos dos reis da Europa e do mundo, cita a seguinte descrição da presença real, em Bizâncio, nos escritos de um visitante da época:

> Junto do trono imperial havia uma árvore de bronze, dourada, cujos galhos estavam repletos de pássaros dourados de vários tipos, sendo que cada um deles emitia os trinados de uma espécie diferente de pássaro. E o próprio trono do imperador era de tal maneira projetado que poderia parecer ora baixo, ora mais alto, e outras vezes poderosamente elevado. Era como se ele estivesse protegido por leões de tamanho prodigioso, se de bronze ou de madeira não sei, mas todos recobertos de ouro, os quais, com caudas que açoitavam, mandíbulas abertas e línguas em movimento, emitiam rugidos. Fui levado até o imperador. Mas quando, ao entrar, os leões rugiram e os pássaros trinaram, cada um conforme a sua espécie, não estremeci nem de medo nem de espanto. Depois de prostrar-me três vezes em reverência ao imperador, ergui a cabeça e aquele que eu vira sentado a uma altura moderada do chão, vi agora vestido com diferentes trajes sentado no alto, próximo do teto; e como isso aconteceu não podia imaginar, se não, talvez, mediante uma máquina como essas que levantam a haste de uma prensa de vinho.[20]

O Dr. Eisler observa que "como se supõe que Cósroe I teve um trono maravilhoso desse tipo – com estrelas movendo-se sob seu pálio –, dificilmente nos enganaremos se deduzirmos que o imperador romano assumiu essa geringonça respeitável, mas definitivamente infantil, apenas para não ficar atrás do seu rival persa". O simbolismo envolvido tem origem nos antigos tempos sumérios. E na Idade Média passou de Bizâncio tanto para a Europa Ocidental quanto para a Rússia, em grande parte como resultado, podemos supor, de sua influência sobre os emissários daquelas regiões bárbaras para a grande corte. Como sugere o Prof. Norman H. Baynes, numa passagem citada por Adda Bozeman a respeito dessa questão:

> Visualize por um momento a chegada do chefe bárbaro da estepe ou do deserto nessa corte bizantina. Ele foi regiamente entretido, sob o cuidado vigilante de oficiais imperiais. Viu as maravilhas da capital e hoje terá uma audiência com o imperador. Ele passa por um fascinante labirinto de corredores de mármore, por aposentos suntuosos de mosaico e tecidos de ouro, por longas fileiras de guardas palacianos em uniformes brancos, por patrícios, bispos, generais e senadores, ao som da música de órgãos e coros de igreja, acompanhado de eunucos. Até que por fim, sufocado por aquele infinito esplendor, cai prostrado diante da presença da silenciosa, imóvel figura hierática do Senhor da Nova Roma, herdeiro de Constantino, sentado no trono dos Césares: antes de o visitante poder se erguer, o imperador e o trono foram levados para o alto e, vestido agora com novas roupagens, o soberano olha para baixo em sua direção, certamente como Deus contemplando os mortais. Quem é ele, que ouve o rugido dos leões de ouro que circundam o trono ou o trinado dos pássaros nas árvores, para declinar as ordens do imperador? Ele não para para pensar no mecanismo que faz os leões rugirem ou os pássaros trinarem; mal consegue responder às perguntas do porta-voz que fala em nome do soberano imperial. Sua submissão é conquistada: ele lutará pelo Cristo Romano e seu Império.[21]

Com essa cena ridícula em mente, descobrimos uma dimensão insuspeitável na bajulação de São Cirilo ao atribuir a condição de "imagem de Deus na terra" a esse palhaço régio.

Deus no céu, entretanto, não tem nenhuma esposa. O imperador tinha uma imperatriz. E enquanto o poderoso monarca Justiniano, que assumiu esse trono galhofeiro no 527 d.C., estava engajado na arriscada missão de selar mitologicamente – e com isso politicamente – a herdada discórdia com Roma, sua poderosíssima e adorada esposa, Teodora, começou a ofender Roma favorecendo seus amigos pessoais e íntimos: os monofisistas.

Teodora, "a Grande", chamemo-la assim, era qualquer coisa menos uma réplica de Pulquéria. Filha de um dos domadores de ursos do hipódromo de Constantinopla, ela já havia, mediante uma carreira teatral estrondosa, alcançado algo semelhante a um renome mundial, quando o príncipe solteiro Justiniano, com quase trinta e sete anos, apaixonou-se perdidamente por sua beleza, inteligência e sabedoria. Muitos historiadores sugeriram que ela possuía muito mais talento político que seu marido. E que seu reconhecimento das afinidades espirituais entre Bizâncio e o Levante – enquanto ele se esforçava para remediar uma separação orgânica entre duas esferas culturais incompatíveis – poderiam ter transformado a Segunda Roma num baluarte muito mais forte e durável da Cristandade do que se tornou, como resultado do rumo desencaminhado de Justiniano. De qualquer maneira, o cósmico romance de intrigas e espionagem que se desenvolveu em consequência de seu talento levantino para a teologia política foi maravilhoso. Gibbon narra todos os seus capítulos. Todavia, o único aspecto aqui de relevância essencial foi sua influência sobre o credo do Papa Vigílio (537-555).

Justiniano assumiu o trono com quarenta e cinco anos, no ano 527, e reinaria por trinta e oito anos, sete meses e treze dias. Começando imediatamente a trabalhar para exterminar todos os pagãos que restavam, ele fechou a Universidade de Atenas no segundo ano de reinado, realizou inúmeras conversões por decreto imperial, e foi impedido de uma perseguição rigorosa aos monofisitas do Egito apenas pela mão suave mas decidida de sua bela esposa.

No ano 543, a conselho de sua audaciosa imperatriz, Justiniano publicou um édito condenando como heréticos os escritos de três teólogos falecidos da Escola de Antióquia. Supôs-se que isso serviria tanto para resolver a disputa com os monofisitas, quanto para forçar Roma a assinar um acordo; pois o novo papa, Vigílio, fora elevado a seu posto em grande parte pela influência de Teodora, e se esperava que este acatasse sua vontade. Mas demorou tanto em cumprir com a palavra dada a ela, apoiando o édito de seu marido, que Justiniano mandou sequestrá-lo e levá-lo para Constantinopla, onde ele publicou à força seu *Judicatum*, na véspera da Páscoa de 548. Contudo, o clero do Ocidente reagiu com tal alvoroço que Justiniano, pelo momento, permitiu que sua vítima desdissesse sua declaração.

Teodora, naquele ano, morreu de câncer com aproximadamente quarenta anos e o caso continuou, com o papa ainda prisioneiro, até que finalmente, no ano 557, Justiniano, para forçar a questão, convocou o Quinto Concílio Ecumênico, ao qual Vigílio recusou-se a comparecer. Não obstante, produziu seu próprio documento insatisfatório conhecido como *Constitutum ad Imperatorem*, em que condenou só sessenta parágrafos de um dos teólogos de Antióquia. Mas não condenou o próprio autor, uma vez que não era costume condenar-se os mortos. Tampouco condenaria as obras dos dois outros, visto que ambos tinham sido declarados livres de heresia no Concílio de Calcedônia. O concílio de Justiniano condenou em seguida não apenas as obras e autores em questão, mas também o papa aprisionado. Acabado, o pobre homem finalmente uniu seu nome ao deles e, tendo recebido permissão para retornar à sua diocese, morreu a caminho, em Siracusa.[22]

TERCEIRA FASE (630-680)

O último capítulo deste conto de Xerazade começou oito longas décadas mais tarde, no reinado do Imperador Heráclio (reinou de 610 a 641), quando o patriarca de Constantinopla, Sérgio, propôs uma fórmula que, acreditava ele, iria resolver de uma vez por todas a disputa mítico-política; ou seja, a de uma "energia" única em Cristo por trás de suas duas "naturezas", e operando por meio delas. Heráclio, o imperador, achou a ideia promissora. E quando os monofisitas de Alexandria a aceitaram, no ano 633, foi enviada uma carta otimista ao então papa, Honório (625-638), que também a aceitou, sugerindo, entretanto, o termo "vontade" em vez de "energia". Assim, tudo parecia estar resolvido, com Bizâncio, Roma e Alexandria finalmente de acordo, quando, meu Deus!, uma nova comarca fez-se ouvir. O patriarca Sofrônio de Jerusalém incumbiu-se da tarefa de escrever uma carta sinodal vigorosa, declarando que a teoria da "energia" única era equivalente ao monofisismo e tudo recomeçou: Igreja, Império e tudo mais.

Em 638, o imperador, por intermédio de seu patriarca Sérgio, proclamou a ortodoxia da doutrina de uma única "vontade", proibindo o uso do termo "única energia", bem como a doutrina das "duas vontades". Tanto no Oriente quanto no Ocidente, um furacão de protestos surgiu e o imperador seguinte, Constâncio II (reinou de 641 a 668) simplesmente proibiu discutir a questão. Todavia, um ousado novo papa, Martinho (649-654), convocou desafiadoramente um concílio em Roma e condenou tanto a doutrina da "vontade única" de seu predecessor quanto a proibição da discussão pelo imperador. Por tal diligência ele foi sequestrado, levado para Constantinopla, exposto ao olhar público, quase nu e, com uma corrente em volta do pescoço e uma espada empunhada à frente, arrastado sobre pedregulhos até uma prisão comum, para ser decapitado. Suspensa a execução, ele foi banido para a Crimeia, onde, em consequência dos maus tratos, morreu.[23]

A palavra final teve então que ser guardada até o Sexto Concílio Ecumênico, do ano 680, quando a doutrina das "duas naturezas" foi confirmada, e todo o elenco de personagens do compromisso anterior com a "vontade única", juntamente com todos os grandes monofisistas, foram condenados.[24]

Entretanto, uma nova e muito menos complexa teologia já fora anunciada da Arábia: *La ilaha illa'Allah*; e pode-se prontamente compreender que a essa altura o simples grito "não há deus senão Deus" teve um apelo considerável. O grito ecoou em todo o Oriente Próximo durante as duas décadas seguintes e, percorrendo a toda velocidade a África Setentrional, invadiu a Espanha em 711. Em 732, estava a ponto de engolfar a França, quando ali ocorreu outro daqueles momentos – como o de Maratona e o dos Macabeus – em que se chegou ao limite de uma pendulação Oriente-Ocidente-Oriente-Ocidente-Oriente. Porque, como já demonstraram todos esses momentos, há um ponto além do qual não se pode contestar o caráter de uma esfera cultural maior invadida. E esse momento chegou, desta vez, na Europa, na batalha de Poitiers, quando o rei franco Carlos Martel silenciou os gritos do Islã empurrando-os para além dos Pireneus.

III. O PROFETA DO ISLÃ

Em nome de Deus, o Misericordioso, o Misericordiador
Louvado seja Deus, o Senhor do Universo
O Misericordioso, o Misericordiador
O Soberano do Dia do Juízo Final

Somente a Ti adoramos, somente a Ti rogamos auxílio
Guia-nos na via reta
Senda dos que Tu encheste de graça, não dos que incorrem na Tua ira nem dos
    extraviados.*²⁵

Estamos lendo o Sagrado Alcorão. O texto continua com uma versão do mito bíblico da Criação e da Queda.

Quando teu Senhor disse aos anjos: "Designarei um califa na terra",
disseram: "Designarás alguém que vai corrompê-la e
derramar o sangue quando nós louvamos a Ti e glorificamos Teu nome?"
Disse: "Eu sei o que não sabeis".
Ensinou a Adão todos os nomes. Depois, apresentou-os aos anjos e disse:
"Indicai-lhes os nomes se expressais a verdade."
Disseram [os anjos]: "Glória a Ti! Só sabemos o que Tu nos
ensinaste. Em verdade, Tu és o Onisciente, o Onissapiente.
Disse: "Adão, informe-lhes os nomes". E assim que
Adão lhes tivesse informado, disse: "Não vos havia dito que conheço
o que não se vê nos céus e na terra e conheço o que revelais e o que ocultais?"
Quando dissemos aos anjos: "Prostrai-vos diante de Adão", todos se
prostraram exceto Íblis (Satanás). Ensoberbou-se e tornou-se um dos descrentes.
Dissemos: "Adão, habita o Paraíso com tua esposa, e comam à
vontade do que vós quiserdes, mas não vos aproximeis desta árvore:
    seríeis infratores".
Satanás, porém, fê-los cair e tirou-os dali.** Dissemo-lhes:
"Descei, como inimigos uns dos outros, tereis na terra morada e gozo transitórios".
Depois, Adão aprendeu de seu Senhor certas palavras, e Ele aceitou seu
    arrependimento.

---

* Tradução de Paulo Daniel Farah, diretamente do árabe, assim como a das outras citações corânicas nesta obra.

** Íblis, "o Difamador", com a ideia original de rebelião; Satanás, "o Que Tem Ódio", com a ideia original de perversidade ou inimizade. Esses dois são os nomes do Poder do Mal, correspondente corânico do Angra Mainyu zoroastriano.
Lemos num verso posterior do Alcorão que Íblis era um djim: "Ele era um dos djins e desobedeceu a ordem do seu Senhor" (15:50). O presente texto infere, entretanto, que Íblis era um anjo. Djins são os antigos demônios do deserto dos árabes pré-muçulmanos, adotados pelo Islã, enquanto os anjos têm sua origem no lado da herança bíblica-zoroastriana. "Deus", lemos no Alcorão, "Criou o homem do barro como o oleiro e criou os djins do fogo sem fumaça" (55:14-15). Os djins são de dois tipos: os que aceitaram e os que rejeitaram o Islã. O Poder do Mal, Íblis, pode, portanto, ser interpretado como um anjo decaído ou como um djim não convertido. Voltaremos a falar de Íblis mais adiante.

Ele é indulgente e Misericordiador.
Dissemos: "Descei todos. Toda vez que vos guiar,
quem me seguir não será tocado pelo medo nem pela tristeza.
Mas os que negarem e desmentirem Nossos versos serão os
companheiros do Fogo eternamente".[26]

É obvio que em cada sílaba islâmica há uma continuidade da herança zoroástrico-judaico-cristã, resgatada (como se reivindica) no seu devido sentido e levada (como também se pretende) à sua formulação última. Toda a lenda dos patriarcas e do Êxodo, bezerro de ouro, água da rocha, revelação no Monte Sinai etc., é repetida com suas lições a toda hora e por todo o Alcorão; o mesmo ocorre com certas partes do mito cristão.

A lenda de origem básica, no Alcorão, é sobre a descendência – tanto dos árabes quanto dos judeus – de Abraão, de quem se diz já na Bíblia que possuía duas mulheres, Sara e Hagar, das quais Hagar, uma escrava egípcia, foi a primeira a conceber; e ela deu à luz Ismael, quando Abraão tinha oitenta e seis anos. Mas quando Abraão tinha noventa e nove anos, Sara, sua primeira esposa, concebeu e teve Isaac. No livro do Gênese lemos:

> A criança cresceu e foi desmamada, e Abraão deu uma grande festa no dia em que Isaac foi desmamado. Ora, Sara percebeu o filho nascido a Abraão da egípcia Hagar, que brincava com seu filho Isaac, e disse a Abraão: "Expulsa esta serva e seu filho, para que o filho desta serva não seja herdeiro com meu filho Isaac". Esta palavra, acerca de seu filho, desagradou muito a Abraão, mas Deus lhe disse: "Não te lastimes por causa da criança e de tua serva: tudo o que Sara te pedir, concede-o, porque é por Isaac que uma descendência perpetuará o teu nome, mas do filho da serva eu farei também uma grande nação, pois ele é de tua raça". Abraão levantou-se cedo, tomou pão e um odre de água que deu a Hagar; colocou-lhe a criança sobre os ombros e depois a mandou embora. Ela saiu andando errante no deserto de Bersabeia.[27]

De acordo com a versão do Alcorão sobre a história dessa antiga família, Abraão e Ismael construíram a Caaba da Grande Mesquita de Meca alguns anos antes de ocorrer essa separação. Ali se afirma:

> E quando Abraão ergueu os alicerces da Casa [a Caaba], com a ajuda de Ismael, disseram: "Nosso Senhor, aceita-a de nós. Em verdade, Tu ouves tudo e tudo sabes".
> "Nosso Senhor, faze-nos submissos a Ti e faz de nossa descendência uma comunidade submissa a Ti. Instrua-nos os ritos e aceita nosso arrependimento. Em verdade, és indulgente e Misericordiador."[28]

Além disso, não apenas Abraão e seus filhos, mas também Jacó e seus filhos eram muçulmanos. "Fostes testemunhos", o texto continua, "quando, à beira da morte, Jacó disse a seus filhos: 'Quem adorareis depois de mim?' E eles disseram: 'Adoraremos teu Deus e o Deus de teus pais Abraão, Ismael e Isaac, um Deus único a quem nos submetemos'".[29]

O leitor desavisado talvez se pergunte: "Como acreditar nessa novidade da qual jamais ouvi falar?" E a resposta será reconhecida por qualquer judeu ou cristão; ou seja, que o Livro Sagrado (aqui, entretanto, o Alcorão) é revelado por Deus.

"'Ou direis'", lemos, "'que Abraão, Ismael, Isaac, Jacó e as tribos eram judeus ou cristãos?' Diga: 'Vós que sabeis mais ou Deus? E haverá pior ímpio do que aquele que esconde um testemunho vindo de Deus? Deus não ignora o que fazeis.'"[30]

"O Povo do Livro (Sagrado)", como os judeus são chamados no Alcorão, é visto como tendo fechado os olhos para a confirmação de sua própria herança quando rejeitou a mensagem do Islã; e os cristãos, com suas doutrinas trinitárias, acrescentaram deuses a Deus, interpretando erroneamente as palavras de seu próprio profeta Jesus, as quais devem ser entendidas diretamente na linhagem de Abraão, Moisés, Salomão e Muhammad.

> "Filhos de Israel", [Deus conclama os judeus], "recordai a graça que vos concedi.
> Sede fiéis ao pacto que eu o serei. E temei apenas a Mim.
> Crede no que revelei e confirmai o que está convosco. E
> não sejais os primeiros a renegá-lo. E não vendais Meus versos por pouco.
> E temei apenas a Mim."[31]

> De fato, concedemos a Moisés o Livro. E, depois dele, enviamos outros Mensageiros.
>   A Jesus, filho de Maria, demos provas claras e fortalecemos com o Espírito Santo.
>   Sempre que um Mensageiro vinha a vós com o que não desejáveis, tornáveis-vos
>   arrogantes? Uns desmentistes, outros matastes.
> Disseram: "Nossos corações estão encobertos". Não, Deus os amaldiçoou pela sua
>   blasfêmia. Quão pouco creem![32]

Não se sabe exatamente como o Alcorão foi revelado pelo céu e transcrito. Na verdade, a maior parte da vida de Muhammad é resultante de suposições. A biografia básica, de um certo Mohammed ibn Ishaq, foi escrita para o califa Mansur (reinou de 754 a 775) mais de um século depois da morte do Profeta; e mesmo essa obra é conhecida apenas pelo que foi preservado em dois escritos posteriores, o Compêndio de Ibn Hisham (morreu em 840 d.C.) e a Crônica de Tabari (morreu em 932 d.C.). Em resumo, a biografia, conforme reconstruída, divide-se em quatro fases principais[33], a saber:

1. INFÂNCIA, JUVENTUDE, CASAMENTO E O PRIMEIRO CHAMADO: c.570-610 d.C.

Nascido em Meca de uma família da poderosa tribo coraixita, Muhammad, o menino, foi privado de seu pai logo após o nascimento, e de sua mãe apenas alguns anos depois. Criado por parente de poucos recursos, mas numerosos filhos, o jovem, por volta dos vinte e quatro anos, passou a servir a uma mulher rica chamada Khadija, mais velha que ele, casada duas vezes e com vários filhos, que o enviou à Síria numa missão comercial, da qual ele retornou para se tornar seu marido. Ela deu-lhe dois filhos, que morreram ambos na infância, e várias filhas.

Aos quarenta anos, Muhammad começou a receber revelações, das quais a primeira diz-se ter sido a surata 96:

> Recita em nome de teu Senhor, que criou,
> Criou o homem de sangue coagulado.
> Recita. E teu Senhor é o mais generoso,
> Ensinou com o cálamo,
> Ensinou ao homem o que ele não sabia.[34]

A lenda muçulmana reconhecida conta que essa revelação chegou a Muhammad em uma caverna no declive do Monte Hira, cinco quilômetros ao norte de Meca, para onde ele costumava retirar-se para uma contemplação tranquila – frequentemente sozinho, mas por vezes acompanhado de Khadija. Conforme lemos em uma reprodução da história, ele meditava sobre o mistério do homem feito de carne perecível quando uma esplêndida visão de beleza e luz apoderou-se de sua alma e sentidos. E ouviu a palavra, "Recita!" Ele ficou confuso e apavorado. Mas o grito soou claro, três vezes, até que a confusão inicial deu lugar à compreensão de sua missão. Seu autor era Deus; seu objetivo, o homem, a criatura de Deus; e seu instrumento, a pena, o Livro Sagrado, que os homens deveriam ler, estudar, recitar e entesourar em suas almas.

Seu ser foi tomado pelo êxtase divino. Mas quando isso passou, ele retornou ao mundo temporal e circunstancial, que agora parecia dez vezes mais escuro. Seus membros foram tomados por um violento tremor e voltou de súbito para aquela que compartilhava sua vida, Khadija, que compreendeu, regozijou-se e confortou seus nervos abalados, sabendo que não fora uma mera ilusão. Ela consultou seu primo, Waraka ibn Naufal, que era um adorador de Deus na fé de Cristo. Ao ouvi-la, ele também se regozijou e Khadija retornou a seu marido.

> "Ó Eleito", disse ela, "que sejas abençoado! Não vemos tua vida interior, verdadeira e pura? Não veem todos tua vida exterior, boa e gentil, leal aos familiares e hospitaleiro aos estrangeiros? Nenhum pensamento maldoso ou malicioso jamais maculou tua mente; nenhuma palavra que não fosse correta e que não

acalmasse as paixões dos homens de vistas estreitas jamais passou por teus lábios. Sempre disposto a servir a Deus, és aquele de quem eu sou testemunha: Não há deus senão Deus e tu és Seu Apóstolo Eleito".[35]

2. O PRIMEIRO CÍRCULO DE AMIGOS: c.610-613 d.C.

Por três anos Muhammad e Khadija ocuparam-se da propagação, primeiro na família e entre amigos e depois entre os vizinhos. Meca, sua cidade, era um centro comercial próspero num vale árido, a cerca de 80 quilômetros de distância do Mar Vermelho. No centro havia uma cabana de pedra perfeitamente retangular, conhecida como Caaba, o "Cubo", contendo uma imagem do deus padroeiro, Hubal, bem como outros objetos sagrados, além da pedra negra – possivelmente de origem meteórica – que é hoje o objeto central de todo o mundo islâmico. Diz-se que aquela pedra foi dada por Gabriel a Abraão; e sua cabana, como tendo sido a casa que Abraão construiu com a ajuda de Ismael. Na verdade, mesmo antes do tempo de Muhammad, toda a região em volta de Meca era considerada um lugar sagrado. Ocorria ali um festival anual, para o qual chegavam multidões de todos os quadrantes; e muitos dos que para ali iam, visitavam a Caaba.

Um dos problemas literários do Alcorão é a fonte de tradição bíblica presente nele, proveniente em grande parte do lado cristão e com uma abordagem marcadamente nestoriana; pois a tradição afirma que o Profeta não sabia ler. Todavia, certamente desde a infância ele deve ter acumulado conhecimentos de muitos tipos de religião; em especial, é obvio, dos cultos tribais e regionais dos árabes, mas também do cristianismo, judaísmo e talvez do zoroastrismo. A cerca de 321 quilômetros ao norte, em Medina, havia uma grande comunidade de judeus. Em frente, do outro lado do Mar Vermelho, na Etiópia, havia um reino cristão copta. O primo de sua mulher, Waraka, era cristão, provavelmente da escola monofisista. E as grandes rotas de comércio do norte para o sul, pelo Mar Vermelho e através dele até a Índia, por séculos haviam conduzido filósofos, missionários e outros homens de saber, bem como mercadores, de um lado para outro.

Precisa-se apenas imaginar uma infância e juventude de interesse desperto na tradição oral e na vida religiosa à sua volta: um pequeno mascate com grandes orelhas; e mais tarde um jovem de inteligência superior, ardente sensibilidade religiosa e uma extraordinária capacidade para longos períodos de transe auditivo; ademais, um jovem de grande força física e presença persuasiva, como provam os episódios posteriores de sua biografia. E como uma pedra que despenca de um pico nevado, arrastando neve ao cair, pode transformar-se numa avalanche, o mesmo ocorreu com o empreendimento de Muhammad e Khadija. Entre os primeiros conversos estavam o jovem primo de Muhammad, Ali, que depois seria seu genro; um amigo mais velho e resoluto (embora membro de outro clã), o rico Abu Bakr; e um criado leal da casa de Khadija, Zaid.

A lenda conta assim:

> Khadija tinha fé, acima de todas as mulheres exaltadas na fé. Ali, o bem amado, então uma criança de apenas dez anos, porém com um coração de leão, comprometeu-se com a fé e tornou-se a partir daquele instante o braço direito do Islã. Depois, Abu Bakr, sincero e leal, um homem de riqueza e poder que usou-os sem limite em benefício da causa, aderiu como conselheiro sensato e amigo inseparável. E Zaid, o liberto de Muhammad, que considerava que a liberdade não era nada comparada ao serviço a Deus. Esses foram os primeiros frutos da missão: uma mulher, uma criança, um homem rico e um liberto, unidos na igualdade pelo Islã.[36]

3. A COMUNIDADE DE MECA: c.613-622 d.C.

> Ó tu, o que estás vestido
> Vela toda a noite, a não ser um pouco
> A metade dela ou um pouco menos
> Ou um pouco mais e declama o Alcorão, recitando-o
> De fato, vamos dirigir-te uma densa mensagem.[37]

Esses imponentes versos da surata 73, considera-se, representam a segunda revelação registrada dada a Muhammad, a qual acredita-se ter ocorrido algum tempo depois da primeira – talvez dois anos, talvez seis meses – e também, como se supõe, na caverna.

O termo "envolto em mantos" (*muzzamil*), que é um dos títulos do Profeta, deve ser entendido em vários sentidos. Literalmente, refere-se ao estado físico do Profeta em seus momentos difíceis de transe extático, quando, segundo a tradição, ele estaria deitado ou sentado, envolto numa manta, recitando versículos divinos, enquanto transpirava copiosamente. Um segundo sentido, entretanto, refere-se a todos os muçulmanos no momento de oração. Como o Profeta de coração imaculado, o muçulmano deve "vestir-se de maneira apropriada para orar; envolto num manto, como quem renuncia às vaidades deste mundo". Finalmente, no plano místico, pelo manto podemos entender os envoltórios externos da fenomenalidade, que são essenciais à existência, mas que em breve devem ser superados, quando a natureza interna da pessoa proclamar-se com toda força.[38] A surata continua com esta imagem:

> Ó, tu, envolto em manto; Levanta-te e adverte; Louva teu Senhor; Purifica tuas vestes; Afasta-te das máculas; Não dês a fim de obter mais; Sê constante por teu Senhor; Quando a trombeta soar; Será um dia de angústia; Difícil para os descrentes.[39]

A antiga profecia apocalíptica do futuro Dia do Juízo preenchia a mensagem do Profeta com a urgência de um evento próximo. Não sabemos que outros movimentos proféticos possam ter agitado o mundo árabe naquela época. Certamente abundavam extáticos de um ou outro tipo, como acontece mesmo hoje. E havia, também, profetas de um tipo conhecido como hanifitas, que representavam, de diferentes maneiras, a influência de uma tendência monoteísta geral originária dos centros zoroastrianos, judaicos e cristãos das proximidades. O parente de Khadija, Waraka ibn Naufal, pode ter sido um deles. Outro era Zaid ibn 'Amr, natural de Meca, que parece ter morrido durante a infância de Muhammad.[40] De qualquer forma, no tempo de Muhammad, havia em Meca pessoas suficientemente preparadas para atender ao chamado de uma voz profética e constituir, em poucos anos, um típico consenso mago pronto para transformar o mundo à sua própria imagem.

O primeiro grupo numeroso para o qual a mensagem de Muhammad foi dirigida foram os membros de sua própria tribo grande e influente – os coraixitas eram os guardiães da Caaba e um povo importante da região. Ele os conclamou a eliminar todas as imagens pagãs de seu santuário e a reconhecer como sua divindade o Deus Único do Islã. Uma antiga surata, datada desse período, assim os adjura:

> A aliança coraixita; Deriva das caravanas de inverno e de verão; Que adorem, então, o Senhor desta Casa [a Caaba]; O Qual os alimentou nos tempos de fome e os protegeu de todos os temores.[41]

O fervor do crescente grupo do Profeta provocou, em tempo hábil, reações entre os habitantes da cidade, para quem as antigas divindades de suas tribos e as perspectivas de comércio eram suficientes para preencher a vida. E as reações tornaram-se tão fortes que os membros do Islã puderam considerar-se uma seita perseguida – com todas as vantagens de solidariedade e fervor grupal que resultam de tal situação. Muhammad, para proteger seus seguidores, enviou-os para o outro lado do Mar Vermelho, a Axum, na Abissínia cristã, onde o rei os recebeu com tanta simpatia que a população de Meca começou a ter motivos para temer que o pesadelo da série anterior de ataques e devastações abissínias pudesse se repetir. O próprio Profeta, que permaneceu em Meca, foi injuriado, insultado e muito importunado. E foi mais ou menos nessa época que se uniu a ele – providencialmente – um novo e maravilhoso converso, o jovem e brilhante Omar ('Umar ibn al-Khattab), que, até então, tinha se oposto publicamente à nova fé, mas agora estava pronto – como uma espécie de Paulo – para se tornar seu líder mais efetivo.

Contudo, uma dor grande e profunda recaiu sobre o Profeta já atormentado, quando sua querida esposa, Khadija, faleceu; "a grande e nobre dama", como fora chamada em devido louvor,

> que o ajudara quando ele estivera sem recursos, que tinha confiado nele quando seu mérito era pouco conhecido; encorajou-o e o compreendeu em suas lutas espirituais e acreditou nele quando, com passos trêmulos, ele respondeu ao Chamado. Ela resistiu à maledicência, perseguição, insultos, ameaças e tormentos até

unir-se aos santos aos cinquenta e um anos. Uma mulher perfeita, ela era a mãe daqueles que tinham fé.[42]

Então veio – de maneira singular – o milagre, como se fosse o retumbar do brado do muezim assinalando um destino planetário, anunciando o alvorecer de uma nova era do mundo. Pois chegou a Muhammad uma mensagem vinda da cidade de Medina, 321 quilômetros ao norte, onde uma disputa entre as duas tribos árabes mais importantes, a aus e a khazraj, tinha levado as coisas a tal ponto que um grupo de cidadãos proeminentes solicitava a presença de Muhammad para exercer sua influência e restaurar a paz. Temia-se que a considerável comunidade judaica dali, constituída em grande parte de árabes conversos, pudesse ganhar ascendência se a contenda árabe continuasse. Muhammad, ajuizadamente, enviou toda a sua comunidade na frente e então, no final do memorável ano de 622 d.C., realizou sua própria fuga secreta, acompanhado de Abu Bakr, de Meca para Medina, escondendo-se por alguns dias em sua caverna. Conforme lemos no Alcorão:

> De fato, Deus o ajudou quando os infiéis o expulsaram, e ele era o segundo dos dois. Quando estavam na gruta, ele disse a seu companheiro: "Não te aflijas, Deus está conosco". Deus transmitiu-lhe Sua Tranquilidade, fortaleceu-o com tropas invisíveis e rebaixou a palavra dos infiéis. E a palavra de Deus é a mais elevada. Deus é o Onipotente, o Onisciente.[43]

4. MUHAMMAD EM MEDINA: 622-632 d.C.

A "Emigração" ou Hégira (em árabe, *hijra*, "fuga") do Profeta para Medina marca o início do ano a partir do qual são contadas todas as datas muçulmanas, pois representa a passagem da Lei do Islã da condição de teoria para a prática e a manifestação na esfera da história. Em Medina, conforme observou o Prof. H. A. R. Gibb, Muhammad controlava a rota vital de comércio de Meca para o norte, e por sete anos usou brilhantemente essa vantagem para quebrar a resistência da oligarquia de sua cidade.[44]

Primeiramente, atuando como mero salteador, ele apreendeu caravanas e enriqueceu a nova comunidade de Deus com bens tomados de seus vizinhos. Em seguida, como um brilhante generalíssimo, ele enfrentou e derrotou (frequentemente com ajuda dos anjos)* exércitos maiores do que o seu próprio, enviados contra ele pelos mercadores desesperados de seu lugar natal. Por último, tendo conquistado para sua causa uma série de tribos beduínas, retornou sem oposição a Meca, no ano 630, e

---

* Como Constantino e seu exército tinham visto a "Cruz Brilhante" antes da derrota crucial de Maximiano (*supra*, págs. 313, 314), também Muhammad e seu exército, durante a batalha crucial de Badr, viram os anjos dando-lhes ajuda. Os turbantes de todos, exceto de Gabriel, eram brancos, enquanto o deste, segundo testemunhas oculares, era amarelo. (A. A. Bevan, "Mahomet and Islam" em *The Cambridge Medieval History*, vol. II, pág. 318, nota 1, citando Ibn Hisham.)

com um grande gesto simbólico estabeleceu a nova ordem, mediante a destruição de todos os ídolos da cidade. Uma das deusas locais, Na'ila, diz-se haver aparecido na ocasião na forma de uma mulher negra que logo fugiu guinchando.[45] Mas a pedra negra da Caaba permaneceu – a qual, segundo nos informam, era originalmente branca, porque é uma das pedras do paraíso, mas tornou-se negra pelos beijos de lábios pecaminosos.[46]

Entretanto, no ápice da vitória, o Profeta, dois anos depois, partiu – para sua morada eterna, como podemos supor, onde o Alcorão dourado de sua visão brilha para sempre. E sobre isso é escrito por Deus:

> Não criamos os céus e a terra e tudo quanto há entre eles por diversão. Nós os criamos para revelar a verdade; mas a maioria dos homens não compreende. Em verdade, o dia do Juízo é o dia reservado para todos. O dia em que amigo algum poderá ajudar seu amigo, e ninguém será socorrido. Exceto aqueles de quem Deus tiver compaixão. De fato, Ele é o Onipotente, o Onisciente.
>
> Em verdade, a árvore do inferno, chamada Zaqqum será o alimento dos pecadores. Tal qual metal em fusão, ferverá no estômago. Como água fervente. "Agarrem-no e lancem-no ao centro do Fogo ardente. Depois, vertam sobre ele o tormento da água fervente."
>
> E digam-lhe: "Aguenta, tu, o poderoso, o generoso. Sim, era disso que duvidavas".
>
> De fato, os piedosos estarão num lugar seguro. Entre jardins e fontes. Vestidos de seda e brocado, uns diante dos outros. Nós lhe daremos esposas de olhos intensos e belos. Terão todo tipo de fruta em paz e segurança. Não provarão da morte, e Ele os protegerá dos tormentos do Fogo ardente.
>
> Como uma graça do teu Senhor, tal será a suprema realização! Nós o tornamos [o Alcorão] fácil em tua própria língua para que pudesses lembrar-te dele. Aguarda, pois. Eles também aguardam.[47]

IV. O MANTO DA LEI

A máscara de Deus chamada Alá é um produto do mesmo deserto do qual havia surgido a máscara de Jeová, séculos antes. De fato, a palavra Jeová, conforme o Prof. Meek demonstrou*, é de origem árabe e não hebraica. Consequentemente, somos obrigados, até certo ponto, a concordar com a reivindicação surpreendente de Muhammad de que as pessoas de seu tronco semítico foram os primeiros adoradores do Deus proclamado na Bíblia.

Como um deus do povo semítico do deserto, Alá revela – assim como Jeová – as características de uma típica divindade tribal semítica, sendo que a primeira, e mais importante, é de natureza transcendente, e não imanente. Tais deuses não são para serem conhecidos mediante estudo da ordem natural, seja externo (por

---

* *Supra*, págs. 115, 116.

intermédio da ciência) ou interno (pela meditação); porque a natureza, seja exterior ou interior, não os contém. E a segunda característica é uma função da primeira, a saber: que para cada tribo semítica o deus principal é o protetor e o legislador do grupo local e apenas dele. Ele não se faz conhecer por meio do sol, da lua, ou na ordem cósmica, mas nas leis e costumes locais – que diferem, obviamente, de grupo para grupo. Consequentemente, ao passo que entre os árias – para quem os deuses principais eram os da natureza – havia sempre e em todas as partes uma tendência para reconhecer as divindades próprias nos cultos estrangeiros, tendência essa em direção ao sincretismo, entre os semitas, em contrapartida, o culto de seus deuses tribais sempre foi em direção ao exclusivismo, separatismo e intolerância.

No plano primitivo não há necessidade, ou mesmo possibilidade, de que um deus tribal local seja considerado como senhor de todo o mundo. Cada grupo simplesmente tem seu próprio legislador e padroeiro; o resto do mundo – se é que há tal coisa – pode tomar conta de si mesmo, sob seus próprios deuses; pois se supõe que cada povo tenha um legislador e padroeiro divino próprios. Chamamos a tal ideia de monolatria.* Em consequência, durante a primeira longa e terrível fase da ocupação israelita de Canaã, Jeová era concebido simplesmente como um deus tribal mais poderoso que os outros. A próxima fase memorável do desenvolvimento bíblico ocorreu quando esse deus assim considerado foi identificado com o deus-criador do Universo. Nenhuma nação entre todas as da Terra, a não ser Israel, podia então reivindicar conhecer e adorar esse Deus único e verdadeiro entre todos os outros, ou ser objeto de Sua preocupação principal.

> Assim disse Jeová:
> "Não aprendais o caminho das nações,
> não vos espanteis com os sinais do céu,
> ainda que as nações se espantem com eles.
> Sim, os costumes dos povos são vaidades." [...]
>
> Ninguém é como tu, Jeová,
> tu és grande,
> teu Nome é grande em poder!
> Quem não te temerá, rei das nações?
> Porque isto te é devido!
> Porquanto, entre todos os sábios das nações
> e em todos os seus reinos,
> ninguém é como tu!
> Eles todos são ignorantes e insensatos:
> o ensinamento das vaidades é madeira![...]
>
> Mas Jeová é um Deus verdadeiro.[48]

* Ver *supra*, pág. 202.

Ironicamente, o conceito desse deus de estatura cósmica não ocorreu aos habiru do deserto até eles se introduzirem na esfera cultural superior das civilizações sedentárias, onde a escrita era conhecida há milênios, e já havia registros matemáticos dos movimentos não apenas do firmamento em geral mas também dos planetas. A ordem cósmica, conforme entendida pelos sacerdotes daquelas civilizações da Alta Idade do Bronze, tinha sido de uma maravilhosa regularidade matemática, sempre girando, sempre ressurgindo para a existência e decaindo para o caos, de acordo com leis fixas, as quais os sacerdotes dedicados a observar os astros foram os primeiros a conhecer. E a causa última desse ritmo da existência não fora representada como uma personalidade voluntariosa: um deus como Jeová, por exemplo. Ao contrário: personalidade, vontade, misericórdia e ira eram, naqueles sistemas, apenas aspectos secundários de uma ordem absolutamente impessoal, implacável, da qual os deuses – todos os deuses – eram meros agentes.

Em contraste dramático com essa visão, os povos semíticos do complexo do deserto permaneceram com seus próprios padroeiros tribais quando se introduziram na esfera cultural superior; e, embora aceitando, grosseiramente, a ideia de uma ordem cósmica, em vez de submeter seu próprio deus a ela, eles fizeram dele seu criador e mantenedor – mas em nenhum sentido seu Ser imanente. Pois ele continuou sendo, como sempre, uma entidade à parte: pessoal, antropomórfica. E ele podia ser conhecido, além do mais, como nos tempos tribais no deserto, apenas mediante as leis sociais de seu grupo que era o único favorecido com exclusividade. Não as leis da natureza, expostas a todos os olhos e mentes capazes de observar e raciocinar, mas *unicamente* as leis dessa molécula social particular, na vasta e prolífica história da humanidade, seriam conhecidas como a expressão da *única* lição de Deus. Por isso, a advertência de Jeremias para que "não vos espanteis com os sinais do céu, ainda que as nações se espantem com eles. Sim, os costumes dos povos são vaidades"; e de Muhammad: "De fato, vemos tua face virada para o céu. Orientemo-nos, pois, na direção [*qibla**] que te agrada. Vira, então, a face na direção da Mesquita Sagrada [em Meca]. Onde quer que estejas, volta tua face para aquela direção".[49] "Quem seguir outra religião diferente do Islã, jamais isso será aceito dele e, no Além, estará entre os que se perderam".[50]

Todavia, existem certas diferenças entre os conceitos bíblicos e os do Alcorão quanto ao grupo favorecido por Deus e o caráter da lei de Deus. A primeira e mais óbvia delas: enquanto a comunidade do Antigo Testamento era tribal, o Alcorão foi dirigido à humanidade. O islamismo – como o budismo e o cristianismo – considera-se uma religião universal, ao passo que o judaísmo – como o hinduísmo – permaneceu tanto conceitual quanto factualmente uma forma de religião étnica.

---

* *Qibla*: a direção para a qual se volta durante a oração. Para o islamismo, a *qibla* é a Caaba da Grande Mesquita de Meca, que não é um símbolo "natural", mas sócio-histórico, referindo-se especificamente à história e lenda do próprio Islã.

Porque na época de Muhammad a visão alexandrina de humanidade havia alcançado até mesmo os povos do deserto. Lemos em Isaías: "Estrangeiros estarão aí para apascentar os vossos rebanhos; alienígenas serão os vossos lavradores e os vossos vinhateiros. Quanto a vós, sereis chamados sacerdotes de Jeová; sereis chamados ministros do nosso Deus; alimentar-vos-eis das riquezas das nações; haveis de suceder-lhes na sua glória".[51] Em contraste evidente, não há nenhuma tribo ou raça triunfante no Alcorão, mas uma igualdade absoluta no Islã. "Em verdade", diz o Livro, "há uma recordação para quem possui um coração ou dá ouvidos e testemunha sinceramente a verdade".[52] O conceito vindo do deserto relativo à única ordem social autêntica sob seu deus amplificou-se para corresponder ao novo conhecimento de um mundo maior.

Porém, resultou dele uma certa dificuldade. Porque as leis de Deus, conforme concebidas pela revelação anterior de Jeová no deserto, tinham sido os costumes de uma sociedade que existia realmente, enquanto as leis de Deus, conforme concebidas no Islã, deviam resultar de uma série de revelações emitidas em estado de transe por um único indivíduo no curso de apenas vinte e três anos; e transformá-las num sistema viável para uma comunidade mundial seria um feito de temeridade inigualável – o que, *mirabile dictu*, foi realizado.

Na criação dessa ordem legal muçulmana, três autoridades foram reconhecidas, das quais a primeira foi, obviamente, o próprio Alcorão. Quando ordens e proibições eram claramente expressas no Alcorão, não havia lugar para discussões, pois eram para ser obedecidas inquestionavelmente. Entretanto, existiam casos não contemplados, e para esses os juristas muçulmanos tiveram que instituir outras "raízes". Seu segundo suporte, por isso, foi um corpo adicional de ensinamentos chamado "ditos do Profeta" ou *hadith*. Trata-se de uma coletânea de casos e provérbios edificantes do Profeta, supostamente contados por um ou outro de seus companheiros próximos. Um vasto corpo de tais "ditos" passou a existir durante os primeiros dois ou três séculos do islamismo. As mais dignas de confiança foram compiladas em edições canônicas – notavelmente as de al-Bukhari (morreu em 870) e Moslem (morreu em 875) – as quais, como demonstrou o Prof. H. A. R. Gibb, "rapidamente quase chegaram a se constituir em autoridade canônica".[53]

Porém, na prática, continuaram a surgir questões legais não contempladas nem nos preceitos do Alcorão nem nos *hadith*, e para lidar com elas foram instituídas decisões por "analogia" (*qiyas*), o que quer dizer (para citar novamente o Prof. Gibb) "a aplicação, a um novo problema, dos princípios subjacentes a uma decisão já existente sobre alguma outra questão, que pudesse ser considerada como correspondente ao novo problema".

O Prof. Gibb continua:

> Sob essa base aparentemente limitada e literalista, os teólogos e juristas dos séculos II e III [do Islã] elaboraram não apenas a lei, mas também os rituais e doutrinas que seriam o patrimônio especial da comunidade islâmica, diferenciando-a

de outras religiões e organizações sociais. Todavia, a limitação é mais aparente na teoria do que na prática, pois [...] muita coisa de fontes externas foi naturalizada no islamismo por meio de tradições consideradas como emanadas do Profeta.

Mas como os princípios sobre os quais foi construída essa estrutura lógica eram imutáveis, o mesmo aconteceu com o próprio sistema que, uma vez formulado, foi sustentado como imutável e, na verdade, como tão divinamente inspirado quanto as fontes das quais ele foi obtido. Daquela época até hoje, a *sharī'a* ou *Shar'*, como é chamada, ou a "via" da ordem e orientação divinas, permaneceu, em sua essência, sem mudança alguma.[54]

Spengler, comparando essa abordagem da lei com a clássica, afirma que:

Enquanto a lei clássica foi criada por cidadãos com base na experiência prática, a lei muçulmana proveio de Deus, que a manifestou através do intelecto de homens escolhidos e ilustrados [...]. A autoridade das leis clássicas fundamenta-se no seu sucesso, a das muçulmanas, na majestade do nome que elas levam. De fato, é muito significativo para os sentimentos do homem se ele considera a lei como uma expressão da vontade de um seu semelhante ou como um elemento do desígnio divino. No primeiro caso ele conclui por si mesmo que a lei está certa ou cede à força; mas no segundo ele se submete devotamente (*islam*). O oriental não pede para ver nem o objeto prático da lei que lhe é imposta, nem os fundamentos lógicos de seus julgamentos.

A relação do cádi com o povo não tem, por isso, nada em comum com a do pretor com os cidadãos. O último baseia suas decisões numa percepção treinada e testada em altas funções, e o primeiro num espírito que é efetivo e imanente a ele e se expressa por sua boca. Mas resulta disso que suas respectivas relações com a lei escrita – o pretor com seu édito e o cádi com os textos jurídicos – têm que ser inteiramente diferentes. O pretor toma sua decisão com base na síntese mais refinada da experiência; o cádi, em contrapartida, consulta misteriosamente os textos que constituem para ele uma espécie de oráculo. Não importa o mínimo para o cádi o que uma passagem significou originalmente ou por que ela foi formulada. Ele consulta as palavras – *mesmo as letras* – e não o faz de maneira alguma em busca de seus significados corriqueiros, mas das relações *mágicas* nas quais elas devem estar com relação ao caso que tem diante de si. Sabemos dessa relação do "espírito" com a "letra" a partir da Gnose, da antiga literatura apocalíptica e mística cristã, judaica e persa, da filosofia neopitagórica e da Cabala; e não há a menor dúvida de que os códices latinos foram usados exatamente do mesmo modo nas práticas judiciais cotidianas do mundo aramaico. A convicção de que as letras contêm certos significados secretos, permeadas pelo Espírito de Deus, encontra expressão imaginativa no fato de que todas as religiões do mundo árabe criaram escritas próprias, nas quais os livros sagrados tinham que ser escritos e os quais se mantiveram com uma tenacidade surpreendente como distintivo das respectivas "Nações" mesmo após mudanças de idioma.[55]

Tanto Gibb quanto Spengler, bem como os demais que escreveram seriamente sobre o Islã, observam, outrossim, que o corpo da tradição *(sharī 'a*, a "via"), que foi forjado pela interação dos preceitos do Alcorão (*kitāb*, o "livro"), os ditos da tradição (*hadīth*) e as extensões por analogia (*qiyās*), supõe-se ser uma expressão exata da infalibilidade do grupo (*ijmā'*, "consenso") em todas as questões relativas à fé e costumes. O Prof. Gibb escreve a respeito:

> Um dos motivos de orgulho do Islã é que não permite a existência de um clérigo que possa reivindicar a mediação entre Deus e o homem. Por mais que isso seja verdadeiro, entretanto, o Islã, à medida que se organizou num sistema, criou de fato uma classe clerical que adquiriu exatamente o mesmo tipo de autoridade e prestígio social e religioso que o clérigo das comunidades cristãs. Era essa a classe dos ulemás, os "sábios" ou os "doutores", correspondentes aos "escribas" do judaísmo. Devido à santidade do Alcorão e da Tradição e à necessidade de uma classe de pessoas ocupadas profissionalmente com a sua interpretação, o surgimento dos ulemás foi um desenvolvimento natural e inevitável, embora a influência das antigas comunidades religiosas pudesse ter auxiliado no estabelecimento de sua autoridade social e religiosa.
>
> À medida que sua autoridade se firmou e se tornou amplamente aceita pela opinião pública da comunidade, a classe dos ulemás reivindicou (e, em geral, foi reconhecida) a representação da comunidade em todas as questões relativas à fé e à lei, em especial contra a autoridade do Estado. Logo mais – provavelmente em alguma data no século II (do Islã) – foi assegurado que o "consenso da comunidade" (que na prática significava o dos ulemás) tinha força de coerção. O *ijmā'* passou dessa maneira para o arsenal dos teólogos e juristas para preencher todas as lacunas restantes em seu sistema. Como a Tradição era a complementação do Alcorão, também o consenso dos eruditos tornou-se a complementação da Tradição.
>
> De fato, numa análise estritamente lógica, é óbvio que o *ijmā'* subjaz a toda essa estrutura grandiosa e somente ele dá a ela a sua validade última. Pois é em primeiro lugar o *ijmā'* que garante a autenticidade do texto do Alcorão e das Tradições. É o *ijmā'* que determina como as palavras de seus textos devem ser pronunciadas, o que elas significam e em que sentido devem ser aplicadas. Mas o *ijmā'* vai muito além: é elevado a uma teoria de infalibilidade, um terceiro canal de revelação. As prerrogativas espirituais do Profeta – os escritores muçulmanos referem-se a elas como a "luz da Profecia" – foram herdadas não por seus sucessores no governo temporal da comunidade, os califas, mas pela comunidade inteira. [...]
>
> Quando, por isso, um consenso de opiniões era alcançado pelos sábios dos séculos II e III em qualquer questão dada, a promulgação de novas ideias sobre a

interpretação dos textos relevantes do Alcorão e do *Hadith* era praticamente proibida. Suas decisões eram irrevogáveis. O direito à interpretação individual (*ijtihād*) foi teoricamente (e também em grande parte na prática) restringido aos pontos sobre os quais não se tinha ainda alcançado um acordo geral. Como eles foram diminuindo de geração em geração, os eruditos dos séculos posteriores ficaram limitados a comentar e explicar os tratados nos quais estavam registradas aquelas decisões. A grande maioria dos doutores muçulmanos sustentava que o "portal do *ijtihād*" estava fechado para todos e que nenhum sábio, por mais eminente que fosse, dali em diante podia qualificar-se como *mujtahid*, um intérprete autorizado da lei; embora alguns poucos teólogos posteriores tenham de tempos em tempos reivindicado o direito de *ijtihād*.[56]

O Prof. Gibb observa que há uma certa analogia entre essa forma de fixar a doutrina por "consenso" no Islã e os concílios da Igreja cristã, apesar das diferenças externas e que, em certos aspectos, os resultados também foram similares. "Por exemplo", conforme ele declara, "apenas após o reconhecimento geral do *ijmā'* na condição de fonte da lei e da doutrina, foi possível estabelecer e aplicar uma norma de julgamento legal para a 'heresia'".[57] Spengler também observa essas analogias e, de acordo com sua visão da forma histórica da comunidade espiritual mago-levantina, as interpreta em contraste geral com o sentido propriamente europeu do valor do indivíduo. A respeito disso ele afirma:

> Nós procuramos encontrar a verdade cada um por si mesmo, pela reflexão pessoal; mas o erudito árabe busca e averigua a convicção geral de seus companheiros, que não podem estar errados, porque a mente de Deus e a mente da comunidade são uma única. Se o consenso é alcançado, a verdade é estabelecida. *Ijmā'* é a chave de todos os primeiros concílios cristãos, judaicos e persas, mas também é a chave da famosa Lei de Citações de Valentiniano III (426 d.C.), que [...] limita a cinco o número de grandes juristas cujos textos permitia-se citar. Dessa maneira, estabeleceu-se um cânone no mesmo sentido que o Antigo e Novo Testamento – pois ambos eram resumos de textos que podiam ser citados como canônicos.[58]

De uma maneira muito interessante, isso nos faz lembrar das assembleias, expurgos, manifestos e pretensões dos assim chamados governos populares da província cultural da Cortina de Ferro, onde os preceitos do Profeta Marx, reinterpretados por uma elite de ulemás, são apresentados como o *ijmā'* de uma entidade puramente mítica, o Povo. Notável também é o poder dos símbolos, inclusive o da paródia da Cidade de Deus, para atuar sobre os nervos dos indivíduos livres fora do controle geográfico daquele consenso, mas nos quais o sistema mago de valores ainda vive. Como a virtude dos Sacramentos da Igreja Católica Romana – que não são afetados pelas realidades do mundo, a queda dos impérios cristãos, a vida pessoal dos clérigos ou a total refutação pela ciência da mitologia na qual eles se fundamentam –, o mesmo ocorre com a máscara do Islã – e agora igualmente a do Povo –, que é de uma ordem transcendental intocada pelas realidades temporais, ou pelos pecados daqueles em cujos ombros ela pesa. Conforme nos adverte a recente profecia de um poeta e filósofo muçulmano indiano formado em Londres, Sir Mohammed Iqbal (morreu em 1938), citado na obra de Adda Bozeman:

> Acreditem-me, a Europa de hoje é o principal obstáculo no caminho da realização ética do homem. O muçulmano, por outro lado, está de posse das ideias supremas com base em uma revelação, a qual, falando das profundezas íntimas da vida, internaliza sua própria exterioridade aparente. Para ele a base espiritual da vida é uma questão de convicção, pela qual mesmo o homem menos iluminado dentre nós pode facilmente sacrificar sua vida; e em vista da ideia básica do Islã de que não pode haver outras revelações que cinjam o homem, deveríamos ser espiritualmente um dos povos mais emancipados da Terra. [...] Possa o muçulmano hoje apreciar sua situação, reconstruir sua vida social à luz dos princípios supremos e evoluir, além dos até agora parcialmente revelados propósitos do Islã, à democracia espiritual que é o objetivo social do islamismo.[59]

Mais uma observação relativa ao contraste entre as concepções judaica, bizantina, muçulmana e comunista do indiscutível consenso: as três primeiras dessas quatro igrejas magas distinguem-se obviamente da última porquanto seu apelo supremo é para Deus, ao passo que a última orgulha-se particularmente de seu ateísmo obstinado *a la* Robert Ingersoll, do século XIX, para quem o objeto sagrado, o Trabalhador, é um ser mítico que se supõe encarnado em cada fábrica do mundo. Mas essa transferência da autoridade mística do céu para uma suposta entidade social na terra, simplesmente adapta ao modo de simbolização moderna e secular o conceito comum de uma lei autorizada, conhecida apenas por aqueles entre os fiéis nos quais reside o conhecimento ortodoxo, mas que deve manifestar-se totalmente quando chegar o dia da vitória final. Enquanto isso, as chamadas leis das nações não passam de ilusões, afligindo a todos em cujos corações a luz ainda não surgiu. Porque, conforme lemos no Alcorão:

> O que os faz rejeitar a advertência? Como se fossem asnos assustados, fugindo de um leão. [...] Para os descrentes, preparamos correntes, jugos e um fogo ardente. Os justos [...] descansarão em tronos elevados, ao abrigo do sol e do frio. Haverá sombra para eles, e cachos de frutas estarão a seu alcance. E entre eles serão passadas bandejas de prata, taças de cristal e cristais prateados. Na medida que quiserem.[60]

O contraste entre o ideal judaico da Lei e os outros três ideais é aquele que existe entre uma lei derivada – pelo menos em alguma medida – organicamente da vida, das experiências reais de uma comunidade real, e as leis derivadas de um texto instituído, para serem inculcadas em uma comunidade ideal futura, ou apresentadas por meio dela. O judaísmo é um produto orgânico e flexível; os outros, ao contrário, são construtos mentais, relativamente frágeis e – para aqueles que estão fora do sistema – de uma artificialidade pouco convincente, ou mesmo absurda, incrível; cujas pretensões de aplicação universal dão uma guinada ameaçadora que supera de longe a ameaça puramente fictícia do Dia do Juízo Final apocalíptico-judaico.

V. O MANTO DA VIA MÍSTICA

Deus não está sujeito à Lei, mas acima dela, não pode ser conhecido ou julgado nos termos dela. Consequentemente, para aqueles em que arde o desejo de conhecer, bem como de servir a Deus, deve haver um caminho além da Lei, já que o próprio Deus está além dela e já que o Profeta, Muhammad, viu além dela.

O termo suna (*sunna*) denota o corpo geral, ortodoxo e conservador do Islã, para o qual o Manto da Lei – conforme anunciado e administrado pela e para a comunidade –, o consenso (*ijmā'*), basta. Entretanto, dois outros movimentos poderosos desafiaram a autoridade absoluta dessa suna conservadora. São eles, primeiramente, os *shi'a*, também chamados xiitas (do árabe *shi'ī*, "partidário" de Ali), cujo esoterismo formulado politicamente tem uma marca anarquista agressiva. E em segundo lugar, os sufis (do árabe *sūfi*, "homem de lã", isto é, trajando roupas de lã, um asceta), em cujos arrebatamentos foram parar no Islã, ironicamente, todos os temas e experiências frequentes do misticismo tanto ascético quanto antinomiano. Todos nós lemos Omar Khayyam (morto provavelmente em 1123 de nossa era):

No Paraíso, nos contam, vivem as huris,
E jorram fontes de vinho e oximel:
    Se estes prazeres serão lícitos no mundo por vir,
    Certamente é legítimo amá-los também aqui...

Não dês atenção à suna, nem à lei divina:
Se aos pobres sua parte concedes
    E jamais injurias alguém, nem o prejudicas,
    Eu te asseguro o céu e, agora, um pouco de vinho!...

Nas tavernas, comungo melhor Contigo,
Do que orando nas mesquitas sem conseguir ver Tua face![61]

Um ataque muito mais severo e ameaçador foi lançado por Jalalu'ddin Rumi (1207-1273), o fundador da ordem mística dos dervixes rodopiantes:

Muitos são os que praticam obras de devoção e esperam ser aprovados e recompensados por elas. Mas na verdade isso é um pecado oculto: o que o beato acha puro é, na realidade, falso. Como no caso do homem surdo que pensou que tinha praticado um bem, mas que, entretanto, tivera um efeito contrário.

O homem surdo sentou-se satisfeito, dizendo: "Eu apresentei meus respeitos a meu amigo doente, fiz o que devia ao meu próximo". Mas ele tinha apenas acendido uma fogueira de ressentimento contra si mesmo no coração do inválido e se queimado. Cuidado, então, com a fogueira que acendeu: na verdade, você progrediu no pecado...

Porque o surdo tinha dito para si mesmo: "Tendo dificuldade para ouvir, como vou entender as palavras do vizinho doente que estou indo visitar? – Bem, quando vir seus lábios movendo-se, tirarei, por analogia comigo mesmo, uma conclusão sobre o seu significado. Quando perguntar, "como vai, meu amigo sofredor?", ele certamente responderá, "estou bem", e eu, "bastante bem". Então direi: "Graças a Deus! O que você bebeu?" Ele responderá, "suco de frutas", eu, "uma decocção de feijão-roxo". Então eu lhe direi: "Desejo suas melhoras! Quem é o médico que está tratando de você?" Ele responderá: "Fulano ou Beltrano". E eu observarei: "Ele é o que traz boa sorte; já que ele veio, tudo irá bem consigo. Eu próprio já tive o benefício de seu tratamento: onde quer que ele vá, o resultado desejado é alcançado".

O surdo, depois de ter preparado essas respostas, foi visitar o amigo doente. "Como vai?" ele perguntou. "Estou às portas da morte", o outro respondeu. "Graças a Deus!", disse o surdo. O paciente ficou ressentido e indignado, murmurando para si mesmo, "mas que motivo de agradecimento é esse? Ele é meu inimigo". O surdo tinha feito uma conjetura racional, mas, como agora parece, provou-se falsa. A seguir, ele perguntou o que seu amigo tinha bebido. "Veneno", respondeu ele. "Que lhe faça bem e lhe traga saúde", disse o visitante; e a ira do inválido aumentou. Então ele perguntou: "Que médico está lhe tratando?" Ele respondeu: "O Anjo da Morte! Vá embora!" Disse o surdo: "A vinda dele é uma bênção. Alegre-se!"

Por conseguinte, uma amizade de dez anos foi destruída pelo raciocínio analógico. E assim, igualmente, ó Mestre, você tem particularmente que evitar conclusões por analogia, tiradas pelos sentidos inferiores, com respeito à Revelação – que é infinita. Saiba que se seu sentido auditivo está afinado para a compreensão da letra da Revelação, o ouvido que recebe o significado oculto está surdo.[62]

A seita xiita remonta, em sua origem, ao período imediatamente posterior à morte do Profeta, quando a questão de sucessão na liderança do Islã foi resolvida por uma série de assassinatos.

Porque o primeiro companheiro a ser aclamado califa – em grande parte pela influência de Omar – foi o grande e velho Abu Bakr, que morreu, entretanto, dois anos mais tarde (634 d.C.), depois de nomear Omar como seu sucessor. Essa substituição teve grande objeção por parte dos partidários (*shi'ī*) do primo de Muhammad, Ali, que desposou a filha do Profeta, Fátima, e foi pai dos dois queridos netos de Muhammad – Hasan e Husain.

Tudo naquela época, entretanto, estava indo extremamente bem para Omar e a causa. Uma efervescência ameaçadora entre as tribos árabes da península havia sido aplacada por generais islâmicos em uma gloriosa série de batalhas. Depois, marchas audaciosas tanto contra a Pérsia quanto contra a Segunda Roma colocaram a Síria, a Palestina, o Iraque e, em breve, todo o Irã sob o domínio muçulmano. O exército bizantino de Heráclio* foi derrotado no vale do Yarmuk em 636 d.C. Damasco, Baalbek, Emesa, Aleppo e Antióquia foram então facilmente cercadas; e embora as cidades mais intensamente helenizadas de Jerusalém e Cesareia tenham resistido por mais tempo, elas também caíram, respectivamente em 638 e 640. Em 637 um exército persa dirigiu-se ao Eufrates e em 641 Mossul caiu. O Egito bizantino sucumbiu em 643. E, no apogeu de sua glória, o califa Omar foi assassinado em 644 por um escravo persa.

Isso coloca todo o problema do califado em plena ação. Pois, em vez de designar um sucessor, Omar tinha designado um comitê para eleger um, composto por Ali, Uthman e quatro outros. Uthman foi escolhido. Mas ele sobreviveu por pouco mais de uma década, para ser assassinado enquanto orava, a 17 de junho de 655, em circunstâncias que levaram muitos a supor conivência dos partidários de Ali.

Uthman fora membro do poderoso clã omíada, uma antiga família de Meca que por anos se opusera ao Profeta, mas após sua vitória tinha passado para o seu lado e migrado para Medina. Um de seus membros eminentes, Muʻawiya ibn Abu Sufyan, que fora designado por Omar como governador da Síria, envolveu-se numa complicada batalha militar e diplomática (de fato, uma *vendetta* familiar) pelo califado, contra Ali e seus filhos. Ali reivindicava o cargo de califa a partir de sua capital, Kufa, no Iraque. Entretanto, o omíada o superou em manobras tanto na guerra quanto em ardis, e em julho de 660 proclamou-se califa em Jerusalém.

Ali morreu apunhalado em 24 de janeiro de 661, depois do que seu filho mais velho, Hasan, reconheceu a vitória do oponente em troca de uma compensação monetária. Hasan morreu em 669 (declarado, talvez falsamente, envenenado) e Husain, seu irmão, caiu em combate, a 10 de outubro de 680, quando tentava destronar o segundo califa omíada, Yazid. Essa data tornou-se então a Sexta-Feira Santa, por assim dizer, dos xiitas. "Vingança para Husain" é a palavra de ordem, cujo grito ainda pode ser ouvido, em alto e bom som, entre os rumores dos cânticos e lamentos ritualísticos, em todas as províncias do Islã onde os xiitas lamentam o seu martírio até hoje. O jovem é respeitado quase à altura do próprio Profeta e seu túmulo, Mashhad Husayn, em Karbala no Iraque, onde ele morreu, é para os xiitas o lugar mais sagrado da terra.

---

* *Supra*, pág. 339.

Em resumo, a posição xiita é que os califas reinantes – tanto da dinastia omíada quanto da subsequente dinastia abássida – eram usurpadores e que, consequentemente, o islamismo histórico é uma falsificação: o califa é um simulador, a suna enganosa e o *ijmā'* uma guia falsa. O Islã no sentido próprio do Alcorão reside no conhecimento, perdido para a comunidade popular, que passou do Profeta para Ali e chegou até nós apenas mediante a linhagem dos verdadeiros imãs.

A palavra *imam* [imã, em português] significa líder espiritual e aplica-se em geral aos que dirigem os ofícios da mesquita e, mais especificamente, segundo a linguagem da suna, aos fundadores das quatro escolas teológicas ortodoxas. Mas para os xiitas, ela é aplicada apenas aos verdadeiros líderes deserdados da linhagem de Ali e do Profeta. O número que conhecem não passa de doze; pois em alguma data entre os anos de 873 e 880 d.C., o imã então vivo, Mohammed al-Mahdi, desapareceu. Ele é conhecido como o Imã Oculto, continua neste mundo, e sua segunda vinda, como "O Guiado" (*mahdī*), para restaurar o Islã, é aguardada pelos fiéis. Uma variante da visão é que o sétimo imã foi quem desapareceu; outra ainda menciona o quinto. Numerosos pretendentes à personalidade surgiram aqui e ali, em várias épocas, para precipitar sublevações políticas: "o Mulá Louco da Somália", por exemplo, e "o Mahdi do Sudão", sublevações essas dominadas por tropas britânicas.

Existem muitas seitas xiitas, combinando de maneira explosiva* em todas elas o esoterismo e a política – tendo como seu dogma principal que tanto a autoridade espiritual quanto o poder temporal residem não no consenso (*ijmā'*) da suna, mas na pessoa do Imã Oculto; para quem se demanda submissão absoluta, e apenas nele Deus dá-se a conhecer. De fato, na mais extremista dessas seitas, Ali e seus descendentes imãs são considerados como encarnações. Consequentemente não tinham pecado e eram infalíveis. Desse modo, acumulou-se em torno deles uma mitologia esotérica, mesclada com ideias cristãs, gnósticas, maniqueístas e neoplatônicas, que está muito bem ilustrada num mito da Criação do Mundo descrito pelo eminente estudioso dessa tradição, Prof. Louis Massignon, extraído de uma obra escrita por um dos primeiros líderes xiitas de Kufa, chamado Moghira (morreu em 736 d.C.).

O Prof. Massignon afirma na sua análise desse texto:

> Com uma roupagem mitológica, que só é ingênua na aparência, Moghira apresenta uma doutrina gnóstica que já se encontra num estágio altamente desenvolvido. Deus

---

* Podemos mencionar os zaiditas, que seguem Zaid, o neto de Husain, como seu imã; os ismaelitas, que levam ao extremo sua atitude de renúncia, sigilo e serviço ao imã; os carmanos, uma variante ativa violenta dos ismaelitas; os fatímidas, outra semelhante, que fundou uma dinastia egípcia que reinou de 909 a 1171; os assassinos, outra variante terrorista dos ismaelitas, cujo Grande Mestre, conhecido como o Xeique das Montanhas, aterrorizou metade do Oriente Próximo até ser derrotado pelos tártaros sob o comando de Hulagu no ano de 1256. O Aga Khan é o descendente mais recente do Mestre. E no movimento muçulmano negro que agitou os Estados Unidos, pode-se reconhecer inspiração xiita.

tem a forma da luz e a aparência de homem, cujos membros são formados pelas letras do alfabeto; e esse Homem-Luz tem um coração que é a Fonte da Verdade. Quando ele desejou criar, pronunciou seu próprio nome supremo, que saiu voando e pousou em sua cabeça como uma coroa. Então escreveu nas palmas de suas mãos os feitos dos homens e indignou-se com os pecados que cometeriam. Sua indignação irrompeu em forma de suor e formou dois oceanos, um de água salgada e outro de água doce; um escuro e o outro claro. Ele contemplou sua própria sombra neles e arrancou os olhos da sombra, com os quais fez o sol e a lua – o que quer dizer, Muhammad e Ali. Em seguida, destruiu o que restava de sua sombra e criou todos os demais a partir dos dois oceanos: os crentes do claro e os não crentes do escuro. Esses ele criou como sombras; porque tudo isso ocorreu antes da criação do mundo físico. Deus propôs aos homens que reconhecessem Ali como seu líder; mas houve dois que se recusaram. Esses foram os primeiros Antagonistas: Abu Bakr e Omar – sombras irreais de seus dois olhos no mar escuro.[63]

Em geral, no Islã o caráter espiritual das mulheres tem muito pouco valor. De acordo com pelo menos um texto xiita, elas foram criadas a partir do sedimento dos pecados dos demônios, para servir como tentações aos pecadores. Elas não são admitidas à iniciação. E têm valor apenas como veículos para a entrada no mundo dos espíritos condenados temporariamente a encarnar como castigo por seus pecados; elas próprias são destituídas de espírito.[64] Entretanto, na mitologia dessas seitas, a pessoa de Fátima, esposa de Ali, filha de Muhammad e mãe de Hasan e Husain foi transformada num ser – um ser divino – anterior inclusive à existência de seu próprio pai. Em um texto xiita persa de afinidades gnósticas recentemente descoberto e chamado Omm-al-Kitab, encontramos a surpreendente narrativa visionária que transcrevemos a seguir:

> Quando Deus concluiu um pacto com os homens por ocasião da criação do mundo material, suplicaram a ele para que lhes mostrasse o Paraíso. Ele mostrou-lhes, então, um ser ornamentado com um milhão de luzes multicoloridas tremeluzentes, que estava sentado num trono, com a cabeça coroada, brincos nas orelhas e uma espada desembainhada no cinto. Os raios cintilantes iluminavam todo o jardim. E quando os homens perguntaram quem era, foram informados que era a forma de Fátima, tal como aparece no Paraíso: a coroa era Muhammad; os brincos, Hasan e Husain; a espada era Ali; e seu trono – a Sede da Soberania – era o lugar de repouso de Deus, o Supremo.[65]

Fátima é reverenciada em todo o mundo islâmico porque foi a única filha do Profeta que teve filhos para continuar a sua descendência. Era a sua preferida e morreu uns poucos meses depois dele. Mas em certas seitas xiitas, sua veneração é tamanha que chega a ser chamada "Mãe de seu Pai", "Fonte de Sol" e dão-lhe um nome masculino, Fātir, que significa "Criador"; e o valor numérico de suas letras – 290 – é o mesmo que o de Maryam, Maria, a mãe de Jesus. Porque como filha, esposa e mãe, ela personifica o centro do mistério genealógico. E pelo menos um poeta xiita a comparou com a Sarça Ardente de Moisés; com a Mesquita Aqsa em Jerusalém, onde se supõe que o Profeta experimentou sua Jornada Celeste; e com a Noite do Poder,[66] quando o Anjo do Destino, Gabriel, descendo à terra, trouxe o perdão para a humanidade.[67]

Outrossim, os xiitas são dualistas e em sua abjuração do mundo eles se aproximam do ponto de vista gnóstico-docético.* Perseguidos terrivelmente pelos vários governos do Islã, confrontaram-se cedo na história com o enigma de um mundo perverso, no qual todo amante leal de Deus é cruelmente aniquilado. Desse mistério profundo, conforme observa o Prof. Massignon, surgiram duas questões:

1. O martírio do amor envolve algum sofrimento físico real, ou o sofrimento é só aparente? 2. O que acontece, após a morte, com a vítima voluntária que permite, por amor, ser condenada em nome de Deus?

O Alcorão diz, a respeito da crucificação de Jesus, que outro, não ele, foi pregado na cruz. "Não o mataram nem o crucificaram, imaginaram ter feito isso."[68] Os cristãos gnósticos tinham mais ou menos a mesma visão, como já vimos.** Também de acordo com os xiitas, os mártires pela causa de Ali sofrem apenas aparentemente. Seus verdadeiros corpos são levados ao céu, enquanto nas mãos dos carrascos permanecem meros substitutos. A encenação popular da Paixão de Husain, rememorando sua traição e morte na batalha de Karbala no ano de 680, apresenta-se todos os anos no décimo dia do mês de Moharrem. Essa manhã, o muezim grita do topo do minarete: "Ó xiita, este dia é um dia de dor: o corpo de Husain jaz no deserto, nu". Mas os de convicção gnóstica extrema comemoram o dia com júbilo, já que o martirizado não sofreu, mas retornou ao céu naquele dia, em seu verdadeiro corpo, enquanto um desconhecido morreu em seu lugar no combate.[69]

Entre os sufis místicos, por outro lado, o sofrimento é considerado como uma realidade, uma realidade bem-aventurada: o próprio meio de salvação. Conforme as palavras do mais importante mártir e mestre sufi, al-Hallaj (858-922 d.C.):

> A mariposa dança em volta da lâmpada até o amanhecer, e então retorna para junto de suas companheiras a fim de lhes contar com as palavras mais doces o que aconteceu. Depois, ela voa novamente para brincar em torno da chama na qual confia, com o desejo de alcançar o êxtase completo. [...] Mas nem a luz nem o calor lhe bastam. Ela precipita-se inteira contra a luz. E suas companheiras, enquanto isso, aguardam a sua volta, para que lhes revele sua experiência.
>
> Ela não acreditou nos meros relatos das outras e agora queima, sobe em forma de fumaça, permanece na chama sem corpo, sem nome, sem um distintivo.

---

* *Supra*, págs. 297, 298.
** *Supra*, págs. 304-306.

E assim, para que retornaria às suas companheiras, visto que se encontra agora em plena possessão?

Pois como ela própria é agora Aquele Que Viu e Sabe, ela deixou de escutar os meros relatos. Ela é agora uma com o que ela viu: para que ela ainda veria?

Oh, não se mantenha mais separado de mim! Se você realmente crê, então é capaz de dizer: "Isso sou eu!"[70]

As bases do movimento sufi não se encontram no Alcorão, onde Muhammad coloca-se claramente contra o modo de vida monástico, mas nas comunidades monofisistas cristãs e dos monges nestorianos do deserto; e além dessas, nos exemplos budistas, hindus e jainistas, muito mais a leste. Porque o islamismo, como o judaísmo, está orientado principalmente para o fomento de um consenso secular santificado, no qual o casamento e a procriação, por meio de um órgão circuncidado – isto é, ritualmente devotado – é o primeiro dever comunitário. "Casem-se!", é dito no Alcorão, "os que entre vocês são solteiros!"[71] Entretanto, no segundo século do islamismo, ascetas explicitamente "imitando Jesus" já usavam roupas de lã *(sūf)* não tingida como símbolo de penitência pessoal*. Naquela época surgiram também os primeiros sinais tanto de eremitérios quanto de encontros para a recitação extática do Alcorão, com repetição *(dhikr)* constante do nome de Deus e com cânticos espirituais *(samā)*, que levavam ao êxtase.

A primeira fase desse movimento, segundo o Prof. Gibb, foi inspirada não pelo amor, mas pelo temor a Deus. Especificamente, pela sua Ira Vindoura, "o mesmo temor que havia inspirado Muhammad".[72] Mas no século VIII d.C., uma célebre santa, Rabi'a al-Adawiya (morreu em 801), apresentou a ideia do amor divino como o motivo e a finalidade da via mística. Em seu fervor religioso, todos os outros interesses ("deuses") extinguiram-se. Ela declarou não conhecer nem o temor do inferno nem o desejo pelo paraíso, mas apenas um amor tão absorvente por Deus que em seu coração não havia mais lugar nem para amar nem para odiar qualquer outro ser – nem mesmo o próprio Profeta.[73] Como Epicteto, diz-se que ela foi uma escrava. Sua origem é desconhecida. Mas em sua poesia faz-se ouvir novamente o eterno cântico dos místicos de todos os tempos, sejam eles da Índia, da Espanha, do Japão ou da Pérsia:

De duas maneiras eu amo a Ti: egoisticamente,
E a seguir, como digna de Ti.

Este amor egoísta, que é não fazer nada
A não ser ter pensamentos apenas para Ti.

---

* Gibb, em seu livro *Mohammedanism,* pág. 132, cita o protesto de Ibn Sirin (morreu em 729), que declarou: "Prefiro seguir o exemplo do Profeta, que usava roupas de algodão".

Este amor puro, quando Tu ergues
O véu para o meu olhar de adoração.

Não é minha a exaltação, nem por um nem por outro;
Tua é a exaltação em ambos, eu creio.[74]

É uma lei da nossa ciência, provada repetidamente ao longo do tempo, que onde as ortodoxias do mundo se separam, a via mística une. As ortodoxias ocupam-se primeiramente da manutenção de uma certa ordem social, dentro de cujo âmbito o indivíduo deve atuar, e em cujo interesse um certo "sistema de valores" tem que ser incutido em cada membro; em defesa dos quais todos os desviantes devem ser, de uma maneira ou de outra, reformados, deformados ou liquidados. A via mística, por outro lado, penetra até os centros nervosos que existem igualmente em todos os membros da raça humana e são simultaneamente as fontes e receptáculos últimos da vida e de todas as experiências da vida.

Abordei essa questão no volume *Mitologia Primitiva* e não é necessário repeti-la aqui.[75] O que é de interesse especial, no atual contexto, é o fato de que mesmo em uma camisa de força tal como o Manto da Lei do islamismo, homens e mulheres podem despertar para uma experiência *humana* válida para todos – se eles guardarem suas opiniões prudentemente para si mesmos. Há algumas palavras de Emerson, citadas na página introdutória da última obra publicada de E. E. Cummings*, que merecem ser lembradas aqui. "Em todas as partes a sociedade conspira contra a maturidade de cada um de seus membros. [...] A doutrina desprezível da maioria das vozes usurpa o lugar da doutrina do espírito".[76]

No Islã em particular, mas também em todo o mundo levantino do consenso, a força dessa terrível dicotomia é grande. Na Índia e no Extremo Oriente, à via mística é concedido um lugar reconhecido e mesmo respeitado, com relação à ordem social comum. Mas no Levante ortodoxo, onde prevalece a ideia de que a Via de Deus é exclusivamente a dos estatutos legais locais santificados – sejam eles étnicos, como no judaísmo, ou desenvolvidos algebricamente a partir de um conjunto de axiomas, como no mundo muçulmano –, o indivíduo é reduzido a tão próximo do zero que um estrangeiro consegue apenas perguntar-se se as teorias de um Sigmund Freud não teriam sido necessárias em toda a província há séculos.

A mística Rabi'a al-Adawiya, de Basra, parece ter sido a primeira a usar em seus escritos a metáfora do vinho como "amor divino", e a taça na condição de "espírito ou coração repleto", que se tornou posteriormente um tropo típico dos místicos do Islã. O persa Abu Yazid (Bayazid), de Bistan (morreu em 874 d.C.), levou a imagem a uma conclusão absolutamente indiana, quando cantou: "Sou o que bebe o vinho, sou o vinho e sou o copeiro!" "Deus fala com minha língua e eu desapareci." "Eu

---

* O autor assinava suas obras com letras minúsculas: e.e. cummings.

deixei Bayazid, como a cobra deixa sua pele. Então eu olhei e vi que o amante, o amado e o amor são o mesmo, porque no mundo da unidade tudo torna-se um."
"Glória a mim!"

Vejamos o Aṣṭāvakra Saṁhitā indiano, aproximadamente da mesma época: "Maravilhoso sou eu! Adoração a mim mesmo! [...] Eu sou aquele Si-próprio Imaculado no qual, através da ignorância, o conhecimento, o conhecedor e o conhecível aparecem!"[77]

Tal exaltação era admissível e mesmo normal na Índia. No Islã, entretanto, era arriscada. E o que aconteceu, quando o grande místico seguinte dessa linhagem, al-Hallaj, pronunciou o que em qualquer outro lugar seria reconhecido como um truísmo místico – "Eu sou Deus [...] Eu sou o Real" –, é que ele foi crucificado. O exemplo da via mística para al-Hallaj era Jesus, não Muhammad. E seu conceito da via (como vimos em sua fábula da mariposa) era a da renúncia mediante o sofrimento. Quando viu a cruz e os pregos preparados para ele – exatamente como o modelo de sua *Imitatio Jesu* –, ele se voltou para os presentes e orou, concluindo com as seguintes palavras:

> E estes Teus servos que estão reunidos para me matar, em ardor por Tua religião e com desejo de conquistar Teu favor, perdoa-os, ó Senhor, e tem misericórdia deles. Porque em verdade, se Tu tivesses revelado a eles o que Tu me revelaste, eles não teriam feito o que fizeram. E se Tu tivesses ocultado de mim o que Tu ocultaste deles, eu não sofreria esta tribulação. Glória a Ti no que quer que faças e glória a Ti qualquer que seja a Tua vontade![78]

O problema social crítico do místico, em todas as partes, é morar em Deus, seja como manifestação de Deus ou como devoto de Deus, e ao mesmo tempo permanecer na concretude, como um fenômeno material, social. Para o dualista isso resulta difícil: Deus e Mundo, para ele, estão separados. Para o não dualista, entretanto, a dificuldade existe apenas numa fase preliminar da via mística, anterior à realização, já que para ele tudo é Deus – como nas palavras do Evangelho gnóstico de Tomás, previamente citado, atribuídas a Jesus: "Sou o Tudo. O Tudo emanou de Mim e o Tudo chegou a Mim. Corte um pedaço de madeira, eu estou ali, levante a pedra e ali me encontrará".*

Nos escritos de Bayazid distinguem-se dois estágios da via mística: primeiro, a "morte do eu" (*fanā*); e segundo, a "vida unitiva em Deus" (*baqā*).[79] O primeiro sugere um verso do Alcorão: "Tudo o que está nela [na terra] perecerá"; e o segundo, o próximo verso da mesma surata: "Permanecerá apenas a Face do teu Senhor, pleno de Majestade e Generosidade".[80]

Entre os sufis, estão representados todos os matizes da atitude e experiência místicas e, como na Índia, dá-se ênfase principalmente às disciplinas de *fanā*,

---

* *Supra*, pág. 299.

êxtase. O candidato ao êxtase submete-se à total entrega a um mestre (em sânscrito, *guru*; em árabe, *shaikh*, em persa *pīr*) e passa por essa porta para um abandono maior e mais completo em Deus, ou mesmo para além, ao Vazio. Mas agora, por uma mudança na ênfase, a aspiração corânica ortodoxa, "não há deus senão Deus", pode ser interpretada esotericamente como: "Tudo é Deus. Cada pedaço de pau ou de pedra, pessoa ou poder, que foi reverenciado como um deus, é de fato Deus; porque Deus é tudo". E por tais interpretações hábeis, numerosas passagens do Alcorão receberam um sentido místico, não dual, por exemplo: "estamos mais próximos dele que sua veia jugular",[81] ou, "para onde quer que te voltes, encontrarás o Semblante de Deus. Em verdade, Deus é Abrangente e Onisciente".[82]

Depois da crucificação de al-Hallaj – à qual o místico entregou-se arrebatadoramente, como a mariposa para a chama (e podemos nos perguntar se na crucificação de Jesus não existiu um momento semelhante) –, o movimento sufi tornou-se mais cauteloso, patentizado na fórmula espiritual daquele que (como eles dizem) "faz da Lei seu manto externo e da via mística seu manto interno". Aqui, a observância da própria Lei é aceita como a crucificação por meio da qual *fanā*, "morte do eu", deve ser realizada. Nas obras do grande teólogo do islamismo, al-Ghazali (1058-1111) – que foi contemporâneo de Omar Khayyam –, o sufismo, por essa fórmula, tornou-se aceitável como ortodoxo e o período de apogeu dos primeiros santos do Islã chegou ao fim, dando lugar ao dos poetas místicos: Omar Khayyam, 1050?-1123?; Nizami, 1140-1203; Sadi, 1184-1291 (*sic*!); Rumi, 1207-1273; Hafiz, 1325-1389 e Jami, 1414-1492.

O sofrimento por amor é então para os sufis o momento redentor, ao contrário da visão xiita do sofrimento irreal do mártir. E propõe uma resposta igualmente característica para a segunda questão que propusemos antes, ou seja, o que acontece após a morte com a vítima voluntária que se permite, por amor, ser condenada em nome de Deus. Poderia ela, por exemplo, ser condenada à danação eterna por amor segundo a lei de Deus?

O caso de Satanás é examinado como um exemplo da possibilidade, cuja conclusão causará ao leitor, ouso dizer, certo espanto. Porque, como vimos no início do Alcorão, ele foi condenado por se recusar a se curvar com os outros diante de Adão – o que, obviamente, estava certo, já que ninguém, a não ser Deus, é para ser adorado. Satanás deve então ser considerado como um verdadeiro muçulmano. Amando e adorando apenas a Deus, ele não conseguiu curvar-se diante do homem, mesmo mandado, contraditoriamente, por seu Deus que, antes, tinha-o mandado adorar apenas a Deus. Deus – conforme consta no Livro de Jó – está acima da justiça, acima da coerência, acima da lei e da ordem, quaisquer que sejam. A lição do Livro de Jó, aplicada devidamente, da maneira que começou, teria acabado com essa ideia sufi do exílio de Satanás, o perfeito devoto, sofrendo eternamente no inferno. E como o grande al-Hallaj, em sua consideração desse tema complexo, propôs para aprofundamento do mistério: Satanás nas profundezas do inferno manteve intacto o seu amor; porque, na verdade, era precisamente esse amor que o retinha ali, afastado de seu objeto de amor – sendo a própria dor pela perda de Deus o maior tormento de todos. Se perguntarmos o que o sustenta ali, na dor da perda, por todo o tempo, é o êxtase de seu coração na lembrança do som da voz amada de Deus quando pronunciou sua condenação: "Parta!"

Mas Satanás (ou Jó, neste caso) não foi, afinal, condenado injustamente. Porque ele próprio já havia abandonado o seu amado pela ideia que formara de seu amado, e esta ideia era um ídolo no sentido mais elevado. O que quer dizer: o monoteísmo rígido de Satanás (de Jó, de Muhammad, de Abraão) era apenas uma outra forma de ateísmo, e a adoração de Adão pelos anjos era correta.[83] Já que mais uma vez, conforme lemos no Alcorão: "Deus levará os celerados ao erro".[84]

VI. A QUEBRA DO FEITIÇO

Quando os omíadas foram destronados em 750 d.C. pelos abássidas, a capital do então vasto império islâmico foi transferida para Bagdá, o domínio árabe da cultura cedeu lugar a uma influência persa crescente e o puritanismo do deserto rendeu-se às artes de uma esplêndida civilização levantina. Bagdá, a capital, era preeminentemente uma metrópole de prazeres, e sua extensão era enorme, bem como a riqueza do império no auge de sua expansão, no período de Harun al-Rashid (reinou de 786 a 809).

Na África: Egito, Trípoli, Tunísia, Argélia e Marrocos estavam seguros. Na Europa: Espanha havia sido conquistada, também quase a metade da França, juntamente com a Córsega, a Sardenha, a Sicília e Malta. Na Ásia, além da Arábia, a Palestina, Síria e partes da Anatólia, o império estendia-se através da Armênia e do Iraque, da Pérsia, Turquestão, Beluquistão, Afeganistão e Sind, até as fronteiras com o mundo budista florescente da Índia e do Extremo Oriente. Aquela era, além do mais, a idade de ouro da Ásia. As artes, literaturas, filosofias, santuários de peregrinação e palácios de reis que iluminaram as fantasias da humanidade pelos séculos anteriores eram então atualidades – onde hoje há desertos e ruínas.

Caravanas que atravessavam os desertos da Mongólia interligavam os impérios T'ang da China, Rashtrakuta da Índia e o califado. Mercadores atravessavam os mares em veleiros árabes, chineses e barcos do tipo *pallava* – hoje esquecidos –, aventurando-se corajosamente para ilhas desconhecidas que vivem nas fábulas como reinos bizarros do imaginário: as maravilhosas Sete Ilhas de Wac Wac, além do Reino do Jinn, onde há uma árvore que dá frutos iguais a cabeças humanas; estas, quando o sol se põe ou se levanta, gritam: "Wac! Wac! Glória ao Rei Criador!"[85]

Havia também os reinos descritos nos contos fantásticos do mercador náufrago Simbá: perto da Índia, por exemplo, onde as jovens éguas do rei eram amarradas na praia, para serem cobertas, a cada lua nova, por garanhões mágicos que surgiam do mar e cujos potros, quando vendidos, resultavam em tesouros de ouro. Ou ainda aquele reino onde o maravilhoso pássaro Roc alimentava os filhotes com elefantes, onde os vales eram cobertos de diamantes e das árvores jorrava cânfora líquida.

Nós próprios exploramos e mesmo mapeamos todos aqueles reinos distantes. Mas a sua mágica, de alguma maneira, desapareceu. Uma vez que o prodígio da idade de ouro asiática era que em todas as partes a realidade, por mais selvagem e difícil que fosse para todos – como demonstram os registros da história –, era traduzida não apenas em fábulas mas também em crenças e experiências, em prodígios que, obviamente, como constatam hoje nossos cientistas, são exatamente o que é a realidade. Portanto, podemos afirmar que a principal arte perdida da antiguidade foi a arte de viver na compreensão do puro milagre do mundo: passando sem dificuldade do plano da experiência de sua dura crosta para o da profundidade onipresente do prodígio interior inesgotável. Os poetas persas escreveram sobre esse mistério na metáfora da taça e do vinho, como em Omar Khayyam:

> O homem é uma taça, seu espírito o vinho dentro dela,
> A carne é uma flauta, o espírito sua voz;
>   Oh Khayyam, compreendeste o que é o homem?
> Uma lanterna mágica com uma luz no interior.[86]

"O mundo da humanidade maga está impregnado por uma atmosfera de contos de fada", observou Spengler muito apropriadamente. "Demônios e maus espíritos ameaçam o homem, anjos e fadas o protegem. Há amuletos e talismãs, reinos, cidades, edifícios e seres misteriosos, letras secretas, Selo de Salomão e Pedra Filosofal. E sobre tudo isso derrama a luz trêmula da caverna, sempre em perigo de ser engolida pela escuridão espectral."[87]

Na grande idade de ouro do Islã, da China T'ang e do esplendor da Índia, um florescimento infinitamente belo e promissor das artes – e, com as artes, da sensibilidade aristocrática e da civilização – lançou seu feitiço por todo o mundo, de Córdoba a Kyoto e além, como hoje parece, até mesmo Yucatán e o Peru. A concepção levantina do corpo mágico do consenso infalível encontrou-se e se fundiu harmoniosamente com o *Dharma* indiano e o *Tao* chinês; porque em todos eles prevaleceu a ideia de uma ordem sobreposta, diante da qual o indivíduo tinha simples e humildemente que se curvar, em submissão e, quando possível, em arrebatamento interior. Pois nem no Extremo Oriente nem na Índia havia qualquer ensinamento no qual a doutrina do livre-arbítrio exercesse um papel importante. Contudo, em todas as "igrejas" do Levante em que a doutrina do livre-arbítrio, de fato, exerceu um papel, sua única virtude estava na submissão ao consenso: o que quer dizer, à "Lei de Deus" (ou, como hoje dizemos, *costumes*) que constituía o "sistema de valores" local socialmente preservado. "Desobediência", o exercício da opinião individual e da liberdade de decisão, foi exatamente o crime de Satanás.

A maturidade moral e espiritual dos mestres clássicos gregos e romanos desapareceu da terra com a Queda de Roma. E a Europa, uma região marginal regredida, estava fora do vasto domínio da civilização desenvolvida, na condição do que hoje chamaríamos área "subdesenvolvida". Carlos Magno, contemporâneo de Harun al-Rashid, era uma espécie de chefe supremo congolês da grande floresta ao noroeste, a quem o grande califa enviou um elefante de presente, como hoje enviamos helicópteros e iates, e no século XIX se enviavam miçangas. Ninguém que visse a terra nos dias gloriosos das Grandes Crenças florescentes teria imaginado que as sementes do pensamento e do espírito do milênio seguinte não germinassem em Bagdá, nem em Ch'ang-an nem em Benares, mas na pequena escola palaciana de *Carles li reis, nostre emperere magnes* e sua basílica ainda não gótica em Aix-la-Chapelle.

Algo, de fato, ocorreu:

No ano de 1258 d.C., Bagdá foi passada a fio de espada pelo mongol Hulagu e sua horda dourada, cujos irmãos – Mangu e Kublai Khan – estavam simultaneamente fazendo o mesmo na China. A Índia já fora desintegrada pelo rolo compressor do Islã (iniciado por Mahmud al-Ghazni, em 1001 d.C.) e um século mais tarde seria invadida e novamente passada a fio de espada pelas hordas centro-asiáticas de Tamerlão (1398). O sonho luminoso da divindade na civilização dissolveu-se; e o vigoroso Oriente, dali em diante, de Pequim até Casablanca, tornou-se um domínio cultural antes de segunda do que de primeira grandeza.

CAPÍTULO 9

EUROPA RESSURGENTE

I. A ILHA DOS SANTOS

Quando a Irlanda ouviu pela primeira vez e vagamente o nome de Cristo, a disposição para a devoção cristã teve origem com Kieran; seus pais e todos os outros estavam maravilhados com a virtuosidade de todos os seus atos. Antes de conceber Kieran no útero, sua mãe teve um sonho: era como se uma estrela tivesse caído em sua boca. Ela contou o sonho aos magos e eruditos da época e eles lhe disseram: "Tu terás um filho cuja fama e cujas virtudes serão conhecidas até no último rincão do mundo". Depois, nasceu seu divino filho Kieran. Ele foi amamentado e criado na ilha que se chama Clare. Em verdade, Deus elegeu-o no útero de sua mãe. Era de natureza compassiva e suas palavras, cheias de doçura; suas qualidades eram acompanhadas pela prosperidade; seu conselho era instrução e tudo o mais que competia a um santo.

Um dia em Clare, sendo ele ainda criança pequena, deu início a seus milagres; pois no céu acima dele sobrevoava um gavião que, descendo de súbito à sua frente, apoderou-se de um passarinho que estava no ninho. Kieran foi tomado de compaixão pelo passarinho, e julgou ser uma desgraça vê-lo em tal situação. Em seguida, o gavião retornou e depositou o passarinho semimorto e ferido diante de Kieran. Este pediu que se levantasse incólume. O passarinho ergueu-se e, por graça de Deus, voltou ileso para o ninho.

Passaram-se trinta anos antes de ser batizado, durante os quais Kieran viveu na Irlanda em santidade e perfeição tanto de corpo quanto de espírito, sendo os irlandeses naquela época todos não cristãos. Mas tendo o Espírito Santo vindo habitar em Seu servo, em Kieran, ele na mesma época vivia em devoção e perfeição. Então ouviu a notícia de que a fé cristã encontrava-se em Roma. Ele deixou a

Irlanda e foi para lá, onde foi instruído na fé católica. Por vinte anos permaneceu em Roma: lendo a Sagrada Escritura, compilando seus livros e estudando as regras da Igreja. De maneira que, quando o povo romano percebeu a sabedoria e a habilidade de Kieran, sua devoção e sua fé, ele foi ordenado pela Igreja. Depois disso, voltou para a Irlanda. Entretanto, no caminho de volta da Itália, Patrício encontrou-se com ele e quando ambos (pessoas de Deus) se viram, rejubilaram-se e ficaram muito contentes.

Porém, naquela ocasião, Patrício ainda não era bispo, função que ele assumiu posteriormente. Foi o Papa Celestino (422-432)* quem fez dele um bispo e o enviou para pregar aos irlandeses. Pois embora antes de Patrício houvesse santos na Irlanda, mesmo assim Deus havia reservado para ele seu magistério e primazia; porque até sua chegada ninguém pudera converter seus reis e senhores.

Patrício disse a Kieran: "Vai para a Irlanda antes de mim. E no ponto de encontro entre o norte e o sul, no seu centro, tu encontrarás uma fonte. Junto dessa fonte (cujo nome é Uaran) constrói um mosteiro; ali residirá para sempre a tua honra e ali será a tua ressurreição".

Kieran respondeu dizendo: "Informe-me o lugar onde está a fonte".

E Patrício respondeu-lhe: "O Senhor estará contigo: vai imediatamente, mas antes pega este sininho, que permanecerá silencioso até chegares à fonte mencionada. Mas quando chegares lá, o sininho manifestar-se-á clara e melodicamente, de maneira que reconhecerás a fonte, e no final de vinte e nove anos eu te seguirei até aquele lugar".

Benzeram-se mutuamente e se beijaram, e Kieran seguiu seu caminho para a Irlanda, ao passo que Patrício permaneceu na Itália. O sininho de Kieran não se manifestou antes de chegar ao lugar da fonte que Patrício indicara: a saber, Uaran; pois quando Kieran chegou à Irlanda, Deus guiou-o até aquela fonte e, quando se aproximou dela, o sininho imediatamente expressou-se com uma voz clara e nítida: *barcán Ciaráin,* chama-se, e como um símbolo encontra-se agora na paróquia e diocese de Kieran. [...]

E chegando à fonte da qual falamos: o próprio lugar no qual ela se encontra, no meio das duas partes da Irlanda – sendo a parte sul Munster, e a norte Ulster. Seja como for, Munster é, na verdade, a região que chamam de Ely. Naquele lugar, Kieran passou a viver como eremita (pois naquela época tudo era circundado por vastos bosques) e, para começar, pôs-se a construir uma pequena cela de estrutura frágil (foi ali que mais tarde ele fundou um mosteiro e sede episcopal, que todos em geral agora chamam de Saighir Chiaráin).

Quando Kieran ali chegou pela primeira vez sentou-se à sombra de uma árvore. Porém do outro lado do tronco surgiu um javali furioso que, ao ver Kieran, fugiu e depois retornou como um criado domesticado, após ser abrandado por

---

* Ver *supra*, pág. 333.

Deus. Aquele javali foi o primeiro monge que Kieran teve ali. Ademais, ia ao bosque arrancar varas e palha com suas presas para ajudar na construção do eremitério (não havia então nenhum ser humano em companhia de Kieran, pois estava sozinho e longe de seus discípulos). E de todos os cantos da selva animais irracionais vinham até Kieran: uma raposa, um texugo, um lobo e uma corça, que se tornaram mansos na sua companhia e, como monges, submetiam-se à sua pregação e faziam tudo o que ele mandava.

Mas um dia a raposa (que era de instintos grosseiros, astuta e maliciosa) foi até os sapatos de Kieran e os roubou. Evitando o grupo, foi para a sua toca de antigamente e ali começou a devorar os sapatos. Kieran, ao saber disso, enviou outro monge dentre os monges de sua família (ou seja, o texugo) a fim de pegar a raposa e trazê-la para junto de todos. Conforme mandado, o texugo foi para a toca da raposa e a pegou em flagrante comendo os sapatos (tendo já devorado os cadarços e as linguetas). O texugo imediatamente agarrou-a para levá-la consigo ao eremitério; ao anoitecer chegaram de volta a Kieran, e os sapatos com eles. Kieran disse à raposa: "Irmã, por que cometeste esse furto, o que não era de se esperar de um monge? Não precisavas ter feito isso, pois temos em comum água que é isenta de qualquer mal, e também temos comida igual. Mas se tua natureza levou-te a julgar que para teu benefício tu deverias comer carne, da própria casca destas árvores à tua volta Deus a teria feito para ti". De Kieran então a raposa suplicou remissão de seus pecados e que lhe impusesse um castigo: assim foi feito, e a raposa não comeu mais carne até ter permissão de Kieran. E dali em diante ela se comportou bem, como todos os demais.*[1]

A chegada de Patrício à Irlanda é tradicionalmente fixada em 432 d.C., mas a data é suspeita. Especialmente quando multiplicada por 60 (o antigo *soss*, sistema aritmético sexagesimal da Suméria) resulta o número 25.920, que é precisamente o total de anos de um assim chamado "ano grande" ou "platônico"; isto é, o total de anos necessários para a precessão de equinócios que completa um ciclo do zodíaco. Discuti essa interessante cifra no volume *Mitologia Oriental*,[3] onde afigurava-se que no salão bélico da divindade germânica Odin havia 540 portas. Através de cada uma delas 800 guerreiros partiam para a "guerra com o Lobo", no término da era cósmica. 540 X 800 = 432.000, que é o total de anos atribuído, também na Índia, a uma era cósmica.

---

* Extraído de Egerton, MS 112 do Museu Britânico, escrito em 1780-1782 por Maurice O'Conor de Cork, provavelmente a partir de um manuscrito (hoje na Academia Real Irlandesa) feito por seu tutor, John Murphy, de Raheenagh, perto de Blarney. "O texto", declara Standish O'Grady, "é um exemplo do bom irlandês moderno [digamos, do século XVII], correto em termos de forma e vocabulário; está, entretanto, demasiado próximo de uma tradução do latim (*Codex Kilkenniensis*, impresso pelo padre franciscano irlandês John Colgan, em seu *Acta Sanctorum Hiberniae*: Louvain, 1645) para ser "irlandês puro" em estilo. A cronologia de Kieran é totalmente duvidosa[2].

A primeira aparição desse número em tal associação foi, entretanto, nos escritos do sacerdote babilônico Berossos, por volta de 280 a.C., quando foi declarado que, entre a data lendária da "descida da realeza" para as cidades da Suméria e a data do dilúvio mítico, reinaram dez reis por 432.000 anos. Observei que no Gênesis, entre a criação de Adão e a época do dilúvio de Noé, existiram dez Patriarcas e um período de 1656 anos. Mas em 1656 anos há 86.400 semanas de sete dias (isto é, heleno-hebraicas), enquanto que se os anos babilônicos são contados como dias, 432.000 dias constituem 86.400 semanas de cinco dias (isto é, sumério-babilônicas). Finalmente, 86.400 ÷ 2 = 43.200, o que aponta para uma relação há muito existente entre o número 432 e a ideia da renovação da era. E tal renovação, da era pagã para a cristã, é exatamente o que representa a data da chegada de Patrício à Irlanda.

O verdadeiro período de vida de Patrício parece ter sido aproximadamente de 389 a 461 d.C.* E notamos que o Papa Celestino I, por quem supõe-se que ele tenha sido nomeado, morreu, na verdade, no ano de 432. Dessa maneira, o período de vida de Patrício foi o do final do paganismo clássico sob o domínio de Teodósio I (reinou de 379 a 395) e o da irrupção das tribos germânicas e a tomada por elas de grande parte da Europa. A Irlanda, entretanto, não foi invadida naquela época, de maneira que ali um agrupamento remoto de cristãos permaneceu intacto, separado de Roma, enquanto a Inglaterra e o continente tornaram-se vítimas de tribos germânicas rivais.

Mas a vida de Patrício foi, obviamente, enriquecida de milagres, tal como atesta uma versão de sua biografia escrita em irlandês antigo:

> Recém-nascido, ele foi levado ao menino cego de cabeça chata chamado Gornias para ser batizado; mas Gornias não tinha água consigo para efetuar o batismo. Então, com a mão do bebê ele fez o sinal da cruz sobre a terra e dela irrompeu uma fonte d'água. Gornias despejou a água no seu próprio rosto e ficou imediatamente curado, além de entender as letras do alfabeto que jamais havia visto. De maneira que Deus, a um só tempo, realizou para Patrício um milagre triplo: a fonte d'água jorrando da terra, a cura da visão do jovem cego e a capacidade de este ler em voz alta o sacramento do batismo, sem nunca ter aprendido as letras do batismo. Em seguida, Patrício recebeu o sacramento.[4]

Quando Patrício foi para a Irlanda na condição de primaz, vinte e quatro homens o acompanharam e ele encontrou a postos um veleiro à sua espera na costa do mar da Bretanha.

---

* Segundo a lenda, entretanto, Patrício morreu no ano de 492 ou 493, com a idade (como Moisés) de 120 anos. Ver Whitley Stokes, *The Tripartite Life of Patrick with Other Documents Relating to That Saint*, Londres: Eyre & Spottiswoode, 1887, vol. I, pág. CXXVI.

Mas quando entrou no barco, um leproso pediu-lhe um lugar e não havia nenhum que estivesse disponível. Então Patrício colocou no mar, para deslizar na água, um altar portátil de pedra no qual costumava fazer oferenda todos os dias. *Sed tamen*, Deus realizou um grande milagre ali. A saber: a pedra não afundou nem ficou atrás deles, mas foi flutuando ao redor do barco, com o leproso sobre ela, até chegarem na Irlanda.

Então Patrício viu um grande círculo de demônios em volta da Irlanda, a seis dias de viagem de onde se encontravam.[5]

Pois bem, o rei supremo da Irlanda, naquela época, era o pagão e cruel Laeghaire (Leary), filho de Niall (reinou de 428 a 463). E ocorreu que Patrício, após pregar nessa região por certo tempo, conduziu seu veleiro numa véspera de Páscoa para o estuário de Boyne. Justamente naquele momento acontecia uma festa na residência real de Tara, em cujo período não era permitido acender qualquer fogo. No entanto, Patrício desembarcou e dirigiu-se ao longo da costa até Slane, onde armou sua tenda e acendeu um fogo pascal que iluminou toda a região de Mag Breg. E o povo de Tara viu a fogueira de longe.

O rei disse: "Isto é uma violação proibida por nossa lei; descubram quem a cometeu". E seus magos observaram: "Nós também notamos o fogo. Sabemos, além do mais, que se não for apagado na mesma noite em que foi aceso não se extinguirá até o final dos tempos; e também, que aquele que o acendeu, se não for interditado, terá o reino da Irlanda para sempre".

O rei, ao ouvir isso, ficou muito perturbado e disse: "Isso não pode acontecer. Temos que ir matá-lo". Carroças e cavalos ficaram de prontidão e ele e seus homens, no final da noite, encaminharam-se para a fogueira.

Disseram os magos: "Não vás até ele, a fim de que não interprete isso como uma honra à sua pessoa, mas deixa que ele venha a ti, e não permitas que ninguém se levante ante ele. Nós discutiremos em tua presença". Assim foi feito. E quando Patrício viu as carroças e cavalos desatrelados, proclamou: "Alguns confiam em carroças, outros em cavalos, mas nós confiamos no nome do Senhor nosso Deus todo-poderoso".

Estavam todos sentados diante dele com as bordas de seus escudos apoiadas nos queixos e ninguém se levantou, exceto um, que era por natureza uma pessoa de Deus: Erc, posteriormente o bispo Erc, que é venerado em Slane. Patrício deu-lhe a benção e ele acreditou em Deus, professou a fé católica e foi batizado. Patrício disse-lhe: "Tua cidade sobre a terra será grande, será nobre".

Mais tarde, Patrício e Laeghaire pediram informações um do outro. E um dos magos, Lochru, dirigiu-se a Patrício de modo impróprio, questionando-o ruidosamente e chegou a blasfemar contra a Trindade. Patrício, então, olhou-o irado e clamou por Deus em voz alta: "Senhor, Tu que tudo podes e de cujo poder depende tudo o que existe, e que nos enviou aqui para pregar Teu nome aos pagãos: faze com que este homem ímpio, que blasfema Teu nome, seja erguido e destruído na presença de todos".

Ele nem bem havia acabado de falar quando os demônios ergueram o mago no ar e o deixaram cair no chão; a cabeça bateu numa pedra contra a qual rebentaram seus miolos e, diante de todos, ele reduziu-se a pó e cinzas. E o bando de pagãos ali presente ficou apavorado.

O Rei Laeghaire ficou então enfurecido com Patrício e desejou matá-lo na mesma hora. Ele disse aos homens à sua volta: "Matem o clérigo!" E quando Patrício percebeu o assalto dos pagãos, novamente gritou: "Que Deus apareça e faça seus inimigos se dispersarem; que aqueles que o odeiam fujam diante de sua aparição. Que desapareçam como a fumaça. E como a cera derrete no fogo, também os ímpios diante de Deus!" Imediatamente a escuridão cobriu o sol, ocorreu um grande terremoto e todos tremeram: parecia que o céu estava caindo sobre a terra; os cavalos fugiram apavorados e o vento fazia as carroças rodopiarem pelos campos. Todos ali reunidos olharam-se, querendo matar-se uns aos outros. Apenas quatro pessoas permaneceram junto do rei, a saber, ele próprio, sua rainha e dois dos seus sacerdotes magos.

A rainha, Angas, filha de Tassach, filho de Liathan, voltou-se aterrorizada para Patrício dizendo: "Ó homem justo e poderoso, não mate o rei. Ele se voltará para ti, fazendo a tua vontade, ajoelhando-se diante de Deus e crendo nele". De maneira que Laeghaire foi até Patrício, ajoelhou-se diante dele e propôs-lhe uma falsa paz. Pouco tempo depois disse: "Ó clérigo, vem comigo a Tara, para que eu te reconheça na presença dos homens da Irlanda". Todavia, preparou uma emboscada em cada caminho. Porém Patrício e seus oito companheiros, bem como seu ajudante de caça (seu criado menino) Benén, passaram por todas as emboscadas, disfarçados em oito veados e, atrás deles, uma corça com um pássaro branco em seus ombros, que era Benén com as tabuletas de escrever de Patrício nas costas.[6]

A mais célebre façanha de conversão foi o confronto de Patrício, no monte de Mag Slecht, com a grande imagem de pedra conhecida como Cenn ou Cromm Cruach – a "Cabeça" ou "A Falsa Cabeça do Montículo" –, que estava cercada por doze ídolos menores, todos de pedra. Tem-se dito que por ocasião do *Halloween* (*Samhain*), os irlandeses ofereciam um terço de seus filhos a esse deus – que era provavelmente um aspecto daquele Dagda de Tuatha De Danann, em cujo caldeirão jamais faltava comida, cujas árvores estavam sempre carregadas de frutas e cujos porcos (um vivo, e outro sempre pronto para o assado) constituíam o banquete inesgotável dos eternamente vivos de seu *sidhe*.*

A lenda de Patrício conta que ele foi por mar até Mag Slecht, onde se encontrava aquele importante ídolo da Irlanda, revestido de ouro e prata, e os outros doze à sua volta revestidos de latão. Ainda no mar Patrício viu aquela coisa e se aproximou

---

* Com respeito a Dagda, ver *supra*, págs. 248-250.

dela, ergueu o braço para golpeá-la com o bastão, que embora não fosse suficientemente comprido atingiu um de seus lados. A marca do bastão continua ainda no seu lado esquerdo, apesar de ele não ter deixado a mão de Patrício. E a terra engoliu os outros doze ídolos até as cabeças, e assim eles estão até hoje como prova do milagre. Patrício amaldiçoou o demônio e o expulsou para o inferno. Em seguida, fundou uma igreja naquele lugar, Domnach Maige Slecht, onde ele deixou Mabran, que era seu parente e profeta. Ali também se encontra a fonte de Patrício, onde muitos foram batizados.[7]

Entretanto, o aspecto mais importante da cristianização da Irlanda, para o nosso estudo, não é o conflito, mas o acordo final que se alcançou entre os antigos mistérios das fortalezas de fadas e os novos, da Igreja Católica Romana. A magia dos feiticeiros do Rei Laeghaire foi superada pela magia do poderoso Deus de Patrício. A ilha, já durante o período de vida do santo, voltou-se para Cristo, com toda a sua parafernália necessária de conventos, igrejas, relíquias e badaladas de sinos. Contudo, um historiador da cultura certamente tem o direito de querer saber o significado de tal conversão em massa, que ocorre quando um rei pagão se submete ao batismo e todo o seu povo o segue. E a questão agrava-se quando as doutrinas da nova religião encontram-se ainda no processo de serem forjadas em conferências mantidas a três mil e duzentos quilômetros de distância.

Já tivemos a oportunidade de analisar a heresia dos donatistas, combatida primeiro pelo monarca Constantino (reinou de 324 a 337) e depois pelo contemporâneo africano de São Patrício, Santo Agostinho (354-430).* O debate questionou se um sacramento depende, para a sua eficácia, do estado espiritual do ser humano que o ministra. E a resposta ortodoxa foi não: a Igreja (nas palavras do predecessor de Agostinho, Optatus de Mileum) é uma instituição "cuja santidade é originária dos sacramentos e não julgada a partir da dignidade das pessoas. [...] Os sacramentos são sagrados por si mesmos e não pela mediação dos homens".[8] Até aqui chega a doutrina! Porém, e os nativos celtas que a recebiam? Certamente é permissível (e, de fato, numa obra como esta, necessário) perguntar: como, exatamente, essa instituição levantina, com o mito que a sustenta, foi recebida e entendida pela população hiperbórea pagã, para cujo bem-estar no mundo do além sua mágica tinha agora que ser aplicada?

Uma pista importante do temperamento do norte pode ser encontrada na heresia de dois irlandeses, contemporâneos de Patrício: Pelágio e seu principal discípulo, Celéstio. Em sua doutrina essencialmente estoica do livre-arbítrio e da bondade inata da natureza – que não é corrompida, mas apenas modificada pelo pecado –, eles se opuseram diametralmente a seu grande antagonista Agostinho, para quem (como para a Igreja) a natureza, embora criada boa, estava tão corrompida pelo pecado de Adão que a virtude seria impossível sem a mediação da graça; a graça

---

* *Supra*, págs. 314 e 319, 320.

procede apenas dos sacramentos por virtude de Jesus Cristo: sem a graça, o livre-arbítrio do homem pode desejar apenas o vício e, com ele, o inferno. Consequentemente, o homem (o homem que pecou) não pode redimir-se, mas torna-se virtuoso apenas por aquele incorruptível dispensário levantino que Agostinho já havia corajosamente defendido contra os donatistas. Ou seja, que os pecados do homem não conseguiram corromper a Igreja, nem as virtudes meramente humanas do homem podiam redimi-lo. Concordando com a censura que Pelágio dirigira a seu adversário africano, a quem considerava maniqueísta, os heréticos irlandeses proclamaram as seis doutrinas seguintes, pelas quais foram formalmente condenados:

1. Que Adão teria morrido mesmo se não tivesse pecado;
2. Que o pecado de Adão prejudicou apenas a ele próprio, não a raça humana;
3. Que as crianças recém-nascidas estão na mesma condição de Adão antes da Queda. Conclusão: os recém-nascidos, mesmo não batizados, alcançam a vida eterna;
4. Que a raça humana toda não morre por causa da morte ou pecado de Adão; tampouco ela ressurgirá em consequência da ressurreição de Cristo;
5. Que a Lei do Antigo Testamento, bem como o Evangelho do Novo Testamento, conferem entrada no céu, e
6. Que mesmo antes da vinda do Cristo, havia homens completamente isentos de pecado.

Segundo essa heresia, deduz-se da bondade e justiça de Deus que tudo o que foi criado por Ele é bom. A natureza humana é inalteravelmente boa e pode ser modificada apenas acidentalmente. O pecado, que consiste em querer ativamente fazer o que a retidão proíbe, é uma modificação desse tipo; é sempre uma decisão momentânea da vontade e jamais pode passar para a natureza dando origem a uma natureza má. E se isso não pode acontecer, muito menos o mal pode ser herdado. Além disso, a vontade, que se encontra dessa maneira incorrompida, é sempre por si mesma capaz de querer o bem. E Cristo atua pelo exemplo; os sacramentos funcionam não como poder, mas como um ensinamento. Tudo isso contribui, em suma, para uma variante da doutrina oriental e estoica da autoconfiança (a japonesa *jiriki*: "força própria da pessoa"),* ou em termos pelagianistas: *homo libero arbitrio emancipatus a deo*: o homem, criado livre, é com toda a sua esfera de ação independente de Deus e da Igreja – o Corpo Vivo de Cristo; embora Cristo, a Igreja e os sacramentos possam ensinar e ajudar muito.[9]

Uma segunda chave para o temperamento do norte pode ser encontrada no filósofo neoplatônico irlandês – "o mais erudito e talvez também o mais sábio homem de sua época", conforme o Prof. Adolph Harnack[10] – Johannes Scotus Erígena (*c*.815-877 d.C.), que, próximo dos trinta e dois anos, foi convidado por Carlos, o Calvo, para ir à França dirigir a escola da corte carolíngea. Sua obra fundamental,

---

* *As Máscaras de Deus, Mitologia Oriental*, págs. 241, 384 e *supra*, pág. 211.

De Divisione Naturae (*c*.865-870), vê a natureza como uma manifestação de Deus em quatro aspectos, que não são formas de Deus, mas formas do nosso pensamento. São elas, a saber: 1) o Incriado Criador; 2) o Criado Criador; 3) o Criado e Incapaz de Criação e, 4) o Incriado Incapaz de Criar. O primeiro é Deus concebido como origem de todas as coisas. O segundo é a natureza no aspecto dos atos divinos imutáveis da vontade, ideias primordiais ou arquétipos, que são as Formas das formas. O terceiro é a natureza no aspecto das coisas individuais, no tempo e no espaço. E o quarto é Deus concebido como a finalidade última de todas as coisas.

Nenhum estudioso de Schopenhauer encontrará a menor dificuldade aqui. É impossível conhecer Deus como ele é. *O mesmo predicado pode ser corretamente tanto afirmado quanto negado com respeito a Deus. Entretanto, a afirmação (por exemplo, Deus é Bom) é apenas metafórica; ao passo que a negação é literal (Deus não é Bom), já que Deus está além de todos os predicados, categorias e oposições.** Outrossim, Deus não sabe o que Ele é, pois não é um "que": essa "ignorância divina" supera todo conhecimento e a verdadeira teologia tem, portanto, que ser negativa. Deus tampouco conhece o mal. Se o conhecesse, o mal existiria; contudo o mal é meramente um efeito de nosso próprio conhecimento errôneo (o Criado e Incapaz de Criação). Todas as diferenças aparentes no tempo e no espaço, de qualidade e quantidade, de nascimento e morte, masculino e feminino etc., são efeitos desse conhecimento errôneo. Tudo o que Deus cria, por outro lado, é imortal. E o corpo imperecível, que é a nossa Forma criada por Deus, está oculto no mais secreto de nossa natureza e reaparecerá quando essa mortalidade for afastada de nossa mente. O pecado é a vontade mal direcionada, e é punido pela descoberta de que seus juízos errôneos são fúteis. O inferno não passa de um estado interior da vontade pecaminosa. E o Paraíso e a Queda do Gênesis são, consequentemente, alegorias dos estados da mente; não devem ser entendidos como episódios do passado pré-histórico. A mente pode corrigir-se pela filosofia (razão) e pela religião (autoridade), mas o critério desta última é a primeira, não vice-versa. Infere-se que o Corpo Vivo de Cristo não é a Igreja, mas o mundo; porque Deus está em todas as coisas e todas as coisas, consequentemente, tanto são quanto não são (existem... não existem).

Não é preciso dizer que a filosofia neoplatônica de Erígena foi condenada por Roma. Há, além disso, uma história possivelmente verdadeira (não improvável em um grande mestre) de que seus discípulos o apunhalaram até a morte com suas penas.[11]

Como pista final da maneira de pensar das mentes do norte, permitam-me chamar a atenção para as curiosas iluminuras do *The Book of Kells* [O Livro de Kells] irlandês, que são do período de Scotus Erígena** e do qual reproduzo, na figura

---

* Ver *supra*, pág. 13.
** Segundo Sir Edward Sullivan, *The Book of Kells*, Londres: The Studio, Limited, 4ª ed., 1933, pág. vii: "a parte final do século IX."

30,* a assim chamada página *Tunc*, contendo as palavras do Evangelho segundo Mateus: "Então foram crucificados com ele dois ladrões" (*Tunc cru / cifixerant / XPI cum eo du / os la / trones*).[12]

Reconhecemos a serpente cósmica que se autoconsome e se autorrenova, cuja cabeça de leão lembra o antigo pássaro-leão sumeriano, ao passo que o T da palavra *Tunc* é um leão com atributos serpentinos, engolindo ou lançando fora (ou ambos)

Figura 30. "Então foram crucificados com ele dois ladrões".

* Esta figura foi gentilmente desenhada para mim por John Mackey, a partir da obra de Sullivan, op. cit., iluminura XI.

um par de opostos entrelaçado. A serpente, como vimos, é em geral simbólica tanto das forças autoconsumidoras quanto das autorrenovadoras da vida, o que quer dizer, o mistério lunar do tempo; enquanto o leão é a força solar, a porta do sol para a eternidade. A serpente delimitadora é, portanto, o princípio demiúrgico, criador e mantenedor do mundo – ou, na visão gnóstico-cristã, o Deus do Antigo Testamento – ao passo que o leão do T é o caminho de fuga deste vale de lágrimas: o "caminho de luz", isto é, o Redentor.

As letras gregas XPI, inseridas no texto após *crucifixerant*, são o signo de Cristo (χρισός). As mesmas três letras ocupam a base de toda a iluminura, conforme aparece quando a página é virada no sentido do relógio, deitada do lado direito. Nessa posição, a grande inicial une-se com o traço central para formar a letra P: a letra do meio do signo, que simboliza o Salvador, entre os dois ladrões, agora representados pelo X e I; formam dessa maneira uma unidade com XPI, ou Cristo. Compare-se com os Dadóforos do sacrifício de Mitra, analisado anteriormente.*

Por outro lado, no *décimo quinto* dia de cada mês lunar, o pôr da lua cheia (touro lunar: sacrifício) confronta o brilho do sol nascente (Mitra Tauroctonus), que a atinge diretamente no plano da terra. A lua, depois disso, míngua. Notamos na borda formada pelo corpo da serpente três grupos de cinco homens, o que significa que há quinze. A Páscoa é hoje celebrada no primeiro domingo depois da lua cheia durante ou em seguida ao equinócio da primavera**; e, de acordo com a contagem dos Evangelhos sinóticos, a crucificação ocorreu no décimo quinto dia do mês judaico de Nisan (março-abril: primeiro mês do ano judaico). Parece que uma referência a esse tema lunar da morte e ressurreição foi intencional aqui. Além disso, pode ser relevante notar que a letra T é uma das formas e símbolos da cruz, sendo a cruz um signo tradicional da terra, ou princípio do espaço; enquanto a palavra *Tunc*, da qual T é a letra inicial, significando "então", é uma palavra que alude ao tempo: sendo o espaço-tempo a esfera da fenomenalidade, ou seja, a esfera do mistério da Encarnação e Crucificação. Finalmente, a chama é o símbolo cristão usual do Paracleto, o Espírito Santo, bem como o do estado da iluminação gnóstica (em sânscrito, *bodhi*; em grego, *gnosis*), pela qual a Ilusão do Mundo é destruída.

Assim, como hipótese, poder-se-ia sugerir que na serpente delimitadora os poderes simbolizados são o Pai e o Espírito Santo (possivelmente relacionados com o Incriado Criador e o Incriado Incapaz de Criar, segundo Erígena); ao passo que no leão temos o Filho na esfera do espaço e do tempo, cuja interpretação pode (ou não) ser apoiada pelo fato de que no *Lebar Brecc* irlandês – onde está registrada a biografia de Patrício – Cristo, o Filho, é representado não como a segunda, mas como a *terceira* pessoa da Trindade.[13]

Em qualquer caso, os símbolos dessa iluminura não são certamente mera decoração, mas um comentário sobre o texto, sugerindo, além disso, uma associação

---

* *Supra*, pág. 216.
** No hemisfério Norte. [N. do E.]

das formas cristãs com formas simbólicas anteriores. E a origem de sua afirmação, igualmente certa, era uma forma de cristianismo ainda não em concordância com a ortodoxia agostiniana dos concílios da Igreja Bizantina. Sir Edward Sullivan – de cuja bela edição das vinte e quatro gravuras coloridas de *The Book of Kells* extraímos a ilustração – observou que na tradução do Evangelho segundo Mateus, feita a partir da Vulgata Latina ortodoxa, a passagem aqui ilustrada não diz *Tunc crucifixerant*, mas *Tunc crucifixi sunt*; que é um sinal, entre muitos, de uma linha diferente de comunicação.[14]

O ponto central que eu gostaria de apresentar é, entretanto, simplesmente que na remota província irlandesa, até pouco tempo antes pagã, não houve tal rejeição radical, por partes dos monges, nem às virtudes do homem natural nem aos símbolos da iconografia pagã, como seria característico da posterior "catequização" das tribos germânicas. Nas palavras do Prof. T. G. E. Powell em seu recente estudo *The Celts* [Os Celtas]:

> Enquanto nos primeiros reinos teutônicos da Europa pós-romana a Igreja encontrou somente o mais rudimentar mecanismo de governo e justiça, na Irlanda os missionários foram confrontados por um corpo altamente organizado de eruditos, incluindo especialistas em direito consuetudinário, artes sacras, literatura épica e genealogia. Somente o paganismo foi substituído, pois as escolas orais tradicionais continuaram a florescer, mas agora lado a lado com os mosteiros. Pelo século VII, se não antes, havia ali monges irlandeses aristocratas que também foram educados no saber nativo tradicional. Isso levou à primeira composição da literatura vernácula, que dessa maneira tornou-se a mais antiga da Europa, depois da grega e latina. [...] A continuidade do saber nativo tradicional irlandês, bem como de sua literatura, da época medieval retrocedendo até a pré-história, é uma questão de grande significado, mas que tem sido pouco apreciada.[15]

A antiga instrução druídica dos bardos – pela qual eles aprendiam não apenas toda a literatura mitológica nativa de cor, mas também as leis segundo as quais as analogias mitológicas podiam ser reconhecidas e as formas simbólicas interpretadas – era aplicada no período cristão inicial tanto à interpretação do simbolismo da fé cristã, quanto ao reconhecimento das analogias entre esta e os mitos e lendas pagãos nativos. Por exemplo, as datas do nascimento e da morte do tio de Cuchullin, o Rei Conachar, fizeram-se coincidir com as do nascimento e crucificação de Cristo. Outrossim, declarou-se que ele morreu em consequência de ter tomado conhecimento, por intermédio da clarividência de um druida, da crucificação de Cristo.

E a alma de Cuchullin, depois de sua morte em poder de Lugaid (quando amarrou-se a um pilar de pedra para que pudesse morrer de pé e não sentado ou deitado), foi vista, por cento e cinquenta damas que o tinham amado, flutuando em sua carruagem sobrenatural, cantando um hino sobre a Vinda do Cristo e o Dia do Juízo. Ele retornou, ademais, do outro mundo pagão irlandês para conversar cordialmente com São Patrício, como fizeram também numerosos outros heróis antigos. E de acordo com todas as versões (escritas, tem-se que ter em mente, por clérigos), Patrício abençoou os antigos pagãos, encantou-se por suas lendas, todas as quais seus escribas registraram na obra que nos é conhecida como *The Colloquy with the Ancients* [O Colóquio com os Antigos].

Por exemplo, havia o gigante Caeilte, que apareceu com um grupo de companheiros e seus enormes cães-lobos, exatamente quando Patrício, louvando o Criador, benzia uma antiga fortaleza na qual vivera uma vez Finn MacCumhaill (Finn McCool). Os clérigos viram os homens gigantescos aproximarem-se e o medo tomou conta deles; pois não eram pessoas do mesmo tempo ou século. Então Patrício, apóstolo dos gaélicos, levantou-se e pegou seu aspersor para salpicar água benta nos antigos heróis, acima dos quais flutuavam mil legiões de demônios. Imediatamente, os demônios fugiram em direção das colinas e escarpas, até às fronteiras do país em todas as direções; depois do que os homens grandes sentaram-se.

"Muito bem", disse Patrício a Caeilte, "que nome tens?"

"Sou Caeilte", respondeu ele, "filho de Crundchu, filho de Ronan".

Os clérigos ficaram perplexos, pois o maior homem entre eles chegava apenas até a cintura – ou no máximo até o ombro –, de qualquer um dos antigos pagãos, estando esses sentados.

Patrício falou: "Caeilte, vejo-me obrigado a te pedir um favor". E ele respondeu: "Se estiver na minha força ou poder, será feito: em todo caso, peça". "Tem aqui em nossa redondeza um poço de água pura", disse Patrício, "com a qual poderíamos batizar as pessoas de Bregia, Meath e de Usnach". O gigante respondeu: "Meu nobre e reto homem, isso eu tenho para ti". E eles, atravessando a circunferência da fortaleza, saíram. Em sua mão, o gigante pegou a do santo, e em pouco tempo eles viram uma fonte-lago bem em frente deles, brilhante e translúcida...

Disse Patrício: "Era bondoso o senhor com quem tu estavas, quer dizer, Finn MacCumhaill?" Em resposta, Caeilte expressou o seguinte tributo de louvor:

"Se fosse de ouro a folha escura que o bosque deixa cair,
Se fosse de prata a onda,
Mesmo assim, Finn daria tudo de presente."

"Quem ou o que inspirou vocês desse jeito em vida?" Patrício perguntou, e o outro respondeu: "A verdade, que estava em nossos corações, a força em nossos braços e o cumprimento em nossa fala".

Eles passaram juntos muitos dias e, num deles, Patrício batizou a todos. Depois, Caeilte puxou o aro de seu escudo, do qual arrancou um pedaço sulcado de ouro no qual havia três vezes cinquenta onças, e disse: "Este foi o último presente de Finn, o Chefe, para mim; e agora, Patrício, aceite-o em nome de meu espírito e do espírito de meu chefe".

E o pedaço de ouro cobriu Patrício desde a ponta de seu dedo médio até o ponto mais alto de seu ombro, enquanto em largura e em espessura media, como se diz, um cúbito de um homem. E o ouro empregou-se mais tarde para fazer campainhas canônicas, saltérios e missais.

Finalmente, após muitos dias de conversa descontraída, quando chegou a hora de os gigantes irem embora, Caeilte dirigiu-se ao santo: "Santo Patrício, minha alma", disse ele, "considero que amanhã é chegada a hora de eu ir embora".

"E para onde vais?", perguntou Patrício.

"Procurar as montanhas, as encostas e as colinas de todas as partes, nas quais meus camaradas, meus irmãos de sangue e o chefe Finn estiveram comigo", respondeu, "pois estou cansado de estar em um único lugar".

Eles permaneceram naquela noite. No dia seguinte, todos se levantaram. Caeilte colocou sua cabeça no peito de Patrício e o santo disse-lhe: "De mim para ti e qualquer que seja o lugar – seja dentro ou fora de casa – em que Deus colocar a mão sobre ti, o Céu está concedido".

Então o rei cristão de Connaught, que se juntara a eles, seguiu seu caminho a fim de exercer a realeza. Patrício também seguiu o seu, para semear a fé e a devoção, expulsar demônios e feiticeiros para fora da Irlanda, para formar santos e justos, para erigir cruzes, abrigos em rochas e altares, e também para destruir ídolos e imagens de gnomos e toda a arte da feitiçaria. Com respeito a Caeilte: ele continuou em direção ao norte, para a vasta planície de Boyle, através da queda d'água do filho de Nera; e mais ao norte ainda, para as montanhas Curlieu, em Keshcorann, e dali para as regiões planas de Corann...[16]

II. O DESTINO DOS DEUSES

O romano P. Cornélio Tácito (*c*.55-120 d.C.), em sua obra *Germânia**, fez a primeira abordagem conhecida da vida e religião das tribos germânicas além do Danúbio e do Reno, que em sua época já ameaçavam Roma e que nos próximos três séculos causariam sua ruína.

> Entoam velhos cantos (que são sua única história e todo os seus *anais*) ao deus Tuistão, nascido da terra, e a seu filho Mano, como raízes e fundadores de sua nação. A Mano dão-lhe três filhos, dos quais tomaram nome os *ingevões*, que são os mais costeiros, os *herminões*, que ocupam o centro, e os *istevões*, que são os restantes**. Alguns, porém, baseados em tal antiguidade, aumentam o núme-

---

*A tradução da *Germânia* reproduzida a seguir – bem como as explicações de rodapé que acompanham o texto – foram feitas pelo Grupo de Pesquisas Medievais da Universidade Federal do Espírito Santo – UFES (http://www.ricardocosta.com), Coordenado pelo Prof. Dr. Ricardo da Costa (riccosta@npd.ufes.br), a quem agradecemos.

Os **ingevões eram povos germânicos estabelecidos nas costas do Mar do Norte, desde o país dos **batavos** até a Península dinamarquesa. **Herminões** é o nome genérico dado aos povos habitantes do interior das terras e particularmente da Alemanha central. Enfim, sob o nome de **istevões**

ro dos filhos do deus e aludem à denominação de mares, gambrívios, suevos e vândalos, afirmando que estes são seus verdadeiros e primitivos nomes e que o de Germânia é novo e foi incorporado há pouco, pois os que passaram o Reno desalojaram os galos, e agora se chamam *tungros* os que se chamavam germanos, de modo que um nome que era só de uma parte do povo foi prevalecendo até o ponto em que, desta denominação, tomada a princípio pelos vencedores para inspirar terror, e adotada depois por todo o povo, chegaram todos a chamar-se germanos*. Também falam que houve entre eles um Hércules, a quem cantam como herói sem par quando se dirigem ao combate.

Contam também que Hércules** esteve outrora entre eles e, assim, ao marchar para o combate entoam cânticos em que exalçam aquela potestade como o mais valoroso dos homens.[17] [...] Por esse motivo levam ao campo de refrega certas imagens e simulacros retirando-os dos bosques sagrados.[18] [...]

Sua divindade mais venerada é Mercúrio. Para aplacar-lhe as iras em certos dias do ano julgam lícito imolar-lhe vítimas humanas. Aplacam a Hércules e a Marte com animais rituais. Alguns dos suevos também fazem sacrifícios a Ísis. Não pude averiguar qual a causa ou a origem desse culto, embora a mesma imagem, em forma de nave libúrnia***, mostra que o culto é estrangeiro. Seja como for, pensam que encerrar os deuses entre quatro paredes e representá-los sob forma humana parece-lhes contrário à majestade celeste. Por esse motivo, consagram-lhes selvas e bosques, e dão nomes de deuses a esses misteriosos lugares que só olham com olhos reverentes.[19] [...]

Os semones dizem-se os mais antigos e os mais nobres dos suevos, e confirmam isso com sua religião. Em certas épocas do ano, numa de suas florestas, consagrados pelos áugures dos seus pais e por prístinos terrores, congregam-se os povos dessa mesma origem e, sacrificando publicamente um homem, celebram a horrível instituição de um rito bárbaro. Praticam, do mesmo modo, outra superstição em honra desse bosque sagrado: ninguém penetra ali senão algemado como símbolo de sua própria fraqueza e afirmação do poder da divindade. Se por acaso o iniciado tropeça e cai, não tem direito de se levantar e prosseguir: rola por terra. Todas essas superstições têm por objetivo mostrar que ali está o berço da nação e que ali mora o deus dominador de tudo, a quem todos os demais se sujeitam e

---

designavam-se os povos estabelecidos na Renânia. Esses três nomes ligam-se aos três filhos de Mann: Itgo, Ermn e Isto, que não são outros senão os sobrenomes dos três deuses Freyr, Tin e Votam.

* *Wehr-menn* ou *Germann*, que eles pronunciavam GUERRE-MAIN, e significava "homem de guerra".

** Denominação greco-romana do deus **Tor** ou **Donar**, que desencadeava a tempestade e brandia um martelo de pedra, da mesma forma que o deus grego empunhava a maça.

*** Nave libúrnia (do latim *liburna*) – A nave libúrnia era uma embarcação utilizada pelos romanos no início da era cristã para o transporte de trigo do Egito para Roma.

obedecem. A fortuna dos semones lhes dá essa autoridade: eles habitam cem aldeias e esse grande conjunto tem os suevos como cabeça.

Os longobardos* orgulham-se de seu pequeno número. Cercado de numerosos e belicosíssimos povos, encontram segurança não pela magnanimidade dos demais ou por submissão própria, mas por meio de combates em que arrostam perigos. Os reudignos que vêm em seguida, os aviões, os anglos, os varinos, os eudosos, os suardões, os nuitões, todos estão separados e defendidos por florestas e rios. Não há nada a notar neles a não ser o fato de que todos adoram a deusa Hertho**, isto é, a Mãe-Terra, cuja interferência nos negócios humanos eles acreditam, como acreditam também na visita que ela faz a todos os povos.

Em uma ilha do oceano há um bosque chamado "casto", dentro do qual existe um coche coberto com um véu dedicado à deusa e que só pode ser tocado pelas mãos de um sacerdote. Este sabe quando a deusa está no santuário e reverentemente acompanha o veículo tirado por uma junta de novilhos. Então há dias de alegria e de festa nos lugares em que a divindade digna-se a visitar. São estes os únicos momentos que não consagram à guerra: eles guardam as armas até o instante em que o sacerdote retorna com a deusa, ao templo, farta e cansada da companhia dos mortais. Sem demora, as roupas sagradas, o carro, o véu e, se é lícito acreditar, até a própria deusa, tudo se purifica nas águas de um lago secreto. Os escravos ocupados neste ofício são afogados na própria linfa sagrada. Daí o misterioso terror, a santa ignorância do que pode ser aquilo que só veem os destinados a perecer.[20] [...]

No país dos naharvalos existe um bosque consagrado por antigo culto. As cerimônias são presididas por um sacerdote vestido de mulher. Acreditam os romanos que ali se adoram os deuses Castor e Pólux, sob a invocação dos Alcis. Neste sítio não se veem imagens nem vestígios de superstição estrangeira. Veneram somente dois irmãos jovens.[21] [...]

À direita do mar suevo estende-se pela costa o povo dos éstios*** que, por seu costume e vestimentas assemelha-se muito aos dos suevos, e por sua língua aos bretões. Veneram a mãe dos deuses, e têm figuras de javalis como sinal de sua religião, que levam em lugar das armas para sua defesa e se apresentam no meio de seus inimigos, confiantes na devoção à sua deusa. Usam pouco o ferro e muito os cajados. Cultivam o trigo e outras espécies de grãos com muito mais cuidado e paciência do que é comum entre os germanos. São os únicos que buscam o âmbar – que chamam de *gleso* – nas praias e no fundo do mar. Como bárbaros que são, não se preocupam em averiguar qual é sua natureza e como se forma. Durante

---

* Assim chamados em virtude de sua barba crescida. Acredita-se que habitavam entre o Mittelmark, na parte do antigo ducado de Magdeburgo, além do Elba.
** Na língua anglo-saxônica *hearth* ainda significa "terra".
*** O mar suévico é o Báltico. Os **éstios** eram oriundos da Prússia ocidental e das províncias bálticas.

muito tempo ele se encontrava em jazidas costeiras como outros restos do mar, até que o nosso luxo o tornou precioso. Eles não o utilizavam, colhendo-o a esmo e transportando-o sem refinar. Por fim, assombrados, perceberam sua importância.²² [...]

Acreditam que o sexo feminino possui algo de divinatório e de profético, pois não desprezam seus conselhos nem deixam de cumprir seus pedidos. No tempo de Vespasiano, vimos Velada ser honrada em muitos lugares como divindade. Em outros tempos veneraram Aurínia e muitas outras, mas não por adulação nem para divinizá-las.²³ [...]

Seus funerais são simples. Queimam os corpos de seus homens ilustres com uma lenha especial. Não arrojam à fogueira roupas ou perfumes, mas as armas do defunto, e, em alguns casos, seu cavalo. Constroem os sepulcros com céspedes, desprezando o luxo dispendioso de um mausoléu. Logo dão fim a seus lamentos e lágrimas, mas a dor e a tristeza permanecem durante muito tempo. É próprio e conveniente para as mulheres chorar e para os homens recordar.²⁴

Notável é a proeminência dada aqui às divindades femininas e sua relação com a terra, a agricultura, o porco, o sacrifício humano e com a festividade da procissão das carroças, como pode ser testemunhada até hoje em qualquer lugar do mundo onde ainda prevalece o culto da deusa. Os éstios, cuja língua assemelhava-se à língua céltica da Bretanha daquela época, cultivavam cereais, consideravam o javali um animal sagrado e adoravam a mãe dos deuses. Com esse conjunto de variáveis já estamos familiarizados. Os anglos (futuros ingleses) adoravam a deusa Hertho, Mãe Terra, cuja imagem era venerada numa procissão de carroças e depois banhada; após isso, os que tinham banhado a imagem eram afogados num lago, em sua ilha sagrada. Isso faz lembrar a lenda do caçador grego Actéon que, vendo por acaso Ártemis banhando-se no lago de seu bosque, foi transformado por ela num cervo, para ser morto por seus próprios cães; e lembra também do impudente jovem adepto no templo da deusa egípcia em Sais que, ao ousar erguer o véu da imagem, foi tomado de tal espanto que sua língua ficou para sempre emudecida. Pois fora ela quem declarara: "Não há ninguém que tenha erguido o meu véu" (οὐδεὶς ἐμὸν πέπλον ἀνεῖλε), o que significa: ninguém que tenha vivido para revelar o segredo da minha divina maternidade do mundo.²⁵

O sacerdote dos naharvalos, além do mais, vestido como mulher, presidindo o bosque sagrado onde eram reverenciados os gêmeos semelhantes a Castor e Pólux, sugere os sacerdotes eunucos da grande deusa síria Cibele. Finalmente, a deusa que Tácito identificou com Ísis – cultuada da mesma maneira que ela como deusa do mar e das naves – pode ou não ter sido a importação tardia que ele supôs. Porque a evidência fornecida por essas formas germânicas – de uma continuidade que viria de um passado tão remoto quanto o período da primeira infiltração neolítica na Europa –, é suficientemente forte para suportar quase qualquer teoria de fixação de datas que seja proposta.

Na verdade, essas várias deusas das tribos germânicas do século I d.C. são exatamente o que se poderia esperar encontrar em uma zona de numerosas vertentes de difusão neolítica. As genealogias tribais que remontam ao deus Tuistão, filho da deusa Terra, parecidas com as genealogias de Hesíodo dos descendentes da Terra, conferem a essa visão um suporte adicional. Assim parece que podemos afirmar com certeza que nas antigas zonas grega e céltica, ou nas posteriores romana e germânica, a herança neolítica europeia produziu formas míticas amplamente homólogas, originárias da – e representando a – antiga ordem da grandiosa Era da Deusa; e sobre esse estrato básico foram sendo depositadas as camadas posteriores da mitologia da cultura superior.

Resta então a questão sobre o que podem ter sido essas camadas posteriores. E ligada a essa questão está a atribuição, por Tácito, dos nomes Hércules, Mercúrio e Marte como os correspondentes latinos de três divindades germânicas importantes a quem, na sua época, ofereciam-se sacrifícios. Essas foram inquestionavelmente identificadas como Tor, Votam e Tiu; dos quais, como já vimos, derivam os nomes dos dias da semana: quinta-feira, quarta-feira e terça-feira.* Na esplêndida literatura das Edas islandesas e do *Nibelungenlied* germânico – do qual Wagner extraiu seu poderoso *Anel* –, essas são as divindades masculinas mais proeminentes. E assim como no período do relato de Tácito, também no período édico, um longo milênio mais tarde, a figura de Votam-Mercúrio foi o deus supremo, acima de todos.

A figura de Tor, entretanto, dá sinais de ser a mais antiga do panteão, remontando possivelmente ao período paleolítico, quando então seu célebre martelo teria sido propriamente uma arma característica. Ele jamais está equipado com espada ou lança, ou montado a cavalo, como Votam, mas vai caminhando ao encontro dos inimigos. E como esperto matador de gigante, ele tem correspondentes nos matadores de monstros de praticamente todas as mitologias primitivas de caçadores de que se tem registro.[26] Héracles, entre os gregos, pertencia também a esse tipo de herói primitivo. Mas no humor exorbitantemente grotesco das vitórias de Tor – que em muitos sentidos tem semelhança com o lendário Dagda dos celtas** –, há mais do condimento mítico primário das antigas façanhas xamânicas dos heróis dos povos da Grande Caça do que seria encontrado mesmo entre os mais bizarros dos mitos de heróis épicos gregos.

Por exemplo, quando estava certa vez tomado de ira contra toda a raça dos gigantes, porque fora enganado e ridicularizado na própria cidade deles, Jotunheim, ele arquitetou sua vingança sobre o mais notável dessa raça: a Serpente Midgard, a Serpente Cósmica, cuja morada era o oceano circundante do mundo. Tor assumiu a forma insignificante de um rapaz e, assim caminhando, chegou na extremidade do mundo, à morada do gigante de nome Ymir, a quem pediu abrigo para passar a noite. No amanhecer do dia seguinte, Ymir, o gigante, levantou-se depressa e se

---

* Thursday, Wednesday e Tuesday respectivamente, em inglês. Ver nota na pág. 220.
** *Supra*, pág. 248, 249. [N. do T.]

vestiu, com a intenção de remar sozinho até o mar, para pescar. Mas Tor, ao perceber, levantou-se igualmente rápido e se vestiu para ir junto. Ymir repeliu-o, dizendo que não seria de nenhuma ajuda, porque era fraco e um simples rapaz, e que iria congelar, ficando sentado tão longe e por tanto tempo quanto o gigante costumava ficar; Tor ficou tão furioso com esse insulto que só não lançou seu martelo, Mjollnir, porque tencionava realizar uma façanha muito mais notável no mar. Tor simplesmente respondeu que ele poderia remar até muito longe e ficar sentado por quanto tempo quisesse, e que não tinha certeza sobre qual dos dois seria o primeiro a querer voltar para casa. Ele perguntou que isca usariam, e Ymir mandou-o buscar sua própria isca. O rapaz, totalmente irado, deu a volta e se encaminhou para o lugar em que estava o rebanho de bois do gigante; agarrou o maior touro, que era chamado "Aquele que Muge para o Céu", e lhe cortou a cabeça. Em seguida, gritando, dirigiu-se com ela para o mar, onde Ymir já tinha empurrado o barco.

O visitante subiu a bordo, sentou-se no fundo do barco, pegou dois remos e começou a remar; e a Ymir pareceu que estavam indo muito depressa. O próprio gigante estava remando na proa e aceleraram tanto que logo este último disse que haviam chegado à zona de pesca do linguado. O jovem respondeu que desejava continuar, de maneira que remaram por mais um tempo, até que Ymir avisou que já tinham ido longe demais e que seria arriscado prosseguir por causa da Serpente. O rapaz repetiu, entretanto, que ele prosseguiria, o que de fato fez; e o gigante então teve medo.

Tor deixou os remos e preparou uma linha forte; o anzol que havia levado consigo tampouco era pequeno, fino ou frágil. Ele prendeu a cabeça de boi no anzol e o lançou ao mar. A isca desceu ao fundo e a Serpente Midgard, ao percebê-la, caiu na armadilha. A Serpente mordeu a cabeça do boi; o anzol prendeu-se em seu maxilar superior. Quando ela percebeu isso, arremessou-se para trás com tal força que os dois punhos de Tor estalaram na amurada. Enfurecido, o deus investiu todas as suas forças, plantando com tanto vigor os pés sobre o fundo do barco que, quando os firmou, eles atravessaram o casco e foram parar no fundo do mar, ao mesmo tempo que puxava sua presa para a superfície.

Pode-se afirmar que jamais houve cena tão terrível no mundo como a que viram os olhos de Tor quando se dirigiram à Serpente, e esta, soltando fogo pelos olhos, lançou nele seu veneno. Então Ymir, o gigante, ficou pálido, depois amarelo, e teve medo quando viu a Serpente Midgard e o mar agitando-se para dentro e para fora de seu barco. Tor fez um esforço para pegar o martelo e levantou-o para dar o golpe. Mas Ymir, empunhando a peixeira, cortou a linha junto da amurada e a Serpente afundou no mar. Tor arremessou o martelo contra ela e, dizem alguns, cortou sua cabeça, fazendo-a enterrar-se no fundo. Entretanto, acreditam outros que a Serpente Midgard continua viva e se encontra no abismo do oceano que a tudo abarca. Mas o deus, enraivecido, cerrou o punho e o investiu contra o ouvido de Ymir, que caiu no mar de ponta-cabeça. Então Tor dirigiu-se para a costa.[27]

Tor é chamado, na Escandinávia, o Defensor do Mundo. Amuletos em miniatura de seu martelo foram por muitos séculos usados para proporcionar proteção. No Museu de Estocolmo encontramos um deles, de âmbar, proveniente da era paleolítica tardia; e das primeiras idades do metal foram recuperados cinquenta ou mais martelos minúsculos de prata e ouro em forma de T. Na verdade, mesmo até hoje – ou ao menos até os primeiros anos do século XX – pescadores da ilha de Manx usam um osso da língua de ovelha, em forma de T, para se protegerem no mar; e nos matadouros alemães já se viu os trabalhadores usando o mesmo osso, pendurado no pescoço.[28]

Essa observação acrescenta um significado surpreendente ao motivo do T, já discutido em associação com o texto *Tunc* céltico cristão (que é de uma data em que as esferas de influência céltica e viking encontravam-se em muitos sentidos entrelaçadas); e, obviamente, também vice-versa: o aparentemente grotesco episódio da pesca adquire uma nova série de possíveis significados quando o T do texto céltico é identificado com o martelo de Tor, bem como com a cruz de Cristo. Poderíamos, de fato, até mesmo questionar se tanto na ilha de Manx, quanto no folclore alemão, o osso em forma de T da ovelha – o cordeiro sacrificial – não teria sido conscientemente identificado com a cruz redentora do mundo do homem-deus Cristo, bem como com o martelo defensor do – nativo, muito mais antigo, possivelmente paleolítico – homem-deus Tor.

Na época de Tácito, como vimos, Tor era identificado com Hércules; mas em épocas germano-romanas posteriores a analogia era antes com Júpiter. O Dia de Júpiter do mundo latino (*giovedi* em italiano, *jeudi* em francês) tornou-se o Dia de Tor (*Thursday*)* entre os germânicos. O martelo de Tor, consequentemente, identificou-se com o raio flamejante de Zeus, e essa analogia abre uma vasta série de novas associações na esfera do pensamento sincrético helenístico.

Vamos considerar, primeiramente, a associação de Júpiter e seu planeta com o princípio da justiça e da lei. As assembleias escandinavas em geral abriam-se na quinta-feira – Dia de Tor. O instrumento da ordem continua sendo o martelo de Tor. E, nas *Things* (audiências de justiça) islandesas, o deus invocado em testemunho dos juramentos, "o Deus Todo-Poderoso", era Tor.[29]

O raio de Júpiter é, além disso, cognato – tanto em significado quanto em origem – de *vajra*, "diamante", "raio" das iconografias do budismo da escola Mahayana e do hinduísmo tântrico. Porque, como já foi observado**, o raio é o poder irresistível da verdade, pelo qual as ilusões e mentiras são extintas; e ainda, interpretado mais profundamente, o poder da eternidade pelo qual a fenomenalidade é aniquilada. Como um lampejo de conhecimento iniciatório, o relâmpago surge por si só e é seguido pelo ribombar e tumulto do despertar da vida e da chuva – a chuva da graça. E a ideia do diamante também tem significado nessa associação porque, do mesmo

---

* Quinta-feira. [N. do T.]
** *Supra*, pág. 218.

modo que o raio destrói tudo, também o diamante corta todas as pedras, ao passo que o brilho puro e duro do diamante tipifica a qualidade adamantina tanto da verdade quanto do espírito sincero.

As duas ideias do raio e do diamante, portanto, que se combinam no *vajra* indiano, podem facilmente ser aplicadas ao martelo de Tor. Já observamos uma relação entre esse símbolo e o grande homem-leão serpente mitraico, Zervan Akarana (figura 24). É a arma de Śiva e do Buda Solar Vairochana, o raio flamejante de Júpiter e, agora, o vigoroso martelo de Tor. É também o machado duplo cretense do Sacrifício do Touro e a faca na mão do herói Mitra, com a qual matou o Boi do Mundo.

Vamos observar mais uma vez o anzol de Tor – com sua isca – e voltar-nos para a figura 23, onde a Serpente do Mundo chega ao sacrifício mitraico. Observemos também mais uma vez a página *Tunc* do *The Book of Kells* e lembremo-nos que, na visão cristã, Cristo, o sacrifício que apaziguou a ira do Pai, era por analogia a isca pela qual o Pai-Serpente foi subjugado. Da mesma maneira que o sacerdote durante a missa ingere a hóstia consagrada, assim o Pai ingeriu a Vítima Voluntária, seu Filho que morre e vive eternamente e que, em última instância, era seu próprio Si-Mesmo.

Quanto disso tudo estava expresso nas mitologias dos germânicos da época de Tácito, ninguém consegue saber. Entretanto, não se pode duvidar do período das Edas, das Sagas e do Canto dos Nibelungos. Tampouco chega a ser difícil identificar os caminhos pelos quais o grandioso estilo sincrético helenístico de comunicação mítica penetrou além da esfera romana, nas trincheiras dos rios e bosques germânicos.

Antes de tudo, temos a evidência da escrita rúnica, que surgiu entre as tribos nórdicas imediatamente após a época de Tácito. Considera-se hoje que ela se desenvolveu a partir do alfabeto grego, nas províncias góticas helenizadas ao norte e noroeste do Mar Negro. Dali passou – possivelmente pela antiga rota comercial que subia o Danúbio e descia o Elba – para o sudoeste da Dinamarca, onde surgiu por volta de 250 d.C. Dali seu conhecimento foi logo levado para a Noruega, Suécia e Inglaterra. O alfabeto rúnico básico era composto de 24 (3 x 8) letras, a cada uma das quais era atribuído um valor mágico – bem como místico. Na Inglaterra o número de letras foi ampliado para 33; na Escandinávia, reduzido para 16. Monumentos e objetos públicos por todo o domínio da migração germânica contêm inscrições nessas várias escritas rúnicas, algumas falando de maldades, outras de amor. Por exemplo, numa pedra do final do século VII localizada na Suécia podemos ler: "Este é o significado secreto das runas: escondi aqui runas com poder, protegidas da bruxaria malévola. No exílio morrerá por meio de artes mágicas aquele que destruir este monumento". E em uma joia de metal do século VI, procedente da Alemanha: "Boso escreveu as runas. Para ti, Dallina, ele deu o broche".[30]

A invenção e difusão das runas marcam uma corrente de influência que se dirige de modo independente para o bárbaro norte germânico, proveniente daqueles mesmos centros helenistas dos quais, durante os mesmos séculos, os mistérios de Mitra introduziam-se nos exércitos romanos, no Danúbio e no Reno. Não sabemos que "sabedoria" era transmitida com as runas naquele período inicial, mas não podemos duvidar de que em tempos posteriores sua sabedoria mística era em geral de uma ordem neoplatônica, gnóstico-budista. Os célebres versos de Odin (Votam) nas poesias édicas* islandesas, falando sobre a conquista do conhecimento das runas por meio da autoabnegação, tornam essa relação perfeitamente clara:

> Eu acho que fiquei suspenso na árvore exposto ao vento,
> Suspenso nela por nove noites inteiras;
> Com a lança fui ferido e ofertado
> A Odin, eu próprio para mim mesmo.
> Na árvore que ninguém jamais saberá
> Que tipo de raiz se estende por baixo dela.
>
> Ninguém me fez feliz com pão ou bebida,
> E lá para baixo olhei;
> Peguei as runas, gritando eu as peguei,
> E de imediato cai de costas.
>
> Então comecei a prosperar e sabedoria obter,
> Eu me fortalecera e bem eu estava;
> Cada palavra levava-me a outra palavra,
> Cada ação a outra ação.[31]

Ninguém sabe quem escreveu esses versos. Eles constam do precioso manuscrito conhecido como *Codex Regius*, na Biblioteca Real de Copenhague, que parece ter sido escrito por volta de 1300 d.C., e do qual os conteúdos (a julgar pela forma da linguagem) foram compostos entre cerca de 900 a 1050 d.C.[32] Quer dizer, o período da escrita foi o das grandes expedições vikings a partir da Escandinávia para as costas e terras da França e Ilhas Britânicas, prosseguindo até a Islândia, Groenlândia, Nova Escócia e Massachussets; foi a época, também, dos reis vikings e príncipes de Novgorod e Kiev, de cujos nomes, Rhos ou Rus (do antigo escandinavo *rodr*, "caminho a remo"?) originou-se o nome Rússia; anos em que às preces das litanias cristãs europeias foi acrescentada a súplica: "Da fúria dos nórdicos, livrai-nos!" [33]

---

* De Eda, nome dado a duas compilações das tradições mitológicas e legendárias dos antigos povos escandinavos. [N. do E.]

MITOLOGIA OCIDENTAL

Muito acontecera desde o período primitivo do relato de Tácito. Em primeiro lugar, o impacto dos ataques dos hunos da Ásia tinha posto em movimento toda a constelação germânica, de maneira que as tribos foram jogadas do leste para o oeste, do norte para o sul e de um lado para outro, de todas as direções. Em segundo lugar, uma corrente contínua de influência deságua nesse caldeirão: primeiro de Bizâncio no sudeste, tornando-se intensa no século VI e então, subitamente, do Islã na Sicília e na Espanha. Os irlandeses, enquanto isso, a partir do mosteiro de Iona na ilha de São Columbano (fundado em 563 d.C.) – cujos missionários eram raspados de orelha a orelha na parte frontal da cabeça e tinham longos cachos ondeados atrás, levando nas mãos longas bengalas e botijas de couro com água penduradas nas costas, juntamente com sacolas de comida, tabuletas para escrever e relicários[34] –, levavam diligentemente a mensagem de Cristo de volta para os países dos quais eles próprios a haviam recebido, penetrando tão remotamente ao sul quanto no Lago Constança e em Milão.

Por volta da época em que se iniciou o período viking, aproximadamente 750 d.C., os germânicos da fase anterior de migração já eram membros estabelecidos de uma província cultural europeia – rústica mas cristã –, que de um lado diferenciava-se dos mouros do sudoeste e, de outro, pelo então cambaleante Império Cristão Bizantino do sudeste: não era, de maneira alguma, uma mera continuação ou pós-civilização da então desgastada ordem romana, mas a nova promessa, em rápida formação, de uma ordem gótica, que logo aconteceria. Agora os vikings do norte marginal não eram os membros das tribos primitivas do relato de Tácito sete séculos antes, mas bárbaros desenvolvidos e poderosos, construindo e navegando grandes embarcações marítimas, elegantemente decoradas, que eram enviadas ao mar em frotas de até seiscentas unidades, muitas delas com 22 metros de comprimento e um registro de cerca de trinta toneladas.

A esse respeito escreveu um cronista de cerca de 800 d.C.:

> O número de navios aumenta, o interminável fluxo de vikings jamais cessa de aumentar. Em todas as partes os cristãos são vítimas de massacres, incêndios, pilhagens. Os vikings subjugam a tudo em seu caminho e ninguém resiste a eles: apoderam-se de Bordeaux, Perigueux, Limoges, Angoulême e Toulouse. Angers, Tours e Orléans são exterminadas e uma inumerável esquadra navega pelo Sena, e o mal cresce em toda a região. Rouen é devastada, saqueada e incendiada; Paris, Beauvais e Meaux tomadas, a poderosa fortaleza de Melun é destruída, Chartres ocupada, Evreux e Bayeux saqueadas e todas as outras cidades sitiadas. Raramente uma cidade, raramente um mosteiro são poupados. Todos fogem e poucas são as pessoas que ousam dizer: "Fiquem para lutar por nossa pátria, nossos filhos, nossos lares!" No seu pasmo, preocupadas com a disputa, elas resgatam com tributos o que deveriam defender com a espada e permitem que o reino dos cristãos pereça.[35]

Do outro lado do açoite impiedoso temos o seguinte poema de infância do grande escaldo e mago-guerreiro viking, Egil Skallagrimsson (floresceu por volta de 930 d.C.).

> Isso disse minha mãe:
> que para mim deveria ser comprado
> um barco e remos simétricos,
> para compartilhar a vida dos vikings –
> ocupar a proa e
> dirigir a bela galera,
> ancorá-la no porto
> e derrubar aqueles que se nos opõem.[36]

Se o deus Tor retém em seu caráter algo das lembranças do rude alvorecer de seu povo – o martelo paleolítico e as façanhas audaciosas do primitivo matador de gigantes –, no caráter de Votam (Odin) os traços primitivos quase desapareceram, dando lugar a uma figura simbólica de brilho como o aço, altamente estilizada e com grande esplendor na superfície, mas também de surpreendente profundidade. Votam é o Pai-de-todos de uma cosmologia firmemente estruturada e amplamente concebida, inspirada – como todas as grandes ordens que estudamos – pelo sistema das mentes sacerdotais da antiga Suméria; desenvolvida, entretanto, sob influências do pensamento zoroastriano, helênico e – possivelmente – também do cristão. E tem a força de um tipo de misticismo bélico que já nos foi apresentado nos mistérios militares de Mitra, com um senso particular de destino que se encontra epitomizado na terrível palavra anglo-saxã antiga *wyrd,* da qual procede a atual palavra inglesa *weird,* que significa "destino": a predição das bruxas de *Macbeth.**

Já observamos que no salão bélico celestial de Votam residem 432.000 guerreiros,[37] os quais, ao término da era cósmica, devem precipitar-se para a "guerra com o Lobo", a batalha da matança mútua de deuses e gigantes. No alvorecer daquele dia, o vigia dos gigantes, Eggther, tocará a sua harpa e, acima dele, o galo Fjalar, vermelho e belo, cantará. Para os deuses cantará o galo Gollinkambi; e debaixo da terra outro galo cantará, vermelho-ferrugem, nas entranhas da deusa Hel. E então, conforme podemos ler nos versos repletos de referências ao destino, o cérbero Garm diante de sua cova uivará, os grilhões se romperão e o lobo correrá livre: "Muito eu sei", afirma a profetiza dos seguintes versos, "e mais eu posso ver do destino dos deuses":

> Irmãos combaterão e matarão entre si,
> E filhos de irmãs mancharão a honra de sangue;

---

* Em inglês *weird* significa entre outras coisas "predição" e "destino". No *Macbeth* de Shakespeare, as bruxas são chamadas de *The Weird Sisters*. [N. do E.]

> Tempos difíceis na terra, onde reina a libertinagem;
> Tempos de machado, de espada e os escudos racham,
> Tempos de vento, tempos do lobo, antes de o mundo desabar;
> Nem os homens pouparão uns aos outros.
> Yggdrasil agita-se, e estremecem no céu
> Os antigos membros, e o gigante está solto.
>
> Qual a sorte dos deuses? Qual a dos duendes?
> Toda Jotunheim geme, os deuses estão reunidos;
> Alto uivam os anões junto das portas de pedra,
> Os senhores dos rochedos: Querem saber ainda mais?[38]

Dessa maneira surge outro Apocalipse diante de nós.

Do leste chegam os gigantes navegando no navio Naglfar, construído com aparas de unhas, conduzido pelo gigante Hrym com seu escudo erguido. Ao lado vem nadando a Serpente Midgard e uma águia gigantesca guincha acima. Do norte chega outro barco, lotado com o povo de Hel e com Loki, o que muda de formas, no comando. Do sul surge um terceiro navio, com Surt, o regente do reino do fogo ao leme, com um açoite de ramos. Odin chega para enfrentar o Lobo. O deus Frayr procura Surt. Odin morre e seu filho Vithar o vinga, enfiando a espada no coração do Lobo. Tor confronta novamente a Serpente. A esperta cobra olha pasmada para o céu acima e Tor, furioso, a mata mas, virando-se, dá nove passos e cai morto.[39]

> O sol fica preto, a terra afunda no mar,
> As estrelas ardentes caem rodopiando do céu;
> Ígneo sobe o vapor e a chama nutridora da vida,
> Até o fogo arremessar-se para o alto, até quase atingir o céu.

Mas, então, atenção!

> Agora vejo a terra novamente
> Elevar-se toda verde das ondas;
> As cachoeiras rolam e a águia voa,
> E peixes ela fisga embaixo dos rochedos.
>
> Então campos não semeados dão frutos maduros,
> Todos os males amenizam-se e Baldr retorna;
> Baldr e Hoth habitam o salão de guerra de Hropt.
> E os poderosos deuses: Querem saber ainda mais?[40]

Não há necessidade de argumentar. Todo o sistema de imagens da árvore cósmica da vida e da sabedoria rúnica, as quatro direções cósmicas com os poderes que as acompanham, a grande era de 432.000 anos acabando numa batalha, dissolução e renovação cósmicas, tudo está em perfeita concordância com o modelo ao qual já estamos a esta altura familiarizados. Neste caso, um aspecto de grande interesse é a percepção aguçada de um processo cósmico impessoal que permeia todo o mito, enquanto, ao mesmo tempo, há uma insistência na interação dos opostos, o que sugeriu a certos estudiosos uma origem persa zoroastriana. O gigantesco navio Naglfar, feito de aparas de unhas, sugere também uma influência persa, já que entre aquele povo era considerado uma falta não se fazer uso devido de tais aparas. Entretanto, na mitologia édica*, os opostos em ação não são concebidos em termos éticos; tampouco se espera que no ciclo futuro o conflito entre os opostos cesse.

A antiga concepção germânica do início e reinício do mundo era a de um conflito ou interação essencialmente físico e não moral. Como diz Snorri Sturluson em sua versão em prosa da Eda**:

> No princípio, havia apenas um Vazio Imenso. No norte, então, surgiu o gélido Mundo Enevoado, no meio do qual havia uma fonte, da qual nasceram os rios do mundo. No sul surgiu o mundo do calor, abrasador, ardente e insuportável para os que não são dali. E as correntes geladas do norte, pressionadas em direção ao sul, emitiram um fermento vaporoso que se endureceu, tornando-se gelo, que permaneceu, e a névoa transformou-se em geada. Quando o vento quente do sul encontrou a geada, esta se derreteu, gotejou, e a vida germinou das gotas na forma do imenso gigante adormecido Ymir.
>
> Um suor inundou Ymir e de sua mão esquerda cresceram um homem e uma mulher, um de seus pés gerou um filho com o outro e, dessa maneira, surgiu a raça dos Gigantes da Geada. Além do mais, da geada condensou-se uma vaca, cujo nome era Audumla, com quatro jatos de leite escorrendo do úbere; e ela alimentou Ymir. Ela lambeu os blocos de gelo, que eram salgados e, no primeiro dia que os lambeu, surgiram cabelos neles; no dia seguinte, uma cabeça de homem; e, no seguinte, um homem inteiro encontrava-se ali. Seu nome era Buri, de feições belas, grande e forte.
>
> Buri gerou Borr, que desposou a filha de um gigante e teve três filhos: Odin, Vili e Ve, que mataram o gigante Ymir e do seu corpo fizeram o mundo: do seu sangue, o mar e as águas; de sua carne, a terra; de seus ossos, os rochedos; de seus dentes e ossos quebrados, os pedregulhos e pedras; o céu eles fizeram de sua cabeça e o colocaram sobre a terra, e em cada canto colocaram um anão; fogo e faíscas do sul eles dispersaram, algumas a perambular no céu; outras permaneceram fixas e assim foram feitos o sol, a lua e as estrelas.
>
> E a terra era redonda, com um mar profundo circundando-a. Eles destinaram a borda externa da terra aos gigantes; da parte interna fizeram uma grande cidadela em volta do mundo: e eles a chamaram de Midgard. Do cérebro de Ymir criaram

---

* e ** Ver *supra*, pág. 391

as nuvens. E fizeram o homem e a mulher de duas árvores*, aos quais atribuíram espírito e vida, sabedoria e sentimento e, depois, forma, voz, ouvido e visão, vestimentas e nomes. Além do mais, no meio do mundo construíram uma cidade para si mesmos, sobre a qual há muitas informações e lendas. Odin ocupou o assento superior, sua esposa era Frigg; e a raça deles é a raça conhecida como Aesir. Pai-de-todos ele é chamado, porque ele é o pai de todos os deuses e homens, de todos que foram criados por ele e seu poder.[41]

Os deuses tomam decisões todos os dias ao pé do Freixo Yggdrasil, a maior e melhor de todas as árvores. Seus galhos espalham-se sobre o mundo inteiro e ela sustenta-se sobre três raízes: uma encontra-se entre o povo Aesir; outra entre os Gigantes da Geada, onde antes estivera o Vazio Imenso, e uma terceira se estende sobre o Mundo da Névoa, embaixo do qual se encontra a grande serpente-dragão Nidhogger, que rói a raiz por baixo.** Debaixo da raiz que está entre os Gigantes da Geada encontra-se a fonte da sabedoria Mímir, guardada pelo gigante de mesmo nome; e ele é pleno de saber antigo, porque está sempre bebendo da fonte. Mas a raiz entre o povo Aesir encontra-se no céu, onde há a fonte sagrada conhecida como Urd, junto da qual os deuses realizam assembleias. No cume do Freixo está pousada uma águia e entre seus olhos está sentado um gavião; na raiz está a serpente-dragão roedora, e um esquilo, Ratatosk, percorre de cima a baixo o tronco do Freixo, da Serpente para a Águia e vice-versa, entretendo a discórdia que reina entre ambos. Quatro cervos, além disso, correm entre os galhos e mordem as folhas...

Como vimos, Odin, Pai-de-todos, pendurou-se naquela árvore e, como Cristo na cruz, foi atravessado por uma lança, sua própria lança: um sacrifício a si próprio (de si próprio para Si-Mesmo) para ganhar a sabedoria das runas. A analogia a ser feita, entretanto, é antes com o Buda na árvore Bodhi do que com Cristo na cruz; pois a finalidade e a realização eram no caso a iluminação, não a reconciliação com um deus ofendido, e com ela a obtenção da graça para redimir uma natureza vinculada ao pecado. Por outro lado, ao contrário do Buda, o caráter deste Homem--da-Árvore está inteiramente *com* o mundo e, de modo particular, com disposição épica. Todos os dias, em seu grande salão bélico, os campeões levantam-se ao amanhecer, colocam as armaduras, vão para o pátio, combatem e derrubam uns aos outros. Esse é seu esporte. E ao anoitecer eles retornam para que as Valquírias lhes sirvam um hidromel inesgotável, para mais tarde amá-las. E do hidromel da poesia, também, esse deus é o possuidor e distribuidor. Pois foi das artes da guerra, das artes das trovas escáldicas e da sabedoria das runas, que consistiu o poder e a glória das esquadras vikings.

---

* Ver *supra*, págs. 173, 174.
**   Ver *supra*, págs. 51, 52.

A própria poesia era a bebida de Odin, e nesta classe de poesia residia o poder da vida. Mas Odin tem tantas formas e nomes que, como reclamou certa vez um membro da realeza que era candidato à sua sabedoria: "Deve, de fato, ser uma considerável sabedoria que conhece todas as tradições e exemplos de quais ocorrências deram origem a todos esses nomes". Ao que o próprio deus, sob o disfarce de um mestre místico, respondeu: "Na verdade, é uma vasta soma de conhecimentos se eles são enumerados um a um. Mas é mais conciso dizer que a maior parte de seus nomes foi-lhe dada por esta razão: havendo tantas línguas no mundo, todos os povos acreditaram que lhes era necessário traduzir seu nome para sua própria língua, mediante a qual eles poderiam melhor invocá-lo e implorar-lhe com seu próprio nome. Porém, algumas vezes tais nomes surgiram também em virtude de suas andanças; esse assunto encontra-se registrado em lendas. Nunca poderás ser considerado um homem sábio se não souberes mencionar tais grandes feitos".[42]

Talvez de todas as coisas maravilhosas de Odin a mais notável seja, entretanto, o fato de os últimos de seus poetas – a quem devemos a transmissão de seu conhecimento até nós – terem sido cristãos confessos. Tanto Saemund, o Sábio (1056-1133), a quem se atribui a compilação da Eda Poética, quanto Snorri Sturluson (1179-1241), o grande chefe guerreiro, poeta escaldo e autor da Eda em Prosa, prefiguram algo do espírito daqueles poetas da Renascença, a quem os deuses dos gregos conferiram a linguagem mística de uma ordem de revelação anterior à da Igreja. O sistema édico era – para aqueles que sabiam interpretá-lo – expressivo dos mesmos temas estoicos e neoplatônicos dos quais as mentes mais nobres da Europa haviam por séculos extraído sua inspiração; e para aqueles de convicção pelágia sincera, para quem a natureza jamais poderia ser difamada convincentemente, os antigos deuses eram companheiros apropriados dos anjos. Eram, na verdade, os correspondentes nórdicos dos mesmos deuses dos mistérios helênicos da dissolução do eu, de cujas iconografias tinham sido derivadas a tradição ritualística e o próprio contexto do Evangelho da Cristandade. Dessa maneira, temos nas Edas – não menos que nas lendas heroicas célticas –, por assim dizer, os leões-serpentes do *The Book of Kells* sem o texto do Evangelho: o engaste (de fé, se poderia dizer) sem a pedra preciosa. Entretanto, para os que aprenderam a interpretar as runas – a cujo propósito o próprio Odin entregou-se sem reservas –, a própria natureza revela a joia onipresente.

III. ROMA

A seguinte formulação autorizada do mito cristão foi anunciada pelo poderoso Papa Inocêncio III (1198-1215) no Quarto Concílio de Latrão, em novembro de 1215. Seu propósito era determinar de uma vez por todas o leito de Procusto, ao qual todos os homens pensantes teriam dali em diante que se ajustar. Eles estavam, de fato, sendo adaptados a ele na época desse brilhante político da Igreja, de cuja pena elegante sobreviveram não menos que 4800 cartas pessoais habilmente escritas. Os historiadores o chamam de "o maior de todos os papas". Nos anais da religião, o Quarto Concílio de Latrão, que ele convocou e presidiu, marcou a consumação da mais impressionante vitória sobre a heresia, por consenso ortodoxo, que o mundo já vira. Com ela veio o apogeu do poder papal em sua implementação de um evangelho respeitado há dois mil anos como a afirmação mais pura que a humanidade conhece sobre o princípio do amor.

O Papa Inocêncio III, grande herdeiro das chaves de Pedro, escreveu:

> Acreditamos firmemente e confessamos sinceramente que há apenas um Deus verdadeiro, eterno, incomensurável e imutável; incompreensível, onipotente e inefável, o Pai, o Filho e o Espírito Santo; na verdade, três pessoas, mas uma única essência, substância ou natureza; sendo o Pai de ninguém, o Filho apenas do Pai e o Espírito Santo igualmente de ambos, sem princípio, eterno e sem fim; o Pai criador, o Filho nascido e o Espírito Santo emanado; consubstanciais, coiguais, coonipotentes e coeternos; um único princípio de todas as coisas; o criador de todas as coisas visíveis e invisíveis, espirituais e materiais; que por Sua virtude onipotente, a uma só vez no princípio dos tempos criou do nada ambas as formas de criação, espiritual e material, que é o angélico e o mundano e, posteriormente, a criatura humana, como que composta de espírito e corpo a um só tempo. Porque o demônio e outros espíritos malignos foram criados por Deus; mas se tornaram malignos por suas próprias ações. Mas o homem pecou pela instigação do demônio.
>
> Essa Santíssima Trindade, indivisa com respeito à essência comum e distinta quanto às qualidades pessoais próprias, em primeiro lugar, segundo a disposição perfeitamente ordenada das eras, deu a lição da salvação à raça humana por meio de Moisés, dos santos profetas e de outros devotos Seus.
>
> Finalmente, o único Filho concebido por Deus, Jesus Cristo, corporificação de toda a Trindade em comum, concebido pela Virgem Maria por obra do Espírito Santo, feito verdadeiro homem, constituído de espírito racional e carne humana, uma única pessoa em duas naturezas, mostrou o caminho da vida em toda a sua pureza. Ele, com respeito à Sua divindade, é imortal e incapaz de sofrer; não obstante, com respeito à Sua humanidade, foi feito capaz de sofrimento e mortal. Ele também, depois de ter sofrido pela salvação da humanidade na cruz e morrido, desceu aos infernos, ressurgiu dos mortos e ascendeu ao céu. Mas desceu em espírito e encarnou novamente e ascendeu para vir em ambas as formas no fim do mundo, para julgar os vivos e os mortos e retribuir cada homem de acordo com suas ações, tanto os maus quanto os bons, que ressurgirão em seus corpos de hoje, para que recebam de acordo com suas ações, sejam eles bons ou maus, o castigo eterno no inferno ou a glória em Cristo.
>
> Há, outrossim, apenas uma Igreja universal para os fiéis, fora da qual nenhum homem é salvo, na qual o mesmo Jesus Cristo é tanto o sacerdote quanto o sacrifício, cujo corpo e sangue estão verdadeiramente presentes no sacramento do altar sob a forma de pão e vinho, sendo o pão transubstanciado no corpo e o

vinho, no sangue pelo poder divino, a fim de que, para realizar o mistério da unidade, nós próprios possamos receber Dele o que Ele recebeu de nós. E isso, ou seja, o sacramento, não pode ser realizado por ninguém a não ser pelo padre, que foi devidamente ordenado, de acordo com as chaves da Igreja, que o próprio Jesus Cristo conferiu aos apóstolos e seus sucessores.

Mas o sacramento do batismo, que é consagrado com água pela invocação de Deus e da Trindade indivisa, que é do Pai, do Filho e do Espírito Santo, sendo devidamente conferido na fórmula da Igreja a qualquer pessoa, seja criança ou adulto, conta para a salvação. E se qualquer pessoa, depois de ter recebido o batismo, comete pecados, ela poderá sempre se recuperar pela verdadeira penitência.

Não apenas as virgens e os castos, mas também as pessoas casadas, merecem, por meio da verdadeira fé e boas ações que agradam a Deus, alcançar a felicidade eterna.[43]

Implícita a essa doutrina imponente, como em todos os pronunciamentos da Igreja, estava a crença – que fora defendida por Agostinho contra a heresia de Pelágio – de que pela queda de Adão a natureza humana se corrompera tanto que a vontade, embora livre, é capaz de querer apenas o que é pecaminoso, até que seja abençoada (não pelo mérito do próprio homem, mas apenas por ato livre de Deus) pela graça divina. Implícita também está a ideia não menos fundamental – defendida por Agostinho contra os donatistas – de que a autenticidade da Igreja, como a única instituição na terra capaz de dispensar a graça pela qual o homem é salvo, não depende do caráter de seu clérigo.

Ironicamente, embora na época de Agostinho o monopólio assegurado de tal bem invisível chamado graça (da qual não se podia fornecer ou reclamar provas nem da concessão nem de sua falta) possa ter sido vantajoso para o crescimento e expansão incontestáveis da instituição dispensária entre aqueles em quem uma busca do bem tinha sido instilada, não obstante, na época de Inocêncio III o lado obscuro e perigoso da garantia de poder a um clero irrepreensível tinha se tornado a tal ponto evidente, que o próprio concílio fora convocado para enfrentá-lo. Heresias, tanto do tipo gnóstico quanto donatista, protestando contra o abuso de poder pelo clero ortodoxo, aumentavam assustadoramente tanto em número quanto em influência. Nas palavras de Henry Charles Lea em sua clássica *History of the Inquisition* [História da Inquisição]: "A simpatia da população não era mais atraída pelas graças e encanto do cristianismo. A submissão era obtida pela promessa de salvação, a ser conquistada pela fé e obediência, ou era extorquida pela ameaça de danação ou pelos terrores mais violentos da perseguição terrena".[44] E os próprios clérigos, enquanto isso, representavam as virtudes mais do lado dos bodes, à esquerda, do que das ovelhas, à direita do Tribunal da Segunda Vinda do Senhor. Dois exemplos, do período do próprio Inocêncio, serão suficientes. O primeiro, Gérard de Rougemont, Arcebispo de Besançon, e o segundo, o Bispo de Toul, Maheu de Lorraine.

No ano de 1198, o cabido de Rougemont acusou-o de perjúrio, simonia e incesto. Mas quando ele foi chamado a Roma, os acusadores não ousaram prosseguir nas acusações. Entretanto, não as retiraram e o grande perito na Lei de Deus, Inocêncio III, citando benevolentemente Cristo no caso da mulher adúltera ("Quem dentre vós estiver sem pecado, seja o primeiro a lhe atirar uma pedra"),[45] mandou o prelado de volta para casa, a fim de que se penitenciasse e fosse absolvido. E, de fato, Rougemont retornou: a viver em incesto com sua prima, a Abadessa de Remiremont, e em intimidade menos excepcional com suas outras concubinas, uma das quais era freira e outra a filha de um padre; considerando que, enquanto isso, nenhuma igreja em sua província podia receber consagração sem pagar para ele; monges e freiras que podiam dar-lhe propinas recebiam permissão para deixar os conventos e se casar, e seus clérigos regulares foram reduzidos, por suas extorsões, a viver como camponeses, por sua própria conta. No ano de 1211 iniciou-se uma segunda tentativa para removê-lo, a qual, entretanto, simplesmente arrastou-se até que, finalmente, por volta da época do próprio Concílio de Latrão, seu povo rebelou-se e o expulsou. Ele se retirou para o Mosteiro de Bellevaux, onde morreu em paz no ano de 1225.[46]

O Bispo de Toul, Maheu de Lorraine, que era um adepto da caça, tinha como concubina preferida a própria filha que teve com uma freira de Epinal. Ele foi consagrado em 1200. Dois anos depois, seu cabido, reduzido à pobreza, solicitou a Inocêncio III a remoção do Bispo. Mas foi apenas após uma série complicadíssima de procurações e apelos, intercalados por atos de violência, que ele foi deposto em 1210. Sete anos mais tarde ele fez com que seu sucessor, Renaud de Senlis, fosse assassinado, depois do que seu próprio tio, Thiebault, Duque de Lorraine, encontrando-o por acaso, matou-o ali mesmo.[47]

Do trovador Peire Cardenal (c.1205-1305?), que havia sido estudante de teologia por um tempo, provêm os seguintes versos:

> É verdade que os monges e freiras fazem ampla demonstração
> Dos regulamentos austeros a que todos eles se submetem,
> Mas esse é o mais vão de todos os fingimentos.
> Na verdade, eles vivem duas vezes melhor, como sabemos,
> Do que viviam em suas casas, apesar de seus votos
> E sua falsa ostentação de abstinências.
> Na verdade, não há vida mais folgazã que a deles;
> E se excedem especialmente os frades mendicantes,
> Cujos hábitos concedem liberdade de ação por onde quer que andem.
> Esse é o motivo que leva às Ordens
> A tantos homens desprezíveis, ávidos de vil metal,
> Que possam dar lugar a seus vícios,
> E o hábito os protege em suas pilhagens.[48]

O grande trovador germânico Walther von der Vogelweide (1198 a 1228) também escreveu:

Teus clérigos roubam aqui e matam ali,
E a tuas ovelhas, guarda-as um lobo.[49]

E de São Bernardo de Clairvaux (1090-1153) surge a pergunta: "A quem podem vocês mostrar-me entre os prelados que não procura antes esvaziar os bolsos de seu rebanho do que dominar seus vícios?"[50] E de Santa Hildegarda de Bingen (1098-1179): "Os prelados são violadores das igrejas, sua avareza consome tudo o que elas podem adquirir. Com suas opressões eles nos tornam indigentes e contaminam a nós e a si próprios".[51]

Não é de estranhar, então, saber que no curso do século XII desenvolveu-se em toda a Europa uma tendência profunda, não apenas de anticlericalismo, mas também de heresia radical, da qual os cátaros ou albigenses das mais belas cidades e regiões do sul da França foram os exemplos mais ameaçadores. Não é preciso repetir aqui em toda a sua extensão a terrível e bem conhecida história da extinção papal dessa seita. A questão principal, para o nosso propósito, é que os albigenses parecem haver sido uma variante ressurgente da religião maniqueia. Essa, por sua vez, chegara na Europa há não muito tempo, via Bulgária, Bósnia, Hungria e, então, Itália, florescendo especialmente no sul da França dos trovadores.

Assim como o cristianismo de Agostinho, o maniqueísmo também considerava corrupta a natureza; entretanto, não pelo pecado de Adão, mas por ser criada por um deus mau. E a redenção seria alcançada não pelos sacramentos funcionando magicamente por si mesmos, mas pela virtude. Foi hábito das críticas cristãs ridicularizar a ideia maniqueísta de que a virtude de seu clero era o único e verdadeiro meio pelo qual o princípio do espírito e da luz – preso nas malhas da escuridão material – se libertaria e retornaria ao seu estado natural. Por mais bizarro que o mito possa ter parecido aos não iniciados em seu significado – embora não seja, obviamente, mais bizarro que o próprio mito cristão ou, na verdade, qualquer outro interpretado literalmente –, ele continha o que, para aquela época, era o resultado surpreendente da criação de um tipo de clero que podia ser respeitado como modelo das virtudes que pregava. O resultado foi uma vasta – e, para a Igreja, perigosa – popularidade, contra a qual as medidas mais vigorosas foram invocadas.

Havia, aparentemente, muitas seitas albigenses. A característica proeminente de todas era a extrema austeridade de seus excelsos santos vivos, conhecidos como os "purificados" ou "perfeitos": os *cathari*. Como no budismo, também aqui a ideia básica era a da reencarnação e libertação: o progresso por meio de muitas vidas do espírito preso na ignorância e na ilusão, até um estado final de libertação pela iluminação. Como os Budas vivos, também os *cathari* serviam tanto de iniciadores quanto de modelos, para os "crentes" que ainda não estavam espiritualmente prontos para consumar as grandes renúncias do salto final em direção à libertação. Os crentes – *auditores* – podiam casar-se e comer carne: os perfeitos – *boni homines* – eram ascetas vegetarianos.

Entretanto, como os escritos dos cátaros albigenses foram destruídos e o nosso conhecimento de suas práticas provém basicamente dos seus inimigos, pouco se pode dizer a respeito delas. Parece, contudo, que os *boni homines* eram venerados pelos *auditores*; que o rito cátaro mais importante era um mistério de iniciação espiritual conhecido como o *consolamentum*; que uma forma de ritual suicida mediante o jejum absoluto, conhecido como *endura*, era ocasionalmente praticado pelos santos (como pelos jainistas da Índia);[52] e que quando, sob perseguição cristã, ofereciam-lhes as alternativas da retratração ou da fogueira, tanto os simples "crentes" quanto os "perfeitos" escolhiam inexoravelmente a última.

Na verdade, nas palavras de Henry Charles Lea, "se o sangue dos mártires fosse realmente o germe da Igreja, o maniqueísmo seria hoje a religião dominante na Europa".[53] Já em 1017 – que é a data mais antiga que se tem registro de uma incineração pública de hereges –, treze albigenses de um grupo de quinze, apreendidos em Orleans, permaneceram firmes e foram levados para a fogueira. Em Toulouse, em 1022, houve outra execução desse tipo; em 1051 houve mais uma, em Goslar, na Saxônia.[54] Em Colônia, um século depois, 1163, os queimados causaram uma impressão profunda pela animada disposição com que aceitaram a fogueira. Arnold, o líder deles, já em chamas, colocou uma mão que tinha livre sobre as cabeças dos que queimavam a seu lado e lhes disse calmamente: "Permanecei constantes em vossa fé, porque hoje vós estareis com Lourenço!" Gerhard, o líder de outro grupo executado em Oxford na mesma época, cantava enquanto caminhava com seus seguidores para a fogueira: "Abençoados sois quando os homens vos insultam". E no sul da França, durante a abominável Cruzada Albigense de 1209-1229, após a captura do Castelo de Minerva, cento e oitenta foram juntos para a fogueira e o monge cronista do espetáculo observou: "sem dúvida, estes mártires do mal passaram, todos, das chamas temporais para as eternas".[55]

O problema para a Igreja no sul da França estava na indiferença da aristocracia aos anátemas, excomunhões, bulas, representações diplomáticas, núncios apostólicos e tudo o mais que emanasse de Roma para impedir o crescimento da heresia. O clímax aconteceu em 1167, quando os cátaros realizaram um concílio próprio em St. Félix de Caraman, perto de Toulouse. Seu dignitário supremo, o Bispo Nicetas, chegou de Constantinopla para presidi-lo; foram eleitos bispos para as dioceses vagas de Toulouse, Val d'Aran, Carcassonne, Albi e da França ao norte do Loire; foram nomeados delegados para decidir uma disputa de fronteira entre as dioceses de Toulouse e Carcassonne; e "em resumo", como observa Henry Charles Lea, "tudo era como em uma Igreja instituída e independente, que considerava a si própria destinada a substituir a Igreja de Roma".[56]

Roma, todavia, reagiu. O Papa Alexandre III (1159-1181) convocou o Terceiro Concílio de Latrão que, no ano de 1179, deu o passo sem precedente de proclamar uma cruzada dentro da própria cristandade. Prometeu-se uma indulgência de dois anos (isto é, uma abreviação de dois anos do período de permanência da alma no purgatório) a todos os que tomassem as armas; e aos que morressem pela causa era assegurada salvação eterna. Dessa maneira formou-se um exército para servir sem pagamento terreno e, no ano de 1181, essa força espiritual lançou-se sobre os domínios do Visconde de Béziers e tomou, depois de sitiá-la, a cidade fortificada de Lavaur (entre Albi e Toulouse), onde a Viscondessa Adelaide e vários outros cátaros importantes haviam se refugiado. A cidade fortificada, segundo os informes, foi tomada apenas por milagre e, em toda a França, hóstias consagradas pingando sangue anunciaram aos fiéis a vitória de suas armas cristãs.[57] A cruzada, depois de ter conquistado para si o céu, debandou e nada mais foi feito com relação ao avanço da heresia até que o Papa Inocêncio III, no ano de 1209, enviou um exército de grande magnitude, da cidade de Lyon, para a matança.

Foram séculos, em toda a Europa, de todos os tipos de histéricos arrebatamentos grupais. Consequência da pregação da Primeira Cruzada (1096-1099) – primeiro pelo Papa Urbano II e, em seguida, por um tipo de fanático errante, do qual Pedro, o Eremita, foi o mais famoso (cujo burro tornou-se objeto de veneração religiosa) – os camponeses eram arrancados da terra e lançados aos milhares, em ondas de fervor, ao encontro do desastre, de uma maneira ou outra, seja a caminho ou na própria Terra Santa.

As promessas fantasiosas da Cruzada Infantil do ano de 1212 não passou de mais um desses arrebatamentos grupais. Fenômenos semelhantes de menor magnitude foram tão variados quanto comuns em todas as partes; como na curiosa epidemia de dança que atingiu seu clímax no século XIV, nos anos da Peste Negra.[58] Era comum encontrar nas estradas multidões de flagelantes, nus até a cintura, cabeças envoltas em panos, carregando estandartes, velas acesas e chicotes, açoitando-se ao compasso de hinos espirituais.[59] Foi uma época em que a advertência de Cristo – "quando orares, entra no teu quarto, fechando tua porta"[60] – era pouco considerada. O chamado de Inocêncio III para formar um exército foi, por isso, recebido com uma carga emocional de alta voltagem. Recrutas – tanto de sangue nobre quanto plebeu – foram arrebanhados de todos os cantos da Europa, de tão longe quanto Bremem e de tão perto quanto Borgonha e Nevers. Na Alemanha, cidades e aldeias foram tomadas por mulheres espiritualmente inflamadas que, impossibilitadas de gastar seu fervor religioso unindo-se ao exército papal da Cruz, despiam-se e podiam ser vistas percorrendo nuas – sozinhas ou em grupos – as ruas e estradas.

O Papa Inocêncio III, dois anos antes da formação de sua horda, tinha excomungado o Conde Raymond de Toulouse, que fora um dos principais defensores dos direitos de seus parentes e amigos albigenses a render culto do modo que preferissem. Logo após sua excomunhão – que liberara todos os súditos do conde de lealdade a ele, bem como de juramentos e obrigações –, ocorreu que um representante papal, quase imediatamente após uma rixa com o conde, foi morto pela lança de um cavaleiro. Parece que Raymond foi o autor do crime – embora, na verdade, possa não ter sido – e para limpar sua honra e alma, ele se propôs, confuso, a concordar, em penitência, com as condições do papa. Estas, como então descobriu, eram que ele deveria entregar ao poder da Igreja suas sete fortalezas mais importantes, depois do que – se ele pudesse provar-se inocente –, seria absolvido.

Raymond, para sua infelicidade, esqueceu-se, na ocasião, do reconhecido princípio cristão de que acordos feitos com hereges podiam – ou mesmo deviam – ser violados. Ele deixou-se, por isso, ser conduzido, nu até a cintura, até os representantes papais no portal da Igreja São Gilles, onde jurou, sobre as relíquias de São Gilles, obedecer à Igreja em todas as acusações que se faziam contra ele. O núncio apostólico colocou uma estola em volta do seu pescoço. E enquanto era açoitado nas costas e ombros nus, conduziu-o – em meio a uma multidão de curiosos que lá estava para testemunhar a degradação de seu senhor – até o altar-mor, onde foi absolvido sob a condição de que devia extirpar a heresia de seu domínio, demitir todos os judeus de seus cargos, restituir todas as propriedades espoliadas da Igreja, abolir todos os tributos arbitrários e participar da cruzada. Então, quando as terras que entregou foram ocupadas, ele foi novamente excomungado – o que, de fato, fora o plano inicial de Inocêncio III – e se iniciou o grande avanço do poderoso exército da Cruz Cristã em direção às regiões mais ricas da França.

Havia cerca de vinte mil cavaleiros e duzentos mil soldados de infantaria. Parte significativa da riqueza do império fora arrecadada por meio de "contribuições" sob pena de excomunhão, e o salário da recompensa eterna tornava-se prodigamente acessível a todos. As muralhas da bela cidade de Béziers foram as primeiras a cair e o massacre que se seguiu não tinha, até então, paralelo na história europeia: os representantes papais relatam uma matança de quase vinte mil pessoas, das quais sete mil só na Igreja de Maria Madalena, para a qual tinham fugido em busca de refúgio; e quando o representante autorizado no comando foi interrogado se os católicos deviam ser poupados, temendo que alguns dos hereges pudessem escapar fingindo ortodoxia, ele respondeu, com o verdadeiro espírito de um homem de Deus em seu coração: "Matem todos, porque Deus sabe quem são os seus!" A cidade foi incendiada. E o sol naquele entardecer pôs-se sobre um cenário de fumaça, perfeitamente adequado para ilustrar a visão cátara de que o papa e sua Igreja não provinham da semente do amor divino, AMOR, mas ao contrário (como a palavra, lida de trás para frente, parecia mostrar), ambos eram os autênticos criadores do inferno na terra, o qual, de acordo com a própria doutrina cátara, é o único inferno que existe. Seguiu-se a queda de Carcassonne: a cidade, em pânico, rendeu-se. Foi permitido que sua população a deixasse, levando consigo nada além de seus pecados, os homens de calções, as mulheres de saias, enquanto os soldados, pagos com a promessa do Reino de Cristo, ocuparam-na. No final do verão, o poderoso papa pôde escrever, em seu elegante estilo latino, sobre sua felicidade ardente pela fantástica tomada de quinhentas cidades e fortalezas do poder dos súditos da impostura e da perversidade do demônio.[61]

A Toulouse do Conde Raymond foi a próxima cidade da lista... Mas o leitor interessado poderá, por conta própria, procurar saber o final daquela sórdida história. Ela continuou por mais vinte anos, deixando o sul da França em ruínas e a Igreja de Roma não mais segura que antes no seu trono de tirania. Ao contrário das grandes histórias da China, Índia e do Levante, onde – como vimos – as elites governantes podiam pretender, sem grandes objeções, estar dotadas sobrenaturalmente, na Europa essa elevada postura mítica nunca prevaleceu por muito tempo. Nem na Grécia ou Roma, nem no posterior Ocidente celta-germânico, a visão oriental de que certas pessoas – sejam elas reis ou sacerdotes – têm o direito divino e poder para decidir não só o que os homens devem fazer, mas também o que devem pensar, jamais inspirou as melhores cabeças locais.

Durante o início da Idade Média, quando a missão cristã original entrou em ação, o clero pode ter imaginado que, com o tempo, ela imprimiria seu mito na terra para sempre; e, com isso, reinaria como a burocracia de uma espécie de califado europeu ou corte faraônica papal. Mas já no apogeu de seu poder, no reinado de Inocêncio III, o projeto inteiro estava em visível decadência e podia se desenvolver apenas em direção ao colapso. Os homens começaram a pensar, e a concepção europeia do indivíduo com seus direitos próprios simplesmente desintegrou o pretexto de um consenso levantino absoluto.

O sintoma da heresia cátara era apenas parte de um número crescente de contestatários que, por mais ameaças, fogueiras, açoitamentos ou anátemas que houvesse, nada conseguia, nem mesmo mitigá-los. Por exemplo:

Joaquim di Fiori (c.1145-1202), fundador do mosteiro localizado em San Giovanni in Fiori, no Monte Nero, que a 21 de janeiro de 1204 recebeu a aprovação de Inocêncio III, morreu nas boas graças de sua Igreja. Em sua interessante *Expositio in Apocalypsin*, entretanto, ele apresentara uma concepção de história que, num concílio realizado em Arles em 1260, foi condenada juntamente com todas as suas obras e juntamente também com todos aqueles movimentos monásticos extáticos que seguiram seu rastro. Resumindo, sua ideia era que a história da humanidade dividia-se em três períodos: 1. a Idade do Pai (o Antigo Testamento); 2. a Idade do Filho (o Novo Testamento e a Igreja), e 3. a Idade do Espírito Santo, quando a hierarquia de Roma seria dissolvida e o mundo inteiro se tornaria como que um mosteiro de almas, em comunhão direta com Deus.

A polêmica antipapal de Joaquim atraiu muitos entusiastas de sua época, inclusive numerosos franciscanos, que acreditavam ver em Francisco de Assis (1182-1226) o iniciador da Terceira Era, em que desapareceria a estrutura papal. Desenvolveu-se também uma série de movimentos curiosos em torno de certas figuras que eram consideradas encarnações do Espírito Santo; notavelmente uma dama religiosa, Guglielma, que chegou em Milão por volta de 1260 e morreu em 1281, e um interessante jovem muito humilde, de nome Segarelli, que surgiu em Parma com as vestimentas de um apóstolo, também no fatídico ano de 1260 – que fora previsto por Joaquim di Fiori como o início da Era do Espírito Santo. Segarelli tornou-se o centro de uma seita anticlerical relativamente inofensiva, mas que rapidamente conseguiu conquistar grande influência e, em reação à perseguição, tornou-se fanaticamente violenta, levando muitos de seus membros à fogueira. O próprio Segarelli foi queimado no ano do grande Jubileu papal, em 1300, e os líderes do maior grupo de seus seguidores – o valente Dolcino, seu assistente, Longino Cattaneo, e Margherita di Trank –, depois de um dos mais bizarros e desesperados episódios de guerra de guerrilha da história da Europa, foram capturados sete anos depois e executados: a mulher, de família nobre e reconhecida beleza, foi assada lentamente diante da vista de Dolcino e ele próprio foi então levado de carruagem pela cidade de Vercelas, sendo aos poucos esquartejado por uma bateria de torqueses incandescentes, enquanto seu colega, Cattaneo, sofria o mesmo esquartejamento lento como exemplo edificante para a cidade cristã de Biela.[62]

Dante Alighieri (1265-1321) colocou o monge Joaquim no paraíso,[63] mas parece ter mandado Dolcino para o inferno.[64] E propôs, como sabemos, sua resposta mítica contra a arrogância terrena dos papas, pois ele próprio, no ano de 1302, fora sentenciado à fogueira pelos partidários do papa. A ideia de Dante era que o Império Romano havia sido fundado pelo desígnio divino, assim como o reino de Jerusalém; e que o imperador – herdeiro de Roma – representava a ordem secular, ao passo que o papa – herdeiro de Jerusalém – representava a espiritual, cujo reino, como afirmara Cristo, não era deste mundo. "Não a força, mas a razão e, sobretudo, a razão divina, foi o princípio do Império Romano", escreveu Dante no quarto tratado do *Convívio*.[65] Ele demonstrou de que forma maravilhosa haviam coincidido as histórias das duas ordens, de Roma e de Jerusalém, através dos tempos: a chegada à Itália de Eneias *coincidira* com o nascimento de Davi; o aperfeiçoamento de Roma sob o reinado de Augusto *coincidira* com o nascimento de Cristo. Além do mais, todo o crescimento de Roma havia sido promovido por uma sequência de cidadãos divinamente inspirados e protegidos por milagres divinos. Dante analisa toda a série e no final exclama: "Em verdade, sou de firme opinião que as pedras que estão assentadas em suas muralhas merecem reverência, e o solo onde Roma está fundada é mais digno do que o homem consegue pregar ou provar".[66]

O ponto principal dessa exposição era que no mundo cristão os poderes do Estado e da Igreja são igualmente de origem divina, e que a autoridade de cada um tem sua própria esfera designada; e que, enquanto a herança religiosa provinha da Aliança de Moisés e dos ensinamentos dos profetas, a da esfera secular provinha da lei romana. Não podemos rever neste volume a série crescente de desastres que arruinaram todos os esforços da Igreja por usurpar as funções do Estado. O primeiro ocorreu na própria época de Dante, quando o Papa Bonifácio VIII (1294-1303) – a quem ele designou em sua *Divina Comédia* o oitavo círculo do inferno – divulgou em uma célebre bula conhecida como *Unam Sanctam* a declaração mais ousada que fora enunciada até então no âmbito mundial: "Nós declaramos", esse papa tinha escrito, "declaramos, dizemos, definimos e decretamos que é necessário para a salvação de toda criatura humana que ela se sujeite ao pontífice romano".[67] E

EUROPA RESSURGENTE

numa segunda afirmação, enviada ao imperador dos romanos, acrescentava que como Deus tinha criado tanto o sol quanto a lua, também Ele tinha criado o sol metafórico do poder eclesiástico e a lua metafórica do poder secular: "E como a lua não tem luz que não seja a recebida pelo sol, assim também o poder terreno não tem nada a não ser o que recebe do poder eclesiástico".[68] Que surpresa deve ter sido, portanto, para aquele sol metafórico, o próprio Bonifácio, quando em junho de 1303 o rei da França, Filipe IV, o Belo (reinou de 1285 a 1314), acusando-o de heresia, enviou um grupo armado para prendê-lo. O velho prelado morreu de choque; e o próximo papa foi um francês, que não vivia em Roma, mas em Avignon.

Em 1377 havia dois papas, um em Avignon e outro em Roma, um excomungando o outro, até 1409, quando um concílio de cardeais em Pisa elegeu mais outro, de maneira que passou a haver três papas. O grande Concílio de Constança, 1414-1418, com a participação de cerca de 6.500 pessoas – das quais pelo menos 1.600 eram de sangue nobre e 700 mulheres públicas (estas, segundo relato, acompanhadas de inumeráveis súcubos)* –, apenas acelerou o processo de decomposição da Igreja com a cilada e queima do popular John Huss (*c*.1373-1415), que, conforme a observação de uma autoridade, foi "o ato mais grave do século".[69]

Tendo ido ao concílio por livre e espontânea vontade, com garantias de um salvo-conduto, para apresentar seus argumentos em favor de reformas, o dócil padre da Boêmia foi preso numa cilada, tendo mãos e pés algemados à parede de uma cela fétida, cruelmente ordenado a confessar que ensinara doutrinas que nunca havia ensinado. E quando se recusou, dessa maneira, a trair a si mesmo, foi, a 6 de julho de 1415, no mais explêndido *auto de fé* de que se tem registro, despido cerimoniosamente de suas vestes sacerdotais diante de uma multidão ilustre na Catedral de Constança. Então, escalpelaram sua tonsura com tesoura e esfolaram seus dedos (para remover a pele, que por ocasião de sua ordenação fora untada com óleo clerical). Deram-lhe um chapéu cônico de papel pintado com desenhos de demônios, no qual estava inscrito: "Este é o heresiarca". Depois, foi entregue aos agentes seculares da vontade infalível da Igreja, para ser queimado. "Cristo Jesus, Filho do Deus vivo, tenha piedade de mim!", ouviu-se sua voz exclamar duas vezes, enquanto o vento soprava as chamas e a fumaça em volta de sua forma ereta. As cinzas e toda a terra em volta dele foram então lançadas no Reno, para impedir que fossem adoradas como relíquias.[70] Exatamente um século depois, entretanto, o sol de Lutero surgiu daquelas cinzas e a Igreja Católica Romana passou a ser, a partir de então, apenas uma componente na constelação de cristianismos que lutaram entre si no Ocidente europeu.

---

* Súcubos são demônios em forma feminina que aparecem a homens, durante o sono, para seduzi-los.

IV. AMOR

Na visão mais ampla da história da mitologia mundial, o principal desenvolvimento criativo, no período da minguante Idade Média e da emergente Reforma, foi o nascimento do princípio da consciência individual sobre a autoridade eclesiástica. Isso marcou o princípio do fim do reinado da mente sacerdotal, primeiramente sobre o pensamento europeu e, em seguida, como vemos agora, em todo o mundo. Com isso surgiu uma nova era, e seu avanço sobre as grandes culturas do passado é tão significativo – espiritual e moralmente, bem como materialmente – quanto foi o daquelas com relação às simples ordens tribais do homem paleolítico.

Em nossa pesquisa das mitologias dos mundos primitivo, oriental e ocidental, descobrimos que durante o quase interminável período inicial de nossa espécie, quando a caça e a coleta de plantas eram os únicos meios de sustento, os grupos sociais eram relativamente pequenos e havia pouca ou nenhuma especialização dos indivíduos. Os papéis dos sexos eram, na realidade, distintos e havia uma diferença reconhecida também entre os dotados de uma visão xamânica e o restante da comunidade. Entretanto, no geral, conforme observamos no volume *Mitologia Primitiva* desta coleção, no período das primeiras tribos caçadoras "todo indivíduo era tecnicamente mestre de *toda a herança cultural* e as comunidades eram, portanto, constituídas de indivíduos praticamente equivalentes".[71]

No Oriente Próximo nuclear, entre *c.*7500-5500 a.C., nasceu uma nova e grandiosa era com a invenção das artes do cultivo de alimentos e agropecuária. Em consequência, surgiram comunidades de tamanho considerável, nas quais se desenvolveram vários tipos de conhecimento especializado. O mais importante deles para o nosso estudo foi a classe dos sacerdotes profissionais de tempo integral, dedicados, entre outras ocupações, à observação dos movimentos do céu estrelado. Nas culturas primitivas anteriores, o foco de atenção concentrava-se nos reinos vegetal e animal e no entorno imediato. Os mitos e ritos das tribos nômades da Grande Caça – para quem os animais grandes e pequenos das planícies onduladas eram as principais manifestações dos poderes e mistérios da natureza – baseavam-se na ideia de que existia um pacto entre homens e animais. Os animais ofereciam voluntariamente seus corpos para serem mortos, desde que fossem realizados certos ritos para assegurar seu renascimento e retorno. Animais também surgiam em visões, para se tornarem os guardiães, iniciadores e veículos dos xamãs, concedendo-lhes conhecimento, poder e percepção espiritual. E as pessoas, em seus ritos, vestiam-se como animais e os imitavam.

Por outro lado, nas regiões onde predominou o mundo vegetal, tanto como fonte de alimento quanto como exemplo dos mistérios da vida, os mitos dominantes eram inspirados por um reconhecimento de analogias entre os processos das plantas e da existência humana: nascimento e crescimento resultantes da morte e decomposição, indiferença pelo individual. Os ritos, consequentemente, caracterizavam-se por uma concentração – profusa, muitas vezes – em sacrifícios humanos, pelos quais se acreditava que seriam fortalecidos os poderes da vida, considerados como resultantes da morte.

Parece, além disso, que no Oriente Próximo nuclear, onde surgiram as primeiras aldeias agrícolas do estágio neolítico da civilização, prevaleceu uma mitologia vegetal estreitamente aliada à das zonas agrícolas primitivas. Analisamos essas evidências em *Mitologia Primitiva*, e não é necessário repetir aqui o argumento.

Discutimos naquele volume, também, o surgimento memorável, por volta do alvorecer da Idade do Bronze, de uma mitologia sacerdotal inteiramente nova, que não estava orientada nem para o mundo animal nem para o vegetal – na condição de manifestações das leis e mistério da existência –, mas para a ordem cíclica, matematicamente calculável das estrelas, do Sol e da Lua, de Mercúrio, Júpiter, Vênus, Marte e Saturno. Como no céu, também na terra. Para os sacerdotes conhecedores daquela ordem cósmica, foi atribuída uma autoridade moral absoluta, de inspiração divina. E da época do surgimento dos primeiros grandes templos do antigo Oriente Próximo (*c.* 4000 a.C.) até o período ao qual nosso estudo nos trouxe, toda grande civilização conhecida – salvo, por um tempo, a greco-romana – recebeu sua instrução espiritual daqueles sacerdotes observadores do céu que, supunha-se, teriam extraído da ordem cósmica um conhecimento da ordem adequada também para os homens na terra.

Tanto no volume II de *As Máscaras de Deus, Mitologia Oriental*, quanto neste, acompanhamos o crescimento e difusão pelo mundo das majestosas mitologias derivadas da observação do céu, às quais deviam subordinar-se todas as ordens da experiência humana, pensamentos, aspirações e realizações. Vimos também como em sua difusão elas encontraram e absorveram – ou foram absorvidas – as mitologias dos povos mais primitivos das quais elas provieram.

Penetrando na Índia, a grande mitologia do regicídio ritual foi introduzida em uma esfera na qual os ritos sacrificiais brutais do complexo tropical agrícola já se encontravam em florescimento; e as duas correntes se uniram para formar uma das tradições mais ricamente desenvolvidas do ritual de morte em toda a história do nosso tema. Na Europa, por outro lado, o mesmo complexo cultural introduziu-se nas regiões clássicas da Grande Caça paleolítica do Norte, as regiões das grandes cavernas e da arte rupestre da Dordogne e dos Pireneus. Vimos que naquela região não prevaleceu no período paleolítico nenhuma ênfase do canibalismo ritual inspirado no mundo vegetal, como aconteceu entre as aldeias dos trópicos. Tampouco os mitos característicos centravam-se numa divindade ritualmente morta para que a aldeia, tribo ou Universo pudesse prosperar.

Entre as tribos que para sobreviver dependiam das habilidades da caça, era fomentado o individualismo. Até mesmo o conceito de imortalidade é individual, não coletivo. A liderança espiritual é, também, exercitada basicamente pelos xamãs, que são indivíduos dotados de poder espiritual conquistado por intermédio da experiência espiritual pessoal; tal liderança não é exercida por sacerdotes socialmente estabelecidos, que se tornam membros de uma organização por aprovação e sagração.[72]

MITOLOGIA OCIDENTAL

Vimos que na interação inicial desses caçadores e guerreiros do Norte com as formas das ordens culturais intrusivas neolíticas e da Idade do Bronze, desenvolveu-se não uma fusão, mas um processo de interação, de grande força e amplitude. E assim foi novamente no milênio da missão cristã, que veio, como as outras formas culturais superiores, do Oriente Próximo nuclear.

Igual a elas, a ordem cristã tanto continha quanto era sustentada por uma mitologia de autoridade clerical, proveniente – supunha-se – de uma fonte sobrenatural. Não se exigia, nem mesmo se esperava, que os sacerdotes tivessem experiências espirituais próprias; na verdade, os que as possuíam corriam o risco da fogueira. Eles eram empossados por sagração e ordenação. Seu poder pessoal não advinha da dignidade de suas pessoas, mas da instituição a que serviam. E esta, por sua vez, era respeitada não por sua contribuição à dignidade terrena do homem, mas por sua suposta proveniência do céu. Vimos que após um momento de supremo triunfo no reinado de Inocêncio III, a autoridade de sua organização clerical foi desafiada e amplamente subvertida. Como abordaremos no próximo volume desta obra, foi imediatamente depois que uma nova mitologia – completamente nova –, nem de divindades animais nem vegetais, tampouco da ordem cósmica e seu Deus, mas do homem, aos poucos assumiu (e continua assumindo) a liderança. Este é, de fato, o único sopro criativo atuando pelo futuro de uma humanidade centrada em sua própria verdade, bem-aventurança e vontade terrenas.

Entretanto, permitam-me observar antes de passar adiante, que mesmo durante o florescimento do romance arturiano dos séculos XII e início do XIII, pode-se reconhecer o princípio dessa nova mitologia do homem que, em sua virtude natural, é capaz tanto de experienciar quanto de proporcionar bem-aventurança, mesmo na esfera confusa desta nossa vida na Terra. Tomemos o mistério do Graal: por que razão deveria um cavaleiro cristão sair em busca do Graal quando ao seu alcance, em toda capela, encontravam-se os sagrados corpo e sangue de Cristo literalmente presentes no sacramento do altar para a redenção e beatitude de sua alma?

A resposta, obviamente, é que a busca do Graal era uma aventura experencial de caráter individual. Os fundamentos da lenda encontravam-se no mito pagão, especificamente céltico. Seus heróis eram os antigos campeões Cuchullin, e aqueles outros que retornavam com armaduras de cavaleiro – como Gawain, Parsifal ou Galahad – para se envolver, como sempre, em aventuras fantásticas. Ademais, pela influência do Islã tinham sido acrescentados símbolos afins, carregados do sabor místico da Ásia; também de elementos de Bizâncio e até mesmo do Oriente mais distante. Diferentes escolas modernas identificaram o Graal com o caldeirão da abundância de Dagda; com a tigela de esmolar do Buda, na qual se uniam quatro tigelas, símbolos dos quatro quadrantes; com a Caaba da Grande Mesquita de Meca, e o símbolo talismânico máximo de uma espécie de rito gnóstico-maniqueísta de iniciação espiritual, praticado possivelmente pelos cavaleiros templários.[73]

Porém, todas essas formas estranhas, primitivas ou aparentadas das orientais foram, nos romances europeus, reinterpretadas e aplicadas à situação espiritual local e imediata. Especificamente, a lenda refere-se à recuperação de um país assolado por um Doloroso Golpe dado em seu rei por uma mão ignóbil, que se apossou de uma lança sagrada (identificada, nas versões posteriores, com a lança que atravessou o flanco de Cristo).⁷⁴ Não é preciso que perguntemos ou conjeturemos sobre qual possa ter sido a referência de tal lenda, ou por que a alegoria em sua época tocou tantos corações: a situação da Igreja, já descrita, explica suficientemente a questão.

O herói do Graal – em particular a pessoa de Parsifal ou Parzival, o "Grande Ingênuo" – é o filho reto, simples, incorrupto e nobre da natureza, sem malícia, forte na pureza das aspirações de seu coração. Nas palavras do poeta Wolfran von Eschenbach (*c*.1165-1220), descrevendo a infância do seu herói do Graal na floresta: "Da tristeza ele nada sabia, a não ser pelo canto dos pássaros acima dele. Porque sua doçura partia o seu coração, e fazia seu pequeno peito inchar: assim o compeliam sua natureza e seu anelo".⁷⁵ Sua nobre mãe viúva, no retiro da floresta, tinha-lhe falado de Deus e de Satanás, "distinguindo para ele as trevas da luz".⁷⁶ Contudo, em suas próprias façanhas, a luz e as trevas se confundiram. Ele não era nenhum anjo ou santo, mas um homem vivo em busca de aventuras, dotado das virtudes reunidas da coragem e da compaixão, às quais foi acrescentada a lealdade. E foi por sua firmeza nelas – não pela graça sobrenatural – que ele conquistou, por fim, o Graal.

O que devemos dizer do outro grande tema da Távola Redonda do Rei Artur: os amores apaixonados e adúlteros de Tristão e Isolda, e de Lancelote e da Rainha Guinevère? É também um tema místico de experiência individual em profundidade, oposto à exigência sacramental do casamento. Pois na Idade Média o casamento, santificado pela Igreja, era um arranjo sociopolítico que não tinha nenhuma relação com o mistério e o milagre do amor. Nas palavras do Prof. Johan Huizinga em seu eloquente livro *The Waning of the Middle Ages* [O Declínio da Idade Média], "da parte da religião lançavam-se maldições sobre o amor em todos os seus aspectos".⁷⁷ Na corte, por outro lado, e na poesia da experiência (para citar novamente uma frase de Huizinga), o amor "tornou-se a esfera em que floresceu toda perfeição moral e cultural".⁷⁸ O amor era uma graça divina, aplacando a mera luxúria animal, ao passo que o casamento feudal era uma obrigação física. O amante, cujo coração se enternecia por ordem de sua dama, era levado a uma esfera de realizações exaltadas que ninguém que as tivesse experienciado podia identificá-las (como fazia a Igreja) com o pecado. Tem-se apenas que ler os poemas de Dante, em *Vita Nuova*, para se perceber a que esferas de arrebatamento místico o estilo medieval de amor podia conduzir.

Há evidências consideráveis de que um grande número de trovadores era ligado à heresia albigense. Ademais, são conhecidas muitas ligações com a poesia mística dos sufis do Islã. Aparecem também analogias com os cultos à deusa Śakti da Índia e, sobretudo, com a poesia da *Gita Govinda* de Jayadeva, cuja data aproximada, 1175, é mais ou menos a mesma do *Tristão* de Chrétien de Troyes.⁷⁹ Também reconhecemos – aqui, como no contexto do Graal – influências da esfera mítica céltica. Os protótipos consagrados de Marcos, Tristão e Isolda foram os heróis lendários irlandeses: Finn MacCunhaill, seu ajudante Diarmuid e sua futura esposa, raptada, Grianne.

Há, em suma, entre o passado pagão e a Alta Idade Média da Europa, uma impressionante continuidade espiritual e evolutiva, sobre a qual espalhou-se por um tempo uma pesada camada de um tipo oriental de despotismo espiritual, apenas para ser desintegrada, assimilada e absorvida. Nos círculos cortesãos e poéticos o ideal da experiência individual prevaleceu sobre o da autoridade infalível dos homens, cujo caráter se devia ignorar. Também na Igreja, o princípio de tal falibilidade foi posto em dúvida, questionado e rejeitado.

John Wycliffe (morreu em 1384) escreveu na Inglaterra que toda hierarquia, do papa para baixo, estava amaldiçoada em razão de sua ganância, simonia, crueldade, desejo de poder e vidas pecaminosas: os papas do período eram anticristos e não deviam ser obedecidos, suas constituições pontifícias não tinham nenhum valor e suas excomunhões deviam ser desconsideradas. A não ser que se desculpem, escreveu ele, "vós sereis mais profundamente desprezados do que Judas Iscariotes". "Certamente", continua, "que assim como os sacerdotes que vivem e conhecem as santas Escrituras têm a chave do céu e tornam-se bons vigários de Jesus Cristo, também há sacerdotes viciosos, desconhecedores das Sagradas Escrituras, cheios de soberba e avidez, que têm as chaves do inferno e tornam-se bons vigários de Satanás".[80] Wycliffe foi, praticamente, donatista, como também foram John Huss e seus seguidores. Ninguém em pecado mortal, escreveu Huss, poderia ser um soberano temporal, prelado ou bispo. Na Alemanha, onde a Reforma por fim se manifestaria plenamente, Mestre Eckhart (c.1260-1327), que foi quase um contemporâneo exato de Dante, liderou o caminho para uma nova vida interior cristã:

> Onde está aquele que nasceu Rei dos Judeus? Com respeito a esse nascimento, percebam onde verdadeiramente ele acontece. Repito, como já disse muitas vezes, que esse nascimento ocorre na alma exatamente igual como acontece na eternidade, nem mais nem menos, porque é o mesmo nascimento: esse nascimento tem lugar no fundo e na essência da alma.[81]

> Deus está em todas as coisas na condição de existência, atividade e poder. Mas ele é fecundo apenas no espírito; pois embora toda criatura seja um vestígio de Deus, a alma é a imagem natural de Deus... Tal perfeição, quando penetra na alma, seja luz divina, graça ou beatitude, tem que penetrar na alma neste nascimento e de nenhuma outra maneira. Promove só este nascimento em ti e tu experienciarás todo o bem e todo o conforto, toda a felicidade, todo o ser e toda a verdade. O que vem a ti interiormente causa a verdadeira existência e firmeza; e o que quer que tu possas procurar ou alcançar, sem ele perecerá, queiras ou não.[82]

Mata tuas atividades e silencia os teus sentidos, se quiseres realizar este nascimento em ti. Para descobrir o recém-nascido Rei em ti, tudo o mais que puderes encontrar tem que ser ignorado e abandonado por ti. Que ultrapassemos e abandonemos as coisas que possam não agradar ao Rei recém-nascido. Portanto, ajuda-nos, tu que te tornaste filho do homem, para que possamos nos tornar filhos de Deus. Amém.[83]

Encontramo-nos aqui na atmosfera da Índia, onde estamos também quando fitamos a encantadora Madona do Museu Cluny, em Paris, mostrada nas figuras 31 e 32. O sermão de Eckhart sobre o nascimento de Jesus Cristo na alma poderia ser entendido como uma tradução dessa imagem, que é uma imagem comparável à da Fátima muçulmana já descrita*, bem como à da Mãe-Deusa do universo da Idade do Bronze e de seu Deus Vivo, em quem as ordens macro e microcósmica devem ser vistas como uma única.

De Eckhart, outro sermão:

Uma virgem é dada a um homem, na esperança de gerar-lhe um filho. E Deus criou a alma com a intenção de que ela gerasse em si seu único Filho. Que esse nascimento tenha acontecido no espírito de Maria foi mais agradável a Deus do que ele ter nascido da carne dela. E este mesmo nascimento hoje na alma amante de Deus agrada mais a Deus do que sua criação do céu e da terra.[84]

Ainda mais algumas palavras:

Tenho tanta certeza de que nada está mais próximo de mim do que Deus, como tenho certeza de estar vivo. Deus está mais próximo de mim do que estou do meu próprio eu; minha vida depende da proximidade de Deus, de sua presença em mim. Da mesma maneira ele está numa pedra, num pedaço de madeira, só que eles não sabem disso.[85]

Eu digo: se Maria não tivesse concebido Deus espiritualmente primeiro, ele jamais teria nascido da sua carne. A mulher disse a Cristo: "Bendito seja o ventre que te gerou". Cristo respondeu: "Bendito seja não apenas o ventre que me gerou: benditos aqueles que geram a palavra de Deus e a guardam". É mais valoroso para Deus nascer espiritualmente em uma virgem ou em uma boa alma do que ter nascido fisicamente de Maria.

Mas isso envolve a ideia de sermos *nós* o único Filho que o Pai gerou eternamente. Quando o Pai gerou todas as criaturas, estava gerando a mim; eu procedi juntamente com todas as criaturas ao mesmo tempo em que permaneci no Pai. É

*Ver *supra*, págs. 361, 362.

igual ao que estou dizendo agora: minha fala brota dentro de mim, logo reflito sobre isso e, em seguida, expresso-a em voz alta e vós a recebeis. Mas na verdade, ela está em mim todo o tempo. Exatamente assim eu habito no Pai.[86]

Moisés viu Deus face a face, assim dizem as Escrituras. Isto os teólogos negam. Eles argumentam da seguinte maneira: onde se mostram duas faces, Deus não é visto, porque Deus é um, não dois. Quem vê Deus, vê apenas um... A alma não está unida com Deus, ela é una com Deus.[87]

E finalmente:

Se conhecesses e reconhecesses os verdadeiramente sensatos e genuínos profetas de Deus, a quem nada consegue enganar ou desorientar, eles poderiam ser identificados por vinte e quatro sinais – O *primeiro sinal* nos é indicado pelo principal representante do conhecimento, sabedoria e discernimento transcendental, que é ele próprio a verdade, ou o Senhor Jesus Cristo. Ele diz: "Sabereis que sois meus discípulos, se amardes uns aos outros e respeitardes meu mandamento. Qual é meu mandamento? Que amai-vos uns aos outros como eu vos amei", como se dissesse: vós podeis ser meus discípulos em conhecimento, sabedoria e discernimento superior mas, sem o verdadeiro amor, isso pouco ou nada servirá. Balaão era tão inteligente que compreendeu o que Deus por muitos séculos tinha tentado revelar. Mas isso pouco lhe serviu, porque faltava-lhe o verdadeiro amor. E Lúcifer, o anjo, que está no inferno, tinha um intelecto absolutamente claro e até hoje sabe muito. Por isso ele sofre mais os tormentos do inferno, e tudo porque não conseguiu comprometer-se com amor e fé ao que sabia. – O *segundo sinal* é a abnegação: eles esvaziam-se de si mesmos, deixando a passagem livre às coisas. – O *terceiro sinal*: eles se abandonam inteiramente a Deus; Deus atua neles sem obstáculos. – O *quarto sinal*: sempre que ainda encontram a si mesmos, eles se abandonam; método seguro de progresso. – O *quinto sinal*: eles estão livres de todo egoísmo, isso lhes dá uma consciência clara. – O *sexto sinal*: eles atendem incessantemente à vontade de Deus e o fazem da melhor maneira possível. – O *sétimo sinal*: submetem sua vontade à vontade de Deus, até sua vontade coincidir com a de Deus. – O *oitavo sinal*: tão estreitamente eles se ligam a Deus e Deus a eles no poder do amor, que Deus não faz nada sem eles e eles nada sem Deus. – O *nono sinal*: eles anulam-se e usam-se de Deus em todas as ações, em todos os lugares e coisas. – O *décimo sinal*: eles não aceitam nada de nenhuma criatura, nem boa nem má, mas tudo apenas de Deus, embora Deus o manifeste por meio de sua criatura. – O *décimo primeiro sinal:* eles não são enganados por qualquer prazer ou gozo físico ou por qualquer criatura. – *Décimo segundo sinal*: eles não são levados pela desobediência. – O *décimo terceiro*: não são enganados por nenhuma luz espúria nem pela aparência de nenhuma criatura; eles atuam por mérito intrínseco. – *Décimo quarto*: armados e equipados de todas as virtudes, eles emergem vitoriosos de todas as batalhas contra o vício. – *Décimo quinto*: eles veem e conhecem a verdade nua e louvam a Deus sem cessar, por sua gnose. – *Décimo sexto*: perfeitos e justos, eles têm-se em pouca estima. – *Décimo sétimo*: eles são parcimoniosos com as palavras e pródigos em ações. – *Décimo oitavo*: eles pregam ao mundo pela prática correta. – *Décimo nono*: eles estão sempre em busca da glória de Deus e nada além dela. – *Vigésimo*: se algum homem os combate, eles deixam-no prevalecer antes de aceitar qualquer ajuda que não seja a de Deus. – *Vigésimo primeiro*: eles não desejam conforto nem posses, considerando-se não merecedores do mínimo. – *Vigésimo segundo*: eles consideram-se como os mais indignos de toda a raça humana sobre a terra; sua humildade, portanto, jamais os abandona. – *Vigésimo terceiro*: eles tomam a vida e os ensinamentos de nosso Senhor Jesus Cristo como o exemplo perfeito para suas vidas, e à luz disso estão sempre se examinando com a única intenção de remover todas as dessemelhanças com seu ideal supremo. – *Vigésimo quarto sinal*: fazem pouco pela aparência externa, pois empenham-se por todo o tempo numa vida virtuosa, daí a falta de estima de muitas pessoas que, entretanto, eles preferem à aprovação vulgar.

Esses são os sinais da verdadeira base em que vive a imagem da verdade absoluta, e aquele que não os encontra em si mesmo pode considerar seu conhecimento inútil e assim também outras pessoas.[88]

Eckhart, obviamente, foi excomungado pela bula do Papa João XXII, em 27 de março de 1329. Depois disso, seus escritos entraram na clandestinidade, para se tornarem o que se chamou "Os Clássicos de uma Piedade Embriagada de Deus", e a inspiração dos pregadores de sua escola: John Tauler (1300-1361), Suso (1300-1365) e Ruysbroek (1293-1381).[89]

O ponto de importância fundamental para o nosso estudo e para todos os estudos do imaginário mítico – não apenas do cristianismo, mas também do judaísmo e, certamente, de toda e qualquer religião – é o contraste radical que aparece aqui entre a interpretação de Eckhart dos símbolos cristãos e a de Inocêncio III, conforme analisamos recentemente neste volume. A interpretação de Eckhart eu chamaria de *poética* e, portanto, adequada ao caráter e função do símbolo, que não tem valor como fato, mas sim como instrumento para despertar a alma. Em termos mais modernos, os símbolos são liberadores e direcionadores de energia: estímulos que, se forem ineficazes, não têm maior utilidade do que uma bateria gasta. Quanto à interpretação de Inocêncio III sobre o mito cristão, eu a chamaria de *literal*, racional e imprópria ao caráter e função do símbolo. Portanto, é uma interpretação morta e que pode ser imposta apenas pela violência e (se é que posso dizer assim) loucura, que consiste exatamente em confundir uma imagem visionária com um fato real.

Nas palavras de Alan Watts em sua brilhante obra *Myth and Ritual in Christianity* [Mito e Ritual no Cristianismo]:

O cristianismo foi interpretado por uma hierarquia ortodoxa que degradou o mito até convertê-lo em ciência e história. [...] O Deus vivo tornou-se o Deus abstrato e não pode libertar suas criaturas da doença que aflige a ele próprio. [...] Porque quando o mito é confundido com a história, ele deixa de aplicar-se à vida interior do homem. [...] A tragédia da história cristã é seu permanente fracasso para extrair a vida do mito cristão e revelar sua sabedoria. [...]

O mito só é "revelação" enquanto sua mensagem do céu – quer dizer, do mundo atemporal e não histórico – expressa não o que foi verdade uma vez, mas o que é verdade sempre. Dessa maneira, a Encarnação não tem nenhum efeito ou significado para os seres humanos que vivem hoje, se ela é mera história; é uma "verdade salvadora" apenas se é eterna, a revelação de um evento atemporal que é eternamente inerente ao homem.[90]

Uma das grande lições de nosso estudo é que para a mente estreita ou mal orientada os mitos tendem a se tornar história. Disso resulta um tipo de fixação nos meros acidentes das formas locais que, por um lado, vincula os assim chamados fiéis em grupos rivais e, por outro, priva-os todos da essência da mensagem que cada um acredita ter sido o único a receber. Todas as ortodoxias mostram essa tendência em maior ou menor grau e, em consequência, são mutuamente excludentes. Porém, quando uma das grandes metáforas míticas é interpretada como poesia, como arte, como um veículo não de informação empírica, mas de experiência – em outras palavras: não como um jornal –, encontramos uma mensagem de harmonia que, em resumo, é a do Deus vivo, que não está separado mas é inerente a todos e não tem definição. "Deus", como declarou Eckhart, "nasce na alma vazia, revelando-se a ela numa nova máscara sem máscara, sem luz na luz divina".[91]

A ideia cristã ortodoxa de que a natureza é corrupta e a Igreja Cristã incorruptível, pode-se dizer que representa uma afirmação extrema das implicações do mito judaico de Deus separado do mundo: o Deus que cria, julga, condena e depois oferece, lá de fora, dotar uma partícula de sua imensidão com a virtude de sua atenção particular mediante uma Aliança, o Alcorão ou a Encarnação. Ironicamente, entretanto, os próprios símbolos usados pela Igreja para ensinar sobre essa suposta ocorrência carregam em si mesmos uma instrução contrária, que fala por si só ao coração aberto com o silêncio de suas formas eloquentes. Em Eckhart, em Dante, nos romances do Graal e de Tristão, a antiga lição do homem eterno despertou, dentro dos quais vivem, e de cujo coração nasceram, todas as formas e experiências do mundo tanto do céu quanto do inferno.

A pequena imagem de Maria, das figuras 31 e 32, expressa primeiro, como bem sabia Eckhart, que a Trindade é imanente a cada um de nós e pode ser parida por nós em nosso conhecimento; segundo, como bem sabiam os cretenses, que a deusa é o útero materno, o destino último de toda existência; e terceiro, como o mundo inteiro parece ter sabido, menos os nossos próprios intérpretes oficiais dos ícones de nossa herança comum, que o microcosmo e macrocosmo são em essência um único em Deus, impossível de ser reduzido a qualquer definição de credo.

Figura 31. Madona com o Filho

Figura 32. A Mãe do Deus Vivo

CONCLUSÃO

NO FINAL DE UMA ERA

Uma distinção tem que ser feita – em todos os estudos de mitologia – entre as atitudes com as divindades representadas, por um lado, pelo sacerdote e seu rebanho e, por outro, pelo poeta, artista ou filósofo criativo. O primeiro tende para o que eu chamaria de uma interpretação positivista das metáforas de seu culto. Tal interpretação é estimulada pela atitude da oração, já que na oração é extremamente difícil manter o equilíbrio entre crença e incredulidade que é próprio da contemplação de uma imagem ou ideia de Deus. O poeta, o artista e o filósofo, por outro lado, sendo eles próprios criadores de imagens e de ideias, percebem que toda representação – seja na matéria visível da pedra ou na matéria mental da palavra – é necessariamente condicionada pela falibilidade dos órgãos humanos. Dominado por sua própria musa, um mau poeta pode imaginar que suas visões sejam fatos sobrenaturais e, consequentemente, cair na postura de um profeta – cujas declarações eu definiria como "poesia exagerada", explicada em excesso; assim, ele se torna o fundador de um culto e um produtor de clérigos. Mas assim também um sacerdote dotado pode concluir que suas visões sobrenaturais perdem corpo, mergulham no vazio, mudam de forma e até mesmo se dissolvem: desse modo, tornar-se-á possivelmente um profeta ou, se mais dotado, um poeta criativo.

Três importantes metamorfoses dos motivos e temas de nosso assunto, portanto, têm que ser reconhecidas como *fundamentalmente* diferentes, mesmo que *fundamentalmente* relacionadas, a saber: a verdadeira poesia do poeta, a poesia exagerada do profeta e a poesia morta do clérigo. Se por um lado a história da religião é em grande parte o registro das duas últimas, a história da mitologia inclui todas as três e, ao fazer isso, coloca não apenas a poesia, mas também a religião, numa relação mais saudavelmente vivificada com as fontes do pensamento criativo. Pois há na poesia uma tendência ("poesia crua") a permanecer nas extravagâncias da surpresa, júbilo ou angústia pessoais diante das realidades da vida em um universo que os poetas não fizeram; por outro lado, na religião pode prevalecer a tendência oposta – a de não expressar absolutamente nenhuma experiência pessoal, mas apenas clichês autorizados.

CONCLUSÃO

No amplo panorama da história da humanidade, pode-se distinguir quatro funções essenciais da mitologia. A primeira e mais característica – que vitaliza todas – é a de trazer à tona e sustentar um sentido de espanto diante do mistério da existência. O Prof. Rudolf Otto denominou esse reconhecimento de *numinoso*, e é o estado mental característico de todas as religiões que podem ser propriamente ditas.[1] Ele antecede e desafia qualquer definição. Ele é, no nível primitivo, terror demoníaco; no nível mais elevado, arrebatamento místico; e entre os dois estados há muitos outros níveis. Definido, pode ser explicado e ensinado; mas explicar e ensinar não podem produzi-lo. Tampouco pode a autoridade impô-lo. Apenas o acaso da experiência e os símbolos característicos de um mito vivo podem trazê-lo à tona e sustentá-lo; contudo, tais símbolos não podem ser inventados. Eles são encontrados. Em seguida, eles atuam por si mesmos. E as mentes que os encontram são as mentes vivas, sensíveis, criativas, que um dia foram conhecidas como visionárias, e hoje como poetas e artistas criativos. Mais importantes, mais eficazes para o futuro de uma cultura do que seus estadistas e seus exércitos, são esses mestres da expressão espiritual, pela qual o barro do homem desperta para a vida.

A segunda função da mitologia é oferecer uma cosmologia, uma imagem do Universo que sustentará e será sustentada por aquele sentido de espanto diante do mistério de uma presença e a presença de um mistério. A cosmologia tem que corresponder, entretanto, à experiência, conhecimento e mentalidade reais do grupo cultural em questão. Assim notamos que, quando os sacerdotes observadores do céu na antiga Suméria, por volta de 3500 a.C., descobriram a ordem dos planetas, todo o sistema mítico do Oriente Próximo nuclear deu um passo além dos simples temas primitivos das tribos de caçadores e agricultores. A visão grandiosa de uma ordem temporal e espacial, matematicamente impessoal, ganhou forma, da qual a visão de mundo da Idade Média – não menos que a da antiga Índia, da China e de Yucatán – foi apenas uma variante tardia. Hoje essa visão está dissolvida. E aqui tocamos num problema crucial das religiões de nosso tempo, porque os clérigos, em geral, continuam pregando sobre temas do primeiro ao quarto milênio a.C.

Nenhum adulto hoje se voltaria para o Livro do Gênese com o propósito de saber sobre as origens da Terra, das plantas, dos animais e do homem. Não houve nenhum dilúvio, nenhuma Torre de Babel, nenhum primeiro casal no paraíso, e entre a primeira aparição do homem na Terra e as primeiras construções de cidades, não uma geração (de Adão para Caim), mas milhares delas devem ter vindo a este mundo e passado para o outro. Hoje nos voltamos para a ciência em busca de imagens do passado e da estrutura do mundo. O que os demônios rodopiantes do átomo e as galáxias a que nos aproximam os telescópios revelam é uma maravilha que faz com que a Babel da Bíblia pareça uma fantasia do reino imaginário da querida infância de nosso cérebro.

Uma terceira função da mitologia é garantir a ordem social vigente, para integrar organicamente o indivíduo em seu grupo. Encontramos aqui mais uma vez que a ampliação gradual da esfera e conteúdo do grupo foi o sinal característico do desenvolvimento do homem, desde o primeiro agrupamento tribal até o conceito moderno pós-alexandrino de uma sociedade mundial única. Contra a amplitude deste conceito desafiador e abrangente, numerosas províncias ainda resistem, como as das várias mitologias nacionais, raciais, religiosas ou classistas, que um dia podem ter tido a sua razão de ser, mas hoje estão superadas.

A função social de uma mitologia, e dos ritos pelos quais ela é expressa, é estabelecer em cada membro do grupo em questão um "sistema de sentimentos" que o vinculará espontaneamente aos objetivos desse grupo. O "sistema de sentimentos" apropriado para uma tribo de caçadores seria impróprio para uma de agricultores; o adequado para um matriarcado é inadequado a um patriarcado; e o de qualquer grupo tribal é impróprio para os indivíduos de hoje, que criaram instrumentos para percorrer o planeta de leste para oeste e do norte para o sul.

As antigas ordens míticas davam autoridade a seus símbolos, atribuindo-os a deuses, a heróis nacionais ou a alguma força impessoal superior como a ordem do Universo; e a imagem da própria sociedade, dessa maneira relacionada com a imagem superior da natureza, tornou-se um recipiente de temor religioso. Hoje sabemos, na maioria das vezes, que nossas leis não provêm de Deus nem do Universo, mas de nós mesmos, são convencionais, não absolutas; e que ao transgredi-las, ofendemos não a Deus, mas aos homens. Nem os animais nem as plantas, nem o zodíaco nem seu suposto criador, mas nossos semelhantes tornaram-se hoje os responsáveis pelo nosso destino e nós pelo deles. No passado recente talvez possa ter sido possível que homens inteligentes e de bem acreditassem que sua sociedade (qualquer que ela fosse) era a única boa, que além de suas fronteiras estavam os inimigos de Deus e que eles tivessem sido escolhidos, consequentemente, para expulsar os princípios do ódio para fora do seu mundo, enquanto cultivavam o amor em seu interior, para aqueles cujo "sistema de sentimentos" era de Deus. Hoje, entretanto, *não há nenhum tal exterior*. Enclaves de provincialismo nacional, racial, religioso e classista persistem, mas as realidades físicas tornaram ilusórios os horizontes fechados. O antigo deus está morto, com seu pequeno mundo e sua pequena e estreita sociedade. O novo centro de fé e confiança é a humanidade. E se o princípio do amor não puder realmente ser despertado em cada um de nós – como estava mitologicamente em Deus –, para governar o princípio do ódio, nosso único destino será a Terra Devastada, e os senhores do mundo, seus demônios.

A quarta função da mitologia é introduzir o indivíduo na ordem das realidades de sua própria psique, orientando-a para o seu próprio enriquecimento e realização espiritual. Antigamente – embora persista em algumas culturas arcaicas – o caminho era subordinar toda opinião, vontade e capacidades individuais à ordem social: o princípio do ego (como vimos no volume *Mitologia Oriental*) devia ser subjugado e, se possível, até apagado; ao passo que os arquétipos, os papéis ideais da ordem social eram impressos em todos, inexoravelmente, de acordo com suas funções sociais.

CONCLUSÃO

Em um mundo de formas estáticas, um tal massacre da personalidade criativa era aceitável, e ainda hoje, onde prevalece a mente arcaica, esse mesmo padrão continua operando. Uma evidência da posição avançada da Europa, no que tange ao respeito pelo indivíduo, podemos encontrar no fato de que o massacre por Hitler de cerca de cinco milhões de judeus evoca (devidamente) horror de todos os lados; mas o de Stálin, de 25 milhões de russos, passa quase despercebido, e a atual orgia chinesa é completamente ignorada. Tanto Oriente quanto Ocidente reconhecem tal desumanidade como normal para o grande Leste, enquanto se espera coisa melhor de nós mesmos – e com razão. Pois foi apenas na Europa que o princípio de opinião e responsabilidade individuais foi desenvolvido com relação não a uma ordem fixa de supostas leis divinas, mas a um contexto mutável de realidades humanas, racionalmente governado. O impulso na Europa, primeiro entre os gregos, depois entre os romanos, do princípio do ego – não como o mero "eu quero", "eu desejo", da infância (o "Princípio do Prazer" de Freud), mas como a faculdade racional de julgamento responsável ("Princípio da Realidade")[2] – dotou-nos e a nosso mundo particular de uma ordem de espiritualidade e problemática psicológica que é diferente em todos os sentidos da mente arcaica oriental. Esse individualismo humanista libertou forças criativas que provocaram em dois meros séculos mudanças, para o bem e o mal do homem, que nem dois milênios tinham conseguido no passado. O resultado disso é que onde foram conservados os velhos padrões de moralidade, eles não mais condizem com as realidades, mesmo as do cenário local, sem falar nas do mundo. A aventura do Graal – a busca interior dos valores criativos pelos quais a Terra Devastada é redimida – tornou-se hoje a tarefa inevitável para cada um de nós. Pois, como já não há nenhum horizonte fixo, não há tampouco nenhum centro, nenhuma Meca, Roma ou Jerusalém. Nosso círculo de hoje é o anunciado, por volta de 1450, por Nicolau de Cusa (1401-1464): cuja circunferência não está em lugar nenhum e cujo centro está em todas as partes; o círculo de raio infinito, que é também uma linha reta.

Por isso, será nossa tarefa no próximo volume, *Mitologia Criativa*, acompanhar sistematicamente, do período da Távola Redonda (em que não havia ninguém sentado na cabeceira, mas cada um era um campeão supremo) até o momento atual da detonação do átomo, o longo processo de Abertura de Olho do homem europeu para um estado que não é um estado, mas um vir a ser: e o desaparecimento com isso de todas as máscaras anteriores de Deus, que agora, sabe-se, foram do próprio homem em desenvolvimento.

Alguns, talvez, queiram ainda curvar-se diante de uma máscara, por medo da natureza. Mas se não há divindade na natureza, a natureza que Deus criou, como poderia haver na ideia de Deus, que a natureza do homem criou?

"Por meu amor e minha esperança, eu te suplico", gritou o Zaratustra de Nietzsche: "não expulsa o herói de tua alma!"

NOTAS DE REFERÊNCIA

PARTE I: A IDADE DA DEUSA
INTRODUÇÃO: MITO E RITUAL: ORIENTE E OCIDENTE

1. *Kena Upaniṣad* 2.3.
2. *Tao Te Ching* 56.
3. *Chāndogya Upaniṣad* 6.8.7
4. Mumon, *The Gateless Gate*, traduzido (para o inglês) por Nyogen Senzaki e Paul Reps, *Zen Flesh, Zen Bones* (A Doubleday Anchor Book, Nova York, 1961), p. 109.
5. *Prajñāpāramitā-hṛāya Sutra*.
6. Jó 40:4.

CAPÍTULO 1: A NOIVA DA SERPENTE MACHO

1. William Hayes Ward, *The Seal Cylinders of Western Asia* (The Carnegie Institution of Washington, Washington, D.C., 1910), p. 129, citando Léon Heuzey, *Catalogue des antiquités chaldéennes* (Imprimeries réunies, Paris, 1902), p. 281, fig. 125.
2. Stephen Herbert Langdon, *Semitic Mythology*, The Mithology of All Races, vol. V (Marshall Jones Co., Boston, 1931), p. 177, citando J. de Morgan, *Délégation en Perse. Mémoires* (E. Leroux, Paris, 1911), vol. XII, p. 173, fig. 288.
3. Henri Frankfort, "Sargonid Seals", *Iraq*, vol. I, parte I (1934), p. 11, fig. 2.
4. Ward, *op. cit.*, p. 275.
5. *As Máscaras de Deus - Mitologia Oriental*, p. 22-27.
6. Ward, *op. cit.*, p. 276.
7. *Ibid.*, p. 139, citando Joachim Ménant, *Recherches sur la glyptique orientale* (Maisonneure & Cie., Paris, 1883-1886), parte I, p. 191, fig. 121.
8. Ward, *op. cit.*, p. 138; também Ménant, *op. cit.*, p. 189, fig. 120.
9. A teoria da Queda foi desenvolvida por George Smith, *The Chaldean Account of Genesis* (Scribner, Armstrong & Co, Nova York, 1876) e Langdon, *op. cit.*, p. 179; entretanto, rejeitada por Ménant, *op. cit.*, p. 189-191 e Ward, *op. cit.*, p. 138-139.
10. Jane Ellen Harrison, *Themis* (The University Press, Cambridge, 1927, 2ª edição revista), p. 286; de Johannes A. Overbeck, *Atlas der griechischen Mythologie* (W. Engelmann, Leipzig, 1872), vol. I, gravura XVI, 2.
11. Hesíodo, *Theogony* 973-74; cf. citação

a respeito dessa figura por Jane Ellen Harrison, *op. cit.*, p. 286.
12. *Jātaka* 1.74.26.
13. *Mahā-vagga* 1.3.1-3.
14. Gênese 3:22-24. Minhas citações são inteiramente da *Revised Standard Version of the Bible*.
15. Jane Ellen Harrison, *Prolegomena to the Study of Greek Religion* (Cambridge University Press, Cambridge, 1903; 3ª ed., 1922), p. 7.
16. *Ibid.*, p. 19; citando Museu de Berlim, *Beschreibung der Antiken Skulpturen*.
17. *Ibid.*, p. 18.
18. *Ibid.*, p.14, 15, citando Lucian, *Icaro-Menippos* 24, escoliasta ad loc.
19. Sir James George Frazer, *The Golden Bough* (The Macmillan Company, Nova York, 1922, edição em um volume), p. 1.
20. Aelian, *De natura animalium* XI. 2; segundo Harrison, Themis, p. 429.
21. Harrison, *Themis*, p. 431, fig. 130.
22. Hesíodo, *Theogony* 215.
23. Jó 41:1-8. Comparar Salmo 74:13-14.
24. Hesíodo, *Theogony* 823-880, condensada. A figura 10 é de um antigo vaso pintado em vermelho do Museu de Munique (*c*.650 a.C.), em A. Furtwängler e K. Reichold, *Griechische Vasenmalerei* (F. Bruckmann, Munique, 1900-1932), nº 32.
25. *As Máscaras de Deus - Mitologia Oriental*, p. 150-54.
26. *Ibid.*, p. 184-89.
27. Harrison, *Themis*, p. 459.
28. Ovídio, *Metamorphoses* 3.324-3.331.
29. *As Máscaras de Deus - Mitologia Primitiva*, p. 91.
30. De um antigo vaso pintado em vermelho do Antigo Museu Nacional, Berlim. Harrison, *Prolegomena*, p. 633, fig. 168, citando Furtwängler e Reichold, *op. cit.*
31. Êxodo 4:2-4.
32. Êxodo 17:1-7.
33. Números 21:5-9.
34. Reis II 18:4.
35. Theophile James Meek, *Hebrew Origins* (Harper Torchbook ed., Nova York, 1960), p. 123.
36. Leo Frobenius, Monumenta Terrarum: *Der Geist über den Erdteilen*, Erlebte Erdteile, tomo 7 (Forschungsinstitut für Kulturmorphologie, Frankfurt-am-Main, 2ª ed., 1929), p. 213, 214.
37. Leo Frobenius, *Kulturgeschichte Africas* (Phaidon-Verlag, Zurique, 1933), p. 103, 104.
38. R.A.S. Macalister, *Ancient Ireland* (Methuen & Co., Londres, 1935), p. 13, l4.
39. R.A.S. Macalister, *The Archaeology of Ireland* (Methuen & Co., 2ª ed. revista, Londres, 1949), p. 9.
40. *Ibid.*, p. 15.
41. Macalister, *Ancient Ireland*, p. 131.
42. The Book of Leinster 54ª, 11-18; segundo Standish Hayes O'Grady, em Eleanor Hull (ed.), *The Cuchullin Saga in Irish Literature* (David Nutt, Londres, 1898), p. 111-113; e H. Zimmer, "Die kulturgeschichtliche Hintergrund in den Erzählungen der alten irischen Heldensage", Sitzungsberichte der Königlich Preussischen Akademie der Wissenschaften, Philosophisch-historische Classe, IX (1911), p. 213, 214.
43. Zimmer, *op. cit.*, p. 217, citando *Ancient Laws of Wales* I.92.12.
44. *Ibid.*, p. 215, 216.
45. *Ibid.*, p. 218.
46. *The Book of Leinster* 54b; segundo Standish H. O'Grady, *Silva Gadelica* (Williams & Norgate, Londres, 1892), vol. 2, p. 114-116 e Zimmer, *op. cit.*, p. 178, 179.
47. W.B. Yeats, *Irish Fairy and Folk Tales* (The Modern Library, Nova York, sem data), p. 1-3.

CAPÍTULO 2: A CONSORTE DO TOURO

1. Apuleio, *The Golden Ass*, traduzido por W. Adlington, Livro XL; citado em *As Máscaras de Deus - Mitologia Primitiva*, p. 58.
2. A respeito de Krishna e as Gopis, ver *As Máscaras de Deus - Mitologia Oriental*, p. 271-285.
3. *The Gospel of Sri Ramakrishna*, traduzido por Swami Nikhilananda (Ramakrishna-Vivekananda Center, Nova York, 1942), p. 371.
4. *As Máscaras de Deus - Mitologia Primitiva*, p. 257-273.
5. Aspirations from the Litany of Loreto (século XV; sancionadas em 1587).
6. *As Máscaras de Deus - Mitologia Oriental*, p. 129-142. A figura 12 é de Sir Arthur John Evans, *British School at Athens, Annual*, vol. VII (1900-1901), p. 29, fig. 9.
7. Frazer, *op. cit.*, p. 280. Ver também Bedrich Hrozný, *Ancient History of Western Asia, India, and Crete* (Philosophical Library, Nova York, 1953), p. 198, nota 1, e *As Máscaras de Deus - Mitologia Primitiva*, p. 346, 347.
8. Sir Arthur John Evans, *The Palace of Minos* (Macmillan & Co., Londres, vol. I, 1921, a vol. IV, parte II, 1935). As citações e figuras de *The Palace of Minos* foram reproduzidas com permissão de Mr. Wakeman-Long de Williams & James, Procuradores, Gray's Inn, Londres, Miss Susan Minet e Mrs. Anne Ridler, detentoras dos direitos autorais da obra.
9. *Ibid.*, vol. II, parte I, p. 277.
10. Martin P. Nilsson, *Geschichte der griechischen Religion*, 2 vols. (C.H. Beck'sche Livraria-editora, Munique, 1955 e 1961, 2ª ed.).
11. *Ibid.*, vol. I, p. 298.
12. Michael Ventris, "Evidence for Greek Dialect in the Mycenaean Archives", *Journal of Hellenic Studies*, vol. LXXIII (1953), p. 84 e ss.
13. Leonard R. Palmer, *Mycenaeans and Minoans* (Alfred A. Knopf, Nova York, 1962), p. 127, citando Paul Kretschmer, Einleitung in die Geschichte der griechischen Sprache (Vandenhoeck & Ruprecht, Göttingen, 1896).
14. Michael Ventris e John Chadwick, *Documents in Mycenaean Greek* (The Cambridge University Press, Cambridge, 1956), p. 128.
15. Palmer, *op. cit.*, p. 123,124.
16. *Ibid.*, p. 82, 94.
17. *Odyssey* VI. 290; citada nesse contexto por Palmer, *op. cit.*, p. 95.
18. Museu Nacional de Atenas.
19. Palmer, *op. cit.*, p. 124, 125.
20. Harrison, *Prolegomena*, p. 555.
21. Palmer, *op. cit.*, p. 124, e Harrison, *Prolegomena*, p. 273, 555, 562 e s., 609.
22. Harrison, *Prolegomena*, p. 273, citando O. Rubensohn, *Mittheilungen des Kaiserlichen Deutschen Archäologischen Instituts. Athenische Abteilung*, vol. XXIV (1899), gravura VII. Do Antigo Museu Nacional, Berlim.
23. *Ibid.*, p. 272, 273.
24. *Górgias*, 497c.
25. Evans, *op. cit.*, vol. III, p. 145-155, com passagem intercalada sobre a Sacral Ivy do vol. II, parte II, p. 482, 483. Ver também Evans, em *Journal of Hellenic Studies*, vol. XLIV (1925), p. 65, fig. 55.
26. *As Máscaras de Deus - Mitologia Oriental*, p. 91, 92, citando Samuel Noah Kramer, *From the Tablets of Sumer* (The Falcon's Wing Press, Indian Hills, Colorado, 1956); p. 172, 173 e Langdon, *op. cit.*, p. 194, 195.

27. *Odyssey* IV. 563, da tradução de S.H. Butcher e Andrew Lang; como citada por Evans, *op. cit.*, vol. III, p. 155, 156.
28. Nilsson, *op. cit.*, vol. I, p. 845.
29. *As Máscaras de Deus - Mitologia Primitiva*, p. 328-331.
30. Robert H. Dyson, Jr., "Art of the Twin Rivers", *Natural History*, vol. LXXI, nº 6, junho-julho 1962, p. 39.
31. *As Máscaras de Deus - Mitologia Oriental*, p. 92-95.
32. *As Máscaras de Deus - Mitologia Primitiva*, p. 79, 80.
33. *As Máscaras de Deus - Mitologia Oriental*, passim.
34. Isaías 11:6-9.
35. Eurípides, *Bacchae* 1017; trad., Harrison, *Prolegomena*, p. 433.
36. Michael Ventris e John Chadwick, *Documents in Mycenaean Greek* (The University Press, Cambridge, 1956), p. 127.
37. *As Máscaras de Deus - Mitologia Oriental*, p. 48-79.
38. Nilsson, *op. cit.*, vol. I, p. 297 e 277, nota 1.
39. *Ibid.*, vol. I, p. 303.
40. Evans, *op.cit.*, vol. II, parte I, p. 279.
41. James Mellaart, "Hacilar: A Neolithic Village Site", *Scientific American*, vol. 205, nº 2, agosto 1961.
42. *As Máscaras de Deus - Mitologia Primitiva*, p. 122-124.
43. *As Máscaras de Deus - Mitologia Oriental*, p. 37-44.
44. M. Untersteiner, *La fisiologia del mito* (Fratelli Bocca, Milão, 1946); Giovanni Patroni, *Commentari mediterranei all'Odissea di Omero* (C. Marzorati, Milão, 1950).
45. Nilsson, *op. cit.*, vol. I, p. 257.
46. *As Máscaras de Deus - Mitologia Oriental*, p. 129-194.
47. R.J.C. Atkinson, *Stonehenge* (Pelican Books, Harmondsworth & Baltimore, l960), p. 148-150.
48. *Ibid.*, p. 151-153.
49. Macalister, *The Archaeology of Ireland*, p. 16.
50. *As Máscaras de Deus - Mitologia Oriental*, p. 234, 235.
51. Atkinson, *op.cit.*, p. 154-156 e 172.
52. *Ibid.*, p. 68, 101, 171, 172.
53. *As Máscaras de Deus - Mitologia Oriental*, p. 361, 362.
54. Atkinson, *op. cit.*, p. 157.
55. *Ibid.*, p. 157, 158, 173, 174.
56. *Ibid.*, p. 176.
57. *Ibid.*, p. 101, 158.
58. *Ibid.*, p. 161-165.
59. *Ibid.*, p. 68, 69, 77-85, 88-92, 101, 165-167, 176-179.
60. *Ibid.*, p. 165-167.
61. Palmer, *op. cit.*, p. 229-247.
62. Marija Gimbutas, "Culture Change in Europe at the Start of the Second Millennium B.C.: A Contribution to the Indo-European Problem", *Documentos Escolhidos do Quinto Congresso Internacional de Ciências Antropológicas e Etnológicas, Filadélfia, 1956* (University of Pennsylvania Press, Filadélfia, 1960), p. 544, item 19.
63. A figura 19 é de Evans, em *Journal of Hellenic Studies*, vol. XXI (1901), p. 108, fig. 4.
64. Leonard William King, *Chronicles Concerning Early Babylonian Kings* (Luzac & Co., Londres, 1907), vol. II, p. 87-91.
65. Otto Rank, *Der Mythus von der Geburt des Helden* (Franz Deuticke Verlag, 2ª edição ampliada, Leipzig e Viena, 1922).
66. *As Máscaras de Deus - Mitologia Oriental*, p. 54-73.
67. Robert F. Harper, *The Code of Hammurabi, King of Babylon* (University of Chicago Press, Chicago, 1904); Bruno Meissner, *Babylon und Assyrian*, II (C. Winter, Heidelberg, 1920-1925), p. 46; O.E. Ravn, *Acta orientalia*, VII (1929), p. 81-90;

NOTAS DE REFERÊNCIA

Alexander Heidel, *The Babylonian Genesis* (University of Chicago Press, Chicago, 1951, 2ª ed.), p. 14.

68. *Tao Te Ching* 6; tradução, Arthur Waley, *The Way and Its Power* (George Allen & Unwin, Ltd., Londres, 1934), p. 149; citado em *As Máscaras de Deus - Mitologia Oriental*, p. 332.

69. *Enûma elish*, gravuras I a VI. 57, resumida; de acordo com várias interpretações: Alexander Heidel, *The Babylonian Genesis* (The University of Chicago Press, Chicago, 1951, 2ª ed.), p. 18-48; E.A. Speiser, em James B. Pritchard, *The Ancient Near East* (Princeton University Press, Princeton, 1958), p. 31-38; L.W. King, *Babylonian Religion and Mythology* (Kegan Paul, Trench, Trubner & Co., Londres, e Henry Frowde, Nova York, 1899), p. 61-80.

70. Heidel, *op. cit.*, p. 130.

71. Thorkild Jacobsen, *The Sumerian King List* (University of Chicago Press, Chicago, 1939), p. 77-85.

72. William Foxwell Albright, *From the Stone Age to Christianity* (Doubleday Anchor Books, Nova York, 1957), p. 196.

73. *Eclesiastes* 5:18; 8:15; 9:8-9.

74. Heidel, *op. cit.*; Speiser, *op. cit.*; King, *op. cit.*

PARTE II: A IDADE DOS HERÓIS
CAPÍTULO 3: DEUSES E HERÓIS DO LEVANTE: 1500-500 a.C.

1. Wilhelm M.L. de Wette, *Beiträge zur Einleitung in das Alte Testament* (1806), traduzido por Theodore Parker, *A Critical and Historical Introduction to the Canonical Scriptures of the Old Testament* (C.C. Little & J. Brown, Boston, 1843, 2ª ed., 1858).

2. Segundo Eduard Meyer, *Geschichte des Altertums* (J.G. Cotta'sche Buchhandlung Nachfolger, 2-5. Stuttgart-Berlin, Edição 1925-1937), vol. II, parte 2, p. 188-190.

3. Reis II, 22:3-17.
4. Reis II 23:1-25.
5. Reis II 23:32, 37; 24:9, 19.
6. Reis II 25:8-11.
7. *As Máscaras de Deus - Mitologia Oriental*, p. 91-94.
8. Gênese 2:4-4:16.
9. *As Máscaras de Deus - Mitologia Primitiva*, p. 130-188.
10. S.N. Kramer, *Sumerian Mythology* (The American Philosophical Society, Filadélfia, 1944), p. 102.
11. *Kena Upaniṣad* 1.3.
12. *Śvetāśvatara Upaniṣad* 4.20.
13. *Kena Upaniṣad* 2.5.
14. *Śvetāśvatara Upaniṣad* 6.12.
15. *Tao Te Ching* 25; 35; 37. Tradução, Arthur Waley, *The Way and Its Power* (George Allen & Unwin, Ltd., Londres, 1954), p. 174, 186, 188.
16. De R.H. Blyth, *Haiku*, vol. 1 (Kamakura Bunko, Kamakura, 1949), p. 203.
17. *Bṛhadāraṇyaka Upaniṣad* 1.4.10.
18. *Śvetāśvatara Upaniṣad* 4.4.
19. *Bṛhadāraṇyaka Upaniṣad* 1.4.7.
20. Blyth, *op. cit.*, p. 197.
21. Swami Nikhilananda, *The Gospel of Sri Ramakrishna* (Ramakrishna-Vivekananda Center, Nova York, 1942), p. 627.
22. Stith Thompson, *Motif-Index of Folk Literature* (Indiana University Studies, Bloomington, Ind., 1932), Motivos C 600-649.
23. Por exemplo, Washington Matthews, *Navaho Legends*, Memoirs of the American Folklore Society, vol. V (G.E. Stechert & Co., Nova York, 1897), p. 107 e ss.

24. Gerald Vann, O.P., *The Paradise Tree* (Sheed & Ward, Nova York, 1959), p. 66.
25. Missal Católico Romano, Sábado Santo, Bênção da Vela Pascal; edição de Dom Gaspar Lefebure, *Daily Missal* (E.M. Lohmann, Co., St. Paul, 1934), p. 831.
26. Gênese 1:1-2:4a.
27. *As Máscaras de Deus - Mitologia Oriental*, p. 73-79.
28. *As Máscaras de Deus - Mitologia Primitiva*, p. 80.
29. *As Máscaras de Deus - Mitologia Oriental*, p. 102-109.
30. *As Máscaras de Deus - Mitologia Oriental*, p. 89-91.
31. Dr. J.H. Hertz, *The Pentateuch and Haftorahs* (Soncino Press, Londres, 5721 [1961]), p. 196 e 200.
32. Gênese 12:1-4a.
33. *A Dictionary of the Holy Bible* (American Tract Society, Nova York, 1859), verbete "Abraham", p. 10.
34. Gênese 11:27-32.
35. Alexander Scharff & Anton Moortgat, *Ägypten und Vorderasien im Altertum* (Verlag F. Bruckmann, Munique, 1950), p. 269-271.
36. *Ibid.*, p. 281, 282.
37. Hertz, *op. cit.*, p. 200.
38. Gudea Cylinder A, segundo Scharff e Moortgat, *op. cit.*, p. 275-279, resumido.
39. Scharff & Moortgat, *op. cit.*, p. 285.
40. Ver, por exemplo, James Henry Breasted, *The Conquest of Civilization* (Harper & Brothers, Nova York e Londres, 1926), p. 145.
41. Meek, *op. cit.*, p. 14.
42. *Ibid.*, p. 15,16.
43. *As Máscaras de Deus - Mitologia Oriental*, p. 306-310.
44. Kathleen M. Kenyon, *Archaeology in the Holy Land* (Frederick A. Praeger, Nova York, 1960), p. 194.
45. Gênese 12:10-13:1.
46. Gênese 20.
47. Gênese 26:1-17.
48. Kenyon, *op. cit.*, p. 221; Scharff & Moortgat, *op. cit.*, p. 385.
49. Sigmund Freud, *Moses and Monotheism*, traduzido por Katherine Jones (Alfred A. Knopf, Nova York, 1939), p. 109. Copyright, 1939 de Sigmund Freud. Reimpresso com permissão de Alfred A. Knopf, Inc. Ver também *Moses and Monotheism* em *The Complete Psychological Works of Sigmund Freud*, revista e editada por James Strachey (The Hogarth Press, Londres, 1953), vol. XXIV.
50. *Ibid.*, p. 51.
51. Eduard Meyer, *Die Israeliten und ihre Nachbarstämme* (M. Niemeyer, Halle, 1906), p. 47; citado por Freud, *op. cit.*, p. 51.
52. Freud, *op. cit.*, p. 3.
53. Devo essa observação a Mr. Edwin M. Wright, de Washington, D.C., em cujo ensaio inédito, *The "Image" of Moses*, baseia-se a presente discussão.
54. Êxodo 2:1-4.
55. Freud, *op. cit.*, p. 15.
56. Meyer, *Geschichte des Altertums*, vol. II, parte 2, p. 208.
57. Êxodo 2:5-10.
58. Apolônio de Rodes 4.1091; de Karl Kerényi, *The Heroes of the Greeks*, traduzido por H.J. Rose (Grove Press, Nova York, 1960), p. 46, 47 e 54.
59. Êxodo 2:11-22.
60. Meek, *op. cit.*, p. 108, 109.
61. Freud, *op. cit.*, p. 39, 40.
62. Ver discussão das opiniões em Meek, *op. cit.*, p. 7 e ss. e 18 e ss.
63. Teoria de Josephus. Ver Meek, *op. cit.*, p. 18.
64. James W. Jack, *The Date of the Exodus in the Light of External Evidence* (T. & T. Clark, Edinburgh, 1925).
65. Thomas Mann, *Joseph in Egypt* (1936).

66. Freud, *op. cit.*
67. William Foxwell Albright, *From the Stone Age to Christianity* (Doubleday Anchor Books, Nova York, 1957), p. 13.
68. Scharff & Moortgat, *op. cit.*, p. 165.
69. Meek, *op. cit.*, p. 35.

CAPÍTULO 4: DEUSES E HERÓIS DO OCIDENTE EUROPEU: 1500-500 a.C.

1. N.G. L. Hammond, *A History of Greece to 322 B.C.* (The Clarendon Press, Oxford, 1959), p. 36, 37.
2. *As Máscaras de Deus - Mitologia Oriental*, p. 125-129.
3. Leo Frobenius, *Shicksalskunde im Sinne des Kulturwerdens* (R. Voigtländers Verlag, Leipzig, 1932), p. 99.
4. *As Máscaras de Deus - Mitologia Primitiva*, p. 145-188.
5. *As Máscaras de Deus - Mitologia Oriental*, p. 129.
6. Palmer, *op. cit.*, p. 120; Hammond, *op. cit.*, p. 74.
7. Nilsson, *op. cit.*, vol. I, p. 347. As figuras 20 e 21 são de estatuetas do Museu de Heraklion, reproduzidas pela primeira vez por Evans.
8. K. Kerényi, *The Gods of the Greeks*, p. 119, 120, citando Hesíodo, Píndaro, Eurípides, Hino Homérico 28, Apolodoro Mitógrafo e Crisipo Estoico.
9. Hammond, *op. cit.*, p. 60.
10. Robert Graves, *The Greek Myths* (Penguin Books, Harmondsworth & Baltimore, 1955), vol. I, p. 17 e 244.
11. Hammond, *op. cit.*, p. 39.
12. *As Máscaras de Deus - Mitologia Oriental*, p. 156-162.
13. *As Máscaras de Deus - Mitologia Primitiva*, p. 145-170, 356-364.
14. *Ibid.*, p. 359 e ss.
15. Palmer, *op. cit.*, p. 130, 131.
16. Graves, loc. cit.
17. Frazer, *op. cit.*, p. 5.
18. *As Máscaras de Deus - Mitologia Primitiva*, p. 138, 139.
19. Ésquilo, Fragmento 261; cf. citado por Kerényi, *The Heroes of the Greeks*, p. 51.
20. Kerényi, *The Gods of the Greeks*, p. 48,49, com referências; *The Heroes of the Greeks*, p. 46-54, com referências; também Graves, *op. cit.*, vol. I, p. 237-245.
21. Sigmund Freud, *A General Introduction to Psychoanalysis* (Garden City Publishing Co., Nova York, 1935), p. 125.
22. Harrison, *Prolegomena*, p. 292.
23. *Ibid.*, p. 298.
24. Carl G. Jung, *Two Essays on Analytical Psychology* (Bailliere, Tindall & Cox, Londres, 1928), p. 188,189.
25. *Ibid.*, p. 52.
26. Harrison, *Prolegomena*, p. 294. Figura 22, de um vaso greco-etrusco pintado de negro, do Louvre, discutido pela primeira vez por Harrison em *Journal of Hellenic Studies*, vol. VII (1886), p. 203.
27. Nilsson, *op. cit.*, vol. I, p. 25, 26.
28. Gilbert Murray, *The Rise of the Greek Epic* (The Clarendon Press, 3ª ed. revista e ampliada, Oxford, 1924), p. 211.
29. *Ibid.*, p. 211, 212.
30. Todas as minhas citações da *Odisseia* foram extraídas da tradução de S.H. Butcher e A. Lang (Macmillan & Co., Londres, 1879, primeira edição).
31. *As Máscaras de Deus - Mitologia Primitiva*, p. 155-160.
32. Sófocles, Fragment 837; A.C. Pearson, *The Fragments of Sophocles* (The University Press, Cambridge, 1917), vol. III, p. 52; provavelmente de sua tragédia extraviada, *Triptolemus*.

33. *As Máscaras de Deus - Mitologia Oriental*, p. 162-168, especialmente p. 164,165, citando *Chāndogya Upaniṣad* 5.3-10.
34. *Ibid.*, p. 204, 205, citando *Kena Upaniṣad*, 3.1 a 4.1.
35. *Ibid.*, p. 211-240.
36. Karl Kerényi, "Vater Hélios", *Eranos--Jahrbuch 1943* (Rhein-Verlag, Zurique, 1944), p. 83.
37. Tucídides, *Peloponnesian War* II. 37-40, condensada. Tradução de Benjamin Jowett.
38. H.D.F. Kitto, *The Greeks* (Penguin Books, ed. revista, Harmondsworth & Baltimore, 1957), p. 11.
39. *As Máscaras de Deus - Mitologia Oriental*, p. 177-194, 201-203, 206, 207; também Heinrich Zimmer, *Philosophies of India*, editado por Joseph Campbell, The Bollingen Series XXVI (Pantheon Books, Nova York, 1951), p. 181 e ss.
40. *As Máscaras de Deus - Mitologia Primitiva*, p. 91.
41. Eurípides, Fragmento 475, tradução de Gilbert Murray, em Harrison, *Prolegomena*, p. 479.
42. *As Máscaras de Deus - Mitologia Oriental*, p. 114-120, 172-177.
43. Karl Kerényi, "Die orphische Kosmologie und der Ursprung der Orphik", *Eranos-Jahrbuch* 1949 (Rhein-Verlag, Zurique, 1950), p. 53-78.
44. Aristóteles, *Metafísica A*. 986a.

PARTE III: A IDADE DOS GRANDES CLÁSSICOS
CAPÍTULO 5: O PERÍODO PERSA: 539-331 a.C.

1. L.H. Mills, *The Zend Avesta*, parte III, *Sacred Books of the East*, vol. XXXI (The Clarendon Press, Oxford, 1887), p. xxxiii-xxxvii.
2. Meyer, *Geschichte des Altertums*, vol. III, p. 97.
3. Hans Heinrich Schaeder, *Der Mensch in Orient und Okzident* (R. Piper & Co., Munique, 1960), p. 103.
4. Isto é, em Yasna 28:8; 46:14; 51:16 e 19; 53:2.
5. Ernst Herzfeld, *Zoroaster and His World* (Princeton Univesity Press, Princeton, 1947), vol. I, p. 1-30; A.T. Olmstead, *History of the Persian Empire* (University of Chicago Press, Phoenix Books, Chicago, 1948, 1959), p. 94; R.C. Zaehner, *The Dawn and Twilight of Zoroastrianism* (G.P. Putnam's Sons, Nova York; Weidenfeld & Nicholson, Londres, 1961), p. 33-36.
6. Meyer, *Geschichte des Altertums*, vol. III, p. 110, n° 3.
7. *Ibid.*, p. 97, n° 2.
8. *Ibid.*
9. *Vedāntasāra* 30.
10. Yasna 45:2-3; segundo, em grande parte, L.H. Mills, *op. cit.*, p. 125, 126.
11. Yasna 28:3; Mills, *op. cit.*, p. 18.
12. Yasna 30:2; Mills, *op. cit.*, p. 29.
13. Yasna 48:4; Mills, *op. cit.*, p. 155.
14. *Artāi-Vīrāf Nāmak* IV, 7-33; segundo Martin Haug, Destur Hoshangji Jamaspji Asa, e E.W. West, *The Book of Arda Viraf* (Trübner and Co., Londres; Government Central Book Depot, Bombaim, 1872), p. 154, 155.
15. De *Ibid.*, condensada e sumarizada.
16. E.W. West, *Pahlavi Texts*, parte I: *The Bundahish, Bahman Yasht,* e *Shahyast La-shahyast; Sacred Books of the East*, vol. V (The Clarendon Press, Oxford, 1880), p. xlii, xliii.
17. James Darmesteter, *The Zend Avesta*, parte I: *The Vendidad; Sacred Books of the East*, vol. IV (The Clarendon Press, Oxford, 1880), p. xii.

18. Yasna 30:3, 9; Mills, *op. cit.*, p. 29, 33, 34.
19. *Bundahish* I-XV, condensada e com acréscimos resumidos de XXIV, XXVII, e *Zat-sparam* II.6; V. 1-2; VII.3-6; VIII.3-5; IX.2-6; e X.3-4 (West, *op. cit.*, p. 3-58, 88, 99, 161,162, 167, 174, 176, 177, 177-179 e 183).
20. *As Máscaras de Deus - Mitologia Primitiva*, p. 148 e ss.
21. Joseph Klausner, *The Messianic Idea in Israel*, traduzido por W.F. Stinespring (George Allen & Unwin, Ltd., Londres, 1956), p. 59.
22. *Ibid.*, p. 65, 66.
23. *Ibid.*, p. 10.
24. *Ibid.*, p. 56, 57 e nota 8.
25. Yasht 19.2.11. James Darmesteter, *The Zend-Avesta*, parte II, *The Sirozahs, Yashts and Nyayis; Sacred Books of the East*, vol. XXIII (The Clarendon Press, Oxford, 1883), p. 290.
26. Yasht 19.13.79,80. Darmesteter, *The Zend-Avesta*, parte II, p. 304, 305.
27. Yasht 13.93.
28. *Vendidad*, Fargard 19.1-2 (Darmesteter I, p. 204).
29. Yasht 5.7-15 (Darmesteter II, p. 55-57).
30. Bundahish 32.8-9.
31. Yasht 13.141-142.
32. Bundahish 30.1-3.
33. Bundahish 30.4-33 resumida (West, *op. cit.*, p. 121-130).
34. Josué 6:21.
35. Josué 8:24.
36. Josué 10:6-11:20.
37. Juízes 1:27 e ss.
38. Meyer, *Geschichte des Altertums*, vol. III, p. 6-8.
39. *Ibid.*, p. 11, 12.
40. Amós 6:1-2.
41. Meyer, *Geschichte des Altertums*, vol. III, p. 161.
42. Jeremias 25:8-9.
43. Meyer, *Geschichte des Altertums*, vol. III, p. 188.
44. Ezra 1:7-11.
45. Isaías 45:1.
46. Isaías 45:2-7.
47. G. Buchanan Gray, "The Foundation and Extension of the Persian Empire", em J.B. Bury, S.A. Cook, F.E. Adcock (editores), *The Cambridge Ancient History*, vol. IV (The University Press, Cambridge, 1939), capítulo I, p. 13, nota 1; e para um estudo mais aprofundado da heresia de Nabonidu, Sidney Smith, *Babylonian Historical Texts* (Methuen & Co., Londres, 1924), p. 27-123.
48. Cyrus Cylinder, linhas 6-36, parcialmente; segundo F.H. Weissbach, *Die Keilinschriften der Achameniden* (J.C. Hinrich, Leipzig, 1911), p. 2-7.
49. Meyer, *Geschichte des Altertums*, vol. III, p. 187-197.
50. Inscrição de Behistun; a Grande Inscrição, parágrafos 1-15; Weissbach, *op. cit.*, p. 9-21.
51. Oswald Spengler, *Der Untergang des Abendlandes*, vol. II (C.H. Beck, Munique, 1930), p. 285; tradução de Charles Francis Atkinson, Oswald Spengler, *The Decline of the West* (Allen & Unwin, Ltd., Londres; Alfred A. Knopf, Nova York, 1937), vol. II, p. 235. Copyright, 1926, 1928 por Alfred A. Knopf, Inc. Renovado. Reimpresso com permissão de Alfred A. Knopf, Inc., e Allen & Unwin, Ltd.
52. Isaías 10:20-23.
53. Ezra 1:2-4.
54. Ezra 2:64-65.
55. Nehemias 1:11.
56. Nehemias 2:11-17.
57. Ezra 9:1-3.
58. Ezra 10:1-17, 44.
59. Platão, *Symposium* 196c; tradução de Jowett.
60. Warner Fite, *The Platonic Legend* (Charles Scribner's Sons, Nova York e Londres, 1934), p. 153.

61. *As Máscaras de Deus - Mitologia Primitiva*, p. 85-102.
62. Heinrich Zimmer, *The Art of Indian Asia*, concluído e editado por Joseph Campbell, Bollingen Series XXXIX, (Pantheon Books, Nova York, 1955), vol. I, p. 131.
63. Juvenal 6.324, cf. citado por Karl Kerényi, *The Religion of the Greeks and Romans* (E.P. Dutton & Co., Nova York, 1962), p. 30.
64. Symposium 201d; tradução de Michael Joyce, reimpresso em Edith Hamilton e Huntington Cairns, *The Collected Dialogues of Plato*, Bollingen Series LXXI (Pantheon Books, Nova York, 1961), p. 553.
65. Symposium 210a-212a; tradução de Michael Joyce, loc. cit.
66. Spengler, *op. cit.*, vol. I, 229,230. (Em inglês, vol. I, p. 176, 177.)
67. *Theogony* 120-122; da tradução de Richmond Lattimore, *Hesiod* (The University of Michigan Press, Ann Arbor, 1961).
68. *As Máscaras de Deus - Mitologia Primitiva*, p. 145, 146.
69. *As Máscaras de Deus - Mitologia Oriental*, p. 71-73.
70. *As Máscaras de Deus - Mitologia Oriental*; ver índice, em "sacrifício, humano" e "sati".

CAPÍTULO 6: HELENISMO: 331 a.C.-324 d.C.

1. Máximo de Tiro, Dissertation XXXVIII; tradução de Gilbert Murray, *Five Stages of Greek Religion* (Doubleday Anchor Books, Garden City, s. d.), p. 74,75, nota 44; também em Thomas Taylor, *The Dissertations of Maximus Tyrius* (C. Whittingham, Londres, 1804), vol. II, p. 196-198.
2. Gilbert Murray, *Aeschylus* (The Clarendon Press, Oxford, 1940), p. 129.
3. Ésquilo, *The Persians*, linhas 808-815 (tradução de Gilbert Murray), *Aeschylus*, p. 119, 120.
4. Segundo Hammond, *op. cit.*, p. 212-244.
5. *As Máscaras de Deus - Mitologia Primitiva*, p. 339 e ss.
6. Papa Alexandre, "The Universal Prayer", Estrofes 1, 7, 13.
7. Hermann Diels, *Die Fragmente der Vorsokratiker* (Weidmann, Berlim, 1922, 4ª ed.), Fragmentos 23, 24, 26, 14, 16, 11, 15.
8. Citado por Clemente de Alexandria, *Exhortation to the Greeks*, p. 61P; conforme citado por F.M. Cornford, *Greek Religious Thought* (J.M. Dent & Sons, Londres, 1923), p. 237.
9. Aristóteles, *Metafísica A*. 986 b.21.
10. H. Ritter e L. Preller, *Historia Philosophiae Graecae* (F.R. Perthes, Gotha, 1888), p. 83; Xenófanes, Fragmento 90B.
11. *As Máscaras de Deus - Mitologia Oriental*, p. 342-347.
12. Mateus 19:21.
13. Matthew Arnold, "An Essay on Marcus Aurelius", *Essays in Criticism: First Series* (Macmillan & Co., Londres e Cambridge; Ticknor & Fields, Boston, 1865, 1ª ed.), p. 262.
14. Marcus Aurelius, tradução de George Long (G. Routledge & Sons, Londres, 1862), capítulo IV, parágrafo 4.
15. *Ibid.*, capítulo VII, parágrafo 55.
16. *Ibid.*, capítulo VIII, parágrafo 59.
17. *Ibid.*, capítulo V, parágrafo 6, em parte.

18. Mateus 6:1-4.
19. Arnold, loc. cit.
20. Murray, *The Five Stages of Greek Religion*, capítulo IV.
21. W.W. Tarn, *Hellenistic Civilization*, revista pelo autor e G.T. Griffith (Meridian Books, Nova York, 1961), p. 296-298.
22. *Ibid.*, p. 302-305.
23. *Ibid.*, p. 305, 306.
24. Ver, por exemplo, as numerosas comparações entre as ciências grega e chinesa, de Joseph Needham, em *Science and Civilization in China*, de Joseph Needham e Wang Ling, vol. II (The University Press, Cambridge, 1956), p. 216-345.
25. Arrian, *The Discourses of Epictetus*, iii.22.45-46; tradução, Hastings Crossley, *The Golden Sayings of Epitectus* (Macmillan & Co., Londres, 1925), p. 100, 101.
26. Marcus Aurelius, capítulo XII, parágrafo 32; tradução, George Long, *The Thoughts of Marcus Aurelius Antoninus* (G. Bell & Sons, Londres, 1919), p. 215, 216.
27. Tarn, *op. cit.*, p. 330.
28. Sêneca, *Sobre a Providência* II.4.
29. Sêneca, *Consolation of Helvia* VIII.5.
30. Arrian, *Discourses* iii.20.12.
31. *Ibid.*, i. 16.15-18.
32. *Ibid.*, ii. 8.10-11.
33. *Bhagavad Gītā* 2:15.
34. *Ibid.*, 3:19.
35. Arrian, *op. cit.*, ii. 8.2.
36. Jacob Hoschander, *The Priests and Prophets* (The Jewish Theological Seminary of America, Nova York, 1938), p. 48 e ss.
37. Isaías 41-49.
38. Joseph Klausner, *From Jesus to Paul*, tradução de William F. Stinespring (Beacon Press, Boston, 1961), p. 185.
39. *Ibid.*, p. 182.
40. H. Schenkl, *Epicteti Dissertationes* (Teubner, 1898), Fragmento 17.
41. *As Máscaras de Deus - Mitologia Oriental*, p. 241, 383, 384.
42. *As Máscaras de Deus - Mitologia Oriental*, p. 88-95.
43. Yasht 10:1; Darmesteter, *The Zend Avesta*, parte II, p. 119, 120.
44. Franz Cumont, *The Mysteries of Mithra*, traduzido por Thomas J. McCormack (Kegan Paul, Trench, Trubner & Co., Londres, 1903), p. 24. Com relação à série de graus de iniciação, *Ibid.*, p. 152-164. A figura 23 é de Cumont, *Textes et monuments figurés relatifs aux mystères de Mithra* (H. Lamertin, Bruxelas, 1896-1899), vol. II, p. 228, figura 59.
45. *As Máscaras de Deus - Mitologia Primitiva*, p. 145-188.
46. William Blake, "Proverbs of Hell", de *The Marriage of Heaven and Hell* (publicado por volta de 1793).
47. Cumont, *The Mysteries of Mithra*, p. 191-193.
48. *Ibid.*, p. 180, 181.
49. Carl G. Jung, *Symbols of Transformation*, traduzido por R.F.C. Hull, The Bollingen Series XX (Pantheon Books, Nova York, 1956), p. 200, 201.
50. Jerome, *Adversus Jovinianum*, I.7; conforme citado por Jung, *Symbols of Transformation*, p. 101, nota 48.
51. Jung, *Symbols of Transformation*, p. 247.
52. Cumont, *The Mysteries of Mithra*, p. 130-137.
53. *Ibid.*, p. 105. A figura 24 é de Cumont, *Textes et monuments figurés*, vol. II, p. 238, figura 68.
54. Zimmer, *The Art of Indian Asia*, vol. I, p. 194.
55. *As Máscaras de Deus - Mitologia Oriental*, p. 380.
56. Ver L. de la Valée Poussin, "Tantrism (Buddhist)", em Hastings (ed.), *Encyclopaedia of Religion and Ethics*, vol. XII, p. 193-197.
57. *As Máscaras de Deus - Mitologia Orien-*

tal, p. 240 e ss.
58. Cumont, *The Mysteries of Mithra*, p. 151.
59. Ver *As Máscaras de Deus - Mitologia Oriental*, p. 159 e Índice: "Varuna".
60. *Śatapatha Brāhmaṇa* 4.1.4; conforme discutido por Ananda K. Coomaraswamy, *Spiritual Authority and Temporal Power in the Indian Theory of Government*, American Oriental Series, vol. 22 (American Oriental Society, New Haven, 1942), p. 6.
61. *Taittirīya Saṁhitā* 2.1.9.3; de Coomaraswamy, *op. cit.*, nota 22, p. 28, 29.
62. Coomaraswamy, *op. cit.*, nota 24, p. 34-36.
63. Cumont, *The Mysteries of Mithra*, p. 15 e ss.
64. Ver, por exemplo, Arthur Avalon (Sir John Woodroffe), *The Serpent Power* (Ganesh & Co., 3ª ed. revista, Madras, 1931), e Swami Nikhilananda (tradutor), *The Gospel of Sri Ramakrishna* (Ramakrishna-Vivekananda Center, Nova York, 1942), Índice "Kundalini".
65. Cícero, *de Legibus* II.36.
66. Marcos 13:3-37 (paralelos em Mateus 24 e Lucas 21; ver também, Tessalonicenses II e Apocalipse
67. Macabeus I 2:1-30.
68. Tarn, *op. cit.*, p. 217-226.
69. Erwin R. Goodenough, *Jewish Symbols in the Greco-Roman Period*, 8 volumes, The Bollingen Series XXXVII (Pantheon Books, Nova York, 1953-1958), vol. 2, p. 216; discussão do "Anguipede", p. 245-258. As figuras aqui reproduzidas são do vol. III, figs. 1083, 1094, 1097, 1104, 1109.
70. *Ibid.*, vol. 2, p. 248.
71. Dos "Greek Magical Papyri, Mithra Liturgy" (Papyrus IV, linhas 558-560), em Karl Lebrecht Preisendanz, *Papyri Graegae Magicae: Die Griechische Zauberpapyri* (B.G. Teubner, Leipzig-Berlim, vol. I, 1928, vol. II, 1931), vol. I, p. 92, conforme citado por Goodenough, *op. cit.*, vol. 2, p. 270.
72. Josephus, *De Bello Judaico* 2.8.14 (parágrafos 162, 163), tradução de William Whiston, revista por D.S. Margoliouth, como publicada por Harper & Brothers, Harper Torchbooks, Nova York, 1960.
73. *Ibid.*, 2.8.14 (parágrafos 164, 165).
74. *Ibid.*, 2.8.14 (parágrafo 166).
75. Macabeus 2:45-48.
76. *Ibid.*, 3:1-12 resumidos.
77. *Ibid.*, 8-9:23.
78. *Ibid.*, 9:24-10:20.
79. *Ibid.*, 14:38-43.
80. Josephus, *op. cit.*, 1.2.4 (parágrafos 57-60).
81. *Ibid.*, 1.2.8 (parágrafo 67).
82. *Ibid.*, 1.3.1 (parágrafo 71).
83. *Ibid.*, parágrafo 70.
84. *Ibid.*, 1.3.2-6 (parágrafos 72-84).
85. *Ibid.*, 1.4.4 (parágrafos 91, 92).
86. *Ibid.*, 1.4.4-5 (parágrafos 92-95).
87. *Ibid.*, 1.4.1-6 (parágrafos 85-97).
88. Duncan Howlett, *The Essenes and Christianity: An Interpretation of the Dead Sea Scrolls* (Harper & Brothers, Nova York, 1957), p. 14.
89. Tradução de Millar Burrows, do *The Dead Sea Scrolls* (The Viking Press, Nova York, 1955), p. 392, 393; de The War Scroll, colunas iii e iv, resumidas.
90. Howlett, *op. cit.*, p. 22.
91. *Manual of Discipline*, parte sobre "The Two Spirits in Man", Burrows, *op. cit.*, p. 374-376, bastante resumida.
92. *As Máscaras de Deus - Mitologia Oriental*, p. 232, 233.
93. Rock Edict XII; Vincent A. Smith, *The Edicts of Asoka* (Essex House Press, Broad Campden, 1909), p. 20; citado em *As Máscaras de Deus - Mitologia Oriental*, p. 234.
94. Howlett, *op. cit.*, p. 18.

95. Burrows, *op. cit.*, p. 365, 366.
96. *Ibid.*, p. 365.
97. Ver Millar Burrows, *More Light on the Dead Sea Scrolls* (The Viking Press, Nova York, 1958), p. 212 e 222, citando, entre outros, T.J. Milik e G. Vermes.
98. Frank Moore Cross, Jr., *The Ancient Library of Qumram and Modern Biblical Studies* (Doubleday & Co., Garden City, Nova York, 1958), p. 101-116; discutido por Burrows em *More Light on the Dead Sea Scrolls*, p. 212.
99. Howlett, *op. cit.*, p. 48-58 e 66, 67.
100. Com respeito ao texto, ver Burrows, *More Light on the Dead Sea Scrolls*, p. 404 e, quanto à identificação com Jannaeus, Howlett, *op. cit.*, p. 68-78.
101. Howlett, *op. cit.*, p. 76.
102. Burrows, *More Light on the Dead Sea Scrolls*, p. 339, 340.
103. *Ibid.*, p. 341.
104. Cross, *op. cit.*, p. 151.
105. *Ibid.*, p. 151; a frase citada é de Rudolf Bultmann, *Theology of the New Testament*, traduzido por K. Grobel (Scribner, Nova York, 1951), vol. I, p. 42.
106. *Ibid.*, p. 181,182; ver também Bultmann, loc. cit.
107. Burrows, *The Dead Sea Scrolls*, p. 371.
108. Mateus 5:43-48.

CAPÍTULO 7: A GRANDE ROMA: *c.*500 a.C.-*c.*500 d.C.

1. Mircea Eliade, *Forgerons et alchimists* (Flammarion, Paris, 1956), p. 24.
2. *Ibid.*, p. 83.
3. Júlio César, *De Bello Gallico* 6.13-18. Tradução de H.J. Edwards, Loeb Classical Library (Harvard University Press, Cambridge, Massachusetts; William Heinemann, Londres), um pouco modificada.
4. Para uma pesquisa da literatura clássica, ver T.D. Kendrick, *The Druids* (Methuen & Co., Londres, 1927), capítulo III.
5. Alfred Nutt, *The Voyage of Bran* (David Nutt, Londres, 1897), vol. II, p. 92, 93, nota 6.
6. John Arnott MacCulloch, *Celtic Mythology; The Mythology of All Races*, vol. III (Marshall Jones Co., Boston, 1918), p. 45, 46.
7. Nutt, *op. cit.*, vol. II, p. 91-96.
8. MacCulloch, *op. cit.*, p. 43.
9. Nutt, *op. cit.*, vol. II, p. 92.
10. *As Máscaras de Deus - Mitologia Primitiva*, p. 191-231.
11. Geoffrey Keating (*c.*1570-1646), *History of Ireland*, traduzido por John O'Mahony (Londres, 1866), 105,106, conforme citado por J.A. MacCulloch, *The Religion of the Ancient Celts* (T. & T. Clark, Edinburgh, 1911), p. 50.
12. Keating 107; MacCulloch, *Religion*, p. 50, 51.
13. *As Máscaras de Deus - Mitologia Primitiva*, p. 349-351.
14. Estrabão 4.4.6; citado por Kendrick, *op. cit.*, p. 139.
15. Mela, *Chorogr.* 3.6.48; Kendrick, *op. cit.*, p. 138, 139.
16. *As Máscaras de Deus - Mitologia Primitiva*, p. 155-160.
17. Kendrick, *op. cit.*, p. 139, 140.
18. The Book of Leinster *(Leabhar Laignech)*, 5; conforme citado por MacCulloch, *The Religion of the Ancient Celts*, p. 50, 51.

19. MacCulloch, *The Religion of the Ancient Celts*, p. 32.
20. *Ibid.*, p. 69.
21. Segundo a Senhora Gregory, *Gods and Fighting Men* (John Murray, Londres, 1904), p. 51, 52.
22. Textos do The Golden Book of Lecan, col. 648, linha 12 e ss.; e Egerton, 1782, p. 148, conforme interpretado por Ernst Windisch, *Irische Texte*, II Serie, Caderno 2, p. 241 e ss. Tradução de acordo com Eleanor Hull, *The Cuchullin Saga in Irish Literature* (David Nutt, Londres, 1898), p. 103-107.
23. H. D'Arbois de Jubainville, *Les Celtes depuis les temps les plus anciens jusqu'en 100 avant notre êre* (A. Fontemoing, Paris, 1904), p. 63 e ss.
24. MacCulloch, *The Religion of the Ancient Celts*, p. 138-141.
25. Otto-Wilhelm von Vacano, *The Etruscans in the Ancient World*, traduzido por Sheila Ann Ogilvie (Edward Arnold Ltd., Londres; St. Martin's Press, Nova York, 1960), p. 57, 58.
26. *Ibid.*, p. 39.
27. *Ibid.*, p. 40. A figura 29, discutida por von Vacano, é de Eduard Gerhard, *Miroirs étrusques* (Berlim, 1841-1867), vol. II, gravura CLXXVI.
28. Horace Gregory, *Ovid, The Metamorphoses* (The Viking Press, Nova York, 1958), p. 214.
29. Com respeito às variantes e fontes, ver K. Kerényi, *The Heroes of the Greeks* (Grove Press, Nova York, 1960), p. 113-121 e notas em apêndice.
30. *Ibid.*, p. 171.
31. Sêneca, *Quaestiones Naturales* II.32, 41, 48; conforme citadas por von Vacano, *op. cit.*, p. 145.
32. Plutarco, *Romulus*, segundo a tradução chamada Dryden's, conforme revista por A.H. Clough.
33. *Ibid.*
34. Lucas 24:13-31.
35. Plutarco, *op. cit.*
36. Charlton T. Lewis e Charles Short, *A Latin Dictionary* (The Clarendon Press, Oxford, 1879), p. 1224,1225.
37. *As Máscaras de Deus - Mitologia Oriental*, p. 370-374.
38. Sêneca, *Epístola* 41.3. Citada por Nilsson, *op. cit.*, vol. I, p. 286.
39. Ludwig Deubner, "Die Römer", em Chantepie de la Saussaye, *Lehrbuch der Religionsgeschichte* (J.C.B. Mohr, Tübingen, 1925, 4ª edição revista), vol. II, p. 443.
40. *Ibid.*, p. 438-442.
41. *As Máscaras de Deus - Mitologia Primitiva*, p. 130-144.
42. Plutarco, *De Pythiae Oraculis*; conforme citada por H.C.O. Lanchester, "Sibylline Oracles", em Hastings (editor), *op. cit.*, vol. XI, p. 497.
43. Servius, comentário sobre Virgílio, Écloga iv. 4; Georgius Thilo, *Servii Grammatici* (Georg Olms, Hildesheim, 1961), vol. III, p. 44, 45.
44. Écloga iv. Tradução segundo J.W. Mackail.
45. Cícero, *De re publica* 6.9-26, bastante resumida, segundo a tradução de Clinton Walker Keyes em the Loeb Classical Library, 1928 (Harvard University Press, Cambridge, Massachusetts; William Heinemann, Londres). Reimpresso com permissão dos editores e da Loeb Classical Library.
46. *Ibid.*, 6.13.
47. *As Máscaras de Deus - Mitologia Oriental*, p. 162-166.
48. Cícero, *op. cit.*, 6.29.
49. *Aeneid* 6.790-6.807.
50. *Metamorphoses* 15.745-15.870.
51. Deubner, *op. cit.*, p. 469-471.
52. *Ibid.*, p. 472.
53. Coríntios I 15:21-22 (*c.*54 d.C.)
54. Filipenses 2:6-11. A identificação

dessa passagem, como um tradicional hino cristológico, foi feita por Ernst Lohmeyer, "Kyrios Jesus", *Heildelberger Akademie der Wissenschaften. Sitzungsbericht. Philosophisch-historische Klasse*, 1927-1928. Tese 4, 1928. Ver Rudolf Bultmann, *Primitive Christianity in Its Contemporary Setting* (Living Age Books, Nova York, 1956), p. 196, 197.
55. Klausner, *The Messianic Idea in Israel*, p. 24.
56. Lucas 1:26-35, 38.
57. Lucas 2:1-20.
58. Ver Henri Corbin, "Terre céleste et corps de résurrection d'après quelques traditions iraniennes", *Eranos-Jahrbuch 1953* (Rhein-Verlag, Zurique, 1954), p. 109.
59. Mateus 2:1-12.
60. Epiphanius, *Penarion* 51, conforme citado por Kirsopp Lake, artigo "Epiphany", em Hastings (editor), *op. cit.*, vol. V, p. 332.
61. Kirsopp Lake, artigo "Christmas", em Hastings (editor), *op. cit.*, vol. III, p. 602.
62. Mateus 2:13-23.
63. Louis Ginzberg, *The Legends of the Jews*, traduzido por Henrietta Szold (The Jewish Publication Society of America, Filadélfia, 1913), vol. I, p. 186-189.
64. Bhagavatā Purāṇa 10.1.17-10.4.14, bastante condensado.
65. *As Máscaras de Deus - Mitologia Oriental*, p. 273-276.
66. Hesíodo, *Theogony* 453-506. Tradução reimpressa da obra *Hesiod*, de Richmond Lattimore, p. 150-153, com permissão da The University of Michigan Press. Copyright © da The University of Michigan, 1959.
67. Charles Guignebert, *Jesus*, tradução do francês por S.H. Hooke (University Books, Nova York, 1956), p. 43.
68. Marcos 1:9-11.
69. Lucas 3:22, *Western text*, Codex D; citado por Guignebert, *op. cit.*, p. 108.
70. Josephus, *Antiquities* 18.5.2.
71. Marcos 6:16-29.
72. Marcos 1:4-8.
73. Reis II 1:8.
74. Ver a discussão dessa questão em Guignebert, *op. cit.*, p. 149, que fornece, como para qualquer questão, uma bibliografia completa.
75. *As Máscaras de Deus - Mitologia Oriental*, p. 211-218.
76. Mateus 1:1-17; Lucas 3:23-38.
77. Marcos 1:12-13.
78. *As Máscaras de Deus - Mitologia Oriental*, p. 22-26, 217, 218.
79. *Ibid.*, p. 14, 15.
80. Klausner, *The Messianic Idea in Israel*, p. 9,10; grifos de Klausner.
81. Marcos 1:14-28.
82. Guignebert, *op. cit.*, p. 191, 192.
83. Romanos (Epístola aos) 13:11-12.
84. Marcos 2:27.
85. Marcos 2:22.
86. Marcos 2:17.
87. Mateus 5:44.
88. Marcos 12:28-31.
89. Mateus 16:13-23.
90. Marcos 14:17-16:8.
91. Colossenses (Epístola aos) 2:8-3:8, resumida.
92. Atos de João 88-89, tradução segundo Montague Rhodes James, *The Apocryphal New Testament* (The Clarendon Press, Oxford, 1953, edição corrigida), p. 251. Reimpressa com permissão da Clarendon Press.
93. Atos de João 93; James, *op. cit.*, p. 252, 253.
94. Vajracchedika 32; citado em *As Máscaras de Deus - Mitologia Oriental*, p. 252.
95. *The Tempest* IV.i. 157, 158.
96. *Corpus Hermeticum*, traduzido por Scott, Livro XI (ii), 20b-22b; p. 220-

223. Devo o conhecimento dessa passagem à gentileza e erudição do Dr. Alan W. Watts e da Sra. Ananda K. Coomaraswamy.
97. *O Evangelho Segundo Tomás*, texto cóptico compilado e traduzido por A. Guillaumont, H.-Ch. Puech, G. Quispel, W. Till e Yassah 'Abd al Masīh (E.J. Brill, Leiden; Harper & Brothers, Nova York, 1959), p. 43.
98. Tomás 80:14-19a; 99:13-18; 80:14b-81:4; *op. cit.*, p. 3, 55, 57.
99. Lucas 17:20-21.
100. Guignebert, *op. cit.*, p. 339-341.
101. Edward Gibbon, *The Decline and Fall of the Roman Empire*, dos capítulos I e II.
102. Atos de João 94-96. Tradução baseada em James, *op. cit.*, p. 253, 254 e Max Pulver, "Jesus' Round Dance and Crucifixion", em Joseph Campbell (editor), *The Mysteries*, The Bollingen Series XXX, Ensaios dos Eranos Yearbooks, vol. 2 (Pantheon Books, Nova York, 1955), p. 178-180.
103. Atos de João 97-102; James, *op. cit.*, p. 254-256, Pulver, *op. cit.*, p. 180-182.
104. Atos 1:6.
105. Isaías 26:19.
106. Isaías 65:17, 19.
107. Justin Martyr, First Apology 26; em Thomas B. Falls, *Writings of Saint Justin Martyr* (Christian Heritage, Nova York, 1949), p. 62.
108. R.M. Grant, *Gnosticism and Early Christianity* (Columbia University Press, Nova York, 1959), p. 185.
109. E.F. Scott, artigo "Gnosticism", em Hastings (editor), *op. cit.*, vol. VI, p. 241.
110. Atos 7:58; 8:1, 3.
111. Gálatas (Epístola aos) 3:13-14.
112. Gálatas (Epístola aos) 3:24-25, 28-29.
113. Coríntios (Epístola aos) I 1:10; 5:9-13, resumida.
114. *Ibid.*, 12:7, 12-13, 27-28.
115. *Ibid.*, 11:3-10.
116. *Ibid.*, 11:1.
117. Atos 8:1.
118. Atos 17:16-18:1.
119. Atos 21:30-36.
120. James Henry Breasted, *The Conquest of Civilization* (Harper & Brothers, Nova York, 1926) p. 673.
121. Eusebius of Caesarea, *Vita Constantini* (ed. I.A. Keikel, Berlim, 1902), tradução, Nicene Library (ed. H. Wace e P. Schaff, Oxford, 1890 e ss.).
122. *As Máscaras de Deus - Mitologia Oriental*, p. 233-235.
123. Para a discussão dessas controvérsias, ver Adolf Harnack, *History of Dogma*, traduzido da terceira edição alemã por Neil Buchanan (Dover Publications, Nova York, 1961), vol. V, p. 140-168 com respeito à Controvérsia Donatista; e vol. IV, capítulo I, quanto à Doutrina da Homose do Filho de Deus com o Próprio Deus.
124. João 18:36, parcial.
125. H.M. Gwatkin, "Constantine and His City", em *The Cambridge Medieval History*, vol. I, p. 3.
126. Tradução de Gwatkin, "Arianism", em *The Cambridge Medieval History*, vol. I, p. 121, 122.
127. Gibbon, *op. cit.*, capítulo XXVIII, parcial.
128. Santo Agostinho, *De Civitate Dei*, livro 22, capítulo 30.

NOTAS DE REFERÊNCIA

PARTE IV: A IDADE DAS GRANDES CRENÇAS
INTRODUÇÃO: O DIÁLOGO ENTRE A EUROPA E O LEVANTE

1. Spengler, *op. cit.*, vol. I, p. 211 (ed. inglesa), p. 272 (ed. alemã).
2. *Ibid.*, vol. I, p. 329 (ed. inglesa), p. 421 (ed. alemã).
3. *Ibid.*, vol. I, p. 225 (ed. inglesa), p. 290 (ed. alemã).
4. *Ibid.*, vol. I, p. 200 (ed. inglesa), p. 257 (ed. alemã).
5. *Ibid.*, vol. II, p. 234 (ed. inglesa), Vol. II, p. 283 (ed. alemã).
6. *Ibid.*, vol. II, p. 189 (ed. inglesa), Vol. II, p. 227 (ed. alemã).
7. *Ibid.*, vol. II, p. 190, 191 (ed. inglesa), p. 228, 229 (ed. alemã).

CAPÍTULO 8: A CRUZ E O CRESCENTE

1. *As Máscaras de Deus - Mitologia Oriental*, p. 235-237.
2. *Dēnkart* 412; de Zaehner, *op. cit.*, p. 175, 176.
3. *Ibid.*
4. *Dēnkart* 413; Zaehner, *op. cit.*, p. 176.
5. Zaehner, *op. cit.*, p. 186.
6. *Ibid.*, p. 187, citando *Shikand-Gumānīk Vichār* 10.70-71.
7. *Dēnkart* 413; Zaehner, *op. cit.*, p. 176.
8. *Dēnkart* 414, 415; Zaehner, *op. cit.*, p. 176, 177.
9. Spengler, *op. cit.*, vol. II, p. 235, 236 (ed. inglesa), vol. II, p. 285 (ed. alemã).
10. Gwatkin, "Arianism", p. 135, 136.
11. Segundo Alice Gardner, "Religious Disunion in the Fifth Century", em *The Cambridge Medieval History*, vol. I, p. 494-503; e R.M. French, *The Eastern Orthodox Church* (Hutchinson's University Library, Londres, 1951), p. 23-33.
12. Gibbon, *op. cit.*, capítulo XXXVI, último parágrafo.
13. Comparar *As Máscaras de Deus - Mitologia Oriental*, p. 213, 214.
14. Para uma visão introdutória dos templos, com fotografias, ver Imgard Bidder, *Lalibela: The Monolithic Churches of Ethiopia* (Thames & Hudson, Londres, 1959).
15. Conforme Ugo Monneret de Villard, *Aksum: Ricerche di Topografia Generale* (Pontificum Institutum Biblicum, Roma, 1938); Enno Littmann e Theodor von Lüpke, *Deutsche Aksum-Expedition*, 4 vols. (Georg Reimer, Berlim, 1913), "Legend of the Dragon King", vol. I, p. 39.
16. Leo Frobenius, *Und Afrika Sprach. ...* (Vita Verlag, Berlim, 1912), p. 605-636.
17. Gardner, *op. cit.*, p. 510, 511.
18. Adda B. Bozeman, *Politics and Culture in International History* (Princeton University Press, Princeton, 1960), p. 327.
19. *Ibid.*, p. 322.
20. Robert Eisler, *Weltenmantel und Himmelszelt* (C.H. Beck'sche Verlagsbuchhandlung, Munique, 1910), vol. I, p. 36, nota 2, citando Liudprand of Cremona (morreu c.972), Antapodosis VI.5. Conforme tradução de F.A. Wright, *The Works of Liudprand of Cremona* (George Routledge & Sons, Londres, 1930), p. 207, 208.
21. Norman H. Baynes, *The Byzantine Empire* (Williams & Norgate, Ltd.,

Londres, 1925), p. 72,73; citado por Bozeman, *Politics and Culture in International History*, p. 335, 336.
22. Charles Diehl, "Justinian's Government in the East", em *The Cambridge Medieval History*, vol. II, p. 25-27, 45-49; French, *op. cit.*, p. 34-40.
23. E.W. Brooks, "The Successors of Heraclius to 717", em *The Cambridge Medieval History*, vol. II, p. 401, 402.
24. French, *op. cit.*, p. 38-44.
25. Alcorão 1:1-7. Tradução de acordo com Abdullah Yusuf Ali, *The Holy Qur'an: Text, Translation and Commentary* (Hafner Publishing Co., Nova York, s. d.), vol. I, p. 14, 15. Todas as seguintes citações do Alcorão estão baseadas nessa tradução.
26. Alcorão 2:30-39.
27. Gênese 21:8-14.
28. Alcorão 2:127-128.
29. Alcorão 2:133.
30. Alcorão 2:140.
31. Alcorão 2:40-41.
32. Alcorão 2:87-88.
33. Nessa divisão, estou seguindo D.S. Margoliouth, "Muhammad", em Hastings (editor), *op. cit.*, vol. VIII, p. 873.
34. Alcorão 96:1-5.
35. Abdullah Yusuf Ali, *op. cit.*, Koranic Commentary 27-33, resumido, p. 8-10.
36. Comentário 34, *Ibid.*, p. 10.
37. Alcorão 73:1-5.
38. Segundo o Comentário de Abdullah Yusuf Ali, *op. cit.*, vol. II, p. 1633-1640, notas 5754, 5755, 5778.
39. Alcorão 74:1-10.
40. A.A. Bevan, "Mahomet and Islām", em *The Cambridge Medieval History*, vol. II, p. 306; e H.A.R. Gibb, *Mohammedanism* (Oxford University Press, Galaxy Books, Nova York, 1962), p. 38.
41. Alcorão 106.
42. Comentário 26, Abdullah Yusuf Ali, *op. cit.*, p. 8.
43. Alcorão 9:40.
44. Gibb, *op. cit.*, p. 29.
45. Bevan, *op. cit.*, p. 325.
46. A.E. Crawley, artigo "Kissing", em Hastings (editor), *op. cit.*, vol. VII, p. 743.
47. Alcorão 44:38-59.
48. Jeremias 10:2-3, 6-8, 10.
49. Alcorão 2:144.
50. Alcorão 3:85.
51. Isaías 61:5-6.
52. Alcorão 50:37.
53. Gibb, *op. cit.*, p. 78, 79.
54. *Ibid.*, p. 94.
55. Spengler, *op. cit.*, vol. II, p. 84, 85 (ed. alemã), p. 72, 73 (ed. inglesa).
56. Gibb, *op. cit.*, p. 95-98.
57. *Ibid.*, p. 98.
58. Spengler, *op. cit.*, vol. II, p. 85, 86 (ed. alemã), p. 73 (ed. inglesa).
59. Sir Mohammad Iqbal, tradução de Arthur J. Arberry, *The Mysteries of Selflessness* (John Murray Ltd., Londres, 1953), p. xv; conforme citada por Bozeman, *Politics and Culture in International History*, p. 360, nota 7.
60. Alcorão 74:49-50; 76:4-5 e 13-16.
61. Omar Khayyám, *The Rubáiyát*, tradução de E.H. Whinfield, estrofes 185, 244, 262.
62. Jalālu'ddīn Rūmī, *Mathnawi* I. 3360-3395. Tradução de acordo com Reynold A. Nicholson, *The Mathnawi of Jalálu'ddín Rúmí*, E.J.W. Gibb, Memorial Series IV (Luzac & Co., vol. II, Londres, 1926), p. 183, 184, resumida.
63. Louis Massignon, "Die Ursprünge und die Bedeutung des Gnostizismus im Islam", *Eranos-Jahrbuch 1937*, (Rhein--Verlag, Zurique, 1938), p. 58, citando Moghira, Shahrastani, milal, II, 13,14.
64. *Ibid.*, p. 59, 60, citando o gnóstico

persa *Omm-al-Kitāb* e a doutrina da seita síria Noseiri.
65. *Ibid.*, p. 64, 65, citando *Omm-al--Kitāb*.
66. *Ibid.*, p. 66.
67. Alcorão 97:1-5.
68. Alcorão 4:157.
69. Massignon, *op. cit.*, p. 69, 70.
70. *Ibid.*, p. 74, de Mansur al-Hallāj, *Kitāb al-Tawāsīn*.
71. Alcorão 24:32.
72. Gibb, *op. cit.*, p. 133.
73. Reynold A. Nicholson, artigo "Sufis", em Hastings (editor), *op. cit.*, vol. XII, p. 11,12.
74. Tradução de R.A. Nicholson, artigo "Mysticism", em Sir Thomas Arnold (editor), *The Legacy of Islam* (The Clarendon Press, Oxford, 1931), p. 211.
75. *As Máscaras de Deus - Mitologia Primitiva*, p. 372-380.
76. Marion Morehouse e E.E. Cummings, *Adventures in Value* (Harcourt, Brace & World, Inc., Nova York, 1962), página introdutória.
77. *Aṣṭavakra Saṁhitā* 14,15, em parte.
78. Nicholson, "*Mysticism*", p. 217.
79. *Ibid.*, p. 215.
80. Alcorão 55:26-27.
81. Alcorão 50:16.
82. Alcorão 2:115.
83. Massignon, *op. cit.*, p. 74, 75, citando Hallāj, *op. cit.*
84. Alcorão 2:26; ver também 2:98.
85. *Arabian Nights*, Conto 155, "Hassan of Bassora and the King's Daughter of the Jinn". Ver Joseph Campbell (editor), *The Portable Arabian Nights* (The Viking Press, Nova York, 1952, 1962), p. 566-579.
86. Omar Khayyám, *The Rubáiyát*, estrofe 491, tradução de Whinfield.
87. Spengler, *op. cit.*, vol. II, p. 278 (ed. alemã), p. 237 (ed. inglesa).

CAPÍTULO 9: EUROPA RESSURGENTE

1. Standish H. O'Grady, *Silva Gadelica*, vol. II (tradução e notas), p. 1-4.
2. O'Grady, *op. cit.*, p. vi.
3. *As Máscaras de Deus - Mitologia Oriental*, p. 95-102, 108.
4. "The Lebar Brecc Homily on Saint Patrick", p. 24, coluna 2; tradução de *The Tripartite Life of Patrick with Other Documents Relating to That Saint*, de Whitley Stokes (Eyre & Spottiswoode, Londres, 1887), vol. II, p. 433.
5. *Ibid.*, p. 26, coluna 1; Stokes, *op. cit.*, p. 448, 449.
6. *Bethu Phátraic Andso*, Egerton 93, *in-fólio* ca., em Stokes, *op. cit.*, vol. I, p. 41-47, e *Lebar Brecc*, p. 27, coluna i, em vol. II, p. 455-459.
7. Rawlinson B. 512, *in-fólio* 11 (Stokes, *op. cit.*, vol. I, p. 91-93).
8. Optatus, *De schismate Donatistarum* 2.1 e 5.4; citado por Harnack, *op. cit.*, vol. V, p. 44, 45.
9. Segundo Harnack, *op. cit.*, vol. V, p. 168-221.
10. *Ibid.*, capítulo VI, nota 1.
11. Segundo Henry Bett, *Joannes Scotus Erigena* (The University Press, Cambridge, 1928). A lenda do martírio de Scotus é de William of Malmesbury.
12. Mateus 27:38. The Book of Kells encontra-se hoje na biblioteca do Trinity College, Dublin.
13. Stokes, *op. cit.*, vol. I, p. clxi, citando *Lebar Brecc*, p. 257 a.
14. Sullivan, *op. cit.*, p. 18.
15. T.G.E. Powell, *The Celts* (Frederick A. Praeger, Nova York, 1958), p. 61.

16. O'Grady, *op. cit.*, p. 103, 104, 108, 137.
17. Tácito, *Germania* 2-3, em parte. Tradução da obra de H. Mattingly, *Tacitus on Britain and Germany* (The Penguin Classics, Harmondsworth e Baltimore, 1948), p. 102,103.
18. *Ibid.*, 7; Mattingly, *op. cit.*, p. 106, 107.
19. *Ibid.*, 9; Mattingly, *op. cit.*, p. 108.
20. *Ibid.*, 39, 40; Mattingly, *op. cit.*, p. 132-134.
21. *Ibid.*, 43; Mattingly, *op. cit.*, p. 136.
22. *Ibid.*, 45; Mattingly, *op. cit.*, p. 138.
23. *Ibid.*, 8; Mattingly, *op. cit.*, p. 107, 108.
24. *Ibid.*, 27; Mattingly, *op. cit.*, p. 122, 123.
25. *As Máscaras de Deus - Mitologia Primitiva*, p. 62-64.
26. *As Máscaras de Deus - Mitologia Primitiva*, p. 71, 72, 221-229.
27. Snorri Sturluson, *The Prose Edda*, Gylfaginning 48; tradução segundo Arthur Gilchrist Brodeur, *The Prose Edda by Snorri Sturluson* (The American-Scandinavian Foundation, Nova York, 1929), p. 68-70; e Lee M. Hollander, *The Skalds* (The American-Scandinavian Foundation, Nova York, 1947), p. 28-30.
28. B. Phillpotts, "German Heathenism", em *The Cambridge Medieval History*, vol. II, p. 481, 482, citando A.C. Haddon, *Magic and Fetishism* (Londres, 1906).
29. Phillpotts, *op. cit.*, p. 481.
30. Otto von Friesen, artigo "Runes", em *Encyclopaedia Britannica*, 14ª ed. (1929), vol. 19, p. 662, traduzindo as runas da Bjorketorp Inscription e do Freilaubersheim Brooch.
31. Hovamol 139, 140, 142. Tradução de Henry Adams Bellows, *The Poetic Edda* (The American-Scandinavian Foundation, Nova York, 1923), p. 60, 61.
32. Bellows, *op. cit.*, p. xviii.
33. Holger Arbman, *The Vikings* (Frederick A. Praeger, Nova York, 1961), p. 90.
34. Eleanor Hull, *Early Christian Ireland* (David Nutt, Londres, 1905), p. 167, 168.
35. Arbman, *op. cit.*, p. 79, 80, traduzindo Ermentarius of Noirmoutier.
36. Hollander, *op. cit.*, p. 56.
37. Grimnismol 23; Bellows, *op. cit.*, p. 93.
38. Voluspo 45, 47, 48; Bellows, *op. cit.*, p. 19-21.
39. Voluspo 49-56; Bellows, *op. cit.*, p. 21-23.
40. Voluspo 57, 59, 62; Bellows, *op. cit.*, p. 24, 25.
41. Sturluson, *op. cit.*, Gylfaginning IV-IX; Brodeur, *op. cit.*, p. 16-22.
42. Sturluson, *op. cit.*, Gylfaginning 20; Brodeur, *op. cit.*, p. 34, 35.
43. Alexander Hamilton Thompson, "Medieval Doctrine to the Lateran Council of 1215", *Cambridge Medieval History*, vol. VI, p. 634, 635.
44. Henry Charles Lea, *A History of the Inquisition of the Middle Ages*, em 3 volumes (Russel & Russel, Nova York, 1955, edição reimpressa), vol. I, p. 5.
45. João 8:7.
46. Lea, *op. cit.*, vol. I, p. 14.
47. *Ibid*.
48. "La Gesta de Fra Peyre Cardinal", em François J.M. Raynouard, *Lexique Roman* (Silvestre, Paris, 1836-1844), vol. I, p. 464; tradução de Lea, *op. cit.*, vol. I, p. 56.
49. Karl Pannier, Walthers von der Vogelweide Sämmtlich Gedichte (Philipp Reclam, Leipzig, 1876), p. 119, nº 10; citado por Lea, *op. cit.*, vol. I, p. 55.
50. *S. Bernardi Sermones de Conversione*, cap. 19, 20; conforme em Lea, *op. cit.*, vol. I, p. 52.
51. *S. Hildegardae Revelat. Vis.* X, cap. 16; conforme em Lea, *op. cit.*, vol. I, p. 53.

52. *As Máscaras de Deus - Mitologia Oriental*, p. 190-194.
53. Lea, *op. cit.*, vol. I, p. 104.
54. A.S. Turberville, "Heresies and the Inquisition in the Middle Ages, c.1000-1305", *Cambridge Medieval History*, vol. VI, p. 701, 702.
55. Lea, *op. cit.*, vol. I, p. 104, 105.
56. *Ibid.*, p. 119, 120.
57. *Ibid.*, p. 123, 124.
58. Para uma avaliação desses movimentos de dança, ver E. Louis Backman, *Religious Dances in the Christian Church and in Popular Medicine*, traduzido do sueco por E. Classen (George Allen & Unwin, Londres, 1952), p. 170 e ss.
59. *Ibid.*, p. 161-170.
60. Mateus 6:6.
61. Lea, *op. cit.*, vol. I, p. 129-161, onde são fornecidas todas as referências.
62. Lea, *op. cit.*, vol. III, p. 90-119.
63. Dante, *Paradiso* XII. 140, 141.
64. Dante, *Inferno* XXVIII. 55.
65. Dante, *Convivio* IV. 4.120.
66. *Ibid.*, IV. 5.180.
67. Hilda Johnstone, "France: The Last Capetians" em *The Cambridge Medieval History*, vol. VII, p. 314.
68. *Ibid.*, p. 315.
69. Lea, *op. cit.*, vol. II, p. 491.
70. *Ibid.*, vol. II, p. 467-493.
71. *As Máscaras de Deus - Mitologia Primitiva*, p. 325, 326.
72. *As Máscaras de Deus - Mitologia Primitiva*, p. 192, 193.
73. Franz Rolf Schröder, *Die Parzivalfrage* (C.H. Beck'sche Verlagsbuchhandlung, Munique, 1928).
74. Ver Jessie Weston, *From Ritual to Romance* (The University Press, Cambridge, 1920), p. 11-22; também Roger Sherman Loomis, *From Celtic Myth to Arthurian Romance* (Columbia University Press, Nova York, 1927), p. 250-270.
75. Wolfram von Eschenbach, *Parzival*, 3.118.14-17 e 28; traduzido (parcialmente) por Helen M. Mustard e Charles E. Passage (Random House, Vintage Books, Nova York, 1961), p. 67.
76. *Ibid.*, 3.119.29, 30.
77. J. Huizinga, *The Waning of the Middle Ages* (Doubleday Anchor Books, Nova York), p. 127.
78. *Ibid.*, p. 107.
79. *As Máscaras de Deus - Mitologia Oriental*, p. 271-285.
80. Citado de Lea, *op. cit.*, vol. II, p. 440.
81. Franz Pfeiffer, editor, *Meister Eckhart*, tradução de C. de B. Evans (John M. Watkins, Londres, 1947), vol. I, "Sermons and Collations", nº II, p. 9-10.
82. *Ibid.*, p. 10.
83. *Ibid.*, p. 14.
84. *Ibid.*, vol. I, "Sermons and Collations", nº XXVI, p. 76, 77.
85. *Ibid.*, vol. I, "Sermons and Collations", nº LXIX, p. 171.
86. *Ibid.*, vol. I, "Sermons and Collations", nº LXXXVIII, p. 221, 222.
87. *Ibid.*, vol. II, "Sermons", nº I, p. 89.
88. *Ibid.*, "Tractates", nº VII, vol. I, p. 334-336.
89. C. de B. Evans, em *Ibid.*, vol. I, p. xii-xiii.
90. Alan W. Watts, *Myth and Ritual in Christianity* (The Vanguard Press, Nova York, 1953), p. 78-82.
91. Pfeiffer, *op. cit.*, "Sermons and Collations", vol. I, p. 46.

CONCLUSÃO: NO FINAL DE UMA ERA

1. *As Máscaras de Deus - Mitologia Oriental*, p. 36, 37.
2. *As Máscaras de Deus - Mitologia Oriental*, p. 21-27.

ÍNDICE REMISSIVO

A
Abássida, dinastia, 360, 367
Abel, 94, 95
Abimelec, 109, 110, 116
Abissínia, 335, 347
Abraão (Abraham, Abrão), 5, 92, 101-104, 106-110, 114-117, 119, 278-280, 284, 342, 343, 345, 367
Abu Bakr, 345, 346, 348, 358, 361
Acad (Sargão, monarca), 68, 103, 112, 124
Acádia (acádios ou acadianos), 30, 68, 81 n., 106, 112, 124,
Acaios (mesmo que Aqueus), 150
Áccio, 271, 324
Acheuliano, 37
Acrísio, 113
Actéon, 386
Adão, 22, 24, 34, 56, 94, 98-100, 102, 130, 175, 216, 217, 219, 274, 341, 366, 367, 373, 376, 377, 399, 401, 419
Admeto, 255
Adônis, 49, 57, 120, 149, 195, 196, 255, 256, 266, 295
Adriano, 186, 323
Adriático, Mar, 64
Aelian, 27
Aesir, 396
Afeganistão, 235, 367
África, 37, 38, 94, 267, 312, 314, 320, 335, 367; África Setentrional, 36, 219, 340; Nordeste, 38; Noroeste, 38, 312

Afrodite, 7, 33, 44, 49, 69, 131, 136, 138, 139, 195, 196, 249, 255, 264, 266
Agabo, o Profeta, 289
Agamênon, 65, 138, 146
Agatão, 190, 191
Agni, 127
Agostinho, Santo, 324, 330, 376, 377, 399, 401
Agrária, Civilização: ver Neolítica
Água como símbolo, 19, 54-55, 216
Ahura Mazda, 162, 163, 165, 166, 169, 170-174, 176-179, 181, 184, 185, 190, 213, 277, 304, 320, 330, 332
Ailill de Leinster, 40, 41, 249
Aion, 277, 278
Aix-la-Chapelle, 369
Akenaton, 110, 111, 117-119, 126, 162
Alá, 349, 352
Alarico, 257, 319
Albigense, cruzada, 402-404; heresia, 401-405, 411
Albino, Clódio, 312
Albright, William, F., 119; citado, 81
Alcis, 385
Alcorão, 210, 342-343, 345, 351, 352, 354-355, 360, 362 e ss., 365 e s., 416; citado, 222-223, 340-345, 345-347, 348-349, 351-352 n.r., 356, 362-363, 366, 367
Alderney, 247
Aleppo, 359

Alexandre, o Grande, 14, 170, 198-201, 203, 204, 206, 214, 324, 327
Alexandre II de Epiro, 236
Alexandre III, Papa, 402
Alexandre Janeu, 231, 232, 237
Alexandria, 222, 226, 266, 277, 278, 296, 316, 332-334, 339, 340
Alexandrino, período: ver Helenismo
Ali, 345, 346, 357, 359, 360-362; ver tb. xiitas
Alpinas, regiões, 240
Alta Idade do Bronze, 37, 125, 127, 351
Alteia, 255
Amairgen, 244, 246, 248
Amarna, 118, 119
Âmbar, 64, 125, 385, 389
Ameríndia, 44, 263
Amida, budismo, 211, 219
Amon, 117, 119, 142, 200, 201
Amonitas, 90, 188
Amorreus, 115, 188
Amós, 238; Livro de, 180,
Amúlio, 258
An, 56
Ananta, 280, 281
Anatólia, 45 n., 61, 65, 132, 180, 226, 367
Anaximandro, 154, 195
Anaxímenes, 154, 195
Anglos, 320, 385, 386
Angra Mainyu, 163, 165, 170-174, 177, 179, 185, 214, 304, 332, 341 n.
Anguípede, 8, 227
Aníbal, 266, 267
Anki, 56
Ano grande, 372
Anquetil-Duperron, Abraham Hyacinthe, 161
Anshar, 71, 74-76
Antestérias, festival das, 145
Antigo Testamento, 7, 25, 34, 87, 88, 107, 116, 128, 175, 190, 226, 229, 233, 236-239, 288, 302 n., 304, 306, 307, 326, 336, 351, 355, 377, 380, 405
Antígono Gônatas da Macedônia, 236
Antíoco II, da Síria, 236
Antíoco IV Epífanes, 225, 226, 230
Antióquia, 332-334, 339, 359

Antístenes, 203
Antonino Pio, 302
Antoninos, 14, 302; ver tb. Antonino Pio e Aurélio Antonino, Marco
Antônio, Marco, 271
Antonio, Santo, 335
Antrim, 38
Anu, 69-71, 73-76, 78-80
Anual, Prego, 255, 272
Anubis, 227
Ápis, 58, 266
Apocalíptica, ideia, 214, 223, 231, 238, 272, 301 n, 357
Apocalípticos, 265, 290
Apócrifo de João, 296
Apolinário de Laodiceia, 332
Apolo, 27, 30, 138-139, 200, 244, 249, 271-273
Apolônio de Tiana, 266, 289
Apsu, 70-73, 78, 129
Apuleio, 44; citado, 43
Aquemênida, Dinastia, 184
Aquarius, o Portador da Água, 216
Aqueus (mesmo que Acaios), 125, 126
Aquiles, 146, 249, 255
Árabe: mitologia, 110, 116, 345, 349, 353-354; povo, 30, 341 n., 342, 347, 369; ver tb. Beduínas, tribos,
Arábia, 17, 68, 125, 127, 227, 340, 367
Arábia, Mar da, 335
Aramaica (aramaico), 325, 353
Arameus, 118, 180, 325, 353
Arcádia, 98, 123
Arda Viraf, 164-167, 169, 170
Ardachir I, 328
Ares, 227, 264
Areté, 135-138, 143, 204, 205
Argólida, 123, 125, 133
Argos, 113, 133
Ária, cultura, 17, 25, 28, 30, 39, 53, 62, 63, 65, 107, 108, 124, 127, 128, 350; ver tb. Celtas; Germânicas, tribos; Grécia, período clássico; Medas, Pérsia; Índia védica
Ariadne, 146
Ário, heresia, 314, 316, 332

Aristarco de Samos, 207
Aristéas de Proconeso, 261
Aristóteles, 100, 157, 198, 203, 310
Armagh, Livro de, 43
Armas, 60, 64, 107, 123
Armênia, 30, 179, 312, 367
Arnold, Matthew, citado, 204, 205
Arquelau, 278
Arsaces, 327
Arsácida, Dinastia, 327-328
Artaxerxes I, II, 88, 188
Ártemis, 196, 255, 333, 386
Artur, rei, 35, 244; arturiano, 240, 410
Aruru, 79
Árvore, como símbolo, 18-20, 23-24, 27, 62, 93, 95, 96, 99, 102, 105, 140, 216-217, 219, 274, 394, 396; ver tb. Árvore da Iluminação; Árvore da Vida
Árvore da Iluminação, budista, 20, 23-24, 286, 287, 396; comparada com a Árvore Cristã da Iluminação, 23-24
Árvore da Iluminação (conhecimento), no Jardim da Inocência, 22-24, 93, 96, 146; comparada com a Árvore da Vida, 96; comparada com a Árvore da Iluminação budista, 23-24
Árvore da Vida, 22, 24, 62, 66 e s., 93, 96, 146; comparada com a Árvore da Iluminação, 96
Árvore do Inferno (Zaqqum), 349
Árvore de Todas as Sementes, 172
Aśvin, 107, 213, 221
Asclépio, 31
Aserá, 89
Ashoka, 235, 295, 314, 315, 316
Ásia Menor, 16, 37, 46-48, 61, 123-125, 180, 181, 189, 222, 226, 240, 242, 296, 312, 313, 315, 333; ver tb. por nome de lugar
Assassinos, seita xiita dos, 360 n.
Assíria, assírios, 70, 81 n., 179, 180
Assur, 106, 186
Assurbanipal, 70, 179
Astecas, 42, 140, 284
Astronomia, 201, 207, 212, 328; ver tb. planetas, zodíaco

Atalante, 255
Átalo I, de Pérgamo, 240
Atanasiano, credo, 332
Atanásio, 316, 332
Atena (Atená), 31, 48, 66, 67, 128-130, 131, 134, 136, 138, 149
Atenas, 7, 66, 150, 191, 192, 200, 206, 208, 222, 310, 311, 339
Athrpa, 255
Ática, 123
Átila, 320, 336
Átis, 120, 149, 195, 196, 266
Atkinson, R.J.C., 62, 63; citado, 64-65
Aton, 111, 118
Atos de João, 297, 308, 309; citado, 297-298, 302-306
Atos dos Apóstolos, citado, 306, 308-311
Átropos, 255
Atune, 255
Aturpat, 330
Audumla, 395
Augusto, César, 271-273, 324, 406
Aureliano, 219, 273
Aurélio Antonino, Marco, 302, 311; citado, 204-205, 208
Aurínia, 386
Aus, tribo, 348
Austrália, 190
Áustria, 241
Avesta: ver *Zend Avesta*
Avignon, papas em, 407
Aviões, 385
Axis Mundi, 7, 21, 32, 220
Axum, 325, 335, 347

B
Baal, 89
Babel, Torre de, 92, 101, 419
Babilônia, 39, 68, 77 n., 78, 88, 106, 180-184, 226; história da, 77 n., 106, 108, 179-184, 324, 373; mitologia/religião da, 30, 70, 77-79, 98, 201, 207, 275, 328, 373
Babilônico, Exílio, 89, 91, 180-181, 189
Báctria (bactrianos), 184, 200, 327
Badb, 251; ver tb. Morrigan
Bagdá, 367, 369

Bahram I, 329
Balarāma, 281
Baldr, 394
Balor do Olho-Maléfico, 247, 249
Báltico, Mar, 38, 64, 65, 312, 385 n.
Banba, 246, 247, 249
Bar-Jesus, 289
Barrabás, 293, 294
Batismo, 284-286, 373, 376, 399
Bayazid (Abu Yazid), 364, 365
Baynes, Norman H., 338
Beduínas, tribos, 119, 348
Behistun, 184
Bel, 69, 70, 182, 183
Bélgica, 37
Belona, 45
Beluquistão, 367
Benjamim, 117, 189
Beócia, 123, 125
Bernardo, de Clairvaux, São, 401
Berossos, 373
Betel, 89, 90, 114
Béziers, 403, 404
Bhagavad Gītā, 209
Bhagavata Purāṇa, 282
Bíblia, 18, 21, 22, 24, 25, 56, 69, 70, 78, 93, 96-99, 101, 103, 148, 174, 202, 210, 226 n., 233, 246, 271, 342, 349, 419; ver tb. Novo Testamento; Antigo Testamento; Gênese; livro pelo nome
Bitínia, 315
Bizâncio, 14, 335, 338, 340, 392, 410; bizantino, 186, 336, 356; igreja bizantina, 381; império bizantino, 328, 359, 392
Boêmia, 64, 241, 407
Bolsena, Lago, 253, 254
Bonifácio VIII, Papa, 406, 407
Bozeman, Adda B., 336, 338, 356
Brahma, 280
Bramanismo, 201, 329, 334
Brasil, 94
Breasted, James, citado, 313
Bretanha, 38, 62, 241, 243, 247, 312, 316, 320, 373, 386
Bretões, 242, 385
Brígida (Brigit), Santa, 248, 249

Britânica, 39
Bronze, Idade do, 15, 16, 22, 24, 26, 28, 35, 38, 39, 40, 42, 46, 53, 56, 59, 60, 62, 64, 78, 95, 117, 122, 124, 126, 127, 139, 152, 156, 163, 220, 249, 252, 257, 264, 409, 410, 413; Alta, 37, 125, 127, 351
Buda, 23, 24, 96, 155, 176, 185, 203, 206, 211, 218, 219, 284, 286-288, 291, 298, 302, 314, 315, 396, 401, 410
Budismo, 14, 202, 209, 277, 288, 298, 307, 308, 328, 334, 351, 363, 391, 401; na China e Japão, 56, 96, 204, 211, 219, 241; indiano, 14, 21, 23, 24, 163, 201, 206, 209, 218, 235, 291, 295, 298, 302, 314, 315, 329, 367; Mahayana, 297, 298, 302, 334, 389
Bukhari, 352
Bundahish, 170, 171, 174, 178, 312
Burrows, Millar, citado, 237

C
Caaba, 342, 345, 347, 349, 351 n., 410
Cabala, 353
Caçadores, civilização dos: ver Paleolítica
Caeilte, 382, 383
Caim, 94, 95, 246, 419
Calcedônia, 207, 335; Concílio da, 335-336, 339
Calcídica, 123
Caldeia-helênica, 266
Caldeus, 91, 103, 180, 182, 186, 236
Calendários lunar e solar, 138, 139
Cálidon, 255
Calipso, 138, 140, 147, 148, 192
Cambises, 183, 184, 185
Canaã, hebreus em, 95, 103, 108-109, 117-120, 350
Canaã/cananeus, 95, 98, 106, 108-109, 115, 188, 195-197, 279, 350
Canal da Mancha, 242, 247
Caos, 153, 195, 196
Capadócia-síria, escola teológica, 332
Capricórnio, 286
Capsitana, período, 36
Caracala, 312

Carcassonne, 402, 404
Cardenal, Peire, 400
Carlos Magno, 320, 368
Carlos Martel, 340
Carlos, o Calvo, 377
Carmânia, 182, 184
Carmanos, 360 n.
Carmenta, 264
Carnutes, 243
Cartago, 317; Cartaginês, 266
Cáspio, Mar, 183, 186
Castor e Pólux, 255, 385, 386
Cassitas, 108, 124, 132
Cátaros: ver Albigense, heresia
Catolicismo Romano: ver Romana, Igreja
Cattaneo, Longino, 406
Cáucaso, 106, 254
Cavaleiros Templários, 410
Cedron, 89, 90
Celestino I, Papa, 333, 371, 373
Celéstio, 376
Celtas: na Europa, 240-245, 247, 251-254, 257, 312, 326, 386; na Irlanda, 35, 40, 41, 42, 132, 241, 244-252, 376, 389 e s.; mitologia, 14, 30, 69, 122, 132, 136, 200, 219, 244, 247, 248-252, 387 e s., 389 e s., 397, 410 e s.
Cerâmica Halaf, 61
Cerâmica Pintada, povo da, 63, 65, 124
Cérbero, 52
Ceres, 45, 264
Cernunnos, 248; ver tb. Dagda
César, Júlio, 205, 240, 242, 245, 248, 272, 273, 312; citado, 242-244
Cesareia, 289, 291, 316, 359
Cessair, 246
Ceto, 131
Chandragupta Maurya, 190, 282
Chapur I, 328-330
Chapur II, 330
China, 16, 56, 69, 107, 108, 140, 190, 199, 201, 204, 206, 367, 368, 369, 405, 419
Chinvat, Ponte, 164, 165, 167, 179
Chipre, 45, 208
Cibele, 44, 47, 222, 266, 386
Cícero, 266; citado, 222, 267-271

Cíclades, Ilhas, 26, 124
Cíclopes, 140-142, 148
Ciência, Idade da, 15
Cila e Caribdes, 146, 147
Cínica, Escola, 203, 206
Cipião, 260
Cipião Africano, o Ancião, 267
Cipião Africano, o Jovem, 266
Circe, 138, 140, 143-148, 192, 246
Cirene, 207, 236, 294
Cirilo, São, 332-334, 338
Ciro, o Grande, 180-188, 210
Citas, 327
Clássica, visão de mundo, 193-195, 201, 323, 325, 331, 353, 368; ver tb. Grécia, Período Clássico; Roma
Cleantes, 208
Clemente de Alexandria, 296
Cleomedes de Astipaleia, 261, 262
Cleópatra, 271
Clericais, castas, 59, 69, 103, 408-410
Clitemnestra, 138
Cloto, 255
Cnossos, 46, 125, 128, 138
Codex Babylonicus Petropolitanus, 233
Codex Regius, 391
Código da Santidade, (CS) Texto, 92
Colóquio com os Antigos, 382-383
Colossos, Epístola aos, 296
Cômodo, 219, 273, 311
Compêndio de Ibn Hisham, 343
Complexo guerreiro, 28, 30, 43, 53, 60, 65, 71, 107, 123, 127, 392; ver tb. Masculino, princípio
Comunismo: ver Marxista, visão de mundo
Conachar, 381
Confúcio, 185, 206
Confucionismo, 163, 206, 334
Connaught (Connacht), 40, 42, 251, 383
Consenso, princípio de, 120-121, 186, 197, 229, 241, 323-324, 329, 332, 347, 353-357, 360, 362-364, 368, 405, 420
Constança, Concílio de, 407
Constâncio, 315, 316
Constâncio II, 340
Constantino, o Grande, 314-317, 330, 338, 348 n., 376

Constantinopla (Segunda Roma), 186, 323, 332-336, 338, 339, 340, 402
Cooley, 42
Copérnico, 201, 207
Coptas; Igreja monofisista; monofisistas, 296, 302, 335, 338-340, 345, 363
Coraixita, 344, 347
Core, 50, 277, 278
Coríntios, Epístola aos, citado, 274, 308-309
Corinto, 205, 311
Corpus Hermeticus, citado, 298
Cósmica, era, ordem, 162, 206, 257, 264, 351, 372, 373, 394; tempos cíclicos, 15
Cósmico, Dançarino, Śiva Dançante, 55-57
Cósroe I, 330, 337
Credo Atanasiano, 332
Creso, 180
Creta, 7, 16, 27, 30, 32, 37, 39, 48, 57, 58, 59, 60, 61, 62, 64, 65, 68, 110, 124, 125, 126, 127, 128, 129, 131, 137, 192, 283, 284; Creta minoica, civilização cretense, 26, 30, 39, 42, 45-47, 51, 52, 54, 59-62, 64-66, 124, 126, 129, 215, 390, 416; ver tb. Micenas
Creta, Mar de, 37, 62
Cretenses, escritas; hieróglifos, 61, 65; Linear A, 60, 65; Linear B, 48, 51, 57, 60, 65, 126, 128, 132
Criação, mitos, 70-78; bíblica, 78, 92-95, 100, 101, 174; egípcia, 100; islâmica, 341; patriarcal, 134, 135; persa, 163, 164, 170-174
Crisaor, 132-134
Crisipo, 194, 208
Crispo, 316
Cristianismo, 14, 25, 33, 34, 69, 97, 101, 102, 120, 128, 161, 164, 170, 198, 201, 202, 205, 210-212, 215-217, 222, 239, 246, 248, 265, 271, 273, 278, 279, 284-296, 300, 301, 306-311, 313-315, 317, 323, 325, 326, 328, 329, 332, 340, 345, 351, 381, 397-399, 401, 402, 410-416; ver tb. Albigense, heresia; igreja bizantina, em Bizâncio; Coptas; Donatistas; Gnosticismo; Helenismo e Cristianismo; Maniqueísmo; Monofisista; Nestorianos; Romana, igreja; Primitivo, 186, 206, 216, 217, 223, 224, 237-239, 306-311, 353, 355, 381; na Europa Germânica, 392, 397; Irlanda, 370, 383, 391, 392; no Império Romano, 313-320; e Islamismo, 342-348, 351, 352, 354-356, 360
Cristo: Interpretação gnóstica de, 296, 297, 299-306; Encarnação de, 315, 332-340, 380, 416; Vida de, 176, 274, 284-295, 406; como mito, 33, 34, 120, 176, 198, 210, 215-217, 223, 224, 236, 259, 261, 271, 274-278, 284, 286-295, 300, 301, 306-309, 314, 315, 329, 343, 376-382, 389, 390, 396; Cristo, 205, 265, 298, 316, 319, 324, 344, 365, 370, 392, 398-400, 403, 404, 407, 410, 415
Crônica de Tabari, 343
Cronos, 131, 150, 282, 283
Cross, F. M., citado, 238, 239
Cruachan, 40, 251
Cruz, símbolo, 99, 102, 215, 274, 275, 380, 389, 396
Cruzadas, 35, 186; Albigense, 401-405; Infantil, 403; Primeira, 403
Cuchullin, 249-252, 381, 410
Cuma, 265
Cumont, Franz, 215
Cupido, 195, 196; ver tb. Eros
Curdistão, 107
Cusa, Nicolau de, 421
Cyrus Gordon, 65

D
Dácia, 315
Dadóforos, 216, 221, 380
Dagda, 248, 249, 375, 387, 410
Daire mac Fachtna (Fiachna), 42, 250, 251
Daiti, rio, 172, 177
Damasco, 359
Damasco, Documento de, 237
Dana, 43, 248
Dânae, 113, 133, 275
Dante, 166, 169, 201, 267, 271, 406, 411, 412, 416

ÍNDICE REMISSIVO

Danúbio, Rio, 124, 219, 311, 312, 383, 390, 391
Dario I, 162, 184, 185, 188, 200
Darmesteter, James, citado, 170
Davi, 91, 102, 223, 229, 231, 238, 275, 276, 286, 406
Delfos, 27, 240, 262
Deméter, 22, 23, 32, 34, 49, 50, 51, 132, 145, 200, 222, 247, 264, 282
Demócrito, 194
Dendritas, 335
Denkart, 327-331
Deodoro Sículo, 244
Deubner, L. A., citado, 272, 273
Deus, 262
Deusa-mãe, 16, 18, 22, 23, 25, 29, 34, 40, 57, 61, 65-68, 70-79, 127-133, 147, 196, 198, 217, 248, 252, 266, 283, 284, 333, 334, 385, 386, 413, 416; ver tb. feminino, princípio; deusa dual, 48-51
Deuses, mortos e ressuscitados, 22-24, 33, 45-46, 49, 59, 120, 127, 133, 145, 196, 198, 213, 266, 274, 277, 295, 333, 380, 390
Deuteronômio, 88
Deuteronomistas, código (D), 92
Devas, 164
Diana, 45, 133, 272
Diarmuid, 149, 412
Dídio Juliano, 312
Djim, 341 n.
Dilmun, 53
Dilúvio, 83, 92, 101, 102, 246, 373, 419
Dinamarca, 390
Diocleciano, 273, 312, 313, 316
Diógenes, 203, 204
Dionisíaco, culto, 156, 201, 266
Dioniso, 23, 33, 57, 120, 155, 195, 196, 200, 219
Dióscuro, 332, 334, 335
Diotima, 191-195
Dis, 244, 248
Docetismo, docético, 297, 302-306, 362
Dois Parceiros, Segredo dos, 56, 196
Dolcino, 406
Donatistas, 314, 376, 377, 399

Dordogne, 409
Dórios, 42, 126
Dourado, 26, 52, 133, 257
Dravídicas, 30
Druidas, 40, 242-245, 247, 381
Duas Rainhas: e Posídon, 48, 132, 140; e o Rei, 48 e s., 55; e o Jovem Deus, 49 e ss., 68
Dumuzi, 22, 49, 57, 68, 79, 81, 120, 252, 266
Dyson Jr., Robert, 55

E
(E) Elohim, Texto, 92, 112, 113, 126
Ea, 70-74, 76-78, 286
Ecbátana, 180
Eckhart, Mestre, 412-413, 415-416
Eclesiastes, citado, 82
Ecumênico, concílio: da Calcedônia, 335-336, 340, de Éfeso, 333, Primeiro, 340; de Niceia, 297, 302, 332; Segundo, 333; Sexto, 340
Edas islandesas, 387, 389, 391 e s., 395-397
Éden, Jardim do, 19, 24, 27, 93, 94, 95; ver tb. Jardim da vida
Éfeso, 46, 289, 333, 334, 335; Concílio de, 333
Egeu: região do, 125, 126, 127, 183; civilização do, 27, 37, 40, 42, 61, 132, 137, 195, 196, 249; ver tb. Grécia, período egéico.
Egito, 16, 37, 56, 57, 59, 69, 92, 98, 107, 108, 109, 110, 112, 114, 115, 116, 117, 118, 119, 120, 125, 126, 127, 156, 180, 183, 184, 196, 199, 226, 227, 233, 236, 278, 284, 296, 312, 313, 316, 334, 339, 359, 367, 384; ver tb. Alexandria; Hebreus no, 108, 110, 114-120, 199, 200
Eisler, Robert, citado, 337
Elam (elamitas), 106, 108, 180; vaso elamita, 19
Elatha, 247
Elba, rio, 242, 312, 385, 390
Eleata, escola, 203
Eleazar, 231, 237
Elêusis, mistérios de, 22, 23, 49, 51, 132, 145, 146, 222

Eliade, Mircea, 241
Elias, 199, 285, 289, 291, 294, 324
Elimas o Mago, 289
Eliseu, 289
Elísios, Campos, 52
Elohim, 78, 92, 99-101, 109, 114, 115, 304
Empédocles, 156
Eneias, 52, 258, 406
Eneida, 52, 271
Enkidu, 79, 80, 81, 94
Enlil, 56, 76, 105
Eochaid, 40
Éolo, 142, 143, 288
Epicteto, 363; citado, 208-210
Epicurismo, 202
Epifânio, Santo, citado, 278, 296
Epiro, 27
Epiteto, 363
Er Lanic, 247
Eran Vej, 172, 173, 177
Erasístrato de Chíos, 207
Eratóstenes de Cirene, 207
Erc, Bispo, 374
Ereshkigal, 49
Eridu, 286
Erígena, Scotus, 245, 377, 378, 380
Eritônio, 69
Eros: conceito, 190-196; deus, 195-196
Esaú, 95, 107, 114
Escandinávia: história da, 241, 389, 390-393; mitologia, 51, 389-397
Escócia, 212, 219, 242, 244, 391
Escorpião (Scorpio), 215 e s.
Esdras, 88, 92; livro de, 181, 188, 189, 210
Esmérdis, 184, 185
Espanha, 36 e s., 38, 62, 125, 127, 207, 219, 240-242, 247, 312, 320, 340, 363, 367 e s., 392
Esparta, 180, 200
Ésquilo, 134, 200, 205
Esquimós, 36
Essênios, 232, 233, 235-238, 265, 285, 290
Estevão, Santo, 308, 310, 311
Estilitas, 335
Éstios, 385, 386

Estoica, Escola, 14, 194, 206-210, 213, 258, 265, 266, 269, 376, 377, 397
Estoniana, 69
Estrabão, 244, 247
Esus, 251, 252
Etiópia (etíopes), 45, 133, 335, 345
Etrúria, 6, 242, 253, 257, 259
Etrusca (etruscos), 8, 253, 254, 255, 256, 257, 258, 264, 266; ver tb. Toscana
Euclidiana, 194
Eufrates, rio, 59, 68, 359
Eunápio, 319
Eurípides, citado, 155
Europa, 6, 13-15, 17, 30, 35, 37-39, 63-66, 125, 140, 186, 200, 202, 212, 214, 219, 240, 241, 254, 308, 320, 337, 340, 368, 370, 373, 381, 386, 397, 401-403, 405, 406, 409, 412, 421, 430; mitologia da, confira Levantina, 14-15, 96, 122, 187, 224, 259, 323-326, 354-357
Europeia, visão de mundo, 186, 196, 203-205, 326
Eusébio, 314, 316
Eutiquio, 334
Eva, 18, 22, 34, 56, 98, 99, 100, 102, 130, 131, 175, 219
Evangelistas: ver Evangelhos; João; Lucas; Marcos; Mateus
Evangelho, 210, 223, 275, 277, 284, 285, 286, 289, 290, 296, 297, 302, 307, 365, 377, 379, 381, 397, 398
Evangelho de Maria, 296
Evangelhos: Gnóstico, 296, 299-300, 302, 365; Novo Testamento, 259, 284, 288, 291, 299-302, 377: ver tb. João, Lucas, Marcos, Mateus; Sinóticos, 380
Evans, Sir Arthur, 46; citado, 51-52, 60
Exílio Babilônico, 91, 92
Êxodo (bíblico), 88, 92, 108, 110, 112, 114-120, 217, 342
Êxodo, Livro do, 88; citado, 112-115, 117
Ezequias, 35, 176, 187, 199

F
Fada, Morgana, 249
Faraó, bíblico, 35, 109, 111 e s., 115 e ss., 121

Fariseus, 228-229, 231-232, 237-238, 286, 300-301, 308
Fátima, 359, 361, 413
Fatímidas, 360 n.
Fauno, 264
Fáustica, 194
Feaces, 48, 148
Feminino, princípio (matriarcal), 28-29, 32, 34, 40-42, 59-60, 71, 73-74, 77-78, 123, 127-128, 133, 137-138, 140, 146, 147, 249: ver tb deusa-mãe.
Fenícios, 30, 65, 208 e s.
Ferezeus, 115, 188
Ferro, Idade do, 16, 24, 28, 29, 62, 117, 220, 240, 241, 254, 265
Filipe IV, o Belo, 407
Filipenses, Epístola aos, citada, 274
Filisteus, 109, 180
Fílon, o Judeu, 210, 226
Finlandesa, 69
Finn, MacCumhaill (MacCumhal, MacCool), 382
Finnen, Santo, 247
Finntain, 246
Firbolgs, 247
Fite, Warner, 190
Flora, 264
Fócida, 123
Fomorianos, 247, 248, 249
Fórcis, 131
Fortuna, 255, 264
Fraates I, 327
França, 8, 36, 37, 62, 186, 219, 248, 320, 340, 367, 377, 391, 401-405, 407; ver tb. Gália
Francisco de Assis, São, 405
Francos, 320
Franz Cumont, 215
Frazer, James G., 47, 257; citado, 26, 133, 257
Freud, Sigmund, 72, 110-112, 117-119, 121, 126, 130, 131, 134, 135, 201, 364, 421
Freyr, 384 n.
Frigg, 220, 396
Frígio, barrete, 213 e s., 216
Frígios, 14, 30, 45, 208, 211, 213, 214, 216, 266

Frobenius, Leo, 46, 62, 127, 335; citado, 37-38

G
Gabriel, 275, 280, 345, 348 n., 362
Gaélicos, 242, 244, 245, 382
Gaia, 29, 30, 128, 131, 195, 196, 248, 264, 283
Galácia, 240
Galacianos, Espístola aos, citada, 309
Galahad, 410
Galério, 314
Gália, 242-245, 248, 251-252, 312, 316, 320; ver tb. França
Gales, País, 63, 242, 244
Galos, 384
Gaokerena, Árvore, 172
Garm, 393
Gathas, 161, 162, 164, 166, 167, 213; citado, 165
Gatumdug, 104
Gaulesa, guerras, 240, 242
Gaumata, 184-185
Gawain, 35, 410
Gayomart, 173, 177, 178, 216
Gea, 71
Gênese, Livro do, 18, 21, 34, 78, 92, 93, 94, 95, 99, 101, 103, 106, 107, 114, 174, 342, 419, 427; citado, 24, 34, 78, 93, 99-100, 101, 102, 109, 342
Gentios, 176, 225, 229, 230, 238, 239, 276, 307, 310
Germânia, 64, 312, 383, 384
Germânicas, tribos 312, 373, 381, 383, 387; helenizadas, 389-391, 393, 397; história de, 311 e ss., 319-320, 326, 373, 381, 383, 387-388, 390-393; mitologia, 14, 30, 39, 69, 122, 136, 200, 212, 219, 220, 240, 246, 248, 251, 373, 383-397
Ghazali, al-, 366
Gibb, H.A.R., 348; citado, 352, 354, 355, 363
Gibbon, Edward, 339; citado, 302, 317, 319, 335
Gideon, 128

Gigantes da Geada, 395, 396
Gilgamesh, 7, 21, 79-83, 93, 132
Gnosticismo, 186, 296-307, 323, 328, 333, 353, 360-362, 365, 380, 391, 399, 410; pagão, 298-299, 306
Godos, 257, 312, 320; ver tb. visigodos
Goodenough, Erwin R., 227
Gordon, Cyrus, 65, 430
Górgonas, 31, 67, 131, 134
Gótica, Europa, 37, 194, 369, 390, 392
Gótico, 287, 325
Graal, a busca do Santo, 410, 411, 412, 416, 421
Graves, Robert, citado, 131, 133
Grécia, período egeo, 24-27, 30, 32-33, 37-38, 42-43, 45-46, 52 e ss., 59 e ss., 107, 147, 192, 247; linguagem, 48, 65; mitologia, 24-34, 39, 42, 51, 122, 131-133, 195, 198, 248, 251, 284, 387
Grécia, período clássico, 14, 15 e ss., 25, 26, 29, 30, 42, 45, 48, 49, 53, 59 e ss., 67 e ss., 122, 126, 133, 180, 189-197, 201, 203, 205 e ss., 323, 325; cidades-estado, 150-157, 180, 198 e ss.; mitologia, 39, 42, 49-51, 71, 73, 113, 122, 127-129, 131, 132, 134-137, 138, 145 e ss., 198, 275, 282, 284
Grécia, período helênico, 198-201, 203-204, 206-210, 208, 219, 240, 241, 274-275, 298, 310-311; linguagem, 226; literatura, 325; mitologia, 126, 214, 222, 266, 282
Greco-romana, cultura, 22, 31, 34, 209, 227, 326, 384, 409
Greias, 131, 134
Guadalupe (México), 44, 46
Gudea de Lagash, 7, 18, 19, 21, 103, 104, 105, 219
Guerras púnicas, 14
Guignebert, Charles, citado, 284, 289, 300, 301
Gula-Bau, 22
Guti e dos Quatro Quadrantes, Reis do, 103
Gutis, 182, 183

H

H. Zimmer, 41
Habacuc, Comentário, 236-238
Habacuc, Livro de, citado, 232, 236, 237
Habiru, 107, 118, 119, 126, 351; ver tb. hebreus
Hacilar, 45 n., 65
Hades, 30, 52, 145, 146, 195, 228, 248, 283
Hadith, 352, 355
Hagar, 342
Halaf, cerâmica, 61
Haliacmon, rio, 123
Hallaj, al-, 366; citado, 362, 365
Hallstatt, cultura, 240, 241, 242, 244, 253
Hamadi, Textos, 296-297, 299-301
Hammond, N.G.L., 131; citado, 123-124
Hamurábi, 69-70, 106, 108
Han, 247
Hanifitas, 347
Haoma, Árvore Branca, 172, 178
Harã (Harran), 103, 107 e ss., 182
Harapa, 30, 46, 127
Haremhab, 117, 118, 119
Harivamsa, 282
Harnack, Adolph, citado, 377
Harpócrates, 227
Harrison, Jane Ellen, 25, 31, 34, 42, 50, 52, 135, 136, 137, 219; citado, 25, 31, 50, 135-136, 137
Harun al-Rashid, 367, 368
Hasan, 359, 361
Hasmoneus: ver Macabeus
Hátor, 44
Hatshepsut, 118
Hebreus, 108 e ss., 110 e ss., 114-120, 199, 200; linguagem, 101, 325, 349; mitologia, 22, 24-25, 29, 30, 34-35, 91-101, 276, 282, 349-352; história tribal, 91 e ss., 95, 106-107, 117-119, 126, 351 e ss.
Hécate, 45
Hefesto, 30, 130
Hégira, 348
Hel, 393, 394
Helcias, 88, 89, 91
Helena, 315

ÍNDICE REMISSIVO

Helena de Troia, 53, 136, 249
Helenismo, 295, 308, 312: ver tb. Grécia, Período Helenístico; H. cristandade, 211, 223-225, 239, 275; e judeus, 210, 223, 226-230; germânico, 389-390, 393, 397; no Egito, 266; na Índia, 198, 200 e ss., 202 e ss., 219; no Oriente Próximo, 202, 212, 214-216, 219-222, 229, 235 e ss., 266, 286, 328, 352; Romano, 199, 200, 202, 204-205, 207-209, 211 e ss., 219, 227, 263-264, 267-268, 326, 329 e ss.
Hélio, 227
Helvética, Confederação, 242
Hera, 31, 52, 136, 138, 263, 282
Héracles (Hércules), 200, 274, 282, 384, 387, 389
Heráclio, 339, 359
Heráclito, 137, 210, 262
Heresia albigense, 411
Herm, Ilha, 247
Hermafrodito, 139
Hermes, 18, 137-139, 144, 145, 148, 149, 196, 200, 209, 211, 213, 298
Herodes Antipas, 277-278, 285
Heródoto, 190
Herófilo de Calcedônia, 207
Herói: ver tb livre arbítrio; masculino, princípio; mitos de nascimento do, 69, 112-113, 275-284; conceito de, 30-31, 78, 120, 135-136; versus deusa, 68, 70-76, 78, 127-131, 133-134, 135; mitos, 28-29, 66, 79-83, 126, 137-150, 249-252, 387-389
Hertho, 385, 386
Hertz, J.H., citado, 93, 102, 103
Hesíodo, 22, 29, 48, 195, 203, 282, 387; citado, 22, 195, 282-283
Hespérides, Árvore das, 27, 28, 131
Héstia (Histia), 282
Heteus, 115, 188
Heveus, 115
Hicsos, 107, 118
Hildegarda de Bingen, Santa, 401
Hinduísmo, 191, 202 n., 202 e s., 219, 235, 245, 351, 363, 389

Hiparco de Niceia, 207
Hipólito (mito), 133
Hipólito, Santo, 296,
Hira, Monte, 344
Histaspes, 162, 184
Hititas, 21, 65, 81 n., 107, 125, 126, 213, 221
Homero, 64, 108, 122, 126, 137, 150, 153, 195, 203; ver tb. *Ilíada*, *Odisseia*
Honório, Papa, 340
Horeb, Monte, 92, 114, 116
Hórus, 57, 200, 201, 227
Hoschander, Jacob, 210
Howlett, Duncan, citado, 237
Hubal, 345
Huizinga, Johan, citado, 411
Hulagu, 360, 369
Hungria, 125, 126, 127, 401
Huno, 320, 336, 392
Hurritas, 106, 107, 132
Husain, 359, 360-362, 360 n.
Huss, John, 407, 412

I
Iaw, 8, 227
Íblis, 341
Ibn Hisham, Compêndio de, 343, 348
Ibn Sirin, 363 n.
Idade Média, 35, 265, 317, 325, 337, 405, 408, 411, 412, 419
Identificação mítica, 56, 69
Ijmā (consenso), 354-357, 360 e s., 364
Ilhas Cíclades, 26, 124
Ilhas do Canal da Mancha, 247
Ilíada, 48, 126, 137, 138, 249
Iluminismo, 15
Imam, Oculto, 360
Imanente, divindade, 21, 73, 95-98, 210, 220, 222, 300, 416
Imanente, transcendente, divindade, 98, 208, 211, 221, 246
Império Bizantino, 328
Império Romano, 46
Inanna, 49, 69, 81, 95, 103, 266
Índia, 30, 62, 101, 107 e s., 121, 132, 139, 161, 189-191, 202 e s., 206, 209 e s., 220 e ss., 235, 245, 270, 295, 298, 314-315,

324, 328, 334 e s., 345, 363 e ss., 367 e ss., 409, 411, 419; ver tb Budismo, Helenismo, Hinduísmo, Jainistas, Védica, cultura da Índia; literatura e pensamento, 147, 154 e ss., 162 e s., 175, 185; mitologia, 13, 15, 23-24, 30, 45, 54-55, 56, 62, 69, 94, 96-98, 126-128, 134, 196, 280-283, 284
Individualismo, 15, 30, 121, 147-148, 187, 190, 196, 201, 241, 405, 408, 409-412, 419-523; ver tb livre-arbítrio
Indo, Vale do, 16, 46, 61, 126, 127, 183, 186
Indra, 30, 107, 127, 213, 221
Inferno: ver Ínferos, mundos
Ínferos, mundos: ver tb. Avernus, Hades, Tártaro; descida aos e retorno, 116, 119-121, 137 e s., 145-149, 168-169
Inglaterra: ver Bretanha
Inocêncio I, Papa, 257
Inocêncio III, Papa, 397-400, 403-405, 410, 415; citado, 398-399
Incursão do Gado de Cooley, A, (The Cattle Raid of Cooley), 40-42, 249
Iqbal, Mohammed, citado, 356
Irã, 13, 15, 16, 61, 69, 108, 212, 219, 327, 328, 331, 359; ver tb. Pérsia
Iraque, 16, 107, 359, 367
Ireneu, 296
Íris, 196
Irlanda, 127; Céltica, 35, 39, 41, 42, 132, 242, 244-252, 376, 389 e s.; cristã, 370-383, 389 e s., 392; história da, 35, 38-40, 42, 62, 64, 242, 244-248, 392; literatura, 39-42, 244-245; mitologia, 35, 40, 66, 132, 149, 246-252
Isaac, 95, 108-110, 114-117, 342, 343
Isaias: livro de, 56, 181, 187, 241, 306, 352; Primeiro, 176, 187; Segundo, 181, 188, 210
Isin, 106
Ísis, 44, 45, 199, 200, 222, 266, 277, 384, 386
Islã (islamismo), 15, 102, 170, 186, 326, 327, 340, 341, 343, 346-348, 351, 352, 354-362, 364-366, 368, 369, 392, 410, 411; a lei de, 350-357

Islâmico, Império, 351, 354; centrado na Arábia, 348, 359-360, 367; centrado na Pérsia, 367-369
Islândia (islandeses), 387, 390, 391; ver tb. Edas
Ismael, 95, 342, 343, 345
Ismaelitas, 360 n.
Israel: ver tb. Hebreus, Judeus, Judaísmo; reino de, 91-93, 180; território de, 34 e s., 90, 112, 180, 350; tribos de, 117
Israelita, Estela, 119
Issa, 335
Ístar, 44, 68, 69, 80, 81, 93, 266
Ítaca, 138, 139
Itália, 37, 219, 266, 311, 312, 371, 401, 406; ver tb. Etrúria, Roma

J

(J) Jeová, Jeovista, Javista, Texto, 92-94, 101, 103, 109 e s., 113-116, 118, 126
Jack, J.W., 118
Jacó, 95, 107, 108, 110, 114, 115, 116, 117, 128, 181, 187, 210, 276, 343
Jahi, 171, 172
Jaibali, 270
Jainistas, 154, 156, 201, 289, 363, 402
Jalalu'ddin Rumi, citado, 357-358
Janus, 263
Japão, 14, 56, 63, 69, 96, 140, 199, 204, 263, 363, 368, 377; Budismo, 56, 96, 204, 211, 218 e s.
Jardim da Vida (Inocência), 21-22, 24, 66-68, 93, 146; ver tb. Árvore da Iluminação, Árvore da Vida
Jasão, 30, 227, 255
Javali, 125, 134, 139, 145, 149, 196, 245, 255, 256, 371, 385, 386
Jebuseus, 115, 188
Jeová, 24, 29, 31, 34, 35, 56, 57, 78, 92-94, 97, 98, 101-102, 109-111, 114-116, 120, 121, 128, 153, 179-181, 183, 187-189, 202, 226-228, 232, 238, 241, 302 n., 304, 306, 349-352
Jeovista: ver (J), Texto
Jeremias, 91, 180, 238, 278, 291, 351; Livro de, 98, 350-351

Jericó, 108, 179, 230
Jerusalém, 35, 88, 89, 90, 91, 92, 93, 102, 175, 176, 181, 183, 188, 189, 199, 225, 227, 228, 230, 231, 232, 236, 237, 261, 277, 285, 287, 291, 294, 304, 306, 308, 310, 311, 323, 340, 359, 362, 406, 421
Jesus Cristo: ver Cristo
Jinn, 367
Jó, 209, 366 e s.; Livro de, 14, 29, 366
João, Atos de São, 296-297, 302-306, 308, 309; Apócrifo de, 296; Evangelho de, 210, 286, 315 n.r.,
João Batista, São, 231, 232, 285, 286, 291
João XXII, Papa, 415
Joaquim di Fiori, 405
Jônicas, Ilhas, 186, 189
Jônico, estilo, 195
Jordão, Rio, 231, 284, 285, 286, 287
José (Antigo Testamento), 95, 108, 110, 117, 118 e s.
José (Novo Testamento), 275-277, 278-279, 286
José de Arimateia, 294
Josefo, Flávio (Joseph ben Matthias), 235, 286; citado, 228, 229, 231, 232, 235, 285
Josias, 88-90, 91, 199
Josué, Livro de, citado, 92
Jotunheim, 387, 394
Jubainville, H. D'Arbois de, 251
Judá, reino de, 88, 89, 90, 91, 92, 176, 180, 181, 188, 189, 225, 277
Judaica, Revolta, 232, 235
Judaísmo: 4, 25, 97, 102-103, 120-121, 126, 170, 188, 210-211, 220, 222, 229, 238, 274-276, 323, 325, 353, 415 e s.; ver tb. Hebreus, Judeus; e Islamismo, 342-343, 345, 351, 354, 355-357, 359, 364
Judas, 215, 230, 292, 412
Judas Macabeu, 230
Judeia, 224, 226, 232, 274, 276, 277, 278, 285, 310, 312
Judeus, 88, 120-121, 126, 176, 183, 186, 199, 215, 223, 226, 277, 301, 306 e s., 325, 329; ver tb. Hebreus, Judaísmo;

Judeus Cristãos, 301, 306-307, 308 e s.; e Islamismo, 342-344, 345, 347 e s.
Juízes, Livro dos, 92, 126
Juliano, 219
Júlio César, 242, 273
Jung, Carl G., 143, 201, 216, 288; citado, 136, 137
Juno, 45, 263, 272
Júpiter (Jove), 265, 389
Júpiter: deus, 244, 257, 264, 265, 389; planeta, 212-213, 220, 267, 389, 409
Justiniano, 330, 338, 339
Justino, Mártir, 296, 306
Jutos, 320
Juvenal, citado, 191

K

Kadesh, 109, 111, 116
Kālī, 31, 127 e s., 147, 196
Kāma-Māra, 23, 302 n.
Karter, 329
Kells, Livro de, 8, 378-381, 389, 390, 397
Kenyon, Kathleen, citado, 108
Kerényi, Karl, 147, 156
Khadija, 344-347
Khazraj, tribo, 348
Ki, 56
Kieran, 370-372
Kingu, 73, 75-77, 79
Kittim, 236
Kitto, H.D.F., citado, 152
Klausner, Joseph, 210; citado, 175, 210-211, 275, 288
Kṛṣṇa, 45, 200, 280-282, 284
Kublai, Khan, 369
Kufa, 359, 360
Kushanas, 327

L

La Tène, cultura, 240, 241, 242, 244, 254
Lacônia, 123
Ladru, 246
Laeghaire, (Leary) 374-376
Lagash, 18, 103, 104, 219
Laodiceia, 332

Láquesis, 255
Lares, 263
Larne, 38
Larsa, 106
Latrão, Quarto Concílio de, 397, 398, 400, 402
Latrocínio de Éfeso, 335
Lea, Henry Charles, citado, 399, 402
Leão, 66, 70
Leão, como símbolo, 56-58, 66, 217-221, 227, 379, 380, 397
Leão III, Papa, 320
Leão, o Grande, Papa, 334, 336
Leão-pássaro, 18, 21, 24, 54, 56 e s., 58, 59, 66, 215, 379
Lebar Brecc, 380
Leda e o Cisne, 275
Leinster, 40
Lenda do Povo Escolhido, 101, 102
Leo, o Leão, 216
Levante, 13, 16, 18, 29, 30, 37 e s., 46 e s., 53, 93, 186-187, 190, 198 e s., 219, 223, 229, 240, 284, 288, 308, 312, 327, 329 e s., 332, 336, 338, 364, 367-368, 376 e s.; mitologia do, 14-15, 153, 174-176, 186-187, 224, 259, 323-326, 355-357; mitologia do, comparada com a indiana, 282
Levantina, visão do mundo, 186-188, 323-326
Levi, tribo de, 35, 112, 117, 188
Leviatã, 29, 31, 35, 78
Levítico, 88, 92, 290
Libério, Papa, 278
Lídia, 180
Livre-arbítrio, 15, 30, 147-148, 152-154, 162-164, 187, 228, 368, 376-377, 399, 421; ver tb. individualismo
Livro da Lei de Moisés (Moisaica), 88-91, 92, 121
Livro das Invasões, 245
Ló, 109
Logos, 129, 191, 210, 211, 333
Loki, 394
Longobardos, 385
Lótus, Comedores de, 140

Lua, celeste, 212, 220, 267, 409; como símbolo, 18, 19, 23, 54, 57, 58 e s., 66 e s., 70, 132, 139, 195, 380; ver tb. Lunar, mitologia
Lucas, Evangelho segundo São, 286, 287 n., 288, 300-301, 306; citado, 261, 275-276, 284, 286, 300-301
Lucina, 265
Lunar, mitologia, 32, 54, 56, 57, 66, 68, 70, 81, 133, 212, 217, 380; ver tb. Lua, Touro-lua
Lutero, Martinho, 407
Lúvio, 65

M
Macabeus, 225-226, 228-232, 236 e s., 327, 329; Alexandre Janeu, 231-232, 237; Antígono, 231; Aristóbulo, 231; João Hircano, 230, 237; Jonas, 230; Judas Macabeu, 230; Matatias, 225, 229, 232; Simão, 230, 236
Macabeus, Livros dos, citados, 225, 227, 230 e ss.
Macalister, R.A.S., 62; citado, 39, 40
MacCulloch, John A., 252; citado, 248
Macedônia, 123, 132, 236
Madiã (madianita), 110, 111, 113, 114, 115, 116
Madona: Madona Negra, 44; ver tb. Maria, Virgem
Magas de Cirene, 236
Magdaleniano, período, 36
Magee, Ilha, 38
Mago, clérigo/sacerdócio, 183-185, 199, 312, 328-329
Mago, visão de mundo, 186-187, 194, 325-326, 327-332, 347, 355-357, 367
Magos, 277
Mahābhārata, 282
Mahayana, budismo, 163, 297, 298, 302, 334, 389, 427
Mahmud al-Ghazni, 369
Mancha, Canal da, 242, 247
Manes, 263
Mangu, 369
Mani, 328, 329

Maniqueísmo, 323, 334, 401, 402; maniqueísta, 328, 329, 360, 377, 401, 410
Mann, Thomas, e Êxodo, 118, 119
Mansur, califa, 343
Manx, 389
Maomé, 15
Maratona, 15, 200, 224, 340
Marciano, 335
Marcion, 306-308
Marco Aurélio: ver Aurélio Antonino, Marco
Marcos, Evangelho de, 102, 284-286, 289, 300, 301; citado, 223-225, 284 e s., 286, 289-290, 291-295
Marduk, 69, 70, 73, 74, 75, 76, 77, 78, 79, 93, 100, 180, 181, 182, 183, 184
Mares do Norte, 65
Mari, 106
Maria, Virgem, 33-34, 44-46, 198, 274, 275-278, 285, 333-334, 343, 362, 412-414, 416; Evangelho de Maria, 296
Maria Madalena, 294, 295
Marte: deus, 244, 258, 264, 271, 384, 387; planeta, 212-213, 220, 267, 409
Martelo/Raio, como símbolo, 218, 222, 223, 241, 387-390, 393
Martinho, Papa, 340
Marxista, visão de mundo, 170-171, 355-357
Masculino, princípio (patriarcal), 16, 24, 28-29, 32-35, 39 e ss., 42, 53, 59, 71, 73-74, 78-79, 96, 123, 127-128, 133, 134-138, 140, 145, 147, 249
Mashya e Mashyoi, 173, 174, 177, 178
Massignon, Louis, 362; citado, 360, 361
Massorá, versão do Antigo Testamento, 233
Matemática, 15, 16, 157, 194, 201, 351
Mater Matuta, 264
Mateus, Evangelho de, 102, 277, 278, 286, 287, 288, 290, 300, 301, 379, 381
Matriarcal, princípio: ver feminino, princípio
Matriarcado, 28, 40, 420
Maxêncio, 314

Maximiano, 274, 316, 348 n.
Máximo de Tiro, citado, 199
Meave, de Connaught, 40, 41, 42, 249
Meca, 342, 344, 345, 347, 348, 351, 359, 410, 421
Medeia, 254
Média, Império, 162, 180, 182, 184-185
Medina, 345, 348, 359
Medusa, 31, 131-134, 140, 146
Meek, T.J., 119, 349, citado, 106-107, 115-116
Megástenes, 282
Mela, 247
Melanésia, 94, 127, 128, 132, 145, 149, 263
Meleagro, 255, 256
Mellaart, James, 45 n., 61
Melos, 123
Menelau, 53, 65, 136, 138, 227
Mercúrio: deus, 244, 384, 387; planeta, 212-213, 220, 267, 409
Merlin, 35
Meroé, 183 n.
Merovíngios, 340
Mesolítico, 36, 38, 123, 127, 132
Mesopotâmia, 16, 21, 25, 61, 68, 69, 106, 107, 108, 127, 156, 226, 233
Messênia, 123
Messiânica, ideia: cristã, 170, 238, 274-275, 286, 288, 296, 298; judaica, 170, 175-176, 223, 228, 232, 237-238, 274-276, 285, 306-307; persa, 214-217
Messias: cristão, 215, 217, 236, 239, 265, 272, 286, ver tb. Cristo; judaico; 187, 223, 232, 237; persa, 177-179, 215, 217, ver tb. Saoshyant; ver tb. Salvador do mundo; Messiânica, ideia
Métis, 129, 130, 131, 192
Meton, 138
México, 16, 44, 46, 94, 140, 284
Meyer, Eduard, 111, 112; citado, 112, 161, 180 e ss.
Micenas, micênica, 48-49, 54, 60, 64-67, 124-126, 131, 133 e s., 138
Midgard, Serpente, 387, 388, 394, 395
Midrash, 102, 211, 278
Milésios, 246, 248

Mileto, 154, 195
Mills, L.H., 161
Milton, 287
Mímir, 396
Minerva, 45, 244, 248, 402
Minoica, cultura: ver Creta
Minos, 47, 51, 125, 146
Minotauro, 27, 58, 59, 68
Minyan, cerâmica, 121, 124
Missa, católica, 33, 34, 120, 198, 390
Misticismo, 53, 146, 215-216, 218, 246, 288, 295, 357, 363-365, 393, 411-415; ver tb. por Culto
Mitanianos, 107, 213, 221
Mítico, processo, 45, 56, 69, 72, 73, 77 n., 87, 96, 102, 110 e ss., 121, 131, 134-135, 195, 196, 265, 284, 415-416, 418-419
Mithra (Mitra), 14, 107, 127, 212-217, 219 e ss., 222, 241, 277, 278, 380, 393; Mithra Tauroctonus, 214-216, 221, 380
Mitraísmo, 14, 211-222, 227, 241, 252, 266, 312, 323, 390 e s.
Mitrídates I, 181, 327
Moabitas, 90, 188
Moghira, 360
Mohammed, 15, 186, 343, 349, 351-353, 355, 357, 359 e s., 361 e s., 365, 367; vida de, 344-349
Mohammed al-Mahdi (Imam Oculto), 360
Mohammed ibn Ishaq, 343
Mohenjo-Daro, 30, 46, 127
Moira, 152, 153, 264
Moisés, 35, 69, 88, 89, 91, 92, 100, 108, 110, 111, 112, 113, 114, 115, 116, 117, 118, 120, 121, 128, 179, 217, 223, 261, 336, 343, 362, 373, 398, 406, 414
Moloc, 90
Mongol, 369
Mongólia, 367
Monofisista, 335, 338, 339, 340, 345, 363, 430
Monolatria, 202, 210, 350
Monoteísmo, 162, 198, 210, 347; étnico, 199, 202-203, 210, 282, 311, 350 e ss.; sincrético, 202-203, 208

Montanha sagrada, 63
Moortgat, Anton, citado, 103, 106
Morbihan, Gulf, 247
Morgana a Fada, 249
Morrigan, 249, 251
Morte e ressurreição, 274
Morte ritualística, 95, 127, 196, 409
Morto, 231, 232, 235, 237, 238, 296
Mosaica Lei, 88-91, 92, 102, 230, 286, 290, 308, 377
Moslem (editor islâmico), 352
Moslens: ver Islã
Mouros, 392
Muʻawiya ibn Abu Sufyan, 359
Muhammad, 15, 186, 343, 349, 351-353, 355, 357, 359 e s., 361 e ss., 365, 367; vida de, 344-349
Mulheres, 59, 247
Müller, Max, 202
Mummu, 70-72, 129; casa-*mummu*, 55
Munster, 371
Murray, Gilbert, 138, 139, 206
Mursilis II, 125

N

Nabonido, 180, 182, 183
Nabucodonossor II, 180
Nag-Hamadi, 296, 297, 300; ver tb. Hamadi, textos
Naglfar, 394, 395
Naharvalos, 385, 386
Na'ila, 349
Nasatya, 221
Nascimento virginal, 68, 116, 198, 216, 275-278, 284, 286, 306
Naum, Livro de, citado, 237
Nausícaa, 48, 138, 140, 148
Navajos, 140
Neemias, 188
Negueb, 109, 116, 179
Negro, Mar, 312, 390
Nemed, povo de, 247
Nemi, Lago, 26, 133, 257
Neopitagórica, 325, 353
Neolítica, 16, 24, 37, 38, 45 n., 46, 53, 60-62, 65, 95, 108, 123, 124, 126,

132, 186, 220, 264, 282, 284, 386, 387, 409, 410
Neoplatonismo, 195, 245, 323, 360, 377, 378, 391, 397
Nestor, 48, 65; "anel" de, 7, 51
Nestorianos, 325, 334, 345, 363
Nestório, 332-334
Net, 247
Netuno, 264
Nibelungenlied, 387
Nibelungos, 390
Niceia, 207
Niceia, Concílio de, 297, 302, 316, 332
Nicênico, Credo, 333
Nicolau de Cusa, 421
Nicomédia, 313
Nidhogger, 52, 396
Nietzsche, Friedrich, 122, 201, 209, 288, 421
Níger, Pescênio, 312
Nilo, Rio, 46, 59, 60, 116, 184, 186, 277, 313
Nilsson, Martin P., 48, 61, 128; citado, 47, 53, 59, 129, 138
Nimrod, 279-280
Ningirsu, 104, 105, 106
Ningizzida, 18, 19, 35, 103, 105
Nínive, 180
Noé, 92, 101, 102, 246, 247, 373
Noestã, 35, 302 n.
Norte, Mar do, 38, 63, 65
Nortia, 255
Noruega, 390
Novo Testamento, 17, 273, 288, 289, 299, 307, 308, 355, 377, 405, 427
Núbia, 125, 127, 183
Numem, numina, 262, 263, 264, 271
Números, Livro dos, 88, 111, 121

O

Oceano, 129, 131, 143, 268
Ocidental, visão de mundo, comparada com oriental, 14-17, 96-98, 101, 162-163, 201, 206-207, 209-210, 269-270, 314-315, 353-354, 405, 421
Odin (Othin), 51, 213, 372, 391, 393, 394, 395, 396, 397

Odisseia, 48, 53, 110, 126, 137, 138, 288 n.; citada, 140-145, 148-150
Odisseu, 145, 148, 149, 150
Odoacro, 320
O'Grady, Standish, citado, 372
Oineus, 255
Olímpico, panteão, 25 e ss., 29, 31, 32, 40, 129, 152, 198
Omar ('Umar ibn al-Khattab), Califa, 323, 347, 358-359, 361
Omar Khayyam, 357, 366, 368
Omíada, Dinastia, 359, 367
Omm-al-Kitab, citado, 361
Onias, família, 227, 230
Optatus de Mileum, 376
Orcômeno, 125
Orfeu, 98, 156
Órfica, lenda 32, 33, 155-157, 191, 195, 201, 219, 235, 266, 269-270
Oriental, visão de mundo, comparada com ocidental 14-17, 96-98, 101, 162-163, 201, 206-207, 209-210, 269-270, 314-315, 353-354, 405, 421
Oriente Próximo, nuclear, 16, 22, 24, 37, 38, 46, 51, 62, 68, 91, 107, 126 e s., 186, 252, 274, 408-410, 419; ver tb. Levante
Oseias, 238, 278
Osíris, 57, 58, 195, 196, 201, 266, 277, 284, 295
Óstia, 217
Ostrogodos, 324
Otto, Rudolf, 419
Ovídio, 255, 266, 271; citado, 32

P

Paleolítica, 36, 37, 38, 39, 46, 62, 123, 124, 127, 387, 389, 408, 409
Palestina, 106, 107, 110, 112, 119, 126, 226, 227, 306, 327, 359, 367; ver tb. Canaã/cananeus
Palmer, Leonard, citado, 49
Papa Alexandre III, 402
Paracleto, 380
Paraíso: islâmico, 349, 361; Antigo Testamento 57, 99, 378; ver tb. Éden, Jardim do

Parcas, 255, 272
Parentes, 263
Páris, Julgamento de, 8, 135, 137
Parmênides, 289
Parnaso, 283
Parsifal, 410, 411
Pártia, 184, 312, 327
Partolanos, 247
Partos, dinastia, 312, 327
Páscoa, 90, 91, 120, 316, 339, 374, 380
Pasífae, 27
Pássaro-leão, 56, 57, 58, 59, 66, 72
Pater familias, 263, 264
Patriarcal, princípio: ver masculino, princípio
Patriarcas hebreus, 104, 107, 108, 114, 117, 118, 120, 121, 223, 342, 373
Patrício, Santo, 371, 372, 373, 374, 375, 376, 380, 382, 383
Paulo, 259, 274-275, 286, 296, 301, 306, 308-311, 324; citado, 99, 274, 290, 296, 308-311
Pedro, 223, 291, 292, 293, 295, 297, 301, 320, 332, 334, 336, 398
Pedro, o Eremita, 403
Pégaso, 31, 132, 133, 134
Pelágio, 376, 377, 397, 399
Pelasgos, 30
Peleu, 135, 255
Pélias, 254
Peloponeso, 123
Peloponeso, guerras do, 151, 205
Penates, 263
Penélope, 138-140, 147, 149, 150
Pentateuco, 34, 117, 210
Pérgamo, 214, 240
Péricles, 150-152, 201; citado, 190
Perséfone (Proserpina), 22, 32, 33, 45, 49-51, 132, 145, 146, 222, 247, 273
Persépolis, 189
Perseu, 30, 31, 113, 131, 133, 134, 249, 284
Pérsia, 14, 15, 181, 184, 185, 189, 190, 199, 205, 227, 254, 282, 312, 334, 335, 359, 363, 367; ver tb. Ária, cultura; Helenismo, Irã, Mitraísmo, Zoroastrismo
Pérsico, Golfo, 106

Pertinax, 312
Peru, 16, 94, 368
Pessinus (Pesina), 45, 266
Peste Negra, 403
Piaget, 56, 100
Pilatos, Pôncio, 215, 274, 275, 292, 293, 294
Pilo, 48, 51
Pireu, 25
Pireneus, 340, 409
Pistis Sophia, 296
Pitágoras, 155, 156, 157, 268, 289
Pitagóricos, 156, 157, 195, 245
Planetas, 45, 134, 152, 172, 173, 207, 220, 270, 351, 419
Platão, 156, 190, 195, 203, 310; citado, 191, 192-193
Platônico, Ano, 372
Plínio, 244
Plotino, 266
Plutão (Plúton), 22 n., 248, 273
Plutarco, 258, 259; citado, 268-262
Plûtos (Pluto), 22
Polifemo, 140, 141, 142
Polinésia, 69, 94
Pólis, 152, 190, 194, 201, 311
Pomona, 264
Pompeu, 232, 240, 324
Pôncio Pilatos: ver Pilatos, Pôncio
Pontos, 131
Porcos, sacrificiais, 25, 42, 144, 145, 241, 247, 249, 375
Portrush, 38
Posídon, 31, 48, 54, 59, 131-133, 140, 142, 148, 264, 283
Posidônio, 208, 266
Potnia, 48
Povo da Cerâmica em Forma de Sino, 63, 65
Povo Escolhido, 120, 121, 223
Powell, T.G.E., citado, 381
Prescelly Top, 63, 66
Prometeu, 130, 198, 402
Prometida, Terra, 120-121, 217, 232
Ptá, 201
Ptolomeu, 112
Ptolomeu, Claudio, 266, 267

462

Ptolomeu II, Philadelphus, Filadelfo, 133, 236
Pulquéria, 333-335, 338

Q
"Q" Text, 300, 301 n.
Qiyas, 352, 354
Queda do homem, mitos: bíblicos, 22, 94-95, 99, 101-102, 174-176, 274, 378, 399; persas, 163, 170, 174-175, 217
Qumrã, 235, 236, 237, 265, 285, 290; ver tb. Essênios

R
R. J. C., Atkinson, 62
Rá, 201
Raab, 78
Rabi'a al-Adawiya, 364; citado, 363
Radamanto, 53
Raio flamejante/Martelo, como símbolo, 218, 222, 223, 241, 387-390
Ramakrishna, citado, 45, 98
Ramnúsia, 45
Ramo Dourado, O, 257; citado, 26, 133
Ramsés, 118, 119
Ramsés II, 112, 118, 119
Rank, Otto, 69, 72, 112
Raquel, 107, 114, 278
Ravenna, 323
Raymond de Toulouse, Conde, 403, 404, 405
Redenção, mitos de: cristão, 101-102, 274-275, 399; judaico (messiânico), 120, 174-176; persa 163, 170-171, 174, 176-179
Reforma, 15, 326, 408, 412
Regicida, ritual/culto, 58-59, 62, 133, 256-257, 264, 409
Rei Artur, 35, 65, 240, 244, 249, 410-411
Reia, 47, 131, 282, 283
Reis, Livro dos, 34 e s., 88, 92, 229, 285, 302 n.; citado, 88-92, 285
Renascença, 15, 202, 326, 397
Reno, Rio, 63, 219, 242, 311, 383, 384, 391, 407
Rimsin, 106

Rodes, 125, 208
Roma (cidade), 26, 186, 226 e s., 230, 232, 236, 242, 253, 254, 257-259, 264 e s., 311, 317, 319 e s., 323, 327, 383, 406 e s.; cristã, 278, 302, 313-320, 332 e ss., 338-340, 370, 373; segunda Roma, ver Constantinopla
Roma (cultura), 37, 39; literatura e pensamento, 259, 266-271; mitologia, 14 e ss., 27, 29, 30, 69, 133, 200, 251, 257, 262-266, 271-274, 282, 387
Romana, igreja, 99, 120, 133, 287, 289, 296, 301, 306, 307, 333, 334, 335-336, 338-340, 355, 371, 376-378, 397-407, 410, 411-412, 416
Romano, império, 46, 133, 201, 210, 211 e s., 219, 232, 240, 253, 257, 259, 266, 296, 302, 311-320, 324 e s., 368, 390 e s., 406
Romanos, Epístola aos, citada, 99, 290
Romênia, 315
Rômulo e Remo, 69, 258-262, 264
Rougemont, Gérard de, Arcebispo de Besançon, 399, 400
Rúben, 95, 117
Rúnica, escrita, 390, 394
Rússia, 17, 63, 242, 320, 337, 391

S
Śiva, 54, 55 n., 56, 57, 200, 202 n., 390
Sabedoria de Jesus Cristo, 296
Sabaoth, 226
Sabázio, 219, 226
Sabinas, 259
Sacerdotal: ver (TS), Texto Sacerdotal
Sacrifício, 214-216; ver tb. Morte ritualística; Regicida, ritual; humano, 25, 252, 386, 408
Saduceus, 228-229, 231-232
Saeculum, Festival do, 272, 273
Saemund, o Sábio, 397
Sagas, Ilhas, 390
Salmanasar V, 179
Salomão, 88, 90, 91, 302 n., 324, 343, 368
Salomé, 285, 294, 295
Salvador do mundo, 113, 177, 213, 273,

276, 284, 286, 287, 298, 333, 380;
ver tb. Amida, budismo, Cristo, Kṛṣṇa,
Messias, Mithra, Saoshyant
Samaria, 90, 180, 230, 289, 310
Samuel, Livro de, 34
Sanquia, Filosofia, 154, 156
Sânscrito, 101, 108, 155, 172, 218, 241, 315, 335, 366, 380
Saoshyant, 177, 178, 214, 223, 275, 307
Sara (Sarah/Sarai), 108, 109, 342
Sardenha, 37, 62, 367
Sardenha, Mar da, 37, 62
Sargão, 68, 93, 103, 112, 124
Sargão de Acad, 68, 93, 103, 112, 124
Sargão II, 179
Sassânida, período, 7, 19, 164, 170, 312, 325, 327, 328, 329
Satã (Satanás), 286, 288, 291, 297, 302 n., 305, 341, 366-368, 411, 412
Saturno: deus, 265, 273; planeta, 213, 220, 267, 273, 409
Saxões, 320
Scaevola, Q. Mucius, 265
Scevas, 289
Schaeder, Hans Heinrich, 161
Scharff, Alexander, 119
Schliemann, Heinrich, 122, 138
Schopenhauer, Arthur, 123, 288, 378
Scorpio, o Escorpião, 215
Sebezio, 219
Segarelli, 405, 406
Selêucidas, 225, 229, 232, 327
Semítica, cultura, 17, 28 e s., 30, 53, 65, 70, 78, 103, 105-106, 107, 117, 179, 349-351; ver tb., Agade; acádios, (acadianos); árabes; assírios; babilônios; hebreus
Senaar, Amrafel, rei de, 106
Senaqueribe, 176, 179
Sêneca, 208, 209; citado, 258, 263
Senuti, 334
Septuaginta, 226, 233
Sepultura vertical, dinastia, 124
Serápis, 266
Sereias, 146
Sérifo, 133, 134

Serpente, como símbolo, 18-21, 23, 25, 27, 29-30, 32-35, 54, 66, 83, 94, 132, 138, 146, 215, 217-222, 227, 380, 387, 390, 397
Serpente pai (esposo), 23-24, 32-33, 35, 195, 390
Sérvia, 123
Sésklo, 123
Set, 196, 201
Severo, Sétimo, 312
Sexto Concílio, 340
Sharī'a, 353, 354
Shee, 43
Sh'ia (xiitas), 357, 359-362, 366; ver tb. Ali
Shih Huang Ti, 190
Shingon, 218
Sibilinos, Livros, 265, 266
Sicília, 37, 45, 367, 392
Sidônios, 90
Siduri, 82, 132
Silvano, 264
Simão Cireneu, 294
Simão, o Mago de Samaria, 289
Simeão, 117, 225
Simplício, 203
Sin (deus), 182
Sinai, Monte, 92, 102, 116, 125, 210, 324, 342
Sincretismo, 199-201, 202-203, 208, 220, 221, 266, 312, 350, 389 e s.; ver tb. Helenismo
Sinóticos, 380
Síria (sírios, síria), 16, 17, 21, 47, 61, 65, 68, 106, 107, 126, 180, 208, 225, 226, 227, 230, 232, 233, 236, 240, 276, 312, 317, 324, 332, 344, 359, 367, 386
Sistema Sanquia, 154
Skallagrimsson, Egil, 393
Sócrates, 51, 191-193, 310
Sófocles, citado, 146
Sofrônio de Jerusalém, 340
Sol (astro), 212-213, 220, 267, 273, 409
Sol, como símbolo, 54, 58, 66 e s., 70, 139, 278, 380; ver tb. Solar, mitologia
Sol, Ilha do, 146-147
Sol invictus, 216, 219, 273

Solar, mitologia, 32, 47, 54, 57, 58, 63, 70, 138, 139, 142, 150, 380; ver tb. Sol, como símbolo
Soma-sema, 269-270
Somália, 335, 360
Sótis, Sírio, estrela, 277
Spengler, Oswald, 186-187, 194, 209; citado, 187, 194-195, 323-326, 331-332, 353-354, 355, 368
Stonehenge, 62-65, 125
Sturluson, Snorri, 395, 397
Sudão, 183, 335, 360
Suécia, 390
Suíça, 62
Suevos, 384, 385
Sufis, 357, 362, 365, 366, 411
Suíça, 62, 241
Sullivan, Sir Edward, 378, 379, 381
Suméria, 16, 18, 22, 49 e ss., 53 e ss., 56-57, 58 e ss., 62, 77 n., 78, 79, 81, 93, 95, 98, 103-106, 124, 182 e ss., 207 e ss., 212, 226 n., 286, 373, 379, 393, 419
Sumério-caldeia, 212
Suna (*sunna*), 357, 360
Supra, 72
Surt, 394

T
(TS), Texto Sacerdotal, 92, 99-101, 115-117, 119, 121, 210
Tabari, Crônica, 343
Tácito, 386, 389, 390, 392; citado, 383-386, Tales, 154, 195
Talmúdica, 325
Taltiu, 248
Tamerlão, 369
Tammuz, 57, 81, 195, 226, 252, 266, 295; ver tb. Dumuzi
Tansar, 328
Tao (taoísmo), 56, 96, 121, 163, 206, 207, 334, 368
Tao Te Ching, 13, 74, 96
Tara, 41, 245, 374, 375
Tarn, W.W., citado, 226
Tarquíneos, 264

Tártaro, 30, 195
Tártaros, 360 n; ver tb. Mongóis
Táurea, Região, 61, 65
Taurus, o Touro, 215
Távola Redonda, 35, 411, 421
Tebas, 125, 205, 206
Teglat-Falasar III, 179
Telêmaco, 149
Tellus-Mater, 264
Têmis, 131
Teodora, 316, 338, 339
Teodósio II, 333, 335
Teodósio, o Grande, 317, 319, 330
Teofrasto, 203
Terah, 279
Terra, deusa: ver Deusa-mãe
Teseu, 30, 255
Tessália, 123, 240
Tétis, 129, 131, 135
The Book of Kells, 8, 378-381, 389, 390, 397
Theos Hypsistos, 226
Tiamat, 70-79, 129
Tibério, 307
Tifão, 29
Tigre, Rio, 59, 104, 179, 183, 312
Tinia, 257
Tirésias, 31, 32, 145, 146, 239
Tiro, 199
Titãs, 29, 34, 71, 73, 74, 131, 132, 155, 196
Tiu (Tiwes), 220, 387
Tobias, família, 227, 230
Tolos I, "Dinastia da Sepultura", 125, 126
Tomás, Evangelho segundo São, 302; citado, 299 n.r. - 300 n.r., 365
Tor, 220, 384, 387-390, 393, 394
Torre de Babel, 92, 101, 419
Tory, Ilha, 247
Toscana, 8, 253, 254, 258; ver tb. Etrúria, Etruscos
Tot, 200-213, 298
Toulouse, 392, 402, 403, 405
Touro lunar, 54, 55-57, 58, 66, 70, 195, 380
Touro, Sagrado, 54-59, 61, 66, 132, 195, 215-217, 221, 251-252, 390
Trácia, 140

465

Trácio-ilírios, 30
Trajano, 323
Transcendente, divindade, 14, 97-98, 121, 210 e ss., 220, 246, 349 e s.
Triptólemo, 49, 50
Tristão e Isolda, 35, 411, 412
Troia, 39, 122-126, 132, 138, 140
Troia, Guerra de, 108, 126, 135, 136, 138
Tuan mac Caraill, 247
Tuatha De Danann, 43, 248, 251, 375
Tuistão, 383, 387
Tumular de Poço I, Dinastia, 124
Tunc, página (*Book of Kells*), 8, 379, 380, 381, 389, 390
Tungros, 384
Turca, 69, 315
Turquestão, 324, 367
Turquia, 45 n., 61, 69, 107

U

Ulemás, 354
Ulidia, 41
Ulisses, 48, 65, 136
Ulster, 250, 371
Único Boi Criado, 172-173, 177, 216
Uthman, califa, 359
Upanixades, 147, 270, 302 n.; citado, 13, 96 e ss., 246
Ur, 55, 103, 106, 110, 195
Urano, 71, 131, 196, 283
Urbano II, Papa, 403
Urea, 131
Uruk, 79, 80, 81, 83, 94, 103
Ut-napishtim, 83

V

Vāsudeva, 280-282
Vacano, Otto-Wilhelm von, citado, 253, 254
Valakhsh, o Arsácida, 327, 328
Valentiniano III, 355
Valquírias, 396
Vândalos, 320, 384
Varuna, 107, 127, 213, 220, 221
Vayu, 30, 127
Védica, Índia: cultura da, 61, 127; deuses, 30, 107, 127, 202 n., 213; literatura e pensamento, 13, 156; mitologia, 132, 219-221
Veii, 257, 259
Ventris, Michael, 48, 49
Vênus: deusa, 44-45, 195, 264; planeta, 47, 212-213, 220, 267, 409
Vênus, ciclo solar, 47
Vermelho, Mar, 120, 3 45, 347
Vercingetorix, 242
Vespasiano, 312, 386
Vesta, 263, 264
Vestal, Virgem, 258, 264, 271
Vigílio, Papa, 339
Vikings, 390-393, 396
Villanova, Período, 253
Virgem Maria: ver Maria
Virgem, parto da, 68, 116, 198, 216, 275-278, 285, 286, 306
Virgílio, 265-266, 271 e ss.; citado, 52, 265; Eneida, 52, 271
Viṣṇu, 134, 202 n., 219, 280-282
Visão de Arda Viraf, 164-170
Visigodos, 257, 320; ver tb Godos
Vologaeses I (Valakhsh), 327
Volsinii (Lago Bolsena), 254
Voltaire, 209
Voltumna, 254, 255
Vontade, 15, 45, 75, 101, 135, 137, 143, 147, 152, 153, 164, 168, 187, 228, 331, 353, 414, 420
Vritra, 30, 221
Vulcano, 219, 260
Vyasa, 69

W

Wady Qumrã, 235-239
Wagner, Richard, 123, 387
Walther von der Vogelweide, 401
Waraka ibn Naufal, 344, 347
Watts, Alan, citado, 415-416
Wessex, cultura, 64
Wette, Wilhelm M.L., 87-88
Weyland, o Ferreiro, 240
William F. Albright, 81
Windmill Hill, cultura, 62

Wolfran von Eschenbach, 411
Woodhenge, 63
Würm, glaciação, 36
Wycliffe, John, 412

X
Xamanismo (xamânicas, xamãs), 98, 116, 241, 245, 254, 387, 408, 409
Xenófanes de Colofão, 203, 310
Xerxes, o Grande, 200
Xiitas, 357, 358-363, 366, 413; ver tb. Ali
Xintoísmo, 163, 263,

Y
Yarmuk, Vale, 359
Yasna, 161, citado, 163-164, 171
Yazid, Califa, 359, 364
Yeats, W.B., citado, 43
Yggdrasil, 51, 52, 394, 396
Ymir, 387, 388, 395
Yucatán, 368, 419

Z
Zabulon, 117, 179
Zadoc, 228, 231
Zaehner, R.C., citado, 329, 330
Zaid, 345, 346, 360

Zaid ibn 'Amr, 347
Zaiditas, 360 n.
Zéfiro, 196
Zen-budismo, 204, 211
Zenão, 208, 310
Zend Avesta, 161, 213, 326, 327, 328, 331; citado, 176, 177
Zervan Akarana, 8, 217, 218, 220, 221, 227, 390
Zeus, 25, 29-30, 30 e ss;. 33, 47, 113, 116, 128-130, 133-134, 138, 140, 146, 148, 153, 197, 200, 226, 249, 264, 282-283, 389; Zeus Meilichios, 25, 27, 32 e s.; Zeus Sabázio, 226
Zimmer, H., Pai, citado, 41
Zimmer, Heinrich, citado, 191, 218
Zodíaco, 47, 76, 212, 286, 372, 420; ver tb. signos
Zoroastro, 161-163, 166, 171, 173, 176, 177, 213, 221, 284, 304
Zoroastrismo, 14, 161-179, 181, 183-186, 211 e s., 214 e s., 217, 222, 228, 233, 237, 238-239, 275 e s., 307, 312, 323, 328-332, 334, 421 n., 393, 395; ver tb. Mago, sacerdócio; comparado com Islamismo, 342, 345, 347

OBRAS DO AUTOR PUBLICADAS PELA PALAS ATHENA EDITORA

AS MÁSCARAS DE DEUS V.1 – MITOLOGIA PRIMITIVA

Aproxima-nos de um mundo e de uma experiência de vida que podem parecer distantes, mas que estão presentes em muitas das nossas crenças, medos e ansiedades. As mitologias dos povos surgem de uma perspectiva não apenas antropológica, mas também histórica e psicológica; recria-se a textura de um passado que continua pulsando no inesgotável mundo interior das culturas e dos indivíduos, portanto sempre atual.

AS MÁSCARAS DE DEUS V.2 – MITOLOGIA ORIENTAL

Inicia com uma reflexão sobre o diálogo mítico entre Oriente e Ocidente: a tradição contemplativa oriental e a contrapartida ocidental que revela a separação entre as esferas divina e humana. Aborda mitologias que se desenvolveram na Suméria, no Vale do Nilo, na Índia dravídica, védica e budista, na China taoísta e confuciana, na Coreia, no Tibete e no Japão.

AS MÁSCARAS DE DEUS V.4 – MITOLOGIA CRIATIVA

Aborda as funções vitais da mitologia na atualidade, dada pelos artistas, literatos e pensadores, os criadores e os visionários de antigas e sempre novas aventuras espirituais. Nossa sociedade ao mesmo tempo plural e individualista já não permite verdades universalmente aceitas, nem espaços cognitivos, artísticos ou religiosos que não dialoguem – tornando cada um de nós o centro criativo de autoridade e significado para sua própria vida.

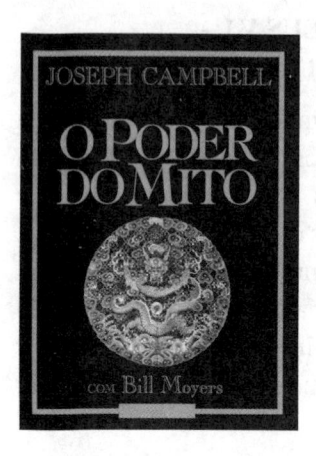

O PODER DO MITO

Fruto de entrevistas com Joseph Cambpell realizadas pelo destacado jornalista Bill Moyers, revela sua extraordinária jornada numa brilhante combinação de sabedoria e humor. O mito e o mundo moderno, a jornada interior, a saga do herói, os nascimentos virginais, sacrifício e bem-aventurança, amor e matrimônio, e mesmo os personagens de Guerra nas estrelas, são tratados de modo único, revelando a dimensão mítica na experiência humana e seu significado universal.

DEUSAS –
OS MISTÉRIOS DO DIVINO FEMININO

Esta obra acompanha a evolução da Grande Deusa. Joseph Campbell, exímio tecelão, colheu os fios desse processo no solo sagrado de culturas de todos os quadrantes do mundo, que continuam a oferecer significados psicológicos e existenciais que orientam a compreensão do humano até os nossos dias.

Texto composto em Times New Roman.
Impresso em papel Offset na gráfica Cromosete.